Museen und Gedenkstätten

zur Erinnerung an die Opfer der

kommunistischen Diktaturen

Museen und Gedenkstätten

zur Erinnerung an die Opfer der kommunistischen Diktaturen

Herausgegeben von Anna Kaminsky
im Auftrag der Bundesstiftung zur Aufarbeitung der SED-Diktatur.
Erarbeitet von Anna Kaminsky, Ruth Gleinig und Lena Ens.

Sandstein Verlag, Dresden

Inhalt

Staaten ohne kommunistische Diktaturerfahrung

Anhang

Zum Geleit

Das vorliegende Buch beschreibt Gedenkstätten, Denkmäler und Museen, die weltweit an die Verbrechen kommunistischer Regime und deren Opfer erinnern. Mit dem Putsch der Bolschewiki im Oktober 1917 griff im Russischen Reich erstmals eine kommunistische Partei nach der Macht. Unter Lenins Führung zerstörten die Bolschewiki die bisherigen Strukturen in Politik, Wirtschaft und Gesellschaft und errichteten nach einem blutigen Bürgerkrieg, der Millionen Menschen das Leben kostete und das Land verheerte, die Sowjetmacht. Trotzki, ein Kampfgefährte Lenins, erklärte später, dass hier nicht die »Diktatur des Proletariats«, sondern die »Diktatur über das Proletariat« errichtet wurde. Lenin und seine Genossen sahen im Umsturz und der Umgestaltung von Staat und Gesellschaft nichts weniger als den Auftakt zur Weltrevolution und das Vorbild für die Etablierung kommunistischer Herrschaften weltweit. Sie hofften, dass der revolutionäre Funke aus Russland zuerst nach Westeuropa und später auf die anderen Kontinente überspringen würde. Diese Erwartung sollte sich zunächst nicht erfüllen. Erst nach dem Ende des Zweiten Weltkriegs, in dem die Sowjetunion die Hauptlast trug und den größten Blutzoll bei der Niederschlagung des nationalsozialistischen Deutschlands leistete, entstanden in Osteuropa weitere kommunistische Diktaturen. Ein Großteil dieser Länder war sowjetisch besetzt; in anderen wie zum Beispiel Albanien übernahmen kommunistische Parteien nach sowjetischem Vorbild die Macht. Die kommunistische Herrschaft blieb nicht auf Europa beschränkt: In China, Kambodscha, Nordkorea und Vietnam etablierten sich ebenso kommunistische Regime wie auf Kuba. Auf dem Höhepunkt der kommunistischen Machtentfaltung in den 1970er und 1980er Jahren lebten etwa ein Drittel der Weltbevölkerung in kommunistischen Diktaturen.

Diese Diktaturen waren ebenso unterschiedlich wie ihre Versuche, ihren totalitären Machtanspruch zu verwirklichen.

Die kommunistische Ideologie basierte auf der Verheißung einer Utopie, der zufolge mit der Abschaffung des Privateigentums an Produktionsmitteln alle Menschheitsprobleme gesetzmäßig gelöst würden. Für die Menschen versprach diese Utopie die Erlösung aus Unterdrückung, Armut und Ausbeutung und verhieß die freie Entfaltung des Einzelnen, die jedoch die »Einsicht in die objektive Notwendigkeit« voraussetzte. Und diese »Notwendigkeiten« wurden von den Führern der kommunistischen Parteien jeweils nach ihren Überzeugungen definiert bzw. auch umdefiniert.

Für die meisten Menschen bedeutete das Leben unter kommunistischer Herrschaft die Erfahrung von Terror, Repression, Überwachung, Demütigung und Einschüchterung. Die kommunistischen Diktaturen Josef Stalins in der Sowjetunion, des »Großen Vorsitzenden« Mao Zedongs in der Volksrepublik China, von Kim Il-Sung und seinen Nachkommen in Nordkorea, von »Bruder

Nr. 1« Pol Pot in Kambodscha, Mengistu Haile Mariams in Äthiopien, Enver Hoxha in Albanien oder Nicolae Ceauşescu in Rumänien, Fidel Castro in Cuba, der Machthaber in der sowjetisch besetzten Zone und der DDR, den baltischen Staaten oder Polen unterschieden sich jedoch teilweise erheblich. Allein der »Große Terror« in der Sowjetunion der Jahre 1937/38 erfasste innerhalb von nur wenigen Monaten ausnahmslos alle Schichten. Im Zuge der »Großen Säuberung« wurden nicht nur alle als potenziell gefährlich geltenden »Elemente« innerhalb des Staats- und Parteiapparats beseitigt. Den stalinistischen Gewaltexzessen des Massenterrors fielen mindestens 700 000 Menschen zum Opfer, die unschuldig oder unter fadenscheinigen Anschuldigungen verhaftet, gefoltert und umgebracht wurden. Mehr als zwei Millionen Menschen wurden in diesem Zeitraum festgenommen und in die Lager des GULag verbracht. Das Grauen des Zwangsarbeitssystems, welches sich in mindestens 476 großen Lagerkomplexen über das gesamte Gebiet der Sowjetunion – von den Solowezki-Inseln im Weißen Meer bis nach Magadan und Wladiwostok im Fernen Osten, von Murmansk und Workuta am Polarkreis bis nach Alma-Ata und Ulan Bator in Zentralasien – erstreckte, durchliefen zwischen 1918 bis zur endgültigen Auflösung des GULag 1991 schätzungsweise 20 Millionen Menschen. Anders als der »Archipel GULag« existiert das Laogai, das riesige Netz an »Besserungs- und Umerziehungslagern« in der Volksrepublik China, in abgewandelter Form bis heute weiter. Seit der Entstehung der Lager in den frühen 1950er Jahren unter Staatspräsident Mao Zedong waren hier schätzungsweise 50 Millionen Menschen gefangen. Im diktatorisch regierten Nordkorea zählen Deportationen und Lagerhaft mit Zwangsarbeit, Terror, Folter und Tod bis heute zur gängigen Praxis des »Justizwesens«.

In die lange Liste kommunistischer Verbrechen reihen sich aber auch solche Katastrophen wie der Holodomor, die große Hungersnot der Jahre 1932/33, ein. In direkter Folge stalinistischer Zwangskollektivierung, »Entkulakisierung« und forcierter Industrialisierung fielen der Hungerkatastrophe auf dem Territorium der Ukraine, am Don und in Stawropol, an der unteren und mittleren Wolga, am südlichen Ural, in Westsibirien und in den weiten Steppenlandschaften Kasachstans etwa sieben Millionen Menschen zum Opfer. Diese Verbrechen wurden über Jahrzehnte tabuisiert und verschwiegen und ihre Opfer verleumdet. Die Große Chinesische Hungersnot der Jahre 1959 bis 1961 kostete im Zuge von Maos »Großem Sprung nach vorn« mindestens 20 Millionen Menschen das Leben. Zu den Verbrechen kommunistischer Regime zählt auch der Völkermord der Roten Khmer an der kambodschanischen Bevölkerung. Während der nur drei Jahre währenden Terrorherrschaft des Diktators Pol Pot verloren zwischen 1975 und 1978 etwa 1,4 bis 2,2 Millionen Menschen auf schrecklichste Weise ihr Leben. Zumindest bis zu Stalins Tod gehörte der Massenterror auch in den meisten osteuropäischen Staaten zur gängigen Herrschaftspraxis.

Zwar unterschieden sich die Auswüchse der Repressions- und Terrormaßnahmen in den verschiedenen Ländern. Auch unterliefen sie in ihrer Intensität allmählich einem Wandel. Mit der Stabilisierung der Regierungen nahm die alltägliche Unterdrückung andere Formen an – Zensur der Kommunikationsmedien sowie die systematische Isolierung von Dissidenten und Andersdenkenden –, die Erinnerung an den Terror blieb jedoch in allen kommunistischen Staaten unter der Bevölkerung präsent. Zur Geschichte der Repressionen und Verfolgung gehören aber auch jene Frauen und Männer, die Widerstand leisteten und ihren Mut oft mit dem Leben oder langen Haftstrafen bezahlten.

Erst mit dem Zusammenbruch der kommunistischen Regime in Europa wurde es möglich, an die Verbrechen und deren Opfer öffentlich zu erinnern. Dabei zeigte sich, dass insbesondere in Westeuropa nur wenig Wissen und geringes Interesse an den Vorgängen hinter dem einstigen »Eisernen Vorhang« bestand. Die in allen Ländern einsetzende nachholende Auseinandersetzung mit den und Memorialisierung der kommunistischen Verbrechen stieß im Westen Europas nicht selten auf Misstrauen und Unverständnis. Allzu oft wurde jenen, die sich in Osteuropa dafür einsetzten, die Verbrechen des zweiten großen totalitären Systems neben dem Nationalsozialismus in Erinnerung zu rufen, unterstellt, sie würden die nationalsozialistischen Verbrechen und den Holocaust relativieren.

2005 äußerte der Buchenwald-Überlebende Jorge Semprún die Hoffnung, »dass bei der nächsten Gedenkfeier in zehn Jahren, 2015, die Erfahrung des GULag in unser kollektives europäisches Gedächtnis eingegliedert worden ist [...]. Eine der wirksamsten Möglichkeiten, der Zukunft eines vereinten Europas, besser gesagt, des wiedervereinten Europas einen Weg zu bahnen, besteht darin, unsere Vergangenheit miteinander zu teilen, unser Gedächtnis, unsere bislang getrennten Erinnerungen zu einen. Der kürzlich erfolgte Beitritt von zehn neuen Ländern aus Mittel- und Osteuropa – dem anderen Europa, das im sowjetischen Totalitarismus gefangen war – kann kulturell und existenziell erst dann wirksam erfolgen, wenn wir unsere Erinnerungen miteinander geteilt und vereinigt haben werden.«[1]

Ganz in diesem Sinne präsentiert dieses Buch 119 Gedenkorte in 35 Ländern, die an das erlittene Unrecht von Millionen Menschen unter kommunistischer Herrschaft erinnern. Möge das Buch dazu beitragen, ihre Schicksale in Erinnerung zu rufen.

Wie immer hatten wir sehr viel Unterstützung bei der Erarbeitung dieses Buches. Zum einen erhielten wir von zahlreichen Personen und Institutionen aus allen Ländern wichtige Hinweise und Informationen zu Gedenkorten. Zum anderen konnten wir insbesondere bei der Erstellung der Einführungstexte zu den einzelnen Ländern auf die Expertise vieler Beteiligter zurückgreifen. Wir danken daher insbesondere Oktav Bjoza, György Dalos, Vera Dubina, Juri Durkot, Adam Hudek, Alexandar Jakir, Matthias Kiesler, Fanna Kolarova, Hartmut Koschyk, Norbert Mappes-Niediek, Meelis Maripuu, Maria Matschuk, Georg Meusel, Valters Nollendorfs, Markus Pieper, Corneliu Pintilescu, Viera Polakovičová, Stojan Raichevsky, Krzysztof Ruchniewicz, Bernhard Seliger, Darius Semaška, Thomas Sindilariu, Ashot Smbatyan, Claudia Vollmer und Felix Wemheuer. Ohne ihre Hinweise würde dieses Buch nicht in der vorliegenden Form existieren.

Natürlich braucht ein solches Buch auch eine professionelle Redaktion und Gestaltung. Wir sind sehr dankbar, im Sandstein Verlag und seinen Mitarbeiterinnen und Mitarbeitern so kompetente Partner gefunden zu haben. Ganz besonders gilt unser Dank dabei Lutz Stellmacher für die umsichtige Leitung, Sina Volk für das Lektorat, Katrin Hoyer für die Herstellung und Jana Felbrich für die Gestaltung.

Zu guter Letzt möchten wir Ihnen als Leserinnen und Leser dieses Buches danken und sie dazu einladen, uns weitere Informationen zu schicken, die wir dann gern in einer zweiten Auflage aufnehmen.

Berlin, im Februar 2018
Anna Kaminsky · Ruth Gleinig · Lena Ens

1 Rede online abrufbar unter: www.zeit.de/2005/16/BefreiungBuchenw_/seite-2 (letzter Zugriff: 1.3.2018).

Museen
und Gedenkstätten
zur Erinnerung
an die Opfer
der kommunistischen
Diktaturen

Staaten
mit kommunistischer
Diktaturerfahrung

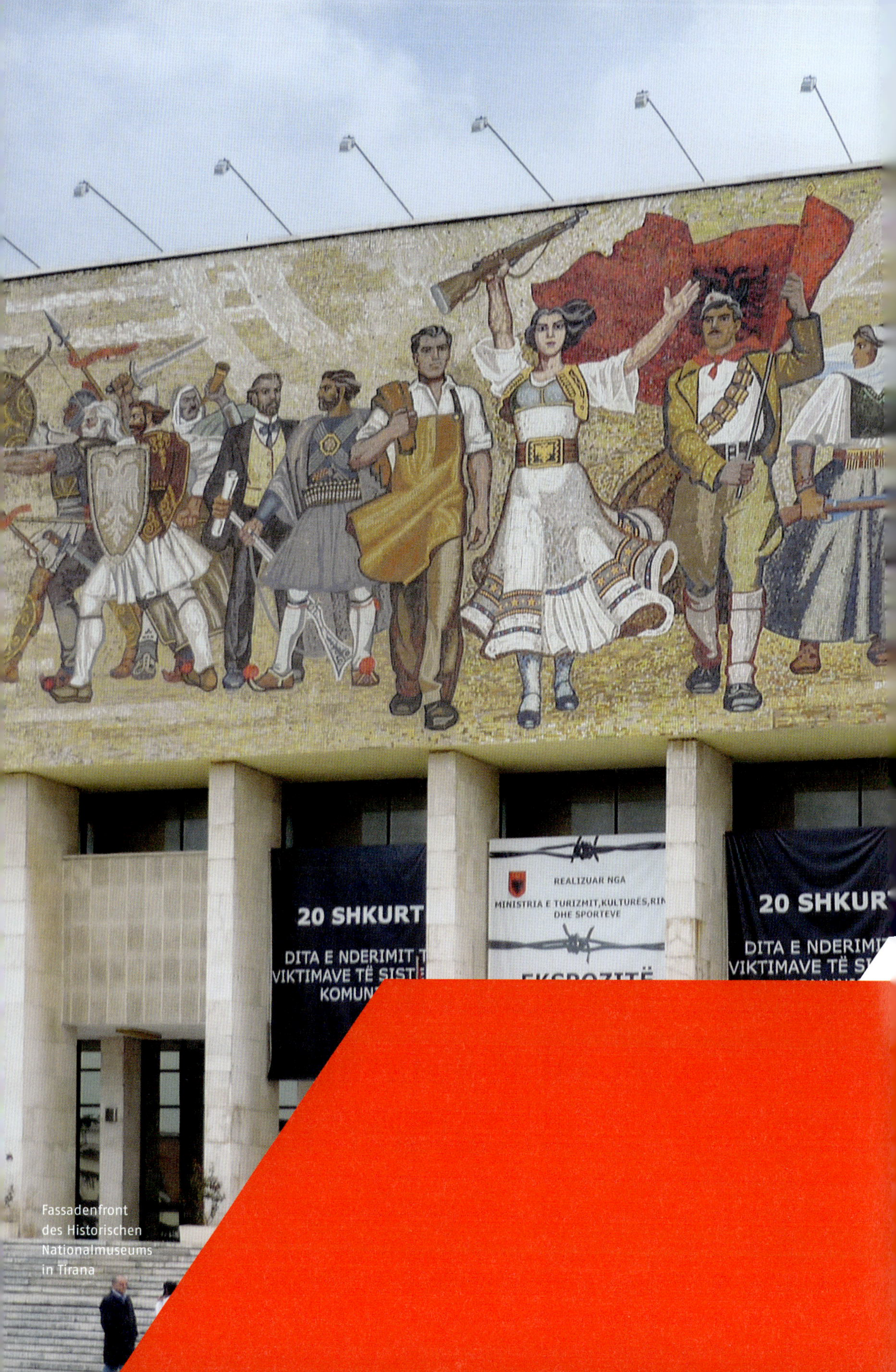

Fassadenfront des Historischen Nationalmuseums in Tirana

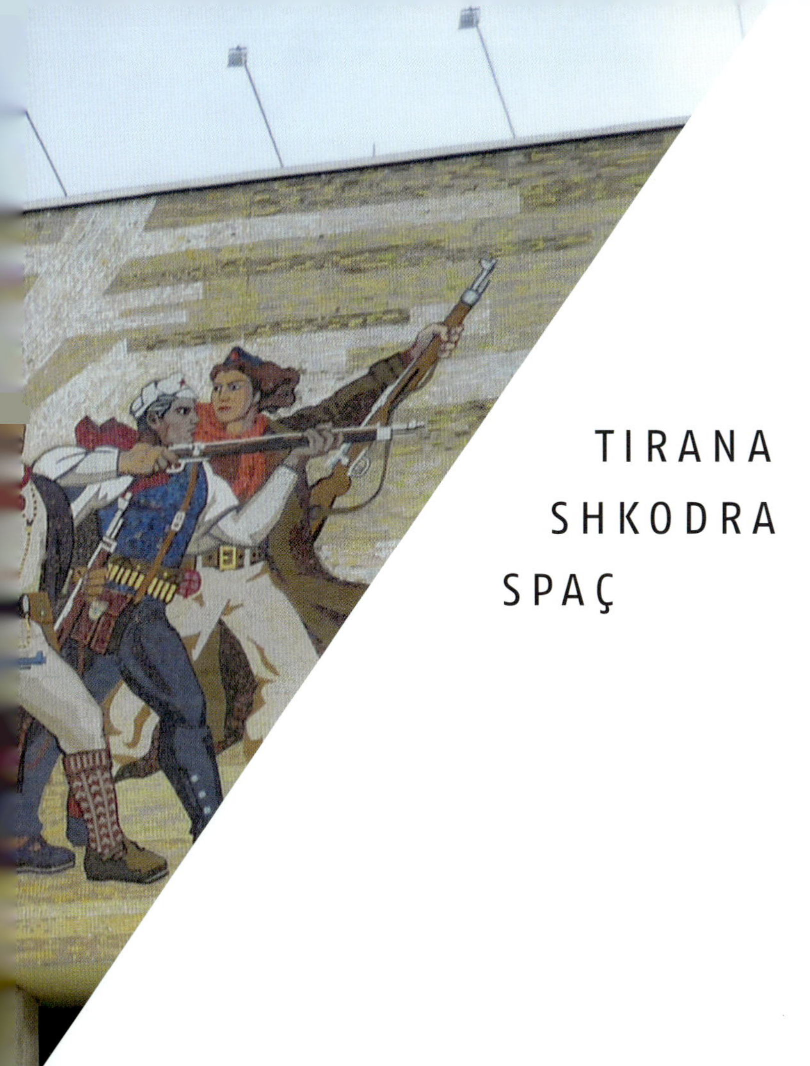

TIRANA
SHKODRA
SPAÇ

Albanien

1912 erlangte Albanien seine Unabhängigkeit vom Osmanischen Reich. Während des Ersten Weltkriegs, in dem das Land formal neutral war, erlebte Albanien verschiedene Besetzungen. Auch nach dem Ende des Krieges kam das Land nicht zur Ruhe; bürgerkriegsähnliche Zustände prägten die Nachkriegsgeschichte, bis 1925 Ahmet Zogu die Macht übernahm und sich 1928 zum König ernannte. Im April 1939 wurde Albanien von Italien besetzt, das mit dem nationalsozialistischen Deutschland verbündet war. Im Verlauf des Krieges wurden 1941 auch das Gebiet des Kosovo, Westmazedonien und Teile Nordgriechenlands an Albanien angeschlossen. Das so entstandene »Großalbanien« kam nach der Kapitulation Italiens im September 1943 unter deutsche Besatzung. Gegen die Okkupationen formierte sich von Beginn an Widerstand durch verschiedene Partisanenbewegungen. Nachdem die deutsche Wehrmacht Albanien Ende 1944 geräumt hatte, übernahmen kommunistisch dominierte Partisaneneinheiten unter Führung Enver Hoxhas die Macht im Land und errichteten eine Diktatur nach stalinistischem Vorbild. Bereits 1944 wurde mit »Säuberungen« begonnen, denen in einer ersten Phase vor allem Kämpfer und Sympathisanten der republikanischen Partisanenbewegung Balli Kombëtar zum Opfer fielen. So konnte die 1941 gegründete albanische kommunistische Partei den Mythos etablieren, dass nur die Kommunisten sich der faschistischen und nationalsozialistischen Besetzung des Landes widersetzt hätten. Vertreter bürgerlicher Parteien der Vorkriegszeit, ehemalige Parlamentsangehörige, Mitglieder vorheriger Regierungen, Fabrik- und Landbesitzer, Geistliche und Intellektuelle fielen den fortgesetzten Repressalien zum Opfer. Am 11. Januar 1946 rief Enver Hoxha die Volksrepublik Albanien in den Grenzen von 1912 aus. Mit der am 14. März 1946 verabschiedeten Verfassung wurden alle nichtkommunistischen Organisationen verboten und jede abweichende Meinungsäußerung oder Betätigung unter härteste Strafen gestellt. Im Zuge der im Sommer 1945 durchgeführten Bodenreform wurde jeglicher Grundbesitz entschädigungslos enteignet. 1948 proklamierte Enver Hoxha die »Verschärfung des Klassenkampfs gegen die Kulaken«. Tausende Menschen wurden in den ersten Nachkriegsjahren unter falscher Anschuldigung als Kriegsverbrecher bzw. mit fingierten politischen Vorwürfen verhaftet und hingerichtet.

Unter der Herrschaft Enver Hoxhas entstanden im kommunistischen Albanien über 170 000 Bunker.

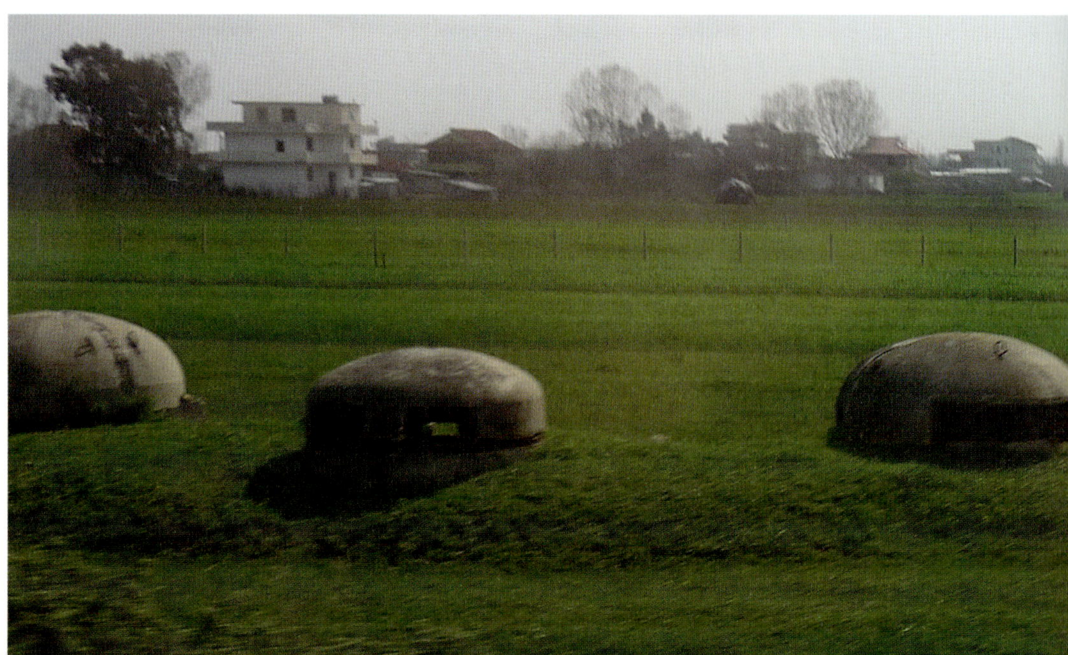

In Albanien war kein Mensch vor Verfolgung, Verbannung oder Tod sicher. Da Sippenhaft galt, wurden mit den direkt Beschuldigten deren Familien enteignet und oft für Jahrzehnte in die über das ganze Land verteilten Lager zur Zwangsarbeit verschleppt. Neben tatsächlichen und vermeintlichen Gegnern wurden auch Gefolgsleute Hoxhas und Mitglieder der Parteispitze und der Regierung verhaftet und hingerichtet. Änderte sich der außenpolitische Kurs, wurden jene verfolgt und eliminiert, die den vorherigen als richtig angesehenen Kurs vertreten hatten. So kündigte das Regime nach der Abkehr Jugoslawiens von der stalinistischen Sowjetunion 1947 nicht nur das im Vorjahr geschlossene Abkommen mit dem Tito-Staat auf, sondern löste eine massive Repressionswelle gegen jugoslawienfreundliche Kader und angebliche Agenten aus. 1961 kam es zum Bruch mit der Sowjetunion, die sich nach dem XX. Parteitag der KPdSU 1956 zu entstalinisieren begonnen hatte. Albanien näherte sich nun China an. Jetzt wurden all jene verfolgt, die in der Sowjetunion studiert hatten oder als sowjetfreundlich galten. Als Albanien nach der chinesischen Abkehr von Mao auch die Beziehungen zu China kappte, erlitten die angeblich chinafreundlichen Kader samt ihren Familien das gleiche Schicksal.

Zur allgegenwärtigen Unterdrückung kamen die totale Isolation und Überwachung der Bevölkerung durch Tausende Spitzel und Zuträger der albanischen Geheimpolizei Sigurimi. Während der orthodoxe Patriarch und der muslimische Großmufti Ende der 1940er Jahre noch eine Übereinkunft mit der Staatsmacht erzielen konnten, war die katholische Kirche von umfassenden Repressionen betroffen. Allein 1949 wurde fast die Hälfte aller katholischen Geistlichen hingerichtet. 1967 erklärte sich Albanien zum ersten atheistischen Land der Erde. Alle Kirchen, Klöster, Synagogen und Moscheen wurden geschlossen bzw. als Sportstätten, Ställe und Lagerhäuser genutzt. Wer religiöse Riten praktizierte, religiöse Literatur oder Gegenstände besaß, wurde offiziell als »Feind des Volkes und der Partei« verfolgt.

Ein tödliches Grenzregime riegelte Albanien hermetisch ab. Zwischen 1945 und 1990 wurden über 14 500 Menschen bei Fluchtversuchen verhaftet, mehr als 1 000 Menschen starben. Bei einer Bevölkerung von kaum drei Millionen Einwohnern wird von insgesamt etwa 100 000 politischen Häftlingen ausgegangen, von denen 10 000 die Haft nicht überlebten. 50 000 Familien – das sind mehrere Hunderttausend Menschen – wurden wegen ihrer Verwandtschaft zu einem als Gegner deklarierten Angehörigen enteignet und in Zwangsarbeitslager deportiert, in denen bereits die

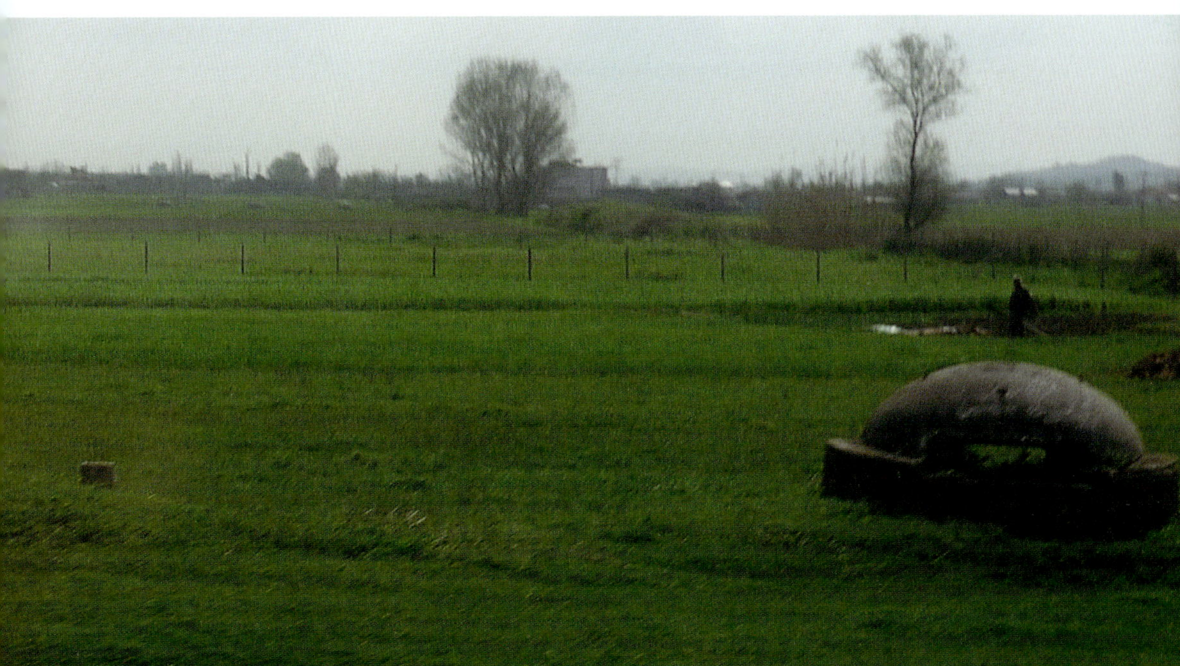

Kinder Schwerstarbeit leisten mussten. Über 5 000 Männer und 450 Frauen wurden aus politischen Gründen hingerichtet. Die Todesstrafe wurde in Albanien nicht nur bei Mord oder Unterschlagung, sondern vor allem bei politischen Delikten vollstreckt wie Landesverrat, Spionage oder antikommunistischer Tätigkeit und »feindlicher Propaganda«, zu der auch Religionsausübung zählte.

Ebenso wie in anderen kommunistisch beherrschten Ländern kam es Ende der 1960er/Anfang der 1970er Jahre zu einer zaghaften Liberalisierung. Fernsehsendungen wurden mit moderner Musik gestaltet, die Zensur gelockert. Es gab Bestrebungen, auch die Isolation nach außen zu mildern. Diese Phase fand Ende 1972 ein ebenso jähes wie brutales Ende: Maler wurden verhaftet und jahrelang in Zwangsarbeitslagern festgehalten, weil sie angeblich zu modern malten und den sozialistischen Realismus nicht ausreichend berücksichtigten. Sänger und Regisseure wurden verfolgt, weil ihre Kunst zu wenig albanisch oder zu westlich war. Kein Vorwurf war zu absurd, um ihn nicht zum Anlass von Säuberungen zu nehmen. Kulturschaffende wie der Leiter des staatlichen Fernsehens, aber auch Musiker und Schriftsteller wurden inhaftiert und ihre Familien in Sippenhaft genommen. Nach Enver Hoxhas Tod 1985 hofften viele Menschen vergeblich auf eine Lockerung der Repressionen. Hoxhas Nachfolger Ramiz Alia leitete als letzter kommunistischer Staatspräsident erste wirtschaftliche Reformen und eine außenpolitische Öffnung des Landes ein, setzte jedoch grundsätzlich die Politik der Kommunistischen Partei fort. Unter dem Eindruck der Erhebungen im ganzen Ostblock breitete sich im Januar 1990 von Shkodra im Norden der Widerstand gegen die Herrschenden über das ganze Land aus. Die Regierung ließ im Frühjahr Religionsausübung aus der Liste der mit Todesstrafe belegten Delikte streichen und gestattete religiöse Akte. Im Sommer trieben Sicherheitskräfte demonstrierende Studenten in Tirana gewaltsam auseinander, Tausende Albaner flüchteten sich in ausländische Botschaften. Die antikommunistische Bewegung ließ sich jedoch nicht mehr stoppen. Mitte Dezember 1990 verzichtete die kommunistische Partei auf ihren Alleinvertretungsanspruch. Die erste neu zugelassene Partei war die am 12. Dezember gegründete Demokratische Partei Albaniens (PDS). Die Sozialdemokratische Partei (PSD), die als direkte Nachfolgerin der stalinistischen kommunistischen Partei gilt, ging aus den ersten freien Wahlen 1991 als Sieger hervor. Am 20. Februar 1991 stürzten aufgebrachte Demonstranten die sechs Meter hohe Statue Enver Hoxhas auf dem Skanderbeg-Platz (»Sheshi Skënderbej«) im Zentrum der Hauptstadt Tirana. Zahllose Studenten starben, als die Polizei das Feuer auf die Menge eröffnete. Anhaltende Unruhen führten kaum ein Jahr später wiederum zu Neuwahlen. Die PDS um Sali Berisha gewann diese mit einer Zweidrittelmehrheit. Die nachfolgende Regierung der nationalen Einheit führte Reformen ein und unterzeichnete die KSZE-Schlussakte. Der Begriff »sozialistisch« wurde aus dem Staatsnamen gestrichen, ein pluralistisches Parteiensystem sowie Rede- und Versammlungsfreiheit gebilligt und die Freilassung politischer Gefangener veranlasst. Nach den Wahlen 1992 übernahm die PDS die Regierung. Unruhen, wirtschaftliche Stagnation und Korruption beherrschten das Land in den folgenden Jahren, in denen sich PSD und PDS immer wieder an der Macht abwechselten.

Erste Aufarbeitungsbemühungen verliefen im Sande. Für die Verbrechen der kommunistischen Herrschaft wurde niemand zur Verantwortung gezogen. Vielmehr etablierten sich die alten Eliten erneut an der Macht. Zwar war bereits 1991 im Nationalen historischen Museum eine Ausstellung über die kommunistischen Verbrechen in Albanien eröffnet worden, Regelungen zur Entschädigung und Rehabilitierung für die Opfer politischer Verfolgung oder die strafrechtliche Aufarbeitung der Verbrechen des Regimes blieben aber weitgehend aus. Besonders schmerzhaft war für viele ehemals Verfolgte, dass hochrangige Mitglieder der kommunistischen Partei, Staatsanwälte und Richter, die im kommunistischen Regime an Repressalien und Todesurteilen betei-

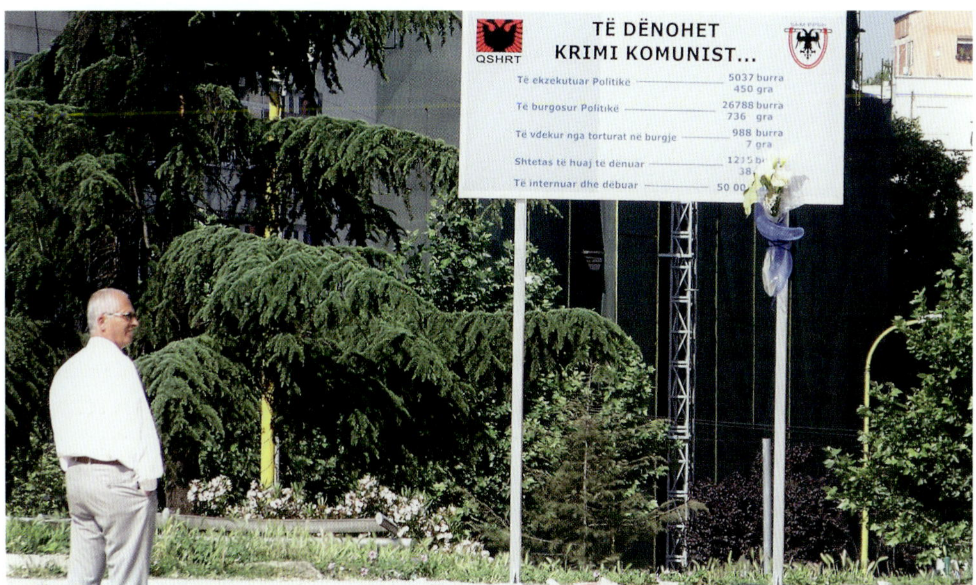

Transparent am Skanderbeg-Platz
mit Angaben zu den Verfolgten

ligt waren, erneut zu politischer Macht kamen. Die Überlebenden schlossen sich in Opferverbänden zusammen, ihre Hoffnung auf Entschädigung und Rehabilitierung wurde jedoch lange Zeit ignoriert. Bis heute warten sie teilweise auf ihre – ohnehin geringen – Entschädigungen. Enteignete Familien erhielten zum Teil ihr Eigentum zurück, aber auch dieser Prozess gestaltete sich schwierig, da der Nachweis über die Enteignungen oft schwer zu erbringen war. 2010 wurde das Institut zur Erforschung der Verbrechen des Kommunismus in Albanien gegründet, das von einstmals Verfolgten geleitet wird und Zeitzeugenberichte sammelt. Das Institut versucht, mit Bildungs- und Zeitzeugenprogrammen in den Schulen über die Diktatur aufzuklären. Erst nach mehr als 20 Jahren konnten an Orten des Terrors Gedenkstätten und Erinnerungszeichen errichtet werden. 2013 wurde in der Hauptstadt am Eingang zum einstigen »Blocku«, dem abgeschotteten Wohnviertel der kommunistischen Elite, ein erstes Denkmal zur Erinnerung an die Verbrechen und die Überwindung der Diktatur eingeweiht und 2014 in Shkodra, einem Zentrum des antikommunistischen Widerstands, die bisher einzige Gedenkstätte in einem früheren Sigurimi-Gefängnis eröffnet.

Ein lange umstrittenes Kapitel war die Öffnung der Sigurimi-Akten. Diese werden erst seit 2017 in einer eigenen Behörde zusammengetragen und zugänglich gemacht. Im einstigen Sigurimi-Hauptquartier in Tirana, dem »Haus der Blätter«, wurde eine Gedenkstätte eröffnet, die an die Überwachung der Gesellschaft und an die Opfer erinnert. In Lushnja wurde im Frühjahr 2017 schließlich ein Denkmal für die Opfer der dortigen Internierungslager eingeweiht. Weitere Initiativen ehemaliger Häftlinge und Verbannter, aber auch junger Leute versuchen, in einstigen Lagern (z. B. in Tepelene) und Gefängnissen wie in Spaç oder Burrel Gedenkstätten und Denkmäler zu errichten. In Tirana informieren mittlerweile zwei große Ausstellungen in den berüchtigten Bunkern, die Hoxha seit den 1970er Jahren zu Hunderttausenden im ganzen Land errichten ließ, über die Repression unter der kommunistischen Diktatur.

Historisches Nationalmuseum

Tirana. Das Historische Nationalmuseum wurde nach den Entwürfen des albanischen Architekten Enver Faja konstruiert und am 28. Oktober 1981 feierlich eröffnet. Mit einer Ausstellungsfläche von 27000 Quadratmetern ist es bis heute das größte Museum des Landes. Die über 5000 Objekte umfassende Sammlung beleuchtet in acht thematischen Bereichen die wechselvolle albanische Geschichte von der prähistorischen Kultur über das Mittelalter bis zum Zusammenbruch des kommunistischen Regimes. Die 1991 ergänzte Teilausstellung, die sich ausschließlich mit den 40 Jahren der kommunistischen Diktatur unter Enver Hoxha und Ramiz Alia befasste, war die erste Exposition, die im Nationalmuseum eines postkommunistischen Staates kommunistische Verbrechen thematisierte.

2011 wurde die seit 1991 bestehende Ausstellung im Rahmen der Renovierung des Museums geschlossen. Seit dem Umbau widmet sich eine Abteilung im zweiten Stockwerk dem Thema »Kommunistische Verfolgung«. Anhand von Originaldokumenten, Fotografien und authentischen Gegenständen wird in chronologischer Reihenfolge die Geschichte des kommunistischen Terrorregimes in Albanien von 1944 bis 1991 erzählt. Dargestellt sind neben der Machtübernahme der Kommunisten, die mit systematischen »Säuberungskampagnen« und der Eliminierung der legalen Opposition einherging, auch Versuche des Widerstands gegen die sich etablierende Diktatur. Der Aufstand von Postribë am 8. September 1946 war die größte bewaffnete Erhebung gegen den Kommunismus in Albanien. Unter der Losung »Für Glaube und Vaterland. Weg mit den Kommunisten!« hatten sich damals die stärksten im Land verbliebenen Partisanen- und Widerstandsgruppen wie die republikanische Balli Kombëtar und die monarchistische Legaliteti zusammengeschlossen. Regierungstreue Truppen schlugen den Aufstand nieder.

Beleuchtet wird auch das System an Arbeits- und Internierungslagern. Da die traditionellen Haftanstalten wegen des rasanten Anstiegs von politisch Verurteilten überbelegt waren und die dortigen Haftbedingungen als zu gut galten, baute man ein Netz von Arbeitslagern auf. 1947 existierten schon vier solcher Komplexe. Sie entstanden meist in der Nähe von Großbaustellen – Eisenbahnstrecken, Flughäfen oder Wasserkanälen – bzw. Bergwerken, wie das berüchtigte, an die Pyritgruben angeschlossene Lager in Spaç. Im Lager Maliqi wurden rund 1000 Insassen für die Trockenlegung von Mooren versklavt. Verfolgt und verurteilt wurden auch, nach dem Prinzip der Sippenhaft, Angehörige politischer Häftlinge. Konkret bedeutete das die Verbannung in vollständig isolierte Gebiete, sogenannte »geschlossene Dörfer«, die strengstens bewacht wurden. Während in den anderen kommunistisch regierten Staaten nach

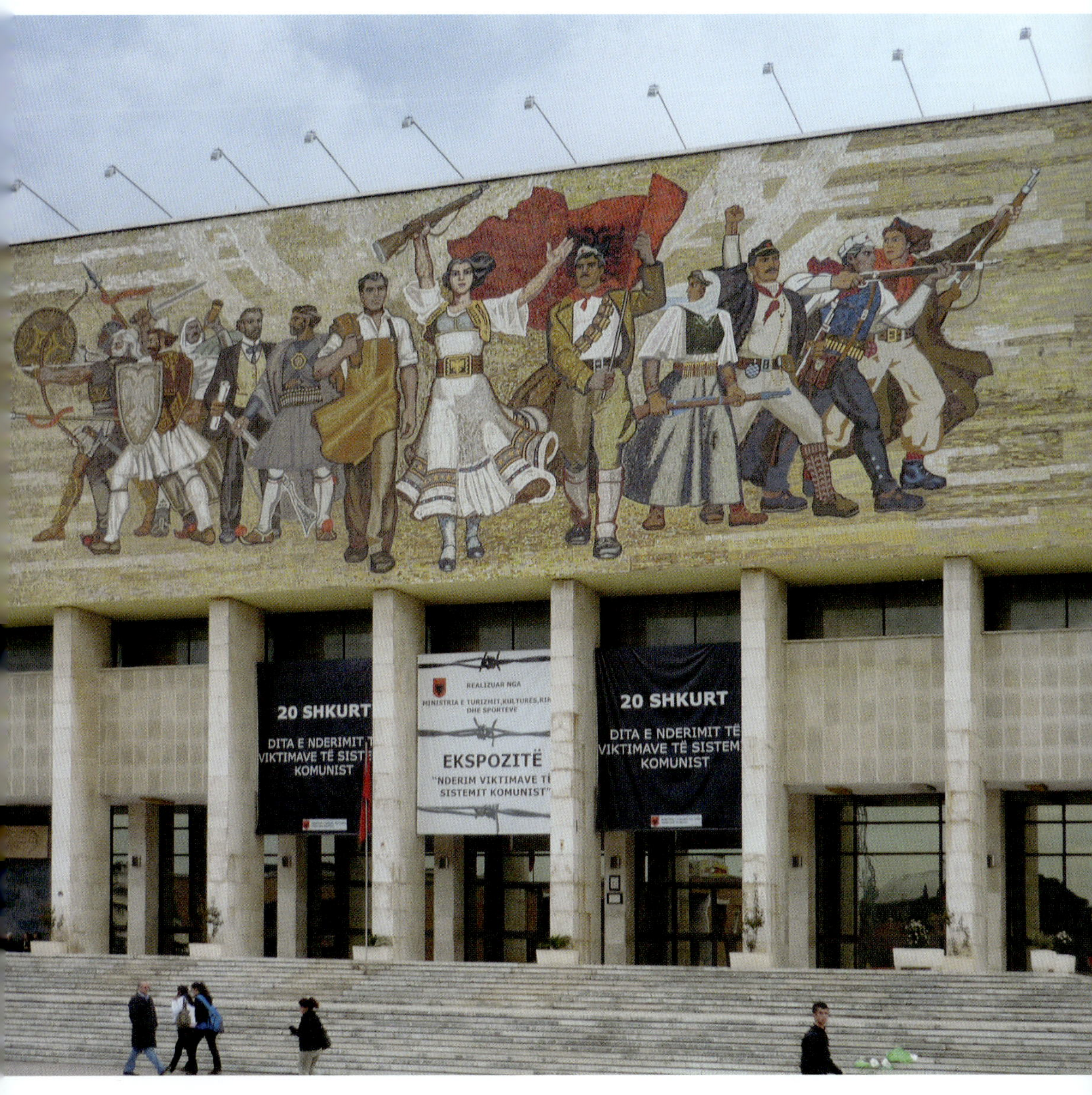

Fassade des Historischen Nationalmuseums

den Enthüllungen auf dem XX. Parteitag der KPdSU im März 1956 eine politische »Tauwetterperiode« einsetzte, hielt Albanien an der stalinistischen Ideologie und Praxis bis in die späten 1980er Jahre fest.

Standort: Tirana, an der Kreuzung zwischen »Sheshi Skënderbej« und Bulevardi Zogu I
Internet: www.mhk.gov.al

»Haus der Blätter«

Tirana. Am 23. Mai 2017, 26 Jahre nach dem Sturz des kommunistischen Regimes in Albanien, wurde im ehemaligen Sigurimi-Hauptquartier die erste Gedenkstätte der Hauptstadt zur Erinnerung an die Opfer der kommunistischen Diktatur eröffnet. Die Initiative zur Errichtung einer Gedenkstätte in diesem Haus ging von Überlebenden der kommunistischen Diktatur aus und wurde seit 2013 durch das Ministerium für Kultur unterstützt.

Errichtet wurde das Gebäude 1931 von dem bekannten albanischen Arzt Jani Basho, dem es als Klinik diente. Während der deutschen Besatzung wurde das Haus von der Gestapo als Hauptquartier und Gefängnis genutzt. Mit dem Einmarsch der kommunistischen Partisanenverbände unter Führung Enver Hoxhas übernahm die albanische kommunistische Geheimpolizei Sigurimi das Objekt. In den Jahren 1945 und 1946 wurden hier Hunderte Menschen inhaftiert, gefoltert und ermordet.

Ab 1950 diente das Gebäude als Sitz der Abteilung V der albanischen Geheimpolizei. Diese war für die Überwachung der in Albanien lebenden Ausländer und Diplomaten zuständig. In Gehweite zu allen wichtigen Parteieinrichtungen, zum einzigen für Ausländer zugelassenen Hotel und zu den Botschaften gelegen, wurde vom Gebäude aus die Überwachung der ausländischen Vertretungen und der Einheimischen, die Kontakt zu Ausländern hatten, organisiert. Ein unterirdischer Gang verband das

Eingang zum »Haus der Blätter«

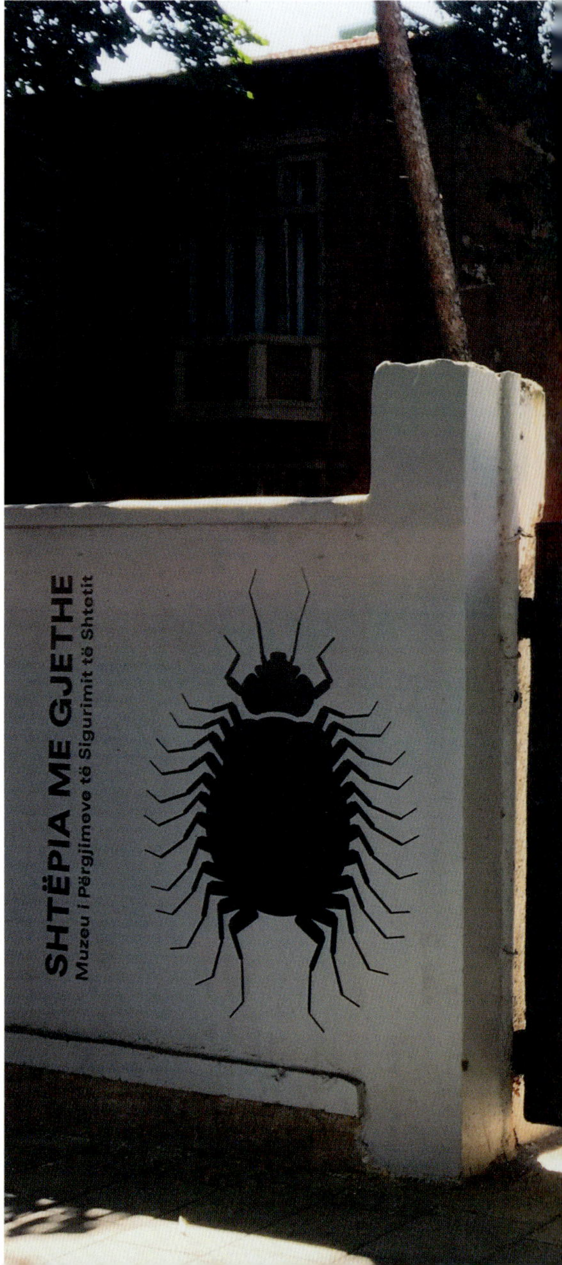

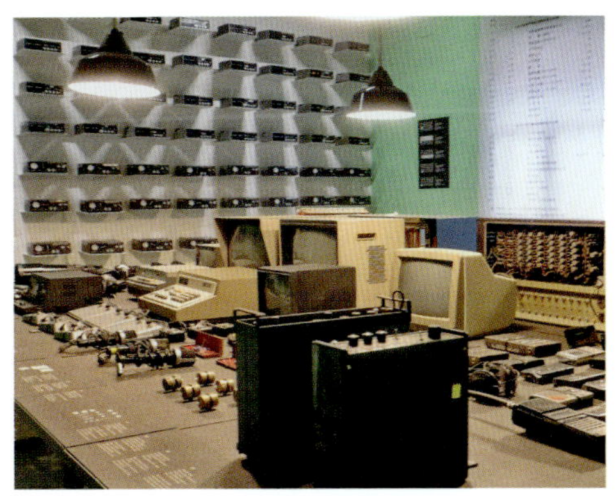

Blick in die Ausstellung des Museums

»Haus der Blätter«, das seinen Namen durch den dichten Bewuchs der Fassade mit Kletterpflanzen bekam, mit dem nahe gelegenen Innenministerium, dem die Sigurimi unterstand.

Standort: Tirana, Muzeu Kombëtar »Shtepia me Gjethe«; Rruga Dëshmorët e 4 Shkurtit
Internet: www.muzeugjethi.gov.al

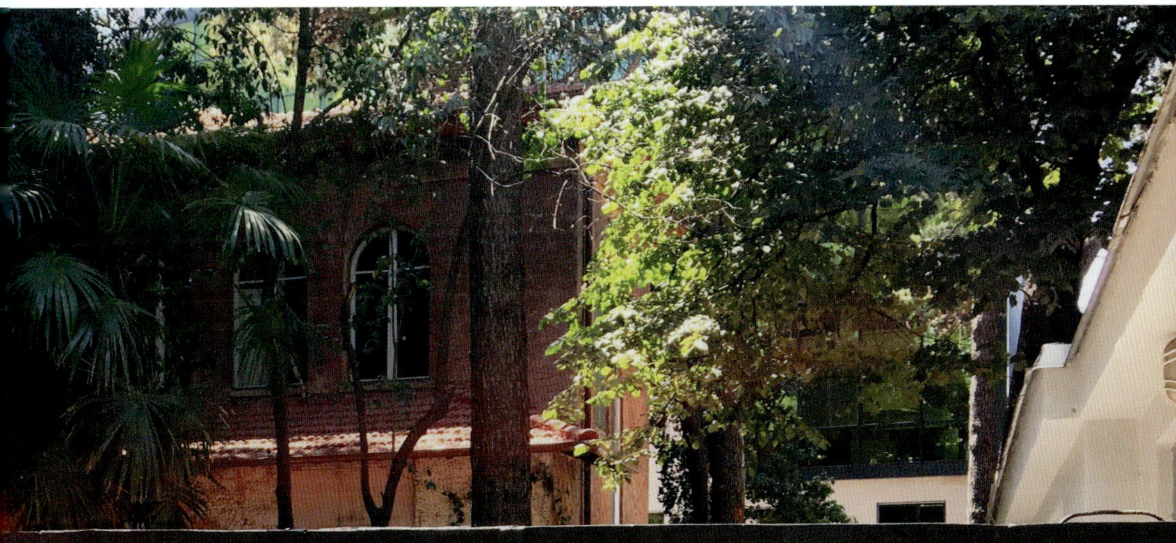

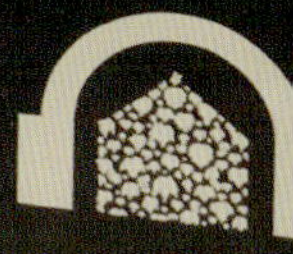

Mahnmalkomplex »Post-Bloc«

Tirana. Zur Erinnerung an die überwundene kommunistische Diktatur und ihre Opfer wurde am 26. März 2013 ein Mahnmal in der albanischen Hauptstadt Tirana feierlich eingeweiht.

Die an der ehemaligen Sperrzone im heutigen Ausgehviertel im Zentrum Tiranas errichtete Kunstinstallation besteht aus einem Originalsegment der Berliner Mauer, einem Betonstützen aus den Bergwerksstollen des Arbeitslagers Spaç und einem Bunker. Dieser steht symbolisch für die mehr als 170 000 noch heute über Albanien verstreuten Bunker. Fatos Lubonja, der als politischer Gefangener des Regimes 19 Jahre in Arbeitslagern und in Einzelhaft verbrachte, und Ardian Isufi entwarfen das Mahnmal.

Standort: Tirana, Bulevardi Dëshmorët e Kombit

Gesamtansicht des Mahnmalkomplexes »Post-Bloc«

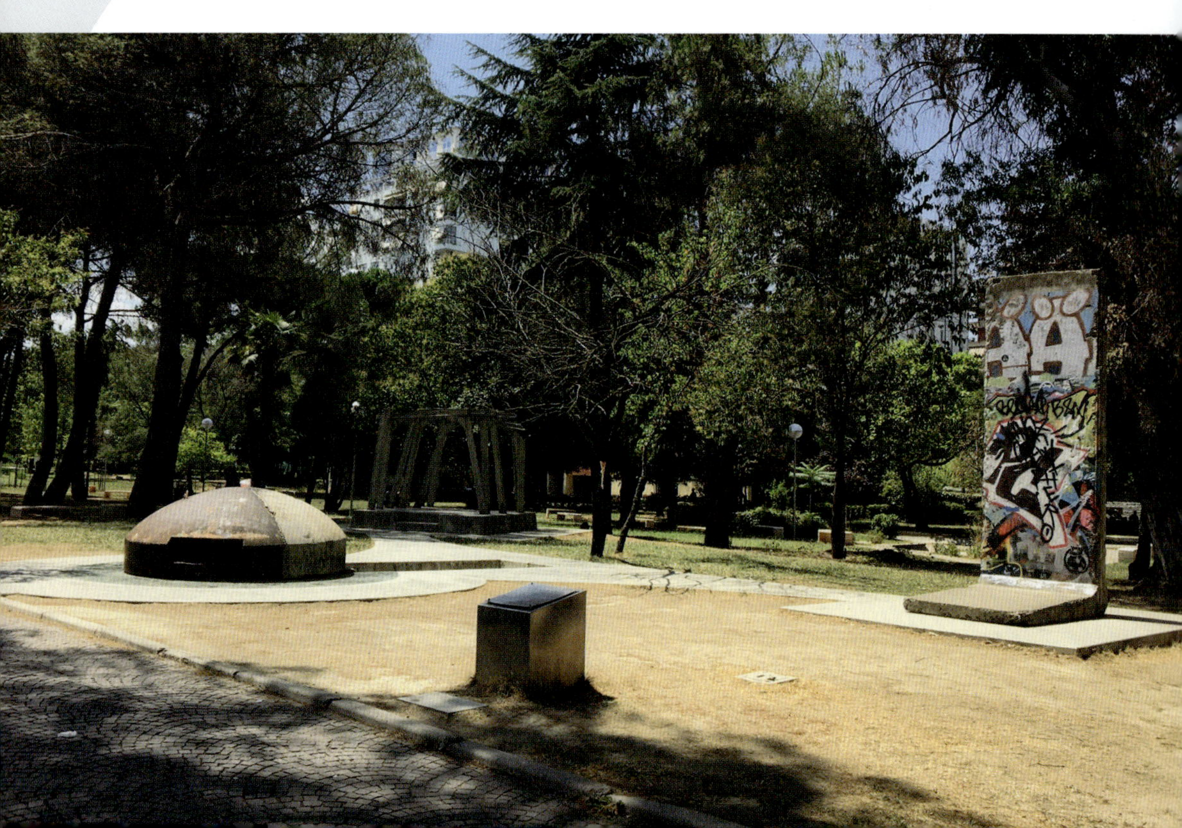

»BunkArt I« und »BunkArt II«

Tirana. Die multimediale Ausstellung »BunkArt I« wurde am 22. November 2014 der Öffentlichkeit zugänglich gemacht. Sie befindet sich in einem mehrere Stockwerke unter der Erde gelegenen Bunker am Stadtrand Tiranas. Dieser war in den 1970er Jahren als Schutzort für die oberste Staatsführung im Falle eines Nuklearangriffs auf Albanien gebaut worden. »BunkArt I« umfasst über 100 Räume, von denen ein Teil zu historischen und musealen Ausstellungssälen umfunktioniert worden ist, ein anderer Teil wird für künstlerische Installationen genutzt. In einem in die Bunkeranlage integrierten Versammlungssaal finden Konzerte, Seminare und Konferenzen statt. Die Besucher können sich in 13 historischen Ausstellungsräumen über die albanischen kommunistischen Streitkräfte und das Alltagsleben der Bevölkerung informieren. Die 18 museal erschlossenen und zum Teil im Original belassenen Räume zeigen verschiedene Facetten des Alltagslebens im sozialistischen Albanien. Dargestellt werden die breit angelegten Maßnahmen zur Alphabetisierung der Bevölkerung nach dem Ende des Zweiten Weltkriegs sowie die spätere Prägung des Bildungssystems durch die Ideologie des Marxismus-Leninismus. Andere Themenmodule gehen auf die Bedeutung der Sportkultur, ihre staatliche Förderung, Reglementierung und Instrumentalisierung ein. Zu sehen sind auch die im Original erhalten gebliebenen Arbeitszimmer Enver Hoxhas und des Ministerpräsidenten Mehmet Shehu. Thematisiert wird schließlich auch das zwischen 1975 und 1983 forcierte Bunkerbauprogramm. Von 221143 vor allem entlang der Staatsgrenzen sowie an den Meeresküsten geplanten Bunkern wurden 173371 realisiert.

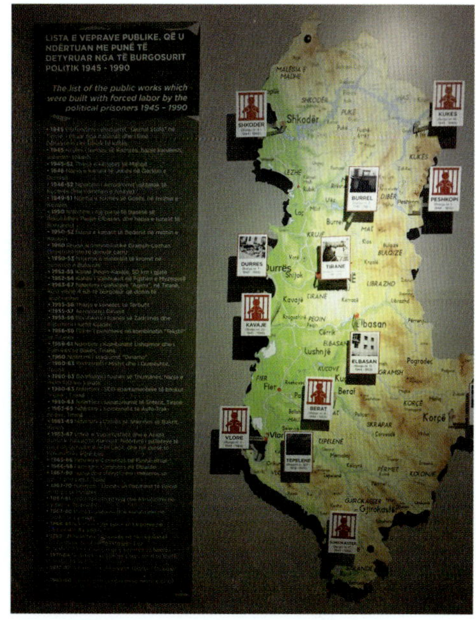

Karte mit Lager- und Gefängnisstandorten in der Dauerausstellung des »BunkArt I«

Am 19. November 2016 wurde eine Dependance des Museums »BunkArt« im Stadtzentrum Tiranas eröffnet. »BunkArt II« befindet sich in

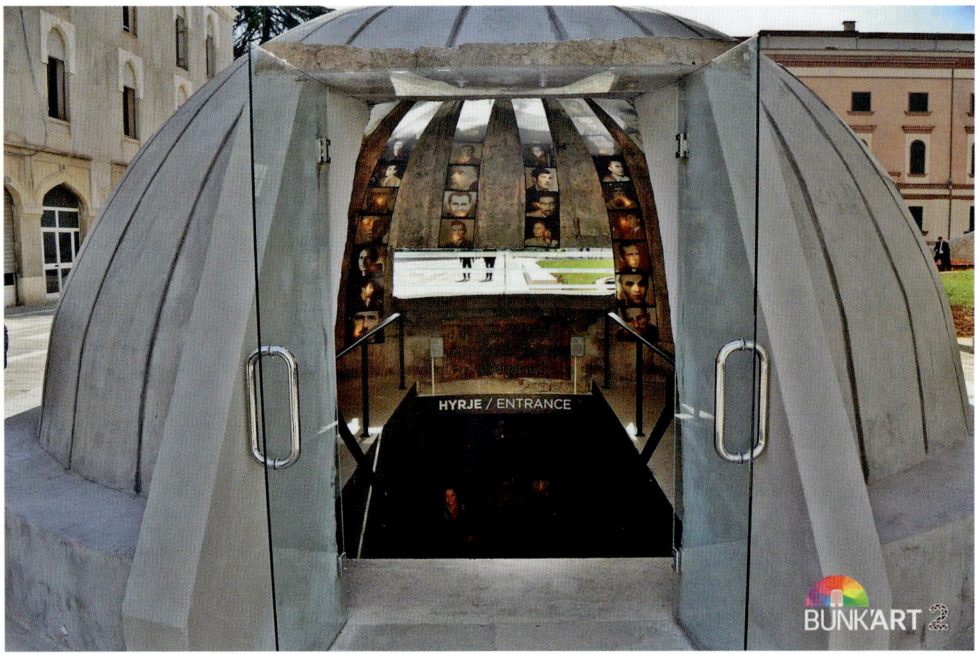

Eingang zur Ausstellung im »BunkArt II«

den zwischen 1981 und 1986 erbauten Schutzbunkertunneln des albanischen Innenministeriums. Gezeigt wird in »BunkArt II« die Geschichte des albanischen Innenministeriums in den Jahren zwischen 1912 und 1991 sowie der ihm ab 1944 unterstellten berüchtigten Geheimpolizei Sigurimi. Der Initiator und gegenwärtige Kurator beider »BunkArt«-Ausstellungen ist der italienische Journalist Carlo Bollino.

Illustriert werden in dem neuen Komplex neben der Geschichte des staatlichen Repressions- und Abschreckungsapparats auch die von der Geheimpolizei Sigurimi eingesetzten Überwachungs- und Bespitzelungsmethoden. Zur Anlage, die ursprünglich unter dem Codenamen »Objekti Shtylla« firmierte, gehören 24 Räume, das Wohn- und Arbeitsquartier des Innenministers sowie eine für die interne Kommunikation installierte Kommandohalle. Wie zahlreiche andere Bunkeranlagen dieser Größe sollten die Räumlichkeiten einem Angriff mit atomaren, biologischen und chemischen Waffen standhalten. Analog zur Ausstellung »BunkArt I« haben die Kuratoren die Exposition in einen historischen und einen musealen Teil gegliedert. Nachvollziehbar gemacht wird die Geschichte der albanischen Polizeikräfte unter den faschistischen italienischen sowie nationalsozialistischen deutschen Besatzungsregimen. Den breitesten Raum nimmt die albanische kommunistische Geheimpolizei Sigurimi ein. Eine Karte zeigt die über das gesamte Land verteilten Haftanstalten, getrennt nach politischen und »regulären« Insassen, die Arbeits- und Internierungslager und die darin herrschenden unmenschlichen Bedingungen.

Die Einrichtung stellt auf ihrer Internetpräsenz eine Onlinedatenbank mit den Namen der Opfer politischer Repressionen in Albanien zur Verfügung. Die Texte in beiden Ausstellungskomplexen sind auf Albanisch und Englisch.

Standort: Tirana, Rruga Fatil Deliu und Rruga Sermedin Said Toptani
Internet: www.bunkart.al

Gedenkstätte »Site of Witness and Memory«

Shkodra. In Erinnerung an die Opfer des kommunistischen Terrorregimes wurde in Shkodra im September 2014 die Gedenkstätte »Site of Witness and Memory« eröffnet. Sie befindet sich in einem historischen Gebäude, das zwischen 1946 und 1992 als Hauptquartier der lokalen Abteilung des albanischen Innenministeriums sowie als Gefängnis genutzt wurde.

In dem 1850 errichteten Haus unterhielt zunächst die österreichische Ordensgemeinschaft der Schulbrüder ein Wohnheim für die Kinder der nahe gelegenen Franziskanerschule. Zwischen 1918 und 1930 wandelte die Stadtverwaltung das Gebäude in ein Hospital um, ab Oktober 1930 nutzten es Franziskanermönche als Bildungseinrichtung. Nach der Etablierung der kommunistischen Herrschaft wurde der Franziskanerorden wie zahlreiche andere religiöse Einrichtungen im gesamten Land enteignet und vertrieben. Das Haus diente nun als Hauptquartier der lokalen Abteilung des Innenministeriums. Nach einem Umbau befanden sich in den einstigen Speicherkammern im Keller Internierungszellen und Verhörräume. Insgesamt 29 dunkle Zellen, jede nicht größer als drei Quadratmeter, reihten sich in zwei etwa vier Meter langen Korridoren aneinander. An die Zellenanlage schloss sich ein Innenhof an, von dem aus die Inhaftierten durch eine Verbindungstür zum Verhörraum gebracht wurden. Während der Untersuchungshaft blieben die Gefangenen in den Zellen im Erdgeschoss eingeschlossen. Zu den »Besonderheiten« der kommunistischen »Rechtsprechung« in Albanien zählte, dass Untersuchungshaft unbegrenzt – oft über Jahre – ausgedehnt werden konnte. Dabei konnte jegliches Verhalten als »verräterisch« gebrandmarkt werden. Nach der Verhängung des Strafmaßes wurden die Gefangenen entweder in andere Gefängnisse oder in Internierungslager überführt. Die zum Tode Verurteilten wurden bis zur Urteilsvollstreckung in einem separaten Raum eingekerkert.

In den 1980er Jahren wurden im zweiten Stockwerk Zellen für den regulären Haftbetrieb eingerichtet. Für die Büros stockte man das Gebäude um eine Etage auf. Das Innenministerium behielt das Gebäude bis zum Regierungswechsel im Jahr 1992, danach ging es in den Besitz der lokalen Polizeikräfte über. 1997 übergab der Staat das Gebäude wieder dem albanischen Franziskanerorden.

Der heutige Eingang zur Zellenanlage führt durch eine Galerie mit Dokumenten und Kunstgegenständen, die das Leid der an diesem Ort Inhaftierten zum Ausdruck bringen soll. Am Ende der Galerie befindet sich der Ausstellungsraum mit Objekten, die von den Gefangenen während ihrer Inhaftierung hergestellt wurden. Dargestellt werden die ersten antikommunistisch orientierten Proteste in Albanien, die radikale Verfolgung des Klerus, das Internierungsregime der politischen Gefangenen sowie die zahlreichen Strafmaßnahmen.

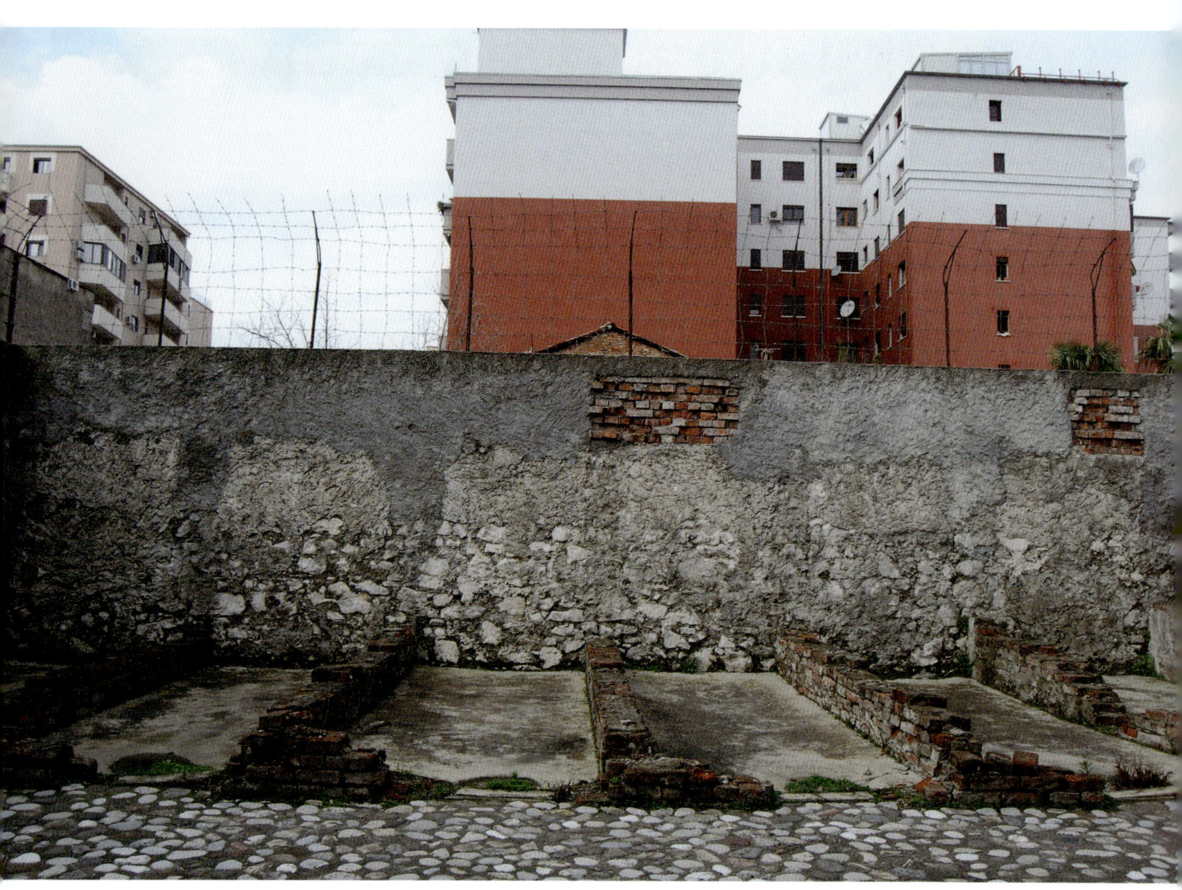

Ehemaliger Ausgangshof im einstigen Gefängnis in Shkodra

Die präsentierten Dokumente, Briefe, Manuskripte, Gebrauchs- und Wertgegenstände wurden von Betroffenen und Angehörigen der Opfer zur Verfügung gestellt. Ein mit audiovisuellen Medien ausgestatteter Raum sowie eine kleine Bibliothek bieten die Möglichkeit, sich eingehender mit der Thematik auseinanderzusetzen.

Standort: Shkodra, Bulevardi Skënderbeu 26
Internet: www.vdkshkoder.com

Gedenkstättenprojekt Spaç

Spaç. Das Gelände des berüchtigten Arbeits- und Internierungslagers Spaç, das während der kommunistischen Herrschaft die Bezeichnung »Umerziehungseinheit 303« trug, befindet sich in einem schwer zugänglichen Berggebiet nahe der nordalbanischen Gemeinde Mirdita. Von den Gebäuden, die nach der endgültigen Schließung des Lagers den harten Witterungsbedingungen und Vandalismus anheimfielen, sind großenteils nur noch Ruinen erhalten geblieben. Das 1968 eingerichtete Lager Spaç, dessen Insassen unter anderem zur Zwangsarbeit in den angrenzenden Kupfer- und Pyritminen versklavt wurden, zählte neben dem Gefängnis in Burrel und dem Lagerkomplex in Ballsh zu den grausamsten Haftstätten des kommunistischen Albanien. Viele der an diesem Ort internierten Männer waren politische Gefangene: Künstler, Schriftsteller, Intellektuelle und Geistliche. Darunter befanden sich prominente Persönlichkeiten wie der Autor und Dissident Fatos Lubonja oder der Architekt und Maler Maks Velo. Der katholische Priester Simon Jubani, der ebenso wie der römisch-katholische Kardinal Ernest Simoni zu den Gefangenen zählte, zelebrierte nach dem Zusammenbruch des kommunistischen Regimes und der Aufhebung des Religionsverbots den landesweit ersten Gottesdienst. Der Nationale Restaurationsrat Albaniens kündigte 2009 an, Spaç in eine museale Anlage umzuwandeln. Entsprechende Finanzmittel konnten jedoch bisher nicht bereitgestellt werden. Im Jahr 2015 wurde der historische Ort in die Liste der 50 am meisten bedrohten Monumente des World Monument Fund aufgenommen, einer international tätigen gemeinnützigen Organisation, die sich für die Erhaltung von Denkmälern und historischen Stätten einsetzt.

Das Areal des Lagers Spaç befindet sich an einem steil abfallenden Hang in den nordalbanischen Bergen. Die Gebäude der Lagerwachen und der Verwaltung zählen zu den besser erhaltenen Strukturen des Komplexes. Das den Lagerhäftlingen zugewiesene Gelände zog sich – von Stacheldraht umgeben – mit mehreren Wohneinheiten und Baracken, einem Appellplatz und Innenhof in Richtung Tal bis zu den tiefer gelegenen Wachtürmen. Daran grenzt eine tiefe Schlucht. Zu Zeiten seiner Höchstbelegung befanden sich in Spaç etwa 1400 Gefangene.

Im ganzen Land wurden Gefangene zur Zwangsarbeit für den Aufbau unter sklavenmäßigen Bedingungen eingesetzt: bei der Trockenlegung von Sumpfgebieten, beim Bau von Wohnblocks und Raffinerien, beim Anlegen von Kanälen und bei der Verlegung von Straßen genauso wie bei der Förderung von Edelmetallen und Mineralien sowie beim Bergbau. Neben der Verfolgung rein ökonomischer Ziele sollten den Gefangenen durch Zwangsarbeit nicht nur »falsche Gedanken« ausgetrieben werden, sondern vielmehr sollten sie zu »neuen sozialistischen Menschen« umerzogen werden,

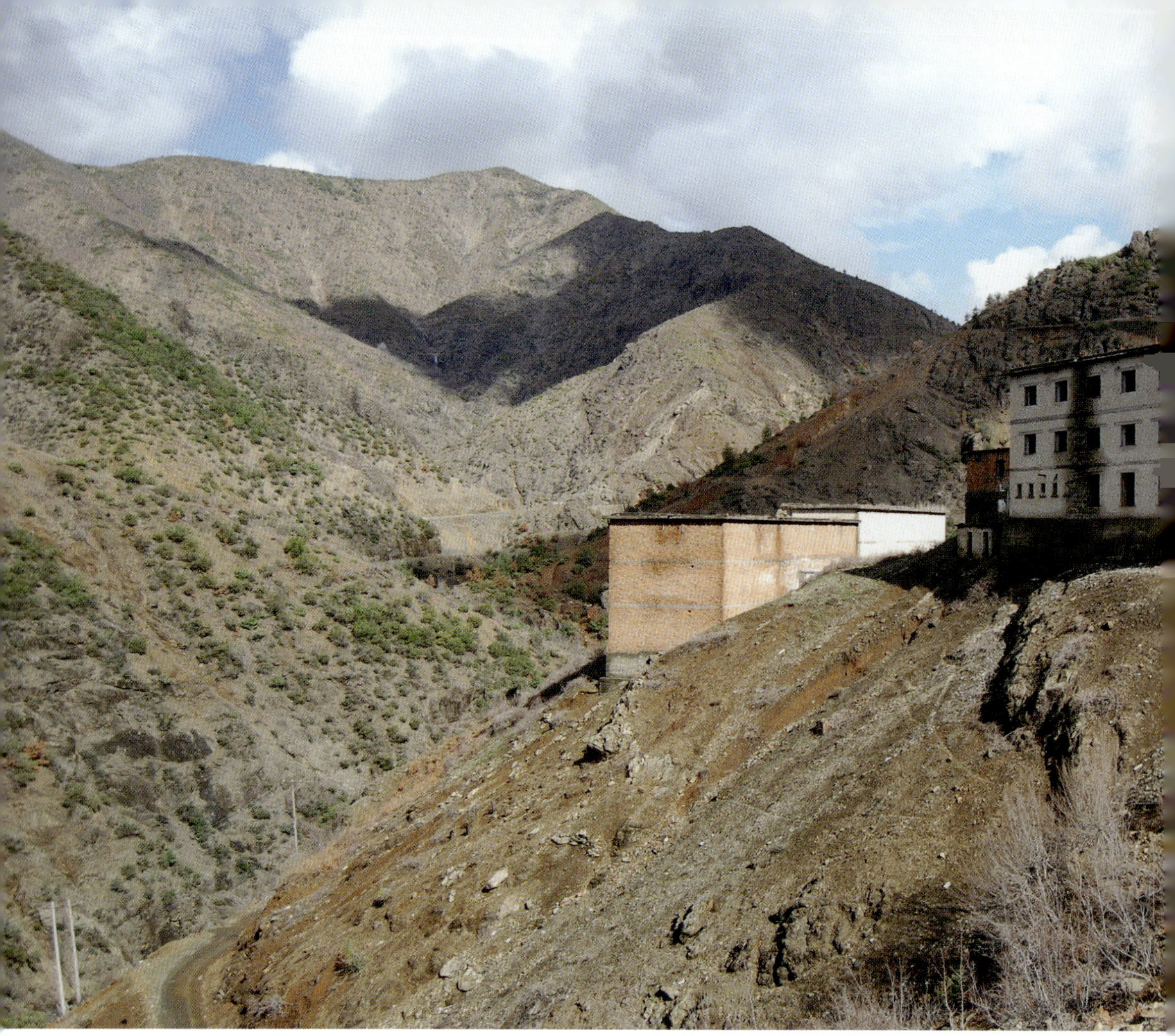

Ruine des ehemaligen Arbeits- und Internierungslagers Spaç

und das bei unerfüllbaren Arbeitsnormen und unmenschlichen Arbeitsbedingungen. Auf die Gesundheit der Häftlinge wurde keine Rücksicht genommen. In den Pyrit- und Kupfergruben von Spaç arbeiteten die Gefangenen in drei Schichten mit primitivsten Werkzeugen, ohne jegliche Sicherheitsvorkehrungen bei sengender Hitze und Eiseskälte. Dabei gehörte es zur gängigen Praxis, die Männer unmittelbar nach den Sprengungen – wenn die Minen noch voller giftige Dynamitdämpfe waren – zurück in die Stollen zu schicken. Aufgrund der menschenunwürdigen Haft- und Arbeitsbedingungen organisierten die Gefangenen im Mai 1973 eine Revolte. Für zwei Tage, vom 21. bis zum 23. Mai 1973, gelang es ihnen, die Kontrolle über das Lager zu übernehmen. Sie hissten die albanische Flagge ohne den sozialistischen Stern über den beiden Adlerköpfen als Zeichen des Protests. Nach der Niederschlagung des Aufstands wurden die Anführer der Revolte hingerichtet. Weitere 130 Personen wurden zu längeren Haftstrafen unter noch strengeren Bedingungen verurteilt. Zwölf Jahre später – 1985 – brach in Spaç erneut Protest gegen die Misshandlung und Erniedrigung der Gefangenen durch das Wachpersonal aus. Zur Niederschlagung des Aufstands wurden Spezialeinsatzkräfte des Innenministeriums aus Tirana nach Spaç eingeflogen. Drei Männer wurden

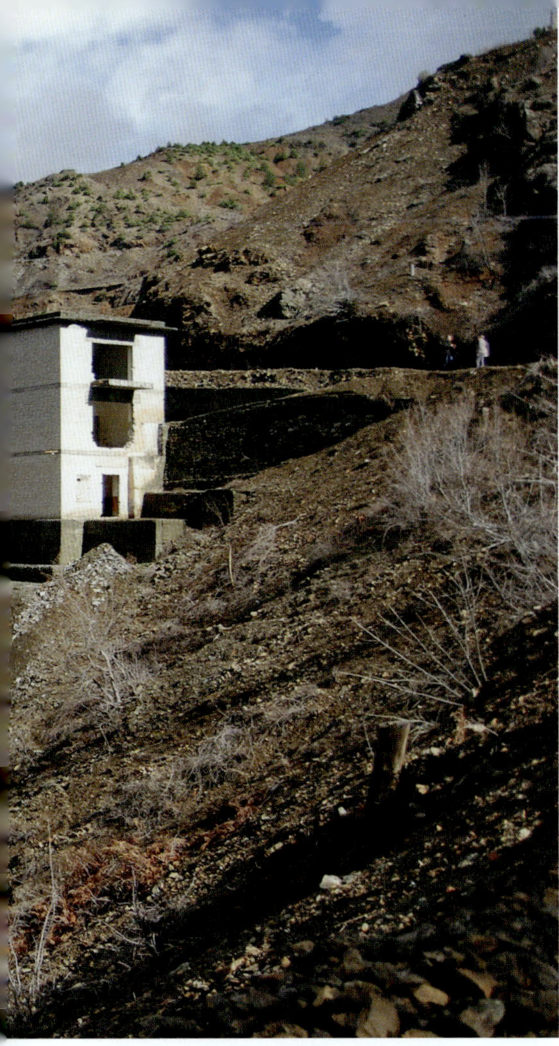

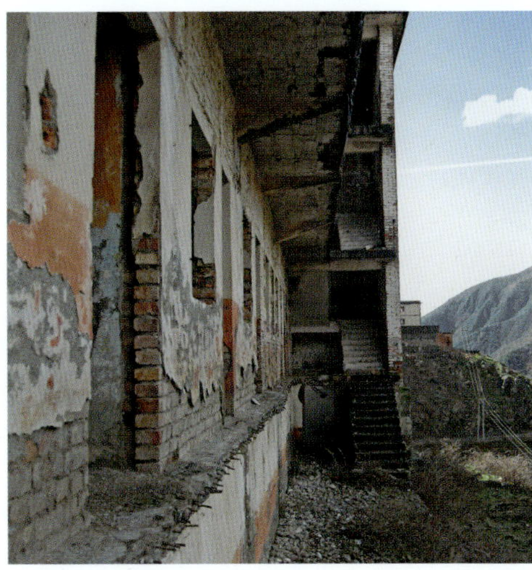

Verwitterte Ruine des Lagers
in den nordalbanischen Bergen

zum Tode verurteilt, ein Mann verstarb an den Folgen von Misshandlungen und Folter während des Verhörs, weitere 36 Häftlinge bekamen zusätzliche Haftstrafen zwischen sechs und 20 Jahren. Verstorbene Häftlinge wurden ohne Kennzeichnung der Grabstätten verscharrt. Oftmals wissen die Angehörigen der Opfer bis heute nicht, wo sich die Gebeine der Verstorbenen befinden. In Spaç sollen sich die sterblichen Überreste der ehemaligen Häftlinge an der Stelle befinden, wo der kahle Berghang mit jungen Baumsetzlingen bepflanzt wurde. Ende 1991, nachdem das kommunistische Regime in Albanien offiziell aufgehört hatte zu existieren, wurden die Arbeits- und Internierungslager für politische Gefangene im ganzen Land – so auch in Spaç – geschlossen.

Standort: Spaç, 60 Kilometer nördlich von Tirana an der Durchgangsstraße SH40

Literaturhinweise Albanien:

Idrizi, Idrit: Zwischen politischer Instrumentalisierung und Verdrängung: Die Auseinandersetzung mit dem Kommunismus in Öffentlichkeit, Geschichtspublizistik und Historiografie im postkommunistischen Albanien. In: Mählert, Ulrich et al. (Hrsg.): Jahrbuch für Historische Kommunismusforschung. Berlin 2014. / Justice and Peace Commission Albania: Spaçi Prison. Why a Museum? Shkodra 2015. / Mirdita, Pierin (Hrsg.): »Site of Witness and Memory«; from a place of suffering and tortures to a museum in commemoration of the victims of the communist regime 2016. Online abrufbar unter: www.academia.edu/31408339/Site_of_Witness_and_Memory_-_Vendi_i_D%C3%ABshmis%C3%AB_dhe_Kujtes%C3%ABs.pdf (letzter Zugriff: 14. 11. 2017). / Niegelhell, Anita / Ponisch, Gabriele: Wir sind immer im Feuer. Berichte ehemaliger politischer Gefangener im kommunistischen Albanien. Wien, Köln, Weimar 2001.

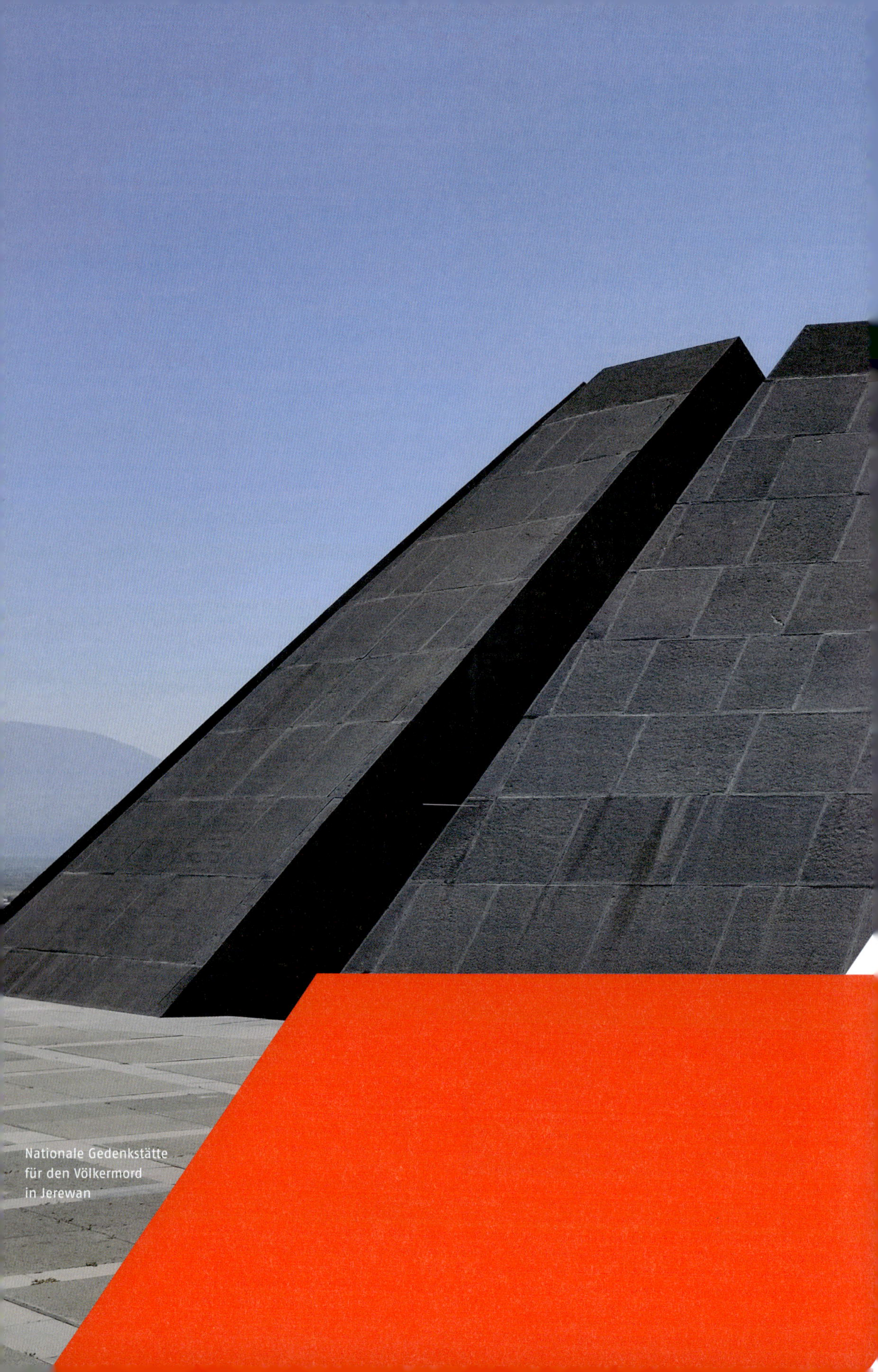
Nationale Gedenkstätte
für den Völkermord
in Jerewan

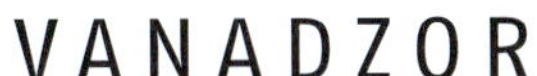

Armenien

Nach dem Ersten Weltkrieg wurde in Armenien am 28. Mai 1918 die erste demokratische Republik gegründet, die jedoch nur zwei Jahre Bestand hatte. Ende November 1920 übernahmen armenische Kommunisten in einem Putsch die Macht im Land. Sie erhielten militärische Unterstützung durch Truppen der Roten Armee, die das armenische Gebiet besetzten. Die im Dezember 1920 gegründete Armenische Sozialistische Sowjetrepublik behielt formal ihre Eigenständigkeit, bis sie sich auf Druck von Sowjetrussland im März 1922 mit Georgien und Aserbaidschan zur Transkaukasischen Sozialistischen Föderativen Sowjetrepublik zusammenschloss. Ein Teil des armenischen Territoriums wurde 1923 infolge des Vertrags von Lausanne der Türkei zugeschlagen. Ebenfalls Anfang der 1920er Jahre entschied die Sowjetregierung, von Armeniern bewohnte Gebiete, wie zum Beispiel in Berg-Karabach, an Aserbaidschan zu geben.

Mit der Durchsetzung der sowjetischen Herrschaft gingen großflächige Repressalien einher. Alles von den Bolschewiki als »rückständig« Wahrgenommene, wozu viele regionale und nationale Traditionen in allen besetzten Gebieten gehörten, wurde bekämpft. Wer sich der neuen Macht widersetzte, wurde verfolgt. Mit der Etablierung der Sowjetmacht wurden alle anderen politischen Vereinigungen verboten; echte und vermeintliche Anhänger der vorherigen Regierungspartei, der Daschnakzutjun, wurden verfolgt und hingerichtet. Dies betraf Vertreter der Kirche ebenso wie Gläubige, Besitzer von Industriebetrieben und Land, aber auch Mitglieder politischer Parteien und nationaler Gruppierungen.

Mit dem Beginn der Kollektivierung 1929 wurden auch in Armenien Tausende sogenannte Kulaken zwangsenteignet und verfolgt. Etwa 25 000 Bauern, die sich der Zwangskollektivierung widersetzten, wurden nach Sibirien deportiert. Im Rahmen des Anfang der 1930er Jahre in Armenien eingeführten »Sozialistischen Aufbaudienstes« konnten alle Bürgerinnen und Bürger zu Zwangsarbeit in nationalen Aufbauprojekten verpflichtet und zwangsumgesiedelt werden. Damit sollten die Industrialisierung des Landes und der Aufbau des Sozialismus vorangebracht werden.

In den 1930er Jahren verschärften sich die Repressalien erneut. Etwa 300 000 Menschen, ein Viertel der Bevölkerung, wurden während des »Großen Terrors« 1937/38 ermordet und in die Lager des GULag verschleppt. Nahezu die gesamte armenische Intelligenz wurde ausgelöscht. Die Pflege nationaler Erinnerungen, das Gedenken an den Völkermord an den Armeniern von 1915 im Osmanischen Reich, wurden als nationalistische Propaganda ebenso unterdrückt wie die Thematisierung der willkürlichen Gebietsabtretungen.

Der Kampf gegen die Kirche hatte bereits unmittelbar nach der Machtübernahme durch die Kommunisten ab Dezember 1920 eingesetzt. Die Armenische Apostolische Kirche wurde enteignet, Religionsunterricht an Schulen verboten, Geistlichen das Wahlrecht entzogen. Zahllose Priester wurden verhaftet und ermordet. Von den etwa 800 Kirchen und Klöstern, die zu Beginn des 20. Jahrhunderts auf dem Gebiet des späteren Sowjetarmeniens existierten, waren im Frühjahr 1938 noch vier offen. Die anderen waren entweiht, als Viehställe, Lagerräume, Kinos oder Kulturzentren genutzt oder zerstört worden. Den Höhepunkt der Repressionen gegen die Kirchen bildete zur Zeit des »Großen Terrors« die Ermordung des Katholikos Choren I., des geistlichen Oberhaupts der Armenischen Apostolischen Kirche, in der Nacht vom 5. auf den 6. April 1938.

Zu Beginn des Großen Vaterländischen Krieges 1941 änderte sich die sowjetische Politik gegenüber Armenien. Um die Moral und den Kampfgeist der Bevölkerung während der Kriegsjahre zu stärken, lockerte die sowjetische Staats- und Parteiführung die Politik gegenüber den bis dahin verfolgten Kirchen. Da Moskau auf die finanzielle Unterstützung seitens der armenischen Diaspora setzte, wurden ebenfalls die allgemeinen Repressionen verringert.

Ambivalent gestaltete sich auch die Migrationspolitik. Besonders nach dem Ende des Zweiten Weltkriegs initiierte Sowjetarmenien eine Kampagne zur Repatriierung der Diaspora, um die hohen Kriegsverluste demografisch und ökonomisch auszugleichen. Der Einladung der sowjetischen Regierung zur Rückkehr folgten zwischen 1946 und 1948 etwa 90 000 Menschen – rund zehn Prozent der im Ausland lebenden Armenier. In der Regel waren es Überlebende des Völkermords von 1915. Ihre Integration gestaltete sich jedoch schwierig. Schnell zeigte sich, dass das von der Sowjetpropaganda skizzierte Leben nichts mit der Realität zu tun hatte. Zudem galten die Remigranten als gefährlich. Sie warfen nicht nur Fragen nach der angemessenen Erinnerung an den Genozid 1915 auf – ein streng geahndetes Tabu, dessen Missachtung zu Arrest und Deportation führen konnte –, sie untergruben auch den Mythos von den »katastrophalen Verhältnissen und der Tyrannei im kapitalistischen Westen«. So fanden sich aufgrund eines Beschlusses der Sowjetregierung vom 29. Mai 1949 Tausende Rückkehrer alsbald in der Verbannung wieder. Allein bei den Deportationen in der Nacht vom 13. auf den 14. Juni 1949 wurden 12 000 Menschen in den Altai und in die westsibirische Stadt Tomsk verschickt.

Nach Stalins Tod 1953 ebbte der politische Terror in Armenien wie auch in den anderen Sowjetrepubliken ab. Nach der Amnestie vom 27. März 1953 kehrten etwa 5 600 Personen aus der Verbannung nach Armenien zurück. Erst 1962, fast zehn Jahre nach Stalins Tod, wurde das größte Stalin-Denkmal der Sowjetunion in Jerewan demontiert. Mit der eintretenden Lockerung nach Stalins Tod konnten vormals tabusierte Themen wie der Völkermord von 1915 vorsichtig angesprochen werden, ohne sofort Verhaftung und Deportation zu riskieren. Allerdings blieben sowohl der Völkermord als auch die stalinistischen Repressionen und die Frage der Grenzziehungen offiziell tabuisiert. Für Oppositionelle und Dissidenten standen weniger die Durchsetzung künstlerischer Freiheiten – die armenische Kulturpolitik galt ohnehin als liberaler als die gesamtsowjetische – oder die Einhaltung von Menschenrechten im Zentrum. Sie fokussierten sich auf die Anerkennung der Verbrechen von 1915 als Völkermord, die Wiedervereinigung mit den abgetrennten Gebieten wie Berg-Karabach sowie die Erhaltung des Nationalbewusstseins und der traditionellen Kulturdenkmäler. Seinen Höhepunkt erreichte der unter den Bedingungen von Chruschtschows »Tauwetterperiode« einsetzende Prozess zur Stärkung des armenischen Nationalbewusstseins am 24. April 1965. Ungeachtet der staatlichen Vorgaben, keine offiziellen Gedenkfeierlichkeiten zum 50. Jahrestag des Völkermords abzuhalten, versammelten sich 200 000 Menschen in Jerewan zu einer inoffiziellen Trauerkundgebung. Bereits ein Jahr zuvor hatte sich die armenische Kirche dafür eingesetzt, den 24. April als offiziellen Gedenktag für die Opfer des Völkermords einzuführen. Auf Plakaten und Transparenten forderten die Demonstranten die Anerkennung der Verbrechen als Genozid sowie die Errichtung einer Gedenkstätte in der armenischen Hauptstadt. Diese konnte nur zwei Jahre später 1967 eröffnet werden. Sie verlangten auch die Rückgabe von armenischem Territorium, das wie Berg-Karabach Aserbaidschan zugeschlagen worden war. Die als Ventil für politische Unzufriedenheit zugelassenen Kundgebungen förderten ein neues nationales Selbstbewusstsein, das sich aus der Trauer und Erinnerung an die im Völkermord getöteten Armenier speiste.

Am 24. April 1968 gelang es der im Untergrund agierenden Nationalen Vereinigten Partei Armeniens (NOP), während der offiziellen Gedenkfeierlichkeiten für die Opfer des Völkermords über das Radio eine Mitteilung zu senden. Darin forderten die Aktivisten die Bevölkerung zum Kampf für die Unabhängigkeit des Landes auf. Nach dieser Aktion wurden viele Mitglieder der NOP und anderer Untergrundorganisationen verhaftet und zu jahrelanger Haft im berüchtigten DubrawLag in der Mordwinischen Sowjetrepublik verurteilt. Die Erfahrungen in den Arbeits- und

Besserungsarbeitslagern bezeichneten etliche von ihnen später als »eine Schule des zivilen Ungehorsams«. Zwischen 1961 und 1972 war DubrawLag der einzige Lagerkomplex auf dem Gebiet der UdSSR, in dem angeblich »besonders gefährliche Staatsverbrecher« festgehalten wurden, das heißt Personen, die wegen »antisowjetischer Agitation und Propaganda«, »Hochverrats« oder »Beteiligung an einer antisowjetischen Organisation« verurteilt worden waren. An diesem Ort knüpften die armenischen Oppositionellen Kontakte zu Dissidenten aus Russland, der Ukraine und anderen Sowjetrepubliken. Anfang der 1970er Jahre wurden erste Berichte über die Oppositionsarbeit in Armenien in dem im Untergrund in Moskau herausgegebenen Informationsbulletin der Menschenrechtsbewegung »Chronik der laufenden Ereignisse« veröffentlicht.

Wie in anderen Staaten des Ostblocks führte die KSZE-Konferenz auch in Armenien Anfang 1977 zur Gründung einer lokalen Helsinki-Gruppe, die unter Berufung auf die in Helsinki unterzeichnete Schlussakte die Gewährung von Menschen- und Bürgerrechten verlangte. Im ersten Halbjahr 1979 wurden sämtliche Mitglieder der armenischen Helsinki-Gruppe verhaftet. In den folgenden Jahren verschärften sich die Unterdrückungsmaßnahmen wieder.

Erst in der Perestroika-Zeit konnten viele der einstigen Tabuthemen öffentlich zur Diskussion gestellt werden. 1987 erließ Gorbatschow eine Amnestie, nach der Tausende politische Häftlinge nach Armenien zurückkehrten. In erster Linie ging es um die Region Berg-Karabach, wo sich die armenische Bevölkerungsmehrheit von Aserbaidschan lossagte und im Februar 1988 ein militärischer armenisch-aserbaidschanischer Konflikt ausbrach. Im gleichen Jahr wurden in antiarmenischen Pogromen wie zum Beispiel am 28. Februar in Sumgait Tausende Armenier getötet; 400 000 Menschen flohen nach Armenien. Zugleich setzten Pogrome gegen die in Armenien lebenden Azeris ein, die wiederum nach Aserbaidschan flüchteten. 1988 verheerte ein Erdbeben Armenien, dem 25 000 Menschen zum Opfer fielen und das etwa 40 Prozent des Landes zerstörte. Auch diese Katastrophe wurde ebenso wie drei Jahre zuvor die Reaktorkatastrophe in Tschernobyl offiziell verschwiegen.

1991 erreichte die demokratische Bewegung schließlich ihr wichtigstes politisches Ziel: Bei einem Referendum über den Austritt des Landes aus der Sowjetunion stimmte die Mehrheit der Bevölkerung für die nationalstaatliche Souveränität. Am 21. September 1991 verkündete die Republik Armenien ihre Unabhängigkeit.

Der Zerfall der Sowjetunion ließ Konflikte, die seit Jahrzehnten unterdrückt, aber nie gelöst worden waren, wieder aufleben. Dies betraf insbesondere den Streit um die Zugehörigkeit von Berg-Karabach, das unter Stalin trotz einer mehrheitlich armenischen Bevölkerung an Aserbaidschan abgetreten worden war. In allen Kaukasusrepubliken waren von Moskau Grenzkorrekturen vorgenommen worden. Ein Teil der armenischen Bevölkerung fand sich damit außerhalb der Grenzen Sowjetarmeniens wieder. Die von Azeris besiedelte Exklave Nachitschewan, auf die Armenien Anspruch erhoben hatte, ging ebenfalls an Aserbaidschan. Mit dem Zerfall der Sowjetunion geriet dieses politische Arrangement ins Wanken und führte zu blutigen Auseinandersetzungen. Seit September 1989 waren alle Straßen- und Schienenwege von Aserbaidschan nach Armenien gesperrt, die Lieferung von Erdöl und Erdgas wurde eingestellt und um Berg-Karabach 1992 Krieg geführt. Seit 1994 gilt dieser Konflikt nach einem Waffenstillstandsabkommen als »eingefroren«, ohne dass eine wirkliche Lösung in Sicht wäre. Für die armenische Bevölkerung bedeutete dies bis Ende der 1990er Jahre erhebliche Entbehrungen. Da die Versorgung mit Rohstoffen eingestellt worden war, mussten die Menschen jahrelang ohne Strom und Brennstoffe die Winter mit bis zu 25 Grad minus überstehen.

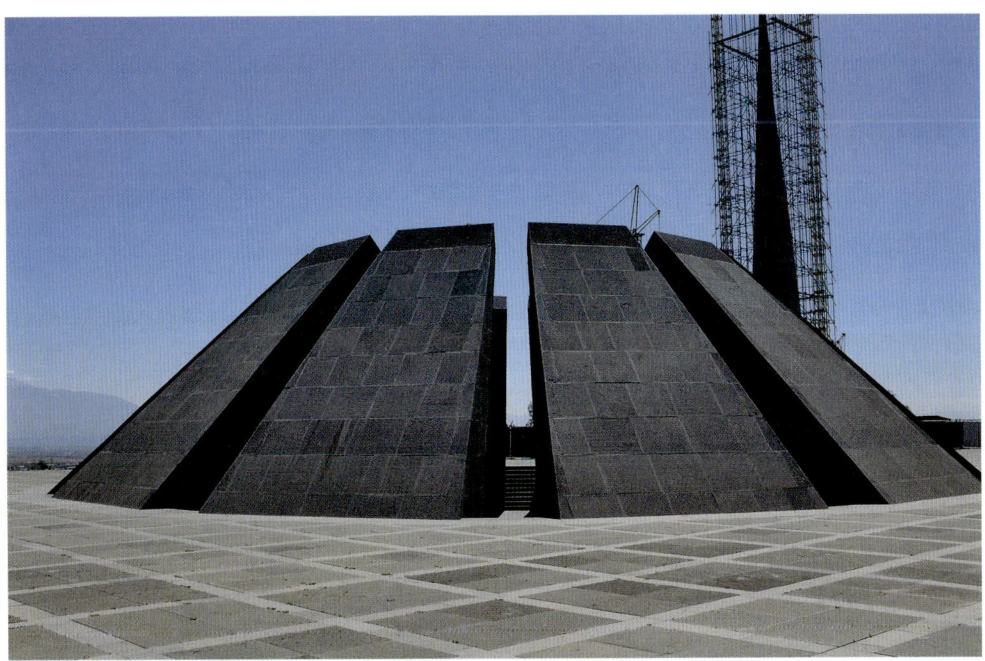

Nationale Gedenkstätte
für den Völkermord in Jerewan

Die nationale Erinnerung ist auf den Völkermord an den Armeniern durch das Osmanische Reich von 1915/16 ausgerichtet, dem mehr als 1,5 Millionen Menschen zum Opfer fielen. Der 24. April ist der offizielle Gedenktag für den Völkermord. Heute gilt in Armenien der 14. Juni als offizieller Gedenktag für die Opfer der politischen Repressionen. Denkmäler zur Erinnerung an die während der Sowjetzeit erfahrenen Repressionen und die Opfer gibt es bisher nur vereinzelt.

Das Ethologische Institut an der Universität in Jerewan führt eine Abteilung zur Erforschung der stalinistischen Repressionen. Diese hat unter anderem eine Publikation mit den Namen von 23 000 Ermordeten herausgegeben. Zudem wurden Bücher über die Deportationen und die politischen Repressionen zwischen 1922 und 1953 veröffentlicht.

Mahnmal für die Opfer politischer Repression 1920 – 1991

Vanadzor. Zur Erinnerung an die Opfer der politischen Repression in Armenien wurde am 9. Oktober 2001 auf Initiative der armenischen Memorial-Gesellschaft »Gushamatjan« ein Mahnmal errichtet. Die vom Bildhauer Gerasim Tumanjan gestaltete Skulptur aus grauem Marmor ist auf einem Piedestal platziert. Dargestellt wird die Figur eines Mannes, der seine Arme in Abwehrhaltung gen Himmel streckt.

Inschrift am Fuß des Monuments
Armenisch: աղաքական / ճնշման / զոհերին

Russisch: Жертвам / политических / репрессий

Englisch: *To the victims / of the political / repression / 1920 – 1991*

Die deutsche Übersetzung lautet:
Den Opfern politischer Repression 1920 – 1991

Standort: Vanadzor, im Stadtpark in der Nähe des Bahnhofs

Literaturhinweise Armenien:
Hofmann, Tessa: Annäherung an Armenien. Geschichte und Gegenwart. 2. Aufl. München 2006. / Lehmann, Maike: Eine sowjetische Nation: Nationale Sozialismusinterpretationen in Armenien seit 1945. Frankfurt am Main, New York 2012. / Sarkissian, Ani: Religion in postsoviet Armenia: Pluralism and identity formation in transition. In: Religion, State, Society, 2008, Vol. 36, Nr. 2, S. 163 – 180.

►
Mahnmal für die Opfer politischer Repression

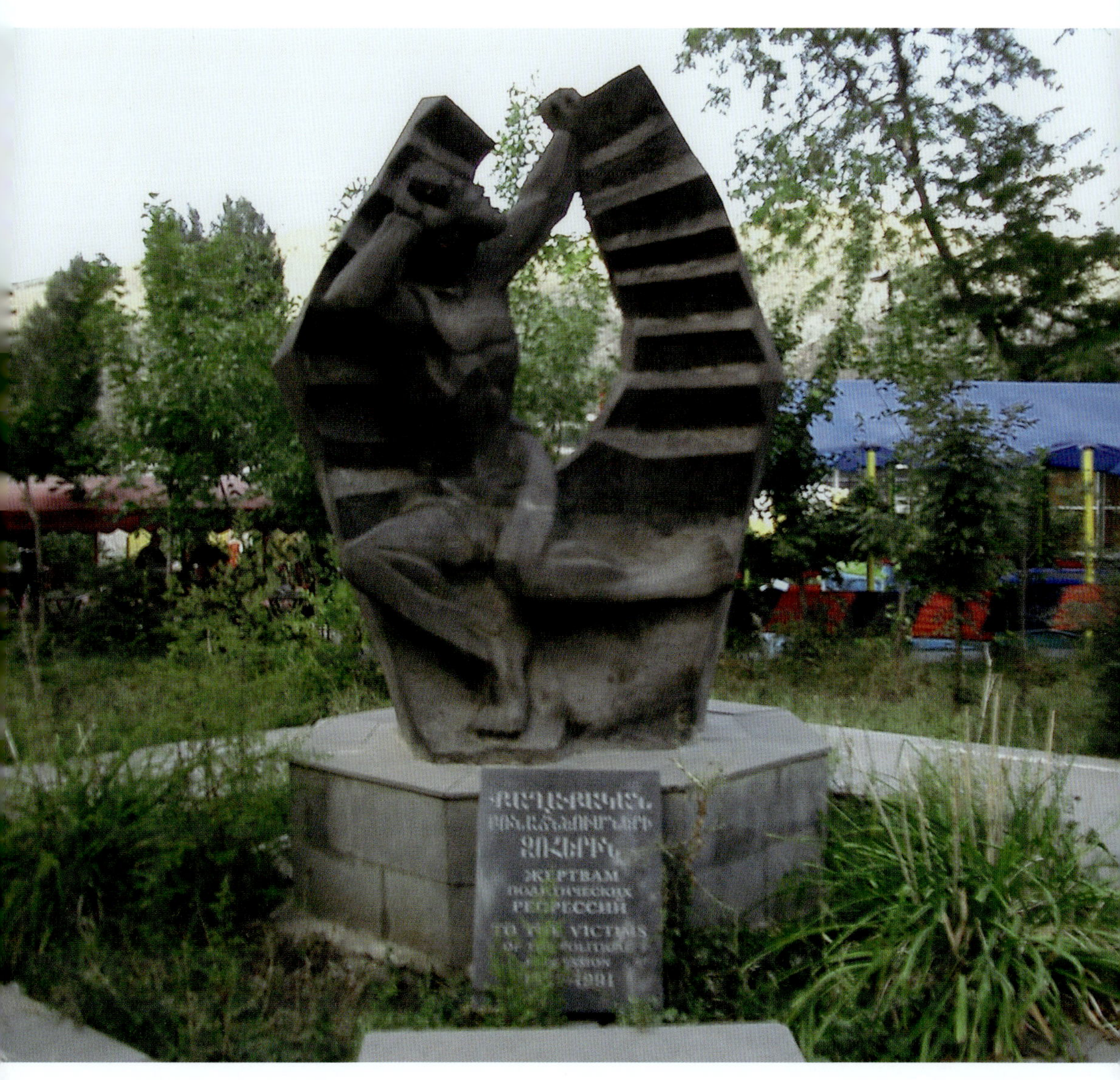
ЖЕРТВАМ
РЕПРЕССИЙ

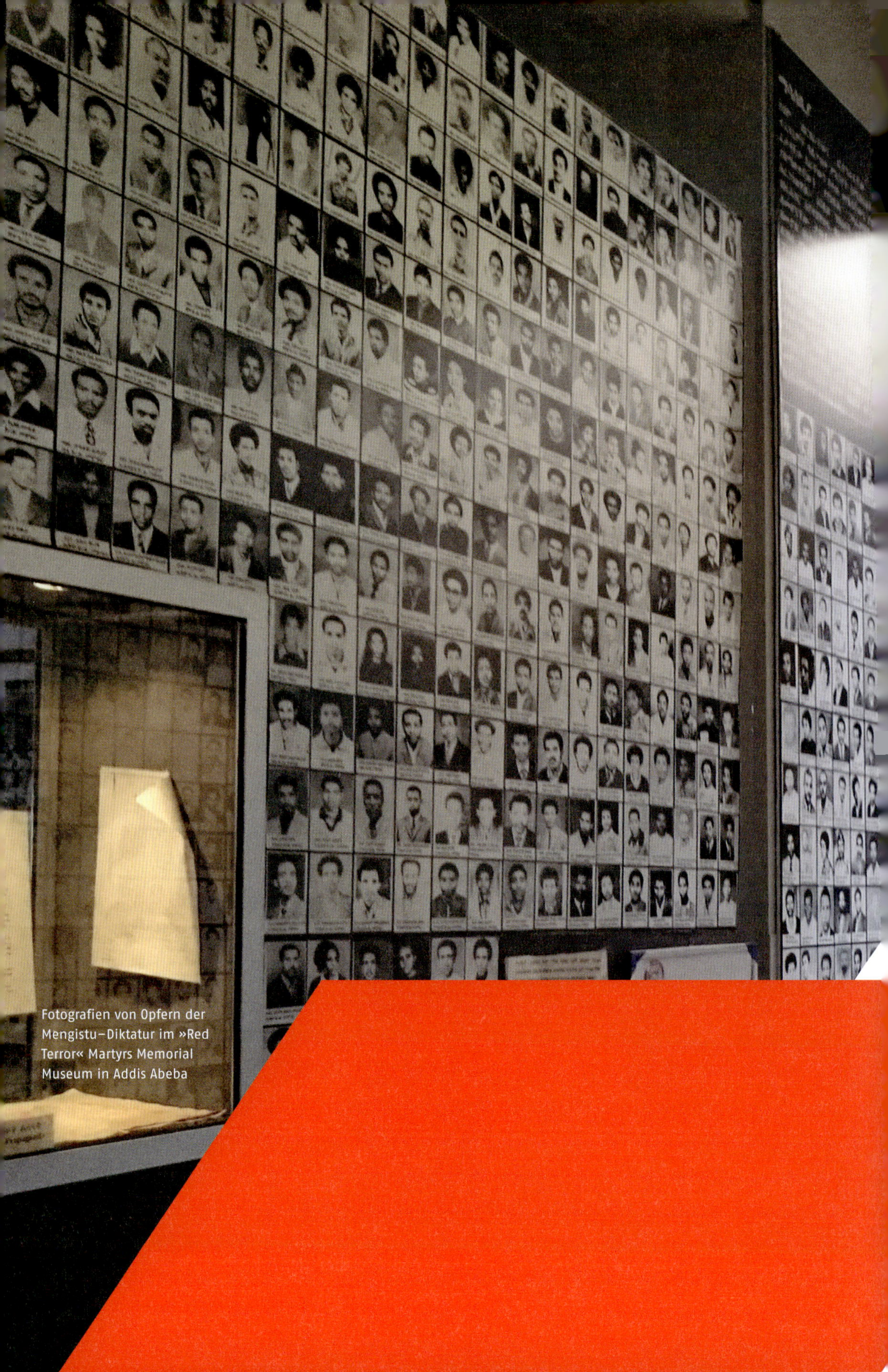

Fotografien von Opfern der Mengistu-Diktatur im »Red Terror« Martyrs Memorial Museum in Addis Abeba

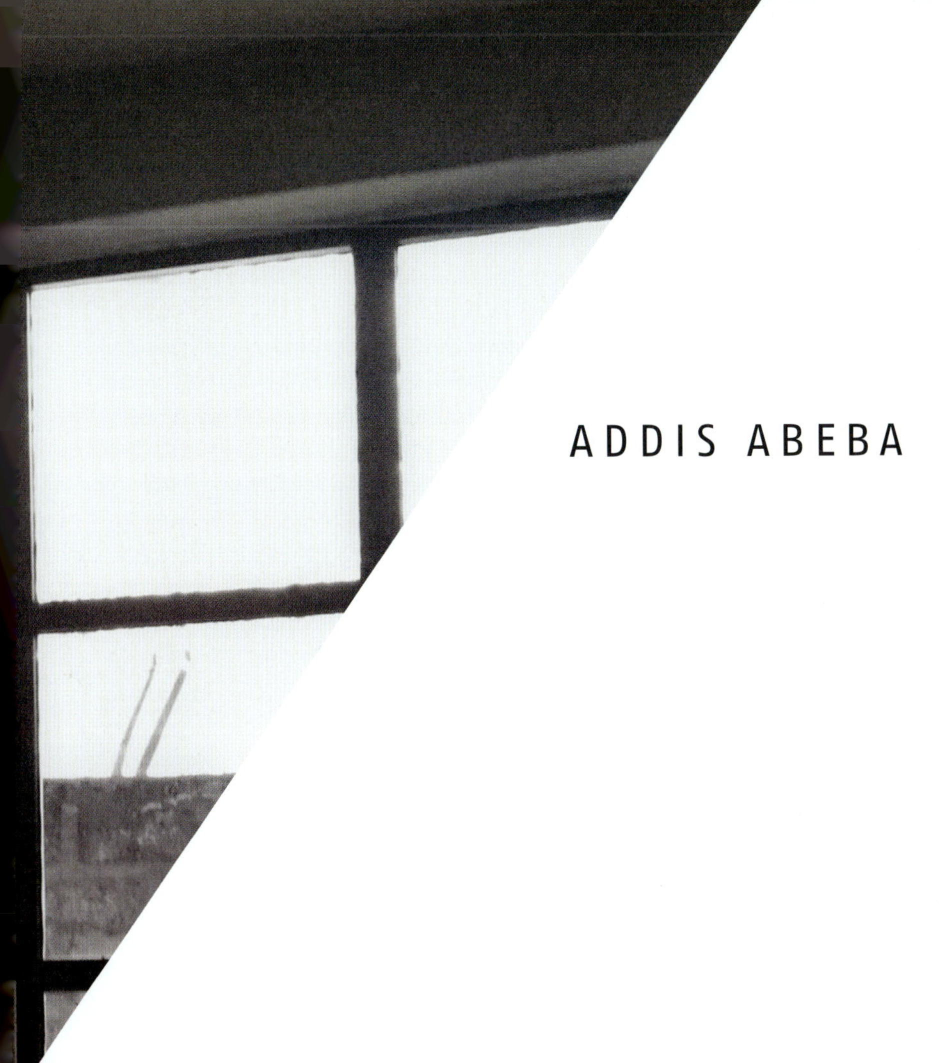

ADDIS ABEBA

Äthiopien

In Äthiopien tobte seit 1961 ein Bürgerkrieg. Ausgelöst worden war dieser durch die Herabstufung der föderalen Region Eritrea zu einer Verwaltungsprovinz. In diesem Bürgerkrieg versuchte Eritrea, seine Unabhängigkeit wieder zuerlangen. Kaiser Haile Selassie I., der seit 1930 an der Macht war, herrschte mit brutalem Terror und Verfolgung. In den 1960er und 1970er Jahren kam es immer wieder zu Protesten und Unruhen, die 1974 in einem Aufstand gipfelten, in dessen Ergebnis die Militärjunta, der Provisorische Militärische Verwaltungsrat (DERG), unter Führung des Generals Mengistu Haile Mariam die Macht übernahm und den Aufbau des Sozialismus als politisches Ziel erklärte. Der von der DERG skizzierte »äthiopische Sonderweg« nahm mit der Verstaatlichung von Privateigentum, Enteignung von Grundbesitz, radikalen Einschränkungen von Versammlungs-, Meinungs- und Pressefreiheit sowie der erbitterten Verfolgung und Liquidierung politisch Andersdenkender konkrete Gestalt an. So rief Mengistu bei einem öffentlichen Auftritt im April 1977 die Bevölkerung dazu auf, die »Feinde der Revolution« zu vernichten. Gegen die Militärjunta formierte sich bewaffneter Widerstand durch unterschiedliche politische und ethnische Gruppierungen. Dabei verübten alle am Krieg beteiligten Seiten Verbrechen, denen vor allem Zivilisten, die zwischen die Fronten gerieten, zum Opfer fielen. Hunderttausende flohen aus ihren Regionen und suchten Schutz in Flüchtlingslagern. Verfolgungen und Folter waren an der Tagesordnung. Etwa eine halbe Million Menschen fielen dem Regime zum Opfer. Auch die globalen Rivalitäten des Kalten Krieges nutzte die DERG zum Ausbau ihres Machtanspruchs aus. Hatten die USA 1975/76 noch Rüstungsgüter an Äthiopien verkauft und zusätzliches Kriegsmaterial zur Verfügung gestellt, etablierte sich das Land unter Mengistus Herrschaft zum wichtigsten Verbündeten der Sowjetunion in Afrika. Mit den von Moskau bereitgestellten »Hilfslieferungen« führte die DERG Auseinandersetzungen gegen ethnische und regionale Freiheitsbewegungen, die sich von den jahrhundertealten Strukturen der äthiopischen Eliten lösen wollten. So gelang es der DERG durch die Unterstützung sowjetischer See- und Luftstreitkräfte, die Offensiven der marxistisch-leninistischen Volksfront zur Befreiung Eritreas, das 1961 ins Äthiopische Kaiserreich zwangseingegliedert worden war, zurückzuschlagen. Aufgrund sowjetischer Waffenlieferungen und logistischer Unterstützung konnten die äthiopischen Streitkräfte zudem den Krieg gegen das benachbarte Somalia vom Juli 1977 bis zum Januar 1978 zu ihren Gunsten entscheiden. Wie bei den Opfern des »Roten Terrors« liegen bisher keine vollständigen Angaben zu den Opfern des 1977 von Mengistu ausgerufenen »totalen Krieges« gegen die »eritreischen Sezessionisten« vor.

Als Äthiopien 1984/85 von einer schweren Hungersnot betroffen war, nutzte die Regierung Mengistu die Katastrophe zur Forcierung einer Politik der »Verdörflichung«. Offiziell als Maßnahme zur Umsiedlung der Bevölkerung aus unterversorgten Landesteilen in die fruchtbaren Flachlandebenen propagiert, bezweckte die Kampagne die Isolierung von Oppositions- und Rebellengruppen. Gleichzeitig war die Politik der »Verdörflichung« darauf angelegt, die Ausweitung des landwirtschaftlichen Sowchosensystems voranzutreiben. Diese gesellschaftspolitischen Umwälzungen kosteten zahlreichen Menschen in Äthiopien das Leben. Zu Fall gebracht werden konnte die DERG erst 1991 durch die Revolutionäre Demokratische Front der Äthiopischen Völker (EPRDF), eine breite Koalition regional und ethnisch organisierter Rebellengruppen. Mengistu gelang die Flucht in die simbabwische Hauptstadt Harare. Führende Funktionäre der einstigen kommunistischen Partei, die sich 1990 in Demokratische Einheitspartei Äthiopiens umbenannt hatte, wurden verhaftet. 72 DERG-Funktionäre wurden angeklagt und 2006 wegen Völkermords verurteilt.

Die Jahre zwischen 1977 und 1987 gingen als Jahre des »Roten Terrors« in die äthiopische Geschichte ein. An diese Zeit erinnert heute in Addis Abeba das Museum des »Roten Terrors«.

»Red Terror« Martyrs Memorial Museum

Addis Abeba. Das aus Spenden finanzierte »Red Terror« Martyrs Memorial Museum wurde 2010 im Beisein von äthiopischen Regierungsmitgliedern und Familienangehörigen der Opfer des DERG-Regimes eröffnet. Anlässlich der Eröffnung erschien eine Briefmarkenserie, die an die Opfer des »Roten Terrors« erinnert.

Die Ausstellung des »Red Terror« Martyrs Memorial Museums beleuchtet die Geschichte Äthiopiens seit der Machtergreifung der DERG bis zu ihrem Sturz 17 Jahre später. Dort werden die Folter- und Hinrichtungsmethoden des staatlichen Terrorapparats mit lebensgroßen Modellen nachgestellt. In Glasvitrinen sind sterbliche Überreste von Opfern der Mengistu-Diktatur zu sehen. Einige Schaukästen enthalten neben Knochen und Schädeln auch Fotos und persönliche Hinterlassenschaften der Ermordeten. Zahlreiche Fotografien der Hingerichteten säumen die Wände in den Räumen. Besucher können auf Anfrage auch von Zeitzeugen durch das Museum geführt werden. Die Ausstellung ist zweisprachig auf Amharisch und Englisch angelegt. Vor dem Museumsgebäude befindet sich eine Bronzeskulptur, welche die Gestalten von drei trauernden Frauen zeigt.

Inschrift auf dem Sockel des Denkmals
Amharisch: መቼም ፑየትም አንዳይደገም

Englisch: *Never, ever again.*

Die deutsche Übersetzung lautet:
Niemals wieder.

Inschrift auf der Gedenkplakette am Gebäudeeingang
Amharisch: ይህ ሰኢትዮጵያ ህዝብ ሰብዓዊና ዲምክሪሊያዊ መባዩቾ / መከበር ሊታገሱ በፖስቲካቂ አመሰካከትና አምኒታፑዎ / ብቻ በደርግ መንግሰት ለተጨሬጨፉ ሰማዕታት ዚጎቻችገ / ሁሱ መታሰቢያ አንዳሆን የተቋቷመጡ ፆተይ ቫብር / ለማዕታት መታሰቢያ ሙዚየም የሰማዕታቱን ለተሶበ / በመጠከል በእንጽ ለሊት ኦሪት ልፎቻቸጡ በተገደለፐትጡ / አናት በወሮ ከበቡሽ አድማሉ የካቲዮ ዓም / ተከፈተ:: // በአንደ ሰሲት የወሰደኳቸው ዶመለበ በአንድ ሰሲት ረጃቸው

Englisch: *This is a monument erected for the citizens martyred for their beliefs / in the struggle for the Ethiopian peoples' human and democratic rights. The ›RED TERROR MARTYRS MEMORIAL MUSEUM‹ / monument was unveiled on March 7, 2010 by Kebebushe / Admasu – a mother whose four children were killed in one day. // As if I bore them all in one night, / they slew them in a single night.*

Die deutsche Übersetzung lautet:
Dieses Denkmal wurde errichtet für Bürger, die für ihren Glauben an den Kampf für Menschenrechte und demokratische Grundwerte für alle äthiopischen Völker gepeinigt wurden. Das Denkmal des ›Red Terror Martyrs Memorial Museum‹ wurde am 7. März 2010 von Kebebushe Admasu enthüllt – einer Mutter, deren vier Kinder an einem Tag umgebracht wurden. // So als ob ich sie in einer Nacht gebar, erschlugen sie sie in einer einzigen Nacht.

Neben dem »Red Terror« Martyrs Memorial Museum in Addis Abeba erinnern die Märtyrerdenkmäler in Bahir Dar sowie in Mek'ele im Norden Äthiopiens an die Opfer.

Standort: Addis Abeba, Meskel-Square
Internet: www.rtmmm.org

Literaturhinweise Äthipien:
Human Rights Watch. Backgrounders. Ethiopian Dictator Mengistu Haile Mariam. Online abrufbar unter: www.pantheon.hrw.org/legacy/english/docs/1999/11/29/ethiop5495.htm (letzter Zugriff: 20.6.2017). / Santamaria, Yves: Formen des Afrokommunismus: Äthiopien, Angola, Moçambique. In: Courtois, Stéphane et al. (Hrsg.): Das Schwarzbuch des Kommunismus. Unterdrückung, Verbrechen und Terror. Sonderausgabe. München, Zürich 2004, S. 748 – 771. / Toggia, Pietro: The revolutionary endgame of political power: the genealogy of »red terror« in Ethiopia. In: African Identities, 2012, Vol. 10, No. 3, S. 265 – 280.

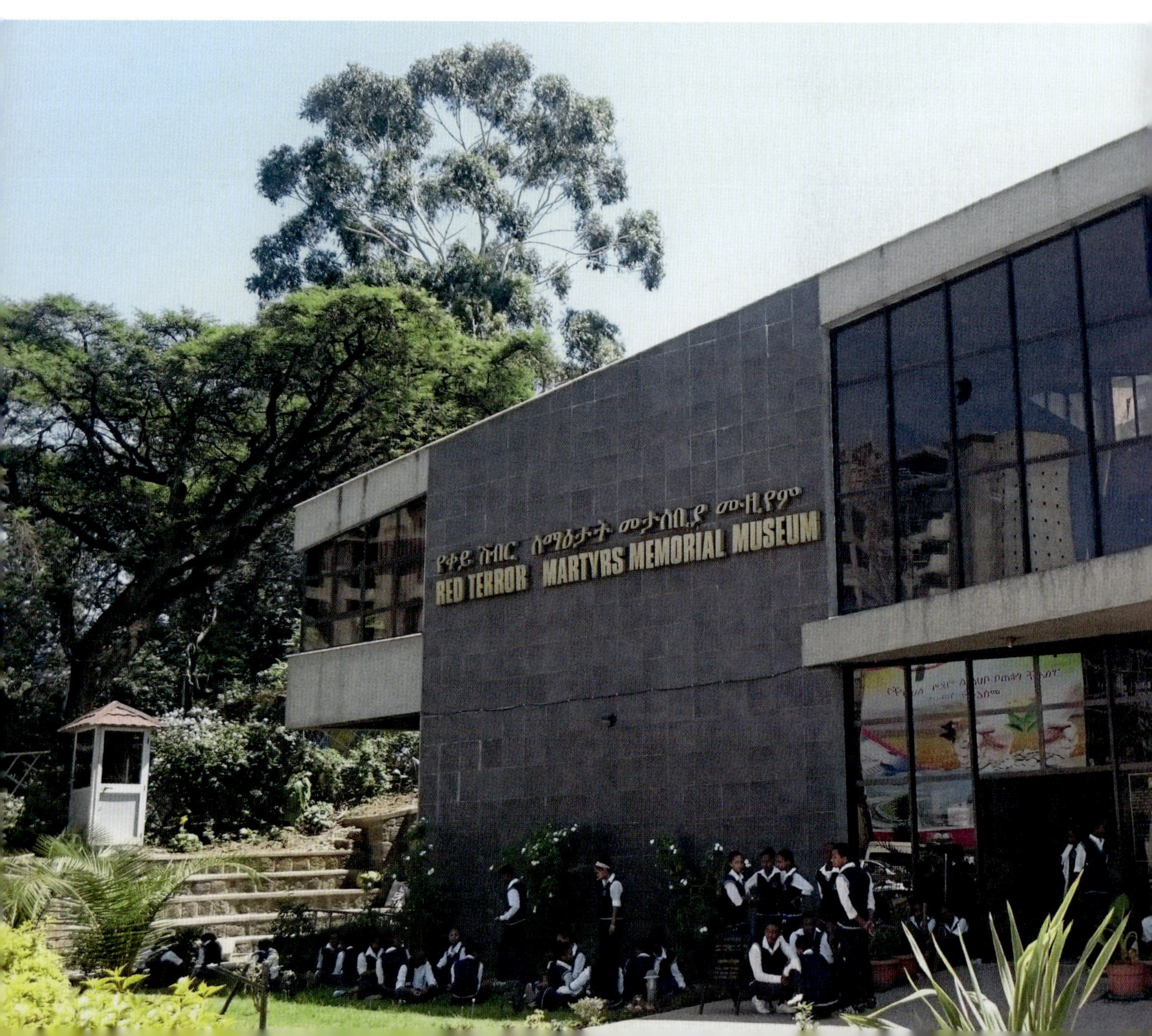

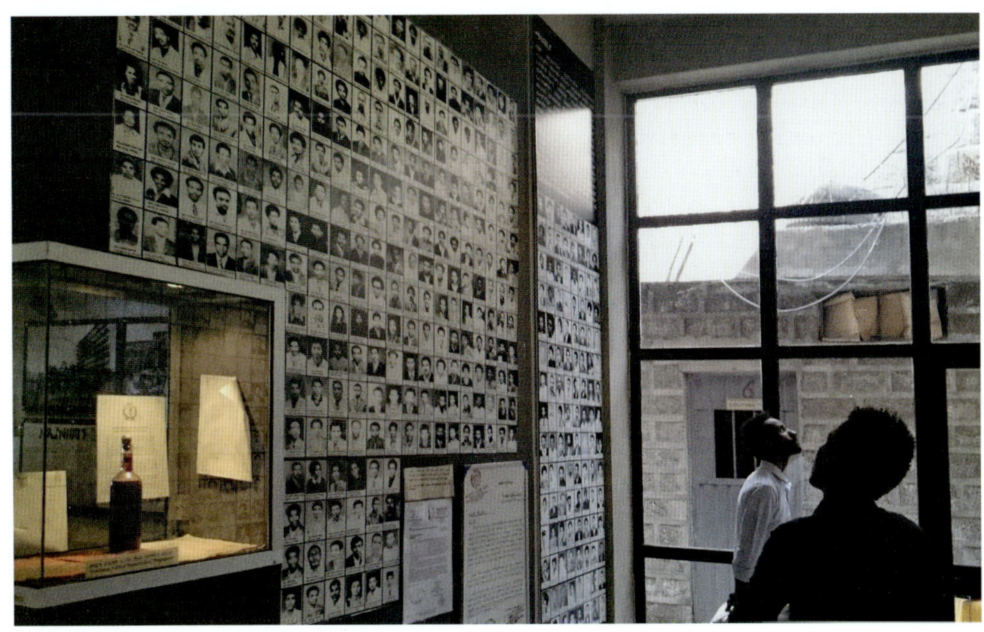

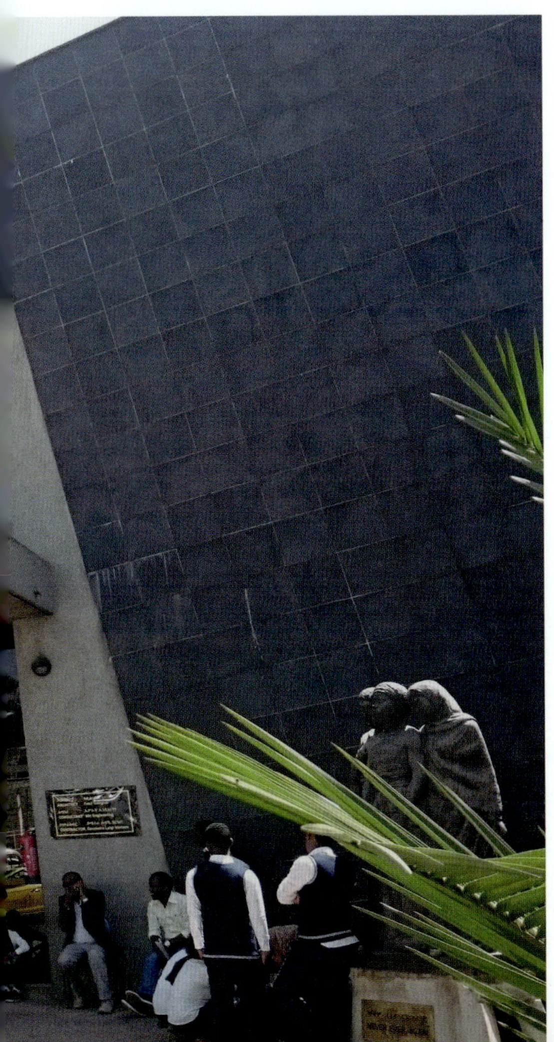

Fotografien der Hingerichteten im Ausstellungsbereich

◄

Haupteingang des »Red Terror« Martyrs Memorial Museum

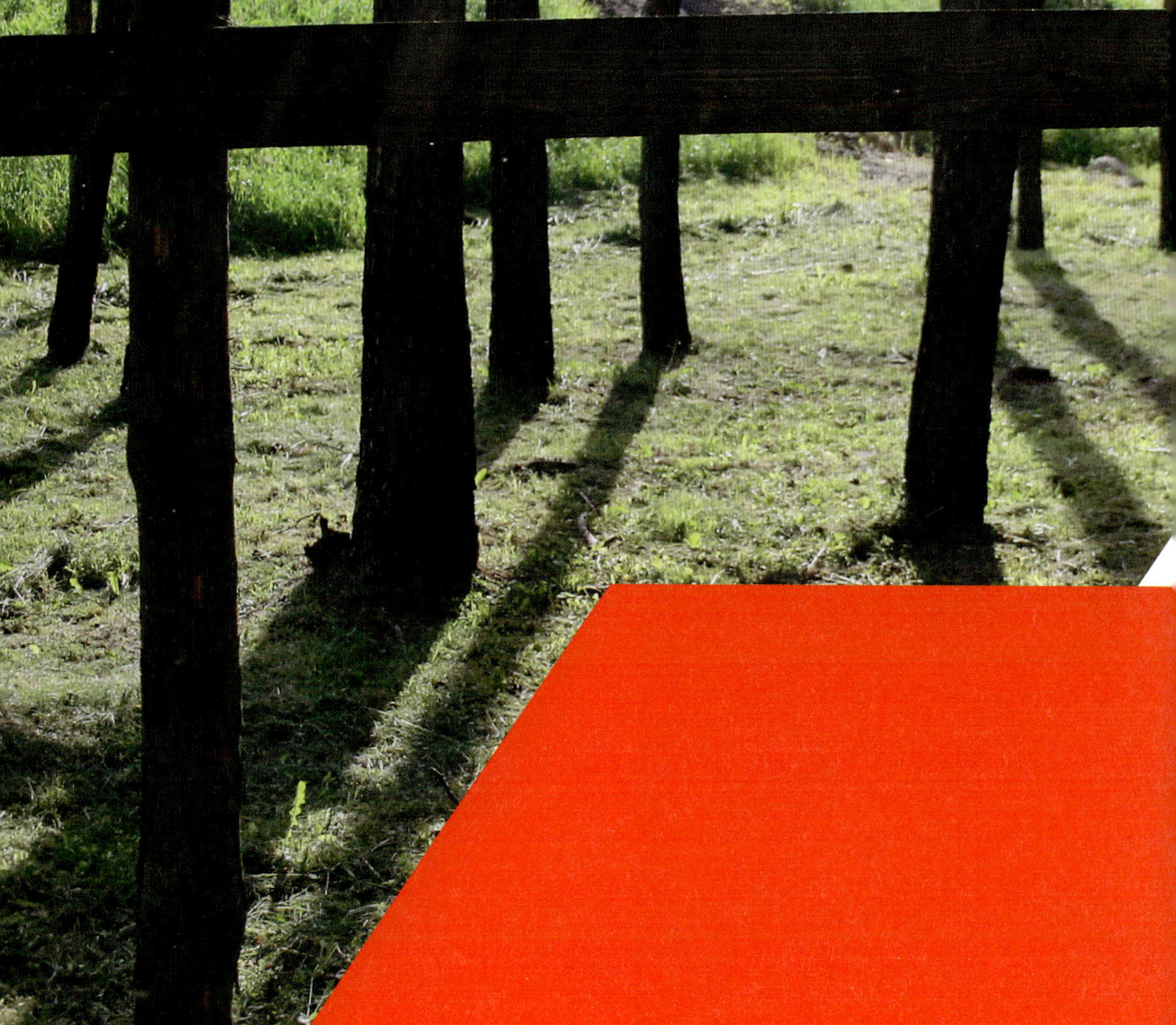

Eingang der Gedenkstätte »Kurapaty«

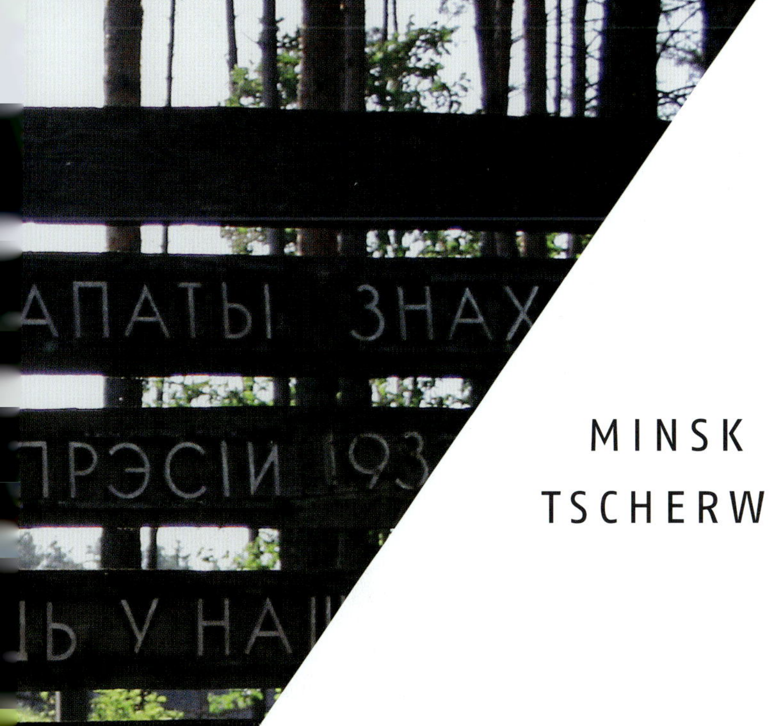

MINSK

TSCHERWEN

Belarus

Bis zum Ende des 18. Jahrhunderts war das heutige Belarus Teil des Doppelstaats Polen-Litauen. Unter Katharina der Großen wurde das Land dem Russischen Reich zugeschlagen, wo es bis zum Ende des Ersten Weltkriegs blieb. Nach einer kurzen Zeit der Unabhängigkeit wurden in der Folge des Polnisch-Russischen Krieges, der von 1918 bis 1920 tobte, die westlichen Landesteile an das neue unabhängige Polen angegliedert, die östlichen Landesteile mit der Hauptstadt Minsk kamen unter sowjetrussische Verwaltung und wurden Ende 1922 als Belarussische Sozialistische Sowjetrepublik (BSSR) Teil der Sowjetunion. Nach den im geheimen Zusatzprotokoll des Hitler-Stalin-Pakts vom 23. August 1939 zwischen der Sowjetunion und Nazi-Deutschland vereinbarten Grenzziehungen besetzte die Rote Armee Ende September 1939 die zuvor zu Polen gehörenden Teile von Belarus und gliederten sie der BSSR an. Mit dem Einmarsch der sowjetischen Truppen im Westen des Landes wurde das Sowjetregime auch hier installiert. Der östliche Landesteil hatte unter sowjetischer Herrschaft alle Repressionen miterlebt: Dazu gehörten die Verfolgung sogenannter Kulaken, also Bauern mit Grundbesitz und Vieh, die im Zuge der Kollektivierung enteignet und als Klasse vernichtet werden sollten, ebenso wie die forcierte Industrialisierung und die Verfolgung von Intellektuellen, Gläubigen und Künstlern. Während des »Großen Terrors« der Jahre 1937 und 1938 wurden Zehntausende Menschen ermordet. Einer der wenigen bisher lokalisierten großen Erschießungsorte liegt nahe der belarussischen Hauptstadt Minsk in Kurapaty. Dort wurden zahllose Opfer der Mordaktionen in Massengräbern verscharrt.

Mit der Einführung der sowjetischen Herrschaft in den 1939 besetzten westlichen Landesteilen wurden Repression und Terror auch hier zum alltäglichen Mittel der Politik. Bis zum Einmarsch deutscher Truppen nach dem Überfall Deutschlands auf die Sowjetunion 1941 wurden die Wirtschaft verstaatlicht und landwirtschaftliche Betriebe in Kolchosen umgewandelt. Diejenigen, die sich der Sowjetisierung widersetzten oder als verdächtig galten, wurden verfolgt. Zehntausende Menschen wurden verhaftet, nach Sibirien deportiert oder in den Folterkellern der sowjetischen Geheimpolizei ermordet. Als die deutschen Truppen einmarschierten, ordnete der Chef der sowjetischen Geheimpolizei NKWD, Lawrentij Berija, die Evakuierung der Gefängnisse und Folterkeller an. Die Häftlinge wurden in sogenannten Todesmärschen nach Osten getrieben. Häftlinge, die vor dem deutschen Einmarsch nicht schnell genug evakuiert werden konnten, wurden zu Tausenden teilweise noch in den Gefängnissen, teilweise auf den Märschen erschossen. Ende des Jahres 1941 befand sich das Territorium der BSSR vollständig unter deutscher Besatzungsherrschaft, die das Land ihrerseits mit Mord und Terror überzog. Zigtausende Menschen wurden zur Zwangsarbeit nach Deutschland verschleppt. Fast die gesamte jüdische Bevölkerung fiel der Ermordung durch deutsche Einsatzgruppen und die SS zum Opfer. Als die Rote Armee 1944 die Wehrmacht aus Belarus vertrieb, war das gesamte Land zerstört. Etwa 2,25 Millionen Menschen, das entsprach 25 Prozent der belarussischen Bevölkerung, hatten ihr Leben verloren.

Mit der Rückkehr der Sowjetmacht nach Belarus wurden die stalinistischen Repressionen fortgesetzt. In neuen Säuberungswellen wurden wiederum Zehntausende Menschen verhaftet, nach Sibirien deportiert oder ermordet. Nach Stalins Tod 1953 wandelten sich die Formen der Repression: An die Stelle des offenen Terrors traten subtilere Methoden. Der GULag wurde zwar aufgelöst, aber trotzdem wurden Menschen wegen ihrer oppositionellen Haltung gegenüber der fortgesetzten Sowjetisierung als »Nationalisten« verhaftet und in Straflager deportiert.

Die Opposition blieb in Belarus im Vergleich zu anderen kommunistischen Staaten relativ schwach. Beschränkte sich oppositionelles Handeln in den ersten Jahrzehnten eher auf Proteste Einzelner oder drückte sich in subkulturellen Bewegungen vor allem junger Leute aus, verschaffte die Unterzeichnung der Schlussakte von Helsinki 1976 ebenso wie in anderen Ländern Bürgerrechtsgruppen Auftrieb. Eine belarussische Helsinki-Gruppe wurde gegründet; Menschenrechtsverletzungen und Umweltzerstörungen wurden dokumentiert. Bis Mitte der 1980er Jahre trafen die wenigen oppositionellen Aktionen auf kein breites Echo in der Gesellschaft. Nach der Reaktorkatastrophe von Tschernobyl 1986 erfassten die Proteste schließlich breite Teile der Gesellschaft. Unter dem Eindruck der Gorbatschow'schen Politik von Glasnost und Perestroika bildete sich auch in Belarus eine Bürgerrechtsbewegung, die sich der Aufarbeitung der stalinistischen Repressionen verschrieb. Die Vereinigung »Martyraloh Belarusi« erforschte ähnlich wie die Gruppe Memorial in Moskau die verschwiegenen Verbrechen der Stalin-Ära, lokalisierte Massengräber und setzte sich für eine Rehabilitierung der Opfer ein.

Noch 1990 wurden erste Gesetze zur Wiedergutmachung und Entschädigung erlassen; allein 1988 und 1989 begnadigte man 53 000 aus politischen Gründen Verfolgte. Nach Überarbeitung der Schulbücher wurde die Sowjetunion bereits im Schuljahr 1993/94 als totalitäres Regime bezeichnet.

Nach hoffnungsvollen Ansätzen bei der historischen Aufarbeitung in den frühen 1990er Jahren trat die kritische Aufarbeitung der Vergangenheit unter dem Eindruck der wirtschaftlichen Krise und der damit verbundenen Probleme zurück. Mit der Wahl Aljaksandr Lukaschenkas zum Staatspräsidenten 1994 begann eine Restauration sowjetischer Geschichtsbilder. Die Erinnerung an die Opfer der Repressionen wurde zu einem Randthema. Viele der sowjetischen Rituale wurden wieder eingeführt und für die unter den politischen und ökonomischen Verwerfungen nach Auflösung der Sowjetunion leidende Bevölkerung als Identifikationspunkte benutzt. Nach den als chaotisch erlebten Jahren nach der Auflösung der Sowjetunion versprach die autoritäre Herrschaft Lukaschenkas Stabilität. Menschenrechtsgruppen und jene, die sich für die historische Aufarbeitung starkmachten, wurden aus den öffentlichen Debatten verdrängt und als politische Gegner des Lukaschenka-Regimes verfolgt. Trotz dieser Marginalisierung ließ sich die Erinnerung an die Opfer der Repressionen nicht völlig negieren.

Dank des beharrlichen Engagements von Bürgerrechtsgruppen existieren heute über 100 kleinere Gedenkzeichen und Denkmäler, die in dem von der Bundesstiftung zur Aufarbeitung der SED-Diktatur erarbeiteten Band »Erinnerungsorte an die Opfer des Kommunismus in Belarus« erstmals beschrieben wurden.

Aufgrund der öffentlichen Aufmerksamkeit kommen die belarussischen Behörden nicht umhin, einige große Gräberfelder wie die Hinrichtungsplätze der Stalinzeit in Kurapaty bei Minsk, Gomel oder Witebsk als Gedenkstätten offiziell anzuerkennen. Diese sind in ihrer Existenz jedoch ständig bedroht. Heute dominieren die bereits in der Sowjetzeit maßgebenden Narrative vom »Großen Vaterländischen Krieg« und dem Sieg über den deutschen Faschismus die Geschichtspolitik des Landes. Die Verbrechen der Stalinzeit und die Repressionen haben darin bisher keinen angemessenen Platz gefunden.

Gedenkstätte für die Opfer der Repression »Kurapaty«

Minsk. Die Gedenkstätte liegt am nördlichen Stadtrand von Minsk. Hier befindet sich ein Gräberfeld, auf dem Zehntausende Menschen zwischen 1937 und 1941 durch die sowjetische Geheimpolizei hingerichtet wurden. Seit der Entdeckung des Gräberfelds im Sommer 1988 bemühen sich zahlreiche Vereinigungen und Parteien in Belarus um die Umgestaltung des Areals in eine nationale Gedenkstätte. Bislang scheiterte dieses Vorhaben am Widerstand des Staates, der das Gedenken an die Opfer des stalinistischen Terrors bis heute offiziell nicht anerkannt hat. Dennoch steht der Name Kurapaty in weiten Teilen der belarussischen Gesellschaft als Synonym für die Verbrechen des Stalinismus.

Mit Beginn des Massenterrors 1937 begann die Geheimpolizei der BSSR mit der Suche eines geeigneten Geländes, auf dem die Hinrichtung mehrerer Tausend Menschen unbeobachtet vorgenommen werden konnte. Die bislang genutzten verstreut liegenden Exekutionsorte in Minsk, so der heutige Park Tschaljuskinzau und Loschtschyza, schienen für diesen Zweck nicht geeignet. Im Juni/Juli 1937 wurde das Waldstück Kurapaty außerhalb der Stadt ausgewählt und mit einem drei Meter hohen Bretterzaun umgeben. Das etwa 30 Hektar umfassende Areal befand sich in einiger Entfernung zum ehemaligen Dorf Brod, dessen Einwohner ab August 1937 die nächtlichen Erschießungen verfolgen konnten. Die Häftlinge des NKWD wurden zuerst nur nachts, später auch tagsüber nach Kurapaty gebracht und sofort in ausgehobenen Massengräbern erschossen. Nach Aussage von Zeitzeugen nahmen die Exekutionen im Winter 1937 und Frühjahr 1938 zu. Wie viele Menschen in diesen Monaten in Kurapaty den Tod fanden, konnte bislang nicht genau ermittelt werden. Schätzungen belaufen sich auf einige Zehntausend Menschen. Nach der Annexion der ehemals polnischen Gebiete in Westbelarus im Herbst 1939 durch die Sowjetunion setzten erneut Massenexekutionen ein. Betroffen waren vor allem Angehörige der polnischen sozialen, militärischen und politischen Eliten, die in das Zentralgefängnis der BSSR nach Minsk gebracht und anschließend zu Tausenden in Kurapaty erschossen wurden. So wurden mehr als 4 500 polnische Militärs und Zivilisten aus den Kriegsgefangenenlagern Kosielsk und Oschtakow im Zusammenhang mit den Verbrechen von Katyń im Frühjahr 1940 in Minsk ermordet. Die Erschießungen in Kurapaty endeten erst nach dem Überfall Deutschlands auf die Sowjetunion im Sommer 1941 und dem Abzug der sowjetischen Truppen. Die Einwohner der umliegenden Dörfer demontierten aus Brennstoffmangel den Bretterzaun und entdeckten dabei die Massengräber. Die deutschen Besatzer zeigten sich an Kurapaty nicht interessiert. Nach dem Rückzug der deutschen Truppen und der Befreiung von Minsk durch die sowjetische Armee im Sommer 1944 begannen Angehörige der sowjetischen Geheimpolizei mit der Beseitigung der Gräber. Die eingesunkenen Massengräber wurden teilweise aufgefüllt und das gesamte Gelände aufgeforstet. In den 1960er Jahren erfolgte der Bau einer Straße sowie einer Gaspipeline durch das Gräberfeld. Die im Zuge dieser Arbeiten aufgefundenen sterblichen Überreste wurden beseitigt. In den 1970er Jahren entstand eine Neubausiedlung, die bis unmittelbar an Kurapaty heranreichte. Das Waldstück wurde zu einem beliebten Naherholungsort für die Anwohner.

Etwa zur gleichen Zeit begann der Minsker Archäologe Sjanon Pasnjak sich mit der Geschichte des Gräberfelds in Kurapaty zu beschäftigten. Er sammelte Berichte von Zeitzeugen in den umliegenden Dörfern, welche die Erschießungen bestätigten. Doch erst Ende der 1980er Jahre war es ihm möglich, seine Ergebnisse einer breiten Öffentlichkeit zugänglich zu machen. Im Mai 1988 konnte ein kleines Team von Archäologen, dem neben Pasnjak auch Jauhen Schmyhaleu, Mikola Krywalzevitsch und Ales Iou angehörten, mit Genehmigung der Militärstaatsanwaltschaft erste Suchgrabungen durchführen. Der Anfang Juni 1988 in Auszügen veröffentlichte Bericht löste in weiten Teilen der Bevölkerung einen Schock aus. Die bis dahin tabuisierten Verbrechen während des Stalinismus wurden zurück in das öffentliche Bewusstsein geholt. Nach der Bildung einer Untersuchungskommission wurden weitere Untersuchungen durchgeführt. Im neuen Grabungsbericht gab die Kommission an, dass in Kurapaty mindestens 30 000 durch die sowjetische Geheimpolizei hingerichtete Menschen liegen. Gleichzeitig betonte Pasnjak, dass nach seiner Auffassung die Zahl der Toten auf mehr als 200 000 zu beziffern sei. Aufgrund des Misstrauens gegenüber den staatlichen Behörden hatten bereits einige Monate zuvor Künstler, Schriftsteller und Wissenschaftler die Vereinigung Martyraloh Belarusi gegründet, die ihrerseits für eine unabhängige Aufarbeitung der stalinistischen Vergangenheit eintrat. Die Konflikte mit der Staatsmacht eskalierten am

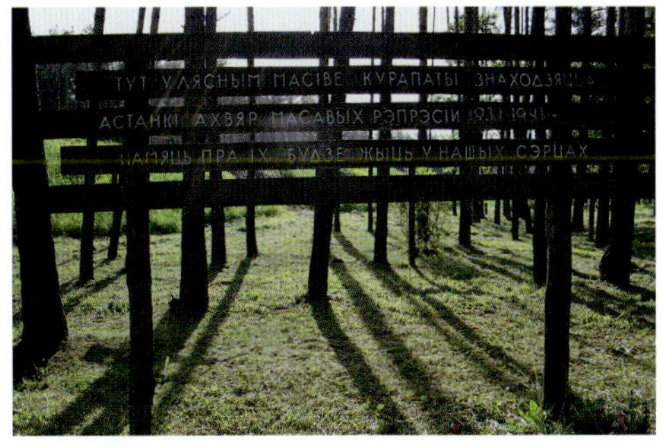

Eingang der Gedenkstätte mit der Inschrift »Hier im Waldmassiv Kurapaty befinden sich die sterblichen Überreste der Opfer von Massenrepressionen der Jahre 1937–1941. Die Erinnerung an sie lebt in unseren Herzen«.

Totengedenktag 1988, als eine Gedenkveranstaltung mit mehreren Tausend Teilnehmern von der Polizei gewaltsam aufgelöst wurde. Der zunehmende Machtverfall zwang die Staats- und Parteiführung im Frühjahr 1989, die Verbrechen offiziell anzuerkennen und dem Gräberfeld den Status eines nationalen Mahnmals zuzusprechen. Als Ausdruck dieses Einlenkens wurde im Januar 1989 ein vom Ministerrat der BSSR initiierter Gedenkstein errichtet. Die ersten Gedenkzeichen, so ein sechs Meter hohes Holzkreuz, wurden von etwa 50 000 Menschen in einer Prozession nach Kurapaty begleitet und dort eingesegnet. Im Frühjahr 1990 begann die Umgestaltung des Geländes. Gegenüber dem Märtyrerkreuz stellte man eine vier mal sechs Meter große Hinweistafel auf und errichtete auf den einzelnen Grabstellen Kreuze. Die Bedeutung des Ortes und die Frage der Täterschaft blieben umstritten. Trotz der angeordneten Aufklärung blieben beispielsweise die Archive des Innenministeriums und des Geheimdienstes verschlossen, sodass kaum Dokumente zur Aufklärung herangezogen werden konnten. Daher waren auch die Namen der Opfer nicht zu ermitteln. Überdies erklärte die staatliche Untersuchungskommission im Sommer 1991, dass die Erschießungen in Kurapaty entgegen den bisherigen Erkenntnissen während der deut-

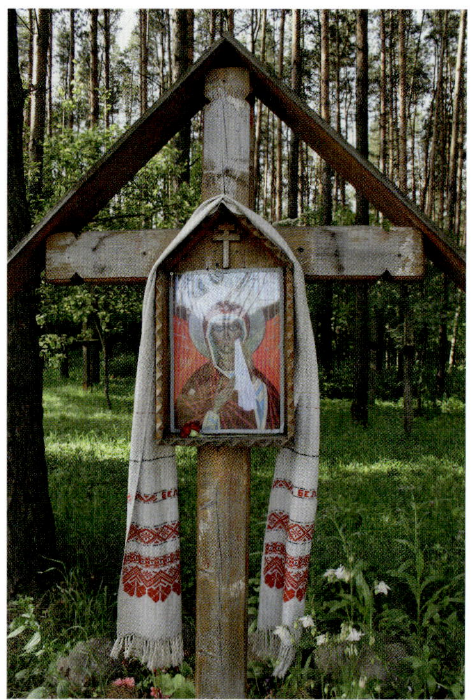

Ikone »Gottesmutter von Kurapaty«

schen Besatzung von 1941 bis 1944 stattgefunden hätten; die Opfer seien aus Hamburg deportierte Juden gewesen, die durch deutsche Einsatzgruppen ermordet worden seien. Bis zu einer abschließenden Klärung sollte der Ausbau des Gräberfelds zur Gedenkstätte unterbleiben. Trotz langjähriger Archivrecherchen, bei denen Experten aus Israel und Deutschland konsultiert wurden, konnte diese Vermutung über die Toten in Kurapaty nicht bestätigt werden. Die Untersuchungskommission ordnete im Oktober 1997 neue Suchgrabungen an. Während der im Mai 1998 fortgesetzten Exhumierungen wurden noch einmal mehrere Dutzend Massengräber geöffnet und die sterblichen Überreste gerichtsmedizinisch untersucht. Anhand von Funden in Massengräbern konnte erneut zweifelsfrei belegt werden, dass nur die sowjetische Geheimpolizei die Hinrichtungen verübt haben konnte. Erstmals konnten zwei Opfer namentlich identifiziert werden. Überdies fanden sich Hinweise, dass Kurapaty auch nach Ende des Zweiten Weltkriegs als Hinrichtungsort genutzt wurde. Die Debatten um Kurapaty erregten in der Öffentlichkeit allerdings nicht mehr das Aufsehen wie Ende der 1980er Jahre. Verstärkt durch die innenpolitische Entwicklung traten die stalinistischen Verbrechen mehr und mehr in den Hintergrund. Dies änderte sich im Herbst 2001, als auf einen Präsidialerlass hin die Erweiterung der durch das Gräberfeld führenden Straße in Angriff genommen wurde. Verschiedene Organisationen und Oppositionsparteien schlossen sich Ende September zu einer gemeinsamen Initiative zur »Bewahrung von Kurapaty« zusammen, die mit einer breiten Pressekampagne die Arbeiten zu verhindern suchte. Oppositionelle Jugendorganisationen riefen ihrerseits die Vereinigung Jugend für Kurapaty ins Leben, die ab September 2001 eine ständige Mahnwache einrichtete. Ungeachtet dieser Proteste wurde mit dem Bau begonnen. Es kam zu teils gewaltsamen Auseinandersetzungen zwischen Sicherheitskräften und Demonstranten. Trotz aller Bemühungen konnte die Erweiterung der Umgehungsstraße nicht verhindert werden. Die Bauarbeiten wurden ein Jahr später abgeschlossen. Als einziges Zugeständnis wurde eine Unterführung angelegt, durch die das Gräberfeld heute zu erreichen ist. Verschiedene Organisationen, Religionsgemeinschaften sowie Angehörige der Opfer regten die Aufstellung zahlloser neuer Kreuze an.

Standort: Minsk, im Nordosten des Stadtteils Sjaljony Luh

Gedenkort für die Opfer des »Minsker Todesmarsches«

Tscherwen. Im Umkreis der Stadt Tscherwen, südöstlich von Minsk gelegen, entstanden seit 1989 vier Gedenkorte, die an die Opfer des sogenannten »Minsker Todesmarsches« im Juni 1941 erinnern. Diese waren bei der Evakuierung der NKWD-Gefängnisse im Sommer 1941 ermordet worden. Unter ihnen befanden sich polnische, litauische und weißrussische Häftlinge. Sie wurden aus den Gefängnissen in den frontnahen Gebieten – darunter auch aus der Haftanstalt im litauischen Kaunas – zunächst in einem Waldstück bei Minsk zusammengetrieben, bevor sie Richtung Tscherwen marschieren sollten. Etwa einen halben Kilometer außerhalb der Stadt befindet sich rechts der Straße nach Dubr wa ein Massengrab, heute ein Gedenkort für die Opfer des Todesmarsches. Nach der Entdeckung dieses Massengrabs wurde im Juni 1991 ein erstes Gedenkkreuz zur Erinnerung an Jonas Petruitis errichtet. Dem vom NKWD inhaftierten Oberst des litauischen Offizierskorps gelang im Juni 1941 kurz vor dem Eintreffen in Tscherwen die Flucht. Nach der Einweihung des Gedenkkreuzes 1991 erfolgte zwei Jahre später die feierliche Einweihung eines kapellenartigen Bildstocks, der nach Plänen von Stanislau Bandalewitsch gefertigt wurde. Die Vereinigung Martyraloh Belarusi initiierte dieses Gedenkzeichen. Auf einem etwa vier Meter hohen Pfahl aus Holz ist eine Abbildung des historischen belarussischen Reiterwappens »Pahonia« zu sehen. Darüber wurde eine kleine Überdachung angebracht, die von einem vierendigen Kreuz bekrönt wird. Im Gedenken an die litauischen Opfer errichteten die Assoziation litauischer Studenten in London und die Algirdas Society ein einfaches Holzkreuz, das in belarussischer und englischer Sprache an die Opfer erinnerte. Inzwischen wurde das Holzkreuz durch ein sechsendiges Metallkreuz ersetzt, das nur noch eine belarussische Inschrift trägt. Angehörige von polnischen Opfern weihten am gleichen Tag ein eigenes Metallkreuz. Finanziert wurde es durch Spenden, die in Polen gesammelt worden waren. Das letzte Kreuz wurde am 26. Juni 1995 für Tadewusch Gedrojz aufgestellt.

Nach dem Überfall Deutschlands auf die Sowjetunion am 22. Juni 1941 ordnete Berija die Evakuierung aller Haftanstalten in den frontnahen Gebieten an, die unmittelbar begann. Sollte aufgrund des schnellen Vormarsches der deutschen Truppen eine Evakuierung nicht möglich sein, sollten alle politischen Häftlinge exekutiert werden. In der Nacht vom 22. zum 23. Juni 1941 wurde das Zentralgefängnis in Minsk mit über 1 000 Insassen geräumt, nachdem bereits zuvor einige Gefangene ermordet worden waren. Die anderen Häftlinge wurden in einem Waldstück außerhalb der Stadt zusammengetrieben. Dort führte das NKWD Gefangene aus anderen Haftanstalten des Minsker Gebietes sowie dem Gefängnis in Kaunas (Litauen) zusammen. Bis zu 10 000 Menschen wurden in kleineren Kolonnen in östliche Richtung nach

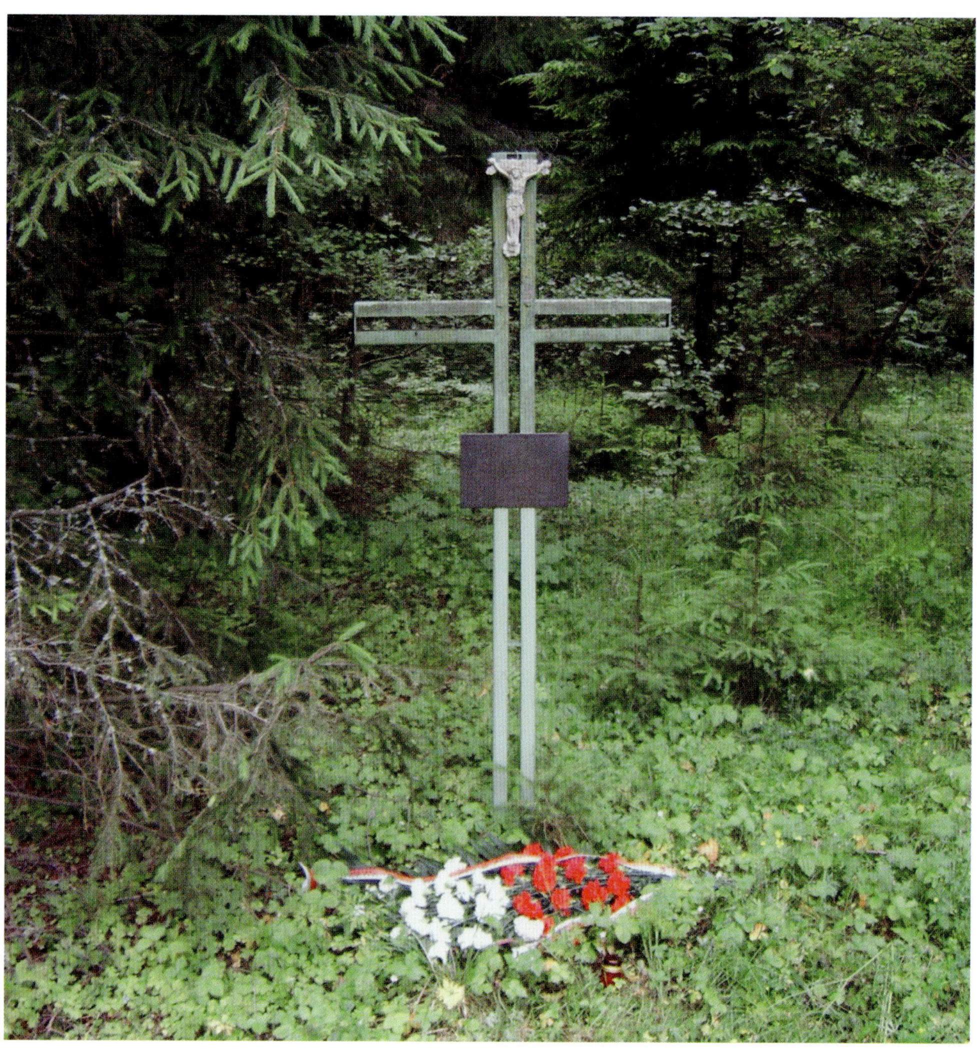

Gedenkkreuz für die polnischen Opfer

Tscherwen in Marsch gesetzt. Unterwegs gerieten die Trecks immer wieder unter deutschen Beschuss, bei dem bereits Gefangene umkamen. Andere nutzten das allgemeine Chaos zur Flucht. Inzwischen hatten die Wachkommandos des NKWD den Befehl erhalten, mit der Exekution insbesondere der politischen Häftlinge zu beginnen. Im Ergebnis wurden mehrere Tausend Menschen schon auf dem Weg nach Tscherwen ermordet. Nach Angaben der sowjetischen Geheimpolizei kamen am 26. Juni 1941 nur 2200 Gefangene im Durchgangsgefängnis Tscherwen an. Von diesen wurden noch einmal mehrere Hundert Menschen, vor allem politische Häftlinge, ausgesondert und an verschiedenen Orten außerhalb der Stadt ermordet. Die verbliebenen Gefangenen, vor allem Frauen, Kinder und Alte, ließ das NKWD frei. Andere kamen in Strafbataillone der Roten Armee, wo sie gegen die deutschen Truppen kämpfen sollten. Nur wenige Menschen überlebten dieses als »Minsker Todesmarsch« bezeichnete Massaker. Die Gesamtzahl der Opfer wird auf 5000 bis 7000 Tote geschätzt.

Die Auseinandersetzung mit den Verbrechen des NKWD in Tscherwen erfolgte bis in die 1980er Jahre kaum. Nur in der polnischen, litauischen und belarussischen Emigration wurde das Gedenken an die Opfer wachgehalten. Erst Ende der 1980er Jahre begann in Polen und Litauen im Zuge der Freiheits- und Bürgerrechtsbewegungen die öffentliche Thematisierung der sowjetischen Verbrechen während des Zweiten Weltkriegs. In Belarus beschäftigte sich der Heimatforscher Uladsimer Darahusch aus Tscherwen mit den Ereignissen vom Juni 1941. Nach der Entdeckung des Gräberfelds Kurapaty in Minsk und dem Beginn der öffentlichen Auseinandersetzung mit den stalinistischen Verbrechen erschien im Sommer 1989 ein erster aufsehenerregender Artikel von Darahusch in der Lokalpresse. Angehörige von Opfern aus Belarus, vor allem aber aus Polen und Litauen kamen in den folgenden Jahren nach Tscherwen, um ihrer ermordeten Verwandten zu gedenken. Verbände ehemaliger Verfolgter aus allen drei Staaten bemühten sich um die Umgestaltung der von Augenzeugen lokalisierten Massengräber in Gedenkorte. Anfangs von den lokalen Behörden unterstützt, gilt das Gedenken an die Opfer inzwischen als unerwünscht. Ungeachtet dessen findet seit 1989 regelmäßig am Jahrestag des Massakers eine Gedenkprozession (»Ihumenski schljach«) statt, die von belarussischen, litauischen und polnischen Opferverbänden sowie einigen Parteien organisiert wird. Bemühungen, das noch erhaltene Gebäude des NKWD-Gefängnisses Tscherwen in eine Gedenkstätte zur Erinnerung an die Opfer der Repression umzugestalten, scheiterten bislang am Widerstand der Behörden. In Polen und Litauen wurde Mitte der 1990er Jahre im Zusammenhang mit der strafrechtlichen Verfolgung sowjetischer Verbrechen auch das NKWD-Massaker behandelt. Die angestrengten Prozesse wurden jedoch eingestellt, da man der damaligen Verantwortlichen nicht mehr habhaft werden konnte.

Inschriften

Belarussisch / auf dem Kreuz der Algirdas Society: Вы не памёрлі, бо будзеце жыць / у нашых сэрцах / Algirdas Society

Die deutsche Übersetzung lautet:
Ihr seid nicht tot, so lange ihr in unseren Herzen lebt / Algirdas Society

Polnisch / auf dem polnischen Kreuz:
Ofiarom / mińskiej / szosy śmierci / zamordowanym / w 1941 roku / – Rodacy

Die deutsche Übersetzung lautet:
Den Opfern des Minsker Todesmarsches, ermordet 1941. Von den Landsleuten

Standort: 0,5 Kilometer außerhalb von Tscherwen, rechts der Straße nach Dubrowa

Literaturhinweis Belarus:

Kaminsky, Anna (Hrsg.): Erinnerungsorte an die Opfer des Kommunismus in Belarus. Berlin 2010. / Kashtalian, Irina: The Repressive Factors of the USSR's Internal Policy and Everyday Life of the Belarusian Society (1944 – 1953). Wiesbaden 2016.

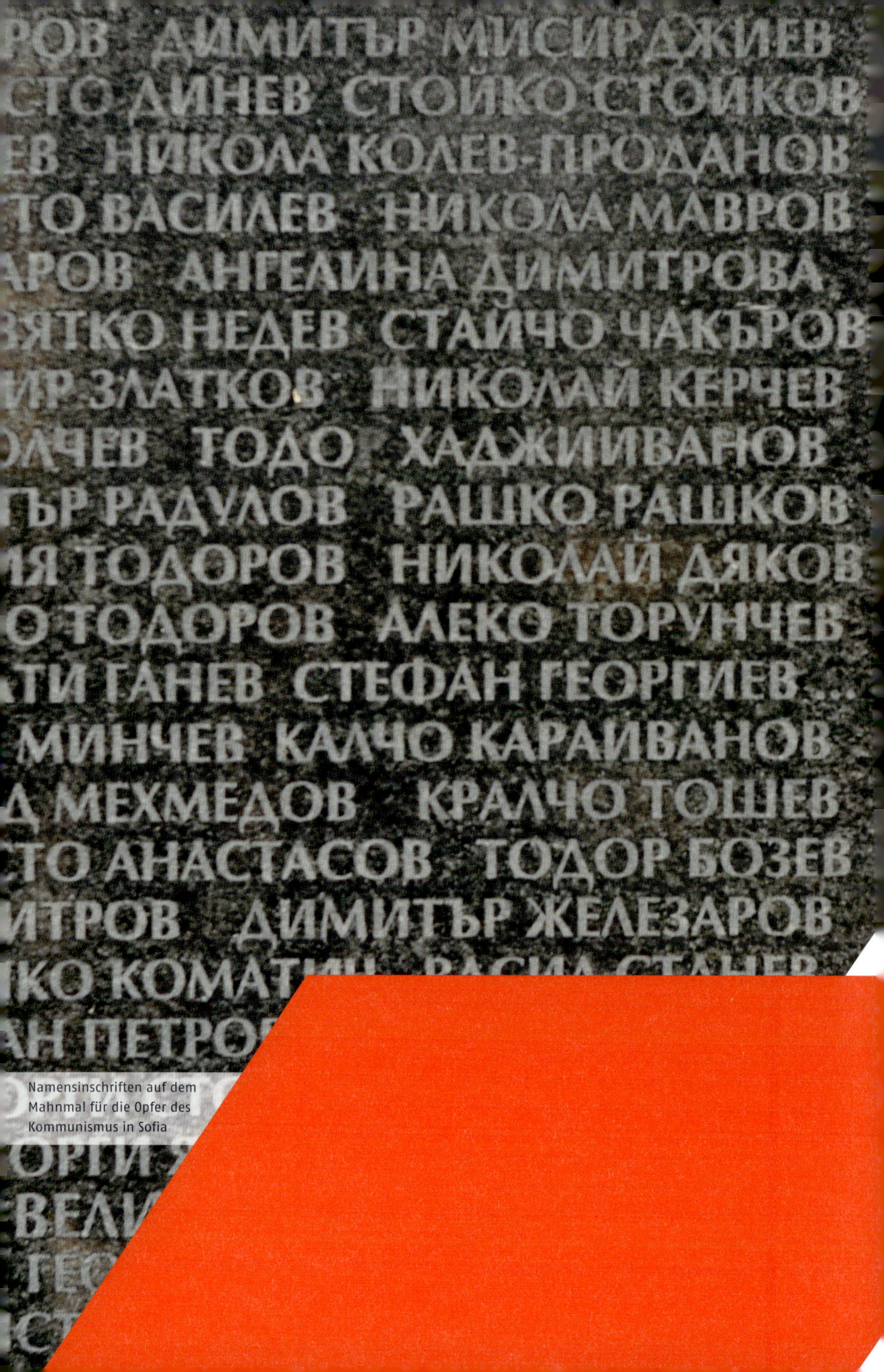

РОВ ДИМИТЪР МИСИРДЖИЕВ
СТО ДИНЕВ СТОЙКО СТОЙКОВ
ЕВ НИКОЛА КОЛЕВ-ПРОДАНОВ
ТО ВАСИЛЕВ НИКОЛА МАВРОВ
АРОВ АНГЕЛИНА ДИМИТРОВА
ВЯТКО НЕДЕВ СТАЙЧО ЧАКЪРОВ
ИР ЗЛАТКОВ НИКОЛАЙ КЕРЧЕВ
ОЛЧЕВ ТОДО ХАДЖИИВАНОВ
ТЪР РАДУЛОВ РАШКО РАШКОВ
ИЯ ТОДОРОВ НИКОЛАЙ ДЯКОВ
О ТОДОРОВ АЛЕКО ТОРУНЧЕВ
ТИ ГАНЕВ СТЕФАН ГЕОРГИЕВ ...
МИНЧЕВ КАЛЧО КАРАИВАНОВ
Д МЕХМЕДОВ КРАЛЧО ТОШЕВ
ТО АНАСТАСОВ ТОДОР БОЗЕВ
ИТРОВ ДИМИТЪР ЖЕЛЕЗАРОВ

Namensinschriften auf dem Mahnmal für die Opfer des Kommunismus in Sofia

SOFIA
LOWETSCH
PERSIN

Bulgarien

Nach dem Ende des Ersten Weltkriegs, in dem Bulgarien auf Seiten des Deutschen Reiches und seiner Verbündeten gekämpft hatte, herrschten wechselnde autoritäre Regime und Regierungen. 1934 putschte sich eine Militärliga an die Regierung, die 1936 die Macht an Zar Boris III. abtreten musste. Dieser setzte die 1923 außer Kraft gesetzte Verfassung wieder ein. Die Jahre der »Königsdiktatur« brachten für die bulgarische Bevölkerung stabile politische Verhältnisse. Im Zweiten Weltkrieg blieb Bulgarien bis zum Februar 1941 neutral und trat dann an der Seite der Achsenmächte in den Krieg ein. Deutsche Truppen rückten umgehend auf bulgarisches Territorium vor. Bulgarische Truppen wiederum beteiligten sich an Kampfhandlungen gegen Griechenland und Jugoslawien und besetzten Thrakien und Mazedonien. Während Bulgarien bereits 1940 ein erstes antijüdisches Gesetz verabschiedet hatte, das Juden enteignete und aus den Städten in Lager verbannte, wurde die jüdische Bevölkerung aus den besetzten Gebieten in Thrakien und Mazedonien ausgeliefert und in die deutschen Vernichtungslager deportiert.

Am 27. August 1944 trat Bulgarien aus dem Dreimächtepakt aus, woraufhin die Sowjetunion dem Land am 5. September den Krieg erklärte. In der Nacht vom 8. auf den 9. September – einen Tag, nachdem die Rote Armee die bulgarische Grenze überschritten und mit der Besetzung des Landes begonnen hatte – wurde die Regierung unter Ministerpräsident Konstantin Murawiew in einem Staatsstreich gestürzt. Der vom Kreml initiierte Putsch beförderte das Nationalkomitee der kommunistisch dominierten Vaterländischen Front an die Macht. In der Folge setzte die Kommunistische Partei Bulgariens (BKP) ihren Führungsanspruch mit Moskauer Unterstützung durch. Dies war von einer rigorosen »Säuberung« des Staatsapparats begleitet, die als »rückhaltlose Liquidierung sämtlicher faschistischer Widerstandsnester« verbrämt wurde. Gewalt, Terror und Repression prägten innerhalb kürzester Zeit das gesellschaftliche, ökonomische und politische Leben des Landes. Der staatliche Verwaltungsapparat wurde komplett ausgetauscht. Das Prinzip eines überparteilichen Rechtssystems wurde beseitigt, die Ämter von Richtern und Staatsanwälten mit Personen besetzt, die der kommunistischen Partei genehm waren. Die neu gegründete Volksmiliz rekrutierte ihr Personal aus den Reihen der BKP und Mitgliedern sogenannter »Kampfgruppen«. Als »Faschisten« oder »Volksfeinde« Gebrandmarkte wurden hingerichtet oder verschwanden spurlos. Allein von September bis Oktober 1944 betrug die Zahl der ohne Prozess oder Gerichtsurteil Hingerichteten und spurlos Verschwundenen etwa 25 000. Alle von der BKP zu Gegnern Erklärten – Lehrer, Priester, wohlhabende Bauern, Industrielle, Händler, Rechtsanwälte, Ärzte – wurden systematisch beseitigt. Unter dem Vorwand, die Schuldigen für das Hineinziehen Bulgariens in den Zweiten Weltkrieg an der Seite der Achsenmächte bestrafen zu wollen, begann eine Generalabrechnung mit Politikern, Armeeangehörigen, Intellektuellen, Wissenschaftlern, Journalisten, Schriftstellern und anderen Personen des öffentlichen Lebens. Alle, die in der Lage gewesen wären, Widerstand gegen den Sowjetisierungskurs der Kommunistischen Partei zu leisten, sollten diskreditiert, isoliert oder vernichtet werden. Zwischen Dezember 1944 und April 1945 verurteilte ein eigens eingerichtetes »Volksgericht« über 11 000 Angeklagte, von denen 2700 Personen hingerichtet wurden. Mehr als 1200 Personen erhielten lebenslängliche Haftstrafen, über mindestens 4300 Personen wurden Zuchthausstrafen von bis zu 20 Jahren verhängt. »Vergeltung« übten die staatlichen Repressionsorgane nach dem Prinzip der Sippenhaft auch an den Angehörigen, Ehepartnern und Kindern der Verurteilten. So wurden zwischen September 1944 und Mai 1945 nach Angaben des bulgarischen Staatssicherheitsdienstes mehr als 28 000 Menschen per Anordnung zwangsausgesiedelt. Weitere 184 300 Menschen wurden im gleichen Zeitraum in Zwangsarbeitslager verschleppt.

Bis 1962 verschwanden mehr als 23 500 Menschen, darunter über 2300 Frauen, in diesen Lagern, wo sie durch Schwerstarbeit »umerzogen« werden sollten. Zu den Häftlingen gehörten nicht nur »politisch gefährliche Personen«, »feindliche Elemente« und »Konterrevolutionäre«, sondern auch als »Hooligans« und »asoziale Elemente« bezeichnete Jugendliche, deren »Vergehen« darin bestand, sich der westlichen Mode entsprechend zu kleiden, »Westmusik« zu hören oder »modische« Haarschnitte zu tragen. Insgesamt existierten auf dem Gebiet der Volksrepublik Bulgarien 83 Lagerstandorte. Daneben wurden bis 1989 22 Gefängnisse zur Internierung politischer Häftlinge genutzt. Unter menschenunwürdigen Bedingungen, physischer und psychischer Folter, ohne medizinische Versorgung wurden die Lagerinsassen zur Zwangsarbeit in Steinbrüchen und Bergwerken sowie beim Bau von Eisenbahnlinien und Straßen eingesetzt. Bis heute sind viele Massengräber mit Opfern politischer Repressionen unbekannt.

Der Kampf des Regimes richtete sich jedoch nicht nur gegen sogenannte »feindliche Elemente«, sondern auch gegen die Bauern. Für eine Gesellschaft, in der 80 Prozent der rund sieben Millionen Einwohner von der privaten Landwirtschaft, dem Handwerk und Kleingewerbe lebten, bedeutete die Zwangskollektivierung unweigerlich langfristige demografische, ökonomische und soziale Schäden. Als »Kulaken« diffamierte Bauern wurden enteignet, ihr Land und Vieh in Kolchosen und Sowchosen überführt. Wer sich der Enteignung oder den Zwangsabgaben widersetzte, hatte Geldstrafen, körperliche Züchtigung, Arrest, Folter, Zwangsumsiedlung oder die Einweisung in ein Arbeitslager zu befürchten. Von der Verstaatlichung betroffen war jedoch nicht nur die Landwirtschaft. In einer breit angelegten Kampagne zur Durchsetzung der »Diktatur des Proletariats« begann die BKP ab dem Frühjahr 1946 auch mit der rigorosen Abschaffung des Privateigentums in der Industrie, im Bankwesen und Handel. Enteignet oder gänzlich zerstört wurden ebenso die Kirchen. Unmittelbar nach dem kommunistischen Staatsstreich im September 1944 waren bereits Hunderte Priester, Mönche und Bischöfe hingerichtet worden. Geistliche wurden in Schauprozessen zu jahrelangen Haftstrafen in Arbeitslagern und Zuchthäusern verurteilt. Das am 16. Februar 1949 veröffentlichte »Gesetz zur Religionsausübung« legalisierte die Konfiszierung kirchlicher Besitztümer und schränkte das religiöse Leben massiv ein. Bis zum Zusammenbruch des kommunistischen Regimes im November 1989 unterstanden die bulgarisch-orthodoxen, katholischen und protestantischen Kirchengemeinden des Landes außerdem als gesonderte Spezialobjekte der Überwachung durch die Abteilung »Geistlichkeit und Sekten« der Hauptabteilung I der Staatssicherheit. Symbolhaft stehen für die Gewalt und Entmenschlichung der Straf- und Zwangsarbeitslager in der Volksrepublik Bulgarien vor allem die Standorte am Steinbruch in Lowetsch sowie auf der abgelegenen Donauinsel Persin gegenüber dem Dorf Belene.

Gegen die Etablierung der kommunistischen Herrschaft bildeten sich im Sommer 1945 bewaffnete Widerstandsgruppen – die Goryani (deutsch: Männer des Waldes). Die Untergrundkämpfer kamen aus allen Schichten der Bevölkerung. Fast die Hälfte waren Bauern, die sich den Zwangsenteignungen und der Kollektivierung widersetzen wollten. Unterstützung erhielt der bewaffnete Widerstandskampf von Netzwerken in den urbanen Zentren des Landes und Verbänden der politischen Emigration wie der Bulgarischen Befreiungsbewegung, welche unter anderem die Einschleusung von Partisanen auf das Territorium der Volksrepublik organisierte. Bis Anfang der 1960er Jahre wurden fast alle Goryani-Gruppierungen von der Geheimpolizei, der Miliz und den Streitkräften des Inneren unterwandert und aufgerieben. Nach Stalins Tod im März 1953 setzte in Bulgarien eine politische Lockerung und Entstalinisierung ein, die jedoch unmittelbar nach der Niederschlagung der ungarischen Revolution durch sowjetische Interventionstruppen im November 1956 wieder zurückgenommen wurde. Da der Aufstand gegen die kommunistische Herrschaft und die sowjetische Besatzung in Ungarn auch in Bulgarien großen Widerhall gefunden hatte, fürchteten die Machthaber ein Erstarken der antikommunistischen Opposition. Die Omnipräsenz des staatlichen Repressionsapparats und insbesondere der bulgarischen Geheimpolizei sollte jede Form von Widerstand gegen das Regime unmöglich machen. Trotz der flächendeckenden Überwachung der gesamten Bevölkerung versuchten bulgarische Offiziere und Parteikader 1965, den Vorsitzenden der BKP, Todor Schiwkow, zu stürzen. Der Putschversuch wurde niedergeschlagen und die Repression weiter verschärft. Auch nachdem Bulgarien 1976 der KSZE beigetreten war, verbesserte sich die Menschenrechtslage nicht. Nur eine kleine Gruppe von Dissidenten wagte es, sich dem Regime zu widersetzen und bezahlte ihren Mut mit Verfolgung und Haft. Unter ihnen waren der Menschenrechtler Ljubomir Sobadschijew und Nikola Popow, ein Mitstreiter der Bulgarischen Charta 77. Wolodja Nakow schrieb in den frühen 1980er Jahren eine Reihe von Protestbriefen an Amnesty International, an die UNO und bulgarische Behörden. Sie alle kamen dafür jahrelang in Haft. Auch Grigor Boschilow, Ilija Minew und Eduard Genow wählten diese Form des Protestes und richteten einen Appell an das Wiener KSZE-Treffen 1986.

Zu den Opfern der kommunistischen Diktatur in Bulgarien gehören auch Studenten und Schüler, denen wegen ihrer Herkunft oder ihrer oppositionellen Haltung eine weiterführende Bildung verwehrt wurde, Flüchtlinge, die versuchten, in die Türkei oder nach Jugoslawien zu entkommen, Menschen, die in den 1980er Jahren aus politischen Gründen Berufsverbote erhielten, und ethnische Türken, die zwangsbulgarisiert werden sollten. Insgesamt wird von mehreren Hunderttausend Opfern des bulgarischen Kommunismus ausgegangen.

Am 10. November 1989 wurde Staatschef Todor Schiwkow gestürzt. Als längstes im gesamten Ostblock amtierendes Staatsoberhaupt hatte er die BKP seit 1954 angeführt. Der Philosoph und ehemalige Oppositionelle Schelju Schelew wurde 1990 Staatsoberhaupt. Auch wurden in der Folgezeit demokratische Reformen durchgeführt. Jedoch gelang es nicht, einen Elitenwechsel durchzuführen. Vielmehr etablierte sich eine Form von »Laissez-faire-Kapitalismus«, in dem sich die frühere kommunistische Elite die ökonomische Macht sicherte und die politische Macht innehatte. Korruption, mafiöse Strukturen und Misswirtschaft führten zu einer Hyperinflation und einem Bankencrash, der Mitte der 1990er Jahre für die große Mehrheit der bulgarischen Bevölkerung Elend und Verarmung bedeutete. Die hohe Arbeitslosigkeit, fehlende Zukunftsperspektiven, Korruption, mafiöse Strukturen in Politik und Wirtschaft ließen nostalgische Tendenzen nach der als stabil empfundenen kommunistischen Zeit erstarken. In den Folgejahren wechselten sich die Regierungen in Bulgarien in schneller Folge ab. Mit dem 2007 erfolgten EU-Beitritt Bulgariens waren viele Hoffnungen nach einer Verbesserung der politischen und wirtschaftlichen Situation sowie der Bekämpfung von Korruption und des Wild-West-Kapitalismus verbunden. Die Enttäuschungen über ausbleibende demokratische Entwicklung entluden sich 2013 in Massenprotesten gegen die Regierung.

Die Aufarbeitung des Kommunismus in Bulgarien verlief unter diesen Umständen unbefriedigend. Die vormalige Kommunistische Partei Bulgariens hatte sich bereits 1990 in Bulgarische Sozialistische Partei umbenannt. Gleichzeitig entstanden verschiedene neue kommunistische Parteien und Vereinigungen. Versuche, den Kommunismus und seine Verbrechen zu verurteilen, scheiterten wiederholt.

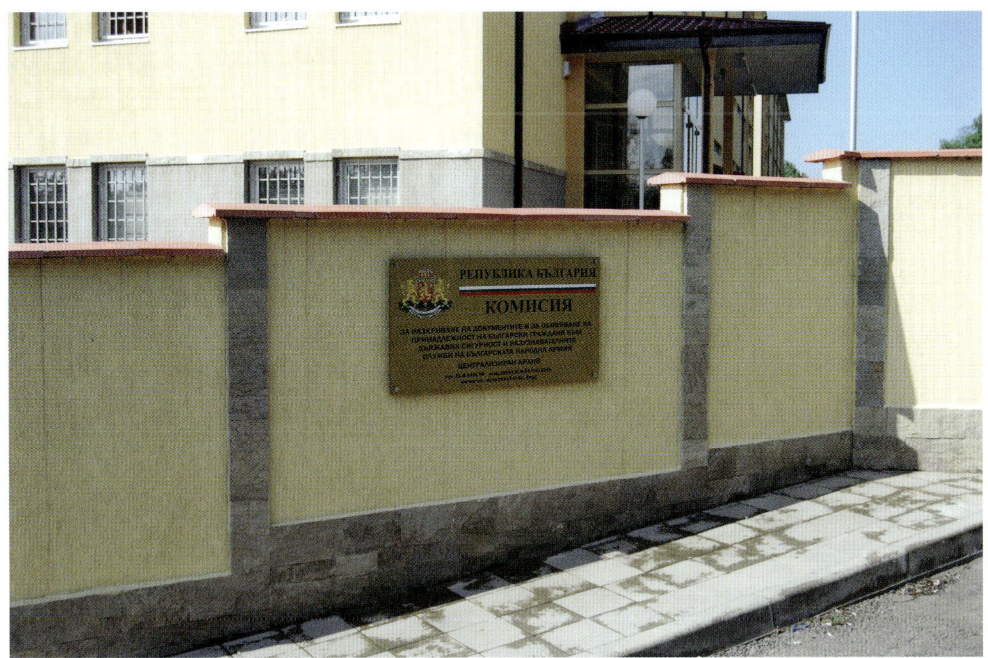

Eingang »Kommission zur Offenlegung der Dokumente und der Zugehörigkeit bulgarischer Bürger zur Staatssicherheit und zu den Nachrichtendiensten der Bulgarischen Volksarmee« (COMDOS)

Bereits 1989 wurden politische Gefangene in einer Amnestie freigelassen und die ihnen zur Last gelegten Taten annulliert. 1991 wurde ein Erlass zur zivilen und politischen Rehabilitierung verabschiedet und in den Folgejahren immer wieder novelliert. Diesem Erlass zufolge können Personen, die wegen ihrer Herkunft oder ihrer politischen oder religiösen Überzeugungen verfolgt wurden, rehabilitiert werden und ihr beschlagnahmtes Eigentum zurückerhalten bzw. entschädigt werden. Zwar wurden etliche Verantwortliche und Täter vor Gericht gestellt, eine Verurteilung kam jedoch in keinem Fall zustande. 1997 wurde ein erstes Lustrationsgesetz verabschiedet, doch erst im Dezember 2006 kam es zu einem Beschluss, der die Öffnung der Unterlagen der bulgarischen Staatssicherheit und die Einrichtung einer entsprechenden unabhängigen Behörde verfügte. Bis heute gibt es keine politische und gesellschaftliche Anerkennung und Würdigung der Opfer durch offizielle Gedenkfeiern oder staatlich geförderte Institutionen, welche diese Aufgabe offiziell und öffentlich wahrnehmen. Zwar wurde der 1. Februar als offizieller Gedenktag für die Opfer politischer Verfolgung eingerichtet, jedoch finden an diesem Tag vor allem die Gedenkveranstaltungen der verschiedenen Opfervereinigungen statt, deren öffentlicher Einfluss gering ist. Viele einstige Opfer leiden bis heute unter den Auswirkungen der Verfolgung und deren mangelnder Entschädigung und Anerkennung.

Mahnmal für die Opfer des Kommunismus

Sofia. Im Zentralpark der bulgarischen Hauptstadt wurde am 11. September 1999 ein Mahnmal zur Erinnerung an die Opfer des kommunistischen Regimes eingeweiht. Eine 58 Meter lange Mauer aus schwarzem Marmor zeigt die Namen von 7526 Menschen, die zwischen 1944 und 1990 in Bulgarien hingerichtet wurden oder in der Haft umkamen. Geschaffen wurde das Mahnmal nach den Entwürfen der bulgarischen Architekten Atanas Todorov und Dimitar Krastev. Ergänzt wird die Anlage durch eine »allen bulgarischen Märtyrern« gewidmete orthodoxe Kapelle. Dort werden alljährlich am 23. August – dem europäischen Tag des Gedenkens an die Opfer von Nationalsozialismus und Stalinismus –, am 1. Februar – dem nationalen Gedenktag für die Opfer des Kommunismus in Bulgarien – sowie am 9. September – dem Datum der kommunistischen Machtübernahme in Bulgarien – Gedenkveranstaltungen abgehalten.

Inschrift
Bulgarisch: ПОКЛОНИ СЕ, БЪЛГАРИНО! / В ТАЗИ СТЕНА Е ВГРАДЕНО СТРАДАНИЕТО НА НАШИЯ НАРОД. / МЕМОРИАЛЪТ Е ИЗДИГНАТ В ПАМЕТ НА НАШИТЕ СЪОТЕЧЕСТВЕНИЦИ, / ЖЕРТВИ НА КОМУНИСТИЧЕСКИЯ ТЕРОР: ЛИШЕНИТЕ ОТ ЖИВОТ, / БЕЗСЛЕДНО ИЗЧЕЗНАЛИТЕ, / ИЗПРАТЕНИТЕ НА РАЗСТРЕЛ ОТ ТАКА НАРЕЧЕНИЯ «НАРОДЕН СЪД». / ТОЙ НАПОМНЯ ЗА ЛАГЕРИСТИТЕ, ПОЛИТИЧЕСКИТЕ ЗАТВОРНИЦИ, / ИЗСЕЛЕНИТЕ, ПОДЛОЖЕНИТЕ НА ПОЛИТИЧЕСКИ РЕПРЕСИИ И / ТЕХНИТЕ ЗЛОЧЕСТИ СЕМЕЙСТВА И БЛИЗКИ. / НЕКА СПОМЕНЪТ ЗА НЕВИННО ПРОЛЯТАТА КРЪВ / ГОРИ СЪРЦАТА НИ КАТО ВЕЧЕН ОГЪН. / НЕКА МИНАЛОТО ДА НЕ СЕ ПОВТАРЯ! // УСПОКОЙ, ГОСПОДИ, ДУШИТЕ НА ТВОИТЕ МЪЧЕНИЦИ. / ВЪЗДАЙ ИМ ТВОЯТА ПРАВДА. / ПРИЕМИ ГИ ЗА НАШИ ЗАСТЪПНИЦИ, СВЕТИ И БЕЗСМЪРТНИ – / СЕГА И ВО ВЕКИ ВЕКОВ. АМИН.

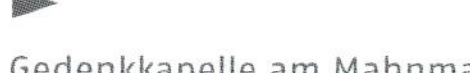

Gedenkkapelle am Mahnmal

Die deutsche Übersetzung lautet:
Verneigt euch vor dieser Wand, Bulgaren! Sie symbolisiert das Leiden unseres Volkes. Dieses Mahnmal wurde errichtet für unsere Mitbürger, Opfer des kommunistischen Terrors: diejenigen, die ihr Leben verloren, diejenigen, die spurlos verschwanden, diejenigen, die vom sogenannten »Volksgericht« erschossen wurden. Es gedenkt der Gefangenen der Konzentrationslager, der politischen Gefangenen, derer, die interniert waren, derer, die politischen Repressionen unterworfen wurden, und ihrer unglücklichen Familien und Angehörigen. Möge die Erinnerung an das unschuldig vergossene Blut in unseren Herzen brennen wie eine ewige Flamme. Möge die Vergangenheit sich niemals wiederholen! Herr, gib den Seelen deiner Märtyrer Frieden, gewähre ihnen deine Gerechtigkeit, akzeptiere sie als unsere Hüter, heilig und unsterblich – jetzt und für immer. Amen.

Standort: Sofia, im städtischen Zentralpark

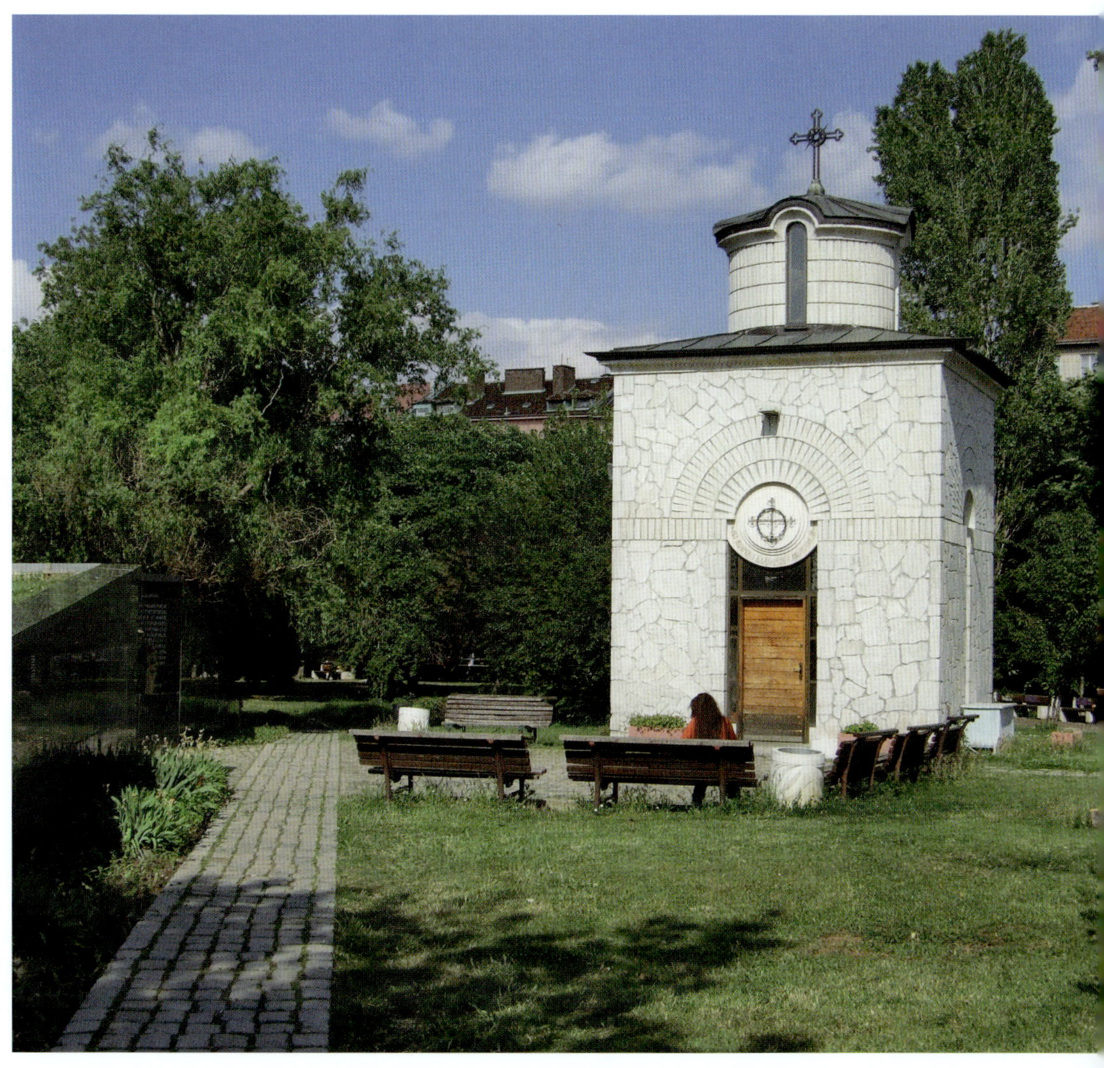

Mahnmal zur Erinnerung an die Opfer des Straflagers Lowetsch

Lowetsch. Nach dem Zusammenbruch des kommunistischen Regimes in Bulgarien im November 1989 organisierte die lokale Gruppe der Union der Demokratischen Kräfte (SDS) – ein Bündnis verschiedener Oppositionsparteien und Gruppierungen gegen das kommunistische Regime – im März 1990 die erste Pilgerwanderung zum Steinbruch am ehemaligen Standort des Strafarbeitslagers Lowetsch. Am 19. April 1990 wurden von der Diözese der Stadt Lowetsch am Felshang des Steinbruchs zwei Gedenkplaketten eingeweiht sowie an der höchsten Stelle des Felsens ein Kreuz zur Erinnerung an die Opfer des Arbeitslagers errichtet. Seitdem findet am Fuß des Felsens jedes Jahr im März ein Gedenkgottesdienst statt.

Mit der vorläufigen Schließung des Straflagers Belene auf der Donauinsel Persin am 27. August 1959 wurde die Mehrheit der etwa 1400 an diesem Ort Internierten freigelassen. Eine Gruppe von 166 Gefangenen, die als »unverbesserliche Rückfalltäter, gefährlich für die gesellschaftliche Ordnung« angesehen wurden, wurde jedoch am 7. September 1959 in das neu errichtete Straflager Lowetsch im Norden Bulgariens überführt. Innerhalb weniger Monate kamen etwa 1000 Häftlinge hinzu. Interniert wurden an diesem Ort sowohl politische Gefangene als auch »gewöhnliche« Kriminelle. Fast alle von ihnen gelangten durch außerjuristische Strafmaßnahmen ohne Gerichtsverhandlung oder Urteil in das Lager. Sie bildeten die »Arbeitsgruppe« für Zwangsarbeit im Steinbruch bei der Stadt Lowetsch. Hier sollten die Häftlinge im Sinne der kommunistischen Ideologie durch brutale Schwerstarbeit zu sozialistischen Menschen »umerzogen« werden. Im Volksmund als »Todeslager« berüchtigt und vom Wachpersonal – nach einem Ort an der Schwarzmeerküste – zynisch als »Sonnenstrand« tituliert, war Lowetsch im System der bulgarischen Straf- und Arbeitslager der Standort mit den grausamsten Verhältnissen. Angetrieben von unerfüllbaren Pflichtquoten wurden die Insassen – darunter zahlreiche Intellektuelle, Schriftsteller und Künstler – unter menschenverachtenden Bedingungen im Steinbruch versklavt. Es gab keine medizinische Versorgung, die Internierten wurden vom Wachpersonal misshandelt und gefoltert. Viele überlebten die Haftzeit nicht. Bekannt sind die Namen von 151 Menschen, die im Lager zwischen 1959 bis 1961 gewaltsam zu Tode kamen. Sie starben an den Folterungen und der kräftezehrenden Arbeit. Nach gängiger Praxis wurden in den Sterbeurkunden falsche Todesursachen angegeben und ihre sterblichen Überreste unter Aufsicht der Volkspolizei ohne Kennzeichnung an geheimen Orten verscharrt. Am 5. April 1962 beschloss eine vom Politbüro ernannte Sonder-

►
Alljährlich findet am Fuße des Felsens ein Gedenkgottesdienst statt.

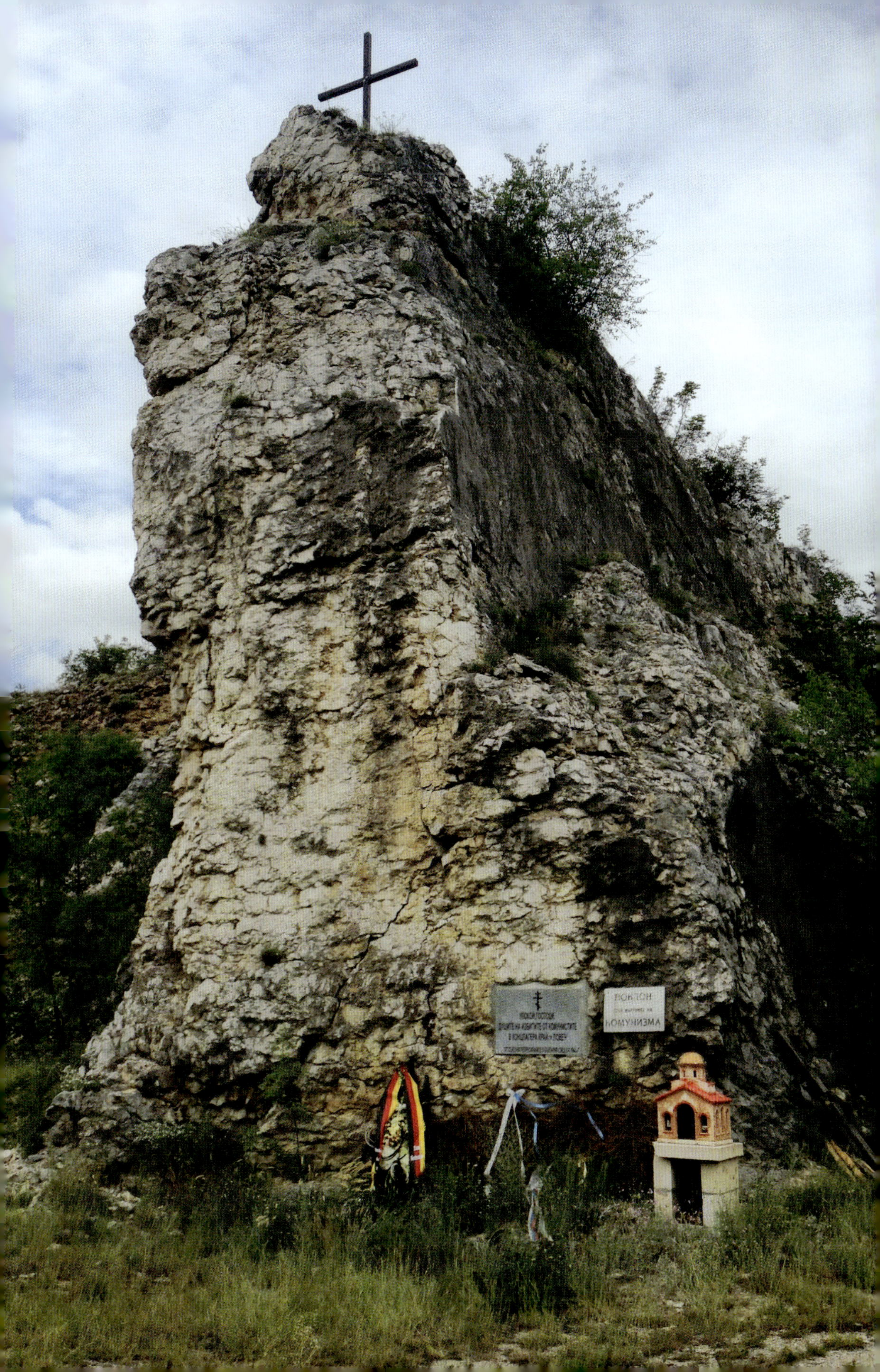

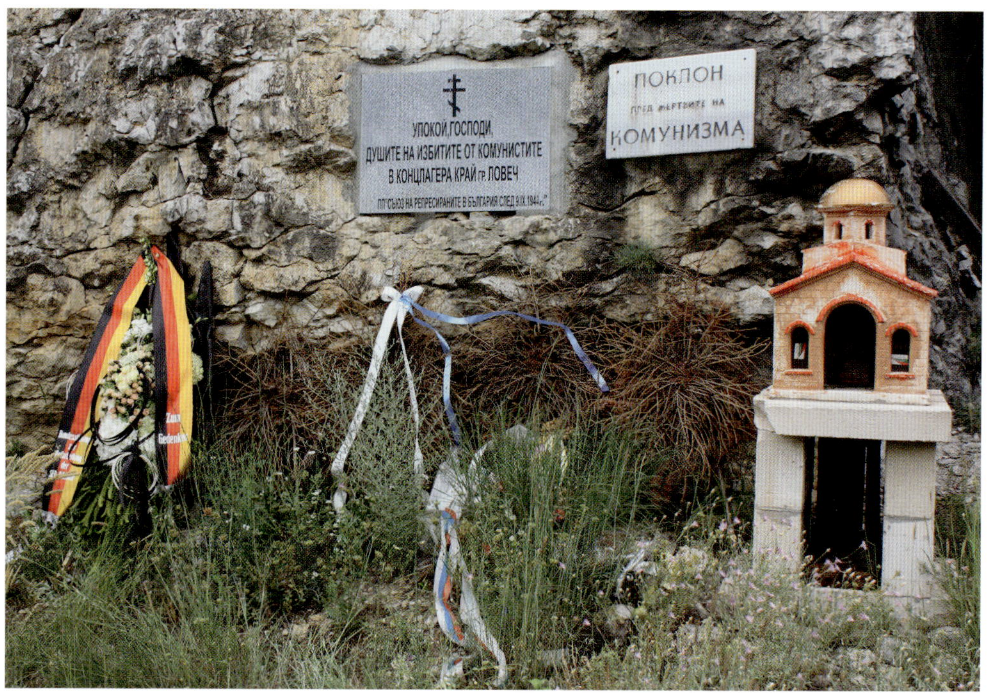

Mahnmal am ehemaligen Steinbruch des Straflagers Lowetsch

kommission die Auflösung des Lagers Lowetsch und die Freilassung eines Teils der Gefangenen. Die verbliebenen Häftlinge kamen erst zwei Jahre später per Amnestieerlass vom 9. September 1964 frei.

Inschrift

Bulgarisch: УПОКОЙ, ГОСПОДИ, / ДУШИТЕ НА ИЗБИТИТЕ ОТ КОМУНИСТИТЕ / В КОНЦЛАГЕРА КРАЙ ГР. ЛОВЕЧ // ПП »СЪЮЗ НА РЕПРЕСИРАНИТЕ В БЪЛГАРИЯ СЛЕД 9. IX 1944 Г.«

ПОКЛОН / ПРЕД ЖЕРТВИТЕ НА / КОМУНИЗМА

Die deutsche Übersetzung lautet:
Beruhige, Gott, die Seelen der von den Kommunisten Getöteten im Konzentrationslager bei Lowetsch. Politische Partei »Bund der Repressierten in Bulgarien nach dem 9. 9. 1944«

Verbeugung vor den Opfern des Kommunismus

Standort: Lowetsch

Mahnmal zur Erinnerung an die Opfer des Lagers Belene

Persin. Seit 2005 befindet sich auf dem Gelände des ehemaligen Zwangsarbeitslagers Belene ein Mahnmal zur Erinnerung an die Opfer. Auf Initiative der Bulgarischen Nationalen Agrarunion wurden zwei nebeneinanderstehende Betonstelen sowie eine Gedenkwand errichtet.

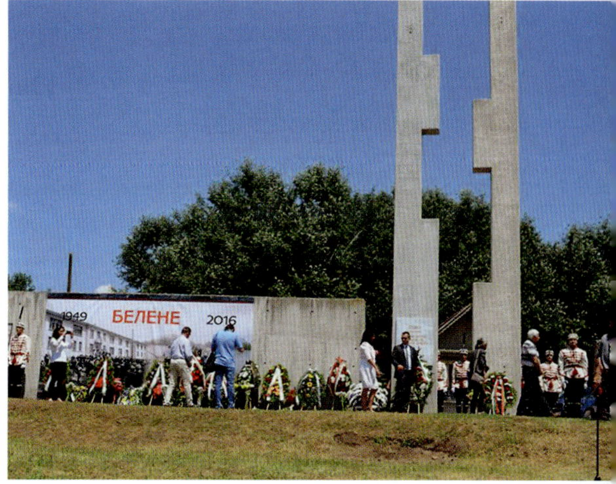

Mahnmal für die Opfer des Zwangsarbeitslagers Belene

Nach dem Zusammenbruch des kommunistischen Regimes in Bulgarien im November 1989 zerfiel der größtenteils stillgelegte Lagerkomplex. Seit 2014 bemüht sich die vom katholischen Priester Paolo Cortese ins Leben gerufene zivilgesellschaftliche Organisation Belene Island Foundation darum, auf dem ehemaligen Lagergelände eine Gedenkstätte für die Opfer der totalitären Regime einzurichten sowie ein Projekt zur Dokumentation und Erforschung des bulgarischen Straflagersystems zu initiieren. Die Insel, auf der bis heute das 1952 eingerichtete Gefängnisgebäude vom regulären bulgarischen Strafvollzug genutzt wird, kann nur nach Zustimmung des Innenministeriums und der Gefängnisdirektion betreten werden.

Die Gründung des Straflagers Belene als Lager für politische Gegner erfolgte mit einem Erlass im April 1949. Darin wurde verfügt, alle dem Dorf Belene gegenüberliegenden Donauinseln – Persin, Golyama Barzina, Shturcheto, Magaretsa, Belitsa, Sowata und Predela – dem Innenministerium zum Bau eines Lagerkomplexes zu unterstellen. Innerhalb weniger Wochen wurde auf Persin, der größten bulgarischen Donauinsel, der Haftbetrieb aufgenommen. Belene, das im Volksmund den Beinamen »bulgarischer GULag« trug, entwickelte sich rasch zum größten Lager für politische Gefangene in Bulgarien. Der erste Gefangenentransport mit 300 Internierten erreichte die Insel im Juli 1949. Ausgelegt für eine Kapazität von bis zu 3000 Gefangenen, waren hier zwischenzeitlich über 9900 Männer und Frauen mit Haftstrafen von sechs Monaten bis sieben Jahren interniert. Auf dem Archipel befand sich neben dem Lager, das sich zehn Kilometer ins Inselinnere hinein ausdehnte, ab Ende 1952 an der westlichen Küstenlinie auch ein Gefängniskomplex.

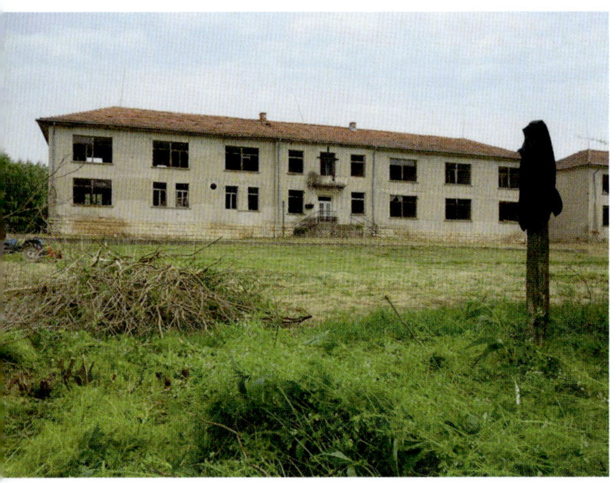

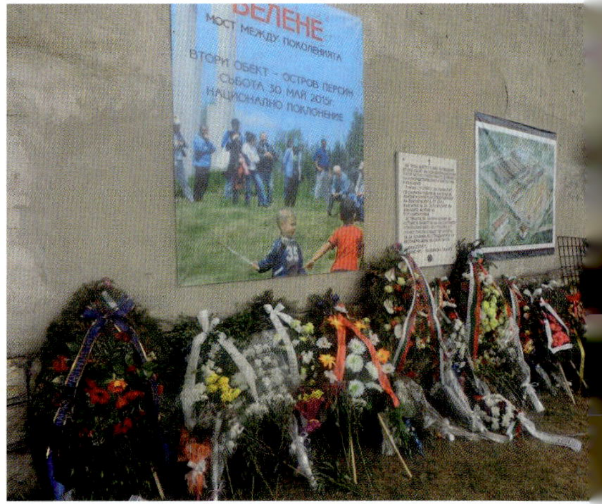

Nach Stalins Tod im März 1953 wurde Belene vorübergehend geschlossen. Unmittelbar nach der Niederschlagung der ungarischen Revolution im November 1956 wurde der Haftbetrieb erneut aufgenommen. Am 5. November nahmen die Sicherheitskräfte über 370 Personen fest, die Sympathien mit der ungarischen Revolution bekundet hatten. Die meisten von ihnen kamen direkt nach Belene. Im Juni 1958 befanden sich mehr als 2700 als »Kriminelle« und »Konterrevolutionäre« bezeichnete Gefangene auf der Insel. Offiziell geschlossen wurde das Zwangsarbeitslager am 27. August 1959. Von den über 1400 auf der Insel inhaftierten Personen wurden mehr als 1250 freigelassen. Eine Gruppe von etwa 160 Gefangenen – »unverbesserliche Rückfalltäter, gefährlich für die gesellschaftliche Ordnung« – überführte man ins neu errichtete Straflager Lowetsch.

Im Jahr 1984 startete auf Veranlassung des Zentralkomitees der Bulgarischen Kommunistischen Partei eine Kampagne zur Zwangsumbenennung aller bulgarischen Moslems. Die knapp eine Million Muslime des Landes mussten ihre Namen »bulgarisieren«, ihre traditionelle Kleiderordnung aufgeben und die ethnischen Türken den Gebrauch der türkischen Sprache auf den engsten Familienkreis reduzieren, auch wurden die Sanktionen für das Praktizieren religiöser Riten verschärft. Als es daraufhin im Januar 1985 zu Protesten der Bevölkerung und Ausschreitungen der Staatssicherheitsorgane und der Miliz kam, wurden etwa 400 Personen verhaftet und in das Lager Belene deportiert. Im April 1986 traten die Häftlinge in einen 30-tägigen Hungerstreik, in dessen Folge Anfang Mai 1986 die meisten Gefangenen freigelassen bzw. in unterschiedliche Teile des Landes zwangsausgesiedelt wurden.

Nach dem Zusammenbruch des kommunistischen Regimes in Bulgarien im November 1989 entwickelte sich Belene zu einem symbolischen Erinnerungsort für alle Opfer der bulgarischen Straf- und Zwangsarbeitslager. Alljährlich finden am 9. September, dem Tag der kommunistischen Machtergreifung in Bulgarien, auf dem ehemaligen Lagergelände Gedenkveranstaltungen zu Ehren der Opfer der kommunistischen Diktatur statt.

Standort: Insel Persin, gegenüber dem Dorf Belene
Internet: www.beleneisland.org

◄
links: leerstehende Baracken am ehemaligen Lagerstandort

rechts: Kranzniederlegungen am Erinnerungsort

►
Lagerzeichnung des ehemaligen Insassen Krum Horozov

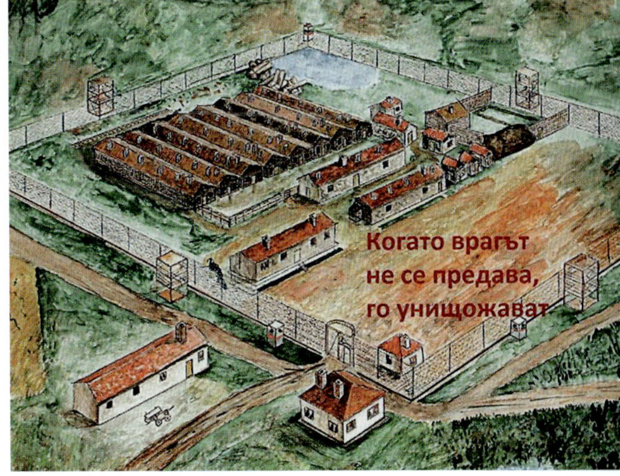

Literaturhinweise Bulgarien:
Kadrinov, Vasil: Case Study on Bulgaria. In: Honoring Civil Courage. Developing Suggestions to Improve the Situation of Victims of Communist State Crimes. Project Coordinator: Gedenkstätte Berlin-Hohenschönhausen 2015, Ref.-Nr.: JUST/2011/JPEN/AG/2998. Online abrufbar unter: www.stiftung-hsh.de/assets/Dokumente-pdf-Dateien/EU-Projekt-Laenderstudien.pdf (letzter Zugriff: 15.11.2017). / Nedeltschew, Michail: Geschichte der bulgarischen Opposition. In: Biografisches Lexikon Widerstand und Opposition im Kommunismus 1945–91. Bundesstiftung zur Aufarbeitung der SED-Diktatur 2017. Online abrufbar unter: www.dissidenten.eu/laender/Bulgarien/oppositionsgeschichte/1/ (letzter Zugriff: 15.11.2017). / Raichevsky, Stoyan: Bulgarien unter dem kommunistischen Regime 1944–1989. Berlin 2016. / Schwarz, Karl-Peter: Organisiertes Wegschauen. In vielen postkommunistischen Ländern herrschen noch die alten Eliten. In: Frankfurter Allgemeine Zeitung, Beitrag vom 24.6.2014. Online abrufbar unter: www.memoryandconscience.eu/wp-content/uploads/2014/06/Organisiertes-Wegschauen-Zeitungsausschnitt.pdf (letzter Zugriff: 6.12.2017). / Topouzova, Lilia: Reclaiming Memory: The History and Legacy of Concentration Camps in Communist Bulgaria. Dissertation. University of Toronto 2015.

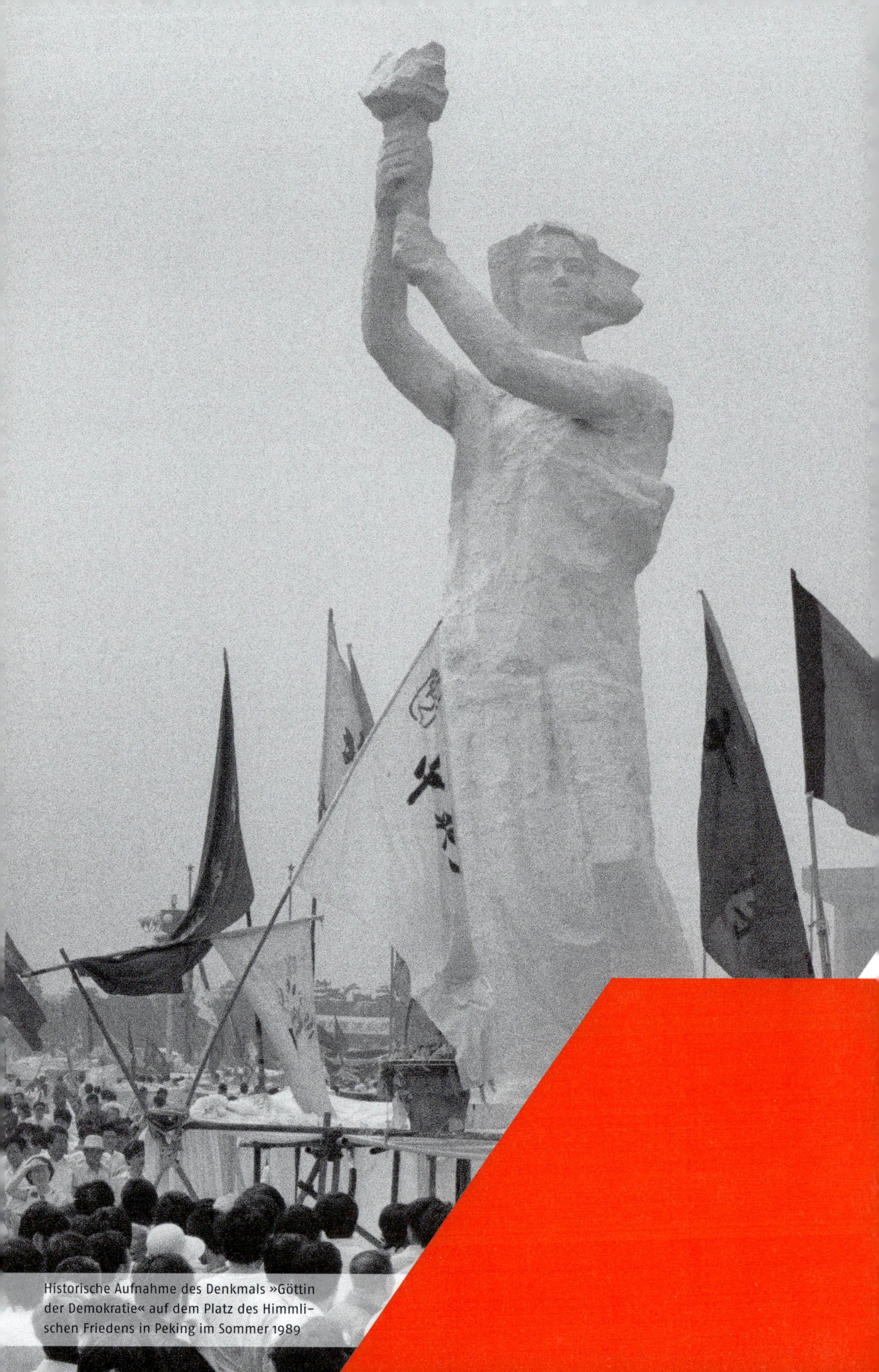

Historische Aufnahme des Denkmals »Göttin der Demokratie« auf dem Platz des Himmlischen Friedens in Peking im Sommer 1989

HONGKONG

China

Mit den Opiumkriegen von 1840 begann für China das Jahrhundert der »nationalen Demütigung« durch die westlichen Kolonialmächte sowie den japanischen und russischen Imperialismus. Die Regierung verlor die Souveränität über Teile des Landes. China wurde von Kriegen, Besatzung und Bürgerkriegen heimgesucht. 1911 ging schließlich die Qing-Dynastie unter und China wurde die erste Republik in Ostasien. Nachdem 1912 der letzte chinesische Kaiser abgedankt hatte, bestand kurze Zeit die Hoffnung, dass das Land eine Demokratie werden würde. Die neu entstandene Republik war jedoch instabil. Kämpfe zwischen den republikanischen Kräften um Sun Yatsen und konservativen Kräften um Yuan Shikai schwächten die Republik. Yuan setzte sich durch und versuchte, die Monarchie zu restaurieren. Nach seinem Tod 1916 zerfiel die Zentralmacht und die Ära der Warlords begann. Die Warlords kontrollierten faktisch weite Teile des Landes mit ihren Armeen. Zu den Auseinandersetzungen im Inneren kam das Eindringen imperialistischer Mächte von außen. So sprach zum Beispiel die Versailler Friedenskonferenz 1919 Japan die chinesische Provinz Shandong zu. 1921 formierte sich mit Unterstützung der Komintern die Kommunistische Partei Chinas (KPCh). Die einflussreichste Partei waren jedoch die Nationalisten, Guomindang (GMD), unter der Führung Sun Yatsens und nach dessen Tod Chiang Kaisheks. Was beide Parteien zunächst einte, war der Kampf gegen ausländische Mächte und Warlords. Zwischen 1922 und 1927 kam es mit Unterstützung der Sowjetunion zur Einheitsfront beider Parteien, die jedoch mit dem Massaker gegen Kommunisten und Gewerkschafter in Shanghai durch die Truppen von Chiang Kaishek zerbrach. Der KPCh gelang es Anfang der 1930er Jahre, im Hinterland eine chinesische Sowjetrepublik zu gründen, da die Macht der neuen GMD-Zentralregierung in Nanjing begrenzt war. 1934 konnte die GMD jedoch einen erfolgreichen »Vernichtungsfeldzug« starten. Um der kompletten Zerschlagung zu entgehen, schlugen sich die kommunistischen Truppen im sogenannten Langen Marsch 1936 nach Norden durch. Obwohl diesen Marsch von ursprünglich 100 000 Kämpfern nur etwa 10 000 überlebten, begründete er Mao Zedongs (1893 – 1976) Führungsanspruch.

Nachdem Japan schon 1931 die Mandschurei besetzt hatte, kam es insbesondere während des Chinesisch-Japanischen Krieges von 1937 bis 1945 zu einem erneuten Zweckbündnis zwischen GMD und KPCh. Dieses Bündnis zerbrach jedoch nach dem Sieg der Alliierten über Japan im Zweiten Weltkrieg innerhalb von einem Jahr. In dem folgenden Bürgerkrieg (1946 – 1949) unterstützte die Sowjetunion die kommunistische Partei, während die USA auf der Seite der GMD standen. 1949 gewann die KPCh schließlich den Krieg und die chinesische Revolution siegte. Die GMD floh nach Taiwan und die Gründung der Volksrepublik China wurde am 1. Oktober 1949 von Mao in Peking ausgerufen.

Die KPCh schuf einen zentralistisch organisierten Staat nach sowjetischem Vorbild. Eine zentrale Maßnahme der neuen Regierung war die Durchführung einer Bodenreform, in der fast die Hälfte der Agrarfläche von Großgrundbesitzern an arme Bauern umverteilt wurde. In einer Kampagne zur »Unterdrückung der Konterrevolution« (1951 – 1953) wurden 700 000 Menschen hingerichtet, um den Widerstand gegen das neue Regime zu brechen. Bis 1956 wurde eine Planwirtschaft nach sowjetischem Vorbild eingeführt, die Industrie verstaatlicht und die Landwirtschaft kollektiviert. 1957 startete Mao die Anti-rechts-Kampagne, die sich gegen abweichende Intellektuelle richtete. Etwa 550 000 Menschen wurden als »Rechtsabweichler« gebrandmarkt und viele von ihnen für 20 Jahre auf das Land verschickt. Um die Industrie- und Landwirtschaftsproduktion zu steigern, initiierte die KPCh 1958 mit dem »Großen Sprung nach vorn« ein neues Wirtschaftsprogramm. In der sogenannten Stahlkampagne sollten selbst in den kleinsten Hinterhöfen industrielle Produkte gefertigt und in kleinen Öfen Stahl produziert werden. 1958 wurden die Bauern in Volkskommunen zusammengefasst; privates Wirtschaften war verboten. Durch

Fehlplanung, radikale Umstrukturierung und Missernten folgte 1959 und 1961 eine Hungersnot, der schätzungsweise 20 bis 40 Millionen Menschen zum Opfer fielen.

Nachdem sich die Bevölkerung und die Wirtschaft von dieser Katastrophe zu erholen begannen, rief Mao 1966 die sogenannte Kulturrevolution aus, um seiner Ansicht nach zu verhindern, dass sich in China wie in der Sowjetunion der »Revisionismus« in der Partei durchsetze und das Land vom sozialistischen Weg abkomme. Im Sommer und Herbst 1966 zerstörten jugendliche Rote Garden viele Kulturgüter sowie Tempel und terrorisierten Lehrer und Intellektuelle. Mao rief schließlich die einfache Bevölkerung zur Rebellion gegen die »Machthaber des kapitalistischen Weges innerhalb der Partei« auf. Als China im Chaos versank, ließ er 1967 die Ordnung durch die Armee wiederherstellen. Nach neuerer Forschung fielen der Kulturrevolution etwa eine Million Menschen zum Opfer. Die meisten von ihnen starben in »Säuberungskampagnen«, durchgeführt von der Armee, nachdem die Ordnung schon wieder hergestellt worden war. Mit Maos Tod endete die Kulturrevolution 1976.

1978 begann unter Führung um Deng Xiaoping die sogenannte »Reform und Öffnung«. China reintegrierte sich in den Weltmarkt. Plan und Markt wurden kombiniert sowie Privatunternehmer zugelassen. Diese Form der chinesischen Wirtschaftspolitik wird von der KPCh als »sozialistische Marktwirtschaft« bezeichnet. Sie brachte dem Land eines der weltweit höchsten und seit Jahrzehnten anhaltendes Wirtschaftswachstum, mit dem aber auch immense Umweltzerstörung und eine soziale Spaltung der Gesellschaft einher geht. 1981 wurde eine »ZK-Resolution über einige Fragen in unserer Parteigeschichte seit Gründung der Volksrepublik« verabschiedet, die Exzesse wie den »Großen Sprung nach vorn« und die Kulturrevolution kritisch bewertete. Zwar wurden viele Opfer der Anti-rechts-Kampagne und Kulturrevolution rehabilitiert, politische Oppositionelle müssen jedoch bis heute mit Verfolgung und Gefängnisstrafen rechnen. Zudem blieb die absolute Vorherrschaft der kommunistischen Partei unangetastet.

Im Mai 1989 versammelten sich Zehntausende, später Hunderttausende Studenten und einfache Bürger auf dem Platz des Himmlischen Friedens in Peking, um für eine Demokratisierung Chinas und Pressefreiheit sowie gegen Korruption einzutreten. Auslöser der Demonstrationen war der Tod des als Reformer geltenden Parteisekretärs Hu Yaobang, der bereits zwei Jahre zuvor abgesetzt worden war. Nachdem die Studenten zur Unterstützung ihrer Forderungen in einen Hungerstreik getreten waren, beendete das Militär die Studentenproteste am 4. Juni blutig und räumte den Platz. Bis heute ist die Zahl der Toten unbekannt. Die höchsten Schätzungen gehen von einigen Tausend aus.

Zwischen 1980 und 2015 führte die KPCh die »Ein-Kind-Politik« durch, welche Familien mit hohen Geldstrafen belegte, die mehr als ein Kind bekamen. Frauen wurden bis in die 2000er Jahre bei außerplanmäßigen Geburten zu Abtreibungen gezwungen. Seit 2016 gilt eine »Zwei-Kind-Politik« bei der Geburtenplanung.

Begleitet wurde die Entwicklung des kommunistischen China von Beginn an durch territoriale Konflikte mit den Nachbarstaaten und innerchinesischen autonomen Gebieten. Dazu gehört auch der Tibet-Konflikt, der mit Aufständen 1959, 1989 und 2008 einherging. 1997 erfolgte die Wiedereingliederung Hongkongs und 1999 Macaus als Sonderverwaltungszonen in den chinesischen Staat. Damit endete das koloniale Zeitalter in China endgültig. Zudem ist die Frage der Beziehungen zwischen der Volksrepublik China und der Republik China auf Taiwan ungeklärt. Peking sieht Taiwan als abtrünnige Provinz und strebt die »Wiedervereinigung« an. Laut den Plänen der KPCh soll China bis 2049, zum 100. Jahrestag der Gründung der Volksrepublik, ein hochentwickeltes Industrieland und globale Supermacht werden.

Denkmal »Göttin der Demokratie«

Hongkong. Auf dem Campus der Chinese University of Hong Kong (CUHK) befindet sich seit Juni 2010 eine Nachbildung der Statue der Göttin der Demokratie. Das Original, das Studenten der Pekinger Kunstakademie auf dem Tiananmen-Platz zwischen dem Tor des Himmlischen Friedens und dem Denkmal für die Helden des Volkes errichteten, wurde bei der Niederschlagung der Demokratiebewegung am 4. Juni 1989 von Soldaten der Volksbefreiungsarmee zerstört. Die etwa drei Meter hohe, vom chinesischen Künstler Chen Weiming geschaffene Replik aus Bronzeimitat stellte die Hongkong Allianz zur Unterstützung der patriotischen demokratischen Bewegung in China auf dem Times Square in Hongkong im Vorfeld des 21. Jahrestags des Tiananmen-Massakers im Frühjahr 2010 auf. Am 29. Mai konfiszierte die Hongkonger Polizei die Skulptur zusammen mit einer weiteren Nachbildung aus weißem Plastik mit der Begründung, die Veranstalter besäßen nicht die Lizenzrechte zur Durchführung einer öffentlichen Veranstaltung. Unter dem Druck massiver öffentlicher Kritik wurde die Entscheidung

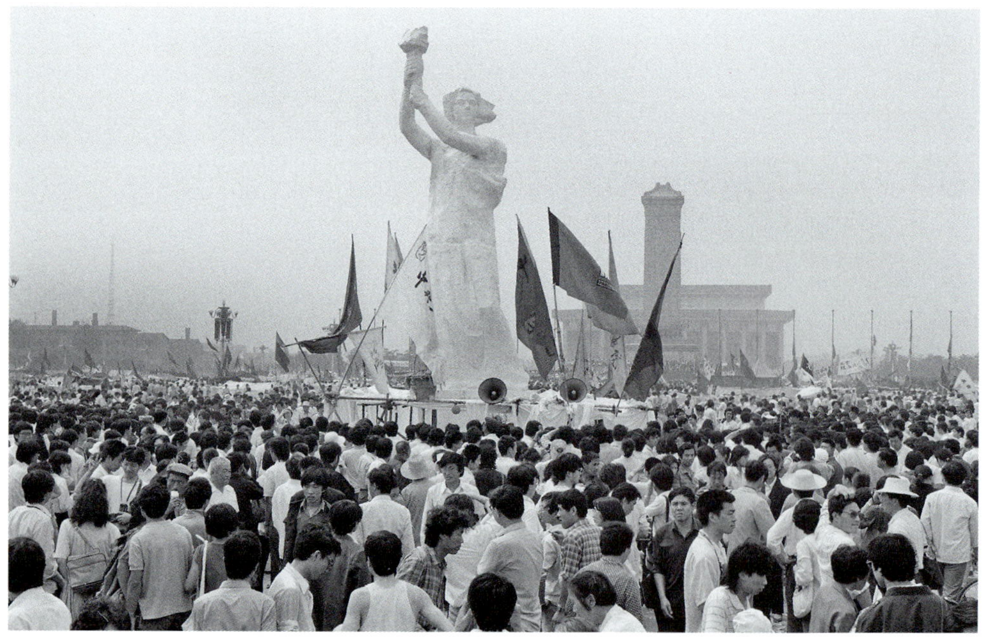

rückgängig gemacht und die Bronzeskulptur bei der Gedenkzeremonie am 4. Juni im städtischen Victoria Park öffentlich ausgestellt. Anschließend wurde die Statue der Göttin der Demokratie auf Initiative des Studentenwerks der CUHK auf dem Campus aufgestellt.

Während die demokratischen Reformbewegungen in der Sowjetunion sowie in Ostmitteleuropa 1989 erfolgreich verliefen, erreichten die Versuche der Demokratiebewegung in der Volksrepublik China keinen nachhaltigen Wandel. In den frühen Morgenstunden des 4. Juni 1989 schlugen die von der chinesischen Regierung mobilisierten über 200 000 Soldaten der Volksbefreiungsarmee auf dem Platz des Himmlischen Friedens in Peking die Protestbewegung Zehntausender Menschen blutig nieder. Die Bilder des Massakers gingen um die Welt. Bis heute sind keine genauen Angaben über die Zahl der Toten bekannt. Von offizieller Seite wird von 241 Toten gesprochen, darunter seien »Rowdys«, »irrtümlich Betroffene« sowie zehn Soldaten und 13 Polizisten gewesen. Schätzungen internationaler Menschenrechtsorganisationen und inoffizieller chinesischer Stellen gehen jedoch von bis zu 3 000 Todesopfern aus. Zehntausende als »politische Verbrecher« diffamierte Menschen wurden infolge der Ereignisse jahrelang in Gefängnissen interniert. Tausende politische Flüchtlinge gingen ins Ausland.

Weltweit erinnern verschiedene Nachbildungen der Göttin der Demokratie an die Opfer des Tiananmen-Massakers, so beispielsweise in Washington, D. C. und Arlington, Virginia in den USA, in Toronto und British Columbia in Kanada sowie in Sydney in Australien.

Standort: Hongkong, Campus der Chinese University of Hong Kong

◄

Historische Aufnahme des Denkmals »Göttin der Demokratie« auf dem Platz des Himmlischen Friedens in Peking im Sommer 1989

Literaturhinweise China:

Shiu-Hing Lo, Sonny: Interest groups, intellectuals and new democracy movement in Hong Kong. In: Shiu-Hing Lo, Sonny (Hrsg.): Interest Groups and the New Democracy Movement in Hong Kong. London, New York 2017. / Yiwu, Liao: Die Kugel und das Opium. Leben und Tod am Platz des Himmlischen Friedens. Frankfurt am Main 2012.

Denkmal »Göttin der Demokratie« in Hongkong

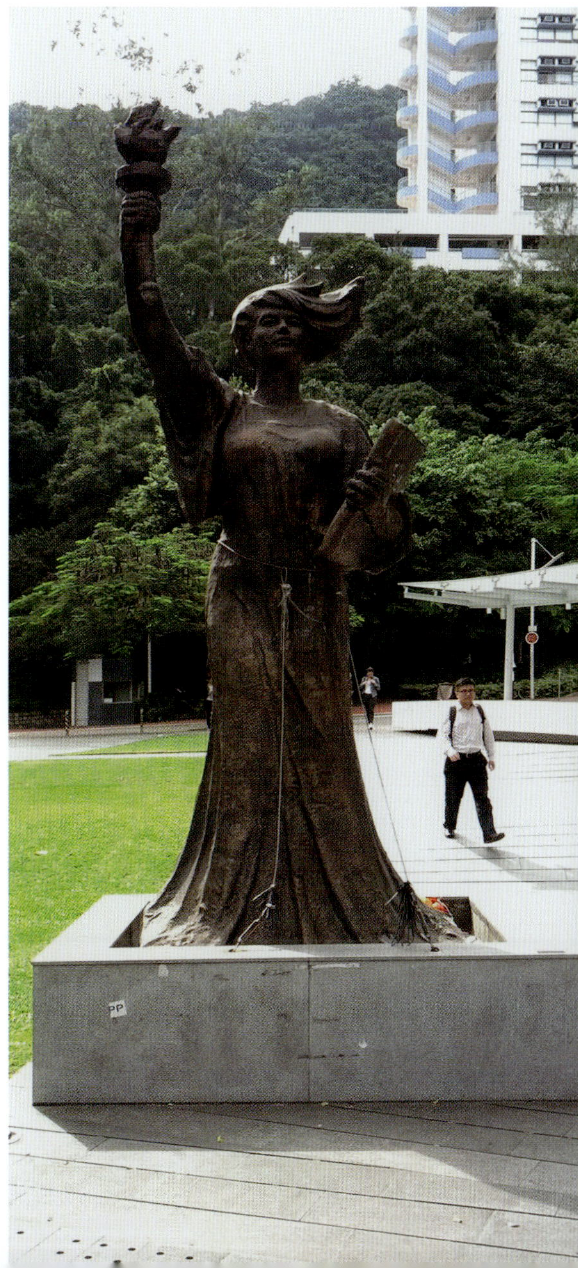

Bodendenkmal
zum 17. Juni 1953
in Berlin

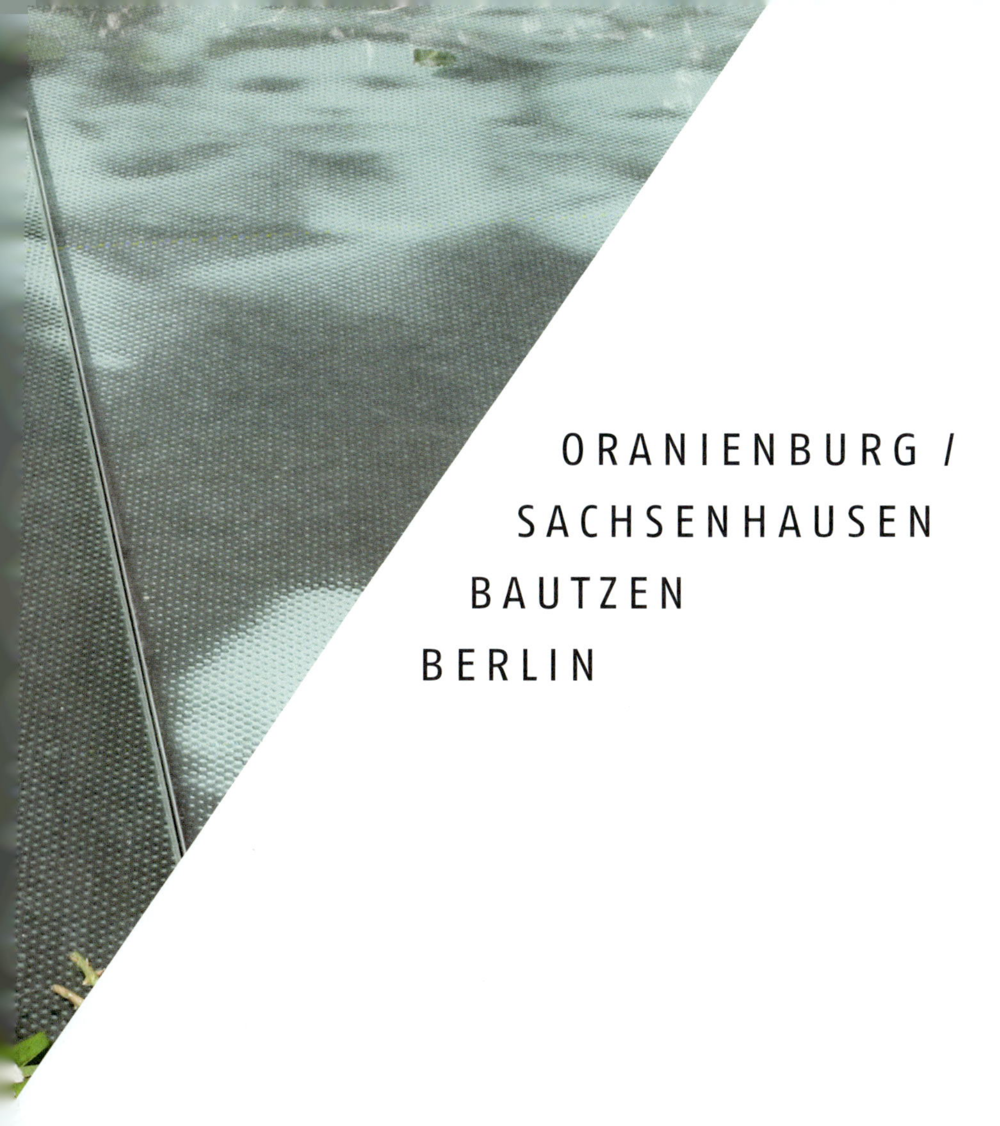

ORANIENBURG / SACHSENHAUSEN

BAUTZEN

BERLIN

Deutschland

Mahnmale und Gedenkstätten zur Erinnerung an Widerstand und Verfolgung sowie für die Opfer der Diktatur in der SBZ/DDR entstanden in Deutschland nicht erst nach dem Untergang des SED-Regimes. In Westdeutschland und Westberlin gab es bereits bis 1989 über 60 Erinnerungszeichen, die vor allem an die deutsche Teilung, die Opfer des Grenzregimes oder an den Volksaufstand vom 17. Juni 1953 gemahnten. Der erste Gedenkstein für die Opfer des Stalinismus wurde am 4. November 1951 in Berlin-Charlottenburg errichtet und geht zurück auf eine Initiative von ehemaligen Häftlingen der sowjetischen Speziallager, die nach ihrer Freilassung nach Westdeutschland flüchten konnten.

In der DDR gab es bis 1989 keine offiziellen Gedenkorte für Widerstand und politische Verfolgung nach 1945. Dort war das offizielle Erinnern, Mahnen und Gedenken ausschließlich den Opfern nationalsozialistischer Verfolgung gewidmet. Politisch instrumentalisiert und den Interessen der SED untergeordnet war es auf den kommunistischen Widerstandskampf gegen das NS-Regime ausgerichtet.

Den größten Raum in der – maßgeblich seit 1989/90 entstandenen – Erinnerungslandschaft zur zweiten Diktatur nimmt das Gedenken an die deutsche Teilung ein. Über 300 Gedenkstätten, Museen und Mahnmale erinnern entlang der ehemaligen innerdeutschen Grenze und am einstigen Verlauf der Berliner Mauer an die Teilung und ihre Opfer. Sie dokumentieren die Zwangsaussiedlungen ebenso wie die vielen, oft tödlich endenden Fluchtversuche über den »Eisernen Vorhang«. Schließlich rufen zahlreiche Markierungen im öffentlichen Raum die Friedliche Revolution und die Grenzöffnung im Herbst 1989 ins Bewusstsein.

Einen weiteren wichtigen Platz in der Topografie der Erinnerung nehmen die über 80 Orte ein, die Repression und Widerstand sowie den Opfern des stalinistischen Terrors in den 1940er und 1950er Jahren gewidmet sind. Hierzu gehören auch die »Gedenkstätten mit doppelter Vergangenheit«, um deren Neugestaltung es in den 1990er Jahren heftige Kontroversen gab. Es handelt sich dabei sowohl um einstige nationalsozialistische Konzentrationslager wie Buchenwald oder Sachsenhausen, die von der sowjetischen Militäradministration nach 1945 als Speziallager weitergeführt wurden, als auch um Zuchthäuser und Haftanstalten wie den »Roten Ochsen« in Halle, den Münchner Platz in Dresden, den Moritzplatz in Magdeburg, den Demmlerplatz in Schwerin oder die Gefängnisse in Bautzen, in denen vor und nach 1945 Opfer politischer Verfolgung eingesperrt waren. Der Umstand, dass in den Speziallagern und Gefängnissen der sowjetischen Besatzungsmacht sowohl NS-Funktionsträger als auch politische Gegner und Opfer von Denunziationen oder willkürlich Verhaftete unter menschenunwürdigen Bedingungen inhaftiert worden waren, von denen jeder Dritte die Haft nicht überlebte, macht die Problematik der »doppelten Erinnerung« besonders deutlich. Die mehr als 35 000 Toten und jene, die mit zum Teil schweren gesundheitlichen Schäden die Haft überlebten, werden als Opfer eines unmenschlichen Haftregimes begriffen, derer es in angemessener Form zu gedenken gilt. Allein über 40 Erinnerungsorte, die in der Nähe von ehemaligen Lagern und Haftanstalten bzw. bei Massengräbern entstanden sind, leisten hierzu einen Beitrag.

Einen weiteren Schwerpunkt bilden Gedenkstätten und -zeichen, die an das in der DDR durch das Ministerium für Staatssicherheit (MfS), das Ministerium des Innern oder die Volkspolizei begangene Unrecht erinnern. Hierzu zählen insbesondere die in ehemaligen Gefängnissen und anderen Dienstgebäuden der Staatssicherheit eingerichteten Ausstellungen und Dokumentationszentren. Zu nennen wäre hier stellvertretend das Museum in der »Runden Ecke« in Leipzig, das nach der Besetzung der dortigen MfS-Bezirksleitung durch das örtliche Bürgerkomitee eingerichtet wurde. Auch in den vormaligen Haftanstalten und MfS-Zentralen in Berlin-Hohen-

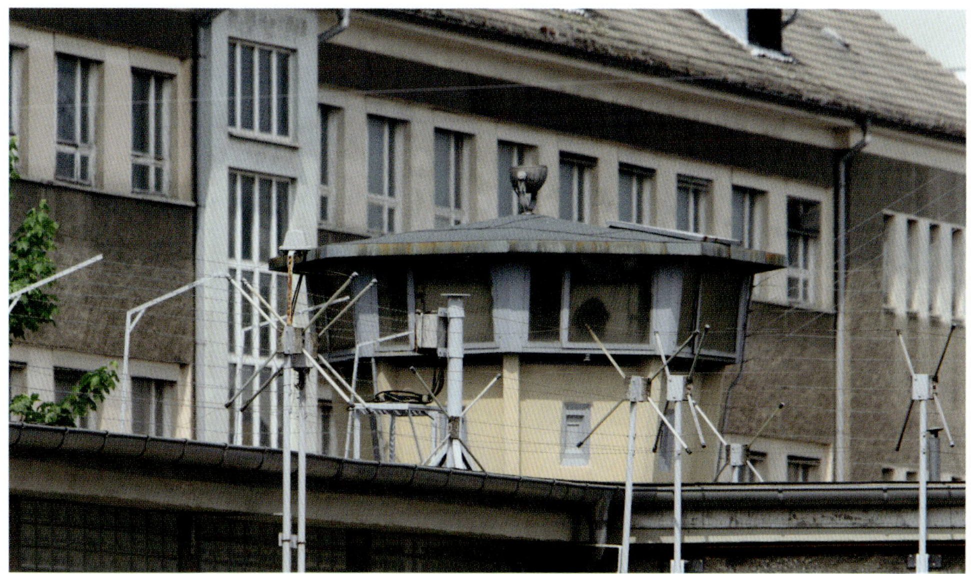

Wachturm am ehemaligen Stasi-Gefängnis Berlin-Hohenschönhausen

schönhausen, in Magdeburg oder Halle sowie im ehemaligen MfS-Dienstsitz in der Berliner Normannenstraße mit der sogenannten »Mielke-Suite« gibt es ständige Ausstellungen, die auf großes Besucherinteresse stoßen.

Daneben erinnern 50 Gedenkzeichen auf lokaler und regionaler Ebene an Verfolgung und Repression durch den Staatsapparat. Hierzu gehören auch Orte, die bis in die jüngste Vergangenheit bzw. Gegenwart als Gefängnis genutzt werden; wie zum Beispiel Waldheim, Brandenburg oder Torgau. Zum Teil saßen dort seit dem 19. Jahrhundert sowie insbesondere in der NS-Zeit politische Häftlinge ein. Die Gebäude dienten auch zu DDR-Zeiten als Gefängnisse für politisch Verfolgte; teilweise sind es noch heute Justizvollzugsanstalten. In der Regel weisen Tafeln bzw. Gedenksteine auf die historischen Hintergründe der politischen Verfolgung an diesen Orten hin.

Eine große Gruppe bilden schließlich die mehr als 70 Erinnerungszeichen, die sich auf die Ereignisse des 17. Juni 1953 und seine Opfer beziehen. Über 50 weitere Mahnmale erinnern an die Ereignisse vom Herbst 1989, die schließlich die Öffnung der Berliner Mauer am 9. November sowie die deutsche Einheit ermöglichten.

Auch neue Formen bei der Kennzeichnung historischer Orte, die an politische Verfolgung, die deutsche Teilung, Opposition und Widerstand erinnern, sind entstanden. Hierzu zählen etwa das »Grüne Band« entlang der einstigen 1381 Kilometer langen innerdeutschen Grenze sowie die »Geschichtsmeile Berliner Mauer« entlang des Mauerverlaufs in Berlin und dessen Markierung im Straßenpflaster, die an die aus dem Berliner Stadtbild nahezu vollständig eliminierte Mauer erinnert.

Insgesamt gibt es in Deutschland mehr als 900 Gedenkzeichen, -stätten und Museen, die an die Diktatur in der SBZ und in der DDR erinnern. Drei davon werden im Folgenden vorgestellt. Einen Überblick zu allen Erinnerungsorten vermittelt die von der Bundesstiftung zur Aufarbeitung der SED-Diktatur erarbeitete Publikation »Orte des Erinnerns. Gedenkzeichen, Gedenkstätten und Museen zur Diktatur in SBZ und DDR«, die im März 2016 in der dritten Auflage beim Ch. Links Verlag erschienen ist.

Gedenkstätte und Museum »Sowjetisches Speziallager Nr. 7 / Nr. 1« Sachsenhausen

Oranienburg / Sachsenhausen. Nur wenige Kilometer nördlich von Berlin befindet sich der weitläufige Komplex der Gedenkstätte und des Museums Sachsenhausen. Von 1936 bis 1945 als Konzentrationslager genutzt, unterhielt die sowjetische Geheimpolizei NKWD dort von 1945 bis 1950 das größte der insgesamt zehn Speziallager in der SBZ. 1961 eröffnete an diesem Ort die Nationale Mahn- und Gedenkstätte Sachsenhausen, in der zu DDR-Zeiten ausschließlich das NS-Konzentrationslager erwähnt wurde. Nach 1990 wurden bis dahin verschwiegene Lagerkapitel sowie tabuisierte Opfergruppen in die Darstellung einbezogen. Seit 1993 gehört die Gedenkstätte zur Stiftung Brandenburgische Gedenkstätten und wurde umfassend umgestaltet.

Heute ist sie ein Ort der Erinnerung an das NS-Konzentrationslager Sachsenhausen und an das sowjetische Speziallager. Im Rahmen eines dezentralen Museumskonzepts wird die Geschichte von Sachsenhausen mit seinen verschiedenen Phasen dargestellt und dokumentiert. Ein 2004 eröffnetes Besucherzentrum im Eingangsbereich führt in die komplexe Geschichte des Ortes ein.

Im unmittelbaren Umfeld der Gedenkstätte befinden sich drei als Friedhöfe gestaltete Massengräber des sowjetischen Speziallagers, in denen 12 000 Tote anonym verscharrt wurden. Seit Herbst 2006 ist der Gedenkstätte die Internationale Jugendbegegnungsstätte – Jugendherberge »Haus Szczypiorski« angegliedert, die sich in der ehemaligen Dienstvilla des »Inspekteurs der Konzentrationslager« befindet.

Das KZ Sachsenhausen wurde im Sommer 1936 von Häftlingen aus den Emslandlagern errichtet. Es war die erste Neugründung eines Konzentrationslagers nach der Ernennung des Reichsführers SS Heinrich Himmler zum Chef der Deutschen Polizei im Jahr 1936. Als Modell- und Schulungslager der SS und KZ in unmittelbarer Nähe der Reichshauptstadt nahm Sachsenhausen eine Sonderstellung im System der nationalsozialistischen Konzentrationslager ein: 1938 wurde die Verwaltungszentrale für alle Konzentrationslager im deutschen Machtbereich von Berlin nach Oranienburg verlegt.

Zu dem fast 400 Hektar umfassenden KZ-Komplex in Oranienburg gehörten ausgedehnte Wohnsiedlungen für die höheren SS-Dienstgrade und ihre Familien, außerdem das ab 1938 an der Lehnitzschleuse errichtete Außenlager »Klinkerwerk« sowie umfangreiche logistische und militärische Funktionsbereiche der SS.

Zwischen 1936 und 1945 hielten die Nationalsozialisten im KZ Sachsenhausen mehr als 200 000 Menschen aus etwa 40 Nationen gefangen. Zunächst inhaftierte die SS dort politische Gegner des NS-Regimes: Kommunisten, Sozialdemokraten, liberale und konservative Politiker, dann zunehmend auch sozial und »rassisch« Verfolgte wie Juden, Christen, Zeugen Jehovas, Sinti und Roma sowie Homosexuelle. Im Zuge der Aktion »Arbeitsscheu Reich«

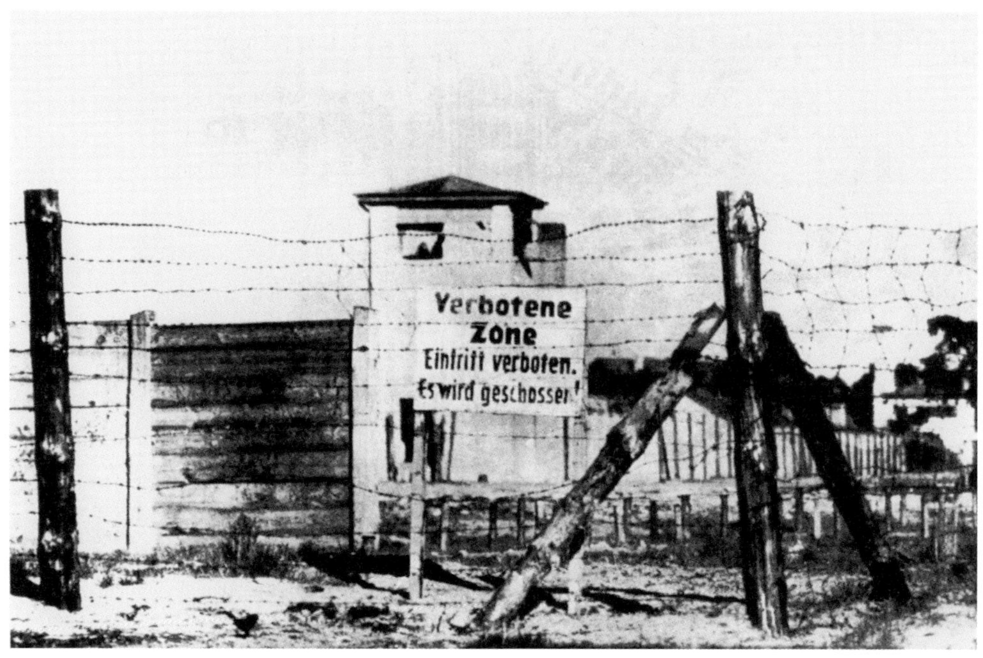

Historische Aufnahme vom Lager Sachsenhausen

des Reichskriminalpolizeiamts lieferte die SS im März und Juni 1938 über 6 000 als »asozial« eingestufte Menschen in das Lager ein. Nach der Pogromnacht vom 9./10. November 1938 wurden mehr als 6 000 Juden aus Berlin und anderen Teilen des Deutschen Reiches nach Sachsenhausen deportiert.

Seit Beginn des Zweiten Weltkriegs am 1. September 1939 kamen zunehmend Häftlinge aus den von Deutschland besetzten Ländern Europas nach Sachsenhausen. Aufgrund der ständig wachsenden Zahl der Insassen verschlechterten sich die Haftbedingungen rapide. Tausende Menschen starben an Unterernährung, Krankheit, Erschöpfung und Misshandlungen oder wurden von der SS im Rahmen spezieller »Aktionen« ermordet. Im Spätsommer und Herbst 1941 wurden innerhalb weniger Wochen mehr als 10 000 sowjetische Kriegsgefangene in einer eigens dafür errichteten Genickschussanlage von der SS umgebracht. Weitere 3 000 starben auf dem Transport oder kurz nach der Ankunft im Lager. Nachdem bereits 1940 ein Krematorium mit einem Verbrennungsofen in Betrieb genommen worden war, errichtete die SS 1942 im Industriehof ein neues Gebäude, das neben vier Verbrennungsöfen eine weitere Genickschussanlage und (ab 1943) eine Gaskammer enthielt.

Der »Vernichtung durch Arbeit« fielen unzählige Häftlinge zum Opfer. Die Gefangenen mussten in SS-eigenen Betrieben und in rund 100 KZ-Außenlagern für die SS oder die Rüstungsindustrie Zwangsarbeit leisten. Von der stärkeren Einbeziehung der Konzentrationslager in die Kriegsproduktion ab 1942 profitierten die großen Rüstungsbetriebe wie die Allgemeine Elektrizitäts-Gesellschaft (AEG), Siemens & Halske, das DEMAG-Panzerwerk, Heinkel Flugzeugwerke, die Daimler-Benz-Werke und die IG Farben. Insgesamt kamen mehrere Zehntausend Menschen im KZ Sachsenhausen ums Leben. Kurz vor Kriegsende wurde das Lager evakuiert, wobei die SS etwa 3 000 nicht »marschfähige« Häftlinge zurückließ. Diese wurden am 22./23. April 1945 durch sowjetische und polnische Einheiten befreit. Mehr als 35 000 Häftlinge hatten

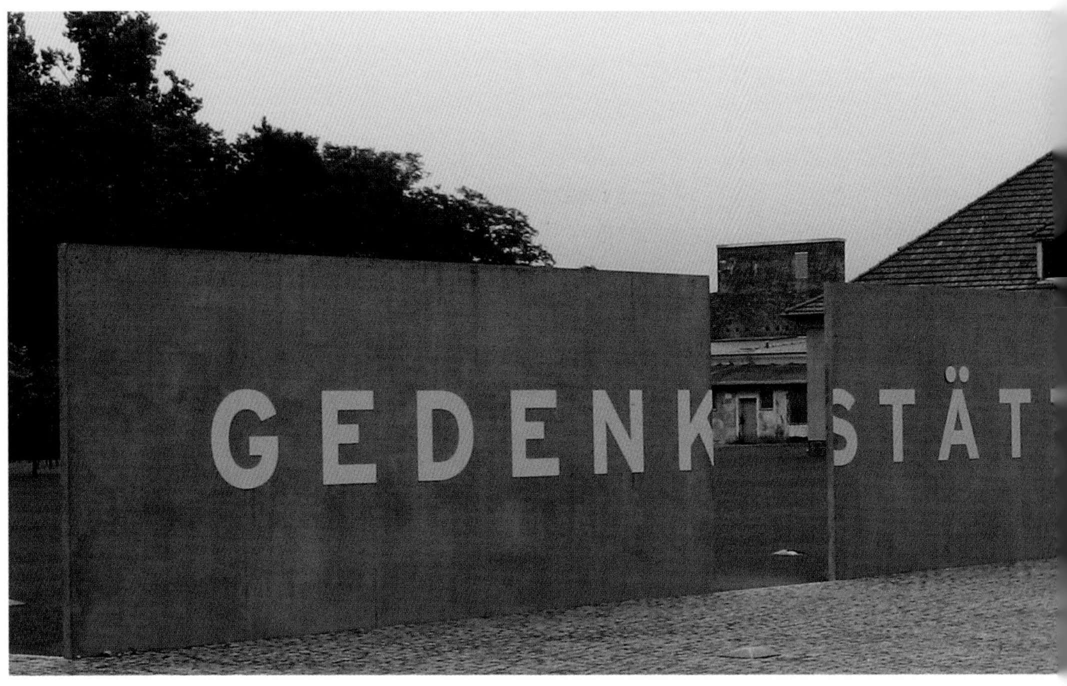

Eingang zur Gedenkstätte und zum Museum Sachsenhausen

zwei Tage zuvor die Baracken verlassen müssen. Sie wurden auf ihrem »Todesmarsch« Richtung Schwerin von Einheiten amerikanischer und sowjetischer Truppen befreit. Viele Häftlinge überlebten den Marsch nicht.

Ab August 1945 wurde das ehemalige KZ als »Speziallager Nr. 7« von der sowjetischen Geheimpolizei NKWD genutzt. Der erste Transport mit 150 Häftlingen des sogenannten Vorkommandos traf am 10. August in Sachsenhausen ein, um das Barackenlager für die Aufnahme weiterer Häftlinge vorzubereiten, insbesondere, um die Schäden an den Sicherungsanlagen zu beheben. Am Morgen des 16. August wurden im 40 Kilometer entfernten Weesow 5 000 Häftlinge in Marsch gesetzt. Sie kamen am Abend in Sachsenhausen an und wurden im Barackendreieck, in der sogenannten Zone I, untergebracht. Bis zum Ende des Jahres 1945 waren in Sachsenhausen über 11 000 Personen inhaftiert. Insgesamt wurden rund 30 000 Menschen aufgrund des Befehls Nummer 00315 als sogenannte Internierte nach Sachsenhausen gebracht. Diese Häftlinge waren nach den Bestimmungen des Potsdamer Abkommens präventiv verhaftet worden und blieben über Jahre ohne formelles Gerichtsurteil unter unmenschlichen Bedingungen eingesperrt. Unter ihnen befanden sich vor allem untere und mittlere NSDAP-Funktionäre wie Block- und Zellenleiter. Auf den Einlieferungslisten sind auch Angehörige von SS, Gestapo oder KZ-Wachmannschaften, Mitarbeiter von NS-Ministerien und Behörden sowie Jugendliche, einfache Mitglieder von NS-Jugendorganisationen, politische Gegner und willkürlich Verhaftete verzeichnet.

Anfang des Jahres 1946 kam eine neue Häftlingsgruppe ins Lager. Sie wurde in der Zone II, einem gesonderten Lagerbereich, getrennt von den Internierten untergebracht. Es handelte sich dabei um 6 000 ehemalige Offiziere der deutschen Wehrmacht, die aus westalliierter Kriegsgefangenschaft entlassen, von der sow-

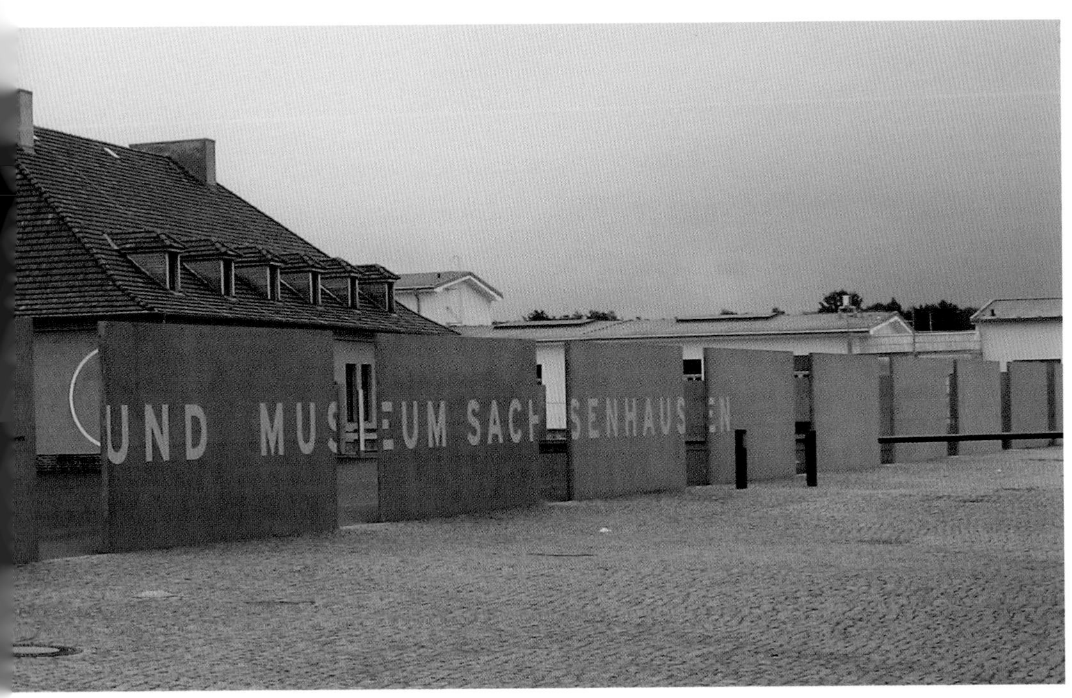

jetischen Geheimpolizei NKWD beim Betreten der SBZ erneut inhaftiert und über Sachsenhausen schließlich in die Sowjetunion zur Zwangsarbeit deportiert wurden.

Am 16. und 17. September 1946 überstellte das NKWD die ersten Häftlinge, die durch ein Sowjetisches Militärtribunal (SMT) verurteilt worden waren, ins Speziallager Sachsenhausen. Sie kamen aus den mecklenburgischen Gefängnissen Alt-Strelitz und Güstrow. Insgesamt waren über 16 500 SMT-Verurteilte in Sachsenhausen inhaftiert. Die Mehrheit der Urteile basierte auf dem berüchtigten Paragrafen 58 des Strafgesetzbuches der Russischen Sozialistischen Föderativen Sowjetrepublik aus dem Jahr 1927. Das Spektrum der in den sowjetischen Akten zu findenden Haftgründe ist breit: Spionage, Waffenbesitz, antisowjetische Propaganda, Werwolf-Tätigkeit, illegale Gruppenbildung, NS-Verbrechen, Diebstahl, Wirtschaftsvergehen, Verkehrsunfälle mit Sach- und Personenschäden, Mitwisserschaften und vieles mehr. Was sich jeweils konkret hinter solchen Vorwürfen verbarg, bleibt oft im Dunklen, jedoch kann in vielen Fällen von Willkür und unter Folter erpressten Geständnissen ausgegangen werden. Die Mehrheit der Häftlinge waren deutsche Männer. Bei den 7500 Ausländern – vor allem Russen, Ukrainer und Polen – handelte es sich um zahlreiche von den sowjetischen Geheimdiensten verfolgte russische Emigranten, sowjetische Kriegsgefangene, ehemalige Zwangsarbeiter und Soldaten der Roten Armee, aber auch um Angehörige der Wlassow-Armee. Die Lagerverwaltung hielt sie in gesonderten Baracken gefangen, isoliert von den anderen Häftlingen. Die Mehrzahl der russischen Emigranten und Bürger der Sowjetunion blieb nur wenige Monate in Sachsenhausen, bis sie von hier aus in die Straflager des sowjetischen GULag transportiert oder in der Sowjetunion hingerichtet wurden.

Insgesamt hielt die sowjetische Besatzungsmacht in Sachsenhausen zwischen 1945 und 1950 etwa 60 000 Personen gefangen. Mindestens 12 000 Gefangene starben dort an den Folgen von Unterernährung, Kälte und Krankheiten.

Die Speziallager waren im Unterschied zu den Lagern in der Sowjetunion keine Arbeitslager, das heißt, die Gefangenen waren zur Untätigkeit gezwungen. Den Häftlingen war jeglicher Kontakt zur Außenwelt strikt verboten (»Schweigelager«). Es herrschten katastrophale hygienische und sanitäre Verhältnisse, hinzu kam eine unzureichende Ernährung. Zwangsläufig breiteten sich Krankheiten und Epidemien aus.

Etwa 5 000 Häftlinge wurden nach dem offiziellen Abschluss der Entnazifizierung in der SBZ 1948 aus dem »Speziallager Nr. 7« entlassen. Bis zur Auflösung der sowjetischen Speziallager in der DDR im Frühjahr 1950 wurde das Lager in Sachsenhausen als »Speziallager Nr. 1« weitergeführt. Im Januar und Februar 1950 wurden insgesamt rund 8 000 Häftlinge entlassen, etwa 260 Häftlinge in die Lager der Sowjetunion deportiert. Mehrere Tausend Gefangene überstellte die sowjetische Geheimpolizei an die Behörden der DDR. Von diesen wurden 550 in den »Waldheimer Prozessen« verurteilt.

Bis zur Eröffnung der Gedenkstätte 1961 wurde das Lagergelände als Übungsplatz der NVA genutzt. Nachdem das Speziallager in der Nationalen Mahn- und Gedenkstätte der DDR über Jahrzehnte verschwiegen worden war, begann 1990 mit dem Fund der Massengräber die Annäherung an die »zweite« Geschichte von Sachsenhausen. Bereits im Sommer 1990 wurde ein Gedenkstein zu Ehren der Opfer stalinistischer Willkür am ehemaligen Durchgang zwischen Zone I und Zone II eingeweiht. Außerhalb des Sachsenhausener Gedenkstättengeländes, an der Carl-Gustav-Hempel-Straße, wird an dem Massengrab »An der Düne« mit einem Gedenkstein an die Opfer des Speziallagers erinnert. Zudem gibt es ein weiteres Massengrab im Schmachtenhagener Forst. Das größte der drei Massengräber im nordöstlichen Umfeld des Lagers wurde durch die Arbeitsgemeinschaft Lager Sachsenhausen 1945 – 1950 e. V. zu einem Friedhof mit einem Gedenkstein umgestaltet.

Im Dezember 2001 eröffnete das Museum »Sowjetisches Speziallager Nr. 7 / Nr. 1 in Sachsenhausen 1945 – 1950«. Die ständige Ausstellung dokumentiert auf einer Fläche von über 350 Quadratmetern den Aufbau, die Organisation und den Haftalltag im Lager sowie dessen öffentliche Wahrnehmung in Ost und West. Einen Schwerpunkt der Ausstellung bildet die Darstellung der Verfolgungsschicksale von 27 Häftlingen des Speziallagers. Zum Museum gehören zwei in unmittelbarer Nähe befindliche Originalsteinbaracken der Zone II. In diesen beiden Gebäuden wird der Haftalltag im Lager dokumentiert.

Zur Gedenkstätte gehören zudem eine Bibliothek und ein Archiv. Nach Voranmeldung sind Führungen und thematische Sonderführungen mit einem Einführungsfilm möglich. 2010 erschien ein mit Unterstützung der Bundesstiftung zur Aufarbeitung der SED-Diktatur erarbeitetes Buch mit den Namen von fast 12 000 Toten der Speziallager Weesow und Sachsenhausen.

Standort: Oranienburg, Straße der Nationen 22
Internet: www.stiftung-bg.de

Gedenkstätte Bautzen

Bautzen. Der Name der ostsächsischen Stadt ist im öffentlichen Bewusstsein mit politischer Verfolgung und Inhaftierung im 20. Jahrhundert verbunden. »Ab nach Bautzen« hieß es im Volksmund während der SED-Herrschaft, um deutlich zu machen, dass dieser Ort vor allem mit politischer Haft assoziiert wurde. Im Westen wie im Osten Deutschlands stehen »Gelbes Elend« und »Stasi-Knast« stellvertretend für das politische Unrecht während der sowjetischen Besatzungszeit und der SED-Diktatur zwischen 1945 und 1989.

Bautzen umfasst als Gefängnisstandort die unter dem Namen »Gelbes Elend« bekannt gewordene Strafvollzugsanstalt Bautzen I und das Gefängnis Bautzen II, das als »Stasi-Gefängnis« traurige Berühmtheit erlangte. Bautzen I wurde Anfang des 20. Jahrhunderts aus gelben Klinkern am Rand der Stadt errichtet. Fast zeitgleich entstand in unmittelbarer Nähe zum Landgericht Bautzen das Gefängnis Bautzen II. Die 134 Zellen dienten als Untersuchungshaftanstalt sowie zur Verbüßung kurzer Haftstrafen. Mit der Einweihung beider Gefängnisse sollten die reformerischen Ideen eines modernen humanen Strafvollzugs umgesetzt werden.

Nach dem Beginn der Nazi-Herrschaft wurden viele Reformen der Vorjahre rückgängig gemacht. Für die Durchsetzung der nationalsozialistischen Diktatur waren die Gefängnisse im Deutschen Reich von großer Bedeutung. Auch die Bautzener Gefängnisse dienten dem Justizterror der Nationalsozialisten. Als »Straf-, Untersuchungs- und Jugendgefängnis« wurden beide Gefängnisse ab Mai 1933 durchgängig von einem Gefängnisdirektor, Dr. Rudolph Plischke, geführt. In beiden Gefängnissen waren neben kriminellen Häftlingen vor allem Opfer der rassischen und religiösen Verfolgung sowie Kommunisten und Sozialdemokraten, Juden und Zeugen Jehovas eingesperrt. Während des Zweiten Weltkriegs kamen zu den politischen Gegnern innerhalb Nazi-Deutschlands (»Rundfunkverbrecher«, »Kriegswirtschaftsverbrecher«, »Wehrkraftzersetzer« usw.) Gefangene aus den von Deutschland besetzten Ländern: Tschechen, Polen, Belgier, Niederländer, Norweger, Franzosen. Es waren Männer und Frauen, die während des Krieges als Gefangene für die Rüstungswirtschaft arbeiten mussten.

Nach dem Ende des Zweiten Weltkriegs und mit der Besetzung Sachsens durch die Rote Armee errichtete die sowjetische Geheimpolizei NKWD 1945 auf dem Gelände des »Gelben Elends« ein sogenanntes Speziallager. Ursprünglich sollte es als Internierungslager zur Isolierung von Funktionsträgern und Belasteten des nationalsozialistischen Regimes auf der Grundlage alliierter Beschlüsse dienen. Bald wurde das Speziallager Bautzen jedoch zu einem Ort, an dem bis 1956 zum größten Teil Opfer von Willkür und Denunziationen sowie politische Gegner des stalinistischen Systems inhaftiert wurden. Die menschenunwürdigen Haftbedin-

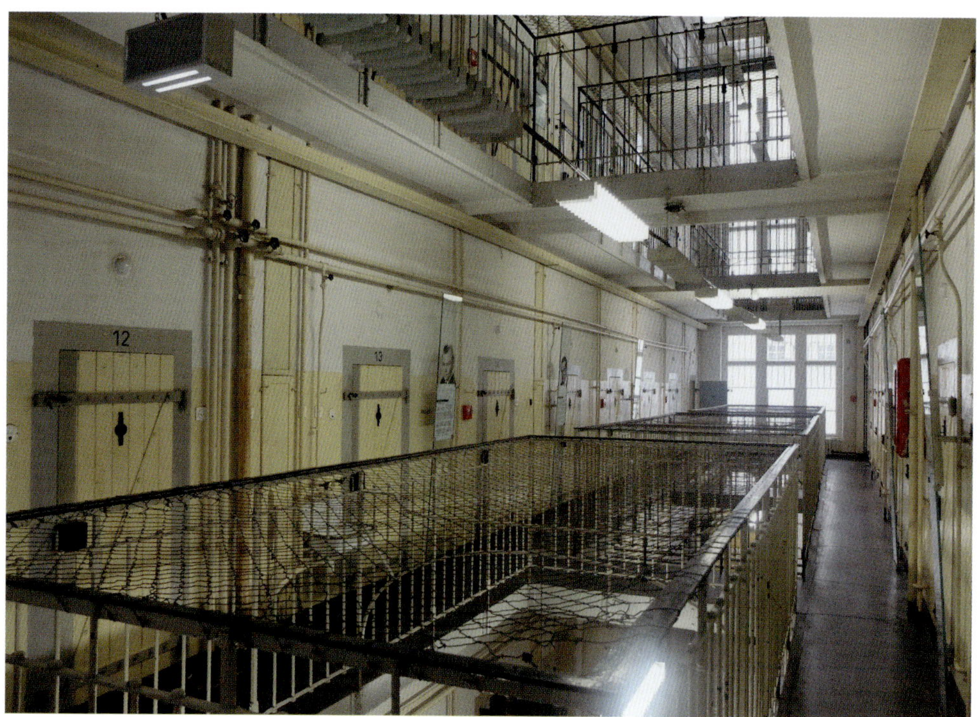

Ehemaliger Zellentrakt vom Gefängnis Bautzen II

gungen des Lagers kosteten über 3000 Menschen das Leben. Von 1950 bis 1989 war Bautzen I eine der größten Strafvollzugseinrichtungen der DDR, in der bis zur Friedlichen Revolution im Herbst 1989 neben kriminellen vor allem politische Häftlinge gefangen gehalten wurden.

Seit 1990 ist Bautzen I Justizvollzugsanstalt (JVA) des Freistaats Sachsen und wird bis heute weitergenutzt.

Bautzen II war bis 1945 Untersuchungsgefängnis und diente in der unmittelbaren Nachkriegszeit auch der sowjetischen Geheimpolizei NKWD als Untersuchungsgefängnis. Viele der hier Inhaftierten wurden von einem Sowjetischen Militärtribunal (SMT) verurteilt, das seinen Sitz im vormaligen Landgericht hatte. Die meisten dieser Urteile waren indes politisch motiviert. Die Anklagen waren häufig konstruiert und die Geständnisse durch Folter erpresst worden. Ein neues Kapitel begann 1956, als sich das Ministerium für Staatssicherheit (MfS) mit dem hier eingerichteten »Sonderobjekt für Staatsfeinde« seine einzige Haftanstalt schuf (Bautzen II war nie direkt dem MfS unterstellt, es hatte hier nur besondere Zugriffsrechte). Zwischen August 1956 und Ende 1989 wies die Geheimpolizei der DDR insgesamt rund 2000 Männer und 400 Frauen zur Strafverbüßung ein. Neben Dissidenten waren hier DDR-Bürger und Ausländer – das heißt vor allem Bundesbürger – inhaftiert, die wegen vermeintlicher oder tatsächlicher Spionage, Fluchthilfe oder »Republikflucht« verurteilt worden waren. Aber auch aufgrund krimineller Vergehen verurteilte Armee- und MfS-Angehörige sowie SED- und Wirtschaftsfunktionäre gehörten zu den Inhaftierten. Alle Häftlinge der Sonderhaftanstalt standen im Fokus des MfS: Aus politischen Gründen sollten sie ihre Haft nicht in einer der regulären Vollzugsanstalten der DDR verbüßen.

Obwohl in der Stadt gelegen, drang aus diesem »Haus des Schweigens« kaum etwas nach außen. Viele Einwohner dachten, Bautzen II diene weiterhin als Untersuchungsgefängnis für das benachbarte Gericht. Erst mit dem Zusammenbruch des SED-Regimes konnten die politischen Häftlinge Bautzen II verlassen.

Anfang 1992 wurde der ehemalige »Stasi-Knast« Bautzen II als Gefängnis endgültig geschlossen und im darauffolgenden Jahr dank des Einsatzes des Bautzen-Komitees, einem Verband ehemaliger politischer Häftlinge, vom Freistaat Sachsen zur Gedenkstätte erklärt. Seit 1994 befindet sich die Gedenkstätte Bautzen unter dem Dach der Stiftung Sächsische Gedenkstätten zur Erinnerung an die Opfer politischer Gewaltherrschaft. Seit 1998 fördern der Bund und der Freistaat Sachsen die Einrichtung.

Die Gedenkstätte Bautzen befindet sich am Ort der ehemaligen Stasi-Sonderhaftanstalt Bautzen II. Trotz mehrerer Baumaßnahmen im Rahmen des Brandschutzes ist das Haus selbst größtenteils in dem baulichen Zustand der 1980er Jahre verblieben und wird von den Besuchern als »authentisch« wahrgenommen. Das Gefängnis vermittelt konkrete Eindrücke der Haftbedingungen in der späten DDR. Neben Dauerausstellungen zu den einzelnen Verfolgungsperioden ist das ehemalige Gefängnis mit all seinen Haftbereichen, Arrestzellen (»Tigerkäfige«), dem Isolationstrakt, den Fahrzeuggaragen und Gefangenentransportern, den Kellerarbeitsräumen und Freihöfen, dem alten Kinoraum usw. selbst das Hauptexponat. Nahezu alle Bereiche können von den Besuchern frei oder im Rahmen von Führungen besichtigt werden.

Die historischen Orte des Gefängnisses werden durch Informationstafeln markiert und erklärt. Die Gedenkstätte bietet ihren Besuchern drei Dauerausstellungsbereiche: Im Einführungsraum sind chronologisch gegliedert Überblicksinformationen zur Vergangenheit beider Gefängnisse. Ein Ausstellungsbereich (bestehend aus zentralem Ausstellungsraum und einer Zelleninszenierung) dokumentiert die Geschichte des Bautzener Speziallagers zwischen 1945 und 1956, ein weiterer Raum die des »Stasi-Gefängnisses« Bautzen II von 1956 bis 1989. Derzeit wird eine weitere Dauerausstellung zur Geschichte der Bautzener Gefängnisse und ihrer Gefangenen während des Nationalsozialismus erarbeitet. Biografiestelen in einzelnen Hafttrakten erschließen anhand exemplarischer Haftschicksale die Zusammensetzung der Häftlingsgesellschaft und zeigen, wie verschieden die Wege in das Gefängnis verliefen. Die Darstellung von Biografien hat in der Gedenkstätte Bautzen einen besonderen Stellenwert, da die Opfer ihr Schicksal angemessen gewürdigt sehen sollen.

Als »offener Lernort« bietet die Gedenkstätte Führungen und Projekte für Schüler- und Besuchergruppen an, deren Ablauf und Schwerpunkte sich nach den Interessen, zeitlichen Möglichkeiten und dem Vorwissen der Gruppen richten. Regelmäßig finden Zeitzeugenführungen und -gespräche statt. Neben diesen Angeboten werden die Geschichte beider Haftanstalten und das Schicksal der Inhaftierten auf vielfältige Weise vermittelt: mit Konzerten, Lesungen und Vorträgen, Tanz- und Theateraufführungen, Filmvorführungen, Sonderausstellungen, Podiumsdiskussionen und Gedenkveranstaltungen.

Standort: Bautzen, Weigangstraße 8
Internet: www.gedenkstaette-bautzen.de

Gedenkstätte Berliner Mauer

Berlin. Die Gedenkstätte Berliner Mauer ist der zentrale Erinnerungsort an die Teilung der Stadt Berlin und die deutsche Teilung. Sie gehört zur Stiftung Berliner Mauer und zeigt im ehemaligen Grenzstreifen an der Bernauer Straße auf einer Länge von 1,4 Kilometern die Folgen des Mauerbaus für das Land und die Stadt Berlin und das Umland sowie insbesondere die Lebenswege der Anwohner der Straße. Die neue Dauerausstellung »1961 | 1989. Die Berliner Mauer« im Dokumentationszentrum erläutert darüber hinaus den politisch-historischen Kontext der Berliner Mauer und erschließt anhand von Biografien, welche Folgen die Teilung für die Menschen hatte.

Durch den Bau der Berliner Mauer wurde die Bernauer Straße zu einem der zentralen Symbole für die Teilung der Stadt. Die Grenze verlief entlang der Häuserfront der Grenzhäuser auf der Ostberliner Seite. Der Bürgersteig davor gehörte bereits zum Westsektor. Viele Bewohner entschlossen sich spontan zur Flucht. Allein in den ersten zwei Monaten nach dem Mauerbau verließen an der Bernauer Straße 113 Menschen die DDR, bis 1989 gab es dort etwa 500 Fluchtversuche. Die Menschen kletterten aus Fenstern, seilten sich aus höher gelegenen Stockwerken ab oder ließen sich in die Sprungtücher der Westberliner Feuerwehr fallen. Einige verletzten sich dabei schwer, auch die ersten Todesopfer des Grenzregimes waren in der Bernauer Straße zu beklagen. Um Fluchten aus den Häusern zu unterbinden, wurden die zur Bernauer Straße gelegenen Türen und Fenster zugemauert und die Bewohner zwangsausgesiedelt. Die Häuser wurden nach 1963 bis auf die Straßenfassaden der Erdgeschosse abgetragen, damit die Grenztruppen ein freies Sicht- und Schussfeld hatten. Schließlich wurden die Grenzhäuser geräumt, der Grenzstreifen weiter ausgebaut und 1985 die Versöhnungskirche gesprengt.

Nach dem Mauerfall bildeten sich Initiativen für den Erhalt der Mauer als Erinnerungsort. Am 2. Oktober 1990 erklärte der Ostberliner Magistrat den 212 Meter langen Mauerabschnitt entlang des Friedhofs der Sophiengemeinde zum Baudenkmal und am 13. August 1991 beschloss der Berliner Senat den Bau der Gedenkstätte. Nachdem mehrere Jahre lang kontrovers über die Form des Gedenkens diskutiert worden war, lobte der Bund im April 1994 einen Wettbewerb für die Gestaltung eines nationalen Denkmals für die Opfer des Mauerbaus und der deutschen Teilung aus. Ausgewählt wurde ein Entwurf, der die noch bestehenden Grenzanlagen integrierte und ihre Wirkung mit künstlerischen Mitteln verstärkte. Am 13. August 1998 wurde das Denkmal offiziell eingeweiht. Es besteht aus zwei sieben Meter hohen Stahlwän-

► Blick auf die Dauerausstellung im Gedenkstättenareal

den, die ein 70 Meter langes Stück der Grenzanlagen einschließen. Damit befindet sich heute das letzte Stück Berliner Mauer, das in seiner Tiefenstaffelung – mit Hinterlandmauer, Signalzaun, Wachturm, Todesstreifen und Mauer – erhalten ist, auf dem Gelände der Gedenkstätte. Die Inschrift des Denkmals lautet: »In Erinnerung an die Teilung der Stadt / vom 13. August 1961 bis zum 9. November 1989 / und zum Gedenken / an die Opfer kommunistischer Gewaltherrschaft«.

Am 9. November 1999 eröffnete das Dokumentationszentrum, ein Jahr später wurde die Kapelle der Versöhnung am früheren Standort der Versöhnungskirche eingeweiht. 2007 gab es einen internationalen Wettbewerb zur Neugestaltung der Gedenkstätte, 2015 wurde das Gedenkstättenareal fertiggestellt. Es umfasst heute 4,4 Hektar. Ergänzt wurde unter anderem das »Fenster des Gedenkens«, eine zwölf Meter lange Wand aus Cortenstahl. In die Wand sind Nischen eingelassen, in denen mit schwarzweißen Porträtfotografien an die mindestens 140 Todesopfer der Berliner Mauer erinnert wird. Zudem wurden die Fundamente gesprengter Wohnhäuser freigelegt und der Verlauf einstiger Fluchttunnel markiert.

Im nahe gelegenen S-Bahnhof Nordbahnhof zeigt eine Ausstellung über die »Grenz- und Geisterbahnhöfe im geteilten Berlin«, wie der Mauerbau die innerstädtischen Verbindungen zerstörte. Die Erinnerungsstätte Notaufnahmelager Marienfelde ist der zweite Standort der Stiftung Berliner Mauer. Das 1953 gegründete Notaufnahmelager in Berlin-Marienfelde passierten rund 1,35 Millionen Menschen, die zwischen 1949 und 1990 die DDR in Richtung Bundesrepublik verließen. Heute erinnert am historischen Ort eine Ausstellung an Ursachen, Verlauf und Folgen der deutsch-deutschen Fluchtbewegung.

Standort: Berlin / Mitte, Besucherzentrum, Bernauer Straße 119; Dokumentationszentrum, Bernauer Straße 111
Internet: www.berliner-mauer-gedenkstaette.de

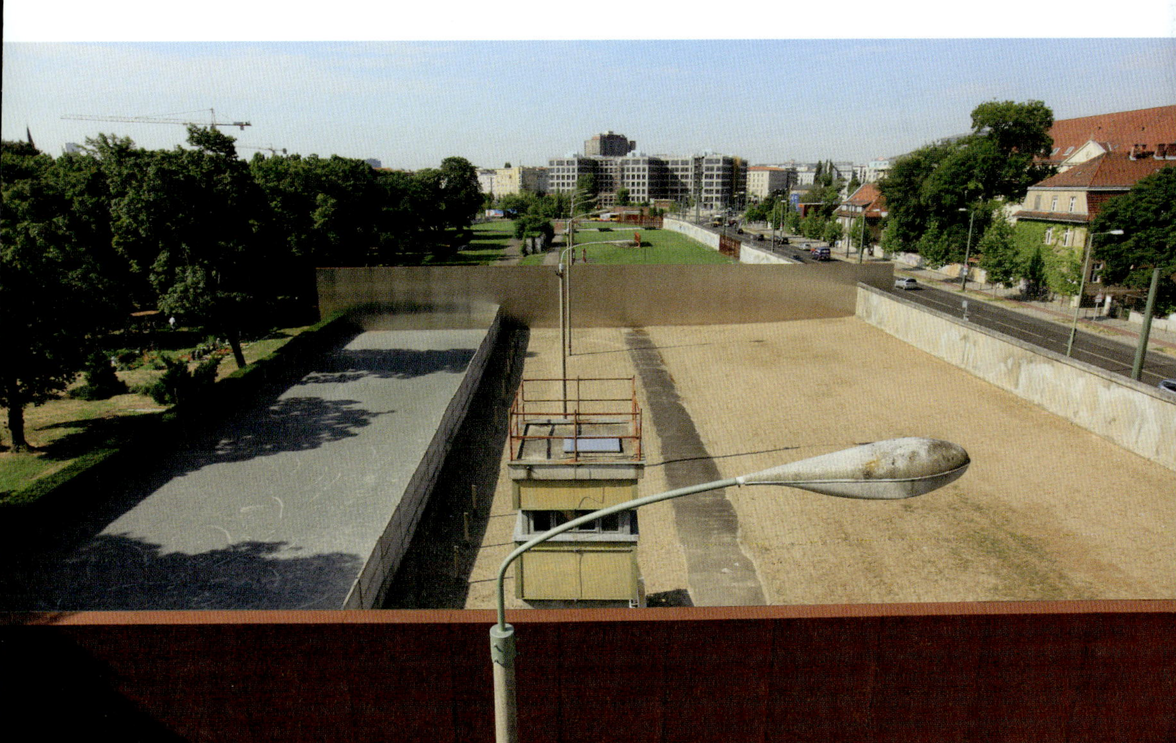

Erinnerungsorte an den Volksaufstand vom 17. Juni 1953

Der Volksaufstand vom 17. Juni 1953 markiert kaum vier Jahre nach der Gründung der DDR die erste große Erhebung gegen ein kommunistisches Regime nach dem Zweiten Weltkrieg. Der Aufstand wurde durch sowjetische Panzer mit Waffengewalt niedergeschlagen.

Nach unterschiedlichen Schätzungen wurden zwischen 50 und 125 Menschen, Demonstranten und Unbeteiligte, am 17. Juni in Ostberlin und in der DDR von sowjetischen Soldaten und der Volkspolizei der DDR erschossen. Die meisten Toten waren in Ostberlin, Halle, Leipzig und Magdeburg zu beklagen. Die Zahl der Toten unter den Angehörigen von Polizei und Staatssicherheit belief sich auf fünf Personen. Zu den Opfern des 17. Juni zählen auch jene Deutschen, die als »Provokateure« und »Rädelsführer« von sowjetischen Standgerichten zum Tode verurteilt und erschossen wurden. DDR-Gerichte verhängten nach der »Wiederherstellung der öffentlichen Ordnung« vier Todesurteile, von denen zwei vollstreckt wurden, sowie Zuchthaus- und Gefängnisstrafen gegen etwa 1800 Aufständische. Sowjetische Gerichte verurteilten 750 Demonstranten zu Zwangsarbeit. In der Folgezeit wurden der Aufstand und die Aufständischen in der DDR diffamiert und kriminalisiert. Die offizielle Erklärung der SED-Führung lautete, dass es sich bei den Protesten um einen von Saboteuren und Provokateuren aus dem Westen organisierten und gesteuerten faschistischen Putsch gehandelt habe.

In der Bundesrepublik feierte man den Freiheitswillen und Mut der Aufständischen. Kaum zwei Wochen nach dem Aufstand, am 3. Juli 1953, erklärte der Deutsche Bundestag den 17. Juni zum »Tag der deutschen Einheit« und zum gesetzlichen Feiertag. Fortan wurde jährlich am 17. Juni mit Feierstunden im deutschen Parlament an die Ereignisse in der DDR und an den Mut der Menschen erinnert. Mit größerem zeitlichen Abstand, mit neuen Erhebungen im kommunistischen Machtbereich wie zum Beispiel 1956 in Ungarn, 1968 in Prag oder 1970 in Polen, aber auch durch den Mauerbau sowie die Politik der Annäherung und der »friedlichen Koexistenz« zwischen Ost und West verschwanden die Ereignisse des Juni 1953 zunehmend aus der öffentlichen Erinnerung. Symptomatisch ist hierfür, dass das letzte Denkmal zur Erinnerung an den Aufstand 1963 in Berlin errichtet wurde. Nach dem Mauerbau vom 13. August 1961 traten die Teilung und die Opfer der Mauer in den Vordergrund. 1990 wurde der 17. Juni als gesetzlicher Feiertag zugunsten des 3. Oktober als »Tag der Deutschen Einheit« abgeschafft; eine Entscheidung, die auf Unverständnis stieß und auch viel Kritik an der Geschichtsvergessenheit auslöste. Dass ausgerechnet die blutig niedergeschlagene Erhebung gegen das kommunistische Regime in der DDR als offizieller Erinnerungs- und Gedenktag aus dem offiziellen Kalender getilgt wurde, ist bis heute schwer verständlich.

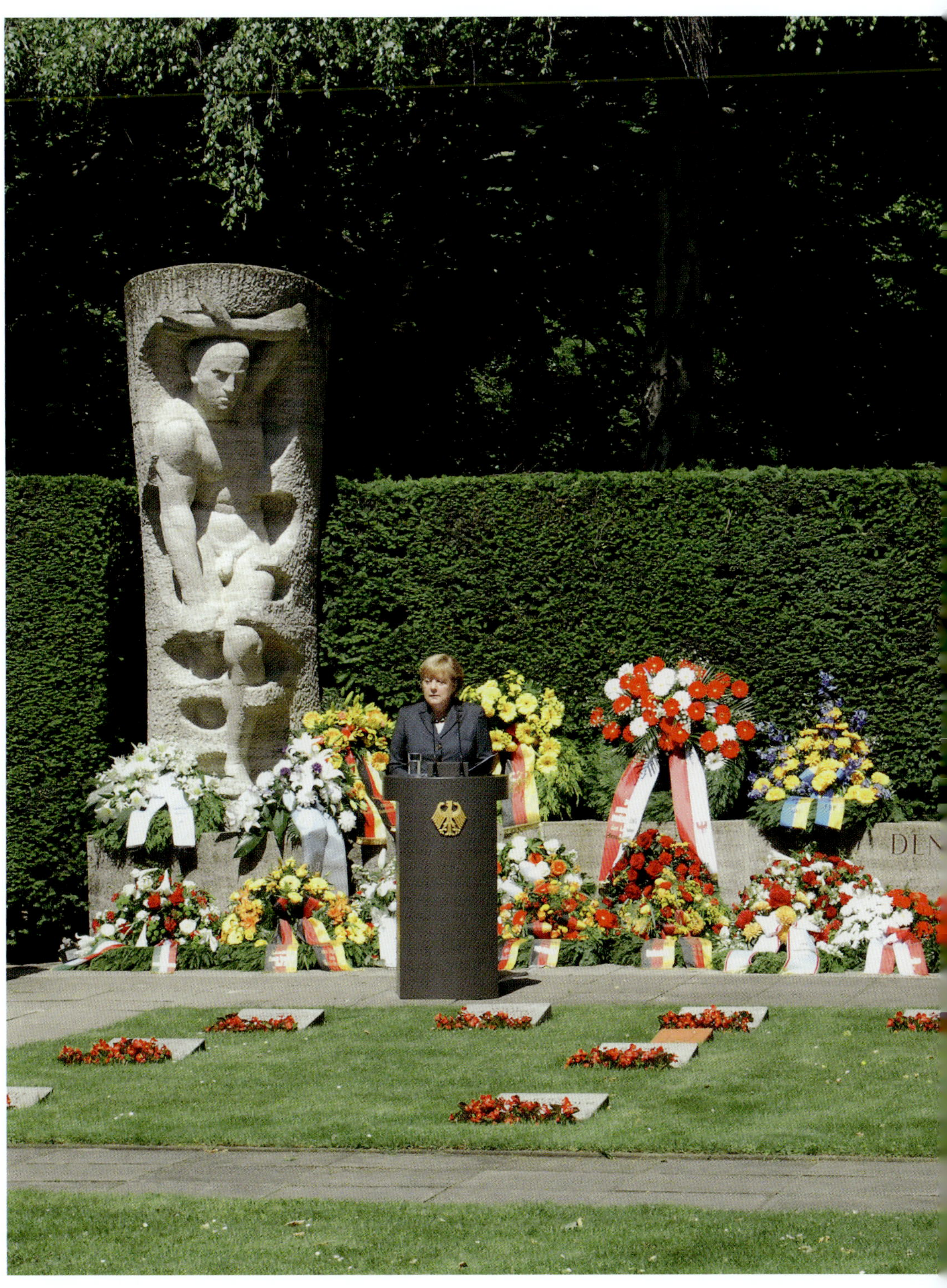

Gedenkfeier an der zentralen Gedenkstätte für die Opfer des 17. Juni auf dem Friedhof Berlin Seestraße

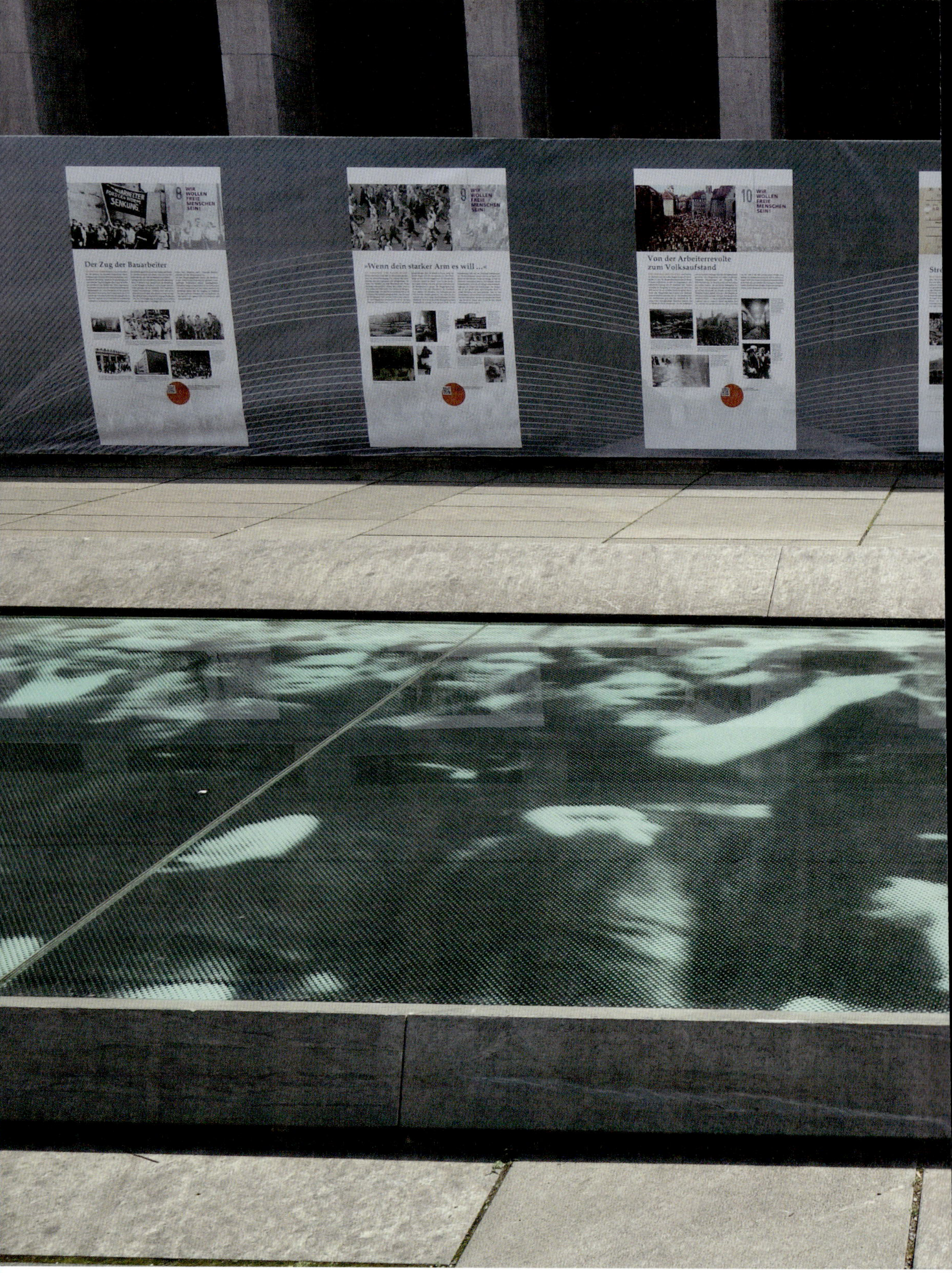

Bodendenkmal und Plakatausstellung
»Wir wollen freie Menschen sein«
der Bundesstiftung Aufarbeitung
am heutigen Finanzministerium

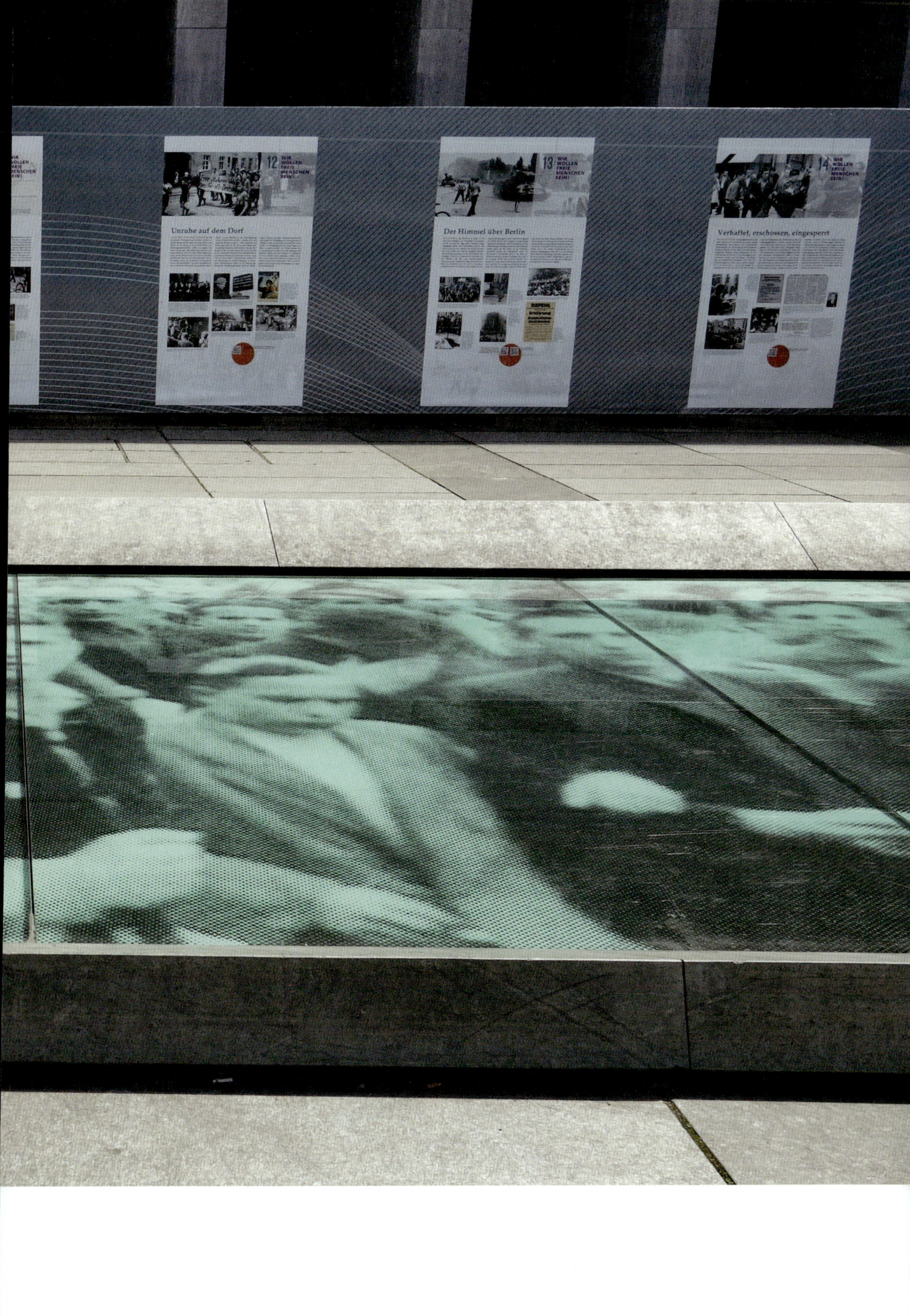

12 WIR WOLLEN FREIE MENSCHEN SEIN!
Unruhe auf dem Dorf
13 WIR WOLLEN FREIE MENSCHEN SEIN!
Der Himmel über Berlin
14 WIR WOLLEN FREIE MENSCHEN SEIN!
Verhaftet, erschossen, eingesperrt

Die ersten Mahnmale und Denkmäler zur Erinnerung an den Aufstand und seine Opfer entstanden im damaligen Westberlin. Bereits fünf Tage nach dem Aufstand wurde am 22. Juni 1953 auf Beschluss des Berliner Senats der Straßenzug durch den Großen Tiergarten und das Gelände der Technischen Universität bis zum Ernst-Reuter-Platz (ehemalige Berliner Straße) in »Straße des 17. Juni« umbenannt. Das erste Gedenkkreuz entstand in Berlin-Steglitz/Zehlendorf an der Ausfallstraße Richtung Potsdam. Dort errichteten Beteiligte des Protests kaum eine Woche nach dem Aufstand ein provisorisches Holzkreuz. Am 20. Juli 1953 wurde dieses durch ein neues Holzkreuz mit Gedenktafel ersetzt. Zum zentralen Ort des Gedenkens an die Opfer im Westen der Stadt Berlin wurde der Städtische Urnenfriedhof an der Seestraße im Bezirk Wedding. Dort waren am 23. Juni 1953 acht Opfer des Aufstands, die in Westberliner Krankenhäusern gestorben waren, beigesetzt worden. Stellvertretend für alle Opfer wurde hier am 17. Juni 1955 ein Mahnmal eingeweiht, an dem bis heute alljährlich die offiziellen Gedenkfeiern und Kranzniederlegungen der Bundesregierung und des Berliner Senats stattfinden.

In der DDR gab es kein offizielles Gedenken an den 17. Juni und seine Opfer. So konnte der Opfer erst nach 1990 an den originären Orten des Aufstands gedacht werden. Fast alle der seit der Wiedervereinigung geschaffenen Mahn- und Denkmäler stehen in den ostdeutschen Bundesländern. Die meisten davon sind im Umfeld des 50. Jahrestags des Aufstands entstanden. Auch die Umbenennung von Straßen und Plätzen in Orten wie Bitterfeld, Stralsund, Görlitz oder Berlin gelang erst in diesem Zusammenhang. Der Aufstand hatte spontan begonnen, Führungs- bzw. Symbolpersönlichkeiten konnten sich nicht herausbilden. Ein Gedenken an einzelne Personen war erst nach 1989 möglich, da während der SED-Herrschaft die Namen vieler Beteiligten nicht bekannt waren. Mit dem 50. Jahrestag 2003 rückten persönliche Schicksale ins Blickfeld. Etliche der damals errichteten Mahnmale erinnern nicht mehr an den Aufstand und seine Opfer, sondern sind Menschen gewidmet, die sich am 17. Juni an den Protesten beteiligten und getötet oder zu langen Haftstrafen verurteilt wurden.

Die seit 1990 entstandenen Gedenkzeichen lehnen sich oftmals eng an die in den 1950er und 1960er Jahren errichteten Denkmäler an und greifen auf bewährte Formen wie Kreuze, Findlinge oder schlichte Erinnerungstafeln zurück. Eine Ausnahme bildet das zentrale Denkmal in Berlin, das sich seit 2000 auf dem Platz vor dem einstigen Haus der Ministerien – dem heutigen Bundesfinanzministerium – befindet. Das Haus der Ministerien spielte während des Aufstands eine zentrale Rolle. Am 16. Juni 1953 zogen Tausende Bauarbeiter hierher, um der Regierung ihre Forderungen zu überbringen. Daran erinnert seit 1993 eine Gedenktafel neben dem Wandbild von Max Lingner, das die Vorzüge der sozialistischen Gesellschaft preist. Auf Initiative des Arbeitskreises 17. Juni und der Arbeitsgemeinschaft 13. August konnten 1994 an der Fassade des unter Denkmalschutz stehenden Hauses große Fotografien angebracht werden, die einen sichtbaren historischen Bezug zum Aufstand und seiner Niederschlagung herstellten. In den Folgejahren wurde ein Wettbewerb ausgeschrieben, den der Künstler Wolfgang Rüppel mit seinem Entwurf gewann. Das in den Boden eingelassene großformatige Glasbild zeigt ein stark vergrößertes Foto des Protestzugs der Streikenden auf dem Weg zum Haus der Ministerien. Auf dem Areal an der Ecke Leipziger Straße/Wilhelm-Straße befinden sich zudem Informationsstelen. Anlässlich des 60. Jahrestags und auf Antrag des Bundesfinanzministeriums erhielt dieser bisher namenlose Platz im Zuge einer offiziellen Einweihung am 16. Juni 2013 den Namen »Platz des Volksaufstandes von 1953«. Der ursprüngliche Vorschlag »Platz des 17. Juni« wurde unter Hinweis auf eine mögliche Verwechslungsgefahr mit der »Straße des 17. Juni« vom Bezirksamt Berlin-Mitte abgelehnt.

Literaturhinweise Deutschland:

Kaminsky, Anna (Hrsg.): Orte des Erinnerns, Gedenkzeichen, Gedenkstätten und Museen zur Diktatur in DDR und SBZ. Berlin 2016. / Klausmeier, Axel (Hrsg.): Die Berliner Mauer. Ausstellungskatalog der Gedenkstätte Berliner Mauer. Berlin 2015. / Gedenkstätte und Museum Sachsenhausen / Stiftung Brandenburgische Gedenkstätten (Hrsg.): Totenbuch sowjetisches Speziallager Nr. 7 / Nr. 1 in Weesow und Sachsenhausen 1945 – 1950. Berlin 2010. / Stiftung Sächsische Gedenkstätten (Hrsg.): Stasi-Gefängnis Bautzen II, 1956 – 1989. Katalog zur Ausstellung der Gedenkstätte Bautzen. Dresden 2008.

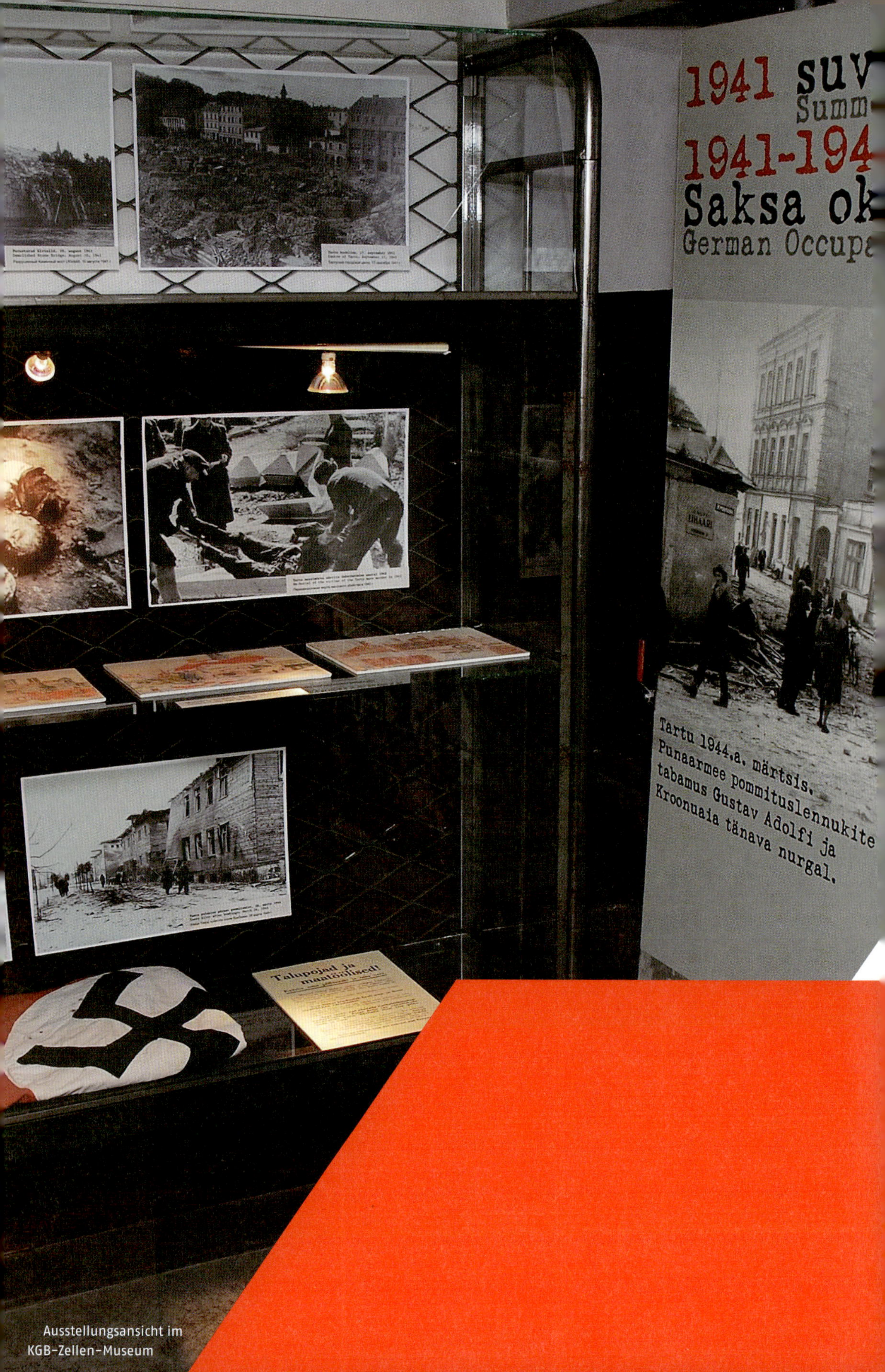

Ausstellungsansicht im
KGB-Zellen-Museum

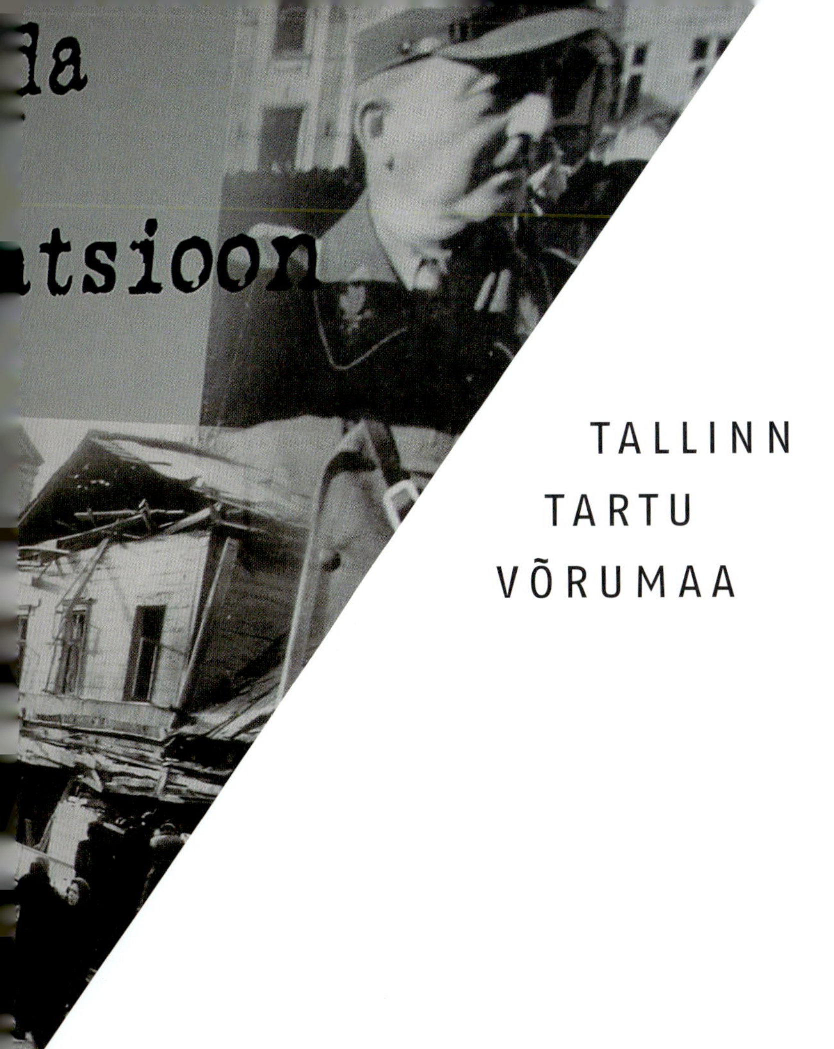

TALLINN
TARTU
VÕRUMAA

Estland

Mit der Unterzeichnung des Deutsch-Sowjetischen Nichtangriffspakts am 23. August 1939, der die Staaten Ostmitteleuropas den zwischen Hitler und Stalin vereinbarten Einflusssphären zuschlug, wurde auch das Schicksal des seit 1918 unabhängigen Estland besiegelt. Einheiten der Roten Armee besetzten im Juni 1940 das Land. In Tallinn wurde unter Federführung des Politkommissars und Leningrader Parteichefs Andrei Schdanow eine moskautreue Marionettenregierung unter dem estnischen Premierminister Johannes Vares eingesetzt. Alle nicht kommunistischen Organisationen wurden verboten, Banken, Industrie und Land verstaatlicht. Mitglieder der wirtschaftlichen, kulturellen und politischen Elite des Landes wurden willkürlich verhaftet, in Straflager verschleppt oder exekutiert. Konstantin Päts, langjähriger Premier und erster Präsident Estlands, wurde unter Hausarrest gestellt und in die russische Stadt Ufa im Westural deportiert.

Stalinistische Säuberungsmaßnahmen trafen aber nicht nur Funktionsträger und deren Angehörige. Im Zuge der Deportationen, die parallel in allen baltischen Republiken abliefen, wurden zwischen dem 14. und dem 17. Juni 1941 über 10 000 estnische Bürger festgenommen. Etwa 3 000 Männer wurden verhaftet und von ihren Familien getrennt. Von den Verhafteten wurden etwa 2 500 Menschen sofort von der sowjetischen Geheimpolizei erschossen. Diejenigen Gefangenen, die einem unmittelbaren Todesurteil entgehen konnten, wurden in Untersuchungshaft genommen und anschließend in Gefangenenlager oder Gefängnisse auf dem Territorium der Sowjetunion verschickt. Die Frauen und Kinder wurden ohne Gerichtsverfahren zur Zwangsarbeit in die Kirower sowie Nowosibirsker Gebiete Russlands deportiert. Im Frühling 1942 waren von den verhafteten Männern nur noch einige Hundert am Leben. Nach dem Überfall Deutschlands auf die Sowjetunion am 22. Juni 1941 nahm die deutsche Wehrmacht im August 1941 das Land ein. Unter dem Eindruck der vorherigen sowjetischen Repressionen begrüßten viele Esten die Deutschen als Befreier und schlossen sich deutschen Verbänden an. Über 70 000 Esten dienten bei der Polizei, Waffen-SS und Verbänden der Wehrmacht, davon etwa 20 000 als Freiwillige. 1942/43 wurden estnische SS-Legionen gebildet (ab Januar 1944 als 20. Waffen-Grenadier-Division der SS), deren Angehörige zum Teil zwangsrekrutiert wurden. Mehrere Tausend Männer, die nach Finnland geflohen waren, bildeten ein estnisches Infanterieregiment und kämpften 1944 gegen die Rote Armee. Der Einmarsch der Deutschen löste insbesondere unter der jüdischen Bevölkerung eine Fluchtwelle aus. Bis zum Ende des Jahres 1941 löschten Angehörige der SS-Einsatzgruppe A unter Mitwirkung estnischer Kollaborateure fast die gesamte verbliebene jüdische Bevölkerung des Landes, etwa 1 000 Menschen, aus. Darüber hinaus wurden in einer groß angelegten Vernichtungsaktion in den estnischen Dünen von Kalevi-Liiva im Herbst 1942 etwa 1 800 aus dem Ghetto Theresienstadt, aus Frankfurt am Main und Berlin deportierte Juden erschossen. Dem Genozid fielen auch Hunderte als »Zigeuner« verfolgte Roma und Sinti zum Opfer. In den Kriegsgefangenenlagern auf estnischem Territorium starben zudem fast 15 000 sowjetische Soldaten.

Nach der Rückeroberung des Landes im Oktober 1944 durch die Rote Armee wurde Estland wieder in die Sowjetunion eingegliedert. Mehr als 70 000 Menschen flohen über die Ostsee. Erneut sah sich die Bevölkerung mit Verschleppung, Willkür und staatlichem Terror konfrontiert. Betroffen waren zum einen tatsächliche und vermeintliche Kollaborateure mit den deutschen Besatzern, zum anderen Personen, die als »bourgeoise Nationalisten« bezeichnet wurden. Zu Letzteren zählten vor allem die in Partisanenverbänden zusammengeschlossenen »Waldbrüder«, bewaffnete Widerstandskämpfer in den estnischen Wäldern, die, wie ihre lettischen und litauischen Mitstreiter, für die nationalstaatliche Souveränität kämpften. Diesen Verbänden gehörten etwa 15 000 bewaffnete Kämpfer an, die auf große Unterstützung durch die Bevölkerung setzen konnten. Die erhoffte alliierte Unterstützung beim Kampf gegen die sowjetische Besatzung blieb aus. Der bewaffnete estnische Widerstand wurde Mitte der 1950er Jahre niedergeschlagen. In der Hochphase stalinistischen Terrors unmittelbar nach Kriegsende folgten auf die Verhaftungen entweder Todesstrafe oder Deportation in sibirische Straflager. Gleichzeitig wurden die Familien der »Waldbrüder« als Angehörige von »Klassenfeinden« repressiert. Trotz der Gefahr drakonischer Strafen organisierten sich im Untergrund in den größeren Städten Tartu, Võru und Viljandi antisowjetische Jugendbewegungen. Von offizieller Seite als »Volksfeinde« und »Verbrecher« verfolgt, verbreiteten sie systemkritische Druckerzeugnisse und unterstützten die »Waldbrüder«.

Bis 1953 wurden, bei einer Gesamtbevölkerung von 1,1 Millionen, 35 000 Menschen aus politischen Gründen verhaftet und in Straflager nach Sibirien verschleppt. Mehrere Tausend Menschen wurden ermordet. Erst mit Stalins Tod 1953 ebbte die offene Repression ab. Ende der 1950er Jahre konnten im Zuge der Entstalinisierung die Überlebenden der Deportationen aus Sibirien nach Estland zurückkehren. Die meisten blieben allerdings auch weiterhin als »Bürger zweiter Klasse« im Visier der Sicherheitsorgane. Die Rückkehrer lebten mit dem Stigma der »Vorbestraften« und waren vielfältigen Diskriminierungen ausgesetzt. Dies reichte von der Wahl des Wohnorts über Zugang zu Bildung bis hin zur Berufswahl. Zudem setzte die sowjetische Bevölkerungspolitik darauf, durch die massive Ansiedlung ethnischer Russen und anderer Völker der Sowjetunion die estnische Bevölkerung zur Minderheit im eigenen Land zu machen.

Auch wenn sich die Form der Repressalien änderte, blieben diese bis zum Ende der Sowjetunion bestehen. Sie richteten sich gegen alle, die die sowjetische Herrschaft infrage stellten und auf der estnischen Unabhängigkeit bestanden. In der sogenannten Tauwetterperiode unter Chruschtschow wurden zuvor verbotene Nationaldichter wieder gedruckt und das kulturelle Leben weniger reglementiert. Ein wichtiger Bestandteil der estnischen Widerstands- und Dissidentenbewegung war die Pflege des kulturellen und sprachlichen Erbes. Regimekritische Schriften wurden in Untergrunddruckereien gedruckt und verbreitet. Berühmt geworden sind in diesem Zusammenhang die sogenannten Sängerfeste, die in den 1970er und 1980er Jahren zu einer Art Manifestation estnischer Unabhängigkeit wurden. Auch gründeten sich zu dieser Zeit illegale Menschenrechtsorganisationen, die freie Wahlen und ein unabhängiges Estland forderten. Zunehmend meldeten sich unterdrückte ethnische und religiöse Minderheiten zu Wort und forderten das Recht auf Emigration, wie zum Beispiel Angehörige der deutschen und der jüdischen Minderheit. Nach der Unterzeichnung der Schlussakte von Helsinki machten estnische Menschenrechtsgruppen verstärkt auf Menschenrechtsverletzungen aufmerksam und versuchten, sich mit entsprechenden Gruppen aus Litauen und Lettland zu vernetzen. Dies mündete 1979 in der Veröffentlichung des Baltischen Appells. 1983 verabschiedete das Europäische Parlament eine Resolution, in der die Besetzung der drei baltischen Staaten durch die Sowjetunion verurteilt und ihre Unabhängigkeit gefordert wurde. All diese Bemühungen verstärkten unter der estnischen Bevölkerung den Willen zur Unabhängigkeit. Studenten an den Universitäten organisierten Protestaktionen. Diese wurden niedergeschlagen und ihre Anführer in Moskau zu Lagerhaft verurteilt. Anfang der 1980er Jahre wurde die Repression wieder verstärkt und die sich in den 1970er Jahren zunehmend auch öffentlich positionierende Opposition wieder in den Untergrund getrieben. Es bildeten sich jedoch Umweltgruppen, die gegen den Phosphorabbau im Osten Estlands und die damit verbundenen Umweltschäden protestierten. Ebenso organisierten sich Gruppen von Denkmalschützern, die auf die Zerstörung des kulturellen Erbes aufmerksam machten – Aktivitäten, die wie in anderen kommunistischen Ländern formal nicht verboten waren, aber

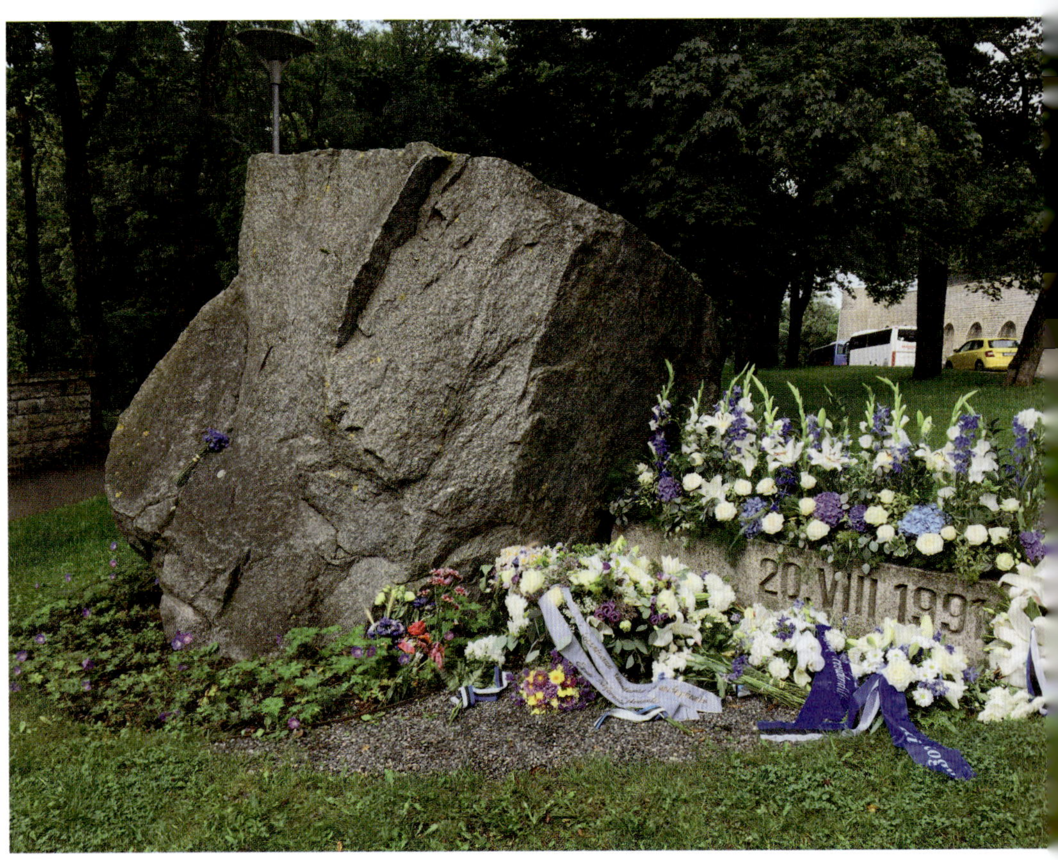

Unabhängigkeitsmahnmal
vor dem Parlamentsgebäude in Tallinn

wegen ihrer Anklage gegen die Zerstörung der Umwelt und der Kulturschätze als Bedrohung wahrgenommen wurden. Erst mit der von Gorbatschow begonnenen Politik von Glasnost und Perestroika verstärkten sich ab 1987 die Proteste gegen die sowjetische Besatzung. Sie drückten sich in der Rückbesinnung auf estnische Volkslieder und dem Singen der verbotenen estnischen Nationalhymne aus. Diese wurde erstmals seit 1940 im August 1988 bei einer Demonstration von rund 300 000 Menschen in der Hauptstadt Tallinn wieder öffentlich gesungen. Unter dem Eindruck der Massenproteste änderte die sowjetische Führung ihre Nationalitätenpolitik in den drei baltischen Sowjetrepubliken und erhoffte durch Zugeständnisse eine Beruhigung der Lage. So wurde zum Beispiel Ende 1988 die estnische Sprache als Staatssprache in die Verfassung aufgenommen.

Am 23. August 1989, dem 50. Jahrestag des Hitler-Stalin-Pakts, bildeten mehrere Millionen Menschen eine 600 Kilometer lange Menschenkette durch alle drei baltischen Republiken – Estland, Lettland und Litauen –, um ihren Willen nach nationaler Unabhängigkeit zu demonstrieren. Damit war die »Singende Revolution« geboren.

Im März 1990 erklärte sich Estland wieder zur Republik. Die vollständige Trennung von der Sowjetunion erfolgte im August 1991 nach dem gescheiterten Putsch gegen Gorbatschow. In dessen Folge wurden in Estland sowohl der KGB als auch die KPdSU für illegal erklärt. Der KGB wurde in Estland zum 1. Dezember 1991 aufgelöst. Zu diesem Zeitpunkt wurden die meisten Personalakten der ehemaligen Geheimpolizei, operative Berichte und Agentenprotokolle nach Russland abtransportiert. Im Besitz des estnischen Staates verblieben etwa 28 500 Akten des KGB mit Angaben über politische Gefangene. Im Unterschied zu den beiden Nachbarländern Lettland und Litauen wurde die Unabhängigkeitsbewegung in Estland nicht durch sowjetische Panzer und Truppen bekämpft und verlief unblutig.

Mit der staatlichen Unabhängigkeit und dem Zerfall der Sowjetunion 1991 rehabilitierte die estnische Regierung offiziell die Opfer von Deportation und Verbannung. Zugleich verabschiedete sie ein Gesetz zur Regelung der Rückerstattung beschlagnahmten Eigentums an die früheren Besitzer. Bis 1995 fand auf der Grundlage der in Estland verbliebenden KGB-Unterlagen eine Lustration statt, in deren Folge Mitarbeiter von Gestapo und KGB aus öffentlichen Ämtern entfernt wurden. 2002 erklärte das estnische Parlament das kommunistische Regime der Sowjetunion zu einem verbrecherischen Regime und die von ihm begangenen Verbrechen ebenso wie die der NS-Okkupation zu Verbrechen gegen die Menschlichkeit. Die juristische Aufarbeitung verlief jedoch unbefriedigend, nur zwölf Verfahren wurden angestrengt und elf Angeklagte zu Haftstrafen verurteilt. Gleichzeitig versuchte die estnische Regierung, die Russifizierung des Landes rückgängig zu machen. Estnisch wurde Amts- und Landessprache, sowjetische Denkmäler wurden demontiert und Straßen umbenannt. Am 15. Februar 2007 beschloss das estnische Parlament ein Gesetz zum Verbot von Denkmälern, die die sowjetische Fremdherrschaft verherrlichen. Zu Auseinandersetzungen zwischen Teilen der russischen Bevölkerung und estnischen Sicherheitsleuten kam es, als das Denkmal für die sowjetischen Soldaten, das 1947 als Symbol für die Befreiung Estlands von der NS-Herrschaft errichtet worden war, Ende April 2007 auf einen Militärfriedhof am Rand von Tallinn verlagert wurde.

Parallel zu den Straßenumbenennungen und Denkmalsstürzen wurden Monumente aufgestellt, die an die Unterdrückung der estnischen Bevölkerung und den Verlust der Unabhängigkeit sowohl unter der sowjetischen als auch unter der deutschen Besatzung erinnern. Das von einer privaten Stiftung getragene Okkupationsmuseum im Zentrum von Tallinn, das Historische Nationalmuseum sowie Stadt- und Heimatmuseen befassen sich mit den Besetzungen und deren Folgen.

Untersuchungskommissionen sollen die materiellen und personellen Verluste während der Besatzungsherrschaft dokumentieren. Die 1998 gegründete Estnische Stiftung zur Untersuchung der Verbrechen gegen die Menschlichkeit und ihr Nachfolger – das 2008 gegründete Estnische Institut für Historisches Gedächtnis – haben zahlreiche Publikationen und wissenschaftliche Studien zur Geschichte und den Folgen der Fremdherrschaft in Estland im 20. Jahrhundert vorgelegt.

Am 25. März und am 14. Juni jedes Jahres sowie am 23. August wird in Gedenkzeremonien der Opfer der totalitären Herrschaft in Estland gedacht.

Denkmal für den estnischen Freiheitskrieg

Tallinn. Das Denkmal für den estnischen Freiheitskrieg wurde am 23. Juni 2009 feierlich der Öffentlichkeit übergeben und befindet sich im Zentrum des Freiheitsplatzes (Vabaduse väljak). Es erinnert an den Kampf für die Unabhängigkeit in den Jahren 1918 bis 1920. Konzipiert und gestaltet wurde das 23,5 Meter hohe Denkmal nach den Entwürfen der Architekten Reiner Sternfeld, Andri Laidre und Anto Savi. Das Denkmal besteht aus 143 Glasplatten, die an ihrer Spitze mit dem estnischen Freiheitskreuz abgeschlossen werden. Nachts beleuchten Tausende kleine LED-Lampen das Denkmal. Der Ehrenorden des Freiheitskreuzes, welches nach der Ausrufung der estnischen Selbstständigkeit von Ministerpräsident Konstantin Päts gestiftet wurde, stellte zwischen 1919 und 1925 eine besondere Auszeichnung für Verdienste um die nationalstaatliche Unabhängigkeit dar. Erst nach der Errichtung des Denkmals fand eine breite gesellschaftliche Debatte über die Ästhetik des riesigen Siegeskreuzes statt, das teilweise als zu militaristisch erachtet wird. Alljährlich finden am 24. Februar sowie am 23. August auf dem Freiheitsplatz sowie am Denkmal selbst die offiziellen Festivitäten zum estnischen Unabhängigkeitstag, der als nationaler Feiertag begangen wird, statt.

Die Inschrift auf der linken Seite des Denkmalkomplexes stellt die erste Strophe eines Gedichts des estnischen Poeten Gustav Suits dar und lautet:

Eesti Vabadussõda // 1918 – 1920 // Tõsta lipp! See aja käänul / tunnistagu tuulte väänul / üle maa ja vee ja tee / tund on tulnud vannet vandu, / et ei iial enam andu / ikke alla rahvas see.

Die deutsche Übersetzung lautet:
Estnischer Freiheitskrieg // 1918 – 1920 // Hisst die Fahne! Die Gelübde klingen, / geblasen zeitig von den Winden / übers Land und Wogen hoch: / die Zeit ist da den Eid zu schwören, / dass dieses Volk sich wird empören, / doch nimmer beugen vor dem Joch.

Standort: Tallinn, Vabaduse väljak 9

Denkmal für den estnischen Freiheitskrieg
im Zentrum des Freiheitsplatzes

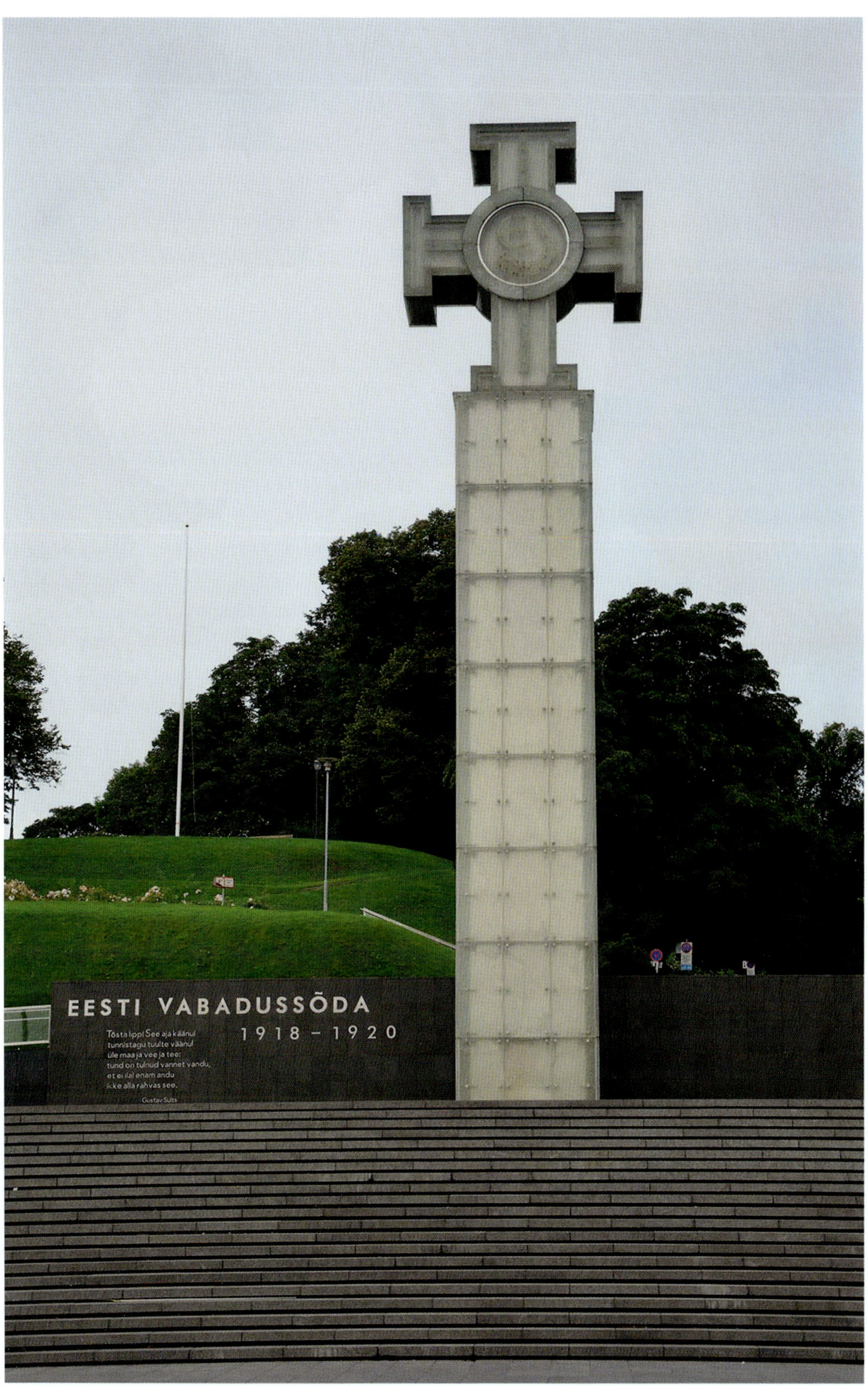
EESTI VABADUSSÕDA
1918 – 1920
Tõsta lipp! See aja käänul
tunnistagu tuulte väänul
üle maa ja vee ja tee:
tund on tulnud vannet vandu,
et ei iial enam andu
ikke alla rahvas see.
Gustav Suits

Denkmal für die Opfer des »Roten Terrors«

Tallinn. Auf dem Waldfriedhof Liiva in Tallinn wurde 1989 auf Massengräbern von Opfern des NKWD, die die sowjetische Geheimpolizei im Sommer 1941 ermordet hatte, ein Mahnmal errichtet. Der estnische Bildhauer Ekke Väli gestaltete das Denkmal, das mit Privatspenden erbaut werden konnte. Im Jahr 1991 wurde die Anlage neu gestaltet und erweitert. Das Denkmal besteht aus drei vertikal angebrachten Granitquadern, in die die Namen der Ermordeten eingraviert sind. Die Konstruktion wird von einem horizontal platzierten Steinblock überdacht. Auf dem angrenzenden Areal befinden sich zudem zahlreiche namenlose Kreuze, welche symbolisch die Gräber der Erschossenen markieren.

Auf Anweisung des Zentralkomitees der Kommunistischen Partei der Sowjetunion sowie des Rats der Volkskommissare der UdSSR vom 14. Mai 1941 sollten die im Zuge des Hitler-Stalin-Pakts von der Sowjetunion annektierten Territorien Moldaus, der Westukraine, der baltischen Länder sowie des westlichen Teils Weißrusslands von »antisowjetischen, kriminellen

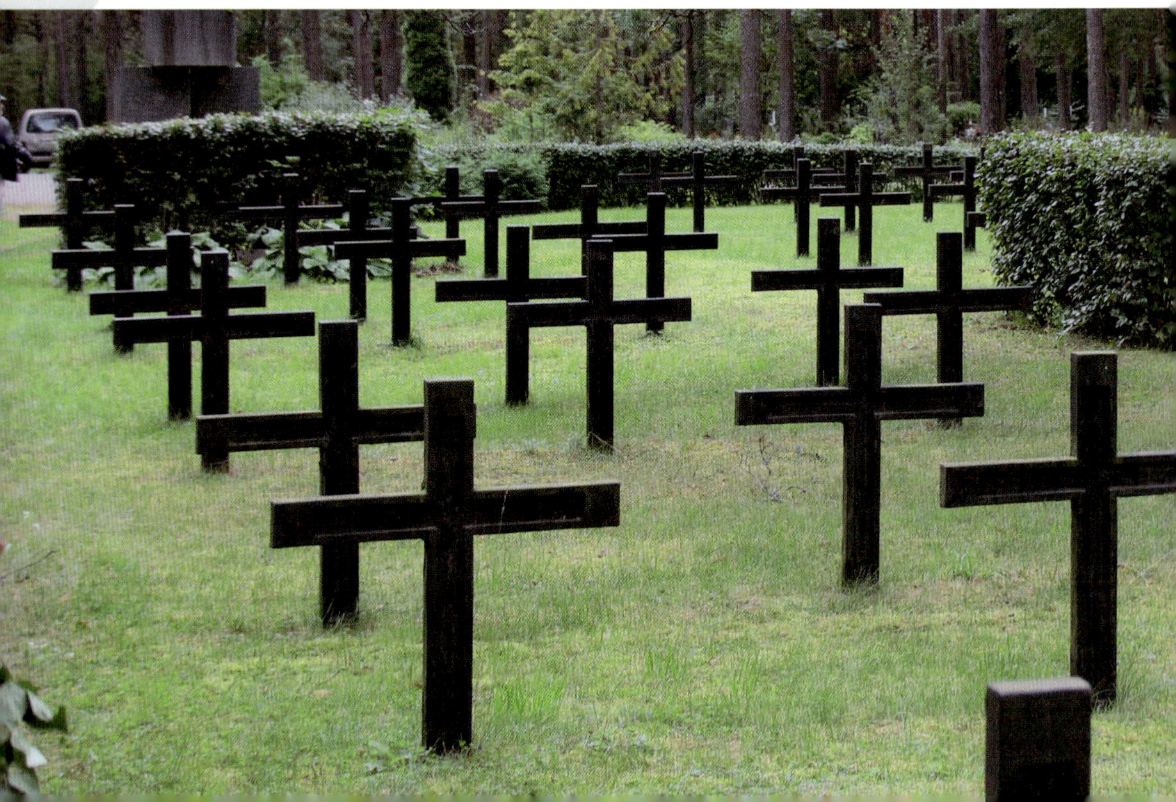

und sozial gefährlichen Elementen« gesäubert werden. In den genannten Gebieten fielen vor dem Einmarsch der deutschen Truppen 200 000 bis 300 000 Menschen den Massendeportationen und Verbannungsaktionen zum Opfer. Dabei standen neben ehemaligen Regierungsmitgliedern sowie hochrangigen Vertretern der Judikative, des Militärs und der Polizei auch Parteipolitiker, prominente Mitglieder zivilgesellschaftlicher Initiativen, Unternehmer und Financiers mit Kontakten ins Ausland, Kleriker, Mitglieder studentischer Verbindungen sowie grundsätzlich alle Bürger, die in Berührung mit dem kapitalistischen Ausland kamen, unter Verdacht.

Die Zahl der Verhaftungen nahm während der Junideportationen innerhalb weniger Tage riesige Ausmaße an, zwischen dem 14. und dem 17. Juni 1941 inhaftierten lokale NKWD-Kräfte in Estland über 10 000 Menschen, darunter auch 400 Juden. In der Regel wurden die Opfer in nächtlichen Razzien aus ihren Wohnungen geholt, mit einem vorgefertigten Strafurteil konfrontiert und von bewaffneten Begleitmannschaften ins Ungewisse eskortiert. Bei den sogenannten »Deportationen auf behördliche Anweisung« führten Angehörige der Geheimpolizei die Betroffenen ohne jegliche Formalität ab. Die Menschen wurden weder über den Zielort noch über die anstehende Dauer der Deportation informiert. Familien wurden in Lastwagen zu Sammelstellen an Bahnhöfen in Tallinn, Narva, Tartu, Keila und anderen größeren Städten gebracht. In Viehwaggons gepfercht, die von außen nicht als Gefangenentransporte identifiziert werden sollten, schickte man die Gefangenen in entlegene Gebiete an der Wolga und in den fernen Osten Sibiriens.

Standort: Tallinn, Friedhof Liiva, Kalmistu tee 34

◄ Namenlose Kreuze markieren die symbolischen Gräber der Hingerichteten.

Mahnmal zur Erinnerung an die im Sommer 1941 vom NKWD erschossenen Opfer

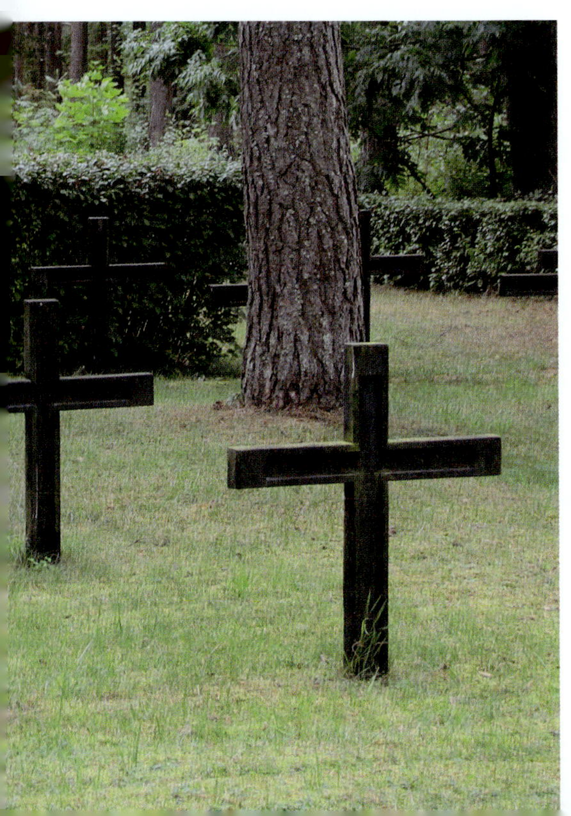

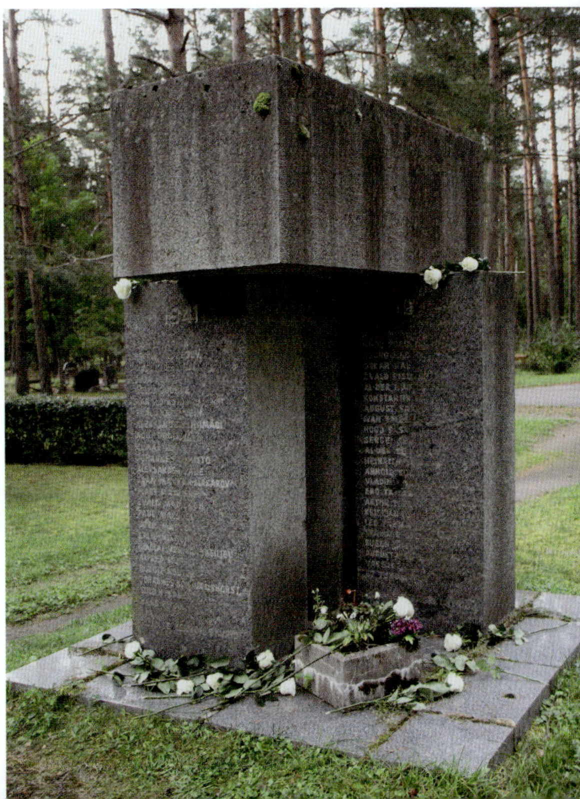

Ehemaliges Zentralgefängnis Patarei

Gelände des ehemaligen Zentralgefängnisses Patarei

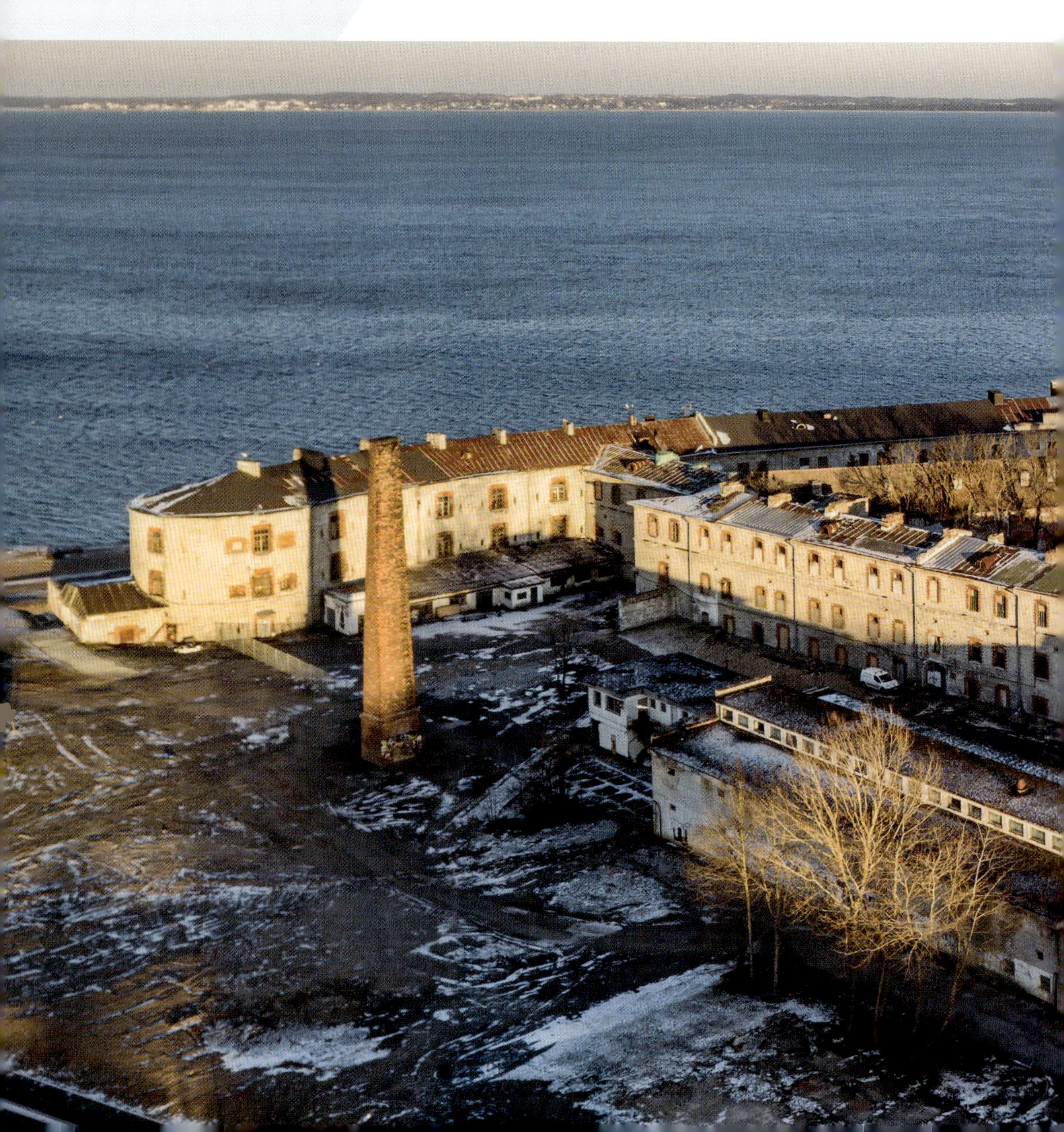

Tallinn. 1828 vom russischen Zaren Nikolaus I. in Auftrag gegeben, um den Seeweg zwischen Tallinn und St. Petersburg, der Hauptstadt des Russischen Imperiums, zu sichern, wurde die Seefestung Patarei 1840 fertiggestellt. Die vier Hektar umfassende Anlage an der estnischen Ostseeküste erfüllte seit ihrer Erbauung verschiedene Funktionen. Ursprünglich als Befestigungsanlage und Kanonenbatterie in Betrieb genommen, diente der Gebäudekomplex zwischen 1867 und 1919 als Militärstützpunkt. Ausgestattet mit Offiziersquartieren, Soldatenbaracken, Hospitaleinrichtungen, Hauswirtschaftsräumen und Artillerieaufstellungen bot die Anlage bis zu 2000 Menschen Platz. Von 1920 bis zur endgültigen Schließung im Jahr 2002 fungierte Patarei sowohl unter den jeweiligen estnischen Regierungen als auch unter den sowjetischen und nationalsozialistischen Okkupationsmächten, die das Land zwischen 1940 und 1991 besetzten, als Haft- und Internierungsanstalt.

Im Zuge der ersten sowjetischen Okkupation Estlands ab Juni 1940 ging der Gebäudekomplex des Zentralgefängnisses von der örtlichen Verwaltung in die der sowjetischen Geheimpolizei NKWD über. Innerhalb weniger

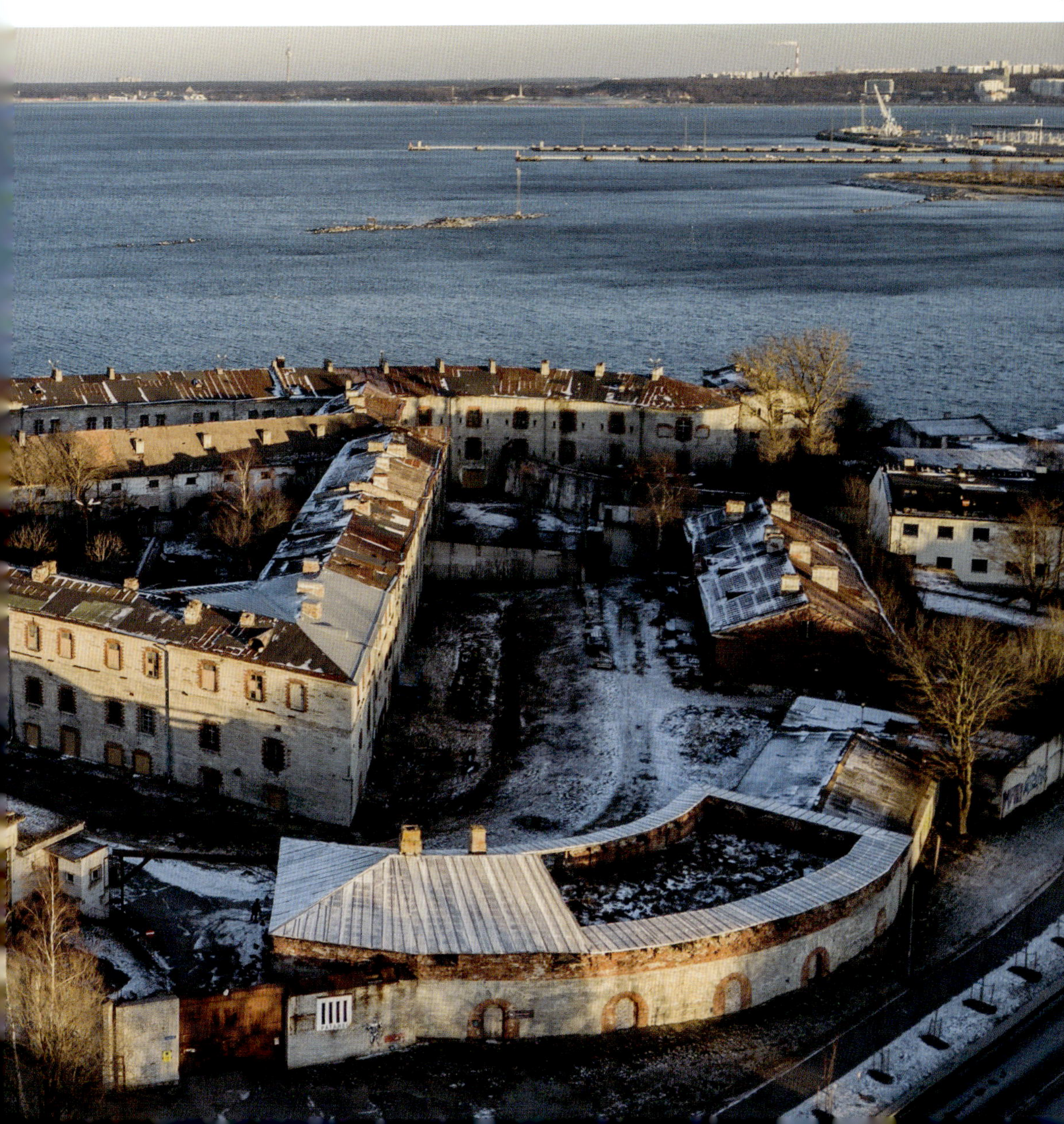

Monate nach der Besetzung des Landes wurden etwa 10 000 estnische Bürger ohne Prozess oder Gerichtsurteil »auf behördliche Anordnung« verhaftet, interniert und in überfüllten Viehwaggons zur Zwangsarbeit in entlegene sowjetische Lager in Sibirien und an der Wolga gebracht. Zuvor wurden politische Gefangene vom NKWD als »Volksfeinde« und »Vaterlandsverräter« der »konterrevolutionären Tätigkeit« bezichtigt und im Hauptquartier der Geheimpolizei in der Pagaristraße einer quälenden Tortur von Verhören und Folter unterzogen. Diejenigen, die nicht den Exekutionen in den Hinrichtungszellen der NKWD-Zentrale zum Opfer fielen, wurden bis zu ihrem Abtransport in die Straf- und Arbeitslager des GULag nach Patarei verlegt. Während der ersten und in der Anfangsphase der zweiten sowjetischen Besatzung ab 1944 diente das Zentralgefängnis als Transitstation für Inhaftierte, die ins Innere der Sowjetunion deportiert werden sollten. Nach dem Überfall Deutschlands auf die Sowjetunion am 22. Juni 1941 schlug die nationalsozialistische Besatzungsmacht alle baltischen Gebiete innerhalb weniger Wochen dem Reichskommissariat Ostland zu. Auf dem Gefängnisgelände befanden sich während dieser Zeit Tausende Internierte: Esten, Juden, Russen. Bis Ende 1941 fielen dem nationalsozialistischen Völkermord an der jüdischen Bevölkerung in Estland 1 000 Menschen zum Opfer. Damit wurde die gesamte verbliebene jüdische Bevölkerung des Landes, die zuvor nicht ins Innere der Sowjetunion fliehen konnte, ausgelöscht. Auf der Wannseekonferenz am 20. Januar 1942, der Zusammenkunft hochrangiger Vertreter der nationalsozialistischen Regierung und SS-Behörden zur weiteren Organisation und Planung des Holocaust, wurde Estland für »judenfrei« erklärt. Zwischen Ende Mai und Anfang Juni 1944 erreichte Patarei, das als temporäre Transitstation fungierte, der »Konvoy 73« mit 300 jüdischen Gefangenen aus dem französischen Sammel- und Durchgangslager Drancy.

Am 22. September 1944 eroberten Einheiten der Roten Armee Tallinn zurück. Die Verwaltung des Zentralgefängnisses Patarei fiel wieder in den Kompetenzbereich der sowjetischen Geheimpolizei, die sich nach mehreren Umstrukturierungen in NKGB umbenannt hatte, zurück. Die Haftbedingungen blieben unverändert unmenschlich; Zellen, ausgelegt für 16 Personen, wurden mit 30 Insassen belegt. Nach dem Tod Stalins am 5. März 1953 prangerte der neue Staats- und Parteichef der Sowjetunion Nikita Chruschtschow, der während des Stalinismus selbst an Verbrechen beteiligt gewesen war, auf dem XX. Parteitag der KPdSU 1956 in einer Geheimrede den Personenkult um Stalin und die Verbrechen an. Im Zuge der sukzessiven Umstrukturierung und Auflösung des GULag-Systems sowie der graduellen Entstalinisierung unter Chruschtschow konnten Überlebende von Deportation und Verschleppung nach und nach in ihre Heimat zurückkehren. Auch das Haftregime und die Internierungspraxis in Patarei wandelten sich. Die gesamte Anlage wurde mit einem zentralen Heizsystem und besseren Sanitäranlagen ausgestattet. Allerdings verschärfte man die Haftbedingungen mit dem Umbau und der Verkleinerung des Innenhofs, der den Internierten zum Hofgang diente, weiter. Im Sommer 1980 fanden in der Bucht von Tallinn die Segelwettbewerbe der Olympischen Spiele statt. Vor Beginn der Wettkämpfe hatte man veranlasst, alle Zellenfenster auf der Meerseite doppelt zu vergittern und mit Brettern zu vernageln. Jeglicher Sichtkontakt zwischen Inhaftierten und Sportlern sollte verhindert werden. Breit angelegte Verhaftungsaktionen, wie sie zur Stalinzeit üblich waren, wurden durch gezielt angewandte Strafmaßnahmen ersetzt. Bei den in Patarei durchgeführten Verhören folterte man die Gefangenen durch physischen und psychischen Druck. Im Kellergeschoss des Gebäudes wurde im September 1991 – am 20. August hatte Estland seine Unabhängigkeit wiedererlangt – das letzte Todesurteil vollstreckt.

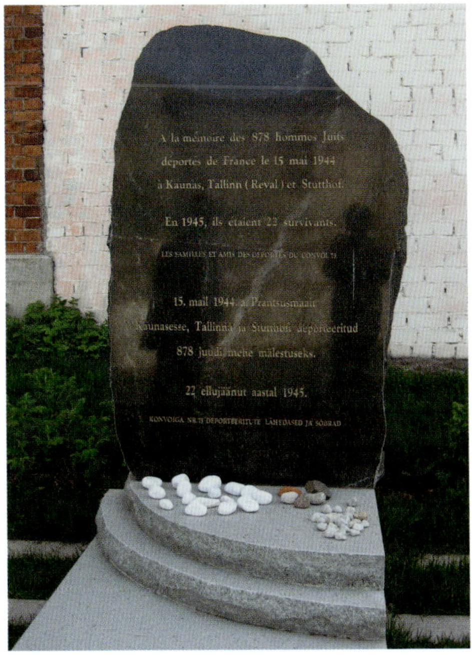

Gedenkstein zur Erinnerung an die aus Frankreich nach Estland deportierten Juden

Nach der offiziellen Auflösung des KGB in Estland und der Überführung aller ihm unterstehenden Einrichtungen in estnischen Staatsbesitz im Dezember 1991 blieb die Haftanstalt in Betrieb. Die Schließung der Anlage im Jahr 2002 regte eine breite öffentliche Diskussion über die weitere Nutzung des Geländes an. Neben Vorschlägen zur vollständigen Umgestaltung und »positiven« Rekonzeptualisierung des vier Hektar großen Areals wurden auch Ideen zur Umwandlung des Gefängnisses in ein Dokumentationszentrum vorgebracht. Bis 2016 diente das Gelände als »Kulturpark Patarei«, als Kunstraum für Ausstellungen und verschiedene kulturelle Veranstaltungsformate. Zudem wurde der Gebäudekomplex als historischer Exkursionsort genutzt. Besucher hatten im Rahmen von Führungen die Möglichkeit, ehemalige Zellen- und Küchentrakte, die medizinischen Einrichtungen der Anlage, den Innenhof sowie die einstige Hinrichtungszelle zu besichtigen. 2016 wurde der gesamte Komplex aufgrund seines baufälligen Zustands geschlossen. 2017 wurde beschlossen, den einstigen Gefängniskomplex in eine Gedenkstätte umzuwandeln.

Auf Initiative des Okkupationsmuseums brachte am 14. Januar 2005 der estnische Justizminister eine Plakette zum Gedenken an die im Gefängnis internierten Opfer der sowjetischen Okkupation an. Zuvor wurde vor dem Gebäude ein Gedenkstein aus schwarzem Granit in Erinnerung an die aus Frankreich nach Estland deportierten Juden errichtet.

Inschrift des Gedenksteins
Französisch: *A la mémoire des 878 hommes Juifs / déportés de France le 15 mai 1944 / à Kaunas, Tallinn (Reval) et Stutthof. // En 1945, ils étaient 22 survivants. // Les familles et amis de déportés du convoi 73*

Estnisch: *15. mai 1944. a. Prantsusmaalt / Kaunasesse, Tallinna ja Stutthofi deporteeritud / 878 juudi mehe mälestuseks. // 22 ellujäänut aastal 1945. // Konvoiga Nr. 73 deporteeritute lähedased ja sõbrad*

Die deutsche Übersetzung lautet:
In Erinnerung an die 878 Menschen jüdischer Herkunft, die am 15. Mai 1944 aus Frankreich nach Kaunas, Tallinn (Reval) und Stutthof deportiert wurden. Im Jahr 1945 gab es noch 22 Überlebende. Die Familien und Freunde der Deportierten des Konvois 73

Standort: Tallinn, Kalaranna 28
Internet: www.patarei.org

Museum der Okkupationen

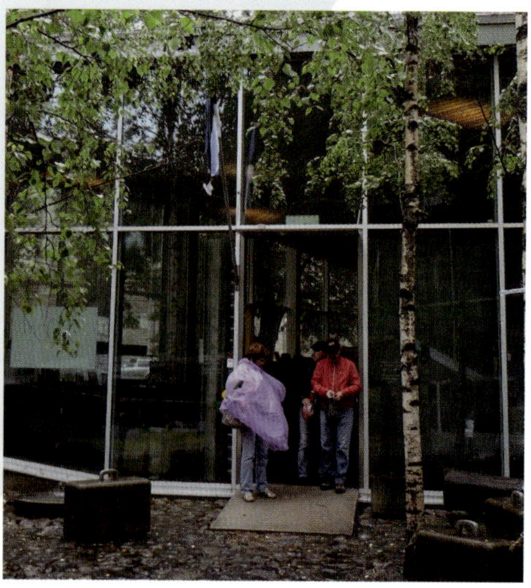

Eingang zum Museum

Tallinn. Das estnische Museum der Okkupationen wurde am 27. Juni 2003 aus Anlass des Jahrestags der ersten sowjetischen Besatzung 1940 eingeweiht. Die amerikanisch-estnische Kistler-Ritso-Stiftung hatte das Projekt zur Errichtung des Museums 1998 initiiert.

Die Ausstellung zeigt einen chronologischen Überblick der drei Okkupationen Estlands im 20. Jahrhundert, angefangen von der sowjetischen Besatzung 1940/41 über die Herrschaft der Nationalsozialisten zwischen 1941 und 1944 bis zur erneuten sowjetischen Okkupation von 1944 bis 1991. Anhand von offiziellen Zeugnissen und persönlichen Hinterlassenschaften ehemaliger Häftlinge und Verfolgter sowie zahlreicher audiovisueller Medien werden verschiedene Aspekte von Unterdrückung, Anpassung und Widerstand illustriert. Die Sammlung des Museums umfasst über 36 000 Objekte – Bücher, Fotoaufnahmen, Zeitschriften, Zeitungen, Kleidungsstücke, Skulpturen, Tagebücher, Postkarten, Spielzeuge, Artefakte etc. –, welche in digitalisierter Form auf der Internetpräsenz der Einrichtung eingesehen werden können. Seit November 2014 befindet sich auf dem Außengelände des Museums ein Originalsegment der Berliner Mauer.

Gemeinsam mit dem Estnischen Institut für Historisches Gedächtnis und der Estnischen Denkmalschutzgesellschaft erarbeitete das Museum der Okkupationen die im Sommer 2017 eröffnete Ausstellung in den ehemaligen KGB-Gefängniszellen in der Tallinner Pagaristraße 1. Vor allem die Kellerräume des 1912 errichteten Wohnhauses dienten dem NKWD als Verhör- und Folterkammern. Anhand audiovisueller Elemente, historischer Gegenstände, Dokumente und Fotografien beleuchtet die aufwendig gestaltete Ausstellung die Geschichte des Hauses und vermittelt einen Eindruck von den Haftbedingungen an diesem Ort.

Standort: Tallinn, Toompea 8
Internet: www.okupatsioon.ee

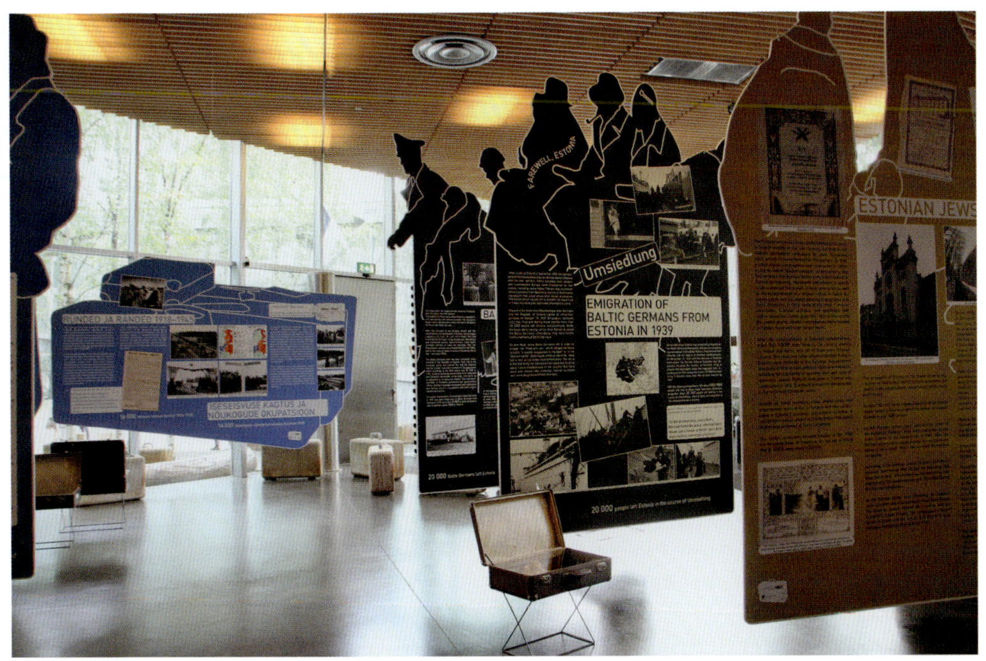

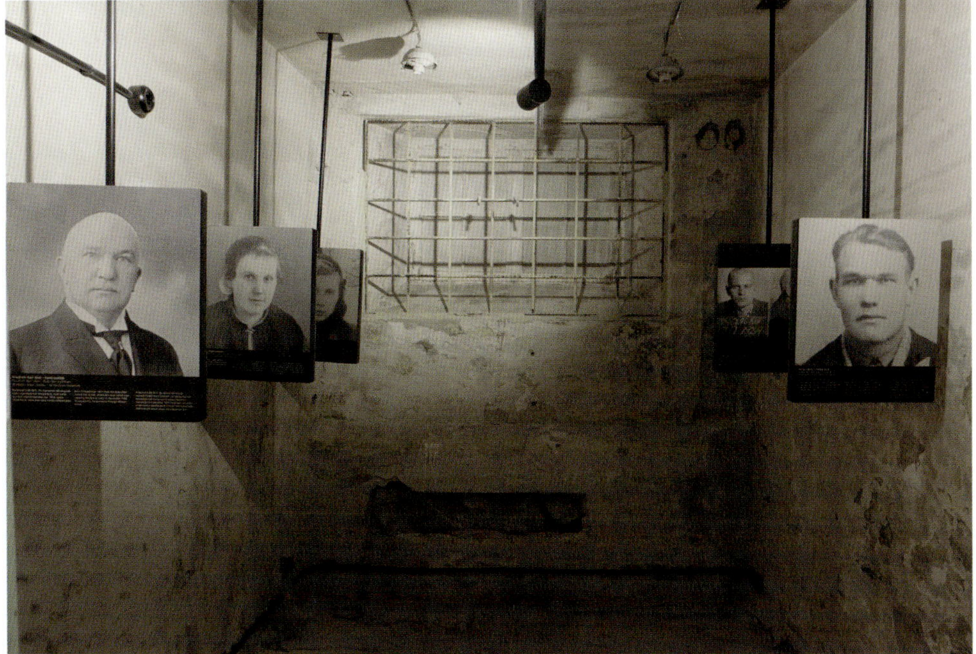

oben: Ausstellungsansicht im Museum
der Okkupationen

unten: Ausstellung in den ehemaligen
KGB-Gefängniszellen in der Tallinner Pagaristraße 1

KGB-Zellen-Museum

Tartu. Das KGB-Zellen-Museum ist Bestandteil des Stadtmuseums Tartu und wurde 2001 im Keller des früheren Sitzes der sowjetischen Geheimpolizei eingerichtet. Die Familie des vormaligen Hausbesitzers Oskar Sõmermaa hatte die Räume dem Stadtmuseum überlassen. Sõmermaa war 1941 deportiert worden und zwei Jahre später in einem Gefangenenlager in Sibirien gestorben. 1938 errichtet, diente das Haus bereits während der ersten sowjetischen Okkupation von Juni 1940 bis Juli 1941 als Sitz des NKWD. Während der deutschen Besatzung zwischen 1941 und 1944 wurde das Haus von der SS genutzt. Nach dem Einmarsch der Roten Armee im August 1944 fungierte das Gebäude erneut bis in die 1950er Jahre hinein als Gefängnis für tatsächliche und vermeintliche Gegner des kommunistischen Regimes.

Die Wehrmacht rückte nach dem Angriff Nazi-Deutschlands auf die Sowjetunion am 22. Juni 1941 rasch in die baltischen Gebiete vor. Vor dem Eintreffen der deutschen Truppen in Estland befahl der NKWD die Erschießung vieler politischer Gefangener. Die größte Vernichtungsaktion dieser Art fand in der Nacht vom 8. auf den 9. Juli 1941 im Gefängnis von Tartu statt. Wenige Tage zuvor waren alle Häftlinge des Gefängnisses nach Sibirien abtransportiert worden. Im Laufe einer Woche hatte sich die Haftanstalt jedoch wieder gefüllt. Gegen die Internierten war weder ein Ermittlungsverfahren eingeleitet, noch waren sie einem Untersuchungsrichter vorgeführt worden. P. Afanasjew, der Chef der lokalen NKWD-Sektion, ordnete die Ermordung der Gefangenen an und übernahm die Aufsicht über die Exekutionen. Zeugen identifizierten weitere elf NKWD-Agenten und Gefängniswärter namentlich als Mitwirkende. 192 (172 Männer und 20 Frauen) der 223 Häftlinge wurden erschossen. Die sterblichen Überreste wurden anschließend in zwei Massengräbern, die man im Gefängnishof hatte ausheben lassen, verscharrt oder in einen Brunnen geworfen, welcher sich auf dem Gelände befand. Auch während der deutschen Besatzung wurde das Gefängnis weiterbetrieben. Jedoch fehlen bis heute verlässliche Angaben dazu.

Im März 1949 deportierten sowjetische Sicherheitsorgane im Rahmen der groß angelegten Operation »Priboi« (Brandung) in kürzester Zeit fast 90 000 »konterrevolutionäre Elemente« aus den baltischen Ländern zur Zwangsarbeit nach Sibirien, darunter viele Frauen und Kinder. Das Eigentum der auf unbestimmte Zeit Verbannten wurde vom Staat eingezogen. In Estland waren rund 20 500 Menschen von der Aktion betroffen. 1953 wurden außerdem zahlreiche Mitglieder der in Tartu aktiven jugendlichen Widerstandsgruppe Schwarz-Blau-Weiß (Farben der estnischen Trikolore) im »Grauen Haus« interniert und nach dem gefürchteten Artikel 58, einem »Gummiparagrafen« des rus-

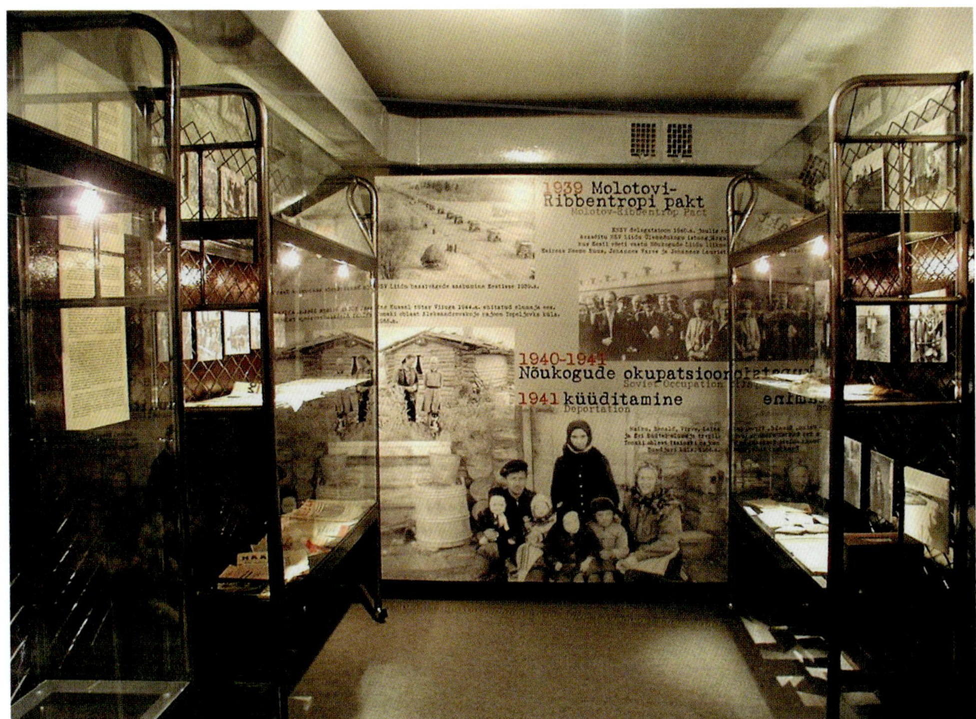

Verschiedene Aspekte sowjetischer Besatzungs- und Repressionspolitik in der Ausstellung

sischen Strafgesetzbuches, wegen »konterrevolutionärer Tätigkeit« angeklagt. Als »Volksverräter« verurteilt, verbrachte man die Jugendlichen in Gefangenenlager nach Sibirien.

Die in den restaurierten Zellen untergebrachte Ausstellung beleuchtet verschiedene Aspekte sowjetischer Besatzungs- und Repressionspolitik: Angefangen von den Massendeportationen 1940/41 über die Widerstandsbewegung bis hin zum Leben verbannter Esten in den Lagern des sowjetischen GULag. Gezeigt werden offizielle sowjetische Dokumente zur Geschichte der Repression sowie zahlreiche Zeugnisse ehemaliger Untergrundkämpfer und politischer Häftlinge.

Standort: Tartu, Riia 15 b
Internet: www.linnamuuseum.tartu.ee

»Waldbrüder«-Bunker

Võrumaa. Der 1,5 Kilometer vor der lettischen Grenze gelegene »Waldbrüderhof« (metsavenna talu) mit einem erhaltenen unterirdischen Versteck estnischer »Waldbrüder« wurde 1999 für die Öffentlichkeit zugänglich gemacht. Aufgebaut hatte die privat betriebene Anlage Meelis Mõttus, dessen Vater Harry Mõttus (1921–1991) zwischen 1940 und 1954 als »Waldbruder« beim estnischen Widerstand sowohl gegen die nationalsozialistische Besatzung als auch gegen die sowjetische Okkupation Estlands aktiv war.

Wie in den anderen baltischen Republiken wehrten sich auch in Estland die sogenannten »Waldbrüder« gegen die erste sowjetische Besatzung von 1940 bis 1941 sowie vor allem gegen die zweite sowjetische Besatzung des Landes ab dem Herbst 1944.

Während der Besetzung Estlands durch Einheiten der deutschen Wehrmacht zwischen 1941 und 1944 gab es in den Wäldern der baltischen Republik nur vereinzelte Widerstandsaktivisten.

Mit der Rückkehr der Roten Armee im Herbst 1944 knüpfte das Regime an vorangegangene Repressionspraktiken an. Die größte Welle politischer Verhaftungen betraf bis zum Ende des Jahres 1945 über 17 000 Menschen. Maßnahmen zur forcierten Zwangskollektivierung, systematische Verfolgung und Unterdrückung des Klerus sowie die Ausschaltung der Intelligenzija wurden wieder aufgenommen. Auf dem Höhepunkt der stalinistischen Repressionen fielen bei den Märzdeportationen des Jahres 1949 innerhalb weniger Tage 20 500 estnische Bürger dem »Roten Terror« zum Opfer.

Die Partisanenverbände in den baltischen Wäldern waren Vereinigungen politisch unterschiedlicher Ausrichtungen, die vor allem der Kampf gegen die sowjetische Besatzung einte. In Estland waren zwischen 1944 und 1953 etwa 30 000 Untergrundkämpfer am bewaffneten Widerstand gegen die sowjetische Okkupation beteiligt. Zu den subversiven Aktivitäten der »Waldbrüder« gehörten unter anderem die Sabotage sowjetischer Staatsgüter, die Entfernung kommunistischer Propaganda und Verbreitung einer national orientierten Untergrundpresse. Daneben wurde der lokale Aufbau sowjetischer Verwaltungsstrukturen bekämpft. Allein für den Zeitraum zwischen November 1944 und November 1947 sind 773 bewaffnete Überfälle der »Waldbrüder« dokumentiert, bei denen etwa 1 000 Soldaten der Roten Armee und ihrer örtlichen Hilfskräfte ums Leben kamen. Die sowjetische Führung ordnete mehrfach gezielte Aufklärungs- und Vernichtungsaktionen an. Mit dem Ausbleiben der erhofften Unterstützung durch die Alliierten und der Forcierung der Kollektivierungsmaßnahmen sowie massiver sowjetischer Gegenoffensiven wurde der bewaffnete estnische Widerstand Mitte der 1950er Jahre fast vollständig aufgerieben. Um die Partisanen zur Aufgabe zu bewegen, wurden ihnen Strafminderung und Amnestie versprochen. Gleichzeitig wurden die Familien der »Waldbrüder« als Angehörige von »Klassenfeinden« repressiven Maßnahmen ausgesetzt, was zumeist mit Arrest, Folter, wirtschaftlichem Ruin und Deportation einherging. Der letzte estnische »Waldbruder« – August Sabbe – wurde erst 1978 durch die sowjetische Geheimpolizei entdeckt. Bei dem Versuch, sich der Verhaftung zu entziehen, kam er ums Leben.

Standort: Võrumaa, 1,5 Kilometer vor der estnisch-lettischen Grenze nahe dem Dorf Vastse-Roosa
Internet: www.metsavennatalu.ee

Literaturhinweise Estland:

Kuusi, Hanna: Prison Experience and Socialist Sculptures – Tourism and the Soviet Past in the Baltic States. In: Kostiainen, Auvo / Syrjämaa, Taina (Hrsg.): Touring the Past. Uses of History in Tourism. Savonlinna 2008, S. 105 – 122. / Mertelsmann, Olaf / Rahi-Tamm, Aigi: Soviet mass violence in Estonia revisited. In: Journal of Genocide Research, 2009, Vol. 11, Nr. 2 – 3, S. 307 – 322. / Saueauk, Meelis: »Honoring Civil Courage«. Case study on Estonia. In: Honoring Civil Courage. Developing Suggestions to Improve the Situation of Victims of Communist State Crimes. Project Coordinator: Gedenkstätte Berlin-Hohenschönhausen 2015, Ref-Nr.: JUST/2011/JPEN/AG/2998. Online abrufbar unter: www.stiftung-hsh.de/assets/Dokumente-pdf-Dateien/EU-Projekt-Laenderstudien.pdf (letzter Zugriff: 15.11.2017).

◄
Zugang zu einem ehemaligen »Waldbrüder«-Bunker

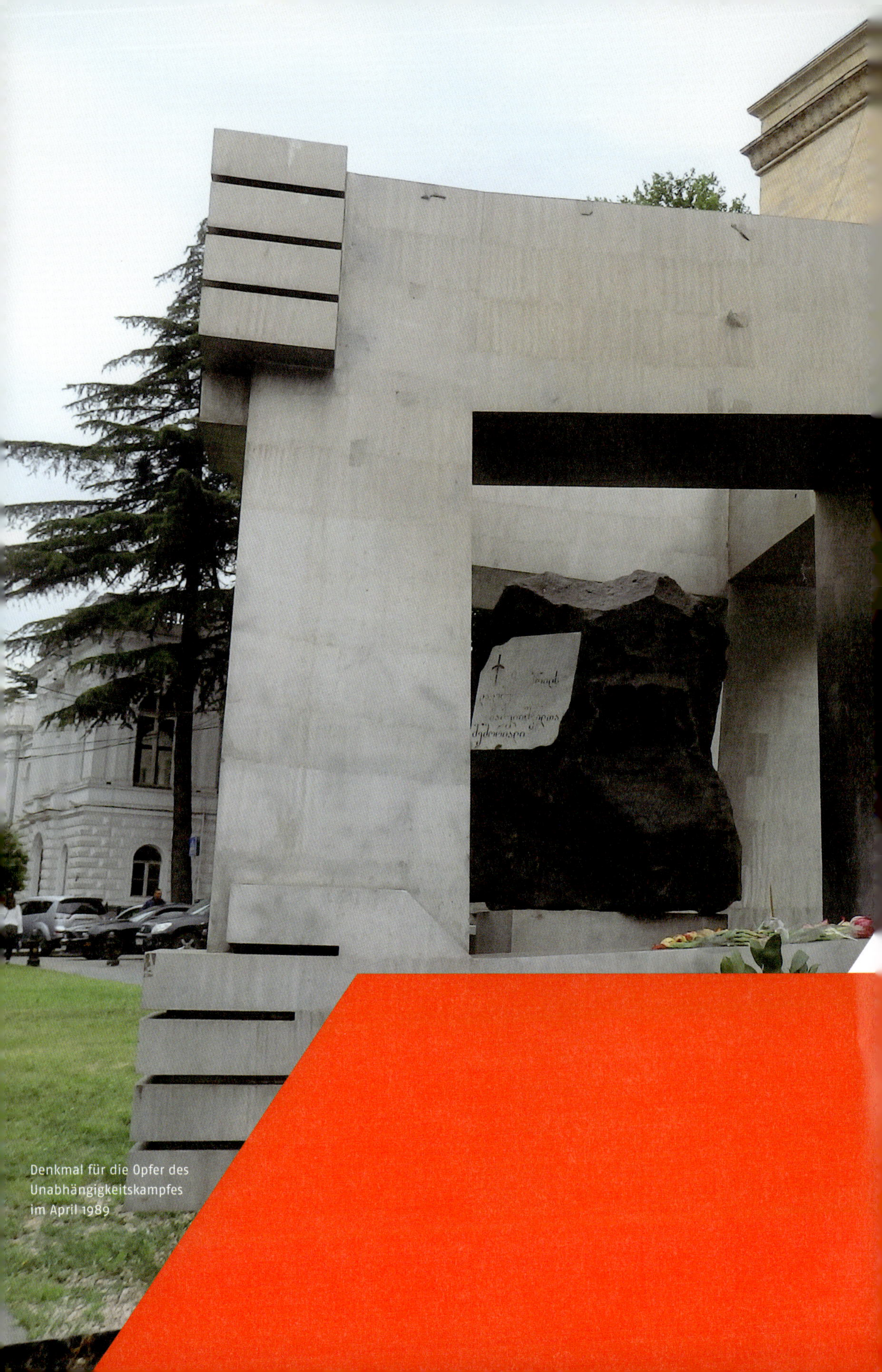

Denkmal für die Opfer des Unabhängigkeitskampfes im April 1989

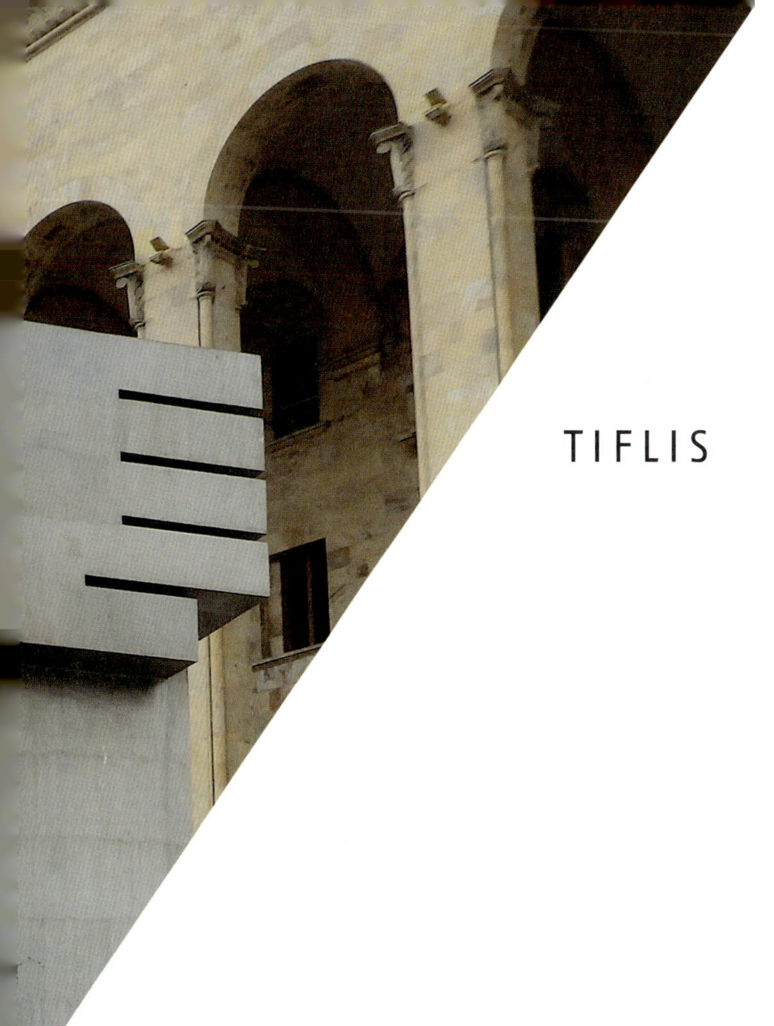

TIFLIS

Georgien

Nach der Februarrevolution 1917, mit der die zaristische Herrschaft in Russland gestürzt wurde, und dem Ende des Ersten Weltkriegs erlangte auch Georgien seine Unabhängigkeit. Am 26. Mai 1918 wurde die Demokratische Republik Georgien gegründet und völkerrechtlich anerkannt. Auch Sowjetrussland stimmte 1920 der Unabhängigkeit Georgiens zu. Das Land bildete mit Armenien und Aserbaidschan eine Transkaukasische Föderation. Im Februar 1921 besetzten Truppen der Roten Armee Georgien; die Regierung floh ins Ausland. Georgien wurde nunmehr systematisch sowjetisiert. Grundbesitz wurde enteignet, Repressalien gegen Vertreter eines unabhängigen Georgien begleiteten die Umwandlung des Landes in eine Sowjetrepublik. Diese wurde 1922 gegründet. Aus dem Exil heraus unterstützte die ins Ausland geflohene georgische Regierung den Widerstand gegen das sowjetische Regime. Im August 1924 kam es in Georgien zum ersten Aufstand gegen die sowjetische Besatzung, der jedoch nicht bis in die Hauptstadt vordrang. Stalin, als sowjetischer Statthalter in seinem Heimatland Georgien installiert, ließ den Aufstand blutig niederschlagen und Tausende Menschen verhaften, deportieren und hinrichten. Schätzungen gehen davon aus, dass zwischen 1921 und 1924 etwa 30 000 Menschen ermordet wurden. In den späteren Terrorwellen der Jahre 1937/38, 1942 bis 1945 und Ende der 1940er Jahre wurden weitere 50 000 Personen in die sibirischen Straflager verschleppt und getötet. Dazu gehörten Angehörige der »alten« Eliten, Besitzer von Land und Fabriken, Künstler und Intellektuelle, aber auch Priester und Gläubige. In Georgien, das neben Armenien zu den ersten christlichen Ländern der Erde gehört, wurden Priester und Gläubige nun systematisch verfolgt, Kirchen und Klöster enteignet und als Ställe, Scheunen, Kinos, Turnhallen oder auch Gefängnisse entweiht.

Nach dem Zweiten Weltkrieg wurde das Land industrialisiert. So entstand in Rustawi ein metallurgisches Zentrum, dessen Bauten von sowjetischen Straf- und deutschen Kriegsgefangenen errichtet wurden. Da es in Georgien an Arbeitskräften für den Betrieb eines solchen Werkes fehlte, wurden nomadisch lebende Bewohner aus dem Kaukasus nach Rustawi deportiert. 1956, drei Jahre nach Stalins Tod, kam es erneut zu einem Aufstand, der sich zuerst gegen die Entstalinisierung richtete und mit Sprechchören, »Lang lebe Stalin«, verbunden war. Nach dem Eingreifen sowjetischer Truppen schlug der Protest in eine Rebellion gegen die sowjetische Herrschaft um. Bei der blutigen Niederschlagung kamen 150 Menschen ums Leben.

Im Rahmen der unter Chruschtschow begonnenen Dezentralisierung entwickelte sich Georgien ab Ende der 1950er Jahre zu einer der wirtschaftlich stärksten Sowjetrepubliken. Nationalistische Tendenzen und das Streben nach staatlicher Souveränität nahmen zu. In den 1970er Jahren richteten sich die Proteste, die von den Universitäten des Landes ausgingen, gegen die Russifizierung des Landes und setzten sich für die Bewahrung der georgischen Sprache und Kultur ein. Einen Höhepunkt erreichten sie, als in der Verfassung Russisch als alleinige Amtssprache festgeschrieben werden sollte. Eduard Schewardnadse, der spätere Außenminister der UdSSR, war von 1964 an als Innenminister und später Vorsitzender der Kommunistischen Partei in Georgien maßgeblich für die brutale Unterdrückung der Opposition verantwortlich. Die Proteste ließen sich jedoch trotz der Einweisung von kritischen Intellektuellen in Psychiatrien, Lager und Gefängnisse nie vollständig unterdrücken. Nach dem Machtantritt Michail Gorbatschows 1985 und dem Beginn von Glasnost und Perestroika verstärkten sich die Protestaktionen gegen die sowjetische Herrschaft und der Ruf nach nationaler Souveränität. Im Herbst 1990 kam es zu freien Wahlen, in denen das Wahlbündnis »Runder Tisch – Freies Georgien« siegte. Das nur wenige Monate später abgehaltene Referendum über die staatliche Unabhängigkeit wurde mit über 98 Prozent der Stimmen angenommen, woraufhin am 26. Mai 1991, auf den Tag genau 73 Jahre nach der Ausrufung der ersten Republik, Georgien wieder als unabhängiger Staat gegründet wurde. Das Land

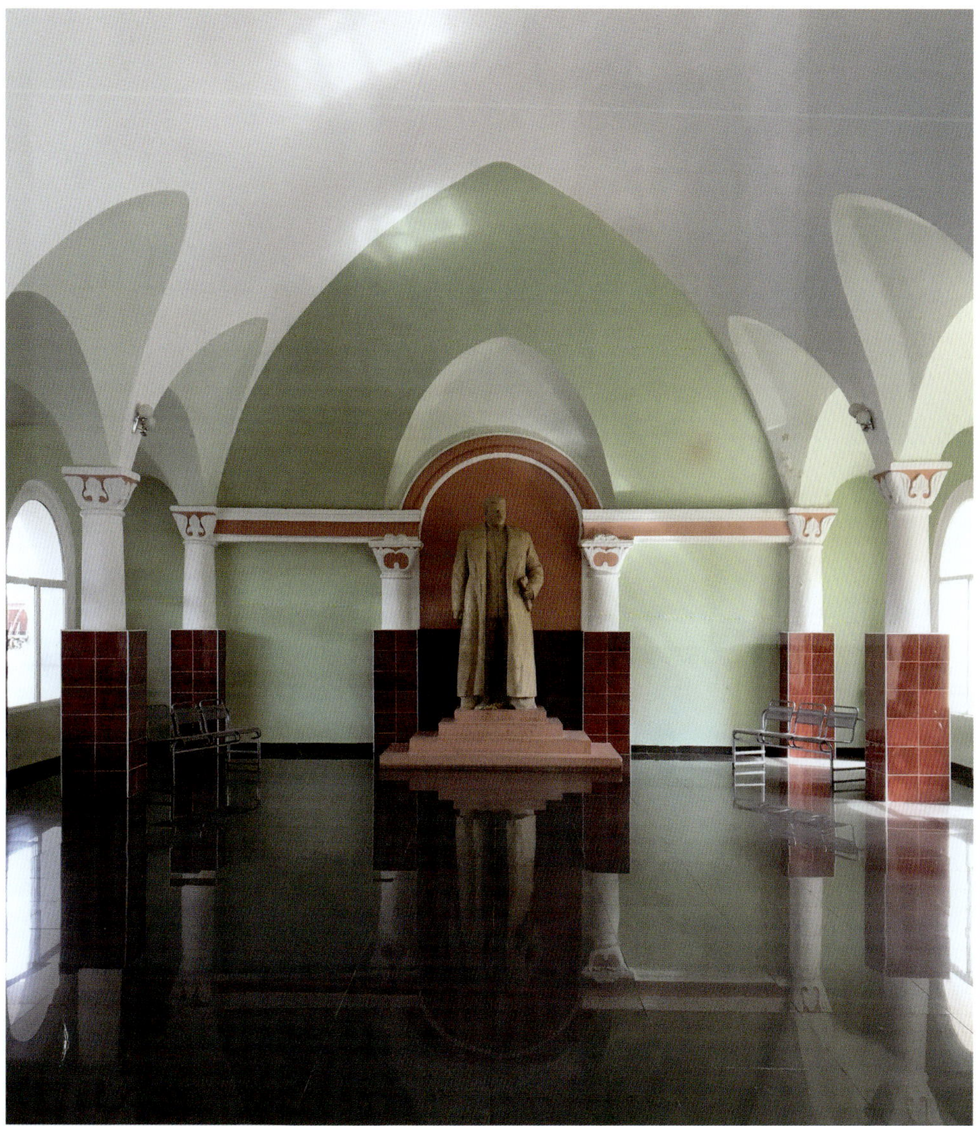

Statue Stalins im Bahnhof von Gori

war politisch nicht stabil und litt unter einer hohen Korruption. Durch die Konfrontation mit Russland gingen wichtige Absatzgebiete verloren. Wirtschaftliche und politische Krisen waren die Folge. Zudem flammten die ethnischen Konflikte in Abchasien und Südossetien, die auch während der Sowjetzeit bestanden hatten, wieder verstärkt und mit russischer Unterstützung auf.

2003 kam es in Georgien nach Protesten gegen Wahlfälschungen zugunsten von Eduard Schewardnadse bei den Parlamentswahlen zu Neuwahlen, aus denen der Oppositionsführer Michail Saakaschwili als Sieger hervorging. Er bekämpfte die Korruption und führte politische und wirtschaftliche Reformen durch. Bei den Wahlen 2007 wurde er aber selbst der Wahlfälschung bezichtigt.

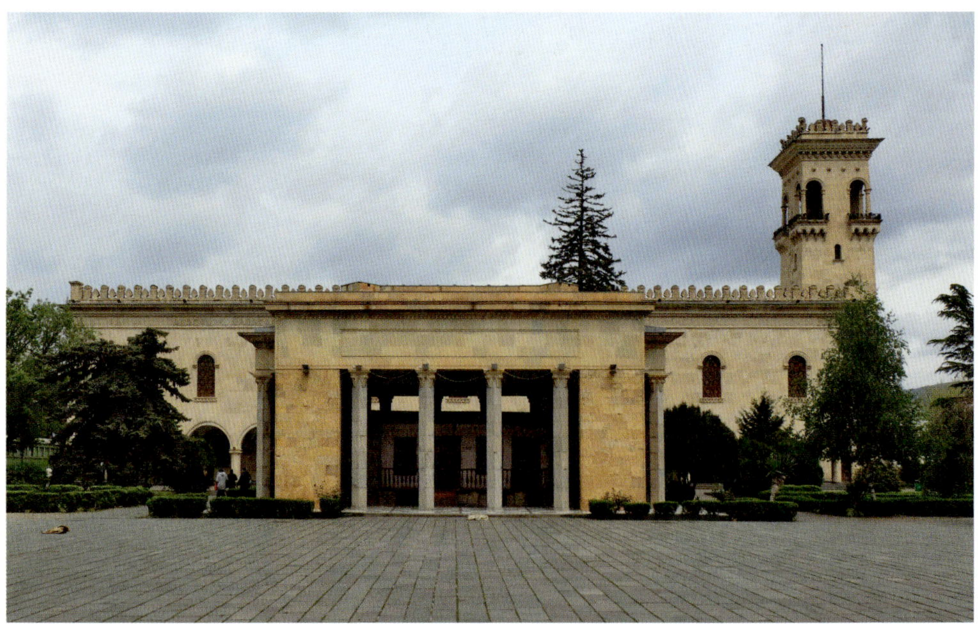

Das Stalin-Museum in Gori

Die kritische Auseinandersetzung mit der Vergangenheit ist ein Randthema. Zwar eröffnete 2006 das Okkupationsmuseum als Teil des Nationalmuseums. Die Auseinandersetzung mit der kommunistischen Vergangenheit kam jedoch nur schleppend in Gang. Die kommunistische Herrschaft wurde als Besatzungsregime wahrgenommen; eine Aufarbeitung der Kollaboration und georgischer Anteile an der kommunistischen Herrschaft in Georgien unterblieb jedoch weitgehend. In Gori, Stalins Geburtsort, wird bis heute das aus der Sowjetzeit stammende Stalin-Museum mit seinem Geburtshaus als zentralem Element der Ausstellung unverändert betrieben. Stalin erscheint darin als weiser und großer Führer. Die unter ihm verübten Massenverbrechen werden nicht thematisiert. Allerdings gibt es Pläne, das Museum umzugestalten. Auch im Bahnhof von Gori ist ein eigener Wartesaal einer Statue Stalins vorbehalten. Demgegenüber gibt es keine Denkmäler, die an die Opfer von Repressionen erinnern oder Geheimdienstzentralen, Lager- und Gefängnisstandorte markieren.

Aufarbeitung ist heute vor allem eine Sache von NGOs wie SovLab, die sich mit ihren Projekten für eine kritische Auseinandersetzung mit der Vergangenheit engagieren.

Museum der sowjetischen Okkupation

Tiflis. In den Räumen des Georgischen Nationalmuseums eröffnete am 26. Mai 2006 eine Ausstellung zur Geschichte der sowjetischen Okkupation zwischen 1921 und 1991. Finanziert wurde die Ausstellung aus Mitteln des georgischen Präsidialfonds. Auf rund 700 Quadratmetern Ausstellungsfläche werden über 3000 Exponate – Archivdokumente, Fotografien, Videomaterialien und Gebrauchsgegenstände – sowie Installationen präsentiert. Ein Teil der Objekte stammt von öffentlichen Organisationen, den Familien von Opfern und ehemaligen Dissidenten.

Den Eingangsbereich zur Ausstellung bilden zwei sich gegenüberliegende Inszenierungen. Bei der einen handelt es sich um einen Güterwaggon mit Einschusslöchern, in dem die Teilnehmer des Nationalaufstands 1924 erschossen wurden, sowie Abbildungen von Lenin, die symbolisch für die sowjetische Aggression gegen Georgien stehen. Direkt gegenüber befindet sich eine Installation, die mit dem Bildnis Putins auf die russische Unterstützung der abtrünnigen Regionen Abchasien und Südossetien auf den Kaukasuskrieg 2008 Bezug nimmt. Die Ausstellung ist chronologisch aufgebaut und führt die Besucher anhand einer mit zahlreichen Fotografien bebilderten Zeitleiste vom Sturz der Regierung unter Noe Schordania 1921 über die Angliederung Georgiens an die Sowjetunion 1922, den »Großen Terror« 1937/38 und die Geschehnisse des Zweiten Weltkriegs hin zum Tod Stalins im März 1953 bis zur blutigen Niederschlagung der friedlichen Unabhängigkeitsdemonstration in Tiflis durch die sowjetische Armee im April 1989. Die Repressionen des sowjetischen Regimes werden durch verschiedene Visualisierungen wie beispielsweise Zellentüren, die für Haft und Internierung stehen, vermittelt. Eine hinter dem Eingang angebrachte vergrößerte historische Fotografie zeigt mit Gewehren bewaffnete Soldaten neben den sterblichen Überresten hingerichteter Opfer. Auf einer Betonwand sind die Namen der Opfer in roten

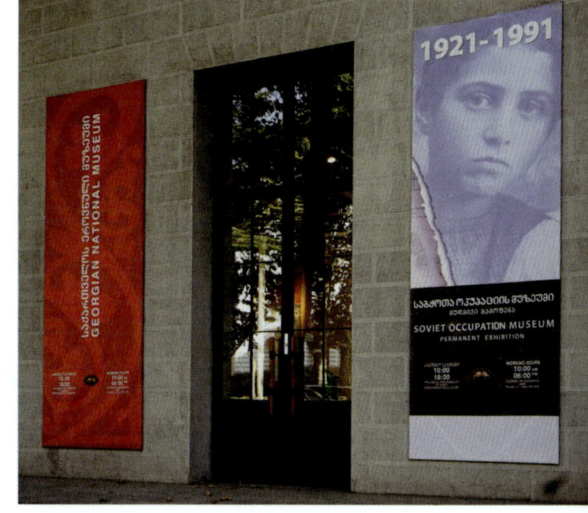

►
Eingang zum Museum der sowjetischen Okkupation

Aufnahmen der Opfer sowjetischer Repressionen in Georgien

unten:
Blick in die Ausstellung

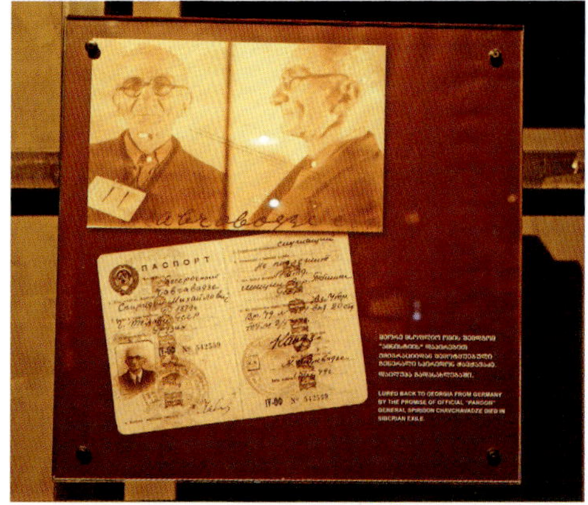

Buchstaben aufgeführt. In einem gläsernen Schaukasten wird die traditionelle georgische Tracht des Nationalhelden Kakuza Tscholoqaschwili gezeigt, der den Aufstand 1924 anführte und nach der Niederschlagung aus dem Land fliehen konnte.

Standort: Tiflis, Rustaweli Boulevard, im vierten Stock des Georgischen Nationalmuseums
Internet: www.museum.ge

Literaturhinweise Georgien:
Batiashvilli, Nutsa: Das Museum der sowjetischen Okkupation in Georgien. In: Religion und Gesellschaft in Ost und West (RGOW), 2016, Nr. 5, S. 20 f. / Rukhadze, Vasili: Reinterpretations of Soviet History in Georgia and the Post-Soviet Space: Never-Ending Battle. In: Eurasia Daily Monitor, 2012, Vol. 9, Nr. 212. Online abrufbar unter: www.jamestown.org/program/reinterpretations-of-soviet-history-in-georgia-and-the-post-soviet-space-never-ending-battle/#.VrHV-Sebo_Wo (letzter Zugriff: 1.12.2017).

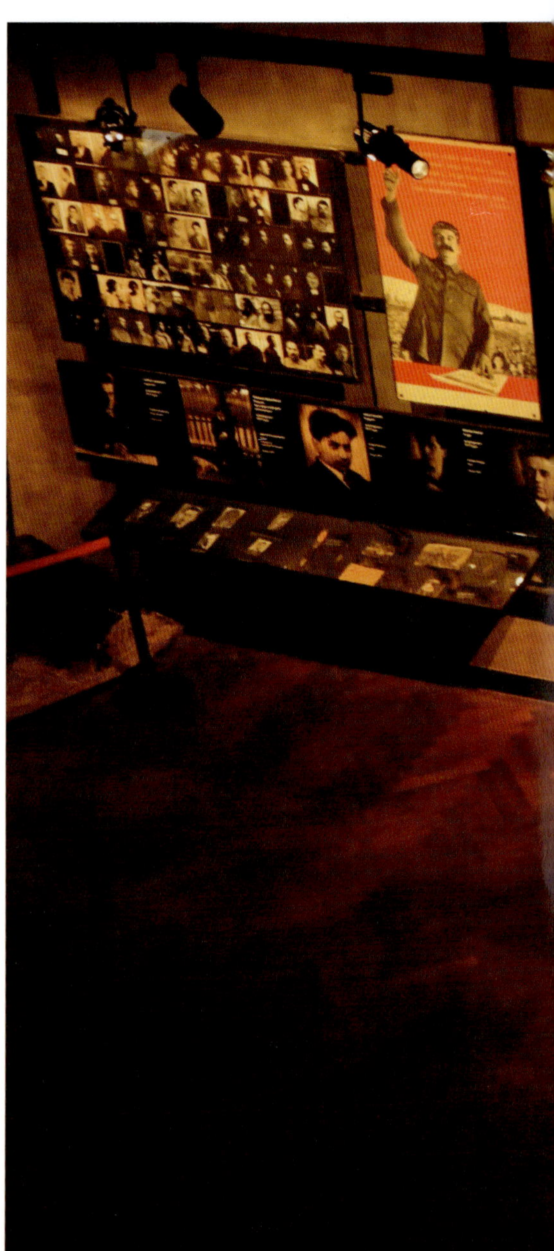

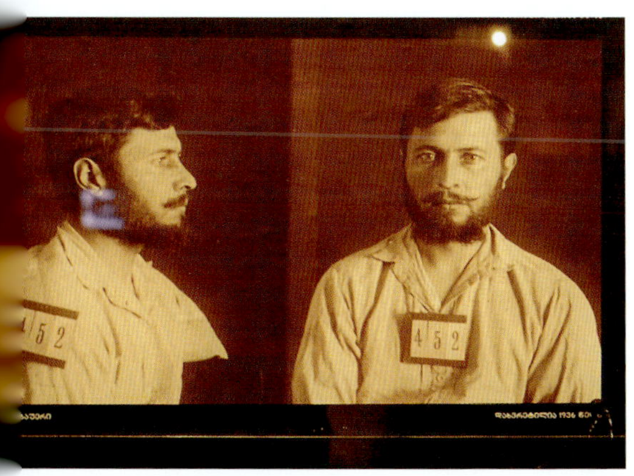

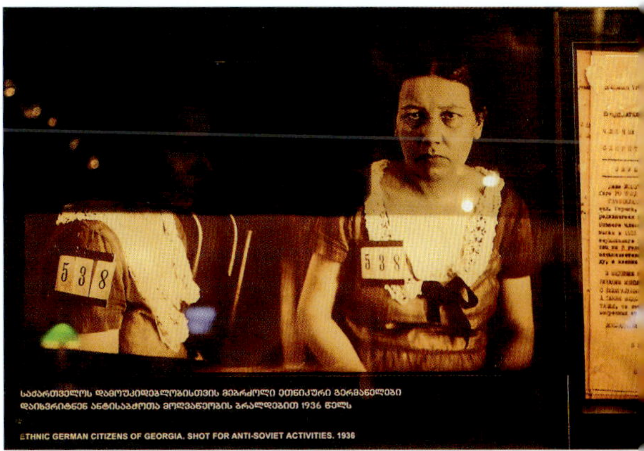
საქართველოს დამოუკიდებლობისთვის მებრძოლი ეთნიკური გერმანელები
დაიხვრიტნენ ანტისაბჭოთა მოღვაწეობის ბრალდებით 1936 წელს
ETHNIC GERMAN CITIZENS OF GEORGIA. SHOT FOR ANTI-SOVIET ACTIVITIES. 1936

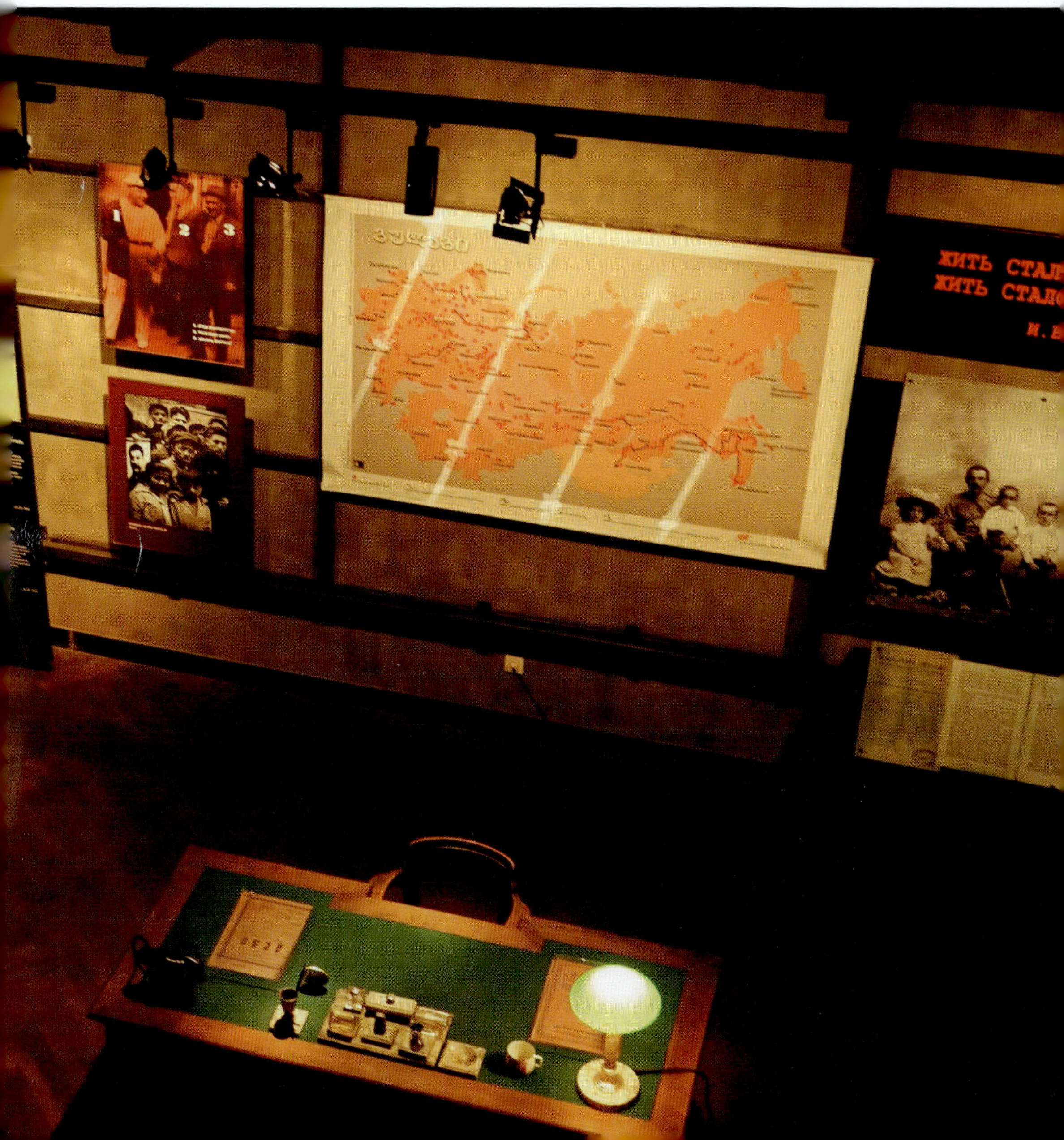

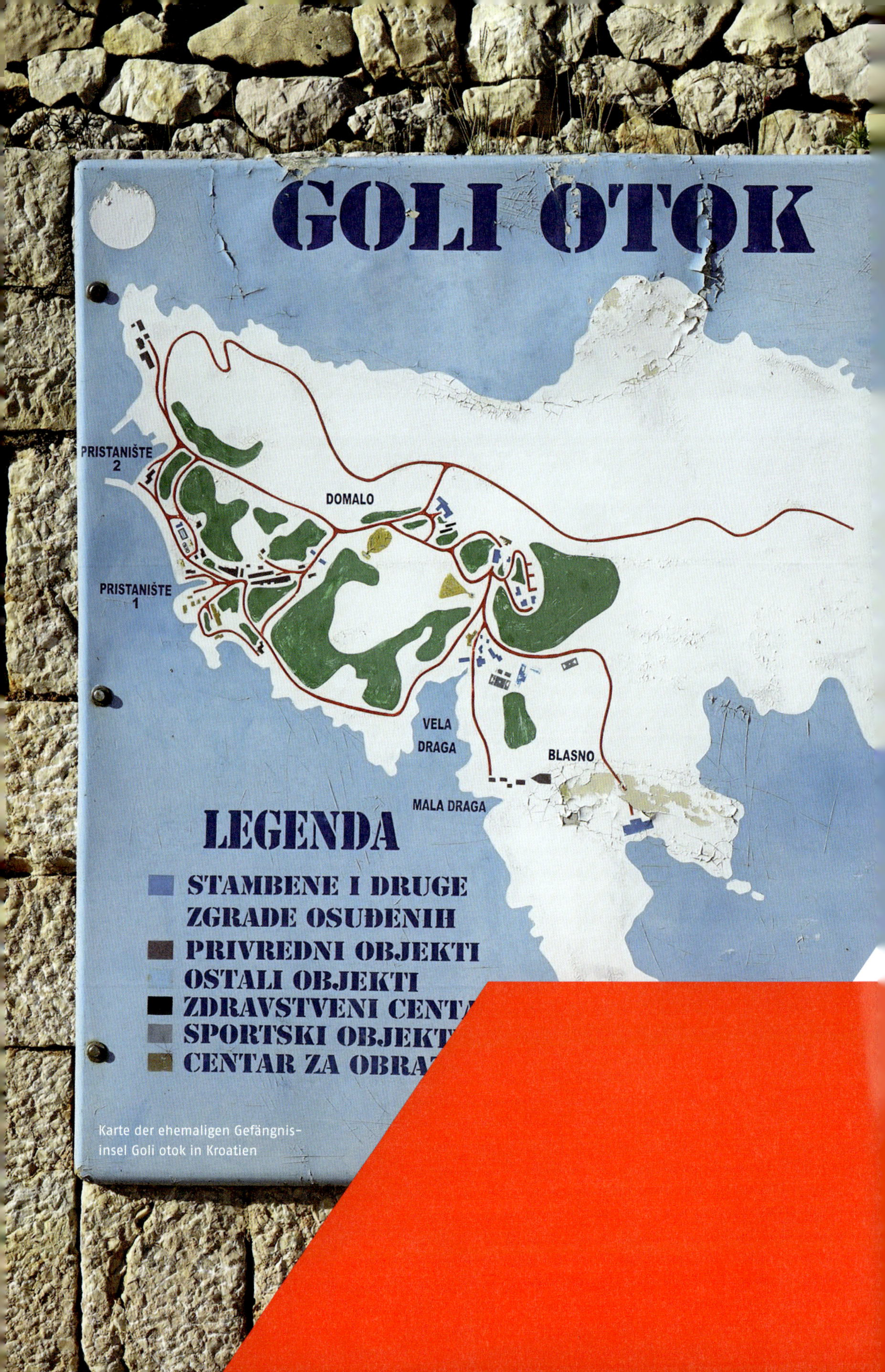

Karte der ehemaligen Gefängnisinsel Goli otok in Kroatien

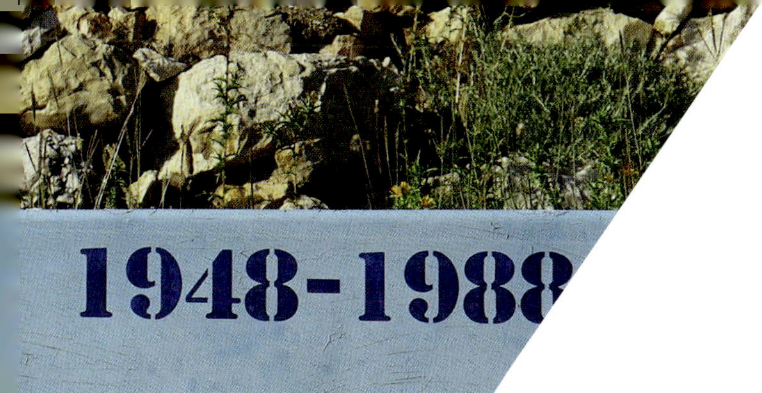

Ehemaliges Jugoslawien

Im April 1941 griff die deutsche Wehrmacht das Königreich Jugoslawien an. In der Folge wurde das Land besetzt und Teile davon an das nationalsozialistische Deutsche Reich, an Mussolinis Italien sowie das von Italien okkupierte Albanien und an Bulgarien angeschlossen. Der Zweite Weltkrieg war in Jugoslawien ein vielschichtiger Krieg. Er tobte von 1941 bis 1945 sowohl zwischen den Besatzungsmächten und ihren lokalen Verbündeten als auch Widerstandsbewegungen und war gleichzeitig ein ideologischer Krieg zwischen Kommunisten und Antikommunisten, zwischen Faschisten und Antifaschisten und nicht zuletzt ein ethnischer Krieg. In Kroatien kam eine faschistische Regierung an die Macht, welche die Rassegesetze übernahm und gewaltsam gegen Serben, Juden, Roma sowie Kommunisten vorging. Gegen die Besetzung des Landes bildeten sich diverse Widerstandsbewegungen, die vor allem aus kommunistisch dominierten Partisaneneinheiten sowie königstreuen Tschetnikverbänden bestanden. Die Vereinigungen kämpften nicht nur gegen die Besatzer und Kollaborateure, sondern auch gegeneinander, wobei die kommunistische Volksbefreiungsarmee letztlich die Oberhand gewann. Die Kämpfe wurden zudem zwischen verschiedenen ethnischen Gruppen ausgetragen. Der Krieg wurde von allen Seiten mit erbitterter Härte und unter großen Verlusten für die Zivilbevölkerung geführt. Die Partisanen und ihre Rolle wurden im sozialistischen Nachkriegsjugoslawien mythologisiert und stellten einen wichtigen Teil des Selbstverständnisses des Landes dar.

Bei Kriegsende übernahmen die von Tito geführten Kommunisten die Macht. Der Sieg im sogenannten Volksbefreiungskampf sollte die Machtübernahme und angestrebte Revolution legitimieren. Treibende Kraft dieses Krieges unter dem Oberkommando des Generalsekretärs der Kommunistischen Partei (KP) und zum Marschall ernannten Anführers Josip Broz, genannt Tito, war die Umgestaltung der Gesellschaft im Sinne der marxistisch-leninistischen Ideologie in ihrer stalinistischen Ausprägung. Das erklärte Ziel der revolutionären Kader der KP bestand in der Abrechnung mit dem in ihren Augen überlebten Kapitalismus und allen ihn stützenden Kräften und dem Aufbau des Sozialismus durch die Diktatur des Proletariats, genauer durch die Diktatur seiner mit dem »richtigen Bewusstsein« ausgestatteten Avantgarde. Die Revolution sollte aus dem Sieg im Krieg hervorgehen. Wie radikal dabei vorgegangen wurde, lässt sich an der Zahl der am Ende des Krieges Getöteten ersehen. Selbst konservativste Schätzungen geben die Zahl der von Titos Partisanen im Abrechnungsfuror im Frühjahr 1945 Ermordeten mit 70 000 an. Quellenbasierte Schätzungen gehen heute davon aus, dass die kommunistische Vergeltung während des Zweiten Weltkriegs und unmittelbar danach mindestens 80 000 Tote forderte.

Die kommunistischen Partisanen und die Geheimpolizei liquidierten systematisch tatsächliche und vermeintliche Kollaborateure sowie Angehörige der politischen, kulturellen und religiösen Eliten und Tausende Zivilisten, die als Sympathisanten oder Angehörige von »Feinden« angesehen wurden. Trotz des Terrors und der zahllosen Verbrechen, mit denen die kommunistische Macht in Jugoslawien installiert wurde, galt und gilt der jugoslawische Kommunismus bis heute als vergleichsweise moderat. Dies war Folge der besonderen Stellung des sozialistischen Jugoslawien unter Tito zwischen den Blöcken während des Kalten Krieges sowie der tatsächlich erfolgten Liberalisierung und Dezentralisierung in den 1960er und 1970er Jahren. Die Zahlen der Opfer in den Jahren nach 1945 und das Ausmaß der Repression in Jugoslawien sprechen jedoch eine andere Sprache. Die Vertreibung, Enteignung, Internierung und Ermordung von Donauschwaben, ungarischen und italienischen Minderheiten und die von der Volksbefreiungsarmee nach Kriegsende begangenen Verbrechen wie die massenhaften Hinrichtungen von »Volksfeinden« wurden nach 1945 kaum thematisiert. Erst mit dem Systemwandel begann im Land die Auseinandersetzung damit, dabei spielten diese Verbrechen mit der sich verstärkenden Krise nach Titos Tod in verschiedenen nationalen bzw. nationalistischen Diskursen eine wichtige Rolle. Die meisten Opfer wurden 1945 in Massengräbern verscharrt, in Felsspalten, Karsthöhlen und aufgelassene Schächte geworfen oder eingemauert; diese Stätten sind bis heute nicht vollständig lokalisiert.

Am 29. November 1943 beschloss ein Partisanenparlament im bosnischen Ort Jajce die Gründung eines »Demokratischen Föderativen Jugoslawien«, welches aus den Teilrepubliken Slowenien, Kroatien, Bosnien-Herzegowina, Serbien, Montenegro und Mazedonien bestand. Als Gründungsmythos des neuen Jugoslawien, der zugleich die verschiedenen ethnischen Gruppen unter der Parole »Brüderlichkeit und Einheit« der jugoslawischen Völker einigen sollte, galt der antifaschistische Widerstandskampf unter kommunistischer Führung im »Volksbefreiungskampf«.

Nach dem Bruch Titos mit Stalin im März 1948 wurde die Verfolgung auf tatsächliche und vermeintliche Anhänger Stalins ausgedehnt. Tausende von ihnen wurden auf der so gut wie vegetationslosen Gefängnisinsel Goli otok in der nördlichen Adria unter unmenschlichen Bedingungen inhaftiert. Zu den Gegnern der jugoslawischen Kommunisten zählte man sowohl die demokratische Opposition als auch Vertreter der Kirchen, Gläubige, Besitzer von Land und Industriebetrieben, Intellektuelle und Angehörige der politischen Elite der Vorkriegszeit. Ebenso wurden jene verfolgt, die als Nationalisten und Feinde der »Brüderlichkeit und Einheit« der jugoslawischen Völker galten. Unter der Anklage, Kominform-Anhänger bzw. Faschist oder Nationalist zu sein, konnte die Geheimpolizei jeden zum Verdächtigen erklären und verhaften. Zudem wurde – obwohl in der Verfassung die Religionsfreiheit festgeschrieben war – insbesondere in den ersten Jahren nach der Machteroberung ein brutaler Kampf gegen die Kirchen geführt. Kirchengüter wurden enteignet, Schulen in staatliche Einrichtungen umgewandelt. Priester wurden verhaftet und schikaniert, manche ermordet. Spitzel der Geheimpolizei unterwanderten und kontrollierten bestehende Religionsgemeinschaften und die Priesterschaft. Zwar hatten auch 118 katholische Priester aktiv die »Volksbefreiungsarmee« unter der Führung der KP während des Krieges unterstützt und 43 katholische Priester ihr Leben als Mitglieder des antifaschistischen Widerstands verloren, an der generellen Einstellung der KP gegenüber Glauben und Kirche änderte dies nichts. Im günstigsten Fall wurde Religion zur Privatsache des Einzelnen erklärt, keinesfalls durfte die Autoriät der Partei infrage gestellt werden. In den 1950er Jahren ebbte der offene Terror ab. Die Repression gegen tatsächliche und vermeintliche Gegner der kommunistischen Herrschaft ging jedoch weiter. Die jugoslawische Geheimpolizei überzog das Land mit einem dichten Spitzelnetz.

In den 1960er Jahren verbesserte sich die Versorgungslage und damit der Lebensstandard merklich – nicht zuletzt auch dadurch, dass Hunderttausende von Bürgern Jugoslawiens als sogenannte Gastarbeiter in den Westen gingen, um dort zu arbeiten. Trotz der repressiven Politik gegenüber nationalen Bestrebungen brachen immer wieder ethnische Konflikte auf, die wie zum Beispiel der »Kroatische Frühling« 1971 oder Proteste im Kosovo nach Titos Tod 1980 gewaltsam niedergeschlagen wurden. Nach Titos Tod, der das Land von 1945 bis 1980 beherrscht und auch zusammengehalten hatte, verschlechterte sich die Wirtschaftslage wiederum dramatisch und in den vergangenen Jahrzehnten unterdrückte ethnische Konflikte brachen zunehmend aus. In allen Teilrepubliken erstarkten nationalistische Kräfte, zuerst Mitte der 1980er Jahre in Serbien, wo Slobodan Milošević schließlich 1987 an die Macht kam. Während in den ersten freien Wahlen 1990 in Slowenien und Kroatien antikommunistische Parteien, die die staatliche Eigenständigkeit anstrebten, gewannen, setzte sich in Serbien Slobodan Milošević mit seinem nationalserbischen Sozialismus durch. Ein großer Teil der serbischen Minderheit in Kroatien erkannte unter dem Einfluss Serbiens die gewählte demokratische Regierung in Kroatien nicht an. Verhandlungen

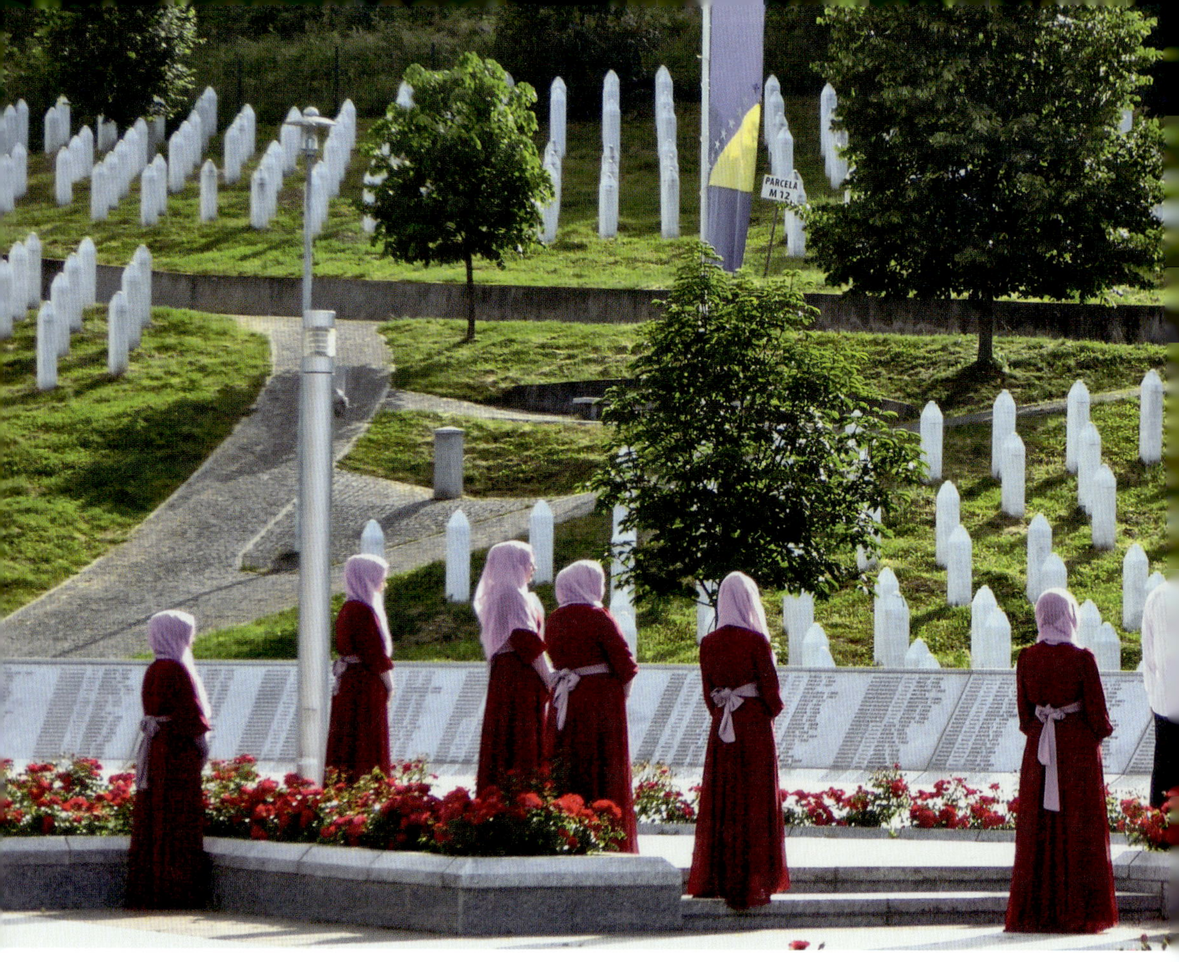

zwischen den Führungen der verschiedenen jugoslawischen Republiken führten zu keiner Lösung. Nach Volksabstimmungen erklärten am 25. Juni 1991 Slowenien und Kroatien ihre Unabhängigkeit, wozu ihnen die jugoslawische Verfassung von 1974 die rechtliche Möglichkeit bot. Die von Milošević kontrollierte jugoslawische Volksarmee und paramilitärische Verbände versuchten, militärisch ein Groß-Serbien zu schaffen. In Slowenien dauerten die Kampfhandlungen nur kurz. In Kroatien jedoch kam es zum offenen und blutigen Krieg, ebenso und in noch größerem Ausmaß in Bosnien-Herzegowina, das im März 1992 seine Unabhängigkeit erklärt hatte. Mit dem Abkommen von Dayton vom 21. November 1995 endete der Krieg in Bosnien-Herzegowina. Eine komplizierte Regelung sieht vor, dass Bosnien-Herzegowina als souveräner und ungeteilter Staat in den international anerkannten Grenzen bestehen bleibt, mit Sarajevo als seiner Hauptstadt. Zugleich besteht Bosnien-Herzegowina aus zwei Einheiten: der Republika Srpska mit 49 Prozent und der Föderation von Bosnien und Herzegowina mit 51 Prozent des Territoriums. Zudem gibt es mit dem selbstverwalteten Bezirk Brčko ein Kondominium zwischen beiden Teilrepubliken, das jedoch der Bundesregierung untersteht.

Als das schlimmste Verbrechen nicht nur dieses Krieges, sondern der europäischen Nachkriegsgeschichte insgesamt gilt das Massaker im ostbosnischen Srebrenica, das trotz der Präsenz von niederländischen Blauhelmsoldaten nicht verhindert wurde. Serbische Milizen, paramilitärische Einheiten und Truppen der Armee der bosnischen Serben ermordeten unter der Führung von Ratko Mladić Tausende bosnische Jungen und Männer in der sogenannten UN-Schutzzone.

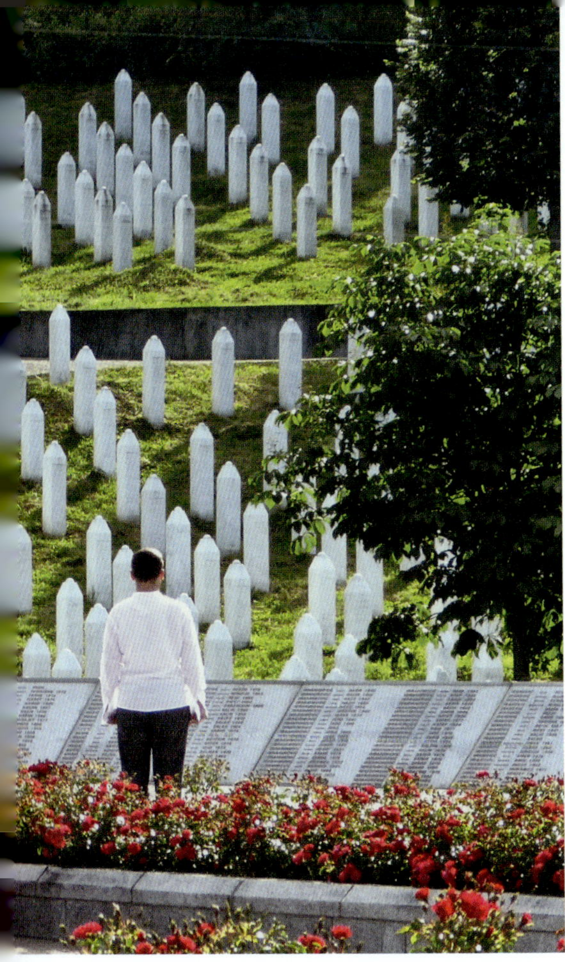

Srebrenica-Potočari Denkmal und Friedhof für die Opfer des Massakers von 1995

Dieses Verbrechen wurde vom Internationalen Gerichtshof (IGH) als Völkermord eingestuft. Die Kriege in den 1990er Jahren auf dem Gebiet des ehemaligen Jugoslawien forderten mehr als 100 000 Tote und hinterließen in vielfacher Hinsicht ein Trümmerfeld. Diese Kämpfe prägten auch weitgehend die Vergangenheitsaufarbeitung. Die Wunden sind tief, zu nah die Erinnerung an die Opfer des Krieges insbesondere in Bosnien-Herzegowina und Kroatien, aber auch in Serbien und dem Kosovo. In Slowenien und Kroatien wird seit dem Ende des Sozialismus zunehmend an die Verbrechen der unmittelbaren Nachkriegszeit nach 1945 erinnert, Massengräber werden lokalisiert und Gedenkinitiativen an Lagerstandorten gegründet. Die Zuwendung zu den kommunistischen Verbrechen der Nachkriegszeit führt teilweise zu einer Relativierung der Verbrechen, die während der NS-Besatzung sowie der Herrschaft des faschistischen Ustaša-Regimes in Kroatien an Juden, Serben, Kommunisten und anderen begangen wurden. Dies äußert sich beispielsweise auch darin, dass es in vielen ehemaligen jugoslawischen Teilstaaten keine Denkmäler oder Gedenkstätten für die Opfer des kommunistischen Regimes gibt.

Literaturhinweise ehemaliges Jugoslawien:

Calic, Marie-Janine: Geschichte Jugoslawiens im 20. Jahrhundert. München 2014. / Sundhaussen, Holm: Jugoslawien und seine Nachfolgestaaten 1943 – 2011. Wien 2012.

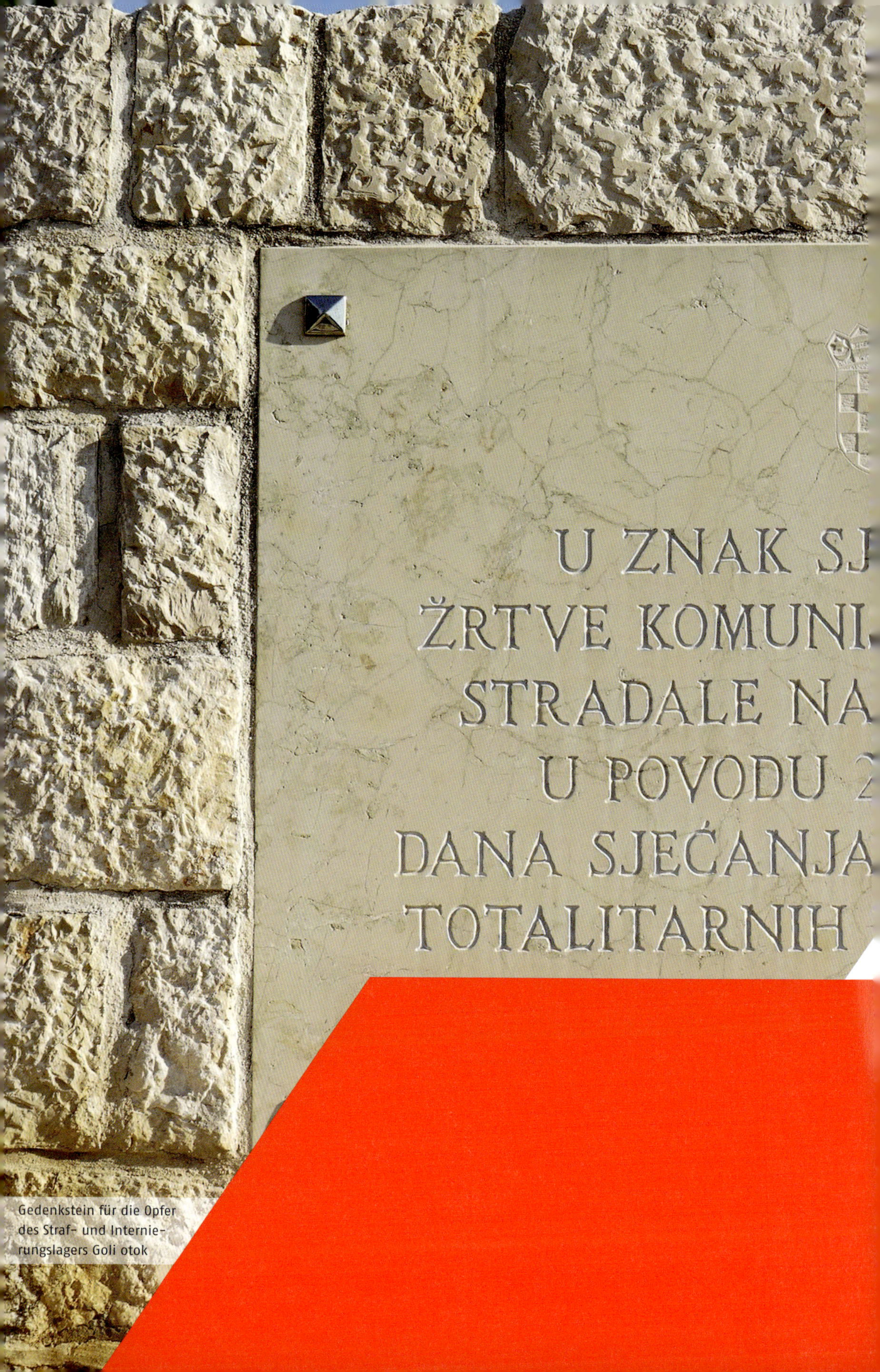

Gedenkstein für die Opfer des Straf- und Internierungslagers Goli otok

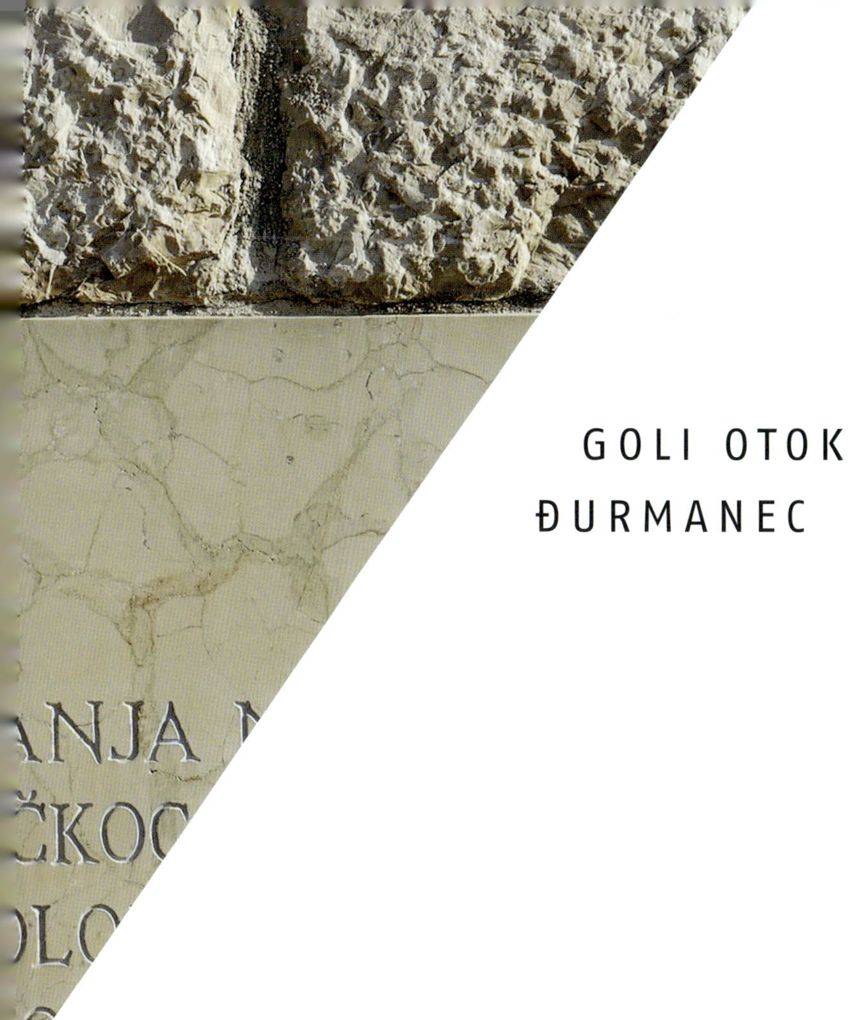

GOLI OTOK

ĐURMANEC

Kroatien

Am 1. Dezember 1918 wurde in Belgrad die Vereinigung der Königreiche Serbien und Montenegro mit dem im Oktober 1918 gegründeten Staat der Slowenen, Serben und Kroaten, der nach dem Untergang Österreich-Ungarns in den südslawischen Gebieten gegründet worden war, zum Königreich der Serben, Kroaten und Slowenen unter dem serbischen Monarchen Aleksandar I. Karađorđević proklamiert. Insbesondere gegen den zentralistischen Staatsaufbau und die serbische Dominanz gab es von Beginn an Proteste und Widerstand in den nichtserbischen Gebieten, da den Serben als der zahlenmäßig stärksten Ethnie eine zentralistische serbenzentrierte Politik und die Missachtung der nationalen Eigenständigkeit der anderen Nationalitäten vorgeworfen wurde. Am 20. Juni 1928 schoss im Belgrader Parlament während der Sitzung ein Abgeordneter der Serbischen Radikalen Partei auf den Führer der Kroatischen Bauernpartei, Stjepan Radić, und auf vier weitere kroatische Abgeordnete, wobei zwei Abgeordnete sofort starben und Radić sieben Wochen nach dem Attentat an den Folgen seiner Verletzungen starb. Dies gilt heute als Symbol für das Scheitern des ersten jugoslawischen Staates. König Aleksandar sicherte sich nach diesem Attentat am 6. Januar 1929 diktatorische Machtbefugnisse und änderte den Namen des Staates in Königreich Jugoslawien. Das Parlament wurde aufgelöst, alle politischen Parteien und die oppositionelle Presse verboten. Aleksandar versuchte von oben, einen groß-serbischen Jugoslawismus Belgrader Prägung als Herrschaftsideologie zu implantieren. Dieser hatte mit der föderativ gedachten jugoslawischen Idee nurmehr den Namen gemein. Der staatlich propagierte Jugoslawismus ging im Zweiten Weltkrieg unter, zusammen mit dem durch Nationalitätenkonflikte geschwächten jugoslawischen Staat. Der radikalste Widerstand erfolgte durch eine kroatisch-nationalistische Bewegung unter dem Namen Ustaša, die als rechtsextremer und terroristischer Untergrundverband unter der Führung des ehemaligen Parlamentsabgeordneten der sogenannten Kroatischen Rechtspartei, Ante Pavelić, stand. Dieser ging sofort nach Ausrufung der Diktatur ins Exil und schwor Rache für die Ermordung der kroatischen Abgeordneten. In ihrem Gründungsstatut verpflichtete sich die Ustaša zur bewaffneten Befreiung Kroatiens und der Kroaten von den Serben. 1934 wurde der jugoslawische König bei einem Staatsbesuch in Frankreich zusammen mit dem französischen Außenminister in Marseille bei einem von der Ustaša organisierten Attentat ermordet. Ein 1939 kurz vor Beginn des Zweiten Weltkriegs schließlich ausgehandelter Kompromiss zwischen der Belgrader Regierung und der weitaus stärksten Oppositionspartei in den kroatischen Gebieten, der Kroatischen Bauernpartei, welcher das serbisch-kroatische Verhältnis mit der Schaffung einer weitgehend autonomen kroatischen Einheit, der »Banschaft Kroatien«, auf eine neue Grundlage stellen sollte, kam zu spät und berücksichtigte zudem in Bosnien-Herzegowina nicht die Interessen der bosniakisch-muslimischen Bevölkerungsteile. Unter dem Druck von NS-Deutschland trat am 25. März 1941 das Königreich Jugoslawien dem Dreimächtepakt von Deutschland, Italien und Japan bei. Serbische Offiziere putschten dagegen, woraufhin Hitler die Bombardierung Belgrads ohne Kriegserklärung und die Zerschlagung Jugoslawiens befahl. Am 6. April 1941 begann die Invasion der deutschen Wehrmacht und ihrer Verbündeten. Nach der Niederwerfung der jugoslawischen Armee und der schnellen Kapitulation nach nur zehn Tagen Blitzkrieg wurde das Gebiet des jugoslawischen Staates unter den Achsenmächten Deutschland und Italien sowie deren Verbündeten Ungarn, Bulgarien und Albanien aufgeteilt. Die königliche Regierung floh nach London. Nachdem der Führer der Kroatischen Bauernpartei, Vladko Maček, es abgelehnt hatte, sich in Kroatien an die Spitze eines von NS-Deutschland kontrollierten Marionettenstaats zu stellen, griff Hitler auf den im italienischen Exil lebenden Führer der radikalen Ustaša und dessen Bewegung zurück. Am 10. April 1941 wurde der Unabhängige Staat Kroatien ausgerufen, mit Ante Pavelić als »poglavnik« (»Führer«). Dieser versuchte, in Auftreten und Politik seine faschistischen und nationalsozialistischen Vorbilder zu kopieren. Der Ustaša-Staat war geprägt von Massengewalt gegen Serben, Juden und Roma. Nach dem Sieg der von Tito angeführten Partisanenarmee wurde Kroatien Teil des noch während des Krieges ausgerufenen Demokratischen Föderativen Jugoslawien, welches ab 1946 die Bezeichnung Föderative Volksrepublik Jugoslawien und seit 1963 bis zu seinem Zerfall im Jahr 1991 den Namen Sozialistische Föderative Republik Jugoslawien (SFRJ) trug. In politischen Säuberungen wurden Anhänger und Mitglieder der Ustaša, tatsächliche und vermeintliche Unterstützer und Kollaborateure der NS-Besatzungsherrschaft ebenso systematisch verfolgt und ermordet wie politische Gegner, Zivilisten und willkürlich ausgewählte Opfer. Während der kommunistischen Herrschaft waren die Liquidationen des Jahres 1945 und die Vertreibungen ein gesellschaftliches Tabu.

Landwirtschaftliche Flächen und Unternehmen wurden verstaatlicht und Tausende Menschen ins Exil getrieben. Die jugoslawische Geheimpolizei verfolgte als gefährlich erachtete Emigranten auch im Exil im Ausland. Derzeit sind die Namen von etwa 100 im Ausland ermordeten Regimegegnern bekannt. Da die Kirche als einzige große gesellschaftliche Institution galt, die der kommunistischen Macht nennenswert Widerstand entgegensetzen konnte, wurden ihre Vertreter sowie viele Gläubige verfolgt, Priester und Nonnen ermordet und die Kirchengüter beschlagnahmt. Unter dem Vorwand der Kollaboration mit der NS-Herrschaft wurde nach 1945 auch die deutsche Minderheit in Kroatien enteignet und fast vollständig vertrieben.

Nach dem Bruch Titos mit Stalin 1948 entwickelten die jugoslawischen Kommunisten unter dem Namen »sozialistische Arbeiterselbstverwaltung« ein eigenes Sozialismusmodell. Die Repressionen lockerten sich, nachdem sich Jugoslawien unter Tito international etabliert und die Phase des »administrativen Sozialismus« zugunsten des »Selbstverwaltungssozialismus« hinter sich gelassen hatte. Sogenanntes »gesellschaftliches Eigentum« dominierte zwar in der Wirtschaft, Privateigentum an Boden war aber bis 20 Hektar zugelassen. Politische Betätigungen außerhalb der kommunistischen Parteien und von ihr kontrollierter Organisationen wurden jedoch nach wie vor nicht geduldet. Davon betroffen waren in Kroatien vor allem jene Kräfte, die sich für mehr Wirtschaftskompetenzen sowie kulturelle Eigenständigkeit und die Pflege der kroatischen Sprache einsetzten. Im Zuge der Reformbewegung des »Kroatischen Frühlings« zwischen 1967 und 1971 griff auch die Zagreber Parteispitze die Forderungen nach staatlicher Autonomie und größerer Unabhängigkeit von der Zentrale in Belgrad auf. Im Dezember 1971 ließ Tito die komplette kroatische Parteiführung durch neue linientreue Kader ersetzen und die Reformbewegung von der jugoslawischen Geheimpolizei niederschlagen. Zahlreiche Studentenführer und Kulturfunktionäre wurden verhaftet, Demonstrationen mit Polizeigewalt unterdrückt. Nach Titos Tod im Mai 1980 verstärkten sich die Krisenerscheinungen und Protestbewegungen in den einzelnen jugoslawischen Teilrepubliken erhielten Auftrieb. Unter dem Eindruck der Umbrüche in ganz Osteuropa Ende der 1980er Jahre forderten insbesondere Kroatien und Slowenien die Umwandlung Jugoslawiens in eine Konföderation und die Einführung der parlamentarischen Demokratie. Aus den Wahlen im Mai 1990 ging die Kroatische Demokratische Union (HDZ) als stärkste Kraft hervor. Sie trat für ein unabhängiges Kroatien ein. Bereits vor dem Austritt Kroatiens aus der SFRJ kam es in den von Serben besiedelten Gebieten zu Vertreibungen und Straßenblockaden. Am 25. Juni 1991 erklärten sich Kroatien und Slowenien zu souveränen und unabhängigen Staaten. Danach wurden kroatische Städte wie Vukovar, Split, Karlovac und Dubrovnik von serbischen Paramilitärs und Einheiten der jugoslawischen Volksarmee angegriffen und zum Teil schwer zerstört. Tausende Menschen verloren bei den Angriffen und der Belagerung der Städte ihr Leben. Nach der internationalen Anerkennung Kroatiens Ende 1991 bzw. Anfang 1992 flauten die Kämpfe in Kroatien selbst ab und verlagerten sich auf das Gebiet von Bosnien-Herzegowina. Viele Serben flohen nach der Rückeroberung durch die kroatischen Streitkräfte in der Operation »Sturm« im August 1995 aus den Gebieten, die sich als Republik Serbische Krajina von Zagreb losgesagt hatten und einem zu schaffenden Groß-Serbien anschließen wollten, nach Serbien.

Nach dem Zusammenbruch des jugoslawischen Kommunismus und der Unabhängigkeit Kroatiens bemühten sich zahlreiche Vereine, Verbände sowie Familienangehörige der Verfolgten und der 1945 zu Tode Gekommenen um die Kennzeichnung der verschwiegenen Grabstätten. Allerdings instrumentalisierten alle Seiten die Gedenkveranstaltungen. Während nationalistische Kräfte versuchten, die Opfer als Kämpfer gegen den Kommunismus und unschuldige Opfer desselben zu vereinnahmen, wurden sie von anderen als Faschisten und Nazi-Kollaborateure geschmäht. Der Krieg von 1991 bis 1995 ließ die Erinnerung an die Zeit der kommunistischen Herrschaft sowie die Aufarbeitung und Verfolgung der damaligen Verbrechen in den Hintergrund treten. Zwar hat Kroatien 2006 eine »Deklaration über die Verurteilung der während des kommunistischen totalitären Regimes begangenen Verbrechen« verabschiedet, eine Strafverfolgung einzelner Personen war damit aber nicht verbunden. Niemand wurde juristisch für die 1945 verübten Verbrechen zur Verantwortung gezogen. Erst 2017 erklärte der kroatische Ministerpräsident Andrej Plenković (HDZ), das Land werde sich nun sowohl mit der Aufarbeitung des faschistischen Ustaša-Regimes befassen als auch die sozialistische Vergangenheit differenzierter in den Blick nehmen. Zu diesem Zweck wurde im März 2017 ein »Rat für die Auseinandersetzung mit den Folgen der undemokratischen Regime« ins Leben gerufen, welcher Empfehlungen für eine historische Aufarbeitung wie für das Erinnern an und den Umgang mit Verbrechen und Traumata des 20. Jahrhunderts erarbeiten soll.

Nach der kroatischen Unabhängigkeit wurde damit begonnen, konfisziertes Eigentum zurückzugeben und Enteignungen von Grund und Boden sowie Unternehmen rückgängig zu machen. Dabei versuchten die Behörden, die Rechte der neuen Besitzer oder Mieter von zum Beispiel Häusern und Wohnungen zu berücksichtigen und unnötige Härten zu vermeiden. Bereits 1992 wurde das Gesetz über die Rehabilitierung und Entschädigung der politischen Gefangenen verabschiedet. Diese werden nach Vorlage der entsprechenden Unterlagen rehabilitiert, die Zeit der Haft wird bei der Berechnung ihrer Renten berücksichtigt.

Gedenkkreuz und Gedenkstein für die Opfer des Straf- und Internierungslagers Goli otok

Goli otok. Auf der nur 4,6 Quadratkilometer großen unbevölkerten Insel in der nördlichen Adria erinnern ein Andachtskreuz und eine Gedenktafel an die Opfer des ehemaligen Straf- und Besserungslagers Goli otok, in dem politische Gegner des Tito-Regimes interniert waren. Derzeit entsteht auf Initiative des Vereins Goli otok Ante Zemljar und mit Unterstützung der kroatischen Regierung eine Gedenkstätte zur Erinnerung an das ehemalige Internierungslager. Der Verein ist eine zivilgesellschaftliche Organisation, die den Namen des 2004 verstorbenen Schriftstellers und ehemaligen Lagerinsassen Ante Zemljar trägt. Ante Zemljar war zwischen 1949 und 1953 auf Goli otok inhaftiert und hat seine Erfahrungen literarisch verarbeitet. Als Gefängnisinsel fungierte Goli otok bereits während des Ersten Weltkriegs. Unter Titos Herrschaft wurde hier im Jahr 1949 ein Internierungslager in Betrieb genommen. Auf der kleinen Nebeninsel Sveti Grgur befand sich unter anderem ein Internierungslager für Frauen, das zum System Goli otok gehörte. Sveti Grgur ist neben Goli otok die zweite größere unbewohnte Insel zwischen den kroatischen Inseln Rab und Prvić.

Nach dem Bruch mit Stalin ließ Tito ab 1949 aus Furcht vor parteiinternen Gegnern Tausende aus der Kommunistischen Partei Jugoslawiens (KPJ), seit 1952 umbenannt in Bund der Kommunisten Jugoslawiens, ausschließen und vermeintliche bzw. tatsächliche Stalinisten als »Informbirovci« (Kominformisten) verhaften. »Kominform« stand für die Abkürzung für vermeintliche oder wirkliche Anhänger des von Stalin kontrollierten und 1947 von den kommunistischen Parteien Frankreichs, Italiens, Bulgariens, der ČSSR, Rumäniens, Polens, der UdSSR und Jugoslawiens geschaffenen sogenannten Kommunistischen Informationsbüros). Das Kommunistische Informationsbüro existierte zwischen 1947 und 1956 als überstaatliches Bündnis der kommunistischen Parteien im ehemaligen Ostblock und stand unter der Vorherrschaft der KPdSU (Kommunistische Partei der Sowjetunion), die KPJ war bis Juni 1948 Mitglied. Auf Goli otok wurden im Laufe der Jahre neben Parteikadern zunehmend politische Gegner und Andersdenkende zu »Umerziehungszwecken« interniert. Mit der Errichtung des Lagers wurde Aleksandar Ranković, Chef der Geheim- und Militärpolizei, beauftragt. Ranković führte bis zu dessen Auflösung den Geheimdienst OZNA (Odjeljenje za zaštitu naroda – Abteilung für Volksschutz) und übernahm ab 1946 die Leitung der UDBA (Uprava državne bezbednosti – Staatssicherheitsdienst). Im Jahr 1966, im Zuge der Reformbewegung innerhalb des Bundes der Kommunisten Jugoslawiens (BdKJ, ab 1952 Nachfolger der KPJ), wurde Ranković aller seiner Ämter enthoben.

Bei Ankunft der ersten Häftlinge 1949 war die Insel noch vollkommen kahl, die Gefangenen mussten ihre Unterkünfte sowie Häuser für die Wächter und Lagermitarbeiter in drückender Hitze errichten. Danach wurde die systematische »Umerziehung« durch nutzlose und stumpfsinnige Arbeit vorangetrieben. Die meisten Lagerinsassen waren ohne gerichtliches Urteil physischer Schwerstarbeit, psychischen Repressionsmaßnahmen, Mangelernährung und oftmals Misshandlungen ausgesetzt. Sie wurden erst entlassen, wenn sie aus der Sicht des Regimes als ideologisch tauglich galten. Ab 1956 war die Insel ein Gefängnis für Schwerkriminelle. Die genaue Anzahl der Lagerinsassen sowie die der Todesopfer konnte bis heute nicht ermittelt werden, da die meisten Akten über die Lagerzeit bereits 1966 vernichtet wur-

Ruinen des ehemaligen Straf- und Internierungslagers Goli otok

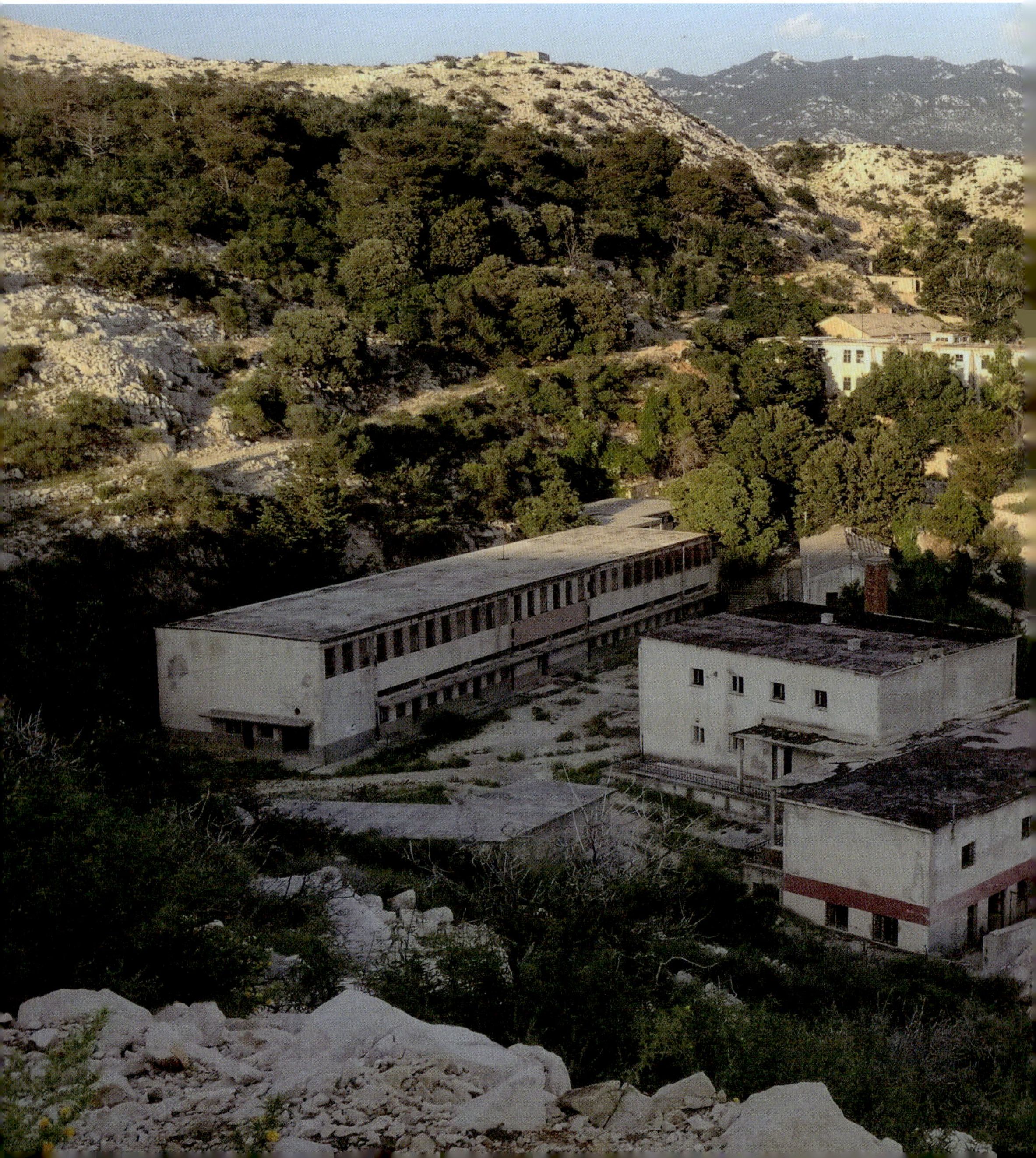

den. Über Sveti Grgur ist noch weniger bekannt. Manche Schätzungen gehen davon aus, dass zwischen 11 000 und 18 000 Personen bis 1956 auf Goli otok interniert waren. Mindestens 400 Menschen überlebten die harten Haftbedingungen und die ausbrechenden Seuchen nicht. Viele begingen Selbstmord. Die meisten Rekonstruktionsversuche zur Geschichte von Goli otok gehen auf Memoiren von ehemaligen Häftlingen zurück, die vor allem die psychische Belastung unter der »Selbstverwaltungsstruktur« betonen. Im Rahmen des Lagersystems war es den Insassen möglich, aufzusteigen oder Privilegien zu erhalten, wenn sie mit den Aufsehern kooperierten. Jedoch konnten die Privilegien auch willkürlich wieder entzogen werden.

Auf Goli otok sind einige Überreste des Lagers zu besichtigen: etwa 15 Wohnbaracken und ein Gebäude, das den Freizeitaktivitäten der

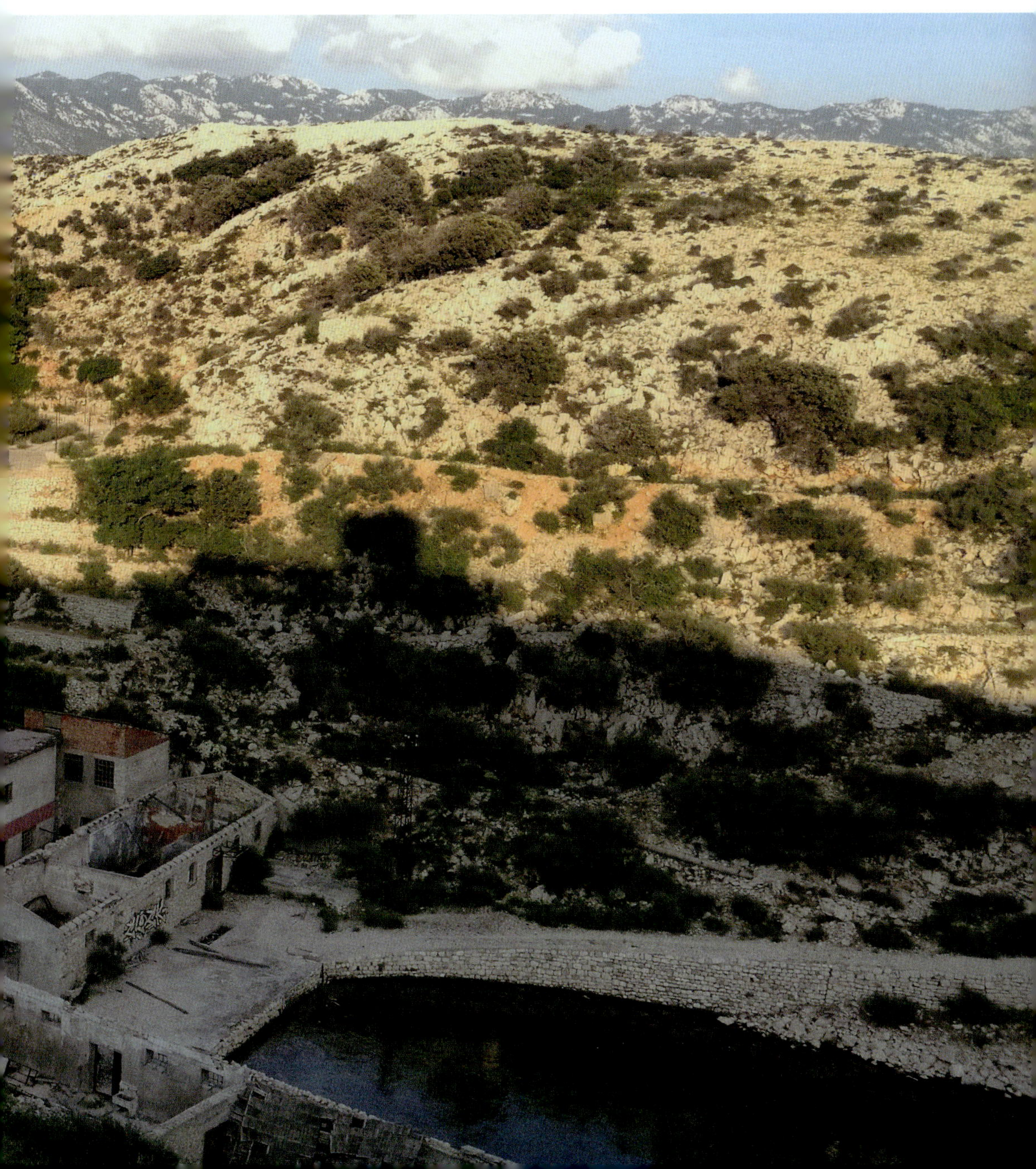

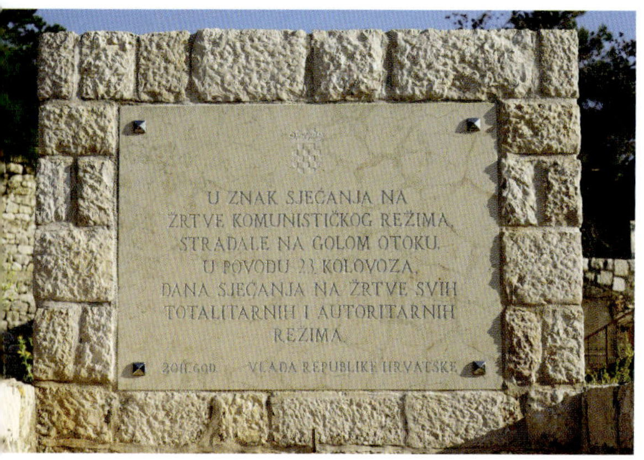

Gedenkstein für die Opfer des Straf- und Internierungslagers Goli otok

Mitarbeiter diente, sowie Teile des »Hotels«, in dem die Lagerverwaltung angesiedelt war. Weitere kleinere Gebäude sind fragmentarisch erkennbar. Auf Sveti Grgur sind Überreste der gut versteckten, rund 50 Baracken zu sehen.

Am 23. August 2011 enthüllte die damalige Ministerpräsidentin Kroatiens Jadranka Kosor zwei Gedenktafeln, eine auf Goli otok, eine auf Sveti Grgur, anlässlich des europäischen Gedenktags für die Opfer totalitärer Regime. Auf den weißen Tafeln sind Inschriften in blauer Farbe eingraviert.

Zurzeit ist die Agentur »Audio« von der kroatischen Regierung damit beauftragt, eine Konzeption für die Errichtung einer Gedenkstätte vorzulegen.

Inschrift der Tafel auf Goli otok
Kroatisch: *U ZNAK SJEĆANJA NA ŽRTVE KOMUNISTIĆKOG REŽIMA STRADALIM NA GOLOM OTOKU, U POVODU 23. KOLOVOZA, DANA SJEĆANJA NA ŽRTVE SVIH TOTALITARNIH I AUTORITARNIH REŽIMA/2011. GOD. VLADA REPUBLIKE HRVATSKE.*

Die deutsche Übersetzung lautet:
Als Zeichen der Erinnerung an die Opfer des kommunistischen Regimes, umgekommen auf Goli otok, anlässlich des 23. August, des Gedenktags für Opfer aller totalitären und autoritären Regime. 2011. Regierung der Republik Kroatien.

Inschrift der Tafel auf Sveti Grgur
Kroatisch: *U ZNAK SJEĆANJA NA ŽRTVE KOMUNISTIĆKOG REŽIMA STRADALIM NA SVETOM GRGURU, U POVODU 23. KOLOVOZA, DANA SJEĆANJA NA ŽRTVE SVIH TOTALITARNIH I AUTORITARNIH REŽIMA/2011. GOD. VLADA REPUBLIKE HRVATSKE.*

Die deutsche Übersetzung lautet:
Als Zeichen der Erinnerung an die Opfer des kommunistischen Regimes, umgekommen auf Sveti Grgur, anlässlich des 23. August, des Gedenktags für Opfer aller totalitären und autoritären Regime. 2011. Regierung der Republik Kroatien.

Auf Sveti Grgur hat die Vereinigung der kroatischen Lagerinsassen (Udruga hrvatskih logoraša Svetog Grgura) eine eigene Tafel angebracht. Darauf ist zu lesen:

UDRUGA HRVATSKIH LOGORAŠA KONCENTRACIJSKOG LOGORA OTOKA SVETI GRGUR 1959–1966. 23. 8. 2011 SVETI GRGUR.

Die deutsche Übersetzung lautet:
Vereinigung der kroatischen Lagerinsassen des Konzentrationslagers der Insel Sveti Grgur 1959 – 1966. 23. 8. 2011 Sveti Grgur.

Standort: Goli otok und Sveti Grgur

Gedenkort für Opfer des »Kreuzwegs« im Gebiet von Macelj, Fruka und Đurmanec

Đurmanec. Đurmanec liegt im Norden Kroatiens nahe der slowenisch-kroatischen Grenze. Hier entstand auf Initiative von Überlebenden des »Kreuzwegs« (Križni put) – wie die Märsche der kroatischen Gefangenen oft genannt werden – und des Pfarrers der Kirchengemeinde St. Georg (sv. Juraj) sowie mit Unterstützung der damaligen kroatischen Regierung ein Gedenkort für die Opfer der unmittelbaren Nachkriegszeit. Der Gedenkort besteht aus einer Grabstätte, der Gedenkkirche Passion Christi (Muke Isusove), Kreuzstelen, die die Etappen des »Kreuzwegs« nachzeichnen, und einem Gedenkstein für die Opfer des Kommunismus.

Zwischen 1941 und 1945 kämpfte die jugoslawische Volksbefreiungsarmee (im Volksmund Partisanen genannt) unter dem Kommunistenführer Josip Broz Tito gegen die NS-Besatzungsmacht und ihre Verbündeten Italien und Ungarn. Dazu gehörten Truppenverbände des NDH (Nezavisna Država Hrvatska – Unabhängiger Staat Kroatien), bestehend aus Ustaša-Milizen und Heimwehrverbänden (Domobrani). Der NDH wurde nach dem Überfall der Achsenmächte auf das Königreich Jugoslawien 1941 gegründet. Er erstreckte sich über weite Teile des heutigen Kroatien, ganz Bosnien-Herzegowina sowie Teile Serbiens und Montenegros und bestand als Verbündeter des »Dritten Reiches« bis zum Mai 1945. Die Herrschaft übte die faschistische Ustaša-Bewegung aus. Die NDH-Truppen traten im Mai 1945 zusammen mit slowenischen Landwehrverbänden (»Domobranzen«), montenegrinischen Tschetniks, Wehrmachtssoldaten und SS-Truppen sowie zahlreichen Zivilisten die Flucht vor der Volksbefreiungsarmee Richtung Österreich an. Die Alliierten stoppten die Kolonne von mehreren Zehntausend Menschen nahe der österreichischen Stadt Bleiburg in Kärnten und übergaben sie an die jugoslawische Volksbefreiungsarmee. Diese brachte die Geflüchteten auf jugoslawisches Staatsgebiet zurück. Nach der Entwaffnung der Truppen und dem Überqueren der österreichisch-slowenischen Grenze führte die Volksbefreiungsarmee Massenexekutionen durch. Militärangehörige, die nicht den Erschießungen oder Racheaktionen zum Opfer fielen, wurden zusammen mit den Zivilisten auf Hungermärschen ins Landesinnere getrieben. Viele Menschen überlebten diese Märsche nicht. Seit dem Ende der kommunistischen Herrschaft werden diese Märsche im kroatischen Sprachgebrauch als »Kreuzwege« bezeichnet. Die genauen Opferzahlen sind bis heute nicht ermittelt, mehrere Zehntausend Verstorbene, Verschollene und Erschossene gelten als gesichert.

Am 8. Oktober 1991 berief das kroatische Parlament (Sabor) eine Untersuchungskommission zur Ermittlung der Opfer des Zweiten Weltkriegs und der Nachkriegszeit (Državna komisija za otkrivanje ratnih i poratnih žrtava) ein. Im Juni und August 1992 machte die Kommission in Maceljsko Gorje (Maceljer-Gebirge,

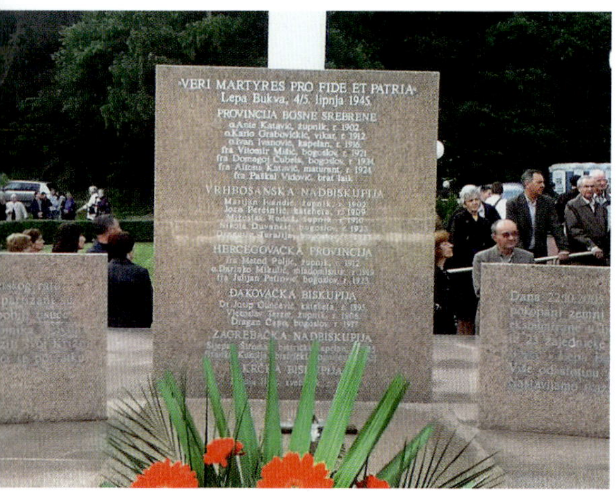

Gedenkstein mit den Namen der hingerichteten Priester

Macelj) in den Gebieten Lepa Bukva, Ilovec und Smiljanova Graba 23 Massengräber ausfindig und exhumierte die sterblichen Überreste von 1163 Personen, darunter 21 Priester. Die überwiegende Mehrheit der Geistlichen waren Franziskaner und stammten aus Bosnien und Herzegowina. Die kommunistische Führung hatte ihre Erschießung in der Nacht vom 4. auf den 5. Juni 1945 veranlasst.

Die sterblichen Überreste aus den Massengräbern wurden nach Zagreb überführt und im pathologischen Institut der medizinischen Fakultät der Universität Zagreb eingelagert. Im Oktober 2003 transportierte man die Leichenfunde zunächst zum Zagreber Stadtfriedhof Mirogoj, um dort bestattet zu werden. Doch im Februar 2004 wurde die öffentliche Ausschreibung für eine Gedenkstätte in Fruki nahe der Stadt Đurmanec auf dem Gebiet von Maceljsko gorje bekanntgegeben und mit dem Bau einer Krypta begonnen. Diese sollte alle sterblichen Überreste beherbergen. Am 22. November 2005 fand die zeremonielle Überführung der Opfer von Zagreb nach Đurmanec statt. Leiter der Zeremonie war der Zagreber Erzbischof Josip Bozanić. Die damalige Vizepräsidentin der kroatischen Regierung Jadranka Kosor wohnte dem Trauerakt bei. Es handelte sich um das größte gemeinschaftliche Begräbnis in Kroatien. Die Überreste wurden in der Krypta um ein acht Meter hohes Andachtskreuz, das auf einem marmornen Podest steht, beigesetzt. Neben dem Gedenkkreuz auf einem weiteren Podest befinden sich zwei aus Marmor gestaltete Gedenksteine. Auf dem ersten sind die Namen der 21 Priester eingraviert, die den kommunistischen Gewaltakten zum Opfer fielen. Der zweite Gedenkstein trägt die kroatische **Inschrift**:

22. 10. 2005 u ovoj su grobnici pokopani zemni ostaci 1163 žrtve eksumirane u ljetu 1992 godine iz 23 zajedničke jame na položaju Lepa Bukva, Ilovec und Smiljanova graba. Više od stotinu jama jos nije otvoreno. / Nastavljamo tražiti nase mučenike.

Provincija Bosne Serbrene
Dr Josip Gunčević, kateheta, r. 1895.,
o. Ante Katavić, župnik, r. 1902.,
o. Karlo Grabovičkić, vikar, r. 1912.,
o. Ivan Ivanović, kapelan, r. 1916.,
fra Vitomir Mišić, bogoslov, r. 1921.,
fra Domagoj Čubela, bogoslov, r. 1924.,
fra Alfons Katavić, maturant, r. 1924.,
fra Paškal Vidović, brat laik,

Vrhobosanska Nadbiskupija
Marijan Ivandić, župnik, r. 1902.,
Joza Perčinlić, kateheta, r. 1909.,
Miroslav Radoš, župnik, r. 1910.,
Nikola Duvančić, bogoslov, r. 1923.,
Dragutin Turalija, bogoslov, r. 1923.,
Herzegovacka Nadbiskupija
fra Metod Puljić, župnik, r. 1912.,
o. Darinko Mikulić, mladomisnik, r. 1919.,
fra Julijan Petrović, bogoslov, r. 1923.,
Vjekoslav Terzić, župnik, r. 1906.,
Dragan Čapo, bogoslov, r. 1917.,
Stjepan Štromar, bistrički kapelan, r. 1915.,
Branko Kukolja, bogoslov, r. 1921.,
Nikola Ilijić, svećenik, r. 1913.

Die deutsche Übersetzung lautet:
Am 22.10.2005 wurden in dieser Grabstätte die irdischen Überreste von 1163 Opfern beigesetzt, die im Sommer 1992 aus 23 verschiedenen Gruben auf dem Gebiet Lepa Bukva, Ilovec und Smiljanov exhumiert wurden. Mehr als 100 Gruben sind noch ungeöffnet. Wir werden die Suche nach unseren Märtyrern fortsetzen.

Bosnische Franziskanerprovinz
Dr Josip Gunčević, Katechet, geb. 1895.,
o. Ante Katavić, Pfarrer, geb. 1902.,
o. Karlo Grabovičkić, Vikar, geb. 1912.,
o. Ivan Ivanović, Kaplan, geb. 1916.,
fra Vitomir Mišić, Theologe, geb. 1921.,
fra Domagoj Čubela, Theologe, geb. 1924.,
fra Alfons Katavić, Absolvent, geb. 1924.,
fra Paškal Vidović, Laienbruder,

Erzbistum Vrhbosna
Marijan Ivandić, Pfarrer, geb. 1902.,
Joza Perčinlić, Katechet, geb. 1909.,
Miroslav Radoš, Pfarrer, geb. 1910.,
Nikola Duvančić, Theologe, geb. 1923.,
Dragutin Turalija, Theologe, geb. 1923.,

Erzbistum Herzegowina
fra Metod Puljić, Pfarrer, geb. 1912.,
o. Darinko Mikulić, geweihter Priester, geb. 1919.,
fra Julijan Petrović, Theologe, geb. 1923.,
Vjekoslav Terzić, Pfarrer, geb. 1906.,
Dragan Čapo, Theologe, geb. 1917.,
Stjepan Štromar, Kaplan, geb. 1915.,
Branko Kukolja, Theologe, geb. 1921.,
Nikola Ilijić, Priester, geb. 1913.

Der Eröffnungszeremonie wohnten die Vertreter des Vereins der Kriegsveteranen – Kroatische Heimwehr (Udruga ratnih veterana – Hrvatski Domobran), des Vereins kroatischer politischer Häftlinge (HDPZ – Hrvatsko Društvo Politićkih Zatvorenika) und des Vereins Offiziersclub 242 (Ćasnićki klub 242 – Verein kroatischer Truppen 1942 – 1945) bei sowie Drago Brglez, Pfarrer der Gemeinde Đurmanec, die sich allesamt zuvor für die Errichtung des Gedenkorts eingesetzt hatten. Im Jahr 2007 wurde neben der Krypta schließlich die Gedenkkirche Passion Christi (Muke Isusove) errichtet und von Bischof Varaždins Josip Mrzljak geweiht. 2011 beendete der Bildhauer Ante Jurkić die Kreuzstelen auf dem Weg zum Eingang der Kirche, die symbolisch den »Kreuzweg« nachbilden sollen. Die Kreuzstelen aus weißem Holz stehen auf einem Podest, auf dem beginnend bei eins fortlaufend römische Zahlen eingraviert sind. Auf einigen dieser Podeste wurden zusätzlich Skulpturen zur Erinnerung an die Opfer aufgestellt.

Am 23. August 2011, dem europäischen Tag der Erinnerung an Opfer der totalitären Regime, wurde auf Initiative der kroatischen Regierung vor der Gedenkkirche zusätzlich ein Gedenkstein aufgestellt, der an alle Opfer totalitärer Regime erinnern soll. Eingeweiht hat ihn die damalige kroatische Premierministerin Jadranka Kosor.

Standort: Đurmanec, an der Gedenkkirche Passion Christi

Literaturhinweise Kroatien:
Münnich, Nicole: Titos tabuisiertes »Hawaii«. Zum Stand der Forschung über die jugoslawische Lagerinsel Goli Otok und zur Frage nach Aufarbeitung. 2005. Online abrufbar unter: https://de.scribd.com/document/75717790/Goli-otok (letzter Zugriff: 16.1.2018). / »Politički zatvorenik« [Der politische Gefangene]. 2004, Nr. 148/149, 7 – 8, Zagreb. / »Politički zatvorenik« [Der politische Gefangene]. 2005, Nr. 163, 10, Zagreb.

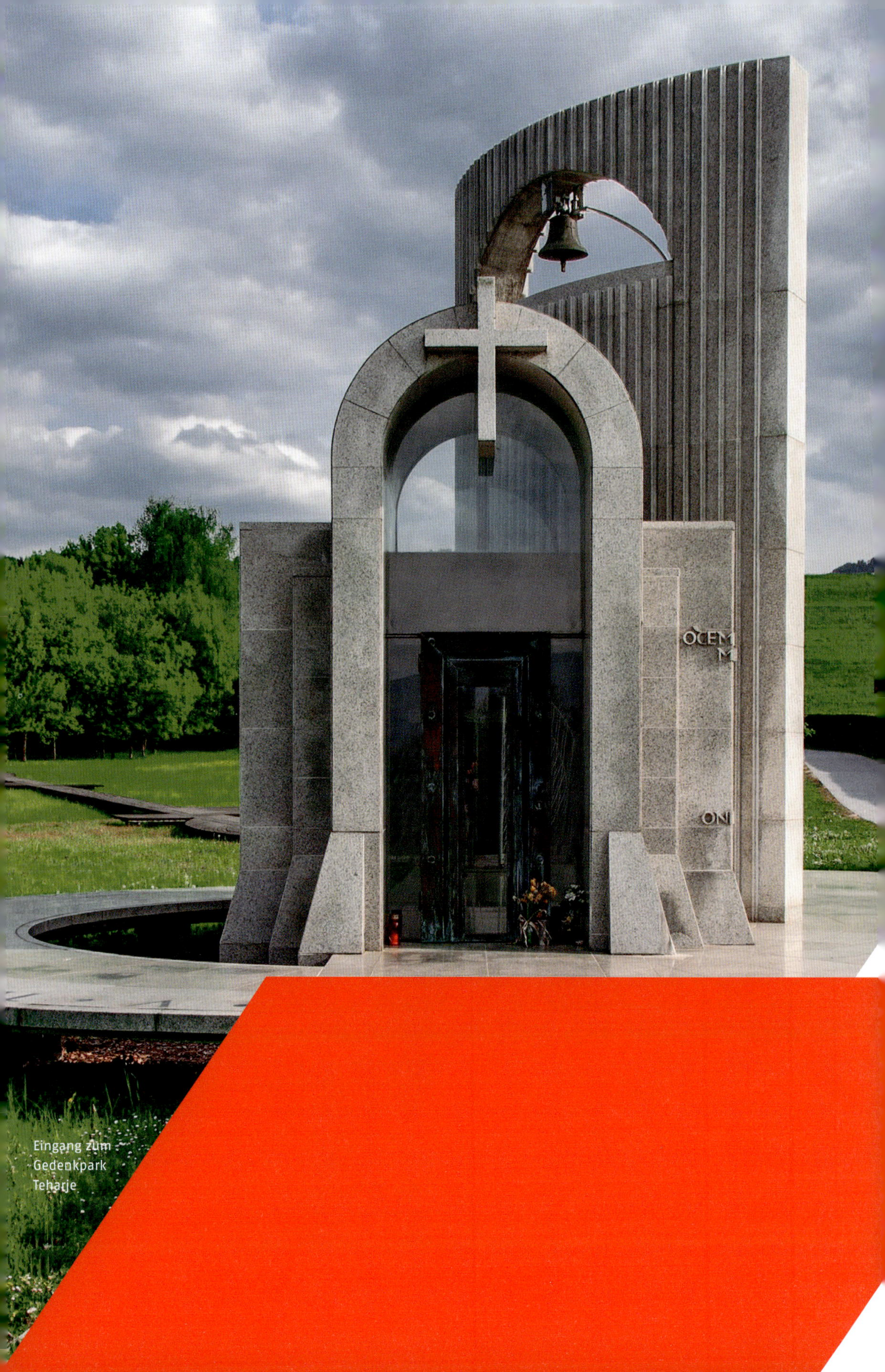

Eingang zum Gedenkpark Teharje

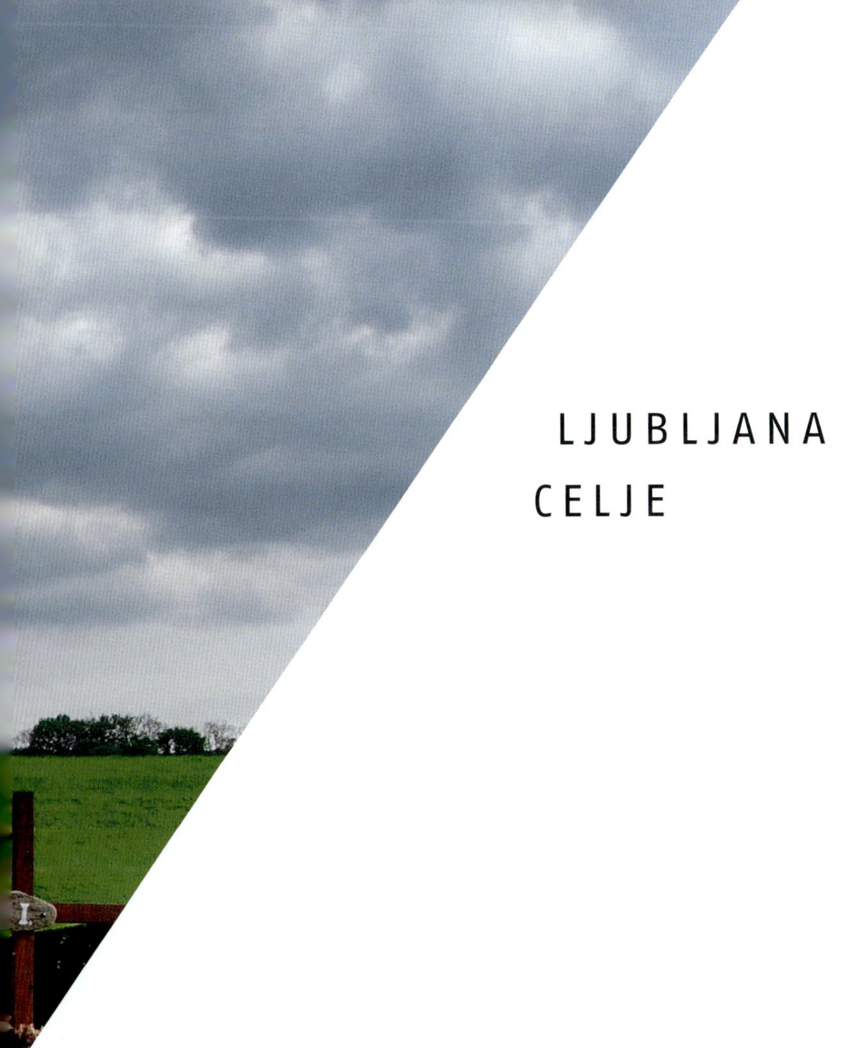

LJUBLJANA

CELJE

Slowenien

Nach der Besetzung des Königreichs Jugoslawien durch die Achsenmächte im April 1941 wurde der Vielvölkerstaat zerstückelt und auf dem Gebiet des heutigen Kroatien sowie in weiten Teilen Bosnien-Herzegowinas der Unabhängige Staat Kroatien (Nezavisna Država Hrvatska – NDH) errichtet. Dieser bestand als Verbündeter der Achsenmächte zwischen 1941 und 1945. Die Herrschaft übte die faschistische Ustaša-Bewegung aus, die mit der NS-Besatzungsmacht kollaborierte. Die ethnisch slowenischen Regionen des einstigen Königreichs Jugoslawien wurden im Zuge der faschistischen Besatzung unter Italien, Ungarn und dem Deutschen Reich aufgeteilt. NS-Deutschland annektierte den Nordteil (Oberkrain und Untersteiermark) des Landes. Mussolinis Italien besetzte die sogenannte Provinz Lubiana (Laibach / Ljubljana) sowie den Südteil Sloweniens, während das im äußersten Nordosten gelegene Übermurgebiet von Ungarn annektiert wurde. 80 000 Slowenen wurden nach Deutschland, Bulgarien und Rumänien zur Zwangsarbeit deportiert.

Nach der Besetzung und Aufteilung des einstigen Königreichs Jugoslawien begann zuerst in Slowenien und später in allen besetzten Gebieten bewaffneter Widerstand. Dessen Anführer war die jugoslawische Volksbefreiungsarmee – Partisanen genannt –, welche der Leitung des Kommunisten Josip Broz Tito, des späteren Staats- und Parteichefs Jugoslawiens, unterstand. Im Landesinneren führten die Partisanen kriegerische Auseinandersetzungen sowohl mit den Besatzungsmächten als auch mit diversen einheimischen Kollaborationsverbänden. In Slowenien waren dies vor allem die Verbände der »Domobranzen« (Heimwehr-Soldaten). Diese Heimwehr (»Domobranstvo«) war nach der italienischen Kapitulation 1943 auf Befehl der NS-Besatzungsmacht gegründet worden und kämpfte im Landesinneren zusammen mit der Wehrmacht gegen die kommunistischen Partisanenverbände. Nach dem offiziellen Ende der Kriegshandlungen 1945 rechnete die Volksbefreiungsarmee mit ihren Kriegsgegnern ab. Tausende Angehörige dieser Truppenverbände flohen zusammen mit Einheiten der Wehrmacht und der Waffen-SS, aber auch zahllosen Zivilisten nach Kärnten in Österreich, wo sie sich in britischer Gefangenschaft sicher vor der Verfolgung durch die jugoslawischen Partisanen wähnten. Die britische Besatzungsmacht jedoch stimmte der Repatriierung der bei ihnen befindlichen Gefangenen zu und schickte sie zurück nach Slowenien, wo sie von Partisaneneinheiten in Empfang genommen und zwischen Ende Mai und Ende Juni 1945 durch die kommunistische Geheimpolizei OZNA (Odjeljenje za zaštitu naroda – Abteilung für Volksschutz) ohne Gerichtsurteil nach dem Grenzübertritt hingerichtet wurden. Wegen der gemeinsamen Grenze zu Österreich fanden die meisten dieser Massenerschießungen nach Kriegsende auf slowenischem Territorium statt. Viele der damaligen Massengräber und Erschießungsorte sind bis heute noch nicht lokalisiert. Die Suche nach ihnen und die öffentliche Diskussion über die Nachkriegsverbrechen war erst nach dem Tod Titos, in den 1980er Jahren und insbesondere in den 1990ern, möglich. Schätzungen zufolge handelt es sich um mehrere Hundert Gräber, in denen über 100 000 Opfer liegen. An den vermuteten Massengräbern errichteten Hinterbliebene schlichte Holzkreuze oder Tafeln, um an ihre ermordeten Angehörigen zu erinnern. Anfang August 1945 endeten zwar die Massenerschießungen, die Repression gegen die demokratische Opposition und alle Gegner des kommunistischen Regimes wurde jedoch fortgesetzt. Südlich der Hauptstadt Ljubljana wurde ein Gebiet um die Ortschaft Kočevje abgeriegelt, zu einem militärischen Sperrgebiet erklärt und neben militärischen Anlagen zu einem riesigen Lagerkomplex gemacht. Tausende Menschen wurden hier gefangen gehalten, zur Zwangsarbeit getrieben und ermordet. Den Inhaftierten enteignete man ihren gesamten Besitz und vertrieb die Familienangehörigen aus den Häusern. Auch der Kampf gegen die Kirche wurde fortgesetzt. Priester und Gläubige wurden angegriffen, so wie zum Beispiel 1952 Bischof Anton

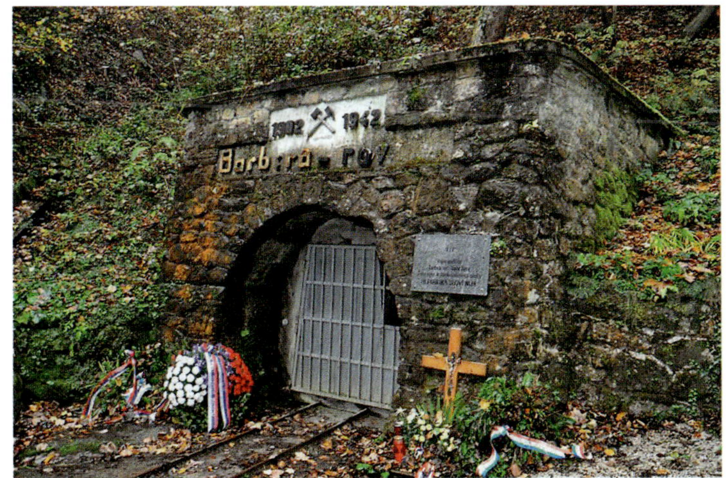

Massengrab Tausender durch kommunistische Partisaneneinheiten liquidierter Kriegsgefangener und Zivilisten im Barbarastollen

Vovk, den Jugendliche mit Benzin übergossen und anzündeten. Von den über 1000 Priestern Sloweniens wurde über die Hälfte verhaftet. Bei vier von neun zum Tode verurteilten Priestern vollstreckte man die Todesstrafe. Schauprozesse gegen katholische Geistliche verbreiteten Schrecken und Terror. Der Kampf gegen die Kirche verlief auch deshalb so erbittert, weil die kommunistische Macht in ihr einen ihrer stärksten Kontrahenten sah.

Der offene Terror ebbte erst in den 1950er Jahren ab, wobei die Überwachung durch die Geheimpolizei und die Unterdrückung der demokratischen Opposition weiter auf der Tagesordnung blieben. In den 1970er und insbesondere den 1980er Jahren nach Titos Tod erstarkten nationale Unabhängigkeitsbestrebungen. Aus den ersten freien Wahlen 1990 gingen jene Kräfte als Sieger hervor, die mit einem antikommunistischen Programm für die nationale Unabhängigkeit eintraten. Kaum ein Jahr später, am 25. Juni 1991, erklärte sich Slowenien für unabhängig. In dem sich an die Unabhängigkeitserklärungen verschiedener ehemaliger jugoslawischer Teilstaaten anschließenden Krieg im vorherigen Jugoslawien war Slowenien nur für kurze Zeit Schauplatz von Kampfhandlungen.

Eine kritische Auseinandersetzung mit der Vergangenheit sowohl bezüglich der Zeit der NS-Besatzung und der Kollaboration als auch der Nachkriegsverbrechen und des kommunistischen Regimes fand erst nach der Jahrtausendwende statt; viele einstige kommunistische Kader verblieben auf ihren Posten. Mitarbeiter in öffentlichen Einrichtungen und vor allem Inhaber politischer Ämter wurden nicht überprüft. Eine Ausnahme stellt die Überprüfung der Richter dar, die 1994 mit einer Neubewerbung aller Richter für ihre Positionen verbunden war. Die einstige kommunistische Geheimpolizei wurde nach 1990 in einem mehrjährigen Prozess strukturell umgewandelt. Dabei wurden die Befugnisse verändert, sodass der neue Sicherheitsdienst keine polizeilichen Berechtigungen mehr hat. Auch wurde den Mitarbeitern der Sicherheit das Recht entzogen, Waffen zu tragen. Die Reformierung der Behörde sollte zudem verhindern, dass Unterlagen vernichtet wurden. 2006 wurde ein Gesetz verabschiedet, das die Öffnung der Akten regelt. Diese sind nun zugänglich; Ausnahmen bilden jene Unterlagen, die sensible persönliche Daten enthalten.

Bis heute sorgen die Themen der Kriegs- und Nachkriegsverbrechen für kontroverse Debatten und zeigen das Potenzial unbewältigter Konflikte – selbst wenn sie über 70 Jahre zurückliegen. Die Konfliktlinien verlaufen zwischen der Bewertung und dem Umgang mit der Kollaboration und den Verbrechen während der nationalsozialistischen Besetzung auf der einen Seite und der Bewertung der Massenmorde durch die kommunistischen Partisanen und die Geheimpolizei nach Kriegsende auf der anderen Seite. Bei öffentlichen Diskussionen spielen vor allem die ersten Wochen nach Kriegsende und die dort von kommunistischen Verbänden begangenen Verbrechen und Massenmorde eine Rolle; die spätere Zeit im kommunistischen Jugoslawien tritt meist in den Hintergrund.

An verschiedenen Orten sind in den vergangenen Jahren Denkmäler für die im Zweiten Weltkrieg gefallenen oder von kommunistischen Partisanen ermordeten Domobranzen errichtet worden. Teilweise wurden diese wie beispielsweise in Grahovo im südlichen Slowenien in direkter Nachbarschaft zu Denkmälern für die Opfer des Nationalsozialismus errichtet, was für kontroverse Debatten nicht nur im Hinblick auf den Umgang mit der NS-Kollaboration, sondern auch wegen der unkritischen Widmungen sorgt, die aus allen Toten unterschiedslos Opfer machen. 2009 beschloss das slowenische Parlament, an den Orten, an denen Mitglieder der Heimwehren während des Zweiten Weltkriegs gefallen sind, und an den Orten der Massenverbrechen der Nachkriegszeit Gedenktafeln mit dem gleichlautenden Text »Für die Opfer von Krieg und Nachkriegsmorden« bzw. »Den Opfern von Krieg und Revolutionsgewalt« anzubringen. Diese unterschiedslose Kennzeichnung der Gedenkorte befeuerte die ebenfalls sehr kontrovers geführte Diskussion um die Klassifizierung, wer als Opfer anzusehen ist. 2008 wurde das Študijski center za narodno spravo (Studienzentrum für nationale Aussöhnung) auf Initiative der slowenischen Regierung gegründet.

1996 wurde ein erstes Gesetz zur Rehabilitierung der Opfer des Kommunismus erlassen. In diesem Gesetz wurden auch die Fragen der Wiedergutmachung, Rentenzahlungen und Beschädigtenversorgung für politische Häftlinge und deren Hinterbliebene geregelt. 2011 wurde ein eigenes Entschädigungsgesetz beschlossen, das sich sowohl auf die Opfer des Krieges als auch der kommunistischen Verbrechen der Nachkriegszeit bezieht. Darüber hinaus gibt es Regelungen, um enteigneten und verstaatlichten Besitz wieder an die früheren Besitzer zurückzugeben.

Bis heute gibt es keinen eigens bestimmten nationalen Gedenktag für die Opfer der kommunistischen Repression. Allerdings finden an Gedenkstätten Kranzniederlegungen und Gedenkzeremonien statt.

Nationalmuseum für Neuere Geschichte Sloweniens

Ljubljana. Das im Tivoli-Park gelegene Nationalmuseum für Neuere Geschichte beleuchtet die slowenische Geschichte von den Anfängen des Ersten Weltkriegs 1914 bis zur Gegenwart. Nach der Erlangung der nationalstaatlichen Unabhängigkeit Sloweniens im August 1991 wurde die Ausstellung – deren ideologisch gefärbter Fokus zuvor auf der Darstellung der Militärgeschichte sowie der Geschichte des jugoslawischen kommunistischen Regimes und der sozioökonomischen Entwicklung des Landes gerichtet war – grundlegend überarbeitet und ergänzt. Zur Sammlung des Museums gehören neben verschiedenen Kunstgegenständen, Dekorationen, Textilien, Münzen und Militärgerätschaften unter anderem auch Film-, Ton- und Bilddokumente. Seit 1952 unterhält die Einrichtung zudem eine Abteilung für Dokumentarfotografie, deren Bestand auf mittlerweile etwa zwei Millionen Aufnahmen angewachsen ist.

Die 1996 eröffnete und seitdem mehrfach überarbeitete Dauerausstellung »Slowenien im 20. Jahrhundert« zeichnet anhand von multimedialen Elementen, zahlreichen Originalexponaten und Installationen die wichtigsten Ereignisse der slowenischen Geschichte nach. Beleuchtet werden die politischen, ökonomischen und kulturellen Entwicklungen des Landes während des Ersten Weltkriegs sowie der nachfolgenden 1920er und 1930er Jahre. Breiter Raum wird dem Schicksal der Slowenen im Zweiten Weltkrieg und der anschließenden Geschichte der slowenischen Gesellschaft als Teil der Sozialistischen Föderativen Republik Jugoslawien bis zur Loslösung Sloweniens aus dem jugoslawischen Staatenverband und der Ausrufung der Unabhängigkeit am 25. August 1991 zugestanden. Dabei werden auch Schlaglichter auf die Ereignisse des Zehn-Tage-Krieges – den Kampfhandlungen zwischen der jugoslawischen Volksarmee und der slowenischen Territorialverteidigung im Juli 1991 – sowie die Aufnahme Sloweniens in die Vereinten Nationen 1992 und den Beitritt des Landes zur Europäischen Union 2004 und zur NATO ein Jahr später geworfen. Teil der jeweiligen thematischen Abschnitte ist eine Darstellung der alltäglichen Arbeits- und Lebensbedingungen der slowenischen Bevölkerung im 20. Jahrhundert. Ergänzt und erweitert wird das ständige Themenangebot durch verschiedene Wechsel- und Wanderausstellungen. So dokumentierte die im Dezember 2009 eröffnete temporäre Ausstellung »Huda Jama« (»Böse Grube«) die Liquidierung und Beseitigung Tausender Kriegsgefangener und Zivilisten durch kommunistische Partisaneneinheiten im Barbarastollen in Teharje in der slowenischen Untersteiermark zwischen 1945 und 1946.

Standort: Ljubljana, Celovška cesta 23
Internet: www.muzej-nz.si

Gedenkpark Teharje zur Erinnerung an die Opfer der Nachkriegszeit

Celje. Der Gedenkpark Teharje (Tüchern) befindet sich in der historischen Region Untersteiermark in Slowenien. Im Oktober 2004 eröffnete der damalige slowenische Parlamentspräsident Feri Horvat an diesem Ort den vom Architekten Marko Mušič konzipierten Gedenkpark für die Opfer des Kommunismus. Auf dem Gelände des heutigen Parks befand sich während des Zweiten Weltkriegs zwischen 1943 und Mai 1945 zunächst ein Militärlager sowie anschließend ein Gefängnis der Wehrmacht. Nach der offiziellen Beendigung der Kriegshandlungen betrieb die jugoslawische Volksbefreiungsarmee (NOV) Teharje anschließend bis 1946 als Arbeitslager für Kriegsgefangene weiter. Zu den Internierten zählten vor allem Soldaten einheimischer Kollaborationstruppen, von denen zahlreiche ohne Gerichtsurteil durch Massenhinrichtungen liquidiert wurden. Im Mittelpunkt des heutigen Gedenkparks befindet sich ein monumentales, aus weißem Marmor gestaltetes Denkmal. Es besteht aus zwei großen Marmorsäulen, welche durch einen Halbkreis, der geöffneten Handschellen nachempfunden ist, verbunden sind. Unter dem Denkmal führt eine Treppe zu einem katakombenähnlichen kleinen Raum, der einen weißen, marmornen Sarkophag beherbergt. Vor dem Eingang in die Katakombe ist ein Kreuz zu sehen. Ein schmaler Asphaltweg führt durch die Anlage zum Denkmal und einer kleinen Kapelle, die sich ebenfalls im Parkinneren befindet.

Das Gelände des Sammellagers in Teharje liegt in unmittelbarer Nähe des ehemaligen Bergwerks Huda Jama (»Böse Grube«). Hier liquidierten und verscharrten kommunistische Partisaneneinheiten zwischen 1945 und 1946 mehrere Tausend Kriegsgefangene und Zivilisten, darunter auch Internierte aus dem Arbeitslager Teharje. Im März 2008 veranlasste die von der slowenischen Regierung eingesetzte Kommission für verborgene Massengräber die Öffnung des sich bei Huda Jama befindenden Barbarastollens, eines bis 1942 funktionstüchtigen Bergwerkstollens. Hier stießen die Forscher auf 726 mumifizierte Leichen, die seit 2016 gerichtsmedizinisch untersucht werden. Nach den ersten Identifikationsprozessen der exhumierten Überreste wird angenommen, dass es sich bei den Opfern neben den Angehörigen der slowenischen Kollaborationsverbände, den Domobranzen, auch um Kriegsgefangene und Zivilisten handelt. Am Barbarastollen errichtete die slowenische Gesellschaft zur Kennzeichnung der verschwiegenen Grabstätten bereits 1997 die Gedenkkapelle Heilige Barbara, die an das Massengrab erinnert. Seit 2001 ist der Barbarastollen offiziell als Grabstätte registriert. Die Untersuchungen der Kommission für verborgene Massengräber förderten in Slowenien bisher über 590 solcher Massengräber zutage, davon allein 30 im Gebiet um Celje.

Standort: Celje, Bukovžlak 30

Literaturhinweise Slowenien:

Kladnik, Mateja Čoh (Hrsg.): Slovenia in 20th Century: The Legacy of Totalitarian Regimes. Collection: Totalitarianism – Questions and Challenges, 6. Ljubljana 2016. / Lozic, Vanja: National Museums in Bosnia-Herzegovina and Slovenia: A Story of Making »Us«. In: Building National Museums in Europe 1750 – 2010. Conference proceedings from EuNaMus; European National Museums: Identity Politics; the Uses of the Past and the European Citizen; Bologna 28 – 30 April 2011. EuNaMus Report No. 31, S. 69 – 98.

Eingang zum Gedenkpark Teharje

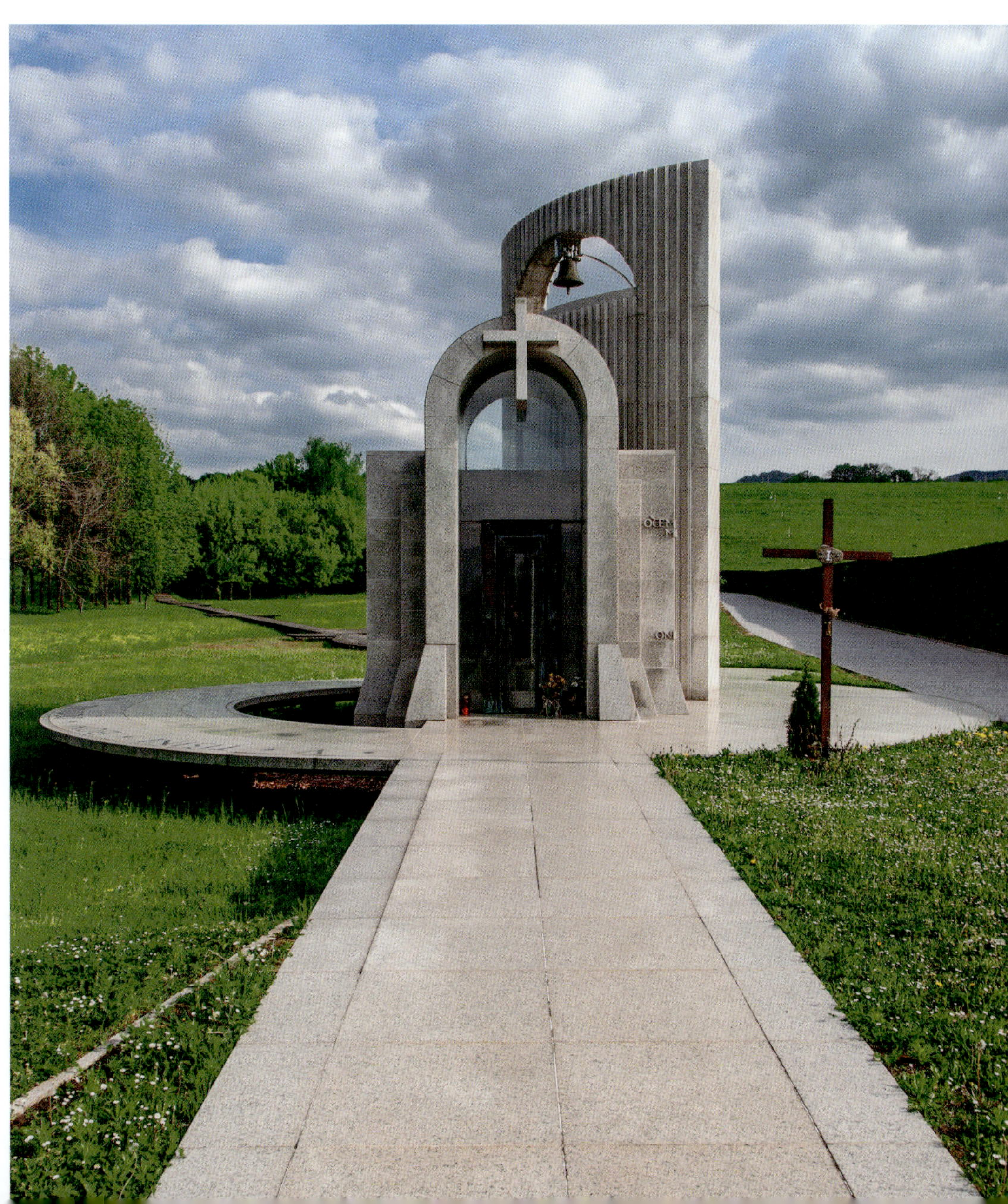

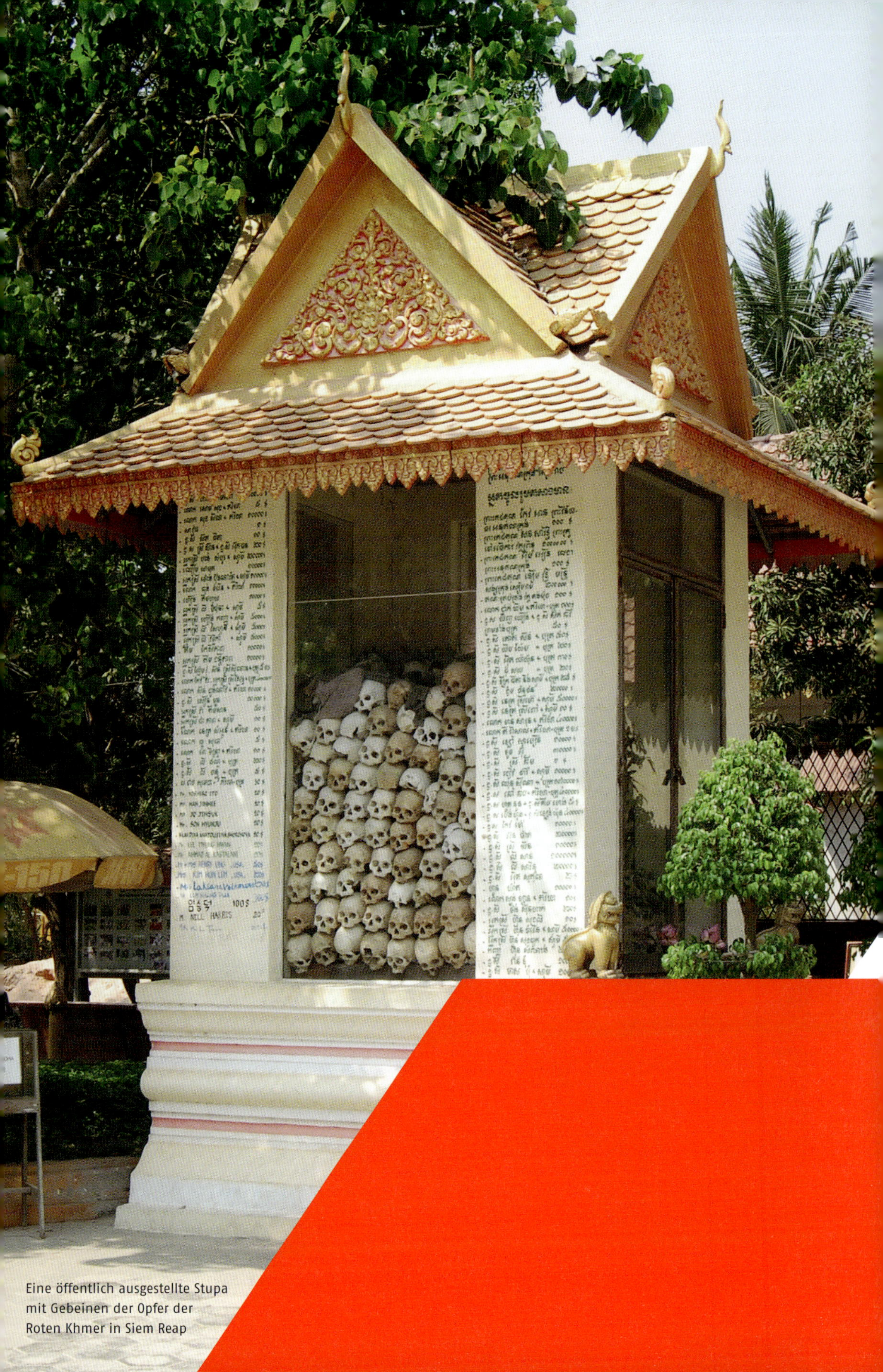

Eine öffentlich ausgestellte Stupa mit Gebeinen der Opfer der Roten Khmer in Siem Reap

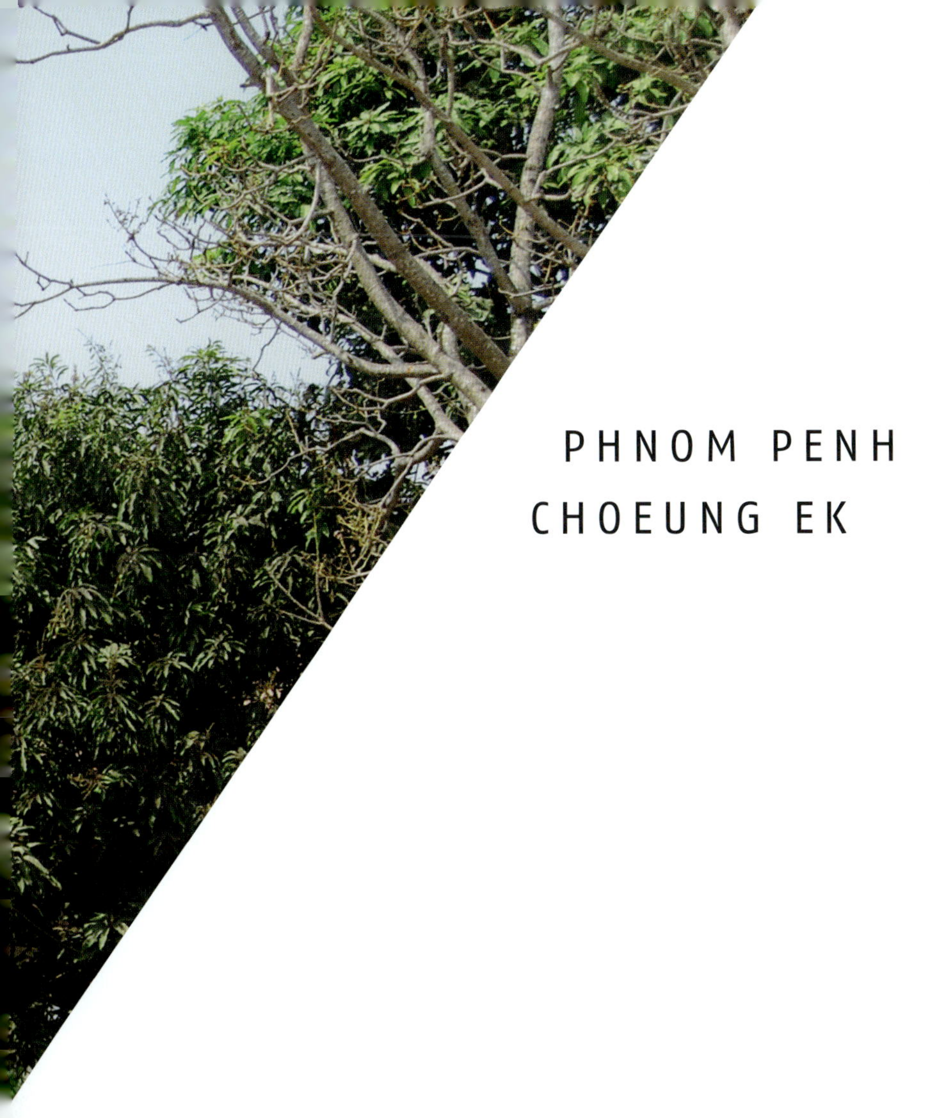

PHNOM PENH
CHOEUNG EK

Kambodscha

Kambodscha gehörte seit der Mitte des 19. Jahrhunderts bis 1954 zum französischen Kolonial- und Einflussgebiet in Südostasien, das unter dem Namen »Indochina« oder »Union Indochinoise« bekannt war. Nach der Unabhängigkeit im Jahr 1953 brachen im ganzen Land Bürgerkriege aus. Außenpolitisch wollte die kambodschanische Regierung Neutralität wahren. Obwohl das Land versuchte, sich Kriegen der Nachbarländer zu entziehen, wurde Kambodscha zum Schauplatz des Vietnam-Kriegs. So verlegten vietnamesische kommunistische Einheiten ihre Transport- und Nachschubrouten (Ho-Chi-Minh-Pfad) auf kambodschanisches Territorium, um den US-amerikanischen Bombenangriffen auf vietnamesischem Gebiet zu entgehen. Dies zog schwere Bombardierungen durch die US-Luftwaffe nach sich. 1970 putschten sich durch die USA unterstützte Offiziere unter General Lon Nol an die Macht und riefen 1972 die Republik Khmer aus. Gemeinsam mit südvietnamesischen und amerikanischen Truppen kämpfte Lon Nol gegen nordvietnamesische Truppen sowie Einheiten der Roten Khmer. Die US-amerikanischen Bombardements weiteten sich von den Grenzgebieten zu Vietnam auf das ganze Land aus. 1975 nahmen Einheiten der Roten Khmer die Hauptstadt Phnom Penh ein. Binnen weniger Tage wurde die gesamte Bevölkerung, die damals 2,5 Millionen Menschen umfasste, unter dem Vorwand drohender amerikanischer Luftangriffe aus der Stadt aufs Land evakuiert. Wer sich der Deportation zu entziehen versuchte, wurde erschossen. Um die sogenannte neue Gesellschaft nach maoistischem Vorbild aufzubauen, wurden alle bestehenden Gesellschaftsstrukturen zerschlagen und Tausende Menschen, die als »nicht umerziehbar« galten, ermordet. Dazu gehörten vor allem Intellektuelle. Oft reichte es schon aus, lesen und schreiben oder eine Fremdsprache zu können oder auch nur eine Brille zu tragen. Die gesamte Bevölkerung der Städte wurde deportiert und in riesigen Arbeitskolonien und Arbeitslagern auf dem Land angesiedelt. Jeglicher private Besitz wurde verboten und Eltern von ihren Kindern getrennt, um die Kinder den Erziehungsprogrammen der Roten Khmer auszuliefern und familiäre Einflüsse zu verhindern sowie Traditionen und Identitäten auszulöschen. Die Landbevölkerung wurde als »altes Volk« verherrlicht und die Bewohner der Städte als dekadent und »neues Volk« diffamiert, das umerzogen und zu den Wurzeln zurückgeführt werden müsse. Alle Menschen wurden zur Zwangsarbeit verpflichtet. Um alle Verbindungen zur als dekadent erachteten Vergangenheit zu zerstören, wurden Archive, Kataster- und Eigentumsunterlagen vernichtet. Selbst private Schriftstücke und Fotos fielen dem Vernichtungswahn der Roten Khmer zum Opfer. Durch die Zerstörung der bestehenden wirtschaftlichen Strukturen brach die Wirtschaft völlig zusammen. Millionen Menschen verhungerten, starben an den Misshandlungen oder wurden ermordet. Alle, die als »Feinde« oder »Bourgeoisie« galten, kamen in Vernichtungslager und wurden auf den »Killing Fields« exekutiert. Schätzungen zufolge verloren so über 2,2 Millionen Menschen ihr Leben, das war etwa die Hälfte der damaligen Bevölkerung.

Nach Grenzstreitigkeiten mit Vietnam marschierte die vietnamesische Armee 1979 in Kambodscha ein, besetzte das Land und befreite es von der Herrschaft der Roten Khmer. Auch nach der Einnahme der Hauptstadt Phnom Penh und der Einsetzung einer neuen kambodschanischen Regierung blieb das Land unter vietnamesischer Kontrolle. Die in Grenzgebiete zu Thailand im Nordosten des Landes geflohenen Roten Khmer und ihre Unterstützer – darunter China und die USA – stürzten das Land in einen neuen Bürgerkrieg, der erst 1998 mit einem Waffenstillstand und zahlreichen Zugeständnissen an die Führer der Roten Khmer endete. Zwar verurteilten die vietnamesischen Besatzer bereits 1979 Pol Pot und Ieng Sary als Hauptverantwortliche für den Völkermord in Kambodscha in Abwesenheit zum Tode. Eine wirkliche Aufarbeitung oder Verurteilung der Täter fand jedoch nicht statt. Pol Pot galt bis 1997 als »Bruder Nr. 1« und wurde nach

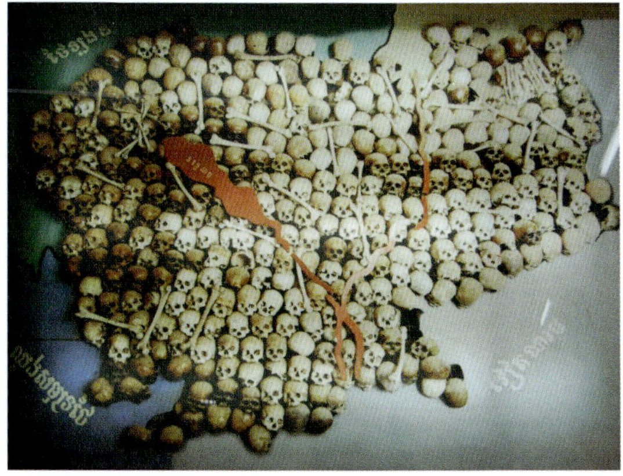

◄
Eine aus den sterblichen Überresten der Opfer der Roten Khmer zusammengestellte Karte Kambodschas im Tuol-Sleng-Genozid-Museum in Phnom Penh

internen Streitigkeiten 1997 von einem Tribunal der Roten Khmer, bei dem es allerdings nicht um die Verbrechen während der Herrschaft der Roten Khmer zwischen 1975 und 1979 ging, zu lebenslanger Haft verurteilt. 1998 verstarb er.

Bis heute gestaltet sich die Auseinandersetzung mit den Verbrechen als äußerst schwierig. Viele der damals Verantwortlichen und Beteiligten am Regime der Roten Khmer sind auf freiem Fuß und haben keine Anklagen zu befürchten. Einige von ihnen gehören heute der Regierung und dem Parlament an. Teilweise leben Täter und Opfer in den gleichen Orten Tür an Tür. Zwar wurde 2004 ein internationaler Strafgerichtshof eingesetzt, der aus kambodschanischen und internationalen Richtern besteht und nach der kambodschanischen Strafprozessordnung arbeitet. Bisher kamen jedoch nur zwei Verfahren zustande. Im Verfahren Nr. 1 wurde »Duch«, der Leiter des Foltergefängnisses Tuol Sleng, in dem über 20 000 Menschen starben, zu lebenslanger Haft verurteilt. Im Verfahren Nr. 2 wurden insgesamt vier Führungskader der Roten Khmer – Nuon Chea, Ieng Sary und seine Frau sowie Khieu Samphan – angeklagt. Lediglich zwei der Angeklagten – Samphan und Chea – erhielten wegen Verbrechen gegen die Menschlichkeit lebenslange Haftstrafen. Ieng Sary verstarb in der Haft, seine Frau wurde wegen Verhandlungsunfähigkeit und Demenz aus der Haft entlassen. Die beiden Verurteilten akzeptierten das Urteil nicht und bezeichneten den Prozess als »Schauprozess«. Der letzte Kommandeur der Roten Khmer, Ta Mok, der Pol Pot als »Bruder Nr. 1« 1997 nachfolgte, wurde verhaftet. Er verstarb jedoch 2006, bevor die Anklage eröffnet wurde. Die kambodschanische Regierung unter Hun Sen, ebenfalls ein ehemaliger Funktionär der Roten Khmer, der 1977 nach Vietnam flüchtete, lehnt weitere Verfahren ab.

Nach dem Einmarsch der vietnamesischen Truppen in Kambodscha 1979 und der Entdeckung der »Killing Fields« und der Foltergefängnisse ließen die Vietnamesen Gebeine und Totenschädel in sogenannten »Stupas« öffentlich ausstellen, um die begangenen Verbrechen öffentlich zu dokumentieren. Viele Massengräber sind bis heute nicht lokalisiert. Mit Unterstützung internationaler Organisationen und insbesondere der Yale University wurde 1995 in Phnom Penh ein Dokumentationszentrum aufgebaut, in dem die Namen und Biografien der Opfer gesammelt sowie Versöhnungs- und Heilungsprojekte realisiert werden. Im Foltergefängnis Tuol Sleng wurde ebenso eine Gedenkstätte eingerichtet wie in Choeung Ek, einem der »Killing Fields«. Angesichts des zunehmend repressiven Klimas in Kambodscha haben es zivilgesellschaftliche Initiativen und Akteure schwer, Aufarbeitungsprozesse zu initiieren und die Auseinandersetzung mit den Verbrechen der kommunistischen Herrschaft und ihren Folgen durchzusetzen.

Tuol-Sleng-Genozid-Museum

Phnom Penh. Das ehemalige Tuol-Svay-Prey-Gymnasium in der 103. Straße der kambodschanischen Hauptstadt beherbergt seit der Niederwerfung des Terrorregimes der Roten Khmer 1979 das Tuol-Sleng-Genozid-Museum. Es befindet sich an dem Ort, an dem die Roten Khmer nach der Vertreibung der Stadtbevölkerung aufs Land 1975 das berüchtigte »Sicherheitsbüro 21« (»S21«) errichtet hatten. Der aus mehreren Gebäuden bestehende Komplex bildete das zentrale »Sicherheitsgefängnis« der Roten Khmer. Hier wurden etwa 20 000 Menschen aus ganz Kambodscha, darunter auch ehemalige Mitglieder der Roten Khmer gefoltert und ermordet.

Symbolische Grabmäler für die letzten in Tuol Sleng umgekommenen Opfer auf dem Gelände des heutigen Genozid-Museums

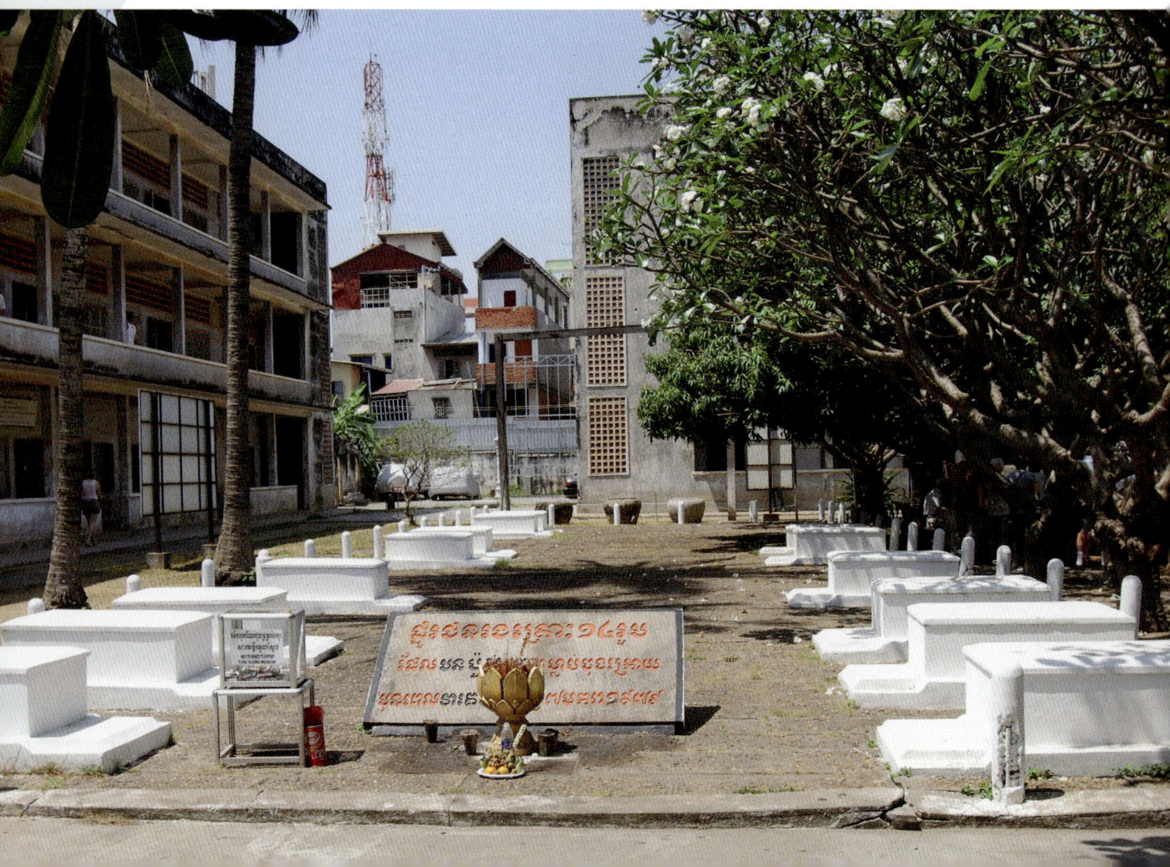

Unterstellt war das »S21« dem Verteidigungsministerium unter der Führung von Son Sen. Dem Gefängniskomplex selbst waren zudem noch mehrere Haft- und Exekutionsstätten untergeordnet, darunter das Prey-Sar-Gefängnis (»S24«) sowie Choeung Ek, eine Hinrichtungsstätte etwa 12 Kilometer südlich von Phnom Penh. Rund 1700 Menschen zählten zum Gefängnispersonal. Nach der Übernahme des Schulgeländes durch die Roten Khmer wurde der gesamte Campus von einem elektrischen Stacheldrahtzaun eingefasst. Auch die einzelnen Verbindungsgänge zwischen den Gebäudetrakten sowie die Fenster der zu Gefängnis- und Folterzellen umfunktionierten Klassenräume wurden mit Stacheldraht umzäunt. Die Internierung erfolgte je nach Kategorie der Gefangenen in jeweils unterschiedlichen Gebäudeteilen. Ehemals hochrangige Mitglieder der Roten Khmer, die vom Regime als »Verräter« gebrandmarkt wurden, kerkerte man in zwei Räumen im Erdgeschoss des Gebäudes A ein. In den Klassenzimmern der als B, C und D bezeichneten Gebäudeteile errichtete man winzige Isolationszellen mit 1,6 Quadratmetern Fläche. In den Obergeschossen befanden sich Massenarrestzellen für 40 bis 50 Internierte. Miteinander zu sprechen war den Gefangenen strengstens untersagt. Jede Bewegung der am Boden festgeketteten Häftlinge – auch das Aufstehen, Hinsetzen oder Umdrehen – bedurfte der Zustimmung des Wachpersonals. Die Nichteinhaltung der Regeln wurde mit Folter bestraft. An den Haupttrakt angrenzende Gebäude dienten der Gefängnisleitung zum Verhör und zur Folter der Inhaftierten. Wer die grausame Folter und menschenverachtenden Haftbedingungen überlebte, wurde nach den erzwungenen Geständnissen auf den »Killing Fields« außerhalb der Stadt brutal hingerichtet. Häufig mussten die Gefangenen ihre eigenen Gräber ausheben. Nach dem Zusammenbruch des »Steinzeitkommunismus« der Roten Khmer und der Befreiung Phnom Penhs durch vietnamesische Interventionstruppen

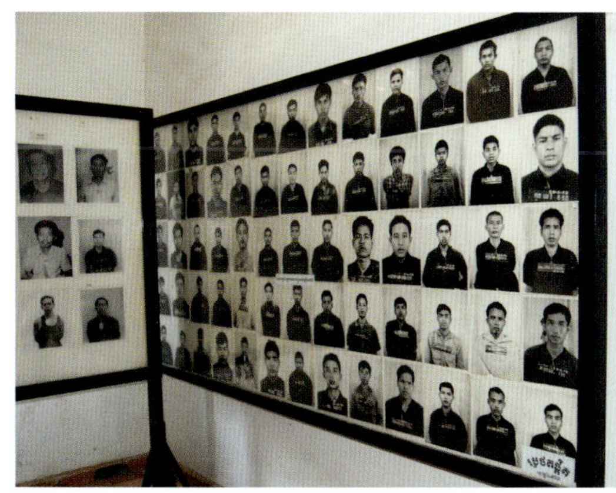

Ausstellung Tausender Fotos der in »S21« Inhaftierten

Anfang 1979 konnten in Tuol Sleng nur noch zwölf Gefangene, darunter vier Kinder, der Hinrichtung entgehen. Die 14 aus weißem Stein errichteten Grabmäler im Innenhof der Anlage symbolisieren die letzten 14 ums Leben gekommenen Folteropfer des Gefängnisses, die auf dem Gelände von Tuol Sleng gefunden worden waren.

Die am historischen Ort zu besichtigende Dauerausstellung zeigt die von den Roten Khmer zu Gefängniszellen umfunktionierten Klassenräume des ehemaligen Tuol-Svay-Pray-Gymnasiums. Eingehend beleuchtet wird darin die Geschichte der Terrorherrschaft der Roten Khmer zwischen 1975 und 1979 sowie ganz besonders die im Tuol-Sleng-Gefängnis begangenen Verbrechen. Breiten Raum nimmt dabei die Darstellung Tausender Fotos der im »S21« internierten Personen ein. Darüber hinaus sind im Museum die Gemälde des Tuol-Sleng-Überlebenden Vann Nath zu sehen, der in seinen Werken die menschenverachtenden Haftbedingungen und die Folter verarbeitet.

Standort: Phnom Penh, St. 113, Boeung Keng Kang III, Chamkarmorn
Internet: www.tuolsleng.gov.kh

Gedenkstätte »Killing Fields«

Choeung Ek. Die »Killing Fields« gelten als Synonym für den Massenmord der Roten Khmer an der eigenen Bevölkerung. Auf dem Territorium des gesamten Landes befanden sich in den Jahren ihrer Schreckensherrschaft zwischen 1975 und 1979 über 150 solcher Hinrichtungsstätten. Allein in Choeung Ek – dem bekanntesten »Killing Field« etwa zwölf Kilometer südlich der kambodschanischen Hauptstadt Phnom Penh – wurden Schätzungen des Dokumentationszentrums für den Genozid zufolge etwa 14 000 Menschen auf brutale Art hingerichtet. »Um Munition zu sparen«, wurden die Todgeweihten mit Eisenstangen, Spitzhacken und Schaufeln erschlagen, Säuglinge gegen einen sogenannten »Killing Tree for Children« geschleudert. Die meisten Hingerichteten hatten zuvor im berüchtigten Tuol-Sleng-Gefängnis qualvolle Torturen durchlaufen.

Nur 86 der insgesamt 129 Massengräber in Choeung Ek wurden nach dem Zusammenbruch der Terrorherrschaft der Roten Khmer 1979 von Wissenschaftlern, Archäologen und forensischen Experten geöffnet und die sterblichen Überreste der Hingerichteten exhumiert. Die unberührt gebliebenen Hinrichtungsstätten wurden durch ein Absperrband eingefasst und mit Informationstafeln gekennzeichnet. In die Gedenkarchitektur des Ortes integriert ist eine aufwendig gestaltete Gedächtnis-Stupa, ein turmförmiger Bau der buddhistischen Gedenk- und Bestattungskultur. Nach oben hin durch ein vergoldetes Dach abgegrenzt sind im Innenraum der Konstruktion – nach einer spezifischen Taxonomie – die sterblichen Überreste an diesem Ort Hingerichteter aufgebahrt. Übereinander geschichtet befinden sich dort, nur durch Acrylglaswände geschützt, die Überreste von über 8 900 Menschen.

Standort: Choeung Ek, etwa zwölf Kilometer südlich von Phnom Penh

Literaturhinweise Kambodscha:

Documentation Center of Cambodia. Yale University Cambodia Genocide Program. Online abrufbar unter: www.d.dccam.org (letzter Zugriff: 29.11.2017). / Follath, Erich: Die Kinder der Killing Fields. Kambodschas Weg vom Terrorland zum Touristenparadies. München 2009. / Fröberg Idling, Peter: Pol Pots Lächeln. Eine schwedische Reise durch das Kambodscha der Roten Khmer. Frankfurt am Main 2013.

►

Markierte Hinrichtungsstätte auf den »Killing Fields«

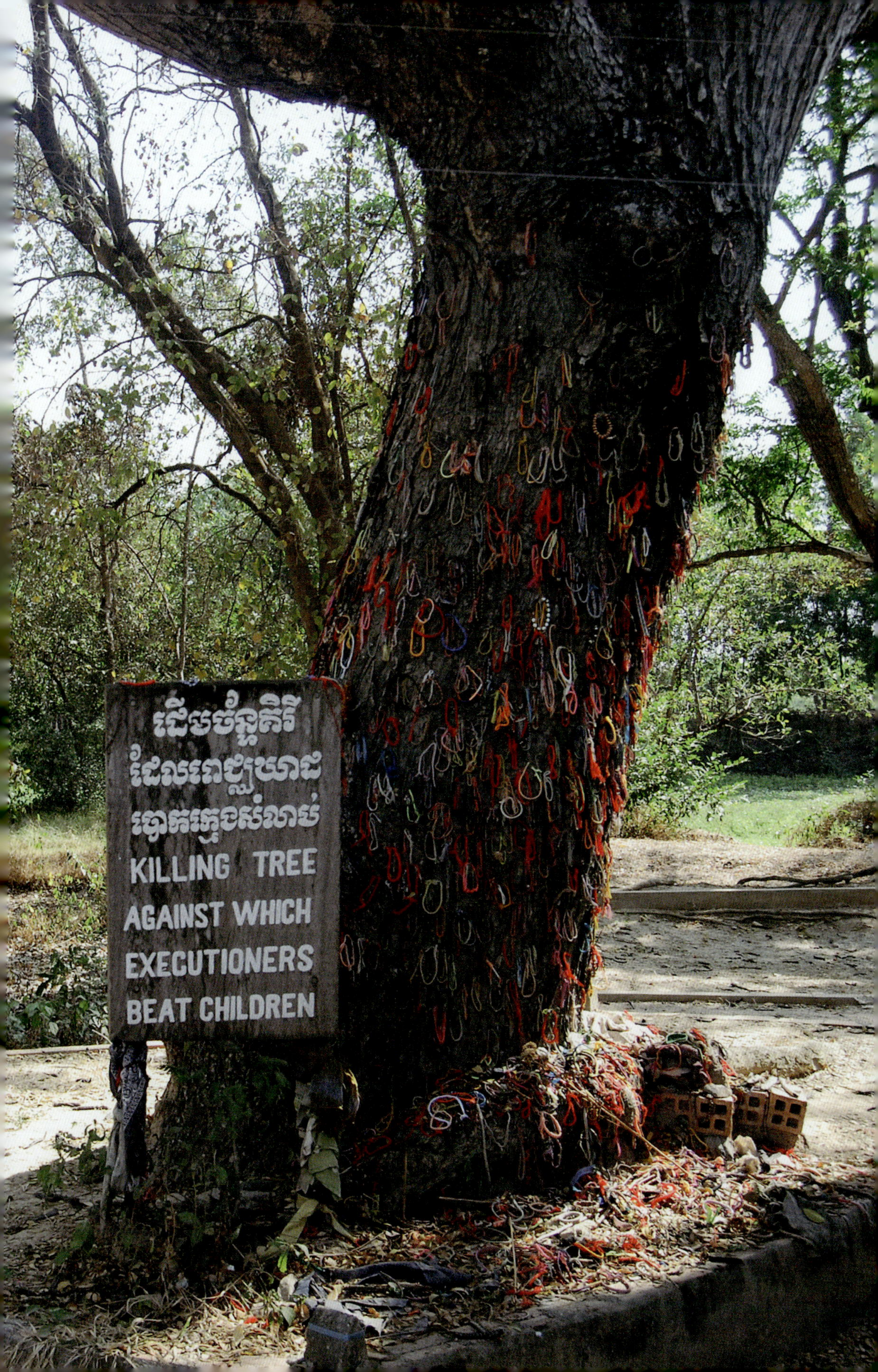
KILLING TREE
AGAINST WHICH
EXECUTIONERS
BEAT CHILDREN

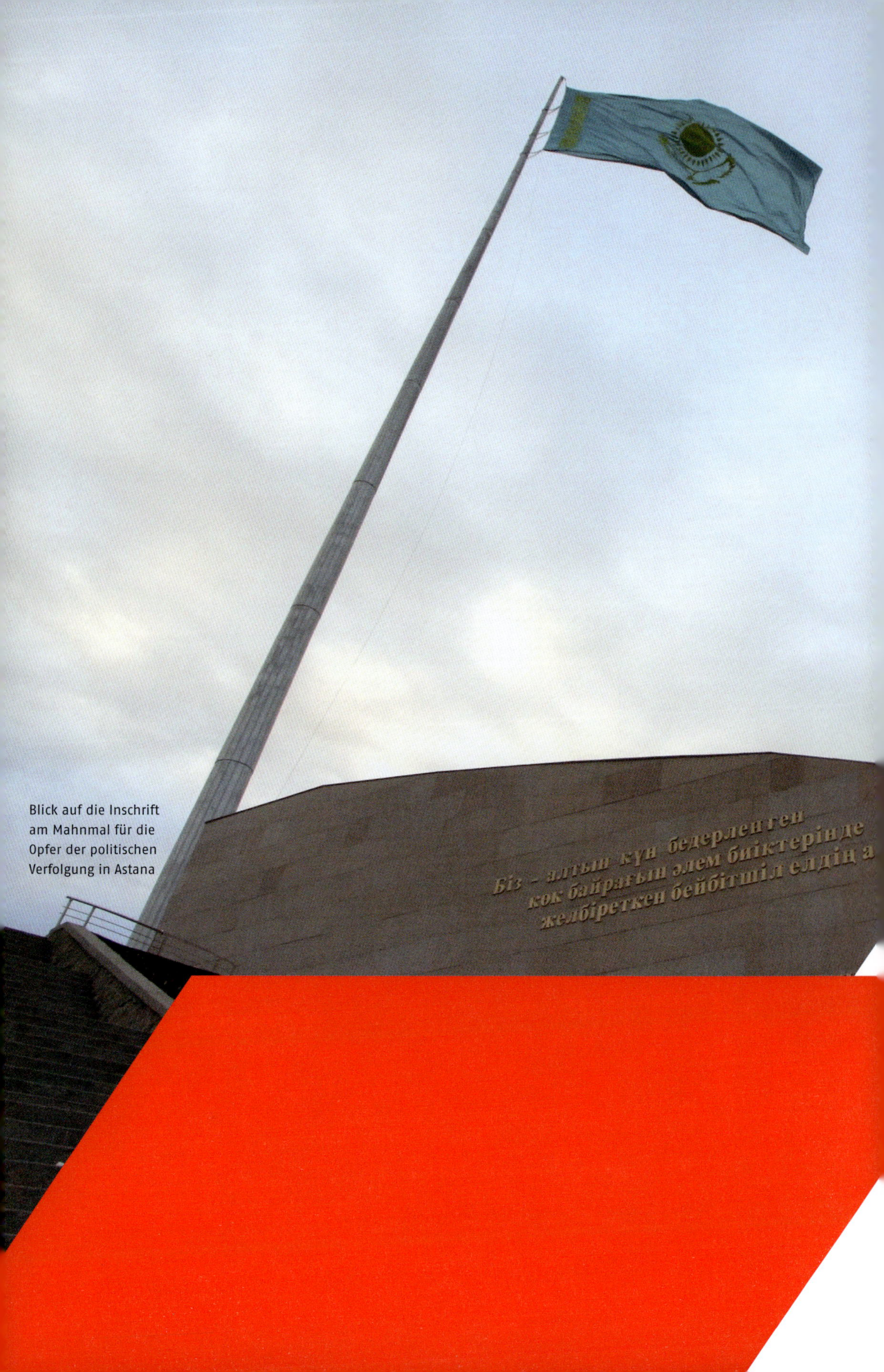

Blick auf die Inschrift am Mahnmal für die Opfer der politischen Verfolgung in Astana

ASTANA
AKMOL
DOLINKA
PAWLODAR

Kasachstan

Kasachstan, das seit dem 9. Jahrhundert zum Einflussgebiet des Russischen Reiches gehörte, kam 1918 unter kommunistische Herrschaft. Die Kasachische Sozialistische Sowjetrepublik (KSSR) wurde erst 1936 gegründet. Das etwa 2,8 Millionen Quadratkilometer große Land war mehrheitlich von nomadisch lebenden Kasachen besiedelt, die meist muslimischen Glaubens waren. Die Etablierung der bolschewistischen Herrschaft in den weiten Steppenlandschaften des Landes wurde durch die Lebensweise und die Traditionen der vielen nomadischen Gemeinschaften erschwert. Eine Gesellschaft, in der die meisten Menschen keinen festen Aufenthaltsort hatten, sich staatlicher Erfassung und Besteuerung entzogen sowie ihre wichtigste ökonomische Ressource – das Vieh – mitführten, ließ sich dem »Diktat des Proletariats« nur schwer unterordnen. Immer wieder mussten Vertreter der sowjetischen Regierung die Erfahrung machen, dass ihre Autorität nur so weit reichte, wie lokale Clanstrukturen und personelle Netzwerke dies zuließen. In den Augen der sowjetischen Führung war die auf Tradition, Glauben und feudalen Clanstrukturen basierende Lebensweise der nomadischen Viehhirten – ebenso wie die auf orthodoxen Riten und generationenalten Bräuchen aufgebaute Existenz der Bauernschaft auf dem Dorf – »rückständig« und nicht mit der sowjetischen Deutungshoheit vereinbar. Diese »Rückständigkeit« und »Unkultiviertheit« sollte durch die »Sowjetisierung des kasachischen Auls« überwunden werden. Im Herbst 1928 leitete der erste Sekretär des Zentralkomitees der Kommunistischen Partei Kasachstans, Filipp Goloschyokin, die brutale Repressionspolitik des sogenannten »Kleinen Oktober« ein. Damit begann in der zentralasiatischen Republik die kasachische Variante der »Entkulakisierung« – die »Debejezacija«. Die Zuordnung von Personen zur Kategorie »Bej« (zentralasiatisches Pendant zum »Kulaken«) erfolgte willkürlich und wurde zur unterschiedslosen Bezeichnung tribaler Clanältester, tatsächlich und vermeintlich wohlhabender Viehzüchter sowie der Mitglieder der kasachischen Oberschicht missbraucht. Alle so klassifizierten Menschen, die als »Repräsentanten der besitzenden Klasse« galten, wurden enteignet, ihre vermeintlichen »Reichtümer« an »die arme Bevölkerung« umverteilt und sie selbst mitsamt ihren Familien aus ihren Heimatregionen deportiert. Der Besitz von drei Pferden, zwei Kühen, zwölf Ziegen und einer Jurte oder das Bewohnen eines etwas solideren Hauses genügte, um als »Bej-Wirtschaft« klassifiziert und somit staatlich entrechtet, des Eigentums beraubt, interniert, deportiert oder getötet zu werden. Wer versuchte, auch nur das Existenzminimum vor den Getreide- und Viehrequirierungsbrigaden zu retten, wurde mit drakonischen Strafen belegt. Wie bei anderen sozialistischen Großprojekten wurden die Maßnahmen zur »Debejezacija« sowie zur Zwangskollektivierung und Sesshaftmachung der Nomaden innerhalb kürzester Zeit mit brutalen Mitteln durchgesetzt. Jeglicher Protest wurde niedergeschlagen, die Anführer der Proteste ermordet oder verschleppt. Die Überführung privatwirtschaftlicher Produktionsverhältnisse in zentral verwaltete Kollektivbetriebe, gepaart mit der dilettantisch durchgepeitschten Ansiedlung der Nomaden eskalierte rasch zu einer präzedenzlosen Tragödie, der am Ende Hunderttausende Menschen zum Opfer fielen. Im Stil einer sogenannten »Kulturrevolution« sollten zwischen 1930 und 1933 mehr als 400 000 Haushalte, rund zwei Millionen Menschen, sesshaft gemacht werden. In den meisten Fällen erschöpfte sich die Ansiedlung der Nomaden jedoch darin, sie ohne Saatgut oder Baumaterial in unwirtliche Steppen- oder Wüstenregionen abzuschieben, wo sie in winzigen Lehmhütten hausen mussten. Mit revolutionärem Eifer trieb die Regierung zusammen mit den lokalen Behörden die Kollektivierung und die abschließende Sesshaftmachung der nomadischen Bevölkerungsteile immer weiter voran. Im Juni 1932 konnte die kasachische Führung der Zentralregierung in Moskau melden, dass 73,1 Prozent aller Privatwirtschaften und 97,8 Prozent aller Aussaatflächen des Landes kollektiviert worden waren. Damit nahm Kasachstan den ersten Platz unter allen Unionsrepubliken ein. Nur ein Jahr später allerdings, im Sommer 1933, war die Regierung um Filipp Goloschyokin mit einer ökonomischen und humanitären Katastrophe konfrontiert. Rund 90 Prozent des landesweit in Kolchosen zusammengetriebenen Viehs ging an falscher Pflege, Wasserknappheit und Futtermangel zugrunde. Innerhalb weniger Jahre wurde nicht nur eine der wichtigsten ökonomischen Ressourcen vernichtet, sondern auch die jahrhundertealte Tradition des Nomadismus praktisch ausgelöscht.

Von Anfang an trafen die Maßnahmen des »Kleinen Oktober«, der Kollektivierung und der »Debejezacija« auf massiven Widerstand der Bevölkerung. Zwischen 1929 und 1931 beteiligten sich auf dem gesamten Gebiet Kasachstans rund 80 000 Menschen an über 400 Aufständen. Die Proteste, die sich überwiegend gegen Repräsentanten der Kommunistischen Partei und Staatseinrichtungen wandten, konnten nur unter Aufbietung massiver Polizeigewalt unterdrückt werden. Viele Menschen wählten den Weg des passiven Widerstands und versuchten, über die Grenzen vor den Requirierungskommandos, den Repressionen und dem seit 1930 einsetzenden Hunger zu fliehen. Zwischen 1930 und 1932 flohen mehr als eine Million Kasachen in die Mongolei, nach China, Afghanistan, Persien und in die Türkei. Die zunächst noch lokal begrenzten Versorgungskrisen weiteten sich rasch auf das gesamte Land aus – nicht zuletzt, weil die zentrale Führung in Moskau rigoros auf der Erfüllung der überhöhten Abgabequoten bestand, selbst dann noch, als sich die Ausmaße der Hungerkatastrophe bereits deutlich abzeichneten. In den Jahren 1932/33 verhungerten Millionen Menschen in allen Gebieten der Sowjetunion: in der Ukraine, im Nordkaukasus, an der Wolga, im Ural und in den Steppenregionen Kasachstans. Das zentralasiatische Land war dabei in Relation zu seiner Gesamtbevölkerung die am schlimmsten vom Hunger betroffene Sowjetrepublik. An den unmittelbaren Folgen von Hunger, Entkräftung und Krankheit verstarben hier schätzungsweise 1,5 Millionen Menschen. Prozentual gesehen verlor Kasachstan innerhalb weniger Monate zwischen 36,2 Prozent (unmittelbar Umgekommener) und 64 Prozent (inkl. Abwanderungs- und demografische Verluste) seiner Gesamtbevölkerung im Zuge der forcierten Kollektivierung, »Debejezacija« und Sesshaftmachung. Angesichts der horrenden Ausmaße von Entbehrung, Mangel, Verelendung und Tod erwies sich der Hunger auch als Schisma für den inneren Zusammenhalt der kasachischen Gesellschaft. Kriminalitätsraten erreichten nie zuvor gesehene Höhen, Berichte über grassierenden Kannibalismus sorgten für Entsetzen. Heillos überforderte lokale Behörden reagierten auf die verheerenden Verhältnisse, indem Verhungernde auf Lastwagen gepfercht, in entlegene Regionen abtransportiert und dort sich selbst überlassen wurden. Flüchtlinge, die man hatte aufgreifen können, bevor sie die rettenden Grenzen erreichten, wurden in Baracken gesteckt und dem Hungertod preisgegeben. Minderjährige wurden von den Behörden in überfüllte Kinderheime verbracht, die ebenfalls von Hunger, Krankheit und Tod gekennzeichnet waren. Ähnlich wie in den Krisengebieten der Ukraine genügten die mageren Hilfslieferungen, die vom Politbüro nach langem Zögern im Sommer 1933 bewilligt wurden, nicht, um alle Bedürftigen zu erreichen. In erster Linie zielten die Unterstützungsmaßnahmen darauf ab, die kollabierende kasachische Ökonomie aufrechtzuerhalten. Die Rettung der Verhungernden stand an zweiter Stelle. Am Ende der Hungerkatastrophe hatten nicht nur 1,5 Millionen Menschen ihr Leben verloren, auch der Nomadismus als dominierende Lebensform der Kasachen hatte aufgehört zu existieren. Hinzu kam, dass in Kasachstan seit Ende der 1920er Jahre weite Gebiete für die Errichtung des in seiner Ausdehnung größten GULag-Gebiets – des KarLag – enteignet und in Lager umgewandelt wurden. Immer mehr Menschen wurden aus ihrem angestammten Lebensraum vertrieben. Viele der auf nomadische Weidewirtschaft angewiesenen Bauern verteidigten die für ihre Herden lebensnotwendigen Gebiete mit Waffengewalt.

Bis zur vollständigen Umsiedlung der kasachischen Nomaden aus der KarLag-Zone in die kargen Steppengebiete des Landes kam es immer wieder zu Aufständen und Konflikten: Allein in der Gründungsphase des KarLag zwischen Februar und Mai 1930 wurden 372 Bauernunruhen niedergeschlagen. Zwischen 1929 und 1933 verurteilte die sowjetische Geheimpolizei OGPU, der Vorläufer des NKWD, mehr als 13 000 Menschen zu Lagerhaft von drei bis zehn Jahren. Weitere 3386 Personen wurden zum Tode verurteilt. Den systematischen Verfolgungs- und Verhaftungskampagnen der sowjetischen Geheimpolizei fiel auch die kasachische Intelligenzija zum Opfer. In zwei großen Verfolgungswellen 1928/29 sowie im Zuge des Massenterrors der Jahre 1937/38 wurden die meisten Intellektuellen des Landes verbannt, zur Zwangsarbeit verurteilt oder exekutiert. Durch die stalinistische Terrorpolitik, die Zwangskollektivierung sowie den damit verbundenen Exodus der kasachischen Bevölkerung dezimierte sich selbige in den Jahren von 1930 bis 1934 von 5,8 auf 2,4 Millionen Menschen.

Begleitet war die Sowjetisierung Kasachstans zudem von einer Russifizierung, welche die Ansiedlung von ethnischen Russen, aber auch Bewohnern aus anderen Sowjetrepubliken in Kasachstan vorsah. Dazu gehörten vor allem aus den sowjetischen Westgebieten vertriebene und deportierte Volksgruppen wie die Wolgadeutschen und Krimtataren.

Die Folgen der katastrophalen Hungersnot und der Zwangskollektivierung sowie Zwangssowjetisierung wurden über Jahrzehnte hinweg verschwiegen und verleumdet. Erst während der Perestroika – dem Kurs der gesellschaftspolitischen Öffnung unter Staats- und Parteichef Michail Gorbatschow – wurde das Schweigen gebrochen. 1986 gab es in Kasachstan die ersten Proteste und lokalen Erhebungen gegen die Sowjetmacht und für die Unabhängigkeit des Landes. Diese wurde im Oktober 1990 ausgerufen, nach der Wahl des bisherigen Vorsitzenden des Ministerrats der Kasachischen Sowjetrepublik und Generalsekretärs der Kommunistischen Partei zum Präsidenten der Republik Kasachstan. Aus folgenden Wahlen ging Nursultan Nasarbajew immer wieder als Wahlsieger hervor; ihm und seinen Gefolgsleuten werden Wahlbehinderung und »Unregelmäßigkeiten« vorgeworfen. Diese betreffen auch das 1995 durchgeführte Verfassungsreferendum, bei dem angeblich 90 Prozent der Wahlberechtigten eine Beschneidung der Befugnisse des Parlaments zugunsten der Macht des Präsidenten befürworteten.

Die Aufarbeitung der Vergangenheit ist in Kasachstan auf die Schaffung eines nationalen Bewusstseins gerichtet und betrifft vor allem die mit der Hungersnot und dem GULag, insbesondere der Einrichtung des KarLag, verbundenen Repressionen. Hierfür wurden verschiedene Gedenkstätten eingerichtet und staatlich gefördert. Oftmals ist das Präsidialbüro oder der Präsident selbst an der Errichtung und Einweihung der Gedenkstätten beteiligt. Am 31. Mai jedes Jahres wird der Gedenktag für die Opfer der Repressionen begangen. Eine strafrechtliche Aufarbeitung fand nicht statt. Zivilgesellschaftliche Organisationen werden bis heute unterdrückt.

Mahnmal für die Opfer der politischen Verfolgung

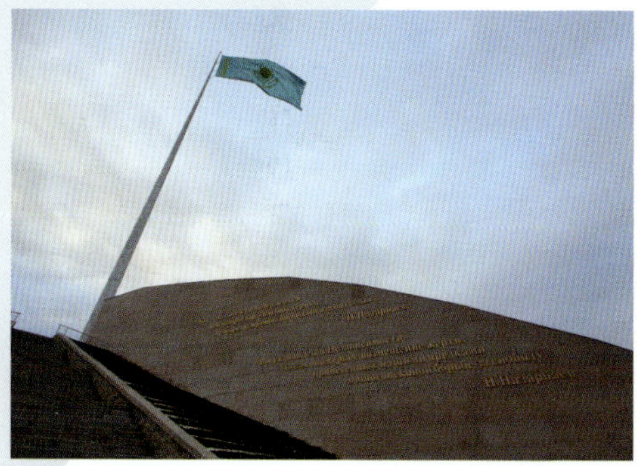

Mahnmal für die Opfer der politischen Verfolgung

Astana. Das Mahnmal für die Opfer politischer Verfolgung befindet sich auf dem Gelände der nationalen Gedenkstätte »Atameken« in der Hauptstadt Astana. Der am 6. Juni 1997 auf Initiative des kasachischen Präsidenten Nursultan Nasarbajew errichtete 27 Meter hohe Hügel (Kurgan) erinnert an die Opfer der politischen Repression, insbesondere an die Insassen der zahlreichen Arbeits- und Internierungslager des GULag, die sich auf dem Gebiet Kasachstans befanden. Mit der Gestaltung der Anlage wurde neben anderen prominenten nationalen Architekten und Künstlern auch der Präsident des Verbandes der Designer Kasachstans, T. A. Sulejmenov, beauftragt. Finanziert wurde das Mahnmal aus Mitteln des kasachischen Präsidialfonds.

Die architektonische Grundlage der Anlage bildet eine traditionell kasachische Grabstättenkonstruktion – der Kurgan: ein 27 Meter hoher aufgeschütteter Hügel, der über eine Treppe bestiegen werden kann. Auf seinem höchsten Punkt befindet sich eine in den Himmel ragende Stele. Der Weg zur Mahnmalspitze wird durch ein Basrelief mit allegorischen Leidensszenen, welche die Repression der kasachischen Bevölkerung während der sowjetischen Herrschaft zum Ausdruck bringen sollen, gesäumt.

Inschrift

Kasachisch: Біб – алтын кун бедеперген / кы байрағынә пей иіктерінде / жепбіреткен бейбітшіл епдің азаматымыз / Н. Назарбаев

Russisch: Восстановление независимости – / это законномерное возмещение жертв, / принесенных нашими предками / в многовековой борьбе за свободу. / Н. Назарбаев

Die deutsche übersetzung lautet:
Die Wiederherstellung der Unabhängigkeit – Das ist die gesetzmäßige Entschädigung der Opfer, die von unseren Vorfahren im jahrhundertealten Kampf um die Freiheit erbracht wurden. / N. Nasarbajew

Standort: Astana, prospekt Kabanbaja 6

Mahnmal für die Opfer der Hungerkatastrophe

Astana. Das Mahnmal für die Opfer der Hungerkatastrophe der Jahre 1932/33 in Kasachstan wurde am 31. Mai 2012, dem nationalen Gedenktag für die Opfer politischer Repressionen, von Präsident Nursultan Nasarbajew eingeweiht. Das Mahnmal besteht aus einer Skulpturengruppe sowie einer 23 Meter langen Gedenkmauer, der »Wand des Kummers«. Das Eröffnungsdatum markiert den 80. Jahrestag der künstlich verursachten Hungerkatastrophe. Innerhalb weniger Monate forderte die Hungersnot in der zentralasiatischen Republik etwa 1,5 Millionen Opfer und zerstörte die jahrhundertealte Nomadenkultur des Landes.

Den dominierenden Teil des Mahnmals bildet eine Frauenskulptur, die ihre Hände verzweifelt gen Himmel streckt. Neben ihr steht die Figur eines ausgemergelten Jungen. Um die beiden herum befinden sich mehrere trauernde Gestalten, wie sie traditionell an den Begräbnisstätten indigener Kasachen aufgestellt wurden. Die dahinter stehende Gedenkwand aus schwarzem Marmor ist in der Mitte in Form eines Scherengitters gestaltet. Mit der Symbolik greifen die Gestalter traditionelle Elemente nomadischer Lebensweise in Kasachstan auf. Das kuppelartige Dach ihrer Jurten setzen die Steppenvölker seit jeher aus hölzernen Scherengittern zusammen. Damit soll zugleich auf die Zerstörungskraft der erzwungenen Sesshaftmachung hingewiesen werden.

Inschrift
Kasachisch: *1932 – 1933* Жылдардағы /
Ашаршылық Құрбандарының Рухына /
Мәңгілік Тағзым!

Die deutsche übersetzung lautet:
Den Hungeropfern der Jahre 1932 – 1933
Ewiges Gedenken!

Standort: Astana, an der Kreuzung zwischen Prospekt der Republik und Abaja

Mahnmal für die Opfer der Hungerkatastrophe

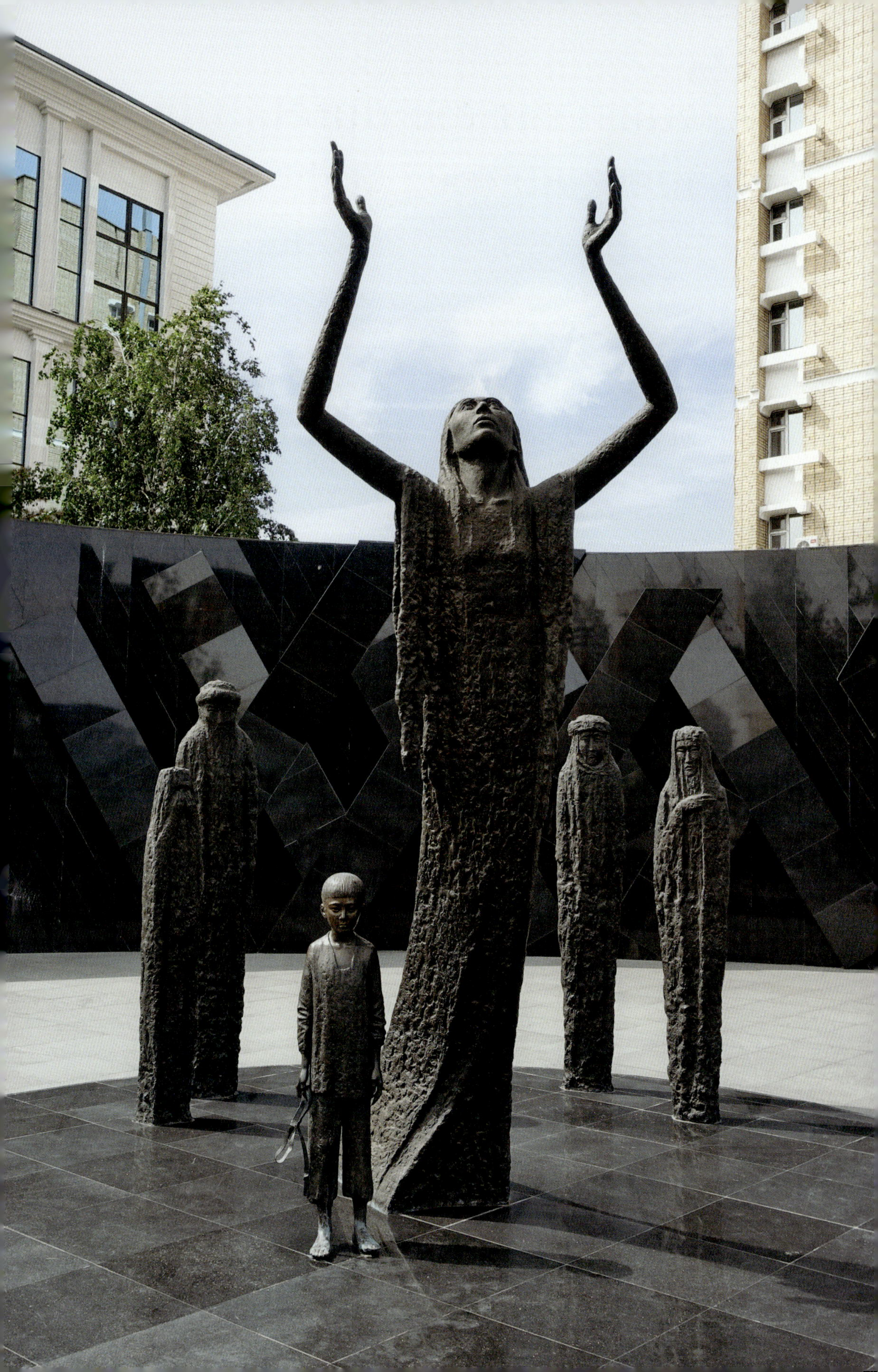

Gedenkstätte für die Häftlinge des Frauenlagers ALŽIR

Akmol. Die am 31. Mai 2007, dem nationalen Gedenktag für die Opfer politischer Repressionen, vom kasachischen Präsidenten Nursultan Nasarbajew eröffnete Gedenkstätte befindet sich am historischen Ort des einstigen »Akmolinsker Lagers für die Ehefrauen von Vaterlandsverrätern« (ALŽIR). Vom Dezember 1937 bis zu seiner Auflösung im Juni 1953 war das Lager ALŽIR der zentrale Inhaftierungsort für Frauen und Kinder von als »Volksfeinde« stigmatisierten Opfern politischer Verfolgung. Heute befinden sich auf dem Gelände ein Museum für die Opfer der politischen Repression und des Totalitarismus, ein Gedenkpark, mehrere Skulpturengruppen sowie die Monumentalbauten »Bogen der Trauer« und eine Granitwand mit den Namen von 7259 hier gefangenen Frauen.

Auf der Grundlage des Befehls Nummer 00486 vom 15. August 1937 »Über die Operation zur Repressierung der Ehefrauen und Kinder der Vaterlandsverräter« wurden die Familienangehörigen von Inhaftierten nach dem Prinzip der Sippenhaft ebenfalls verhaftet. Die damals überall von der NKWD-Zentrale eingesetzten Troikas – bestehend aus dem regionalen NKWD-Leiter, dem örtlichen Parteisekretär sowie einem Vertreter der Staatsanwaltschaft des Gebiets – gingen von einer grundsätzlichen Kollektivschuld der als »Volksverräter« identifizierten Personen und ihrer Angehörigen aus. Auf dem Gebiet der Sowjetunion gab es drei Sonderlager für Familienangehörige: in Mordwinien, wo überwiegend Ehefrauen in Ungnade gefallener hoher Militärfunktionäre inhaftiert waren, in Westsibirien nahe der Stadt Tomsk sowie in Akmolinsk. Diese Lager wurden in bestehende Strukturen der »Besserungsarbeitslager« der jeweiligen Orte eingegliedert. Das ALŽIR unterstand dem Komplex der Karagandinsker Lager, dem KarLag. Es befand sich in einem von den übrigen Haftorten isolierten Gebiet an den Ufern des Sees Selonas in der Nähe von Akmol, das im Kasachischen »weißes Grab« bedeutet. Der erste Sammeltransport mit fast 8 000 »Angehörigen von Vaterlandsverrätern« traf im Dezember 1937 im ALŽIR ein. Zu den Inhaftierten gehörten neben Sowjetbürgerinnen auch zahlreiche Ausländerinnen aus europäischen Staaten wie Bulgarien, den baltischen Ländern, der Tschechoslowakei, Polen, Rumänien oder Schweden, aber auch aus Korea und Japan. Im Unterschied zu den anderen Standorten des KarLag galt in ALŽIR ein verschärftes Lagerregime. Dies ging mit der Isolation der politischen Gefangenen, aber auch mit dem Verbot jeglicher Korrespondenz, schwerer körperlicher Arbeit sowie erhöhten Arbeitsnormen einher. Annähernd 1500 Frauen waren in Schichten von zwölf Stunden in der Stickerei, einem der wichtigsten Produktionsbetriebe des Sonderlagers, beschäftigt. Neben Kleidung und Haushaltstextilien jeglicher Art mussten die Frauen mit Kriegsbeginn vor allem Uniformen und

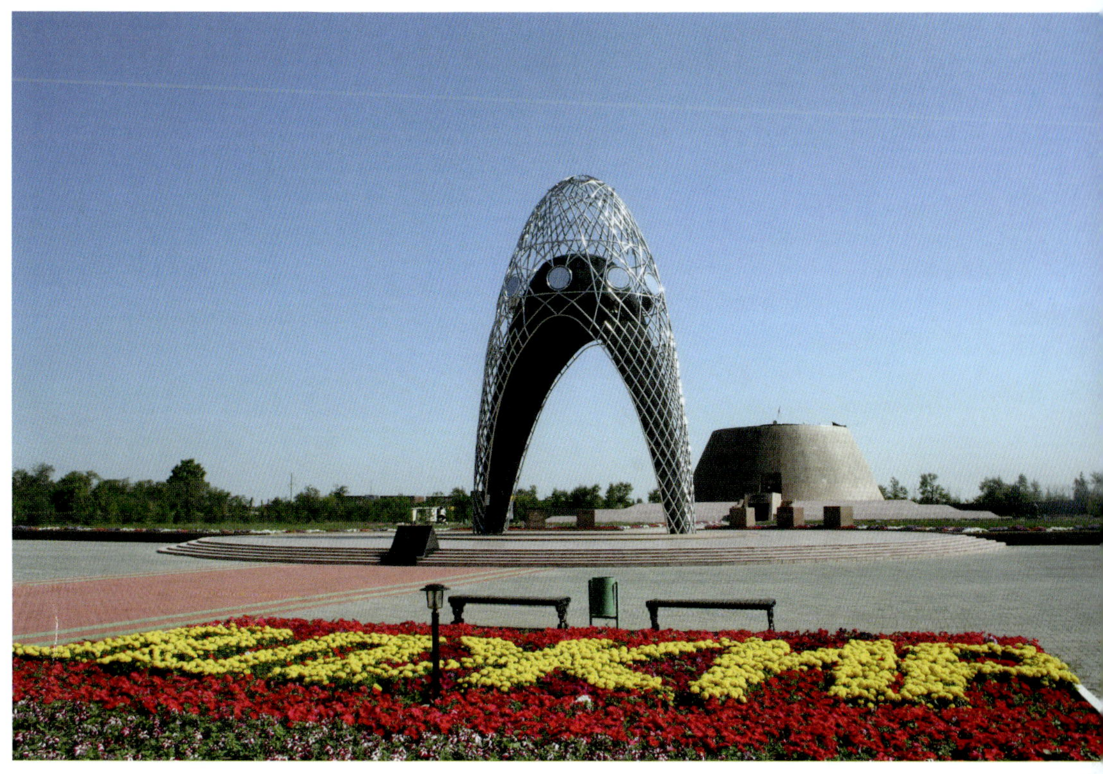

Außengelände der Gedenkstätte für die Häftlinge des Frauenlagers ALŽIR

Winterbekleidung fertigen. Andere Insassinnen wurden zur Feldarbeit oder zum Dienst beim Straßenbau abkommandiert. Bereits im September 1938, nachdem 64 Transporte aus 24 städtischen Untersuchungsgefängnissen und 13 »Besserungsarbeitslagern« aus verschiedenen Teilen der Sowjetunion Akmolinsk erreicht hatten, war ALŽIR vollkommen überfüllt. Im Oktober 1938 wurde in Spassk, in der Nähe der Stadt Karaganda, eine ebenfalls dem KarLag unterstehende »Sonderfiliale« des Frauenlagers eröffnet. Dort befanden sich bis zu seiner Umfunktionierung in ein Kriegsgefangenenlager in den 1940er Jahren etwa 3 000 Frauen. Insgesamt durchliefen mehr als 18 000 Frauen das Sonderlager bei Akmol, 7 259 Frauen verbüßten hier die gesamte Dauer ihrer Haftstrafe. Diese betrug in den meisten Fällen fünf bis zehn Jahre.

Die Ausstellung des Museums für die Opfer der politischen Repression und des Totalitarismus thematisiert zum einen die Entstehungsgeschichte der »Besserungsarbeitslager« sowie ihre politische, administrative und wirtschaftliche Bedeutung im Staatsgefüge der Sowjetunion der 1930er bis 1950er Jahre. Zum anderen nimmt die Darstellung individueller Schicksale von Opfern der sowjetischen Repressionspolitik breiten Raum ein. Deren einziges »Vergehen« bestand darin, Mütter, Ehefrauen, Töchter oder Schwestern der als »Volksverräter« stigmatisierten Männer zu sein. In der Ausstellung finden sich originale Archivdokumente, Briefe und Zeitzeugenberichte, Fotografien, Kleidungsstücke, erhalten gebliebene Gebrauchsgegenstände sowie andere historische Erinnerungsstücke. Die zweiteilige Dauerausstellung des Museums stellt zunächst die »Politische Geschichte Kasachstans im 19. und 20. Jahrhundert« vor. Beleuchtet werden die Sowjetisierung des Landes, die forcierte Kollektivierung der Landwirtschaft, die Hungersnöte der 1930er Jahre bis hin zu den Scheltoksan-Unruhen im Dezember 1986, welche den Kampf um die staatliche Unabhängigkeit Kasachstans von der Sowjetunion einleiteten. Der zweite Teil der Ausstellung, »Die Häftlinge von ALŽIR«, dokumentiert anhand von Originalzeugnissen, Nachbildungen der Lagerfabrik, den Häftlingsbaracken und Kommandanturräumen den Haftalltag und das Internierungsregime des Akmolinsker Frauenlagers. Das museale Angebot wird durch ein breites Veranstaltungsspektrum wie Lesungen und Vortragsreihen zum Thema Repression und Verfolgung sowie Gespräche mit ehemaligen Insassinnen und der Vorführung thematischer Dokumentarfilme ergänzt.

Vor der Errichtung des heutigen Gedenkstättenkomplexes befand sich seit 1989 auf Initiative des Generaldirektors des Unternehmens Aqmola-Feniks, Ivan Ivanowitsch Scharfa, ein kleines Museum auf dem einstigen Gelände des Lagerfriedhofs. Seine Bestände wurden in die 2007 geschaffene Gedenkstätte übernommen. Ein massiver Torbogen aus schwarzem Granit unter einer aus Stahlnetzen verwobenen Kuppel bildet den Eingang zur heutigen Gedenkstätte. Auf dem Gelände sind außerdem die originalgetreue Nachbildung einer Häftlingsbaracke sowie die Skulpturenkompositionen »Verzweiflung und Ohnmacht« und »Kampf und Hoffnung« zu sehen. Die erste Bronzeskulptur zeigt einen kauernden Mann mit vor Trauer gebeugtem Haupt. Ihm gegenüber befindet sich die Skulptur einer ausgezehrten, aber hoffnungsvoll blickenden Frau. Die Gedenkwand mit den eingravierten Namen der im ALŽIR inhaftierten Frauen trägt Inschriften in Kasachisch, Russisch und Englisch. Diese lauten:

Kasachisch: XX ғасрдың *1930 – 1940* жә не / *1950* – жылдарының басындағы / саяси қуғын – сүргін жә не /тоталиризм құрбандарын /еске алу – қабырғасы // Ада болып үміті, арманы да, /торғайлардай қамалды торға мына. /Ойларына не келсе, соны істеді. /Жазықсыздың жазыксыз жарларына

Russisch: Стена памяти /жертв политических /репрессий /и тоталитаризма *1930 – 1940*х /и начала *1950*х годов XX века // А здесь в глухом чаду пожара /остатки юности губя, /мы не единого удара / не отстранили от себя

Englisch: *Memorial / for the victims of political / repression during / the 1930–1940s / and early 1950s // And wasting our youth / we were facing / every blow / of a fierce life // – Anna Achmatowa*

Die deutsche Übersetzung lautet:
Mauer des Gedenkens für die Opfer der politischen Repressionen während der 1930er–1940er und der frühen 1950er Jahre.
Doch hier, wo dichter Qualm und Feuerrauch
Den letzten Rest von Jugend uns erstickt,
Hier weichen wir nicht einem Schlage aus,
Und treten keinen einzigen Schritt zurück.
– Anna Achmatowa

Standort: Akmolinsker Gebiet, Akmol
Internet: www.museum-alzhir.kz

Museum zum Gedenken an die Opfer politischer Repressionen

Dolinka. Das Museum zum Gedenken an die Opfer politischer Repressionen wurde am 31. Mai 2010, dem nationalen Gedenktag für die Opfer politischer Repressionen, nach umfangreichen Restaurierungs- und Sanierungsarbeiten auf Initiative des kasachischen Präsidenten Nursultan Nasarbajew eröffnet. Es befindet sich im ehemaligen Gebäude der Hauptverwaltung der »Karagandinsker Besserungsarbeitslager« (KarLag), das zwischen 1933 und 1935 durch Häftlingszwangsarbeit errichtet wurde. Bis zur Auflösung des KarLag 1959 wurde von hier aus das gesamte Lagersystem auf dem Gebiet der Kasachischen SSR verwaltet.

Unter den über 450 zu verschiedenen Zeiten gegründeten und unterschiedlich lange bestehenden Standorten des GULag mit seinen Tausenden Haupt- und Nebenlagern zählte das KarLag zu den größten und am längsten in Betrieb gehaltenen Komplexen. Seine Gründung geht zurück auf die am 7. Dezember 1929 vom Rat der Volkskommissare beschlossene Errichtung neuer Haftlager im asiatischen Teil der UdSSR, in Sibirien und im Fernen Osten. Diesem Beschluss war wenige Monate zuvor, am 13. Mai 1929, eine Weisung Stalins vorausgegangen. Ihr zufolge sollte die Arbeitskraft der zu mehr als drei Jahren Haft verurteilten Häftlinge zur Erfüllung des ersten Fünfjahresplans eingesetzt werden. Die Restrukturierung bereits existierender GULag-Standorte sowie die Gründung neuer Lagereinheiten in abgelegenen, jedoch ökonomisch zukunftsträchtigen Regionen der Sowjetunion sollte die planwirtschaftlich diktierte Steigerung der Industrieproduktion erfüllen helfen.

In den fast 30 Jahren seines Bestehens spiegelt das KarLag mit seinen verschiedenen Lagertypen die Entwicklung des sowjetischen Zwangsarbeitssystems wider. So zählten zu dem ursprünglichen Landwirtschaftslager unter anderem das »Akmolinsker Lager für die Ehefrauen von Vaterlandsverrätern« (ALŽIR), Sonderlager mit strengem Haftregime sowie Lager für Repatriierte und Kriegsgefangene. Häftlinge wurden nicht nur in der Landwirtschaft, sondern auch bei verschiedensten Bauarbeiten, bei der Kohle- und Eisenerzförderung, bei der Herstellung von Ausrüstungsgegenständen sowie der Fertigung von Panzer- und Infanterieminen während des »Großen Vaterländischen Krieges« eingesetzt. Besonders qualifizierte Insassen arbeiteten in landwirtschaftlichen und veterinärmedizinischen Forschungslaboren des KarLag, die mit der Akademie der Wissenschaften in Moskau kooperierten. Bereits wenige Monate nach Inbetriebnahme des Lagers befanden sich dort im Mai 1930 etwa 10 000 Inhaftierte, bei der Auflösung im Juli 1959 waren es rund 17 000. Während der Zeit des »Großen Terrors« und in den Kriegsjahren schwankte die Zahl der Insassen, wie auch in den anderen GULag-Standorten, erheblich. So betrug die Belegung in den Jahren 1936 bis 1938 zwi-

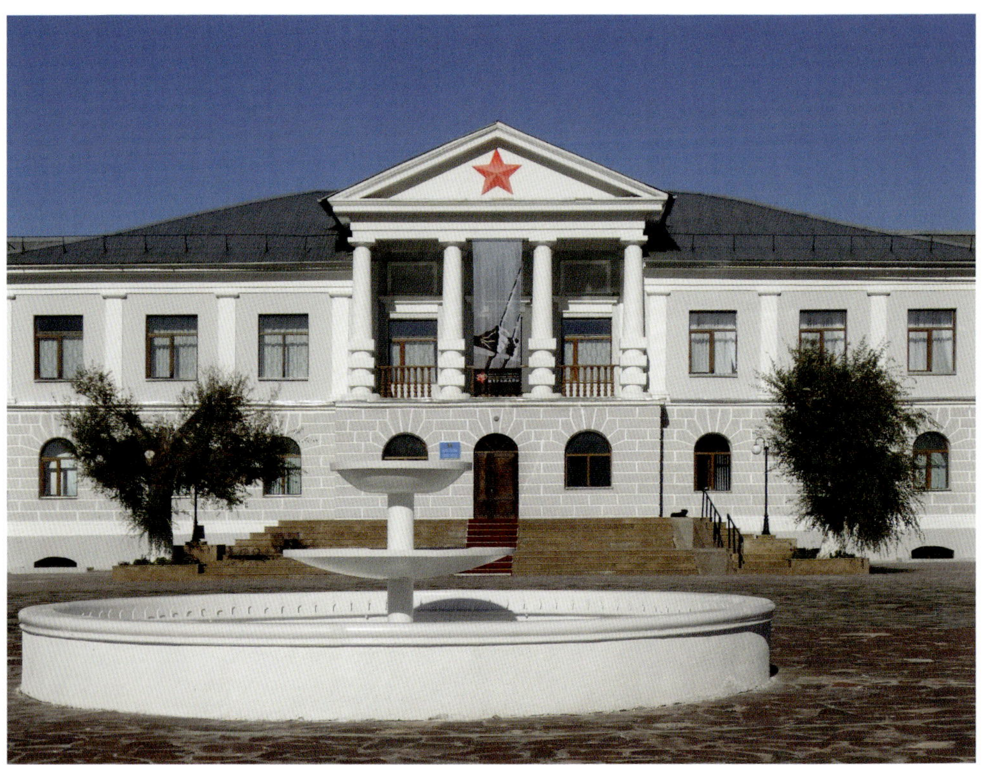

Fassadenfront des Museums
zum Gedenken an die Opfer politischer Repression

schen 20 000 und 40 000 Gefangene, während des »Großen Vaterländischen Krieges« stiegen die Zahlen sogar auf 50 000 an. Die stärkste Belegung erreichte es allerdings 1948, als sich im KarLag 65 000 Personen befanden.

Das Territorium des Lagers weitete sich sukzessive aus. Der in acht Abteilungen gegliederte Komplex nahm bis zu 17129 Quadratkilometer ein. Die Häftlinge waren auf 72 Lagerpunkte verteilt. Im Zuge dieser Expansion wurden immer größere Teile der kasachischen Bevölkerung aus ihrem angestammten Lebensraum vertrieben.

Zum KarLag zählte auch der dritte Lagerpunkt Kengir, der durch einen der größten Gefangenenaufstände in der Geschichte des GULag-Systems im Mai/Juni 1954 Bekanntheit erlangte. Nach Stalins Tod im März 1953 und der Erschießung des bisherigen NKWD-Leiters Lawrenti Berija war es zu Aufständen in den nördlichen Lagern in Norilsk und Workuta gekommen. Die nur drei Wochen nach dem Ableben Stalins erlassenen Amnestien begnadigten zwar über 1,2 Millionen GULag-Insassen, schlossen allerdings die Freilassung der »politischen« und aller in den Sonderlagern inhaftierten Gefangenen aus. Die etwa 4 000 Aufständischen im Lagerpunkt Kengir – zu denen Partisanen und Widerstandskämpfer aus der Westukraine und dem Baltikum sowie Veteranen der Roten Armee zählten – forderten vor allem die Reduzierung aller Haftstrafen, die Abschaffung der Verbannung nach Haftverbüßung, eine Erleichterung des Haftregimes durch bessere Lebensbedingungen, Auflösung der Strafzellen und mehr Kontakt zu den Familienangehörigen. Am Morgen des 26. Juni, 40 Tage nach Streikbeginn, schlugen 1700 bewaffnete Soldaten, 98 Kampfhunde und fünf Panzer den Gefangenenaufstand blutig nieder. Bekanntheit erlangten die »40 Tage von Kengir« vor allem durch das Buch »Archipel GULag« des russischen Dissidenten und Literaturnobelpreisträgers Alexander Solschenizyn.

Die Auflösung des KarLag erfolgte zwischen 1956 und 1959. Als offizielles Datum der Schließung wird der 27. Juli 1959 angegeben. Die landwirtschaftlich geprägten Lagerstandorte wurden in mehr als 50 Staatsgüter der Tier- und Pflanzenproduktion umgewandelt, in denen örtliche und angeworbene Arbeitskräfte, aber auch ehemalige Häftlinge und einstiges Lagerpersonal tätig waren.

Das Museum zum Gedenken an die Opfer der Politischen Repressionen in Dolinka beleuchtet in einer auf 17 Säle verteilten Dauerausstellung zum einen die lokale Geschichte des Unrechtsregimes in Kasachstan und ganz besonders an den Standorten des KarLag. Zum anderen sollen Besucher mit dem historischen Kontext des sowjetischen GULag-Systems vertraut gemacht werden. Die Ausstellung im ersten Stock illustriert anhand historischer Dokumente, Kunst- und Gebrauchsgegenstände sowie verschiedener Memorabilien und Faksimiles unter anderem die Geschichte der Hungerkatastrophe im Kasachstan der frühen 1930er Jahre, die politische Repression kasachischer Intellektueller sowie die Entwicklungsgeschichte und wirtschaftliche Aktivität des KarLag. Die Präsentation gibt zudem Aufschluss über das Verfolgungs- und Deportationssystem der sowjetischen Geheimpolizei, das zur Verbannung Tausender Zwangs- und Sonderumsiedler aus verschiedensten Teilen der UdSSR nach Kasachstan führte. Weitere Räume sind den Repressionen in den Jahren nach Stalins Tod sowie der Entwicklung Kasachstans seit Erlangung der staatlichen Unabhängigkeit am 16. Dezember 1991 gewidmet. In den rekonstruierten Kellerräumen des Gebäudes vermitteln Installationen einen Eindruck von den Bespitzelungs-, Verhör- und Folterpraktiken der sowjetischen Geheimpolizei. Diese Räume sind in deutlichem Kontrast zu den Ausstellungssälen im ersten Stock angelegt: Figuren von Gefangenen, Wachpersonal, Bürokraten und Offizieren der Geheimpolizei machen in nachgebildeten Baracken, Hospitälern, Karzern, Verhör-, Folter- und Hinrichtungsräumen das Haftregime, den Arrestprozess sowie den Verlauf der Strafuntersuchung nachvollziehbar. Auf der Internetpräsenz der Einrichtung kann ein virtueller Rundgang durch alle Räumlichkeiten des Museums unternommen werden. Die Texte der Ausstellung sind in Kasachisch, Russisch und Englisch verfügbar. Das Museum bietet Führungen durch die Ausstellung und Exkursionen zum nahegelegenen Mamochkino-Gedenkfriedhof an. Hier befinden sich die Grabstätten der Mütter und Kinder, die in den Jahren 1930 bis 1940 im Lager ums Leben kamen.

Standort: Gebiet Karaganda, Dolinka, Schkolnaja uliza 39
Internet: www.karlagmuseum.kz

Mahnmal für die Opfer der Hungerkatastrophe

Pawlodar. Das Mahnmal für die Opfer der Hungerkatastrophe wurde am 31. Mai 2012, dem Tag des Gedenkens an die Opfer politischer Repressionen in Kasachstan, im Rahmen einer Gedenkzeremonie eingeweiht. Es befindet sich an der Stadteinfahrt am Eingang zum muslimischen Friedhof. An diesem Ort wurden in den 1930er Jahren die sterblichen Überreste von Opfern der Hungersnot verscharrt. In Kasachstan starben etwa 1,5 Millionen Menschen während der großen Hungerkatastrophe der Jahre 1932/33. Allein in der Region Pawlodar forderte das »Große Hungersterben« etwa 300 000 Leben.

Das Zentrum des Mahnmals in Pawlodar bildet eine etwa drei Meter hohe Skulptur, die sich auf einem kreisrunden Sockel befindet. Zu sehen ist die ausgezehrte Figur eines Jun-

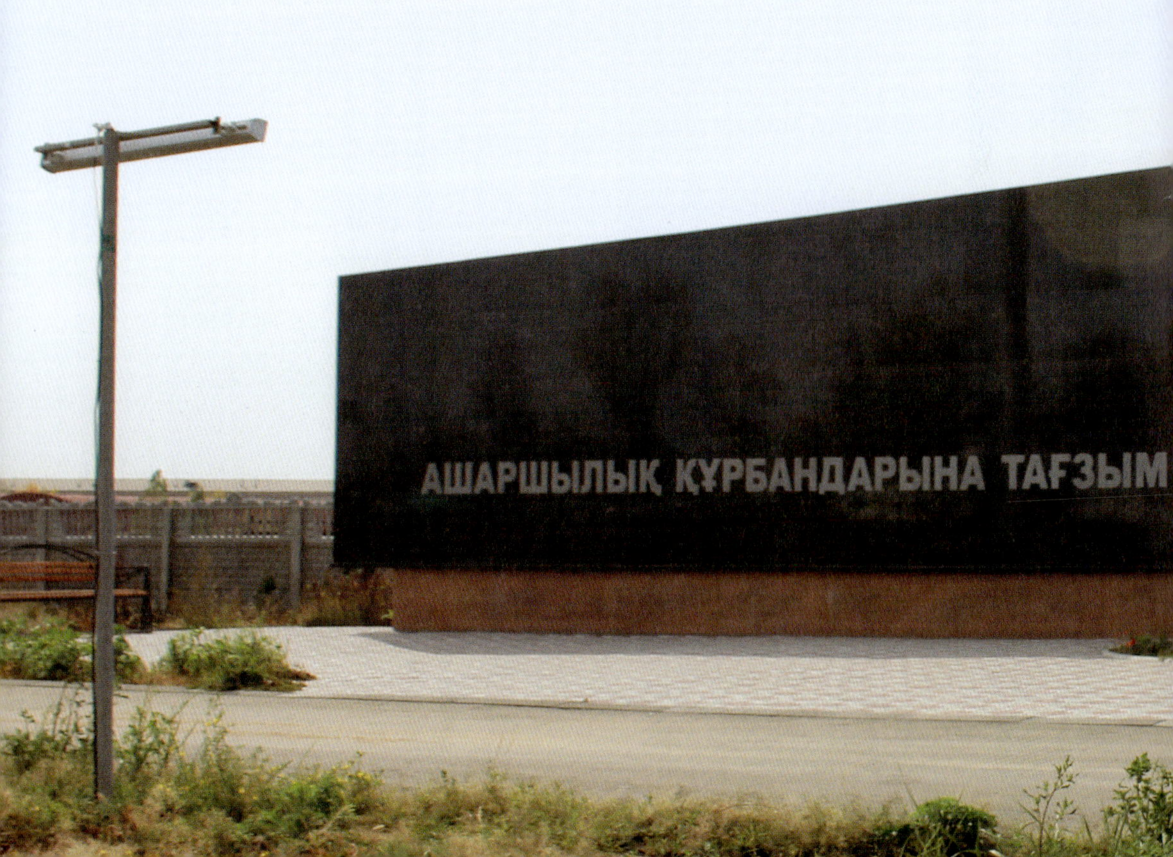

gen, der in verzweifelter Geste seine an Hunger und Entkräftung verstorbene Mutter beweint. In die Mitte der dahinter stehenden Gedenkwand aus schwarzem Granit sind die zerborstenen Konturen eines Schanyraks, des kuppelartigen Oberbaus der kasachischen Jurten, eingelassen. Der Künstler Marat Abylkasimow verweist damit auf die Nomaden als die Hauptleidtragenden der Hungerkatastrophe in der zentralasiatischen Republik.

Inschrift

Kasachisch: Ашаршылық құрбандарына тағзым // *1929 – 1933*

Die deutsche Übersetzung lautet:
Wir verneigen uns vor den Opfern der Hungersnot 1929 – 1933

Standort: Pawlodar, gegenüber der Gebietsverwaltung dala Lenina

Literaturhinweise Kasachstan:

Hedeler, Wladislaw: Sippenhaft im »Großen Terror« 1937/38: Das »Akmolinsker Lager für Ehefrauen von Vaterlandsverrätern« (ALŽIR) und seine deutschen Häftlinge. In: Weber, Hermann et al. (Hrsg.): Jahrbuch für Historische Kommunismusforschung. Berlin 2005, S. 81 – 101. / Hedeler, Wladislaw (Hrsg.): Das Grab in der Steppe: KARLag. Das Karagandinsker »Besserungsarbeitslager« 1930 – 1959: Dokumente zur Geschichte des Lagers, seiner Häftlinge und Bewacher. Paderborn, München 2008. / Kindler, Robert: Stalins Nomaden. Herrschaft und Hunger in Kasachstan. Hamburg 2014. / Mark, Rudolf: Die Hungersnot in Kazachstan. Historiographische Aufarbeitung im Wandel. In: Osteuropa, 2004, Vol. 54, Nr. 12, S. 112 – 130.

Mahnmal für die Opfer der Hungersnot

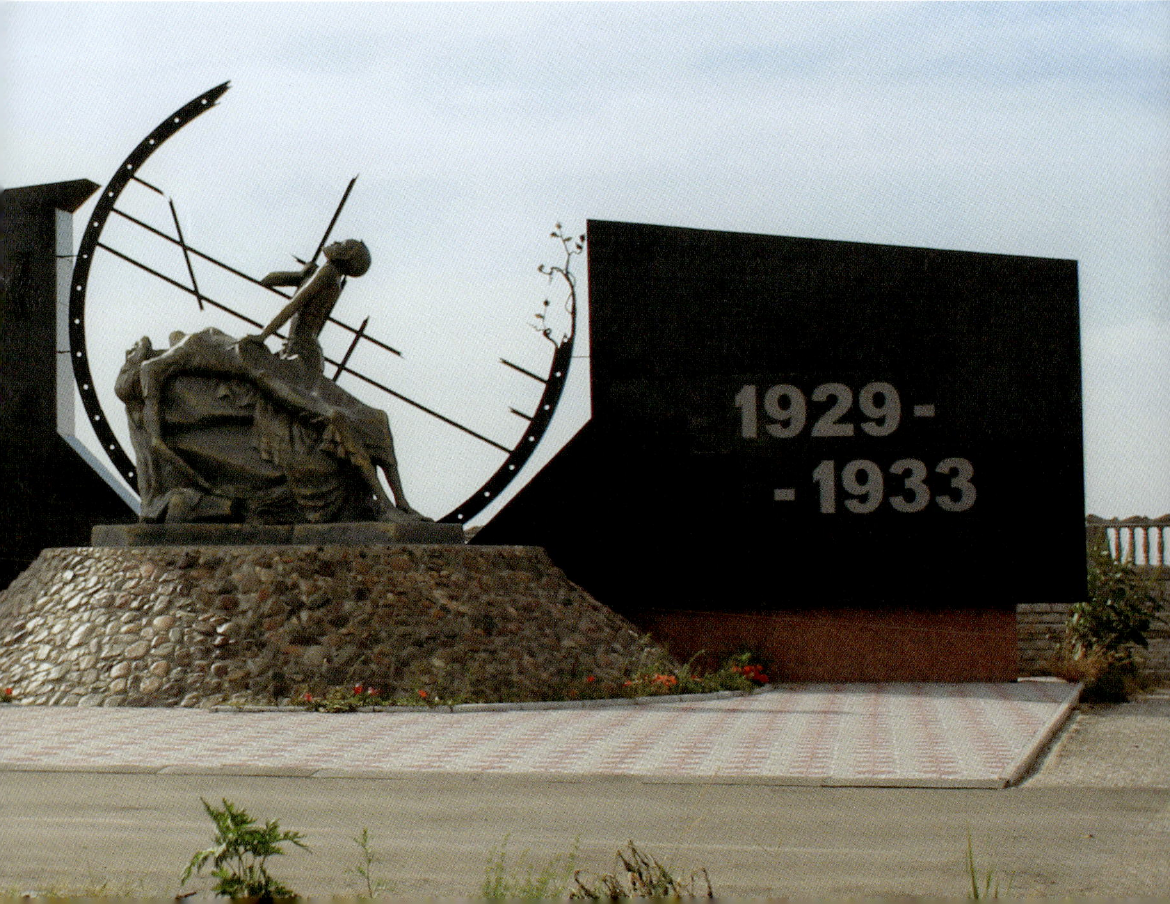

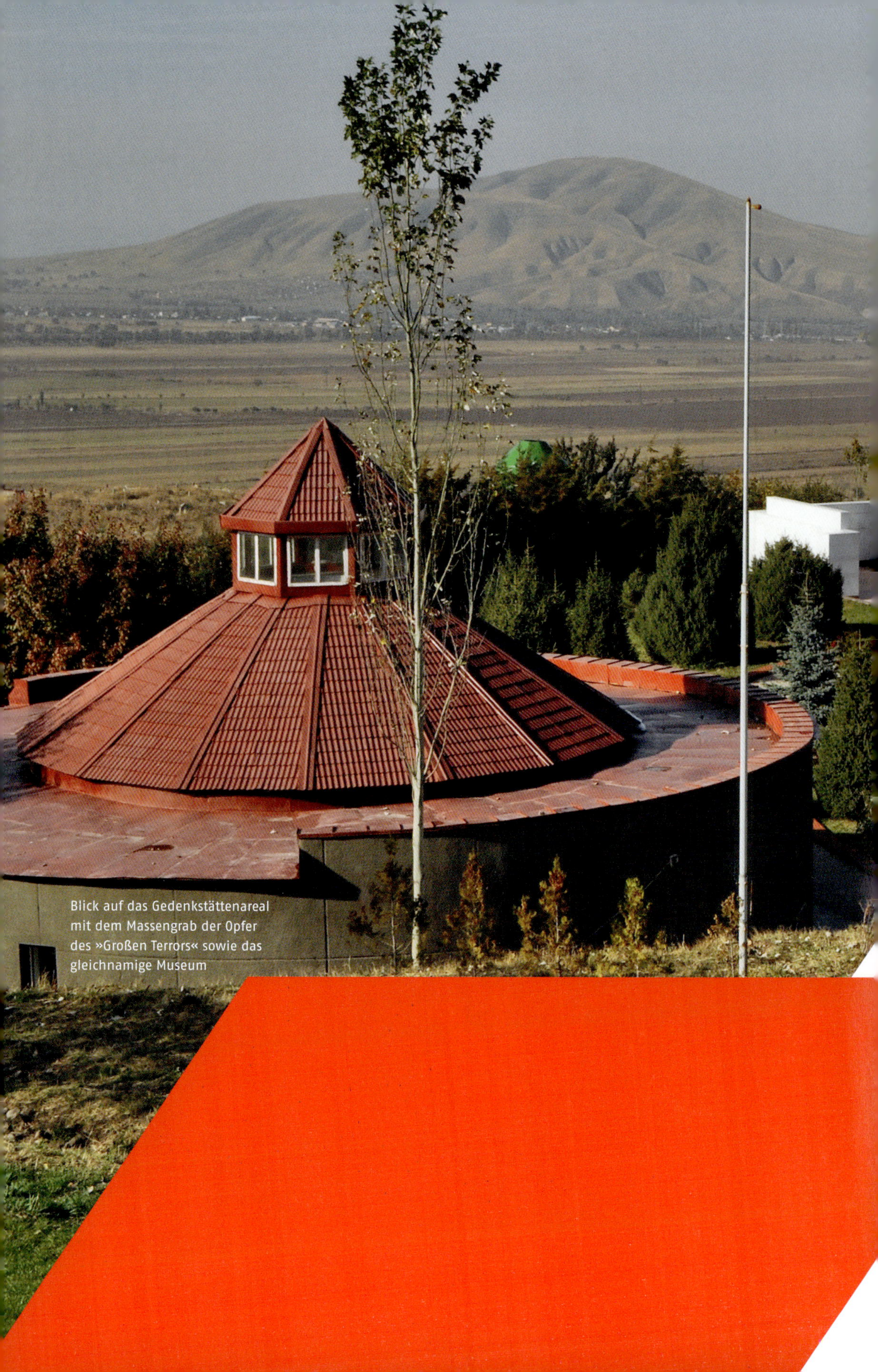
Blick auf das Gedenkstättenareal mit dem Massengrab der Opfer des »Großen Terrors« sowie das gleichnamige Museum

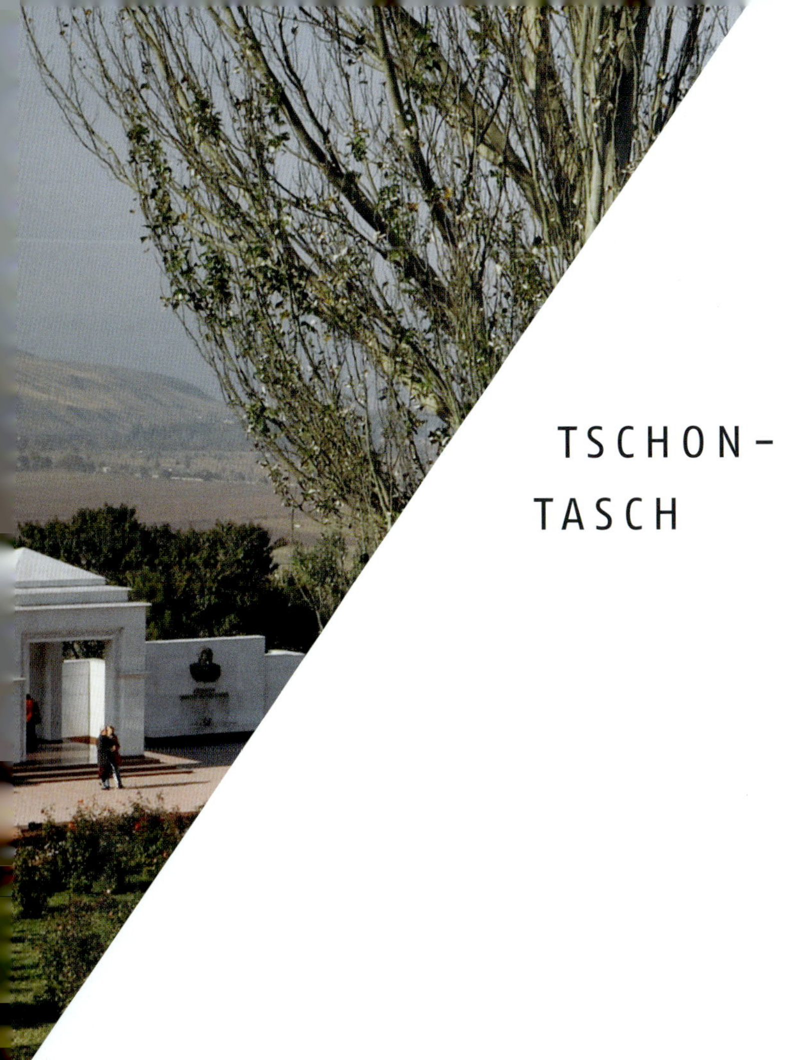

TSCHON-
TASCH

Kirgisistan

Seit der Mitte des 19. Jahrhunderts gehörte Kirgisistan zum Russischen Zarenreich. Mit dem Sturz der Zarenherrschaft 1917 erlangte auch Kirgisistan seine Unabhängigkeit, die jedoch nicht lange währte. Bereits im Februar 1918 okkupierten Truppen der Roten Armee das Land und beseitigten die 1917 eingesetzte Regierung. 1918 wurde Kirgisistan Teil der Autonomen Sozialistischen Sowjetrepublik Turkestan und vier Jahre später wurde dieses Gebiet mit Turkmenistan, Usbekistan, Tadschikistan und Kirgisistan zur Turkestanischen Autonomen Sozialistischen Sowjetrepublik zusammengeschlossen. Die gewaltsame Eingliederung des Areals in Sowjetrussland und die Sowjetunion war von bewaffneten Kämpfen und Gegenwehr begleitet. Erst Mitte der 1920er Jahre gelang es, das Gebiet unter sowjetische Kontrolle zu bringen. 1926 wurde die Kirgisische ASSR als autonome Republik gegründet, die 1936 in Kirgisische Sozialistische Sowjetrepublik umbenannt wurde.

Mit der Einführung der Sowjetmacht begann auch in Kirgisistan die gewaltsame Umgestaltung der Gesellschaft: Traditionelle Lebensweisen wurden als rückständig bekämpft. Das Nomadentum, das die vorherrschende Lebensweise eines Großteils der Bevölkerung darstellte, wurde durch Zwangsansiedlungen ausgelöscht. Private Viehbestände, Lebensgrundlage der nomadischen Wirtschaften, wurden zwangskollektiviert. Als vermögend angesehene Vieh- und Landbesitzer wurden als »Kulaken« diffamiert, deportiert und ermordet. Das Schamanentum, einst Teil der traditionellen Lebensweise und Kultur, wurde ebenso unterdrückt wie die Anwendung traditioneller Heilmethoden. Zudem wurden die hier verankerte muslimische Religion bekämpft und fast alle Moscheen geschlossen. Mit der Repression der traditionellen Lebensweise und Gesellschaftsstrukturen ging eine forcierte Modernisierung einher. Entsprechend Lenins Ausspruch, dass der Kommunismus die Alphabetisierung plus die Elektrifizierung des ganzen Landes bedeute, wurden die Schulpflicht eingeführt und ein flächendeckendes Gesundheitssystem aufgebaut, das durch die gewaltsame Ansiedlung der Bevölkerung auch umgesetzt werden konnte.

Die brutale Umgestaltung von Lebensweise und Gesellschaft nahm die kirgisische Bevölkerung nicht widerstandslos hin. Viele Familien flohen nach China und Afghanistan. Um der Beschlagnahme ihres Viehs zu entgehen, schlachteten viele Menschen ihre Viehbestände. Hungersnöte und der Zusammenbruch der bäuerlichen Wirtschaft waren die Folge. Da die Entscheidungen in Moskau getroffen wurden, wo man wenig Kenntnis von den Gegebenheiten vor Ort hatte, dauerte es entsprechend lange, bis Beschlüsse korrigiert wurden. Erst in den 1940er Jahren wurde die Zentralisierung der Viehbestände rückgängig gemacht und die Weidung der Herden in dezentralen Beständen zugelassen.

Ebenso wie in den anderen Regionen der Sowjetunion wütete in den Jahren 1937/38 auch in Kirgisistan der »Große Terror«, der sich sowohl gegen Parteikader als auch »gefährliche Elemente« richtete. Wie viele Menschen dem Terror und den Säuberungsaktionen zum Opfer fielen, ist bis heute ungeklärt. Schätzungen gehen von Hunderttausenden Toten aus.

Als unzuverlässig angesehene Bevölkerungsgruppen – wie Wolgadeutsche, Krimtataren und Bewohner der Kaukasusregion – wurden aus dem Westen des Landes nach Kasachstan und Kirgisistan deportiert und dort zwangsangesiedelt. Dies führte zu Verwerfungen in der Bevölkerungsstruktur, in der die Kirgisen schließlich zu einer Minderheit wurden. Da infolge der Kriegshandlungen viele Industriezweige aus den von der deutschen Wehrmacht bedrohten westlichen Landesteilen in die zentralasiatischen Gebiete und die Uralregion evakuiert worden waren, setzte auch in Kirgisistan eine Industrialisierung ein, welche die Gesellschaft nachhaltig beeinflusste. Die kollektive Erinnerung an die Jahre bis zu Stalins Tod ist durch die gewaltsamen Veränderungen von Lebensweise und Gesellschaft, durch Zwangskollektivierung, Hungersnöte, Terror und Tod geprägt. Erst unter Chruschtschow und vor allem Breschnew konnten die Menschen eine allmähliche Verbesserung ihrer Lebenssituation spüren. Die Lebensmittelversorgung stabilisierte sich, auch die restriktive Kulturpolitik wurde gelockert. Jedoch führte erst die Gorbatschow'sche Reformpolitik von Glasnost und Perestroika zu einer merklichen Stärkung der kirgisischen Opposition. Über Missstände und die Verbrechen der Vergangenheit konnte nun offener gesprochen werden. Die Presse wurde liberalisiert und Ansiedlungsverbote, die das Leben vieler Menschen in der Sowjetunion geprägt hatten, wurden aufgehoben, was dazu führte, dass sich kritische Personen zusammenschließen und Gruppen bilden konnten. Gleichzeitig resultierten der nachlassende Druck und der Verlust staatlicher Autorität in einer Zunahme von Gewalt. Ethnische Konflikte, die durch die Zwangsansiedlung von anderen Bevölkerungsgruppen in Kirgisistan während der Sowjetzeit bestanden hatten, aber unterdrückt worden waren, brachen nun ungehindert aus. In den letzten Jahren der Sowjetunion kam es in den Grenzregionen zu Usbekistan wiederholt zu Massakern an verschiedenen ethnischen Gruppen. Zudem wurde um die Nutzung der knappen Ressourcen an Wasser und Weideland gekämpft. Forderungen nach einer Demokratisierung der politischen Strukturen und der Durchführung wirtschaftlicher Reformen nahmen zu. Am 15. Dezember 1990 erklärte sich Kirgisistan zu einem souveränen Staat – jedoch innerhalb der Sowjetunion – und am 31. August 1991 verkündete das kirgisische Parlament die nationalstaatliche Unabhängigkeit des Landes. Als sich die Sowjetunion kaum ein Jahr später auflöste, blieb Kirgisistan Teil der Gemeinschaft Unabhängiger Staaten (GUS), die aus der Sowjetunion hervorgegangen war.

Die Jahre der Unabhängigkeit waren auf der einen Seite durch politische und wirtschaftliche Reformen geprägt, die eine Demokratisierung des Landes einleiteten und der Bevölkerung große Opfer abverlangten. Die Armut stieg dramatisch an und ließ selbst den ohnehin bescheidenen Lebensstandard unter Breschnew als Phase des allgemeinen Wohlstands erscheinen. Auf der anderen Seite verstärkten die mit großen Vollmachten ausgestatteten Präsidenten ihre autoritär ausgeübte Macht. Immer wieder wurden Wahlfälschungen beklagt. Bei Unruhen und Massendemonstrationen gegen die Regierung 2005 und 2011, aber auch bei interethnischen Ausbrüchen wie bei dem Massaker an Usbeken in Osch 2010 kamen Hunderte Menschen ums Leben. Oppositionelle wurden verhaftet und in ihren Rechten beschnitten. Mittlerweile gilt Kirgisistan trotz aller Einschränkungen als einzige Demokratie in Zentralasien.

Die Aufarbeitung der Vergangenheit kam nur schleppend in Gang: Zum einen blieben einstige kommunistische Kader auch nach der Unabhängigkeit an der Macht und bestimmten die politische Entwicklung Kirgisistans. Zum anderen hatten viele Menschen mit der Bewältigung der Umbruchsfolgen zu kämpfen.

Nationaler Gedenkstätten-komplex »Ata-Beyjt«

Tschon-Tasch. Die vom ehemaligen kirgisischen Präsidenten Askar Akajew und dem bekannten nationalen Schriftsteller Tschingis Aitmatow initiierte Gedenkstätte »Ata-Beyit« (»Friedhof der Väter«) wurde am 8. Juli 2000 eröffnet und ist den Opfern politischer Verfolgung in der Kirgisischen Sowjetrepublik gewidmet. Sie befindet sich an der Stelle des Massengrabs, in dem 137 Opfer des Terrors der Jahre 1937/38 vom NKWD verscharrt wurden. Zur Gedenkstätte gehört ein gleichnamiges Museum. Darin werden auf 400 Quadratmetern persönliche Gegenstände und Archivdokumente über die an diesem Ort Ermordeten ausgestellt sowie die Geschichte der politischen Verfolgung in Kirgisistan nachgezeichnet. Die Finanzierung der Gedenkstätte stammte aus Mitteln der Präsidialverwaltung.

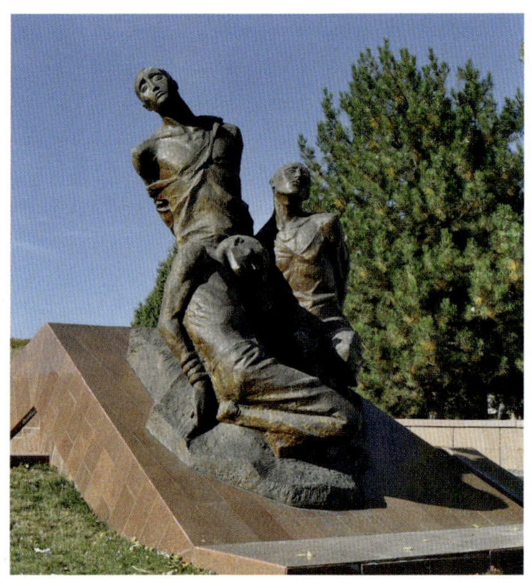

Skulpturengruppe zum Gedenken an die Opfer des »Großen Terrors«

Oberhalb des zentralen Treppenaufgangs befindet sich zunächst eine aus Stein geschaffene Skulpturengruppe. Dargestellt werden die ausgemergelten, in kauernder Haltung zusammengesunkenen Gestalten dreier Männer. Im Zentrum der rund zwei Hektar großen Anlage ist ein weiteres Gedenkzeichen angebracht: Über einer glatten, aus schwarzem Stein gefertigten Oberfläche, die zu den Seiten hin abfällt und von roten Granitplatten eingerahmt wird, befindet sich ein aus roten Röhren gespannter Tunduk. In den traditionellen Jurten der kirgisischen Nomaden bildet der Tunduk den höchsten Punkt der Behausung, an dem sich die zwei Hauptbauteile des Tragegerüsts einer Jurte überkreuzen. Die stilisierte Darstellung des Tunduk nimmt einen wichtigen Stellenwert in der Symbolik der kirgisischen Staatlichkeit ein und ist – nicht zuletzt als Staatswappen auf der Nationalflagge – im öffentlichen Raum präsent. Unterhalb dieser Konstruktion sind die sterblichen Überreste der Opfer des Massenterrors beigesetzt. Der »konterrevolutionären Tätigkeit« bezichtigt und als »Volksfeinde« diffamiert, wurden 137 Vertreter der kirgisischen Intelligenz, Funktionsträger des Partei- und

Staatsapparats, Schriftsteller, Lehrer und Studenten im Laufe von nur vier Tagen zwischen dem 5. und 8. November 1938 hingerichtet. Ihre Namen sind auf den roten – das Gedenkzeichen umgebenden – Granitplatten eingraviert. Über Jahrzehnte war die Hinrichtungsstätte geheim gehalten worden und schließlich gänzlich in Vergessenheit geraten. Erst nach der Perestroika wurden auf Initiative Bübüra Kydyraliewas Anfang 1992 Grabungs- und Exhumierungsarbeiten vorgenommen. Kydyraliewas Vater – Zeuge der Ereignisse im November 1938 – hatte seiner Tochter das Geheimnis der Hinrichtungen sowie den Ort, an dem die sterblichen Überreste der Getöteten verscharrt wurden, offenbart. Die Umbettung und feierliche Beisetzung der Opfer sowie die Gestaltung der Gedenkanlage erfolgte unter maßgeblicher Beteiligung des bekannten kirgisischen Schriftstellers Tschingis Aitmatow, dessen Vater Torekul Aitmatov 1938 an diesem Ort hingerichtet worden war. Nur wenige Meter rechts vom zentralen Gedenkplatz befindet sich seit Juni 2008 daher auch das Ehrengrab Tschingis Aitmatows.

Am 16. November 2011 eröffnete auf dem Gelände der Gedenkstätte zudem ein Memorial für die Opfer des Regierungsumsturzes im April 2010. Dazu zählt eine 19 Meter lange und 1,9 Meter hohe Gedenkwand aus schwarzem und rotem Granit, auf der die Namen der Opfer eingraviert sind. Zusätzlich wurden 27 aus schwarzem Granit gefertigte Grabplatten mit den eingravierten Porträts der Verstorbenen errichtet. Abgeschlossen wird das Ensemble durch ein 8,5 Meter hohes, aus rotem Granit und weißem Marmor gefertigtes, einem Mausoleum nachempfundenes Konstrukt.

Auf Grundlage eines Präsidialerlasses wurde auf dem Gedenkstättenareal im September 2016 darüber hinaus ein Denkmalensemble zur Erinnerung an die Opfer des Nationalaufstands von 1916 feierlich der Öffentlichkeit übergeben. Im Zentrum der Komposition befindet sich eine 21 Meter hohe Skulptur. Auf drei massiven, mit rotem Granit verkleideten Stelen, die symbolhaft das konkave Zeltdach einer Jurte darstellen sollen, befindet sich ein Tunduk. Von diesem hängen auf Metallschnüren in unterschiedlicher Länge leere Steigbügel herab, die bildlich die enormen menschlichen Verluste infolge des Aufstands repräsentieren sollen. Motive auf den 3,5 Meter hohen Basreliefs zu beiden Seiten der Skulptur illustrieren zudem die Geschichte des kirgisischen Volkes zur Zeit des Nationalaufstands 1916 sowie der anschließenden sowjetischen Periode.

Der 8. November gilt in Kirgisistan als Gedenktag für die Opfer des Massenterrors 1937/38.

Standort: Tschon-Tasch, etwa 20 Kilometer südlich von Bischkek

Literaturhinweise Kirgisistan:

Kyrgyssstan. Memorialnyj kompleks schertwam repressij »Ata-Beyjt«. Pamjatniki schertwam polititscheskich repressij na territorii bywschego SSSR [Kirgisistan. Memorialer Komplex der Opfer der Repressionen »Ata-Beyjt«. Denkmäler für die Opfer politischer Repressionen auf dem Territorium der ehemaligen UdSSR]. Sacharow Zentrum. Online abrufbar unter: www.sakharov-center.ru/asfcd/pam/?t=pam&id=357&pic=5 (letzter Zugriff: 16.11.2017). / Owen, Catherine: Memorial Ata-Beyjt: Kyrgyssstan sakrywaet wosmoschnost dialoga s sowetskim proschlym [Gedenkstätte Ata-Beyjt: Kirgisistan verschließt die Möglichkeit auf Dialog mit der sowjetischen Vergangenheit]. 2011. Online abrufbar unter: www.cogita.ru/pamyat/istoricheskaya-politika/memorial-ata-beiit-kyrgyzstan-zakryvaet-vozmozhnost-dialoga-s-sovetskim-proshlym (letzter Zugriff: 16.11.2017). / Schmitz, Andrea / Trevisani, Tommaso: Neuanfang im Schatten der Krise. Kirgistan nach dem Regimewechsel. In: SWP-Studie Stiftung Wissenschaft und Politik; Deutsches Institut für Internationale Politik und Sicherheit. Berlin 2011.

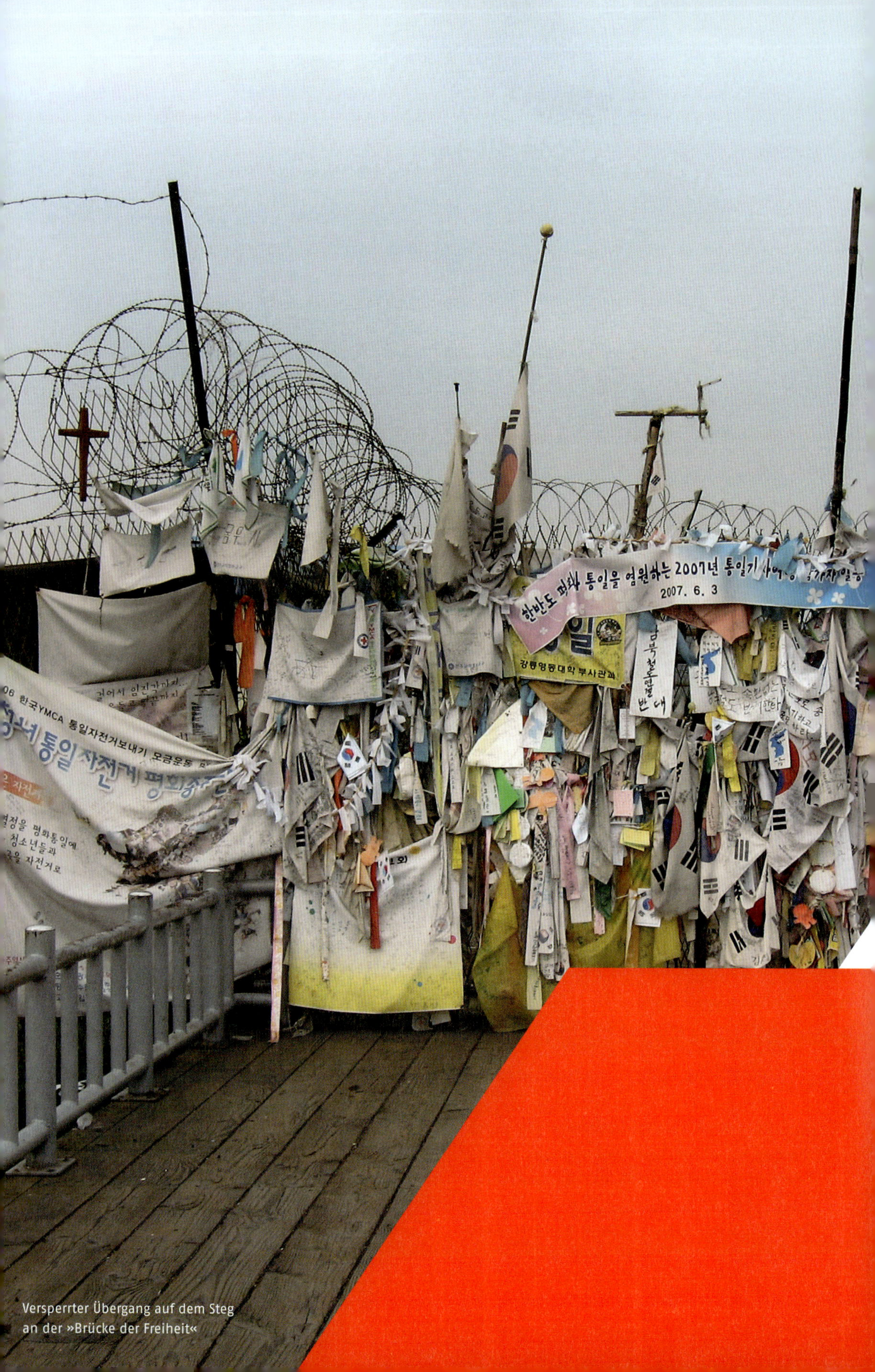

Versperrter Übergang auf dem Steg
an der »Brücke der Freiheit«

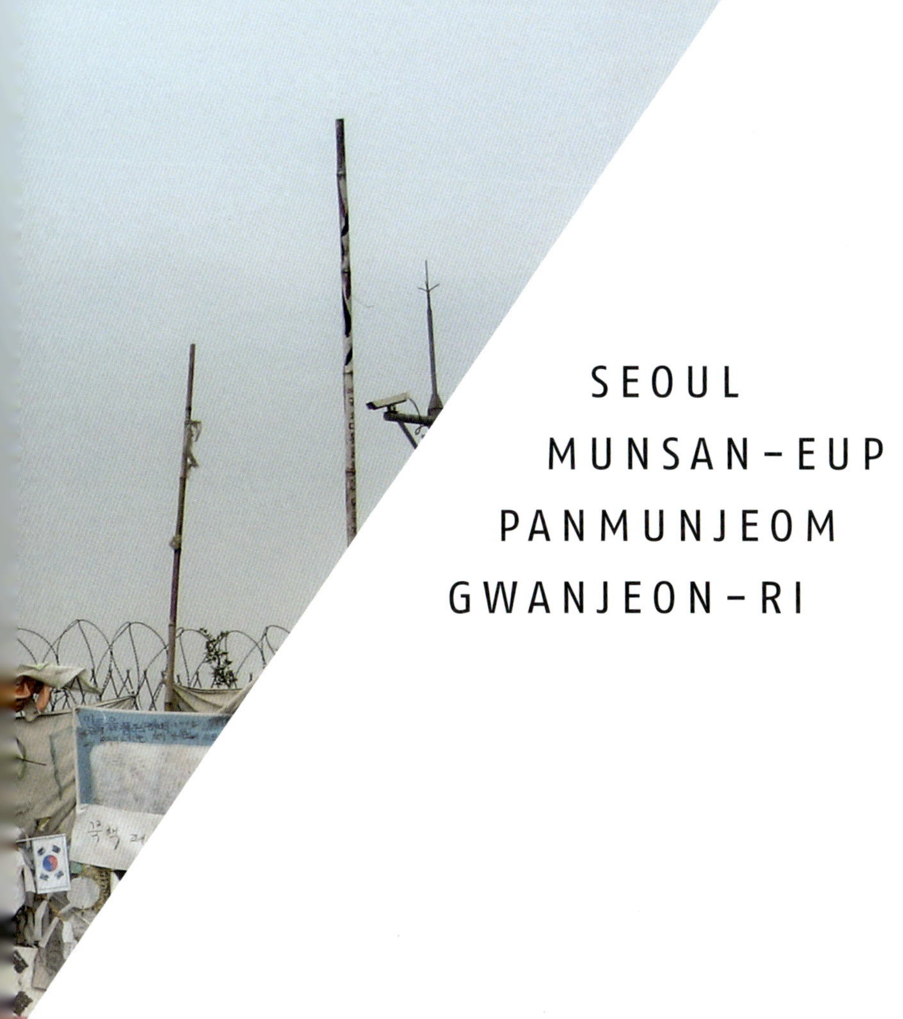

SEOUL

MUNSAN-EUP

PANMUNJEOM

GWANJEON-RI

Korea

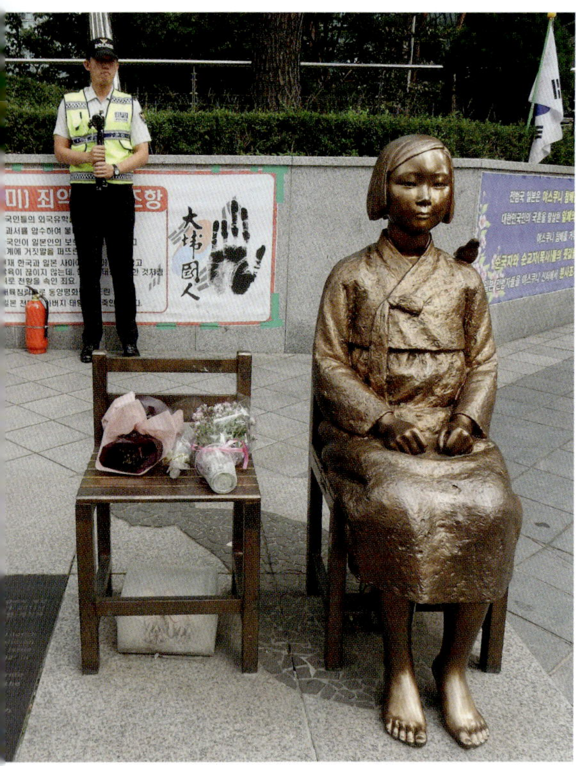

◄

Vor der japanischen Botschaft in Seoul befindet sich seit 2011 das Denkmal des Friedens für die sogenannten Trostfrauen.

►

Grenzbefestigungsanlage zwischen Nord- und Südkorea

Nordkorea gehört zu den brutalsten kommunistischen Diktaturen und ist neben China, Kuba und Vietnam eines der derzeit noch existierenden kommunistischen Regime. Obwohl es im Land zahlreiche Lager, Gefängnisse und Hinrichtungsstätten gibt, in denen Zehntausende Menschen gefangen gehalten werden, existieren selbstredend dort keine Gedenkstätten. Das Gedenken an die Opfer wird durch Institutionen und Gedenkstätten im Süden des geteilten Landes gepflegt.

Korea geriet nach dem Russisch-Japanischen Krieg 1905 unter japanische Herrschaft, in der einerseits das Land modernisiert und andererseits die koreanische Sprache und Kultur unterdrückt wurden. Insbesondere während des Zweiten Weltkriegs, an dem Japan als Verbündeter Deutschlands und Italiens teilnahm, wurden koreanische Zivilisten zur Zwangsarbeit genötigt und koreanische Frauen für japanische Soldaten als Zwangsprostituierte rekrutiert.

Nach der Kapitulation des japanischen Kaiserreichs im August 1945 wurden die japanischen Truppen in Korea vereinbarungsgemäß entlang des 38. Breitengrads jeweils an die Rote Armee bzw. die US-Truppen übergeben. Die beiden Alliierten des Zweiten Weltkriegs verhandelten bis 1947 ohne Ergebnis über die Zukunft eines vereinten und freien Korea. Nach dem Scheitern der Verhandlungen riefen die USA die Vereinten Nationen an, um den Abzug aller ausländischen Truppen aus dem Norden und Süden Koreas zu erreichen. Dieser Truppenabzug fand bis Ende 1948 statt. Nach von den USA im Süden unterstützten Wahlen und der Bildung einer koreanischen Regierung wurde am 9. September 1948 im Norden mit sowjetischer Unterstützung die Koreanische Volksrepublik als kommunistische Diktatur gegründet. 1950 überfielen Truppen des kommunistischen Nordens den Süden des Landes, um eine Einigung unter kommunistischer Vorherrschaft mit Waffengewalt zu erzwingen. Nordkoreanischen Truppen gelang es, fast die gesamte

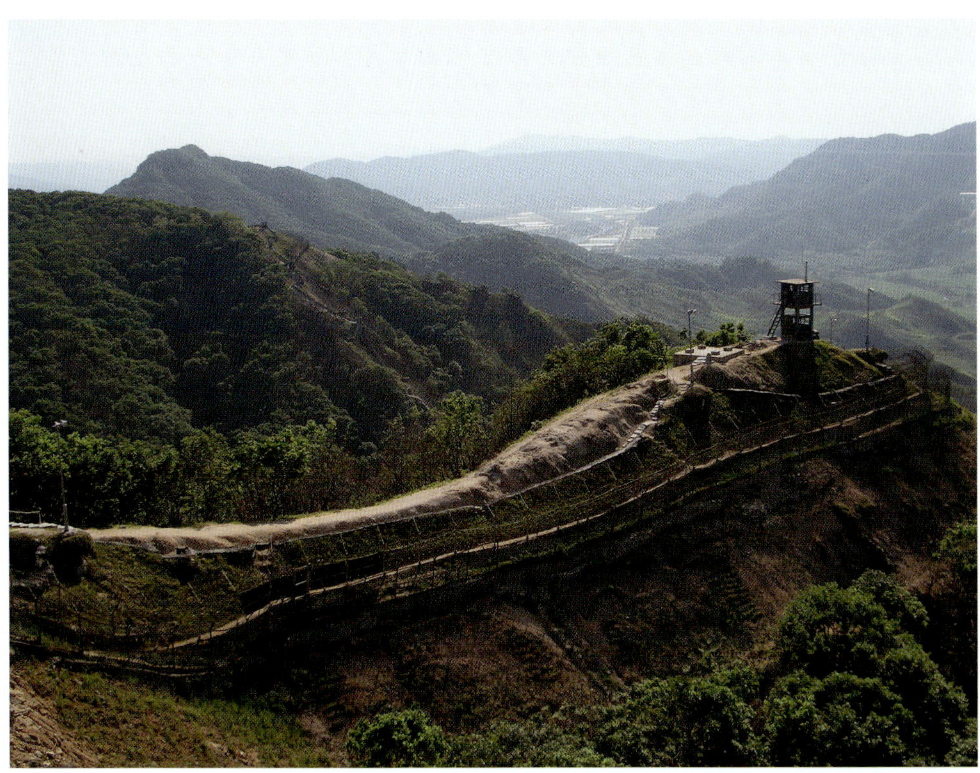

Halbinsel einzunehmen. Nach anfänglicher Unterstützung durch die Bevölkerung im Süden schlugen die Sympathien schnell in Ablehnung und Widerstand um, als die nordkoreanischen Kommunisten versuchten, ihre Herrschaft auch im Süden mit Zwangskollektivierungen und Terror gegen die Zivilbevölkerung durchzusetzen. In dieser blutigen Auseinandersetzung, die als erster Stellvertreterkrieg im Kalten Krieg zwischen den Großmächten Sowjetunion und USA geführt wurde, kämpften auf Seiten Südkoreas von den USA geführte UN-Truppen, die die nordkoreanischen Truppen zurückschlugen. 1953 wurde schließlich im Waffenstillstandsabkommen in Panmunjeom entlang des 38. Breitengrads eine Demarkationslinie vereinbart, die seither den kommunistischen Norden vom demokratisch regierten Süden trennt. Diese Demarkationslinie gehört zu den am schärfsten bewachten und am meisten verminten Regionen der Welt. Während sich Südkorea nach dem Ende der Militärdiktatur seit 1988 zu einer stabilen parlamentarischen Demokratie entwickelt hat, wurde Nordkorea zum am meisten abgeschotteten Land der Welt, in dem massive Menschenrechtsverbrechen an der Tagesordnung sind. Misswirtschaft und Naturkatastrophen führten zu fortgesetzten Hungersnöten, die Tausende Tote forderten. Gepaart mit einem absoluten Führerkult, der auf die Dynastie des Staatsgründers Kim Il-sung, seiner Familie und Nachkommen gerichtet ist, werden alle Formen von abweichendem Verhalten streng bestraft. Immer wieder dringen Berichte über Hinrichtungen selbst aus dem engsten Kreis um den aktuellen Führer Kim Jong-un an die Öffentlichkeit. Bisher gelang etwa 30 000 Menschen die Flucht aus dem abgeschotteten Land über Umwege nach Südkorea.

Beide Staaten halten nach wie vor an der Idee einer koreanischen Wiedervereinigung fest.

Koreanische Kriegsgedenkstätte

Seoul. Die Koreanische Kriegsgedenkstätte in Seoul wurde am 10. Juni 1994 auf dem ehemaligen Gelände des Armeehauptquartiers eingeweiht. Die weitläufige Anlage zeigt eine umfassende Ausstellung zur Militär- und Kriegsgeschichte Koreas von den Anfängen bis in die Neuzeit. Der Koreakrieg und die nachfolgende Teilung des Landes spielen dabei eine wichtige Rolle. Neben der ständigen Ausstellung, die im Gebäude des Generalstabs untergebracht ist, befinden sich auf dem Außengelände verschiedene Militärfahrzeuge und Rüstungsgegenstände. Eine Gedenkhalle mit den Namen gefallener Soldaten schließt das Ensemble ab. Daneben erinnern verschiedene Mahnmale an die Opfer des Krieges und der Teilung.

Auf dem Gelände der Gedenkstätte befinden sich darüber hinaus verschiedene Erinnerungszeichen und Skulpturenkomplexe. Dazu zählt vor allem das Mahnmal zur Erinnerung an den Koreakrieg. Der achte Meter hohe, aus zwei Teilen zusammengesetzte Obelisk, welcher symbolhaft die beiden Landesteile Nord- und Südkorea repräsentieren soll, stellt das zentrale Mahnmal zur Erinnerung an die Opfer des Krieges dar. Umgeben ist er von zwei halbkreisförmigen bronzenen Skulpturengruppen, welche Soldaten, Zivilisten und Flüchtlinge zeigen. Vor dem Mahnmal befindet sich eine beckenförmige – über Stufen zu erreichende – Vertiefung. Sie führt in das Fundament des Obelisken, in dem eine Gedenkhalle eingerichtet wurde.

Unweit der Konstruktion befindet sich auch das 18 Meter breite und elf Meter hohe Mahnmal »Die zwei Brüder«. Die aufwendig gestaltete Skulpturenkomposition zeigt den Moment, in dem sich zwei Soldaten der süd- bzw. nordkoreanischen Armee in die Arme fallen. Die Verbrüderungsgeste bringt damit den Vereinigungs- und Vergebungswillen des koreanischen Volkes zum Ausdruck. Platziert sind die Soldaten auf einem begehbaren halbrunden Sockel aus Granitstücken, die aus verschiedenen Teilen des Landes zusammengetragen wurden. Durch die Mitte des Podests verläuft ein Riss, der symbolhaft auf die Teilung des Landes verweist. Im Inneren des Sockels zeigen Wandreliefs verschiedene Szenen aus dem Koreakrieg.

Standort: Seoul, No. 38 1-ga Yongsan-dong
Internet: www.warmemo.or.kr

►
Mahnmal »Die zwei Brüder«

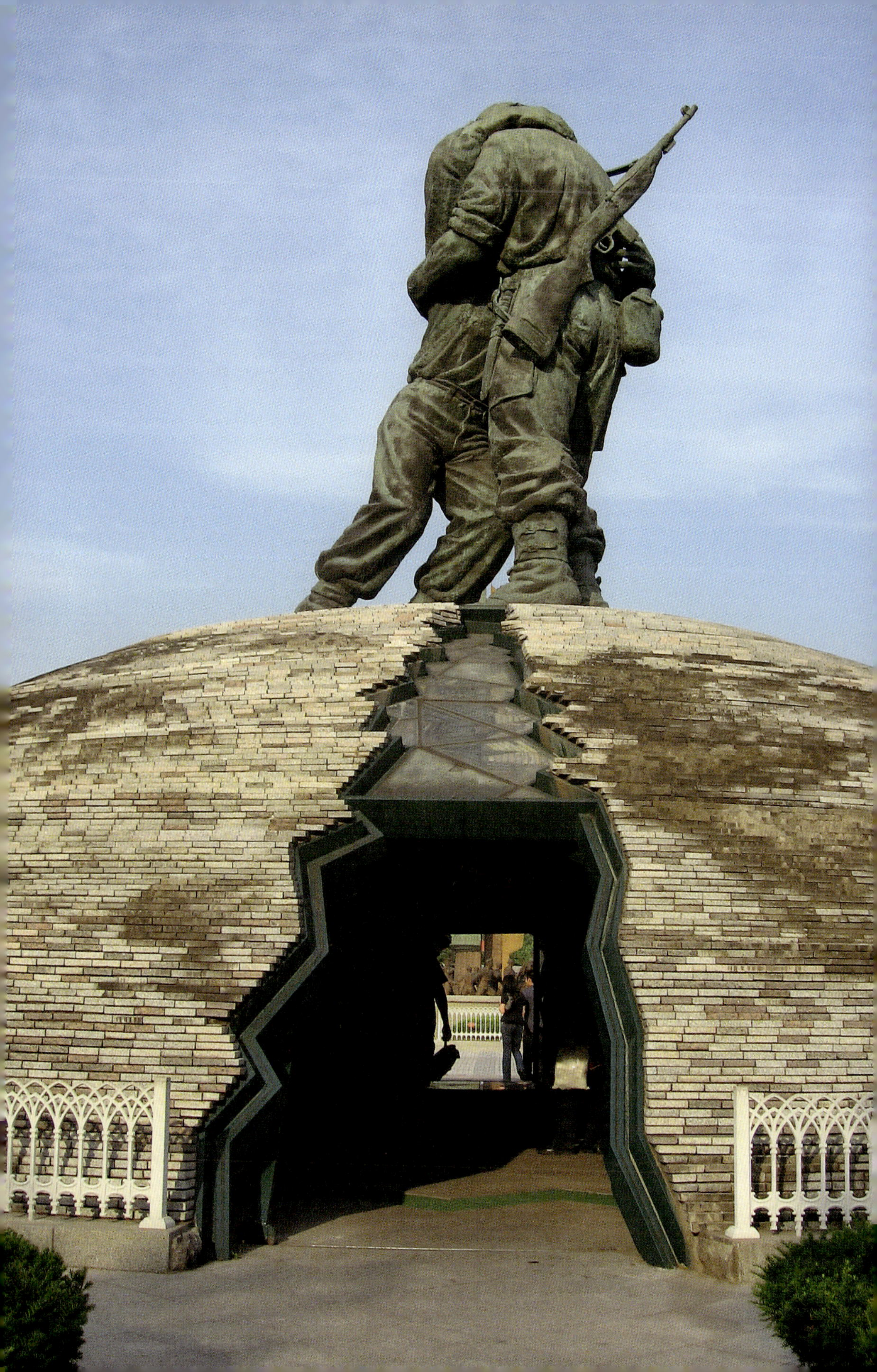

Gedenkstätte »Brücke der Freiheit«

Munsan-eup. Die »Brücke der Freiheit« ist die einzige Verbindung zwischen Nord- und Südkorea. Die heute zu sehende moderne Brücke wurde 1998 anstelle der alten Eisenbahnverbindung errichtet, die ursprünglich diesen Namen trug. Die Brücke selbst ist für Besucher nicht zugänglich. Ein hölzerner Verbindungssteg führt bis an den Rand des Bauwerks, das an dieser Stelle durch einen Zaun abgetrennt wird. Dort haben Besucher zahllose Fahnen und Zettel angebracht. Neben der Brücke erinnert ein Mahnmal an die Geschichte des Bauwerks, das anlässlich des 50. Jahrestags des Beginns des Koreakrieges im Jahr 2000 eingeweiht wurde.

Die »Brücke der Freiheit« wurde Anfang des 20. Jahrhunderts als Eisenbahnverbindung über den Imjing-Fluss errichtet. Sie bestand aus zwei nahe beieinanderstehenden Brücken, über welche die Züge jeweils gen Norden oder Süden fahren konnten. Mit der Teilung Koreas in eine amerikanische und sowjetische Besatzungszone wurde die Brücke zu einem wichtigen Verkehrsknotenpunkt zwischen den beiden Landesteilen. Unter alliierter Kontrolle stehend, überrannten die nordkoreanischen Truppen sie am 25. Juni 1950. Im Zuge der militärischen Auseinandersetzung wurde ein Brückenstrang zerstört, sodass der Übergang nur noch eingleisig möglich war. Ende 1951 eroberten alliierte Truppen die Brücke zurück, die bis zum Ende des Koreakrieges eine wichtige strategische Rolle als Nachschub- und Versorgungslinie spielte.

Mit Beginn der Waffenstillstandsverhandlungen 1953 im nahe gelegenen Stützpunkt Panmunjeom und dem bevorstehenden Truppenrückzug hinter die Demarkationslinie wurde die Brücke von amerikanischen Truppen behelfsmäßig verstärkt und erweitert. Besondere Bedeutung erlangte sie mit Beginn des Kriegsgefangenenaustauschs im Mai 1953. Im Umkreis der Brücke entstand eine neutrale Zone, in der auf nordkoreanischer Seite die alliierten Gefangenen gesammelt und zur Entlassung auf südkoreanisches Territorium geschickt wurden. Dort befand sich ein provisorisches Zeltlager, in dem die Entlassenen versorgt werden konnten. Vor dem Hintergrund dieser Ereignisse, bei denen mehr als 12 500 Menschen in die Freiheit gelangten, erhielt die Brücke den Namen »Brücke der Freiheit«. 1998 wurde an gleicher Stelle eine neue vierspurige »Brücke der Freiheit« errichtet, die am 15. Juni offiziell eingeweiht wurde.

►
Mahnmal neben der Brücke

In unmittelbarer Nähe der Gedenkstätte befindet sich außerdem der Imjingak-Gedenkpark für die Wiedervereinigung Koreas. 1972 wurde hier ein Nordkorea-Zentrum eingeweiht, das auch eine Ausstellung zur Geschichte des kommunistischen Nachbarstaats beherbergt. Der Park ist nach dem Grenzfluss Imjing benannt und in seinem Zentrum erinnern zahlreiche Mahnmale an den Koreakrieg und die Teilung.

Standort: Munsan-eup, Paju-si, Gyeonggi-do

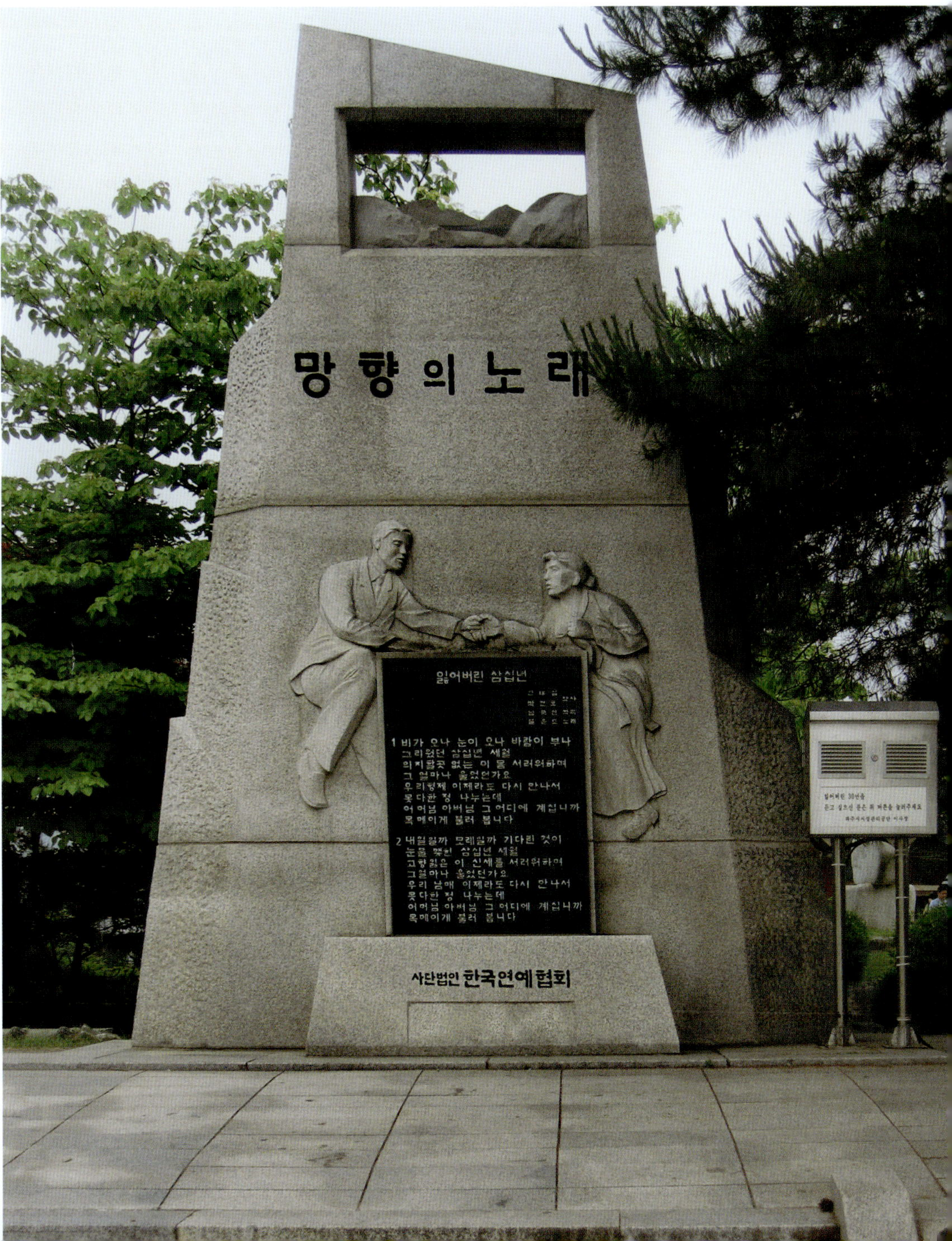

Panmunjeom

Panmunjeom ist die Bezeichnung eines militärischen Komplexes, der sich unmittelbar an der innerkoreanischen Grenze unter Verwaltung der internationalen Waffenstillstandskommission befindet. Er ist Teil der gemeinsamen Sicherheitszone zwischen Nord- und Südkorea und dient bis heute als Verhandlungsort für Delegationen beider Seiten. Darüber hinaus ist Panmunjeom der einzige offizielle Grenzübergang zwischen beiden Staaten.

In Panmunjeom trafen sich ab 1951 Delegationen der Konfliktparteien des Koreakrieges, um über eine Beendigung der militärischen Auseinandersetzungen zu beraten. Seine Bezeichnung erhielt der Verhandlungsort von einem gleichnamigen nahe gelegenen Dorf. Im Juli 1953 wurde an dieser Stelle das Waffenstillstandsabkommen abgeschlossen. Die dort vereinbarte Einrichtung einer entmilitarisierten Zone beiderseits der Grenze sah die Umsiedlung aller Einwohner dieses Gebiets vor. Allein Panmunjeom blieb als militärischer Vorposten bestehen, der in den kommenden Jahren ausgebaut wurde. Direkt auf der Grenzlinie befinden sich drei blaue Baracken, die jeweils zur Hälfte auf nord- bzw. südkoreanischem Boden stehen. In diesen fanden offizielle Begegnungen statt, bevor Nord- und Südkorea auf ihrem Territorium wenige Meter versetzt entsprechende eigene Gebäude errichteten.

Auf dem Gelände von Panmunjeom befinden sich darüber hinaus mehrere Gedenkzeichen, unter anderem ein Gedenkstein für die bei der Verteidigung der Grenze umgekommenen Alliierten. Dieser von der Regierung der Republik Korea initiierte Stein ist auf einem kreisrunden Platz umgeben von den gehissten Flaggen aller alliierten Staaten, die auf Seiten Südkoreas in den Konflikt involviert waren. Errichtet wurde er aus Anlass des 10. Jahrestags der Unterzeichnung des Waffenstillstandsabkommens am 27. Juli 1963. Unweit davon befindet sich außerdem ein Gedenkstein, der explizit an die Unterzeichnung des Waffenstillstandsabkommens erinnert. Eingeweiht wurde der Stein am 27. Juli 2003 – dem 50. Jahrestag der Unterzeichnung – auf Initiative der Oberkommando-Truppen der Vereinten Nationen. Der kanadische Offizier David Dumont gestaltete den pyramidenförmigen Obelisken, der neben einem Text auch die Flaggen aller alliierten Staaten zeigt.

Standort: Panmunjeom, Gyeonggi-do

►

oben: Blick von Süd- nach Nordkorea an der »gemeinsamen Sicherheitszone«

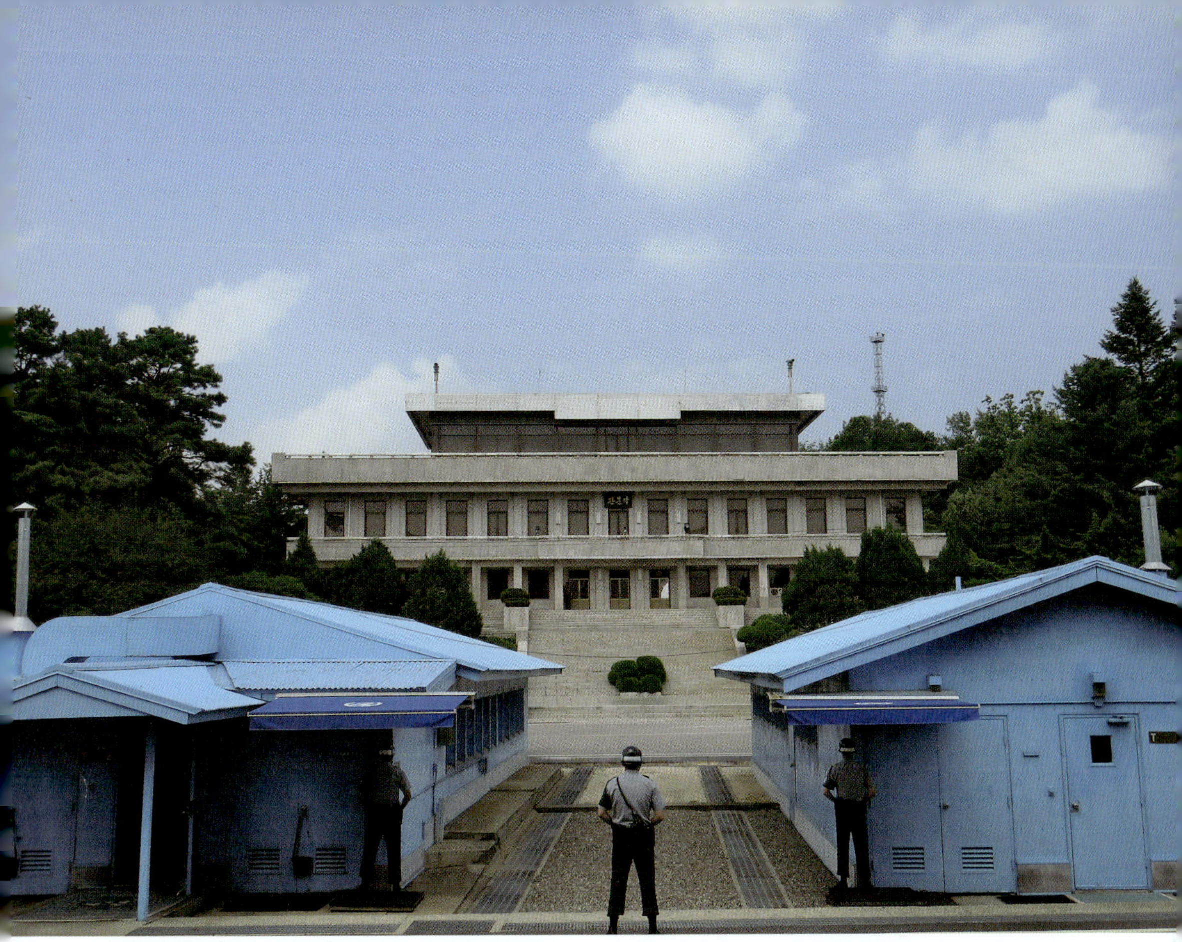

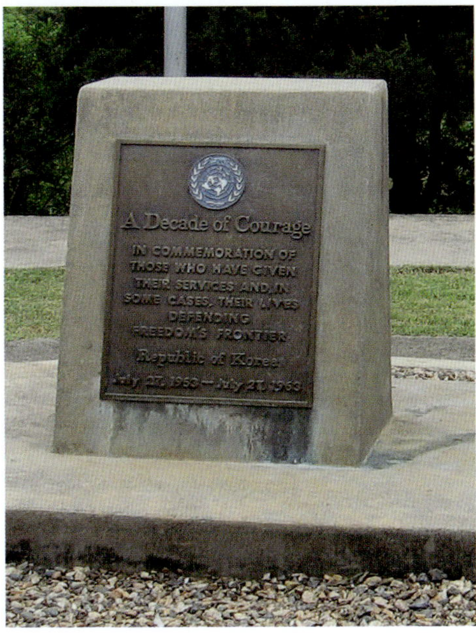

Gedenkstein für die bei der Verteidigung der Grenze umgekommenen Alliierten

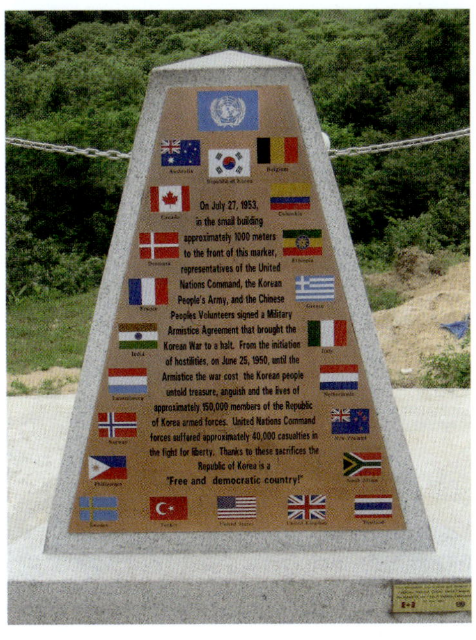

Gedenkstein zur Erinnerung an die Unterzeichnung des Waffenstillstandsabkommens

Gedenkstätte »Haus der Arbeiterpartei«

Gwanjeon-ri. Die Gedenkstätte »Haus der Arbeiterpartei« liegt im nordwestlichen Teil von Südkorea. In dem 1946 errichteten Gebäude befand sich bis zum Ausbruch des Koreakrieges 1950 die Gebietsverwaltung von Cheorwon der Kommunistischen Partei Koreas. Während des Krieges wurde das Gebäude zerstört. Später entdeckte man dort Massengräber mit den sterblichen Überresten der vom kommunistischen Sicherheitsapparat zwischen 1945 und 1950 Hingerichteten. Hinweistafeln erinnern an die Geschichte des Hauses, das im Februar 2001 in die Liste der nationalen Denkmäler Südkoreas aufgenommen wurde.

Der Kreis Cheorwon wurde 1945 nach der Befreiung Koreas von japanischer Besatzung der sowjetischen Okkupationszone zugeschlagen. Noch im gleichen Jahr begann die Kommunistische Partei Koreas mit dem Bau eines Verwaltungsgebäudes für das Gebietsparteikomitee. Zu diesem Zweck wurden Hunderte Menschen aus der Umgebung für Arbeitseinsätze zwangsverpflichtet sowie Sondersteuern erhoben, um den Bau zu finanzieren. Die Fertigstellung erfolgte bereits ein Jahr später. Seit 1947 wurden vom Parteikomitee und den kommunistischen Sicherheitskräften von Cheorwon aus Propagandakampagnen koordiniert, mit denen die Bevölkerung in den unter US-amerikanischer Verwaltung stehenden südlichen Gebieten beeinflusst werden sollte. Daneben diente der Keller des Gebäudes als Haftanstalt und Exekutionsort für Gegner der sowjetischen Besatzungsmacht und der einheimischen Kommunisten. Zahllose Menschen wurden hier hingerichtet und in Massengräbern auf der Rückseite des Hauses verscharrt. Mit Ausbruch des Koreakrieges 1950 lag das Parteigebäude in der unmittelbaren Frontzone und wurde bei Kämpfen stark beschädigt. Seit dem Waffenstillstand 1953 und der Festlegung einer neuen Demarkationslinie gehört es zum südkoreanischen Territorium.

Standort: Gwanjeon-ri, Cheorwon-gun, Gangwon-do

Literaturhinweis Korea:
Eine Übersicht über Orte der Erinnerung an die Opfer kommunistischer Diktaturen in der Republik Korea findet sich in der Onlinepublikation der Bundesstiftung Aufarbeitung: www.bundesstiftung-aufarbeitung.de/uploads/pdf-2009/eo_korea.pdf / Eun-Jeung, Lee / Mosler, Hannes (Hrsg.): Länderbericht Korea. Bonn 2015.

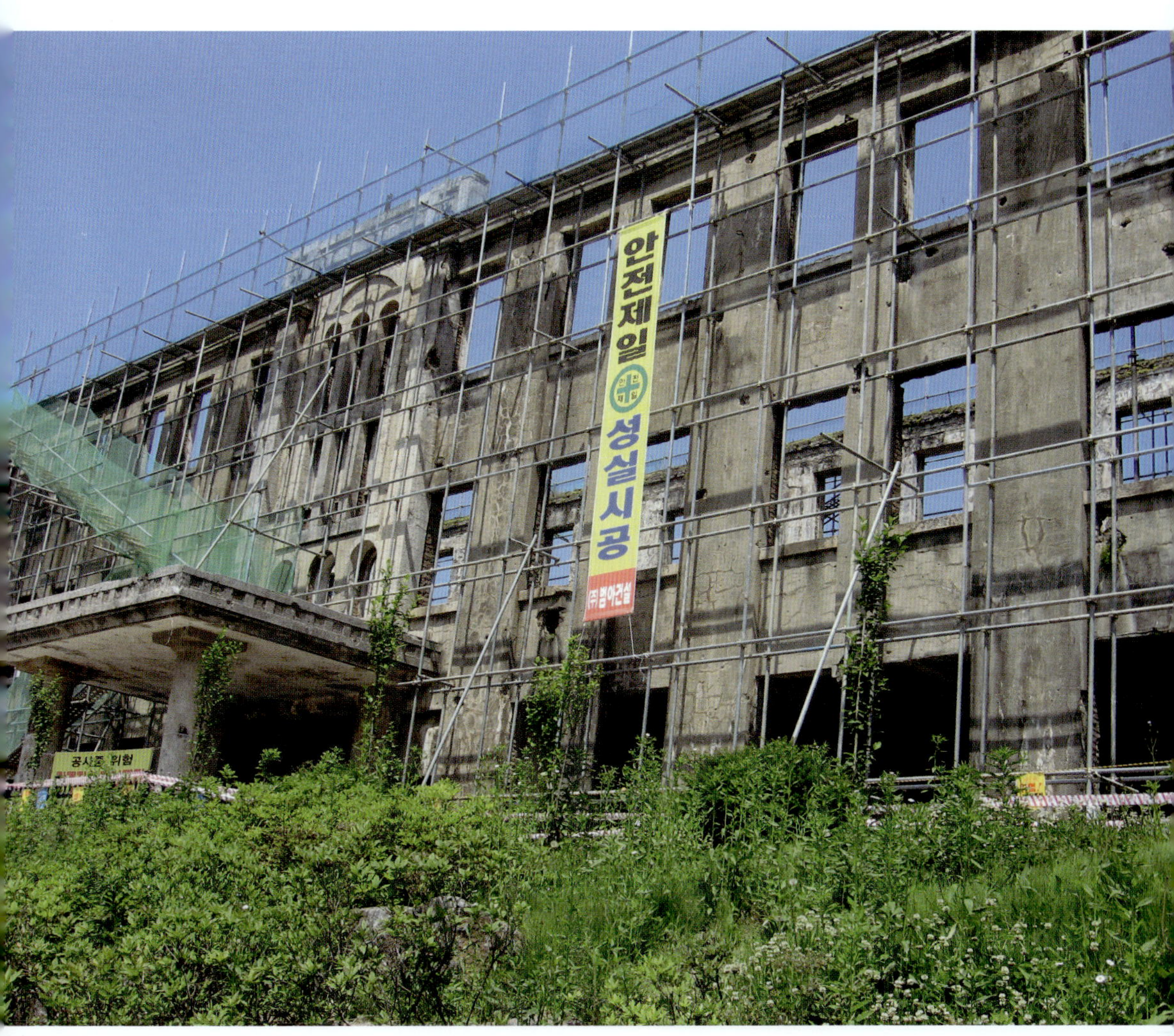

Fassade der Gedenkstätte »Haus der Arbeiterpartei«

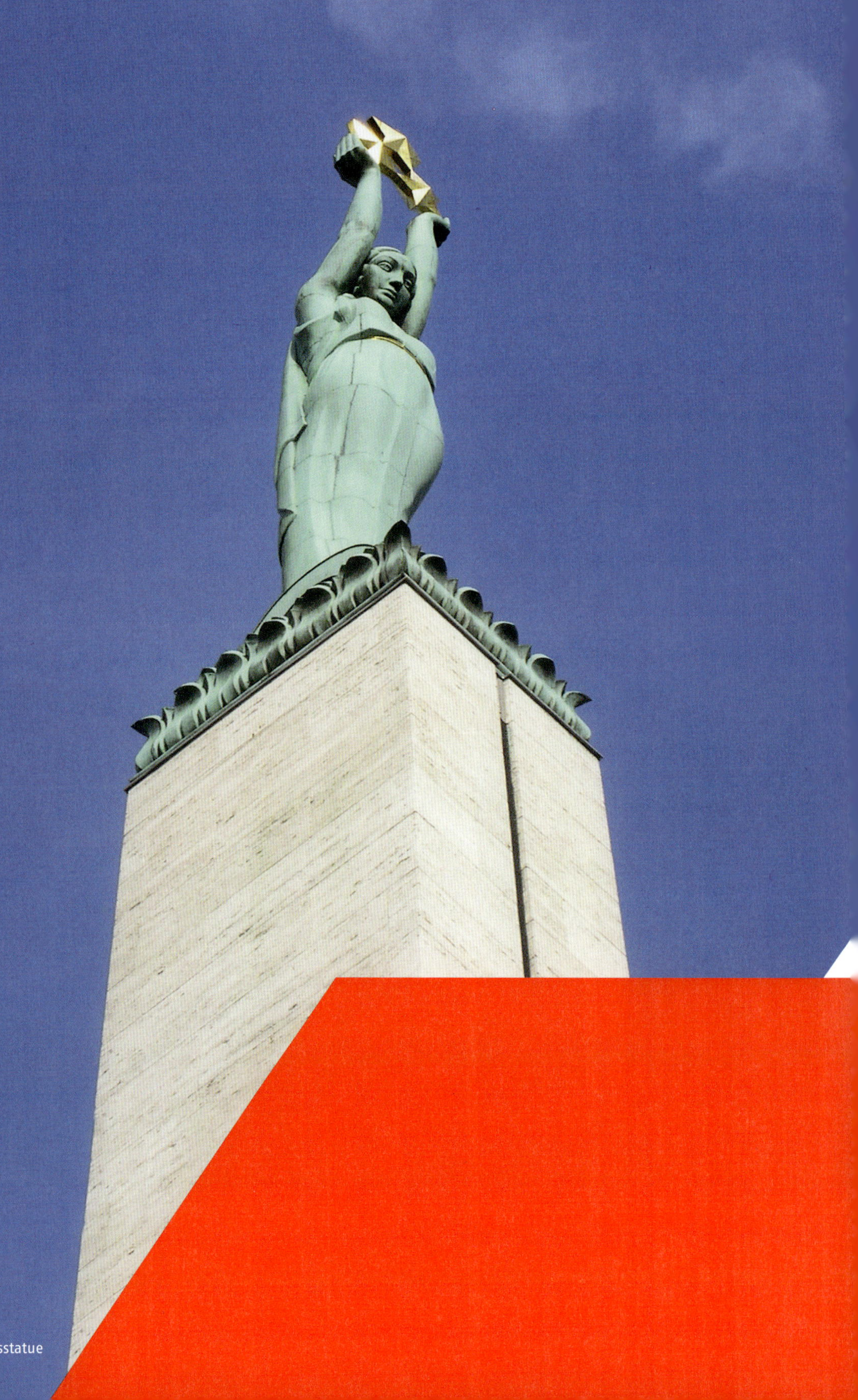

Freiheitsstatue
in Riga

RIGA

Lettland

Mit der Unterzeichnung des Hitler-Stalin-Pakts am 23. August 1939, dessen geheimes Zusatzprotokoll die Staaten Osteuropas in Einflusssphären zwischen Hitler und Stalin aufteilte, wurde Lettland dem sowjetischen Machtbereich zugeschlagen. Die lettische Regierung sah sich daraufhin im Oktober 1939 gezwungen, der Stationierung von Einheiten der Roten Armee im Land zuzustimmen. Im Juni 1940 stellte der Kreml ein Ultimatum. Darin forderte Moskau die Etablierung eines pro-sowjetischen Regimes in Lettland und die Erhöhung der sowjetischen Militärpräsenz. Nur kurze Zeit später besetzte die Rote Armee das Land. Eine unter Moskaus Einfluss stehende sogenannte »Volksregierung« übernahm die Staatsgewalt. Einen Monat später – im Juli 1940 – verkündete der »Volkssejm« die Etablierung einer sowjetischen Regierung und beantragte die Aufnahme Lettlands in die Union der Sozialistischen Sowjetrepubliken, der der Oberste Sowjet der UdSSR am 5. August 1940 zustimmte.

Mit der Sowjetmacht im Land wurden die sowjetischen Repressivorgane, so zum Beispiel das NKWD, eingeführt. Die Sowjetisierung ging mit brutaler Willkür, Verhaftung und Ermordung von Politikern, Geistlichen, Intellektuellen und Künstlern einher, Industrie und Banken wurden verstaatlicht. Im Zuge der beginnenden Zwangskollektivierung der Landwirtschaft wurden Grundbesitzer enteignet und Kolchosen errichtet. Der Staat kontrollierte die Religionspolitik, konfiszierte Kirchengüter und schloss Gebetshäuser. Mitglieder des Klerus wurden interniert und ermordet. In mehreren Orten wurden Untersuchungsgefängnisse mit Verhör-, Inhaftierungs- und Hinrichtungsräumen eingerichtet und Massenverhaftungen, Deportationen und Hinrichtungen vorbereitet. Im »Jahr des Terrors« (»Baigais gads«) 1940/41 wurden etwa 23 000 Letten aus politischen Gründen verhaftet, deportiert oder hingerichtet. Auf die erste sowjetische Besatzung folgte die nationalsozialistische deutsche Besatzung von Juli 1941 bis September 1944. Unter dem Eindruck der sowjetischen Repressalien wurden die Deutschen von großen Teilen der lettischen Bevölkerung zunächst als Befreier begrüßt, von denen man sich die Rückkehr zur Unabhängigkeit erhoffte. Rasch zeigte sich jedoch, dass lediglich eine neue Besatzungsmacht die vorherige abgelöst hatte. Lettland wurde ins »Reichskommissariat Ostland« eingegliedert. An den Vernichtungsaktionen der nationalsozialistischen Besatzer waren auch lettische Kollaborateure und später Zwangsrekrutierte beteiligt.

Fast alle der etwa 70 000 Ende Juni 1941 in Lettland lebenden Juden wurden ermordet, nur 3 000 überlebten den Holocaust. Von den 20 000 aus Österreich, der Tschechoslowakei und Deutschland nach Lettland deportierten Juden überlebten etwa 1 000 die Massaker. Zu den Opfern des nationalsozialistischen Terrorregimes zählen auch die rund 20 000 lettischen Kommunisten und Widerstandskämpfer sowie mehrere Zehntausend inhaftierte und nach Deutschland deportierte lettische Staatsbürger. Zahlreiche Letten schlossen sich Widerstandsbewegungen gegen die deutschen Besatzer an und beteiligten sich an Untergrundgruppen.

Nach der Rückeroberung Lettlands durch die Rote Armee begann die zweite Phase der stalinistischen Repression, die bis zum Tod des Diktators 1953 dauerte. Unter dem Vorwand, Kollaborateure des NS-Besatzungsregimes zu verfolgen, wurden erneut Massenverhaftungen und -hinrichtungen vorgenommen. Diesen fielen tatsächliche und vermeintliche Kollaborateure ebenso zum Opfer wie Mitglieder der nationalen lettischen Widerstandsbewegung – ab 1944 kämpften etwa 15 000 zu Partisaneneinheiten zusammengeschlossene »Waldbrüder« gegen die erneute sowjetische Besatzung des Landes – sowie der politischen, geistlichen und kulturellen Eliten, die als »staatsfeindliche Elemente« deklariert wurden. Allein 1949 wurden Listen mit Namen von etwa 42 000 Personen erstellt, die zwischen dem 25. und 27. März 1949 nach Sibirien deportiert

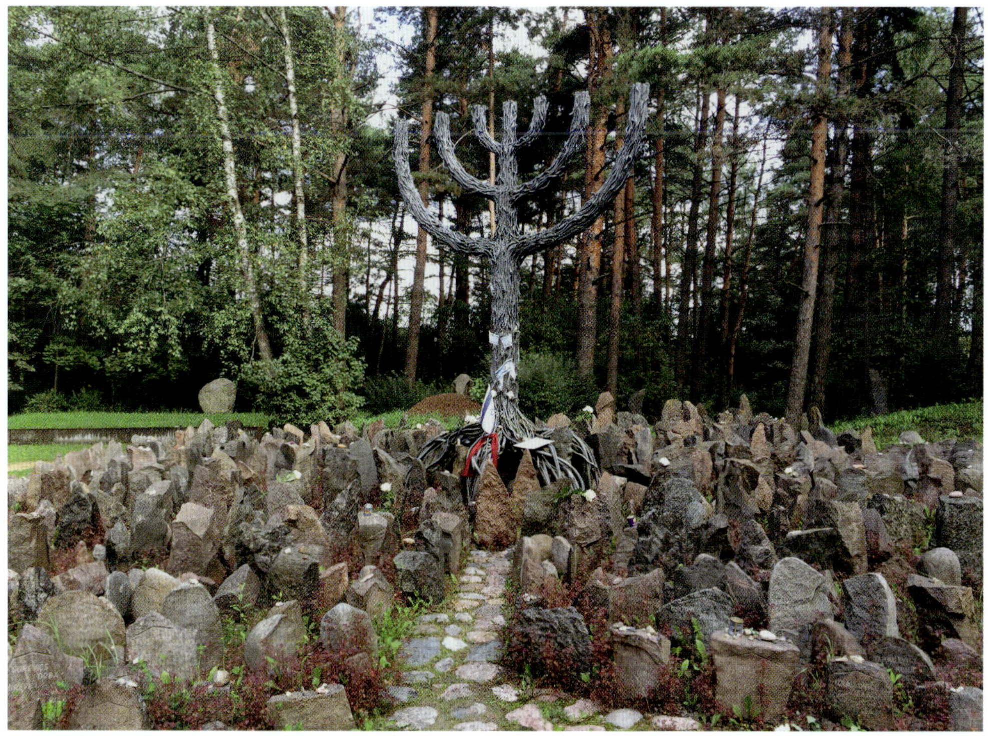

Gedenkstätte für die Opfer des Holocaust
im Wald von Rumbula

wurden. Bis 1953 wurden rund 150 000 Letten getötet, inhaftiert oder verbannt. Nach Stalins Tod wurden die ersten Deportierten amnestiert, erhielten aber nach ihrer Rückkehr aus den Lagern weder ihr konfisziertes Eigentum zurück, noch durften sie Riga als Wohnort wählen.

Zwar engagierten sich Aktivisten und Dissidenten in Lettland nach 1953 für die Einhaltung von Menschenrechten. Aufschwung bekamen diese Bestrebungen jedoch erst mit der von Michail Gorbatschow begonnenen Reformpolitik von Glasnost und Perestroika. So wurde 1986 auch in Lettland eine Helsinki-Gruppe ins Leben gerufen, die sich für die Einhaltung der Menschenrechte und die historische Wahrheit einsetzte. Ihre Aktivitäten wurden staatlicherseits ebenso bekämpft wie frühere Versuche, Widerstand und eine Opposition zu organisieren. Die Mitglieder wurden vorrangig als nationale Freiheitskämpfer wahrgenommen, verhaftet und schließlich ins Exil gezwungen.

Am 14. Juni 1987, dem Jahrestag des Beginns der Massendeportationen aus Lettland 1941 in die Lager des GULag, legten Tausende Menschen am Freiheitsdenkmal in Riga Blumen nieder. Dies wiederholte sich am 23. August 1987, dem Tag der Unterzeichnung des Hitler-Stalin-Pakts. Unter dem Eindruck der Massenproteste änderte die sowjetische Führung ihre Nationalitätenpolitik in den drei baltischen Sowjetrepubliken. So wurde zum Beispiel bis Ende 1988 die lettische Sprache als Staatssprache in die Verfassung aufgenommen. Im Oktober desselben Jahres gründete sich – ähnlich den Unabhängigkeitsbewegungen in Litauen (Sąjūdis) und Estland (Rahvarinne) – die lettische Volksfront (Tautas Fronte) als Sammelbecken politischer Reformkräfte des Landes. Am 23. August 1989, dem 50. Jahrestag des Hitler-Stalin-Pakts, bildeten mehr als zwei Millionen Menschen eine Menschenkette durch alle drei baltischen Republiken – Estland, Lettland und Litauen –, um ihren Willen nach nationaler Unabhängigkeit zu demonstrieren. Die Menschenkette reichte über 600 Kilometer von Tallinn über Riga nach Vilnius, den Hauptstädten der drei baltischen Länder. Die nationalen Volksfronten in Lettland, Litauen und Estland demonstrierten damit der Zentralgewalt in Moskau, dass sie große Menschenmengen mobilisieren konnten, um ihren Wunsch nach Unabhängigkeit durchzusetzen. Die Tautas Fronte verstärkte ihre Forderungen nach einem souveränen Lettland. Nachdem sie bei den Parlamentswahlen am 18. März 1990 mit großer Mehrheit gewonnen und Mitglieder der Volksfront Schlüsselpositionen in der neuen Regierung eingenommen hatten, verkündete die neue Volksvertretung am 4. Mai 1990 die »Wiederherstellung der Unabhängigkeit« des Landes. Diese Erklärung ging mit einer Verurteilung der stalinistischen Verbrechen und der Okkupation durch die Sowjetunion 1940 einher.

Nach der Intervention durch sowjetische Spezialeinheiten in der litauischen Hauptstadt Vilnius in der Nacht vom 12. auf den 13. Januar 1991 bereiteten sich auch in Riga die demokratischen Kräfte der Regierung, unterstützt durch die Bevölkerung, auf ein militärisches Eingreifen vor. Trotz des Einsatzes von Spezialkräften des sowjetischen Innenministeriums in der Rigaer Innenstadt im Januar 1991 konnte sich das sowjetische Regime nicht mehr halten. Während der folgenden Auseinandersetzungen, in denen Riga gegen die anrückenden sowjetischen Truppen verteidigt wurde, kamen bei Zwischenfällen acht Menschen ums Leben. Den erfolglosen Putsch gegen Staats- und Parteichef Michail Gorbatschow im August 1991 nutzte die Volksfront, um am 21. August 1991 endgültig die staatliche Souveränität durchzusetzen.

Das sowjetische Besatzungsregime und das begangene Unrecht wurden vom lettischen Parlament bereits 1990 als verbrecherisch gekennzeichnet. Mitglieder der Kommunistischen Partei,

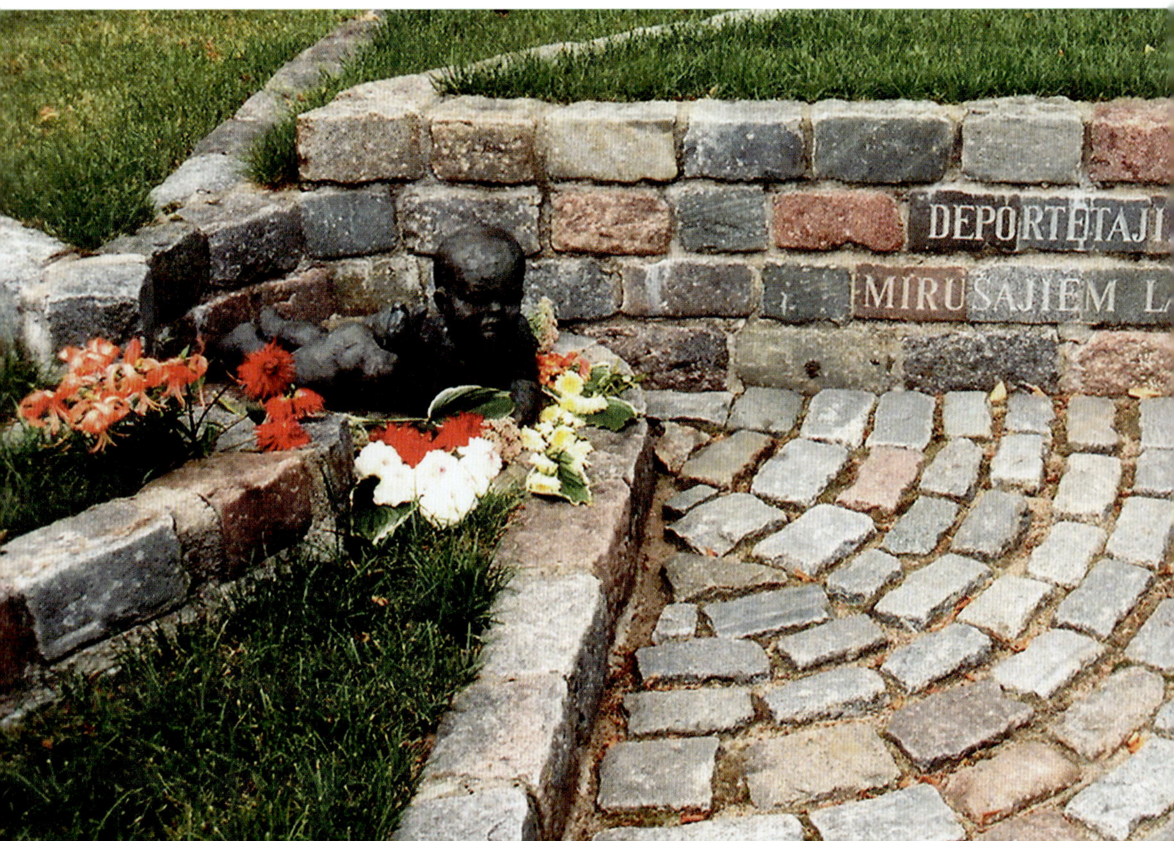

die nach 1991 aktiv waren, wurden vom passiven Wahlrecht ausgeschlossen. Sie waren zudem nicht berechtigt, die lettische Staatsangehörigkeit anzunehmen. 1997 wurde die Verwendung sowjetischer und nationalsozialistischer Symbole verboten und steht seither unter Strafe.

Seit 1988 werden die Opfer politischer Repressionen strafrechtlich rehabilitiert. Dies war mit der Rückgabe bzw. Entschädigung für das beschlagnahmte Eigentum und 1995 beschlossenen Entschädigungszahlungen für die erlittene Deportation, Haft und Repression verbunden. Insgesamt ist die soziale Situation ehemals repressierter Personen jedoch schlecht, da sich die Verfolgungszeiten insbesondere auf die Renten auswirken, was für viele Menschen ein Leben am Existenzminimum bedeutet.

Die Akten des KGB wurden dem Zentrum zur Dokumentation der Folgen des Totalitarismus übergeben, das dem lettischen Verfassungsschutz zugeordnet ist. 2018 wurde die Öffnung und Überführung der Akten in ein eigenes Archiv beschlossen. Für bestimmte Positionen im Staats- und Verwaltungsapparat gilt eine Überprüfungspflicht, ob die Anwärter ehemalige Mitarbeiter des KGB waren. In nur wenigen Ausnahmefällen wurde bisher eine Strafverfolgung gegen ranghohe kommunistische Verantwortliche für die Massendeportationen und das kommunistische Regime in Lettland eingeleitet.

Die zentrale Erinnerung in Lettland ist den beiden großen Deportationswellen 1941 und 1949 gewidmet. Im ganzen Land befinden sich kleine Denkmäler, die an deren Opfer erinnern. Ein zentrales Denkmal für die Opfer kommunistischer Verfolgung gibt es bisher nicht. Jedoch erinnert im Zentrum der lettischen Hauptstadt das privat initiierte Okkupationsmuseum an die Opfer sowohl der sowjetischen als auch der nationalsozialistischen Besetzung des Landes.

In Lettland finden jeweils am 25. März (Gedenktag der Deportationen von 1949) und am 14. Juni (Gedenktag für die Opfer der Deportationen 1941) Gedenkveranstaltungen statt. Seit 2009 wird jeweils am 23. August der Opfer der nationalsozialistischen und kommunistischen Regime gedacht.

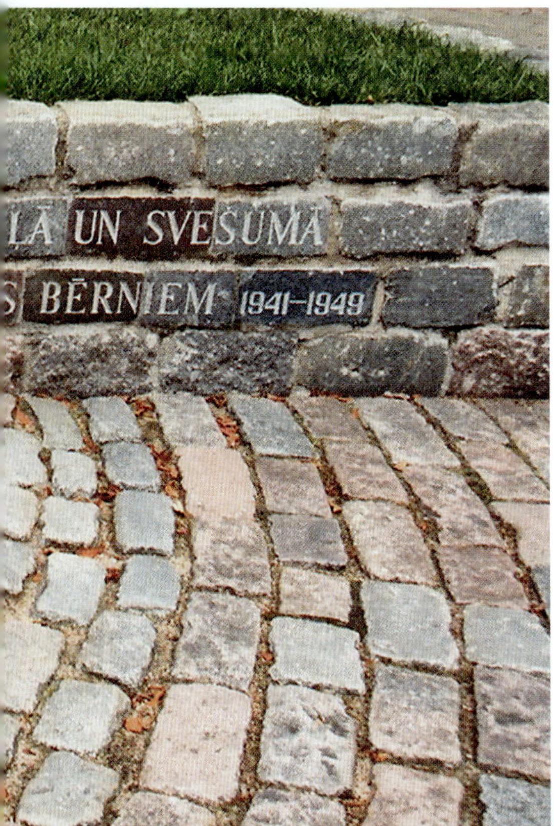

◄ Mahnmal für die während der Deportation umgekommenen lettischen Kinder in Riga

Freiheitsdenkmal

Riga. Das Freiheitsdenkmal (Brīvības piemineklis) im Stadtzentrum von Riga gilt als Symbol für die nationale Souveränität Lettlands. Die Idee dafür entstand in den frühen 1920er Jahren, nachdem Lettland zum ersten Mal am 18. November 1918 seine Unabhängigkeit errungen hatte. Mithilfe von Spenden aus der Bevölkerung wurde das Denkmal zwischen 1931 und 1935, während der gemäßigten Diktatur unter Karlis Ulmanis, an der gleichen Stelle erbaut, an der zuvor von 1910 bis 1915 ein Reiterstandbild des russischen Zaren Peter des Großen seinen Platz hatte. Die offizielle Einweihung erfolgte am 18. November 1935, dem nationalen Unabhängigkeitstag.

Maßgeblich für die Umsetzung des Entwurfs von Architekt Ernests Štālbergs waren die Arbeiten des Bildhauers Kārlis Zāle. Oberhalb eines großflächigen monolithischen Sockels, der die Inschrift »Tevzemei un Brivibai« (»Für Vaterland und Freiheit«) trägt, finden sich Szenen und Figuren der lettischen Mythologie sowie Reliefs, die Arbeit, Familie und die Einheit der Nation symbolisieren. Auf einem 19 Meter hohen Obelisken erhebt sich eine neun Meter große Freiheitsfigur in Form einer jungen Frau, im Volksmund »Milda« genannt. Diese Statue streckt drei golden leuchtende Sterne gen Himmel. Ursprünglich sollten die Sterne die drei lettischen Provinzen Kurzeme, Vidzeme und Latgale (Kurland, Livland und Lettgallen) repräsentieren, doch während der sowjetischen Besatzungszeit wurden sie als Symbol für die Einheit der drei baltischen Sowjetrepubliken interpretiert. Alle Versuche sowohl der deutschen als auch der sowjetischen Besatzung, das Denkmal politisch zu instrumentalisieren oder zu entfernen, scheiterten letztendlich am Widerstand der lettischen Bevölkerung.

Das Monument, das im Laufe der Zeit als Zeichen für die nationale Selbstbestimmung sowie den Kampf gegen die Unterdrückung immer mehr Symbolkraft gewann, wurde zu einem der zentralen Orte der »Atmoda«, der lettischen Befreiungsbewegung der späten 1980er Jahre. Im Frühjahr 1987 rief die ein Jahr zuvor gegründete Menschenrechtsgruppe »Helsinki 86« zu einer nicht genehmigten Demonstration am Freiheitsdenkmal auf. Am 14. Juni, dem Jahrestag der sowjetischen Deportationen von 1941, versammelten sich vor dem Brīvības piemineklis fast 5 000 Menschen, um ihren Willen zur Unabhängigkeit kundzutun. Im Zuge der Singenden Revolution von 1987 bis 1991 wurde das Denkmal immer wieder Ausgangs- und Zielpunkt zahlreicher Demonstrationen.

Standort: Riga, Brīvības bulvaris

Freiheitsdenkmal als Symbol
für die nationale Souveränität Lettlands

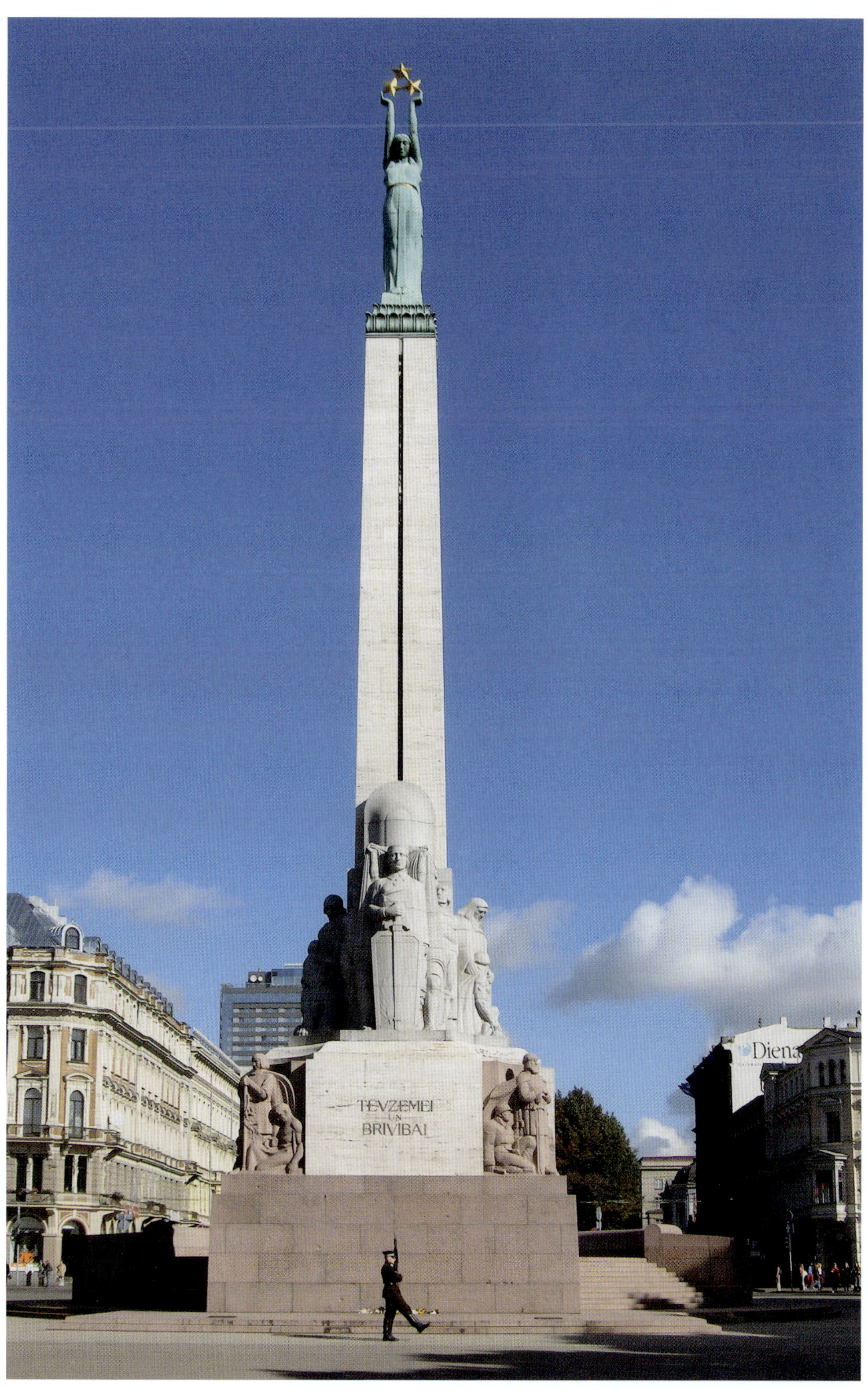
TEVZEMEI
UN
BRIVIBAI
Diena

Lettisches Okkupationsmuseum 1940–1991

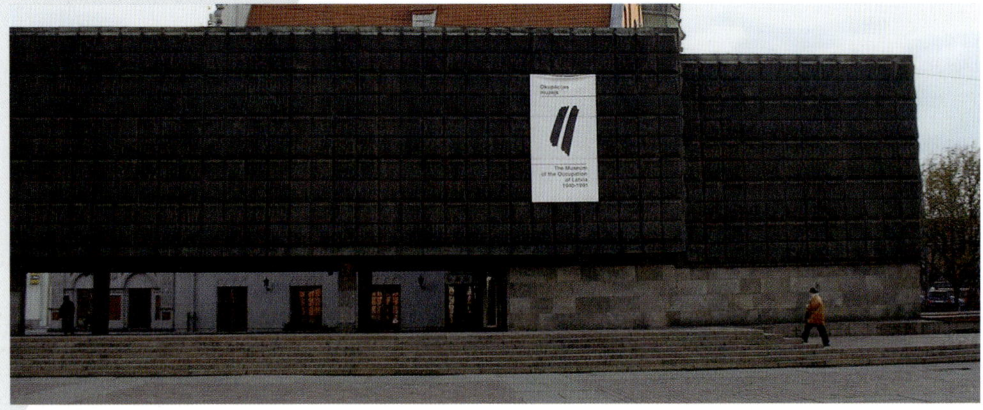

Außenansicht des Museums

Riga. Das Lettische Okkupationsmuseum wurde am 1. Juli 1993 eröffnet. Es befindet sich im Gebäude des ehemaligen Museums der Roten lettischen Schützen. Das waren bewaffnete Militäreinheiten, die sich zum Ende des Ersten Weltkriegs mit den Bolschewiki verbündeten und an der Seite der Roten Armee für die Durchsetzung der kommunistischen Herrschaft kämpften. Das Museum wurde 1970 eröffnet, 1990 – noch zu Sowjetzeiten – aber wieder geschlossen. Nach geringfügigen baulichen Veränderungen bezog 1993 das Okkupationsmuseum die Räume. Es verdankt seine Entstehung hauptsächlich dem Engagement lettischer Emigranten aus Westeuropa und Übersee, die nach der staatlichen Unabhängigkeit die Einrichtung einer Institution inhaltlich und finanziell unterstützten, die an die Besetzungen Lettlands durch Nazi-Deutschland und die Sowjetunion erinnert. Zum gleichen Zweck wurde auch die Stiftung Okkupationsmuseum ins Leben gerufen. 1997 übernahm der lettische Staat die Schirmherrschaft über das Museum.

Die Dauerausstellung zeigt die Geschichte der Besatzungsregime in Lettland seit 1940. Sie beginnt mit den Auswirkungen und Folgen des Hitler-Stalin-Pakts vom 23. August 1939, in dessen geheimem Zusatzprotokoll Ost- und Mitteleuropa zwischen den beiden Diktaturen aufgeteilt und Lettland dem sowjetischen Machtbereich zugeschlagen wurde. Im Anschluss an die erste sowjetische Okkupation 1940/41 wird die Präsentation chronologisch mit der nationalsozialistischen deutschen Besatzungsherrschaft von 1941 bis 1944 und dem Holocaust

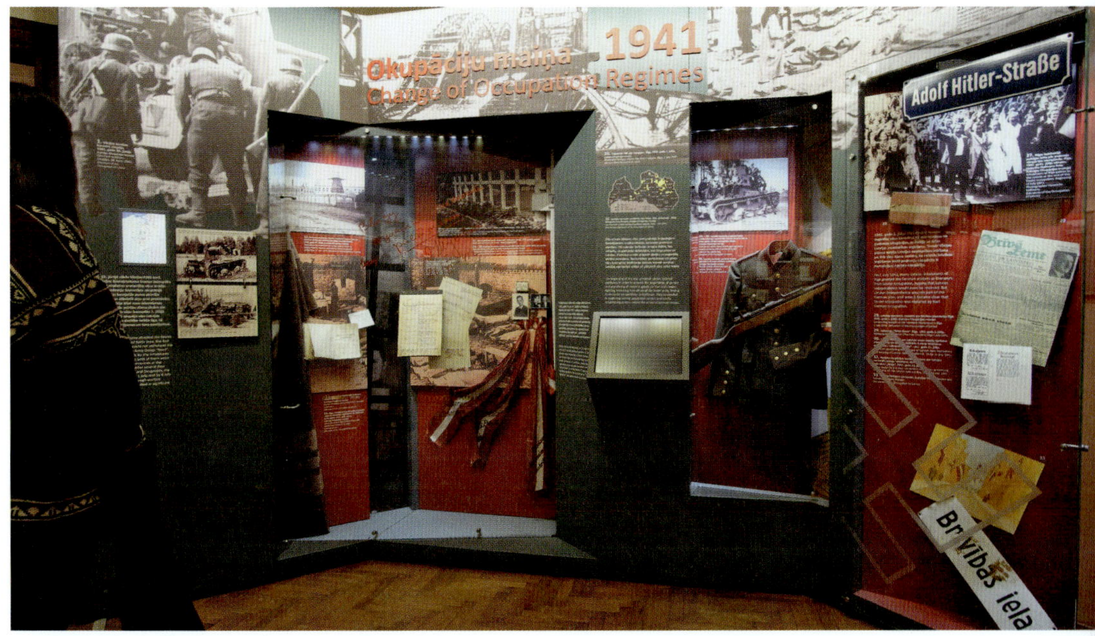

Blick in die Ausstellung des Okkupationsmuseums

fortgesetzt. Einen dritten Schwerpunkt bildet die Darstellung der zweiten sowjetischen Besatzung ab 1944, die mit der Unabhängigkeitsbewegung in den 1980er Jahren ihren Abschluss findet. Gezeigt werden soll, welche Auswirkungen die jeweiligen politischen Systeme auf die lettische Bevölkerung hatten. Die zahlreichen Zeugnisse aus dem zivilen Alltagsleben, aber auch aus der Verbannung und den Lagern werden durch offizielle Dokumente und audiovisuelle Medien ergänzt.

Das lettische Parlament erkannte dem Museum am 20. September 2016 den Status eines »Objekts von nationaler Bedeutung« zu. Zur Vergrößerung der Ausstellungsfläche ist ein Erweiterungsbau nach Entwürfen des lettisch-amerikanischen Architekten Gunnar Birkerts vorgesehen. Die Dauerausstellung wurde überarbeitet. Unter konzeptioneller Beibehaltung des chronologischen Aufbaus wird unter anderem auf weitere Multimedia-Areale gesetzt.

Standort: Riga, Raiņa bulvāris 7 und Latviešu strēlnieku laukums 1
Internet: www.okupacijasmuzejs.lv

Barrikadenmuseum

Riga. Im August 2001 wurde aus Anlass des 10. Jahrestags der Wiederherstellung der staatlichen Unabhängigkeit Lettlands in der Altstadt von Riga ein Museum zur Erinnerung an die Auseinandersetzungen zwischen der lettischen Nationalbewegung und den sowjetischen Sicherheitskräften eröffnet. Träger des Museums ist der Verein der Barrikadenteilnehmer von 1991.

Bereits in den 1980er Jahren organisierte sich in Lettland eine Bürgerbewegung, die sogenannte »Atmoda« (Erwachen), die sich aktiv für die Unabhängigkeit von der Sowjetunion einsetzte. Mit ihrem Erfolg wuchs der Widerstand der sowjetischen Regierung gegen nationale Unabhängigkeitsbestrebungen. Als die kommunistische Partei Anfang 1990 bei den Wahlen zu den nationalen Parlamenten in allen drei baltischen Republiken Niederlagen erlitt, verhängte Moskau Wirtschaftssanktionen und drohte mit militärischer Intervention. Nachdem am 13. Januar 1991 bei der Erstürmung des Fernsehturms durch sowjetische Streitkräfte im litauischen Vilnius 14 Menschen ums Leben gekommen waren, versammelten sich am Mittag desselben Tages in Riga am Altstadtufer der

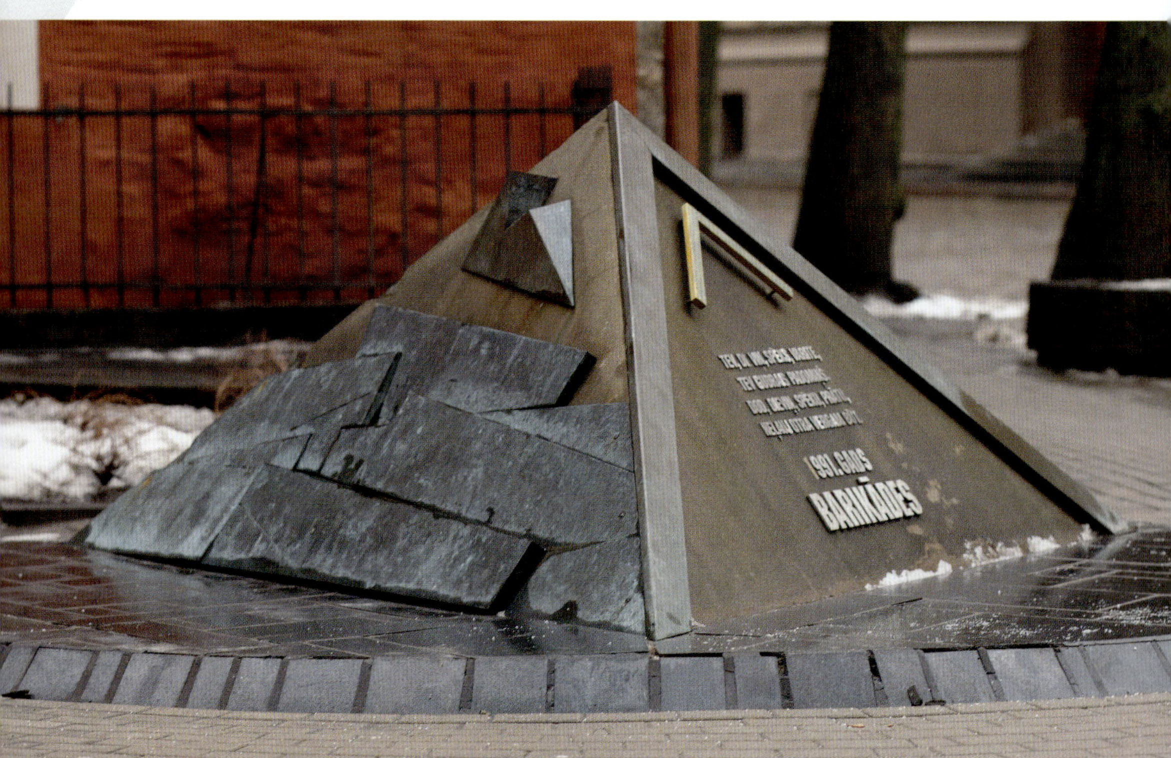

Daugava über 500 000 Menschen. Sie bekundeten ihre Solidarität mit ihren litauischen Nachbarn und demonstrierten für die vollständige Wiederherstellung der nationalen Unabhängigkeit Lettlands. Noch am gleichen Tag rief die Oppositionsbewegung unter Führung der lettischen Volksfront die Bevölkerung zur Errichtung von Straßenbarrikaden auf, um sich den anrückenden sowjetischen Truppen entgegenzustellen. Da sich die meisten Gebäude und Einrichtungen von nationaler Bedeutung in der Rigaer Altstadt befanden, wurde dieses Areal zum zentralen Schauplatz der Auseinandersetzungen. Seinen Höhepunkt erreichte der Konflikt mit der Erstürmung des Parlamentsgebäudes am Abend des 20. Januar durch sowjetische Sondereinheiten der Miliz OMON, bei der sechs Menschen ihr Leben verloren.

Zur Erinnerung an diese Ereignisse werden im Museum in drei Ausstellungssälen die Auseinandersetzungen zwischen der lettischen Unabhängigkeitsbewegung und den sowjetischen Sicherheitskräften im Januar 1991 nachgezeichnet. Zentraler Bestandteil der Exposition ist ein Modell der Barrikaden auf dem Domplatz von Riga im Januar 1991, das durch zeitgenössische Foto- und Filmaufnahmen ergänzt wird. Neben Führungen durch die Ausstellungsräume auf Lettisch und Englisch bietet das Museum Bildungsprogramme für Schüler an.

Standort: Riga, Krāmu iela 3
Internet: www.barikades.lv

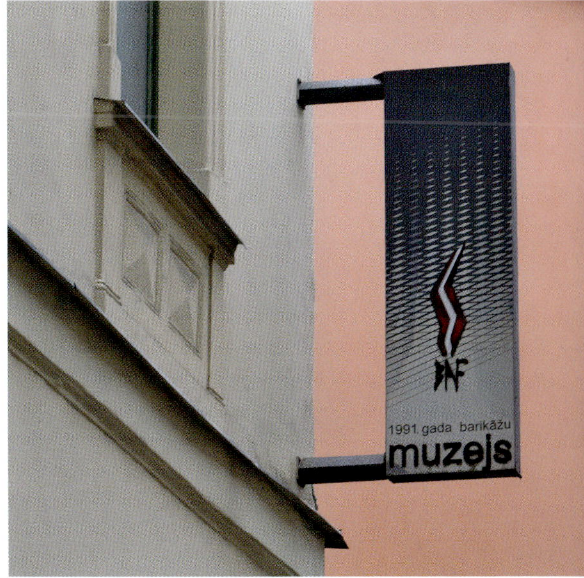

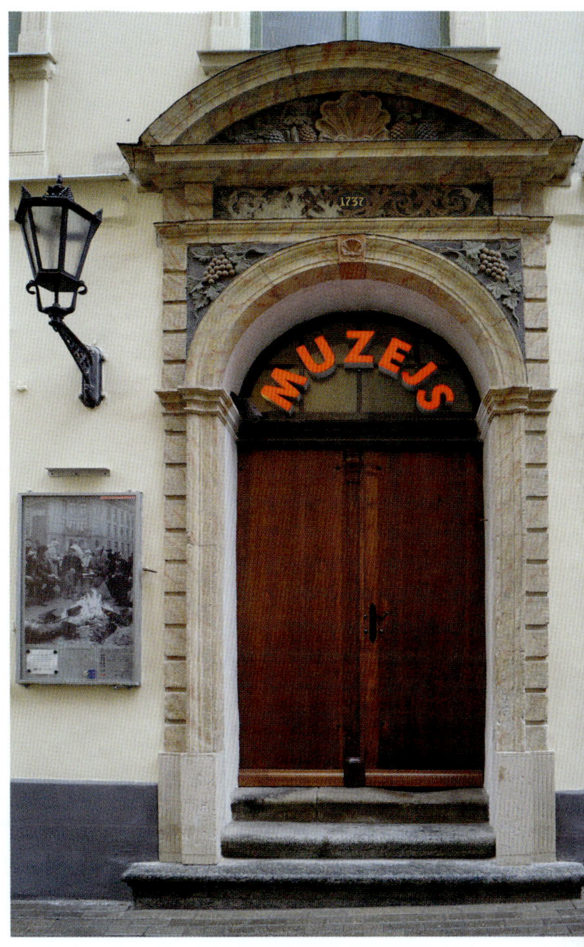

◄ Denkmal zur Erinnerung an die Barrikaden von 1991

► Eingang zum Museum

Ehemaliges KGB-Haus »Eckhaus«

Riga. An der Kreuzung von Stabu- und Brīvības-Straße, Rigas prominentestem Boulevard mit dem berühmten Freiheitsdenkmal, befindet sich der im Volksmund »Eckhaus« (Stūra māja) genannte ehemalige Sitz der sowjetischen Geheimpolizei. 1912 als Appartement- und Geschäftshaus errichtet, wurde das Gebäude während der sowjetischen Okkupation als Hauptquartier der sowjetischen Geheimpolizei zu einem Symbol für Repression und Terror des totalitären Sowjetregimes.

Während der ersten sowjetischen Okkupation zwischen Juni 1940 und Juli 1941 nahm die sowjetische Geheimpolizei das bis dahin vom lettischen Innenministerium genutzte Gebäude im August 1940 in Beschlag. Im Erdgeschoss und Keller des Hauses entstand ein Untersuchungsgefängnis mit Verhör-, Inhaftierungs- und Hinrichtungsräumen. Zwischen dem 15. Januar und dem 22. Juni 1941 wurden hier 186 Todesurteile vollstreckt. Auch die Massendeportationen vom 14. Juni 1941, bei denen etwa 15 000 lettische

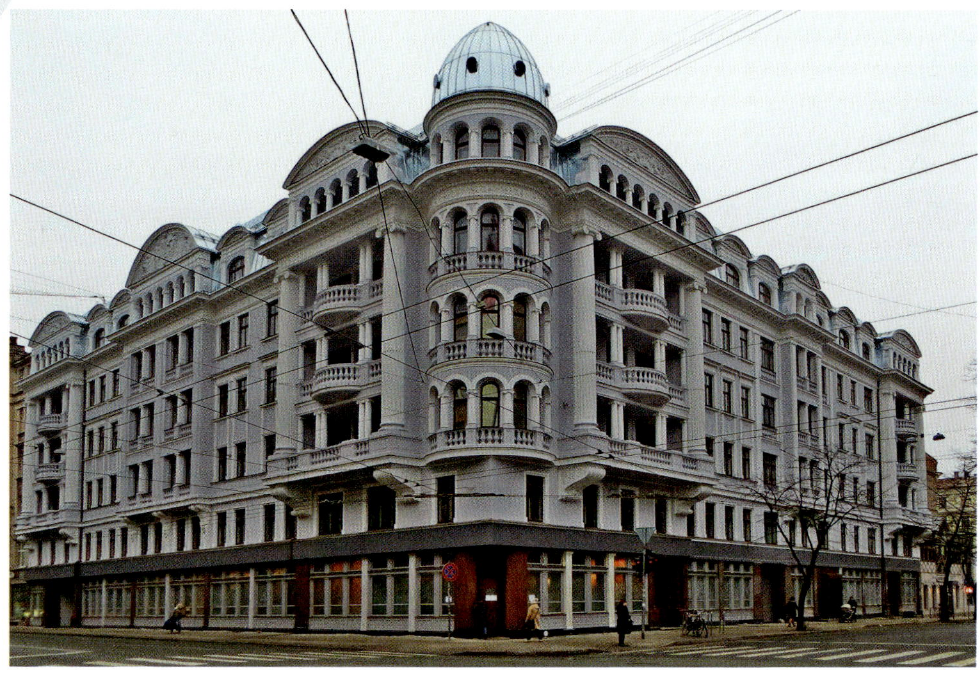

Bürger in sowjetische Straflager nach Sibirien deportiert wurden, nahmen hier ihren Ausgang. Im »Eckhaus« wurden die Listen dafür erstellt und die entsprechenden Verhaftungsbefehle dokumentiert. Der Volksmund bezeichnete das »Eckhaus« als »das höchste Gebäude der Stadt«, weil von den obersten Stockwerken Sibirien zu sehen sei.

Während der nationalsozialistischen deutschen Besatzung von Juli 1941 bis September 1944 nutzten diverse Organe der lokalen Selbstverwaltung das Gebäude.

Am 13. Oktober 1944 besetzte die Rote Armee Riga erneut und in das »Eckhaus« zog kurz darauf wieder die sowjetische Geheimpolizei ein. Von hier aus wurden in dieser Zeit die Verfolgungen angeblicher und tatsächlicher Kollaborateure mit dem nationalsozialistischen Besatzungsregime geleitet, die Niederschlagung der nationalen lettischen Widerstandsbewegung organisiert sowie die Entfernung potenziell »staatsfeindlicher Elemente« forciert. Während der gesamten Zeit der zweiten sowjetischen Besatzung des Landes diente das »Eckhaus« dem kommunistischen Regime als Ort der Inhaftierung, Folter und psychischen Erniedrigung Tausender Menschen.

Erst während der Singenden Revolution und der Erlangung der staatlichen Unabhängigkeit am 21. August 1991 wurde das Gebäude an der Brīvības-Straße vom KGB geräumt und von Behörden der lettischen Republik bezogen. Bis Juli 2008 war es Sitz der lettischen Staatspolizei und wurde anschließend der staatlichen Immobilienmanagementgesellschaft »Valsts nekustā mie īpašum« übergeben. Ein Jahr später erhielt der Gebäudekomplex den Status eines national geschützten Kulturobjekts. Am 14. Juni 2003 weihte das Okkupationsmuseum hier den Gedenkort »Die schwarze Schwelle« ein, der an die Deportationen erinnert, die in diesem Haus vorbereitet wurden.

Als Riga 2014 europäische Kulturhauptstadt wurde, war das ehemalige KGB-Gebäude vom 1. Mai bis zum 19. Oktober 2014 unter dem Namen »Eckhaus. Aktenzeichen 1914/2014« für die breite Öffentlichkeit zugänglich. Nach der zwischenzeitlichen Schließung ist es seit Februar 2015 erneut geöffnet. Eine vom lettischen Okkupationsmuseum in Riga konzipierte und verwaltete Ausstellung informiert auf Lettisch, Englisch und Russisch über die Aktivitäten der sowjetischen Geheimpolizei in Lettland und beschreibt die verschiedenen Formen des Widerstands gegen das Repressionsregime. Ergänzend wird im Internet ein virtueller Rundgang durch das gesamte ehemalige KGB-Gebäude angeboten.

An der Fassade des Gebäudes erinnert neben einer aus schwarzem Granit gefertigten symbolischen Stufe seit dem 14. Juli 2003 auch eine Gedenktafel des Bildhauers Gļebs Panteļejevs und des Architekten Andris Veidemanis an die Opfer der sowjetischen Repression.

Die **Inschrift** auf Lettisch und Englisch lautet:
Padomju/okupācijas laikā/valsts drosibas/ iestāde čeka/savus upurus/seit ieslodzīja./ mocīja./nogalināja un/morāli pazemoja// Stūra māja/1940–1941/1944–1991/Corner House//During the Soviet/Occupation the/ State Security/Agency KGB/Imprisoned./ Tortured. Killed/and Morally/Humiliated Its/ Victims in This/Building

Die deutsche übersetzung lautet:
Eckhaus/Während der sowjetischen Okkupation inhaftierte, folterte, tötete und demütigte der Staatssicherheitsdienst KGB seine Opfer in diesem Gebäude

Standort: Riga, Brīvības iela 61
Internet: www.kgbbuilding.lv

◄
Fassadenfront des »Eckhauses«

Museum der lettischen Volksfront

Riga. Das Museum der lettischen Volksfront dokumentiert den Prozess des lettischen Unabhängigkeitsstrebens und beleuchtet die Rolle der Volksfrontbewegung bei der Wiedererlangung der nationalen Souveränität nach 1990.

Ähnlich wie die Unabhängigkeitsbewegungen in Litauen (Sąjūdis) und Estland (Rahvarinne) entwickelte sich die lettische Volksfront (Tautas Fronte) nach ihrer Gründung am 9. Oktober 1988 innerhalb kurzer Zeit zur einflussreichsten politischen Kraft im Land. Als Dachorganisation verschiedener kleinerer Gruppierungen und Reformbewegungen wuchs sie schnell auf über 230 000 Mitglieder an. Im Gegensatz zum radikalen Flügel der Opposition, der Lettischen Nationalen Unabhängigkeitsbewegung, verfolgte die Volksfront zunächst einen moderaten Kurs. Sie setzte sich für eine Demokratisierung des Landes im Sinne der Perestroika ein, hielt sich zunächst allerdings mit Forderungen nach der Wiederherstellung der staatlichen Unabhängigkeit zurück. Mit dem wachsenden Drang nach mehr Unabhängigkeit in der Bevölkerung verschoben sich auch die Positionen der Volksfront. Am 23. August 1989, dem 50. Jahrestag des Hitler-Stalin-Pakts, erreichten die Massenproteste in den baltischen Republiken ihren bisherigen Höhepunkt: Von Tallinn über Riga bis Vilnius bildeten fast zwei Millionen Menschen eine 600 Kilometer lange Kette – den »Baltischen Weg«. Die nationalen Volksfronten in Lettland, Litauen und Estland demonstrierten damit der Zentralgewalt in Moskau, dass sie große Menschenmengen mobilisieren konnten, um ihren Wunsch nach Unabhängigkeit durchzusetzen. Nachdem die Tautas Fronte bei den Parlamentswahlen am 18. März 1990 mit großer Mehrheit gewonnen und Mitglieder der Volksfront Schlüsselpositionen in der neuen Regierung eingenommen hatten, verkündete die neue Volksvertretung im Mai 1990 die Unabhängigkeit des Landes von der Sowjetunion. Trotz des Versuchs, die Bestrebungen nach staatlicher Unabhängigkeit im Januar 1991 militärisch niederzuschlagen, konnte sich das sowjetische Regime nicht mehr lange halten. Den erfolglosen Putsch gegen Staats- und Parteichef Michail Gorbatschow nutzte die Volksfront, um am 21. August 1991 endgültig die staatliche Souveränität durchzusetzen.

Das Tautas-Fronte-Museum, das sich in den Originalräumlichkeiten des ehemaligen Hauptquartiers der Volksfrontbewegung befindet, erinnert an die fundamentalen politischen und sozialen Umbrüche der historischen Ereignisse. Auf vier Stockwerken werden die Ursprünge der Volksfront, ihre Entwicklung als Bewegung und Partei bis hin zu ihrer Auflösung mit dem Erreichen der politischen Ziele 1993 präsentiert. Zahlreiche Multimedia-Areale, Installationen, im Originalzustand belassene Arbeitsräume der einstigen Volksfront-

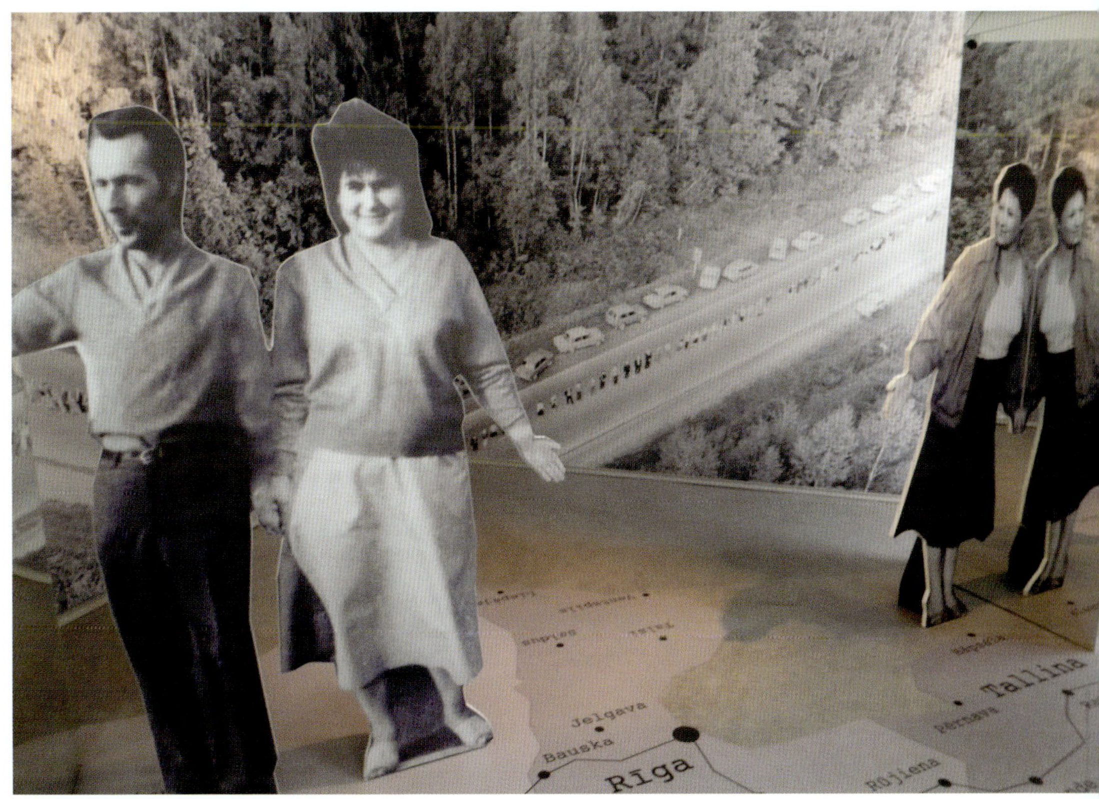

Ausstellungssegment zum »Baltischen Weg«

führung und besonders die Nachbildung einer Kongressversammlung der Partei vermitteln eine realistische Darstellung des Strebens nach Unabhängigkeit. Führungen durch die Ausstellungsräume werden auf Lettisch, Englisch und Deutsch angeboten.

Standort: Riga, Vecpilsētas iela 13/15
Internet: www.lnvm.lv

Literaturhinweise Lettland:

Čakstiņa, Kristīne / Pētersons, Rihards: 1918 – 1991. A Guide to Memorial Sites in Riga and Vicinity. Edited by: Museum of the Occupation of Latvia. Riga 2017. / Nollendorfs, Valters: Lettland unter der Herrschaft der Sowjetunion und des Nationalsozialistischen Deutschland 1940 – 1991. Lettisches Okkupationsmuseum. Riga 2017. / Pārpuce, Rasa: Länderstudie Lettland. In: Honoring Civil Courage. Developing Suggestions to Improve the Situation of Victims of Communist State Crimes. Project Coordinator: Gedenkstätte Berlin-Hohenschönhausen 2015, Ref.-Nr.: JUST/2011/JPEN/AG/2998. Online abrufbar unter: http://www.stiftung-hsh.de/assets/Dokumente-pdf-Dateien/EU-Projekt-Laenderstudien.pdf (letzter Zugriff: 15.11.2017). / Welscher, Alexander / Beckmann-Dierkes, Norbert: Im dunklen Keller der Erinnerung. Hrsg. von: Konrad Adenauer Stiftung. Riga 2016.

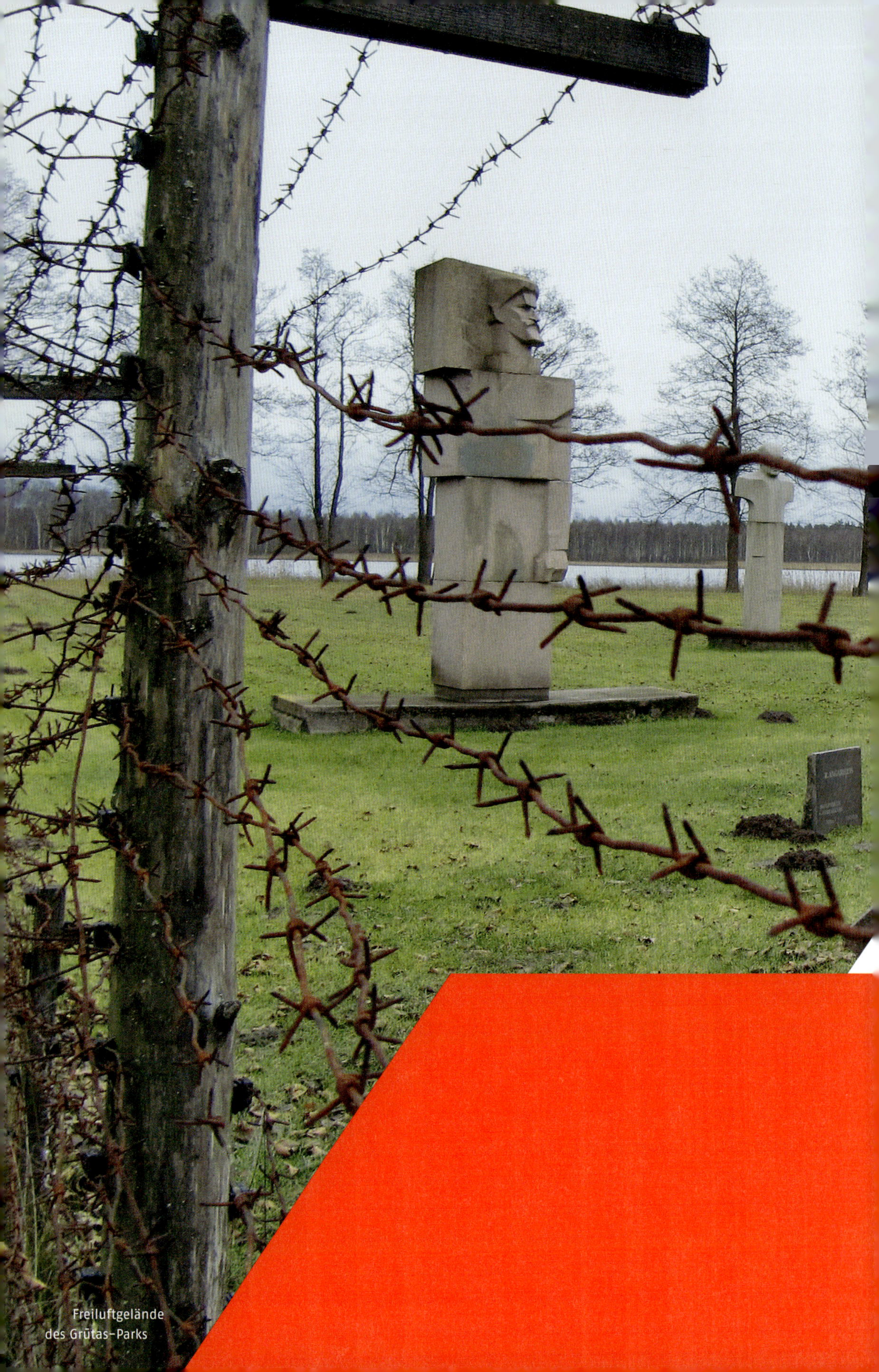

Freiluftgelände
des Grūtas-Parks

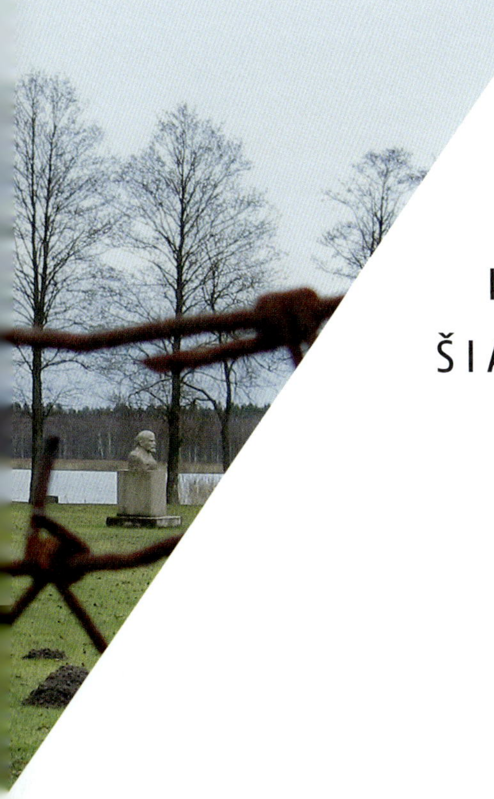

VILNIUS
DRUSKININKAI
KAUNAS
ŠIAULIAI

Litauen

Wie Estland und Lettland wurde auch Litauen der sowjetischen Einflusssphäre durch das geheime Zusatzprotokoll zum Hitler-Stalin-Pakt sowie dem deutsch-sowjetischen Grenz- und Freundschaftsvertrag vom 28. September 1939 zugeschlagen. Nach der Besetzung von Ostpolen und Vilnius zwang die Sowjetunion die litauische Regierung – ähnlich wie in Lettland und Estland –, Beistandspakte abzuschließen und der Stationierung von 35 000 Soldaten der Roten Armee zuzustimmen. Per Ultimatum forderte der Kreml am 14./15. Juni 1940 in allen drei baltischen Staaten nicht nur die Stationierung sowjetischer Truppen in ungenannter Höhe, sondern auch einen Regierungswechsel und Neuwahlen auf Basis von kommunistischen Einheitslisten. Nach den inszenierten und manipulierten Parlamentswahlen deklarierte am 20. Juli die sogenannte »Volksvertretung« Litauen zur Sozialistischen Sowjetrepublik. Die eingesetzte moskautreue Marionettenregierung unter Justas Paleckis bat um Aufnahme in die Sowjetunion, die am 3. August 1940 erfolgte. Die Sowjetisierung ging mit brutaler Willkür, Verhaftung und Ermordung von Politikern, Geistlichen, Intellektuellen und Künstlern einher, Industrie und Banken wurden verstaatlicht. Im Zuge der Zwangskollektivierung der Landwirtschaft wurden Grundbesitzer enteignet und die Errichtung von Kolchosen durchgesetzt. Der Staat kontrollierte die Religionspolitik, konfiszierte Kirchengüter und schloss Gebetshäuser. Mitglieder des Klerus wurden interniert und ermordet. In einer umfassenden Aktion wurden zwischen dem 14. und dem 21. Juni 1941 über 30 000 litauische Bürger ohne Gerichtsurteil interniert, zur Zwangsarbeit in die Arbeits- und Gefangenlager des GULag-Systems abtransportiert oder in die Verbannung in entlegene sibirische Regionen verschickt.

Organisierter Widerstand formierte sich bereits kurze Zeit nach der sowjetischen Okkupation. Zu den Akteuren des Untergrunds zählte die nationalistisch gesinnte Litauische Aktivistenfront (LAF), die auf dem Höhepunkt des Widerstandskampfes im Sommer 1941 fast 36 000 Mitglieder zählte. Am 22. Juni 1941, dem Tag des Überfalls Nazi-Deutschlands auf die Sowjetunion, initiierte die Aktivistenfront einen bewaffneten Aufstand gegen das sowjetische Besatzungsregime. Eine von der LAF ins Leben gerufene Interimsregierung konnte allerdings nur wenige Tage aufrechterhalten werden.Der Vormarsch der Wehrmacht, die das Land innerhalb kürzester Zeit überrollte, wurde zunächst als Befreiung vom »Roten Terror« wahrgenommen. Die Deutschen ließen allerdings keinen Zweifel daran, dass die sowjetische Unterdrückung durch den nationalsozialistischen Terror ersetzt wurde. Zwischen Juni 1941 und der Rückeroberung Litauens durch die Rote Armee im Juli 1944 sah sich das Land erneuter Diktatur, Repression und Willkür ausgesetzt. Wie auch in anderen besetzten Staaten sprach die nationalsozialistische Ideologie bestehende antisemitische Ressentiments nationalistischer Bevölkerungsgruppen an – vor allem unter den Mitgliedern der LAF. Bei der Durchführung des Holocaust auf litauischem Territorium assistierten den deutschen Einsatztruppen auch nationale Polizeibataillone. Der Shoah, dem nationalsozialistischen Genozid an der jüdischen Bevölkerung, fielen in Litauen 200 000 Menschen zum Opfer – 95 Prozent der gesamten jüdischen Gemeinschaft des Landes. Bis zum Sommer 1944 wurden weitere 75 000 litauische Bürger zur Zwangsarbeit in das Deutsche Reich verschleppt, fast 20 000 Männer wurden den deutschen Truppenverbänden zwangsunterstellt, über 100 000 Menschen flüchteten ins Ausland. Anders als die antisowjetische Gegenwehr wandte die antinazistische Opposition überwiegend passive Widerstandsformen an. Ihre Aktivitäten richteten sich dabei vor allem auf die Sabotage des nationalsozialistischen Besatzungsregimes. Eine wichtige Rolle spielten die Publikation und Verbreitung von Untergrundzeitungen sowie der Aufbau eines Kontaktnetzwerks zu den Alliierten. Mehrere politisch motivierte Organisationen wie die Litauische Front, die Nachfolgevereinigung der LAF, und das Oberste Komitee zur Befreiung Litauens, ein Zusammenschluss der von den Nationalsozialisten verbotenen Parteien, waren im Untergrund aktiv.

Nach der Schlacht um Stalingrad Anfang 1943 stoppte die Rote Armee den Vormarsch der Wehrmacht und begann ihre Offensive. Auf dem Weg nach Westen überquerte sie am 4. Juli 1944 erneut die litauische Grenze im Nordosten des Landes. Damit knüpfte die sowjetische Besatzung an die Repressionspraktiken von 1940 an: forcierte Kollektivierung der Agrarwirtschaft, systematische Verfolgung und Unterdrückung des Klerus, Ausschaltung der Intelligenzija und erneute Massendeportationen. Zwischen April 1945 und August 1952 wurden in mehrfachen Deportationsaktionen fast 112 000 litauische Bürger nach Sibirien zur Zwangsarbeit oder in die Verbannung verbracht. Allein bei den Märzdeportationen 1949 wurden auf Beschluss des Ministerrats der UdSSR 33 500 litauische Bürger in Viehwaggons ins Innere der Sowjetunion abtransportiert. Die Wiederkehr der Sowjetherrschaft zwang in Litauen wie in den anderen baltischen Republiken Tausende Menschen in den Untergrund. Ende 1945 versteckten sich etwa 30 000 Männer – zusammengeschlossen in Partisanenverbänden – in den Wäldern Litauens. Die ersten widerständischen Gruppen, im Volksmund »Waldbrüder« genannt, rekrutierten sich aus den Reihen der LAF, der militärischen Organisation »Kestutis« sowie Männern verschiedenster antikommunistischer Couleur. Sie einte das Ziel, eine dauerhafte Installierung der sowjetischen Macht in Litauen mit allen erdenklichen Mitteln zu verhindern. Zu den subversiven Aktivitäten der »Waldbrüder« gehörte die Sabotage sowjetischer Staatsgüter, die Abwehr kommunistischer Propaganda und Verbreitung einer national orientierten Untergrundpresse. Daneben unterminierten sie auch lokale Initiativen, die den Aufbau sowjetischer Verwaltungsstrukturen unterstützten. Angesichts der Gegenwehr der litauischen Partisanen ordnete die sowjetische Führung mehrfach Aufklärungs- und Vernichtungsaktionen gegen die bewaffneten Verbände an. Bei einer der groß angelegten Aktionen zwischen dem 28. Juni und 16. Juli 1946 setzte das NKWD 7000 Männer, darunter Spezialeinheiten der Geheimpolizei »istrebitel« (»Vernichter«), zur Bekämpfung der litauischen Partisanen ein. Nach 1948 schleusten sowjetische Sicherheitsorgane zunehmend Spitzel in den Untergrund ein. Ganze Einheiten der »Waldbrüder« wurden verraten und liquidiert. Bei den Widerständlern setzte sich die Einsicht durch, dass die Alliierten den baltischen Freiheitskampf nicht unterstützen und der Westen nicht intervenieren werde. Auch verschlechterten sich die lokalen Bedingungen. Im Zuge der wirtschaftlichen Rezession konnten Einheimische kaum Personen außerhalb der eigenen Familie mitversorgen. Die langen Jahre in den Waldverstecken und die konspirativen Lebensumstände hatten viele Kämpfer zermürbt und demoralisiert. Versuche, den Untergrundkampf unter der 1949 gegründeten Organisation »Litauische Freiheitskämpfer« wiederzubeleben und zu zentralisieren, scheiterten. Der Terror ebbte erst ab, als die Zwangskollektivierung der Landwirtschaft abgeschlossen, der bewaffnete Untergrundkampf der »Waldbrüder« niedergeschlagen und die litauische Bevölkerung durch Repressionsmaßnahmen dezimiert worden war. Litauen hatte bis 1953 durch Deportation, Krieg und Widerstandskampf ein Sechstel seiner Bevölkerung verloren.

In der »Tauwetterperiode« unter Nikita Chruschtschow (1956–1964) war die litauische Intelligenzija zunächst zersplittert und demoralisiert. Nach dem Einmarsch von Truppen des Warschauer Pakts in die Tschechoslowakei 1968 erstarkten Dissidentenbewegungen, die mehr Meinungsfreiheit und die Bewahrung der nationalen Kultur und Tradition forderten und von der katholischen Kirche unterstützt wurden. Die Aktion des Studenten Romas Kalanta, der sich aus Protest gegen das sowjetische Okkupationsregime am 15. Mai 1972 in Kaunas mit den Worten »Freiheit für Litauen« selbst verbrannte, löste Massendemonstrationen aus. Zeitgleich weitete die litauische Untergrundpresse ihre Produktion aus. Wie in anderen Ländern des Ostblocks führte die KSZE-Konferenz zur Gründung von lokalen Helsinki-Gruppen, die unter Berufung auf die in

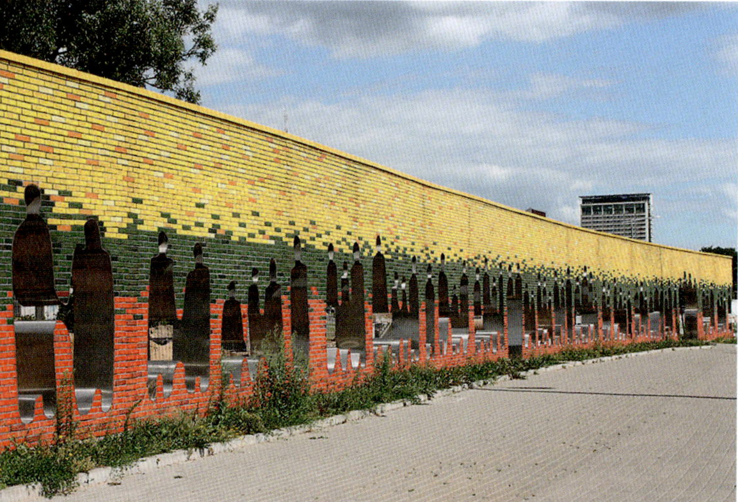

◄

Denkmal zur Erinnerung an den »Baltischen Weg« in Vilnius

►

Gedenkstein für die ersten öffentlichen Demonstrationen 1987 in Vilnius

Helsinki unterzeichnete Schlussakte die Gewährung von Menschen- und Bürgerrechten verlangten. Auch in Estland und Lettland hatte sich der Widerstand gegen die sowjetische Besatzung bereits in den 1960er Jahren neu formiert. Die Dissidentenbewegungen waren in ihren Forderungen vom Wunsch nach nationaler Unabhängigkeit geprägt. In Litauen wurde die erste Helsinki-Gruppe 1976 gegründet. Wie in den anderen baltischen Republiken reagierte die sowjetische Macht mit massiver Repression gegen die Gruppen. Die Unzufriedenheit mit der Nationalitätenpolitik äußerte sich immer stärker öffentlich. Anlässlich des 40. Jahrestags des Hitler-Stalin-Pakts am 23. August 1979 verfassten 45 Letten, Esten und Litauer einen »Baltischen Appell« an die UNO, der dazu führte, dass das europäische Parlament 1983 eine Resolution über die inakzeptable Situation der baltischen Bevölkerung annahm. Die Helsinki-Gruppen wurden unterwandert, die Aktivisten verhaftet oder ins Exil getrieben. 1983 löste sich die litauische Gruppe schließlich auf. Mit der von Gorbatschow betriebenen Reformpolitik 1985 erhielt jedoch die Dissidentenbewegung in Litauen neuen Auftrieb. Ebenso wie in anderen Ländern organisierte sich der Widerstand in Form von Umwelt- und Friedensgruppen. Auch in Litauen fand am 14. Juni 1987 eine Massenkundgebung zur Erinnerung an die Besetzung des Landes infolge des Hitler-Stalin-Pakts und die damit verbundenen Massenrepressalien statt. Unter dem Eindruck der Massenproteste änderte die sowjetische Führung ihre Nationalitätenpolitik in den drei baltischen Sowjetrepubliken. So wurde zum Beispiel bis Ende 1988 die litauische Sprache als Staatssprache in die Verfassung aufgenommen. Die in allen drei Ländern gegründeten Volksfronten führten gemeinsame Aktionen gegen die sowjetische Zentralmacht und für nationale Unabhängigkeit durch. Den Höhepunkt dieser Aktionen bildete die am 23. August 1989, dem 50. Jahrestag der Unterzeichnung des Hitler-Stalin-Pakts, über 600 Kilometer von Litauen nach Estland reichende Menschenkette, der sich über zwei Millionen Personen anschlossen.

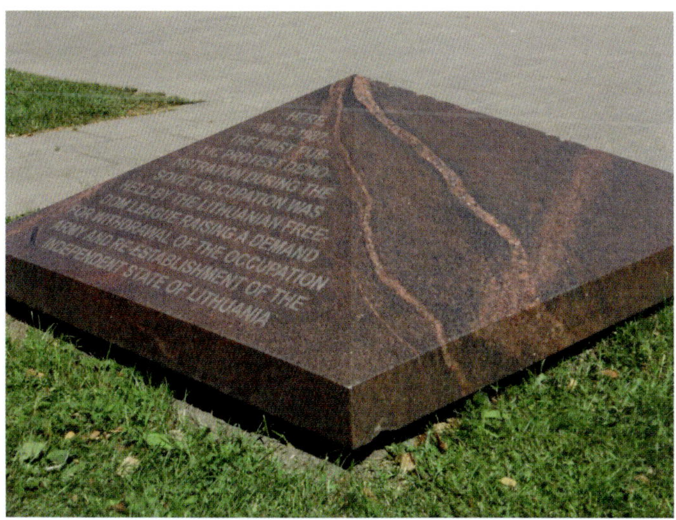

Angesichts der Demokratisierungsbestrebungen in Litauen – das Land hatte am 11. März 1990 als erstes Land unter der damaligen sowjetischen Besatzung seine Unabhängigkeit erklärt – verhängte der Staats- und Parteichef der Sowjetunion Michail Gorbatschow eine mehrmonatige Wirtschaftsblockade. In der Nacht vom 12. zum 13. Januar 1991 griffen OMON-Truppen in Vilnius Zehntausende Demonstranten an, die den Fernsehturm, das Parlament und andere öffentliche Gebäude verteidigten. Bei den Aktionen kamen 14 Menschen ums Leben, es gab Hunderte Verletzte. Trotz der militärischen Intervention sowjetischer Truppen fanden im Februar 1991 die ersten freien Parlamentswahlen statt.

Obwohl das kommunistische Regime und seine Verbrechen verurteilt wurden, erwies sich die Rehabilitierung der Opfer als langwierig. Da entsprechend der geltenden Gesetze die verurteilten Opfer der Repression als Kriminelle galten, musste in den angestrengten Rehabilitierungsprozessen nachgewiesen werden, dass sie unschuldig und zu Unrecht verurteilt worden waren. Rehabilitierte Personen erhalten eine Entschädigung und ihr Eigentum wird restituiert. Frühere Zuträger und Spitzel sind vor einer Veröffentlichung ihrer Daten geschützt, sofern sie sich schuldig bekannt haben und ihr Bedauern über ihre Taten geäußert haben.

1992 wurde beschlossen, zur Erinnerung an die Opfer der beiden Okkupationsregime in Vilnius das staatliche Genozidmuseum einzurichten. Zahlreiche Gedenksteine und Denkmäler erinnern an die Opfer der totalitären Herrschaft in Litauen.

Auf der Website des Litauischen Museums für die Opfer des Genozids und Widerstands findet sich eine Aufstellung aller in Litauen bestehenden Gedenkstätten.

Museum der Okkupationen und der Freiheitskämpfe

Vilnius. Das Museum der Okkupationen und der Freiheitskämpfe wurde 1992 auf Initiative litauischer Häftlings- und Deportiertenverbände gegründet. Seit 1997 ist die Einrichtung Bestandteil des staatlichen Forschungszentrums für Genozid und Widerstand, einer Institution, die sich der Erforschung der nationalsozialistischen und sowjetischen Besatzung Litauens widmet.

Seit seiner Erbauung 1899 diente das Haus in der heutigen Aukų gatve 2 A, der »Straße der Opfer«, als Gerichts-, Verwaltungs- und Schulgebäude. Im Juni 1940 bezog das NKWD den Gebäudekomplex und richtete im Kellergeschoss über 50 Zellen für Untersuchungshäftlinge ein. Während der deutschen Okkupation Litauens zwischen Juni 1941 und Juli 1944 wurde das Haus zum Gestapo-Hauptquartier umfunktioniert. Die Zellen wurden unter der nationalsozialistischen Terrorherrschaft weiter genutzt: Zahlreiche NS-Gegner wurden hier interniert, gefoltert und liquidiert. Mit der zweiten sowjetischen Besetzung des Landes ab Juli 1944 kehrte das NKWD in das Gebäude zurück, die Haftanstalt erweiterte man durch den Anbau neuer Zellentrakte, die oft überbelegt waren.

Die auf drei Stockwerken verteilte Exposition thematisiert die Verfolgung der litauischen Bevölkerung durch sowjetische und deutsche Besatzer. Ein Großteil der Ausstellungsfläche befindet sich in über 20 rekonstruierten Zellen im Kellergeschoss. Dokumentiert werden hier neben dem Erfassungsprozedere der Inhaftierten Haftbedingungen in den verschiedenen Verfolgungsperioden sowie Hinrichtungen des KGB. Die Installation in der ehemaligen Hinrichtungszelle dient dabei als zentraler Gedenkraum. Sie hält die Erinnerung an die rund 1000 in dem Gefängnis erschossenen oder in den Zellen verstorbenen Menschen sowie an alle Opfer der totalitären Systeme wach. Seit 2011 widmet sich ein Teil der Dauerausstellung dem Gedenken der über 200 000 litauischen Holocaustopfer. Nachgezeichnet werden neben dem nationalsozialistischen Vernichtungsregime der deutschen Besatzer die Nutzung des Gestapo-Gefängnisses und Schicksale seiner Opfer. Eingehende Betrachtung finden auch die Geschichte des Vilniusser Ghettos sowie die Massenexekutionen in der größten litauischen Erschießungsstätte der SS in Ponary.

Weitere Ausstellungsräume sind verschiedenen Aspekten der sowjetischen Okkupationen 1940/41 sowie zwischen 1944 und 1991 gewidmet. Überblicksdarstellungen und Einzelschicksale geben Aufschluss über die Repressionen gegen die politische, kulturelle und geistige Elite des Landes sowie die Massendeportationen. Breiten Raum nimmt die Untergrundbewegung in den Nachkriegsjahren ein. Beleuchtet werden sowohl der bewaffnete antisowjetische Widerstand zwischen 1944 und 1953, einer der anhaltendsten Partisanenkämpfe

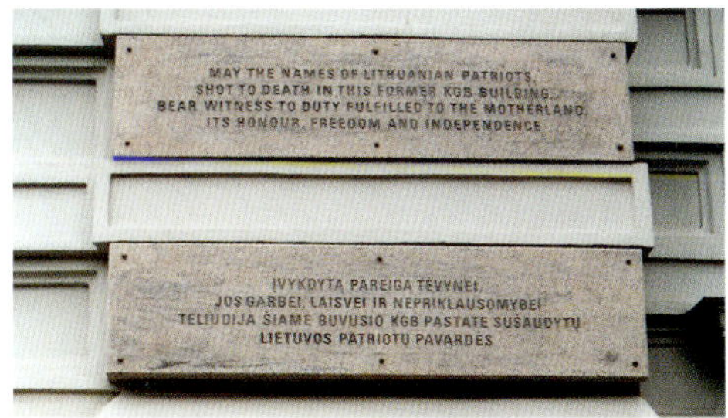

Eingemeißelte Namen der im ehemaligen KGB-Gefängnis Hingerichteten an der Gebäudefassade

Europas des 20. Jahrhunderts, als auch die Dissidentenbewegung der 1960er und 1970er Jahre. Die Exposition präsentiert zahlreiche Originalobjekte wie Fotografien, Dokumente, Briefe, Kleidungsstücke und diverse andere historische Memorabilien.

Seit Dezember 2008 obliegt dem Museum außerdem die Verwaltung des memorialen Komplexes im Tuskulenai-Friedenspark. Zwischen dem 28. September 1944 und dem 16. April 1947 vollstreckte die sowjetische Geheimpolizei in den Kellerzellen des ehemaligen KGB-Gefängnisses 767 Todesurteile. Die sterblichen Überreste der Opfer wurden in Massengräbern auf dem Territorium der Parkanlage verscharrt. Erst im Zuge archäologischer Grabungsarbeiten wurden sie 1994 entdeckt und in einer Urnenhalle beigesetzt. Die von der Einrichtung gestaltete Ausstellung »Geheimnisse des Tuskulenai-Guts« im einstigen Herrenhaus der Anlage informiert über den Vernichtungsapparat des totalitären Sowjetregimes.

Das Museum bietet neben Führungen auf Litauisch und Englisch auch speziell konzipierte Bildungsprogramme an, in deren Rahmen Exkursionen und Seminare durchgeführt werden.

An der Gebäudefassade erinnern die eingemeißelten Namen von 199 zwischen 1945 und 1946 ermordeten litauischen Bürgern an die Opfer des sowjetischen Repressionsregimes.

Standort: Vilnius, Aukų gatve 2 A
Internet: www.genocid.lt und www.tuskulenumemorialas.lt

Ausstellungsthema ist die Verfolgung der litauischen Bevölkerung durch sowjetische und deutsche Besatzer.

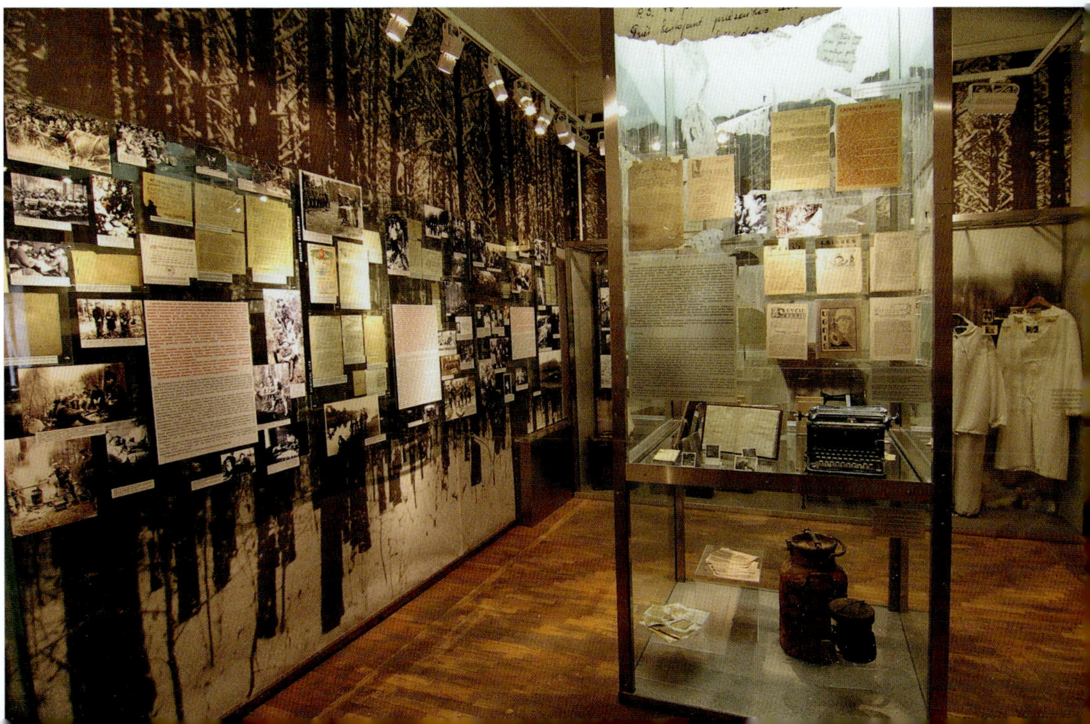

Museum und Gedenkstätte am Fernsehturm

Vilnius. Der Fernsehturm in Vilnius ist das höchste Gebäude Litauens, er steht in der Nähe des Zentrums der Hauptstadt. Im Erdgeschoss der Sendeanstalt befindet sich eine Gedenkstätte zur Erinnerung an die Opfer des »Vilniusser Blutsonntags«, der gewaltsamen Niederschlagung der Freiheitsdemonstrationen durch sowjetische Spezialeinheiten im Januar 1991.

Der Oberste Rat (vormals Oberster Sowjet) Litauens proklamierte am 11. März 1990 die Unabhängigkeit des Landes von der Sowjetunion. Da der kommissarische Präsident Vytautas Landsbergis die Unabhängigkeitserklärung nicht zurücknahm, besetzten militärisch ausgerüstete Truppen des sowjetischen Innenministeriums am 11. Januar 1991 strategisch wichtige Gebäude in ganz Litauen. Zehntausende Einwohner in Vilnius gingen auf die Straße. Örtliche Befehlshaber wiesen in der Nacht zum 13. Januar die OMON-Einheiten an, die Situation zu »klären«. 14 unbewaffnete Zivilisten starben bei dem Versuch, durch die Bildung einer Menschenkette die Einnahme des Turms zu verhindern. 700 weitere wurden verletzt. Am Tag nach den Ausschreitungen versammelten sich über 100 000 Menschen vor dem Parlamentsgebäude, errichteten Barrikaden und zwangen die sowjetischen Truppen zum Rückzug.

Heute erinnert eine kleine Ausstellung im Erdgeschoss des Turms an die Ereignisse vom Januar 1991.

Das Gelände der Sendeanstalt hat sich zum zentralen Erinnerungsort für die staatliche Unabhängigkeitsbewegung entwickelt. Am Eingang zur Gedenkstätte haben Angehörige der Opfer des Blutsonntags eine Erinnerungstafel angebracht und mehrere Holzkreuze aufgestellt. Auf dem Gelände befindet sich ein halb aufgerichtetes Eisenkreuz, das den von sowjetischen Panzern überrollten unbewaffneten Demonstranten gewidmet ist. Am 15. Juni 2005 wurde die acht Meter hohe Bronzeskulptur »Aufopferung« vor dem Fernsehturm enthüllt. Nach Entwürfen des litauischen Bildhauers Darius Bražiūnas und des Architekten Artūras Asauskas gestaltet, zeigt das Mahnmal die stilisierte Figur einer jungen Frau, die – auf einer Glockenkrone stehend – ihre Arme gen Himmel reckt. Ähnlich einer Freiheitsstatue konzipiert, stellt die Skulptur ein Symbol für die staatliche Unabhängigkeit dar. Worte der litauischen Nationalhymne sind in den Sockel der Glocke eingraviert. Im Gedenken an die Opfer wurden auf dem Areal der Sendeanstalt Granitobelisken aufgestellt und Bäume gepflanzt. Die Straßen in der Umgebung des Turms tragen die Namen der Toten des 13. Januars.

Standort: Vilnius, Sausio 13-osios gatvė 10

Bronzeskulptur »Aufopferung« am Fernsehturm in Vilnius

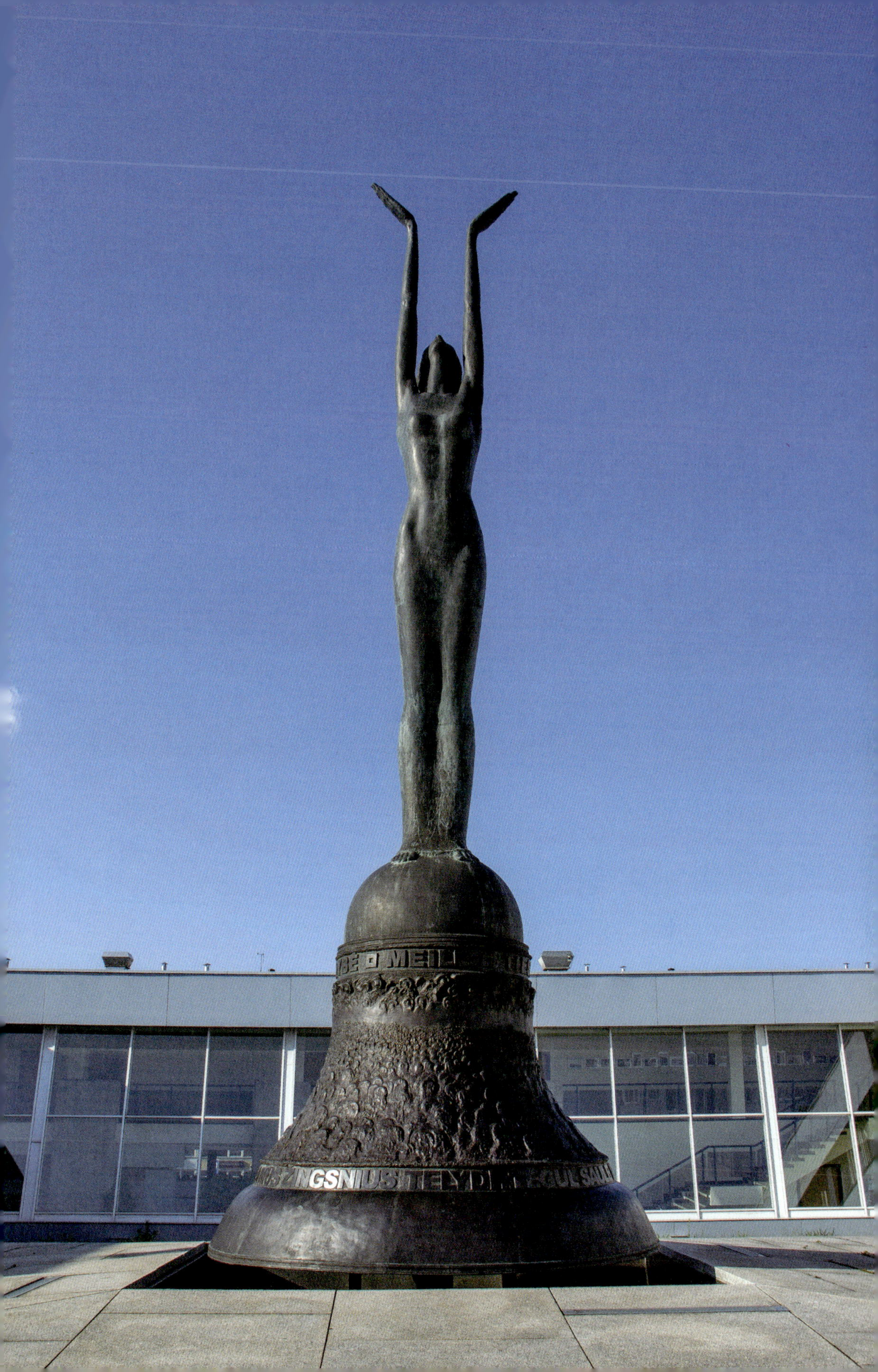

Grūtas-Park – Museum sowjetischer Skulpturen

Druskininkai. Seit dem 1. April 2001 befindet sich im Südwesten Litauens, auf dem Gebiet des Druskininkai-Nationalparks 120 Kilometer von Vilnius entfernt, der Grūtas-Skulpturenpark. Auf dem über 20 Hektar großem Waldareal sind Relikte sozialistischer Kunst – Skulpturen, Porträtbüsten, Denkmäler und Statuen – ausgestellt, die bis zum Zusammenbruch der Sowjetunion zahllose Straßen und Plätze der Litauischen SSR »zierten« und nach Erlangung der staatlichen Unabhängigkeit aus dem öffentlichen Raum entfernt wurden. Ihrer ursprünglichen Symbolik entledigt, sollen sie nun zur Reflexion über die Vergangenheit des Landes unter sowjetischer Fremdherrschaft anregen.

1998 startete das litauische Parlament eine Initiative zur Erhaltung demontierter sowjetischer Monumente. Der litauische Geschäftsmann Viliumas Malinkas setzte sich mit seiner Idee eines Skulpturenparks durch. Das aus seinem Privatvermögen finanzierte Vorhaben war während der mehrjährigen Umsetzungsphase heftig umstritten. Diskutiert wurde vor allem über die angemessene Präsentation und historische Kontextualisierung der ausgestellten Objekte, deren Bedeutung innerhalb der litauischen Bevölkerung wie auch von internationalen Besuchergruppen bis heute kontrovers beurteilt wird.

Mit der Skulpturensammlung präsentiert sich der Grūtas-Park als eine Stätte des Erinnerns. Statuen, Büsten und Reliefs sollen auf der weitläufigen Parkanlage als Teil eines interaktiven Bildungserlebnisses fungieren. Die 68 überlebensgroßen Skulpturen sind entlang eines zwei Kilometer langen Pfades in thematisch strukturierten Gruppen aufgestellt. Zu sehen sind neben Monumenten von Lenin,

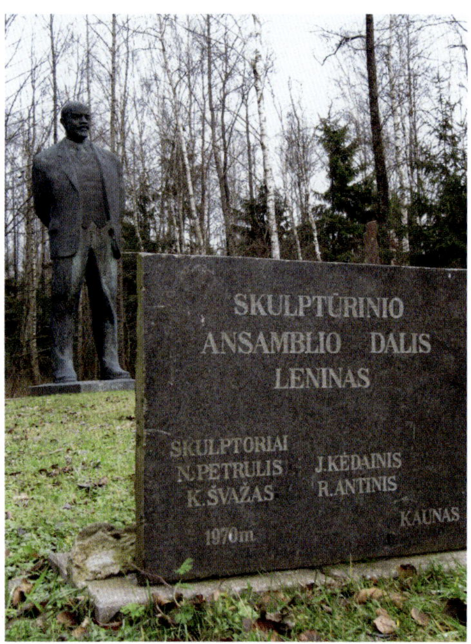

◄ An allen Exponaten wurden auf Drängen der Opferverbände Informationstafeln angebracht.

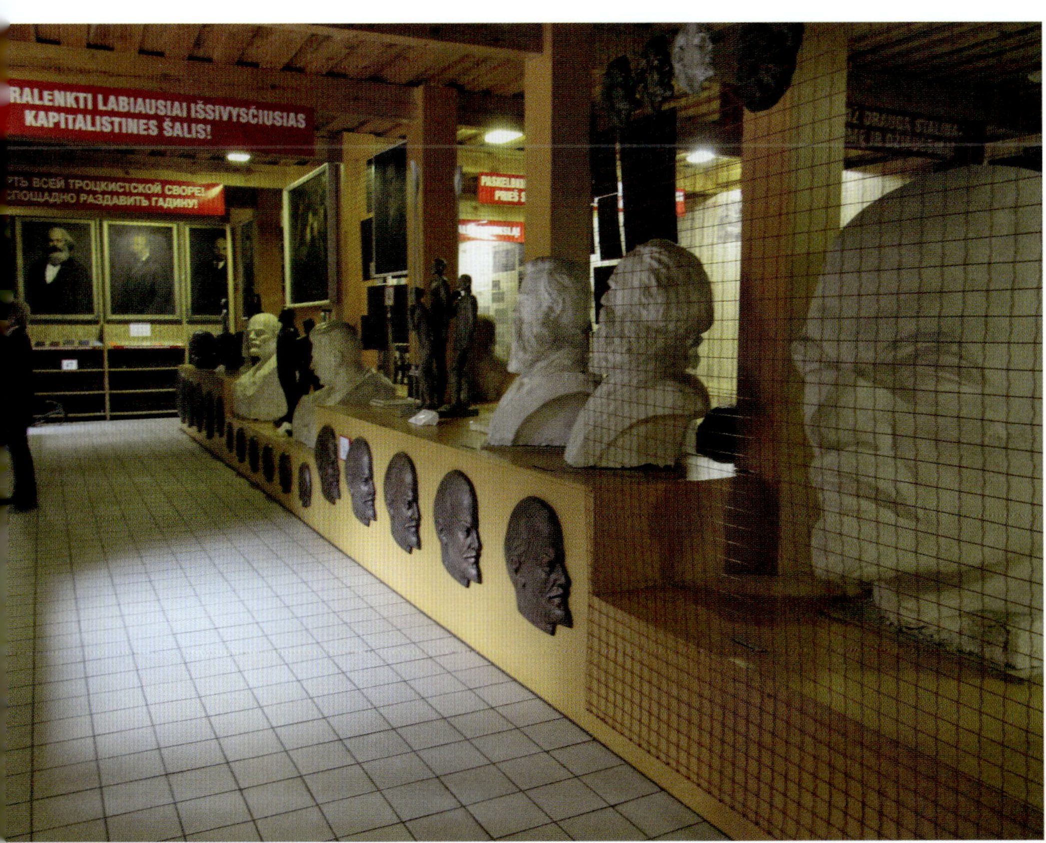

Skulpturensammlung im Inneren des Museums

Stalin und Marx auch Statuen hoher litauischer Sowjetfunktionäre. Dazu gehören Vincas Mickevičius-Kapsukas, der erste Vorsitzende der Kommunistischen Partei Litauens, oder Antanas Sniečkus, der erste Sekretär der litauischen KP. Auf Drängen der Opferverbände stehen bei allen Exponaten Tafeln. Die Texte informieren auf Litauisch und Englisch über die Darstellungen, den vormaligen Standort der Skulpturen und die jeweiligen Künstler. Ein das gesamte Parkgelände umgebender Stacheldrahtzaun sowie mehrere auf dem Perimeter der Anlage errichtete Wachturm-Nachbauten verweisen auf die stalinistischen Massenrepressionen, denen allein während der ersten sowjetischen Besatzung zwischen Juni 1940 und Juli 1941 rund 35 000 Menschen zum Opfer fielen.

Das Museum, das architektonisch in Anlehnung an die hölzernen Kulturhäuser der 1940er und 1950er Jahre konzipiert wurde, informiert über die Geschichte der sowjetischen Okkupation Litauens. Zahlreiche Film-, Ton- und Bildaufnahmen geben zum einen Aufschluss über die ideologisierte Kultur und Wissenschaft der Sowjetära und legen zum anderen die Auswirkungen sowjetischer Propaganda auf das gesellschaftliche Wertesystem offen. Die ausgestellten Objekte reflektieren den Personenkult um sowjetische Führungsidole wie Lenin und Stalin. Weitere Werke zeigen gängige Motive des sozialistischen Arbeits- und Alltagslebens und dokumentieren die idealisierte Darstellung der kommunistischen Gesellschaft.

Standort: Grūtas, 66441 Druskininkai
Internet: www.grutoparkas.lt

Museum des Widerstands und der Deportation

Kaunas. Das Widerstands- und Deportationsmuseum wurde von der Union der politischen Häftlinge und Deportierten Litauens initiiert und im Juni 1993 eröffnet. Es befindet sich auf dem Gelände des Ramybės-Parks, der zwischen 1847 und 1959 den städtischen Friedhof beherbergte. Nachdem es an diesem Ort 1956 zu Solidaritätsbekundungen mit der ungarischen Revolution sowie in den Folgejahren wiederholt zu regimekritischen Zusammenkünften kam, ebneten die sowjetischen Behörden 1959 die Ruhestätte ein und gestalteten das Gelände zu einem Erholungspark um. Seit 1995 erinnern an den einstigen Standorten der Grabstätten verschiedene Gedenkzeichen – Skulpturen, Plaketten und christliche Kreuze – an die Opfer des Aufstands gegen die sowjetische Besatzung im Juni 1941 in Kaunas.

Das Widerstands- und Deportationsmuseum ist eines von fünf ähnlichen Institutionen, die der Opferverband in den größeren Städten Litauens eingerichtet hat. Es dokumentiert den litauischen Widerstandskampf gegen die sowjetische und deutsche Fremdherrschaft zwischen 1940 und 1990.

Die Museumssammlung umfasst etwa 6 500 Objekte, von denen jedoch nur rund 800 in den zwei Ausstellungssälen des Hauses präsentiert werden können. Außerdem verfügt die Einrichtung über ein Archiv mit zahlreichen Dokumenten und Fotoaufnahmen sowie persönlichen Zeugnissen ehemaliger Widerstandskämpfer.

Im Fokus der Dauerausstellung steht zum einen der Untergrundkampf der »Waldbrüder«, der Partisanen, Widerstandskämpfer und Guerilleros, die sich nach 1944 gegen die sowjetische Besatzung des Landes wehrten. Zum anderen werden verschiedene Aspekte der sowjetischen Repressionspolitik gegenüber der litauischen Bevölkerung – besonders die Deportationen zwischen 1940 und 1953 – beleuchtet. Zu sehen sind unter anderem Uniformen, Abzeichen der Partisanen, Waffen, Koffer sowie zahlreiche Fotografien.

Das Museum arbeitet eng mit Schuleinrichtungen zusammen und bietet verschiedene Exkursionen zu lokalen Gedenkorten wie rekonstruierten »Waldbrüder«-Bunkern oder dem Platz der Selbstverbrennung von Romas Kalanta an.

Standort: Kaunas, Vytauto prospektas 46
Internet: www.lpkts.lt

Berg der Kreuze

Šiauliai. Der »Berg der Kreuze« ist eine Wallfahrtsstätte unweit der nordlitauischen Industriestadt Šiauliai. Auf einem sattelförmigen Grabhügel, eingeschlossen von den Tälern des Flusses Kulpe, befinden sich etwa 100 000 Kreuze und zahllose andere christliche Devotionalien. Der historische Gedenkort, der jedes Jahr von Tausenden Pilgern aufgesucht wird, stellt ein Symbol für den Freiheitsdrang und Nationalstolz der Litauer dar.

Die Ursprünge der erstmals 1850 urkundlich erwähnten Pilgerstätte werden in den polnisch-litauischen Aufständen gegen die zaristische Fremdherrschaft des Russischen Reiches vermutet. Im Zuge der Novemberaufstände von 1830/31, bei denen die besetzten Polen und Litauer gegen die zaristische Obrigkeit aufbegehrten, sollen die litauischen Widerstandskämpfer bei Šiauliai ihre größten Verluste erlitten haben. Da das russische Besatzungsregime die Bestattung der Gefallenen verwehrte, stellten Familien, die zumeist nichts über den Verbleib der sterblichen Überreste ihrer Angehörigen wussten, auf einem Hügel nahe des Flusses Kulpe symbolische Gedenkkreuze auf. Um die Jahrhundertwende sollen sich fast 150 Kreuze auf dem Berg befunden haben. Während der Unabhängigkeitskriege Litauens zwischen 1918 und 1920 kamen weitere Gedenkzeichen hinzu. Der Ort manifestierte sich als Symbol des gelebten Glaubens und nationalen Widerstandsgeistes, als Stätte des Gedenkens

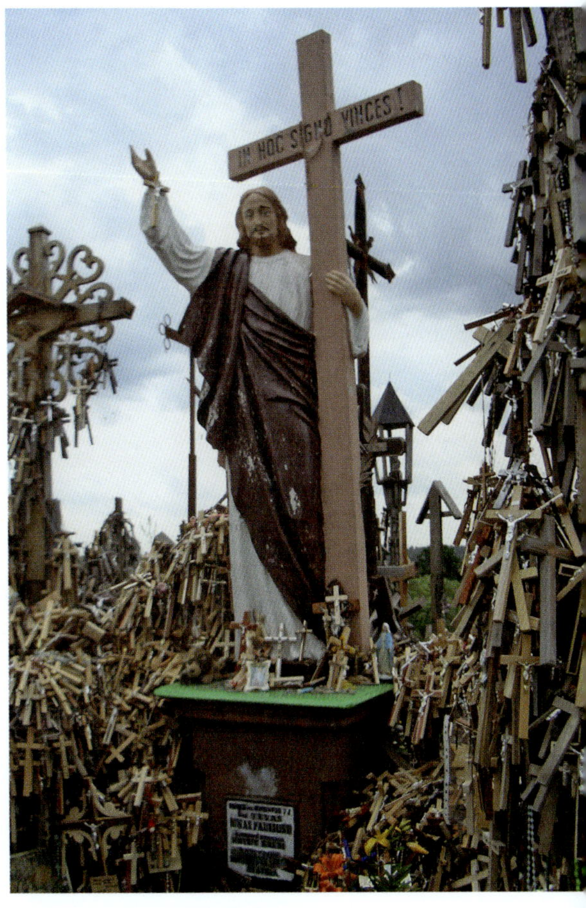

Heiligenfiguren, Gebetskreuze und Ikonen auf dem Berg der Kreuze

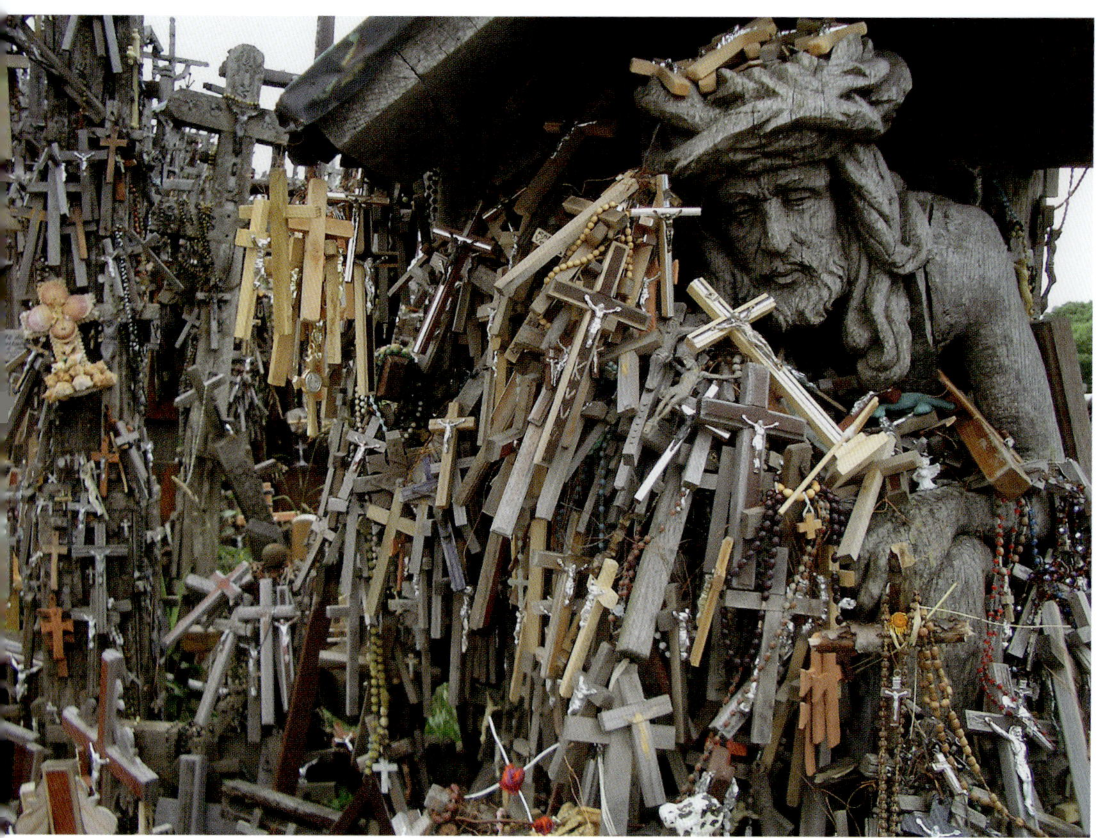

Etwa 100 000 Kreuze und christliche Devotionalien befinden sich an dem Gedenkort.

an ertragenes Leid und als Zeichen der Hoffnung auf eine bessere Zukunft. Bis zur ersten sowjetischen Besatzung des Landes im Juni 1940 wurden in dieser Tradition über 400 Kreuze aufgestellt.

Mit der Okkupation Litauens durch die Sowjetunion und der darauffolgenden nationalsozialistischen Besatzung sah sich die Bevölkerung erneuter Repression und Willkür ausgesetzt. Trotz staatlich reglementierter Religionspolitik, drohender Verfolgung und Strafe wurde der Brauch des symbolischen Errichtens von Kreuzen auch nach der Rückeroberung des Landes durch die Rote Armee beibehalten. Den stalinistischen Repressionen fielen zwischen April 1945 und August 1952 fast 12 000 litauische Bürger zum Opfer. Die Zahl der Gedenkzeichen auf dem Hügel bei Šiauliai stieg rasant an. Im Schutze der Dunkelheit errichteten Menschen Tausende Kreuze in Erinnerung an verschleppte, internierte und hingerichtete Angehörige, andere stellte man als Zeichen der eigenen Leiden auf. Die Stätte wurde erneut zum ausdrucksstarken Zeichen des zivilen Ungehorsams gegen das sowjetische Herrschaftsregime und zum Symbol für religiös motivierten Widerstand. Im Juni 1959 befasste sich zum ersten Mal das Zentralkomitee der Kommunistischen Partei Litauens mit dem Wallfahrtsort. Per Anordnung wurden im April 1961 über 2 000 Kreuze abgerissen. Eiserne Kreuze hat man zu Metallschrott verarbeitet, Stein- und Betonkruzifixe zerschlagen, vergraben oder im Fluss versenkt und die hölzernen Kreuze verbrannt. Der Hügel wurde schließlich von Planierraupen niedergewalzt. Innerhalb kürzester Zeit errichtete die lokale Bevölkerung jedoch an derselben Stelle neue Kreuze und Gedenkzeichen. Trotz wiederholter Zerstörungsaktionen konnte die Tradition nicht gebrochen werden. Im Zuge der Reformpolitik unter Gorbatschow wurde 1985 mit der Aufnahme des Ortes in die Liste der nationalen litauischen Kulturdenkmäler eine offizielle Duldung dieses Brauchs durchgesetzt. Als das Land im August 1991 die staatliche Unabhängigkeit von der Sowjetunion erlangte, befanden sich auf dem Berg bereits über 55 000 Kreuze und Kruzifixe. Zahllose andere christliche Devotionalien wie Heiligenfiguren, Ikonen und Andachtsbilder, Gebetskränze und Darstellungen litauischer Widerstandskämpfer sind um die größeren Gedenkzeichen drapiert worden.

Am 7. September 1993 zelebrierte Papst Johannes Paul II. bei seinem ersten Besuch im katholisch geprägten Litauen auf dem »Berg der Kreuze« vor fast 100 000 Gläubigen eine feierliche Messe. Ein eigens zu diesem Zweck errichteter Altarpavillon sowie ein sieben Meter hohes Holzkreuz am Fuß des Berges erinnern an den religiösen Festakt. Auf dem Gelände des Wallfahrtsorts steht seit dem Jahr 2000 auch ein von Mönchen des Franziskanerordens verwaltetes Kloster, das als Noviziatshaus für angehende Ordensbrüder und als Ort der Besinnung dient.

Standort: zwölf Kilometer nördlich von Šiauliai
Internet: www.hillofcrosses.com

Literaturhinweise Litauen:

Kuusi, Hanna: Prison Experience and Socialist Sculptures – Tourism and the Soviet Past in the Baltic States. In: Kostiainen, Auvo / Syrjämaa, Taina (Hrsg.): Touring the Past. Uses of History in Tourism. Savonlinna 2008, S. 105 – 122. / Motuzas, Alfonsas: The Origin of the Hill of Crosses, Devotional Practices and Music of the Pilgrimages. In: Scholarly Papers University of Latvia, Vol. 793. Oriental Studies Between East and West: Cultural and Religious Dialogue before, during and after the Totalitarian Rule. Riga 2013, S. 79 – 84. / Peikštenis, Eugenijus: Das Museum für die Opfer des Genozids, Vilnius. In: Knigge, Volkhard / Mählert, Ulrich (Hrsg.): Der Kommunismus im Museum. Formen der Auseinandersetzung in Deutschland und Ostmitteleuropa. Köln, Weimar 2005, S. 131 – 138. / Williams, Paul: The Afterlife of Communist Statuary: Hungary's Szoborpark and Lithuania's Grutas Park. In: Forum for Modern Language Studies, 2008, Vol. 44, Nr. 2, S. 185 – 198. / Wirtualnyj musej gulaga. Kaunasskij musej ssylki i soprotiwlenija [Virtuelles GULag Museum. Das Kaunasser Museum der Deportation und des Widerstands]. Online abrufbar unter: www.gulagmuseum.org/showObject.do?object=1719266&language=1 (letzter Zugriff: 22.1.2018).

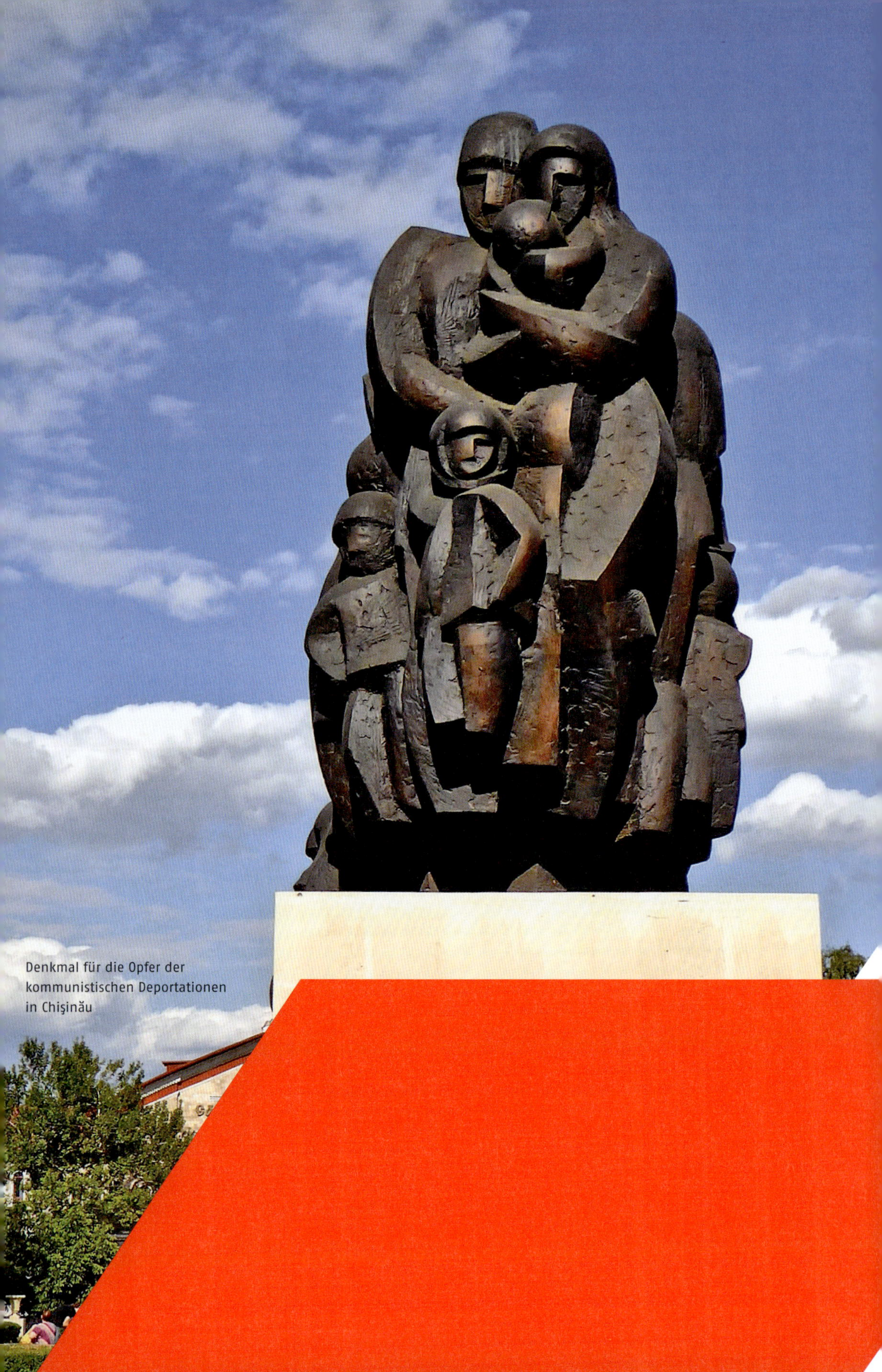

Denkmal für die Opfer der kommunistischen Deportationen in Chişinău

CHIŞINĂU

Republik Moldau

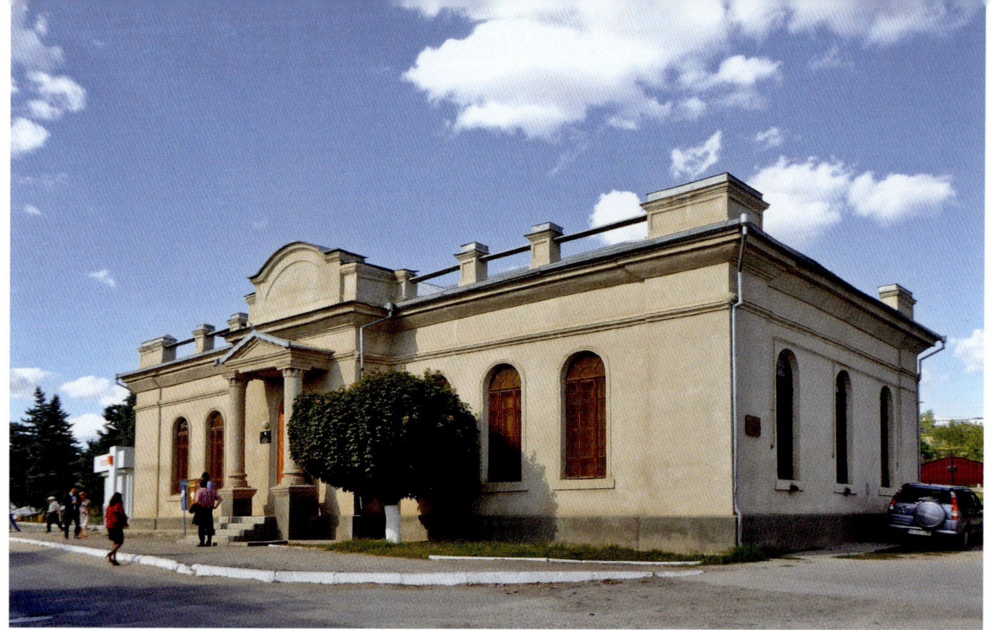

Nach dem Ende des Ersten Weltkriegs wurde am 2. Dezember 1917 die Moldauische Demokratische Republik als Teil eines russischen förderativen Staates gegründet. Zugleich war in Geheimprotokollen zwischen den Siegermächten des Ersten Weltkriegs und Rumänien vereinbart worden, dass Bessarabien zu Rumänien gehören sollte. Sowjetrussland bzw. später die Sowjetunion betrachteten das Gebiet jedoch weiterhin als ihr Territorium. Das Gebiet östlich des Dnjestr – Transnistrien – wurde zuerst der Ukrainischen Sozialistischen Sowjetrepublik zugeschlagen und später der Moldauischen Autonomen Sozialistischen Sowjetrepublik. Im zur Sowjetunion gehörenden Gebiet setzte ebenso wie in den anderen von den Bolschewiki beherrschten Gebieten die rigorose Umgestaltung des gesamten politischen und öffentlichen Lebens ein. Die Landwirtschaft wurde kollektiviert, wohlhabende Bauern als »Kulaken« ermordet oder mit ihren Familien deportiert und in Lager und »Sondersiedlungen« verbracht. Die politische und intellektuelle Elite der Vorkriegszeit wurde inhaftiert und ermordet, Kirchen und Klöster geschlossen und die Gläubigen und Priester verhaftet. Der Terror der Anfangszeit setzte sich in den Massenmordaktionen des »Großen Terrors« 1937/38 fort.

Am 28. Juni 1940 besetzten sowjetische Truppen entsprechend den Vereinbarungen des Hitler-Stalin-Pakts das zu Rumänien gehörende Bessarabien und die Nordbukowina. Diese Besetzung ging mit der zwischen Deutschland und der Sowjetunion abgestimmten Umsiedlung der etwa 360 000 deutschstämmigen Bewohner aus diesen Gebieten ins Deutsche Reich einher. Diese Umsiedlungsaktionen waren ebenso wie die territoriale Umverteilung im geheimen Zusatzprotokoll zum Hitler-Stalin-Pakt vereinbart worden. Gemeinsam mit Transnistrien bildeten die Gebiete in Bessarabien und der Bukowina nun die Moldauische Sozialistische Sowjetrepublik. In den bisher noch nicht zur Sowjetunion gehörenden Gebieten wurden Zwangsenteignungen vorgenommen und die Wirtschaft nach sowjetischem Vorbild umgestaltet. Etwa 250 000 Menschen rumänischer Abstammung wurden deportiert und Russen, Weißrussen und Ukrainer in die moldauischen Gebiete umgesiedelt. Ab Juli 1941 stand das Gebiet wieder unter rumänischer Kontrolle. Rumänische Verbände verübten, unterstützt von der lokalen Bevölkerung, Massaker an der jüdischen Bevölkerung. Tausende wurden ermordet bzw. später in die deutschen Vernichtungslager deportiert. Nach der Rückeroberung durch die Rote Armee wurde die sowjetische Macht

◄

Museum zum Gedenken
an die Opfer der Deportationen in Mereni

►

Mahnmal zur Erinnerung an die Opfer
der politischen Repressionen in Tiraspol

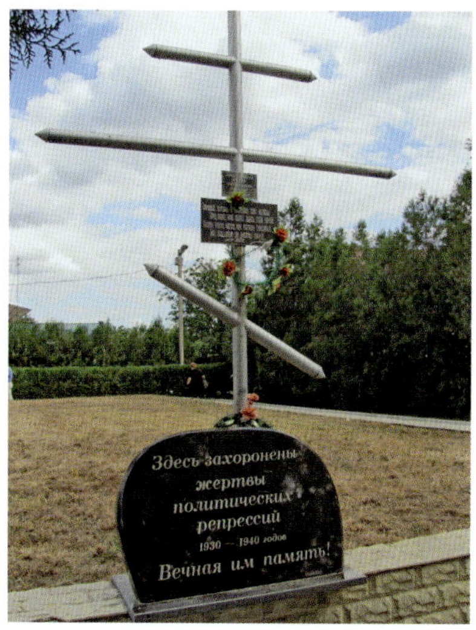

wiederhergestellt. Der Terror gegen die rumänischstämmige Bevölkerung wurde auch in der Nachkriegszeit fortgesetzt. Vermeintliche und tatsächliche Kollaborateure der mit NS-Deutschland verbündeten rumänischen Truppen wurden inhaftiert und ermordet. In den Nachkriegsdeportationen der Jahre 1947 bis 1950 wurden Schätzungen zufolge sieben Prozent der moldauischen Bevölkerung – etwa 35 000 Menschen – nach Sibirien deportiert. Tausende kamen dabei um oder wurden ermordet. Während der Zugehörigkeit zur Sowjetunion durften moldauische Bürger nicht nach Rumänien und umgekehrt Rumänen nicht nach Moldau reisen. Familienbande wurden nach Möglichkeit unterbunden, Briefe zensiert. Rumänisch, die Muttersprache eines Großteils der moldauischen Bevölkerung, wurde in Moldauisch umbenannt, um die Verbindungen zu Rumänien zu kappen. Die Beziehungen zwischen den Menschen normalisierten sich erst nach dem Ende der Sowjetunion wieder.

1991 erklärte sich die Republik Moldau für unabhängig; Moldauisch wurde als Staatssprache eingeführt. Kurze Zeit nach der Unabhängigkeit kam es zu Kämpfen zwischen Transnistrien, das von der russischen Regierung unterstützt wurde, und der Regierung in Chişinău. Diese endeten mit Tausenden von Toten und gleichsam der Loslösung Transnistriens von der Republik Moldau. Angebote für einen Autonomiestatus innerhalb der Republik Moldau, wie ihn zum Beispiel Gagausien innehatte, lehnte das Regime in Tiraspol, der Hauptstadt Transnistriens, ab.

Die Auseinandersetzung mit der kommunistischen Vergangenheit wird bislang nur von einer kleinen Minderheit geleistet. Hauptthema sind dabei die Deportationen der Zivilbevölkerung. So wurde von einer privaten Initiative in Chişinău ein Museum eröffnet, das sich den Deportationen widmet. Ebenso wurde vor dem Bahnhof, von dem aus die Deportationszüge starteten, ein Denkmal errichtet und im Historischen Nationalmuseum eine Abteilung zur kommunistischen Repression eröffnet.

Im transnistrischen Landesteil, der sich als kommunistisch bezeichnet, gibt es ein Mahnmal, das von einer Gruppe von Überlebenden und Nachkommen Repressierter errichtet wurde und von diesen auch gepflegt wird.

Historisches Nationalmuseum der Republik Moldau

Chişinău. Im Kellergeschoss des Historischen Nationalmuseums der Republik Moldau befindet sich seit Juni 2012 die Dauerausstellung »Sowjetisches Moldau: Zwischen Mythen und GULag«. Konzipiert wurde die Exposition vom Museum der Opfer der Deportationen und politischen Repressionen, einer Zweigstelle des Nationalmuseums. Die feierliche Eröffnung fand in Anwesenheit von Zeitzeugen und Überlebenden der stalinistischen Repressionen statt. Auch zahlreiche bekannte Persönlichkeiten des politischen und kulturellen Lebens der Republik Moldau nahmen teil.

Präsentiert werden in einem abgedunkelten Raum auf etwa 120 Quadratmetern Ausstellungsfläche über 700 Exponate. In Schaukästen und Vitrinen platziert, sind unter anderem Fotografien, Dokumente, geografische Karten, persönliche Gebrauchsgegenstände ehemaliger politisch Repressierter und GULag-Internierter, Augenzeugenberichte von Überlebenden der stalinistischen Deportationen der 1940er und 1950er Jahre sowie Unterlagen und Materialien aus den einstigen KGB-Archiven zu sehen.

Chronologisch aufgebaut, zeigt die Ausstellung die Etablierung des kommunistischen Regimes auf dem Territorium der 1924 entstandenen Moldauischen Autonomen Sozialistischen Sowjetrepublik: Beleuchtet werden die Exzesse des »Großen Terrors« 1937/38 sowie die Okkupation Bessarabiens und der Nordbukowina infolge der Unterzeichnung des deutsch-russischen Nichtangriffsvertrags 1940, dessen geheimes Zusatzprotokoll Osteuropa in Einflusssphären zwischen Hitler und Stalin aufteilte. Breiten Raum nehmen außerdem die Deportationswellen der 1940er und 1950er Jahre sowie die verheerende Hungersnot 1946/47 ein. Es werden Formen der politischen Repressionen genauso wie Formen von Widerstand und Opposition nachgezeichnet. Aufgegriffen und beleuchtet werden auch die nach dem Zusammenbruch des kommunistischen Systems unternommenen Anstrengungen, die Erinnerung an die Opfer des Repressionsregimes wachzuhalten.

Standort: Chişinău, Strada 31 August 1989
Internet: www.nationalmuseum.md

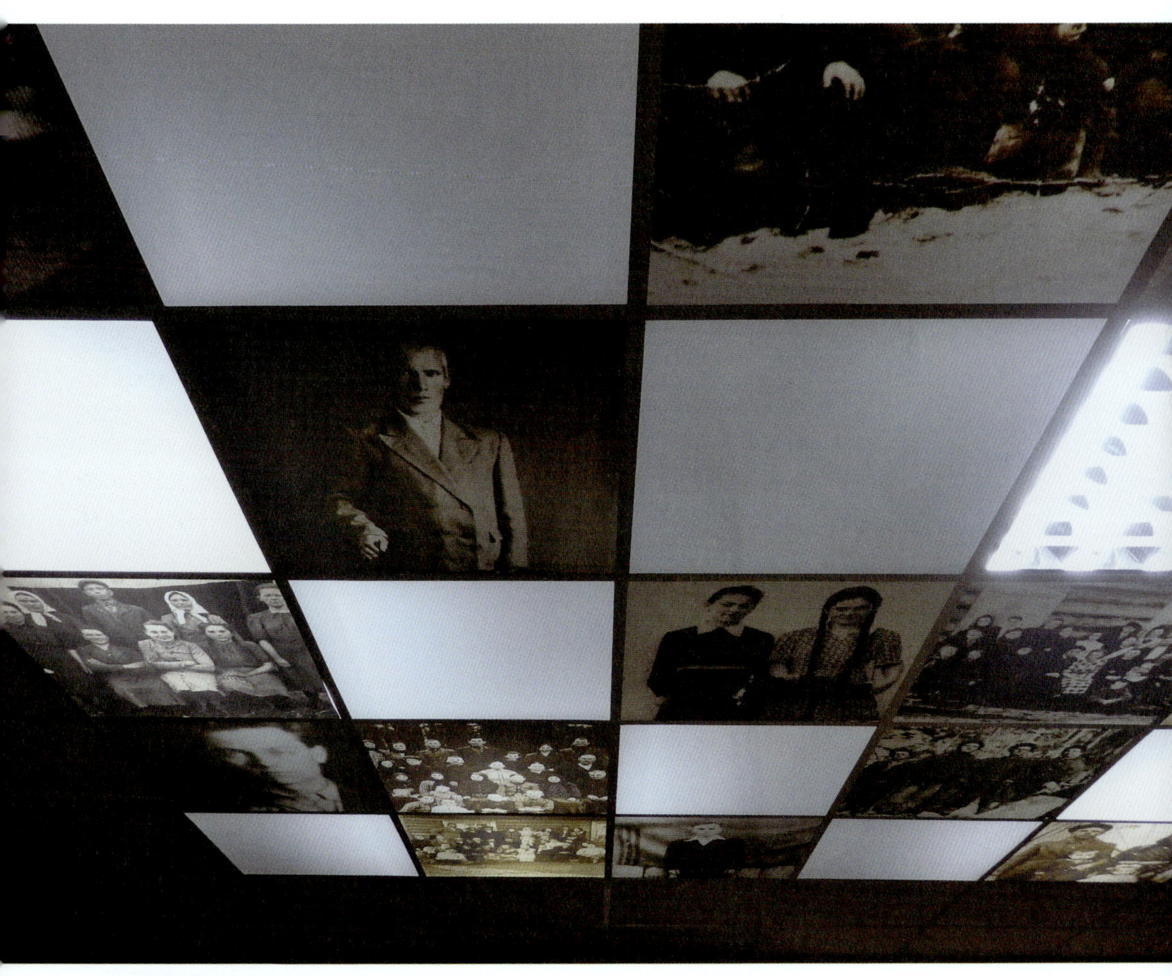

Decke des Ausstellungssaals
mit historischen Fotografien

Denkmal für die Opfer der kommunistischen Deportationen

Chişinău. Auf dem Bahnhofsvorplatz in der moldauischen Hauptstadt befindet sich seit dem 23. August 2013 das Denkmal für die Opfer der kommunistischen Deportationen. Der Grundstein zum Bau des Denkmals wurde bereits 1990 auf Initiative der Vereinigung ehemaliger Deportierter gelegt. Realisiert werden konnte das Projekt, dessen Finanzierung aus Mitteln der Stadtregierung erfolgte, allerdings erst 23 Jahre später. Der Öffentlichkeit übergeben wurde das Denkmal schließlich am symbolischen Datum des 74. Jahrestags der Unterzeichnung des deutsch-russischen Nichtangriffsvertrags von 1939, dessen geheimes Zusatzprotokoll Osteuropa in Einflusssphären zwischen Hitler und Stalin aufteilte. An der Einweihungszeremonie nahmen neben dem Bürgermeister von Chişinău, Vertretern der städtischen Verwaltung und Journalisten auch Überlebende der Deportationen und ihre Angehörigen teil. Die im Volksmund auch »Zug des Schmerzes« genannte Bronzeskulptur schuf der Bildhauer Iurie Platon. Sie ist vor dem Bahnhof aufgestellt, von dem aus in den 1940er und 1950er Jahren die Deportationen aus den annektierten Gebieten Bessarabiens und der Nordbukowina in entlegene Steppengebiete Kasachstans und nach Sibirien stattgefunden hatten. Die drei Meter hohe und zwölf Meter lange Skulptur besteht aus einem steinernen – nach hinten flach abfallenden – Fundament, auf dem die aus Bronze gegossene Darstellung dicht aneinander gedrängter Menschen angebracht ist. Während die Gestalten an der Frontseite des Denkmals noch als menschliche Figuren erkennbar sind, nimmt der Menschenzug nach hinten immer abstraktere Formen an, bis schließlich am Ende der Skulptur nur noch die Andeutung von Achsen und Rädern eines Deportationstransportes auszumachen sind. In nur wenigen Metern Entfernung befindet sich auf demselben Platz zudem ein Denkmal für die Opfer stalinistischer Repressi-

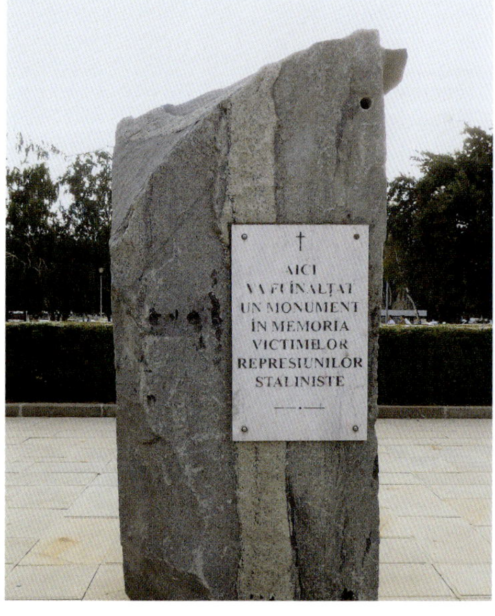

onen.

Inschrift

Rumänisch: *IN MEMORIA/VICTIMELOR/ DEPORTĂRILOR/REGIMULUI/COMUNIST*

Die deutsche Übersetzung lautet:
In Erinnerung an die Deportationsopfer des kommunistischen Regimes

Standort: Chişinău, Strada Piaţa Gării 1

Literaturhinweise Republik Moldau:
Bochmann, Klaus/Dumbrava, Marina (Hrsg.): Vademecum. Contemporary History Moldova. A Guide to archives, research institutions, libraries, associations and sites of memory. Commissioned by Bundesstiftung zur Aufarbeitung der SED-Diktatur. 2nd amended and expanded edition. Berlin 2015. / Hausleitner, Marianna: Deportationen als Mittel der Durchsetzung politischer Interessen in Südosteuropa bis 1944. In: Jahrbuch des Instituts für Geschichte »G. Baritiu« bei Cluj-Napoca (Klausenburg), 2006, Vol. XLV, S. 169 – 178. / Postică, Elena: Expoziţia muzeală. »Moldova sovietică: între mituri şi gulag«: In: Tyragedia, 2013, Vol. 7, Nr. 2, S. 345 – 356. / Primăria Municipiului Chişinău: Monumentul în memoria victimelor deportărilor comuniste, inaugurat la Chişinău [Rathaus Chişinău: Denkmal für die Opfer der kommunistischen Deportationen in Chişinău eingeweiht]. 2013. Online abrufbar unter: www.bit.ly/2jylti5 (letzter Zugriff: 30.11.2017).

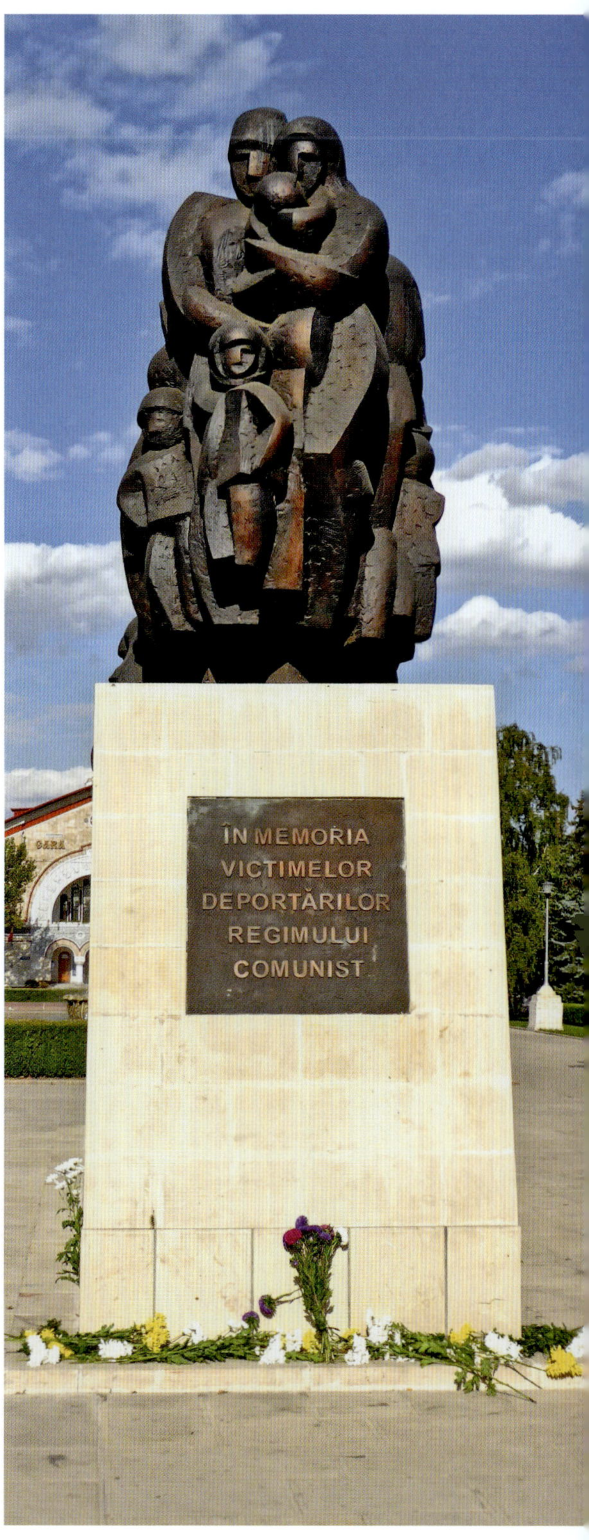

►
Frontansicht des Denkmals für die Opfer der kommunistischen Deportationen

◄
In der Nähe befindet sich auch das Denkmal für die Opfer stalinistischer Repressionen.

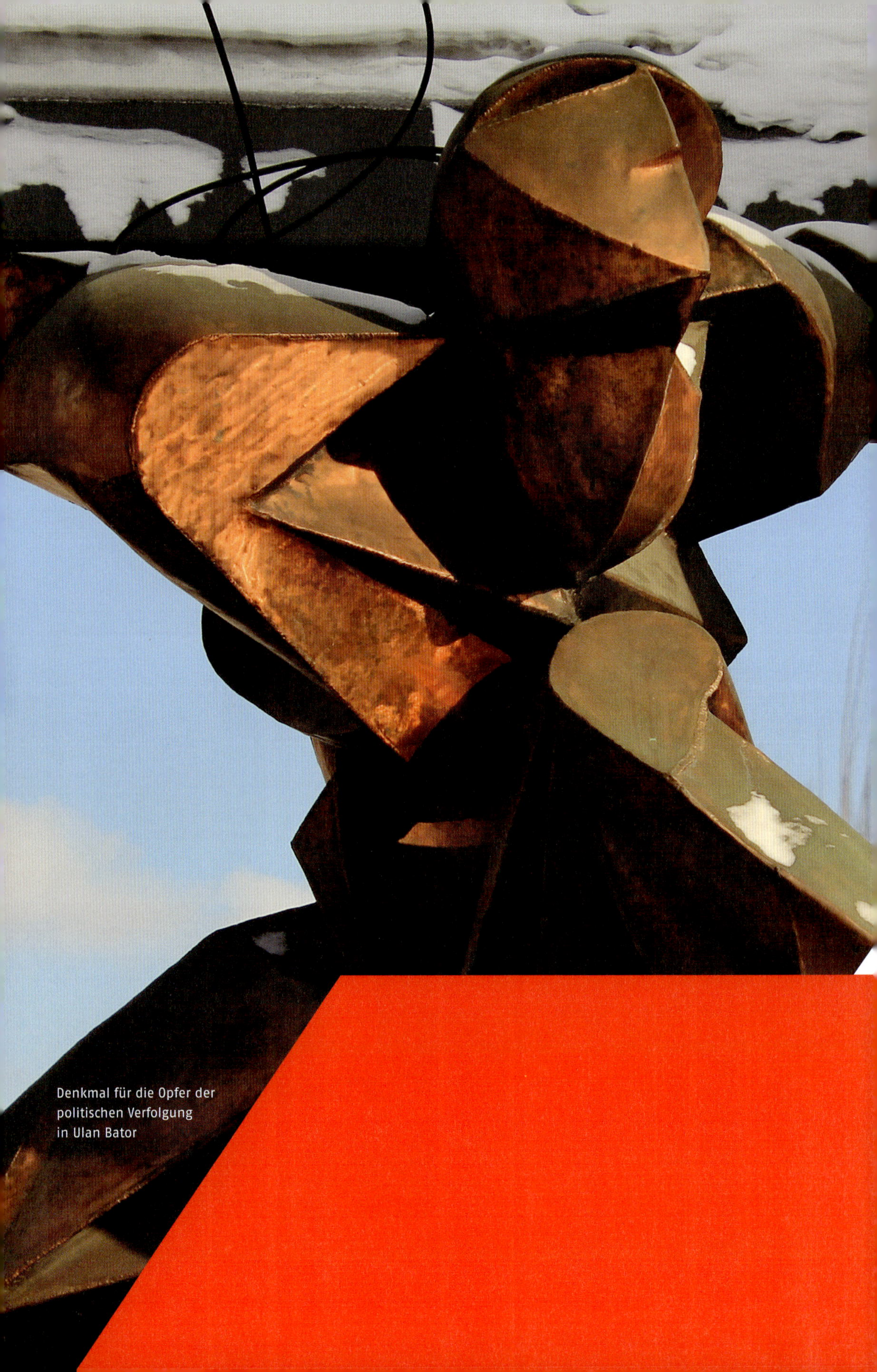

Denkmal für die Opfer der politischen Verfolgung in Ulan Bator

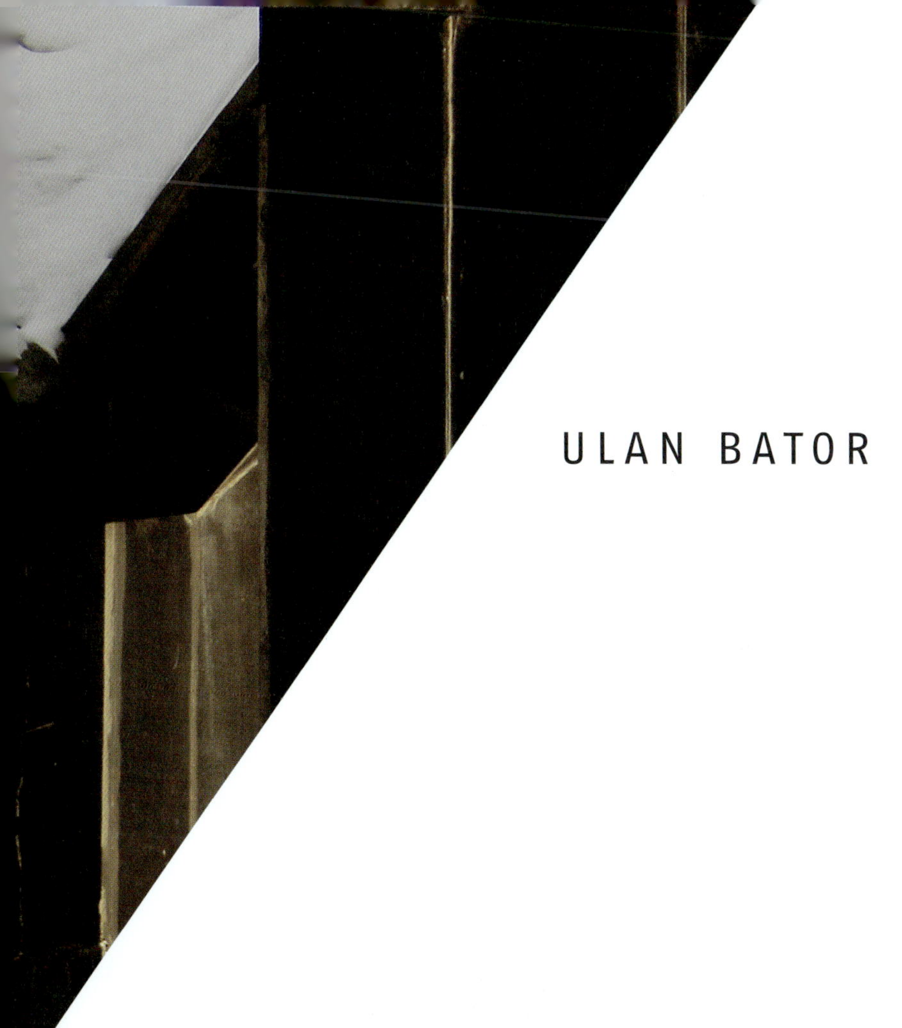

ULAN BATOR

Mongolei

Das Gebiet der Mongolei war bis zum Ende des Ersten Weltkriegs zwischen dem Russischen Reich, China und Japan umstritten, die jeweils eigene Gebietsansprüche erhoben. Diese bezogen sich vor allem auf die in der Mongolei entdeckten Rohstoffvorkommen. Nach dem Ende des Ersten Weltkriegs gehörte die Mongolei bis 1919 zu China, was zur erneuten russischen Besetzung durch Truppen der Weißen Armee führte. 1921 eroberten Kämpfer der mongolischen revolutionären Volksarmee, die von 10 000 Soldaten der Roten Armee unterstützt wurden, die Hauptstadt des Landes. Während die innere Mongolei 1921 ihre Unabhängigkeit erklärte und einen Freundschaftsvertrag mit Sowjetrussland abschloss, verblieb die äußere Mongolei bei China. 1924 wurde die Mongolische Volksrepublik gegründet. Die herrschende Mongolische Revolutionäre Volkspartei orientierte sich bei ihrer gesellschaftlichen Umgestaltungspolitik an der Sowjetunion: Politische »Säuberungen« von möglichen Widersachern, der Kampf gegen die buddhistische Religion, Mönche und Gläubige sowie die Bekämpfung des Nomadentums prägten das Leben der etwa 500 000 Bewohner in der Volksrepublik. Zudem war die Mongolei nicht nur politisch, sondern auch wirtschaftlich und militärisch von der Sowjetunion abhängig; seit den 1920er Jahren waren außerdem sowjetische Soldaten im Land stationiert. Die gewaltsame Umgestaltung der mongolischen Gesellschaft und die Zerstörung der traditionellen Lebensweisen wurde als Kampf gegen Rückständigkeit und Feudalismus ausgegeben. Zu Beginn der 1930er Jahre forcierte man die Zwangskollektivierung; Vieh, Weiden, Wasserressourcen und Bodenschätze wurden enteignet und verstaatlicht. Ebenso wurden buddhistische Klöster enteignet und mehrere Hundert Mönche ermordet. Mit der Zwangskollektivierung ging zugleich die Sesshaftmachung der zumeist nomadisch lebenden Bevölkerung einher, denen damit ihre Existenzgrundlage genommen wurde. Die zwangsenteigneten Viehherden wurden teilweise in die Sowjetunion verbracht, zum Teil schlachteten die Nomaden ihre Tiere, um sie der Enteignung zu entziehen. Wie auch in anderen Sowjetrepubliken wie der Ukraine oder Kasachstan war eine verheerende Hungersnot die Folge der erzwungenen Sesshaftmachung und Kollektivierung. Tausende Familien versuchten, ins benachbarte China, in die von Japan besetzte Mandschurei und nach Tibet zu fliehen. Der Viehbestand verringerte sich um etwa ein Drittel. Deshalb erhoben sich die Bauern und Nomaden gegen die sowjetische Besatzungsherrschaft. Unter dem Eindruck vermehrter Spannungen in der Region wurden die Repressionen Mitte der 1930er Jahre zurückgefahren. Klöster erhielten teilweise ihr Eigentum zurück, der Kampf gegen die buddhistische Religion wurde gemildert und auch privates Eigentum an Vieh und Weiden wieder erlaubt. Diese Phase dauerte jedoch nur kurz, denn auch die Mongolei wurde zwischen 1936 und 1938 Opfer der stalinistischen Repressalien. Zu den Opfern gehörten als »abtrünnig« angesehene Kader und Funktionäre der herrschenden kommunistischen Partei gleichermaßen wie Gläubige und Mönche, aber auch Personen, die Kontakte ins Ausland hatten oder dort ihre Ausbildung genossen hatten. Die mongolische intellektuelle Elite wurde ebenso vernichtet wie große Teile des kulturellen Erbes, das als rückständig klassifiziert wurde. Mehr als 35 000 Menschen wurden verschleppt und hingerichtet. Ihre Massengräber konnten erst nach 1990 aufgefunden werden.

Als Reaktion auf diese Gewalt brachen im ganzen Land erneut Aufstände aus, die blutig niedergeschlagen wurden. Auf die durch die Ermordung lokaler Funktionäre frei gewordenen Posten wurden sowjetische Kader gesetzt, die in der Regel nicht mongolischer Herkunft waren und die Durchsetzung der stalinistischen Herrschaft ohne nationale Ressentiments garantieren sollten. Während des Zweiten Weltkriegs wurde die Mongolei zu einem wichtigen Rohstoff- und Materiallieferanten für die Sowjetunion und zugleich zum Schauplatz von Kämpfen zwischen der Sowjetunion und Japan. Auch nach dem Ende des Zweiten Weltkriegs wurden die Repressionen fortgesetzt; insbesondere nach Stalins Tod jedoch in weniger offener terroristischer Form. Sie betrafen nun als antisowjetische Elemente bezeichnete Personen, die in die Sowjetunion verschleppt wurden. Nach dem Krieg startete die sowjetische Führung eine groß angelegte Kampagne zur Industrialisierung sowie zur Einführung einer flächendeckenden Gesundheitsversorgung und Bildung nach sowjetischem Vorbild, welche die in der traditionellen mongolischen Gesellschaft bestehenden Klosterschulen und die traditionelle Medizin restlos verdrängen und die Erinnerung an sie auslöschen sollten. Unter diesen Umständen formierte sich eine Opposition erst in den 1980er Jahren, als sich die mongolische Regierung auch offiziell China und den USA annäherte und 1987 diplomatische Beziehungen aufgenommen wurden. Zugleich entwickelten sich Formen einer neuen Zivilgesellschaft, die unter dem Eindruck von Gorbatschows Politik von Glasnost und Perestroika auch in der Mongolei die stalinistischen Verbrechen und die Repressalien aufarbeitete. Erste Massengräber wurden lokalisiert und das Ausmaß der Verbrechen öffentlich benannt. Damit einher ging eine verstärkte Russenfeindlichkeit, was zur Flucht Tausender in der Mongolei unter Stalin angesiedelter ethnischer Russen in die Sowjetunion führte.

Unter dem Eindruck der Auflösung des Sowjetreichs kam es auch in der Mongolei 1990 zu Demonstrationen gegen die kommunistische Herrschaft, die zum Rücktritt der Regierung führten. 1992 nahm das mongolische Parlament eine neue Verfassung an, mit der das Ende der Mongolischen Volksrepublik auch formal besiegelt wurde. Während die Aufarbeitung der Verbrechen bereits Ende der 1980er Jahre begonnen worden war, entschuldigte sich die mongolische Regierung 1996 schließlich offiziell bei den Opfern der Verfolgungen und deren Angehörigen. Der 10. September wurde zum nationalen Gedenktag für die Opfer der Repressionen ernannt. Im ganzen Land entstanden Denkmäler, die an die Opfer und die Verbrechen erinnern.

Museum zur Erinnerung an die Opfer politischer Verfolgung

Ulan Bator. Das 1996 im Stadtzentrum von Ulan Bator eröffnete Museum beschäftigt sich mit den verschiedenen Etappen politischer Verfolgung in der sozialistisch regierten Mongolei. Initiiert wurde die Einrichtung von Tserendulam Genden, der Tochter des ehemaligen Staatspräsidenten und Premierministers der Mongolischen Volksrepublik Peldschidiin Genden, der im Zuge des »Großen Terrors« 1937 in Moskau hingerichtet worden war. Das aus Privatmitteln finanzierte Museum befindet sich im ehemaligen Wohnhaus Gendens und wird gegenwärtig umfassenden Renovierungsarbeiten unterzogen. Der Schwerpunkt der Ausstellung liegt auf der Entwicklung des mongolischen sozialistischen Staates in den 1920er Jahren sowie vor allem auf der Darstellung der Schrecken des Massenterrors der Jahre 1936 bis 1938. Breiten Raum nehmen auch die Repressalien gegen die buddhistische Glaubensgemeinschaft in der Mongolei ein. Neben Zeichnungen, Fotoaufnahmen, Dokumenten und zeitgenössischen Gebrauchsgegenständen werden in einer Schauvitrine außerdem sterbliche Überreste von Opfern politischer Repressionen ausgestellt.

Außenansicht des Museumsgebäudes

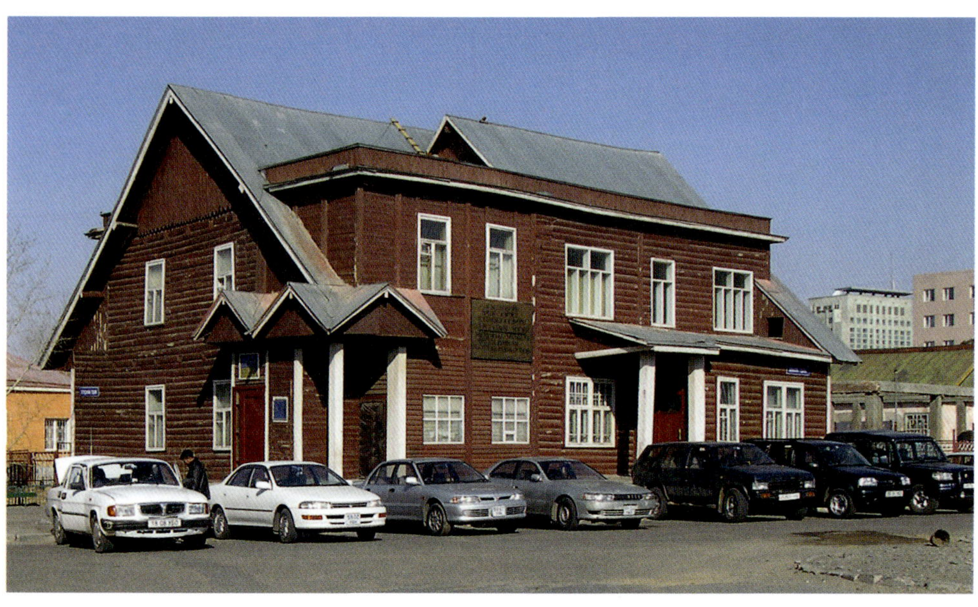

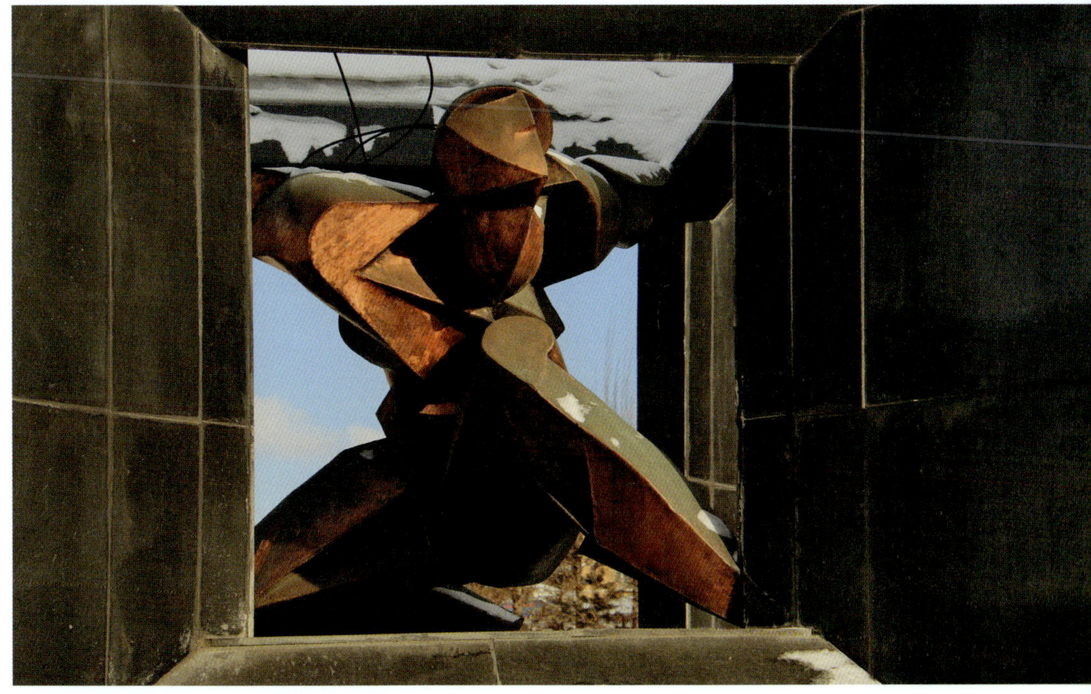

Mahnmal für die Opfer der politischen Verfolgung

Neben dem Museum befindet sich seit Dezember 1997 außerdem ein Mahnmal für die Opfer der politischen Verfolgung in den 1920er und 1930er Jahren. In seiner Form einem Kubus nachempfunden, sind die aus schwarzem Stein bestehenden Wände des Mahnmals trichterartig geöffnet. In den Innenraum des Kubus hineingepfercht ist die stilisierte Gestalt eines in Abwehrhaltung kauernden Menschen, der sich gegen die Enge der ihn erdrückenden Wände stemmt. Alljährlich werden hier am 10. September, dem nationalen Gedenktag für die Opfer der politischen Verfolgung, Feierlichkeiten abgehalten.

Ein weiterer zentraler Ort zur Erinnerung an die Opfer der Repressionen ist der Anfang der 1990er Jahre angelegte Ehrenfriedhof am Fuß des Songinokhairkhan-Berges außerhalb von Ulan Bator. Er befindet sich auf einem Gräberfeld, welches im Zuge der Massenhinrichtungen 1937 entstand.

Standort: Ulan Bator, Olimpijn gudamsch 15

Literaturhinweise Mongolei:

Kaplonski, Christopher: Blame, Guilt and Avoidance: The struggle to Control the Past in Post-Socialist Mongolia. In: History and Memory, 1999, Vol.11, Nr. 2, S. 94–114. / Koller, Christian: Kollektivierte Nomaden: Die Gründung der Volksrepublik Mongolei vor 85 Jahren. In: Rote Revue – Zeitschrift für Politik, Wirtschaft und Kultur, 2009, 86/3, S. 28–36. / Schmücking, Daniel / Helf, Rafaela: Die Aufarbeitung hat begonnen. Politische Verfolgung in der sozialistischen Mongolei. In: KAS Länderbericht 2017. Online abrufbar unter: www.kas.de/mongolei/de/publications/47718/ (letzter Zugriff: 16.11.2017).

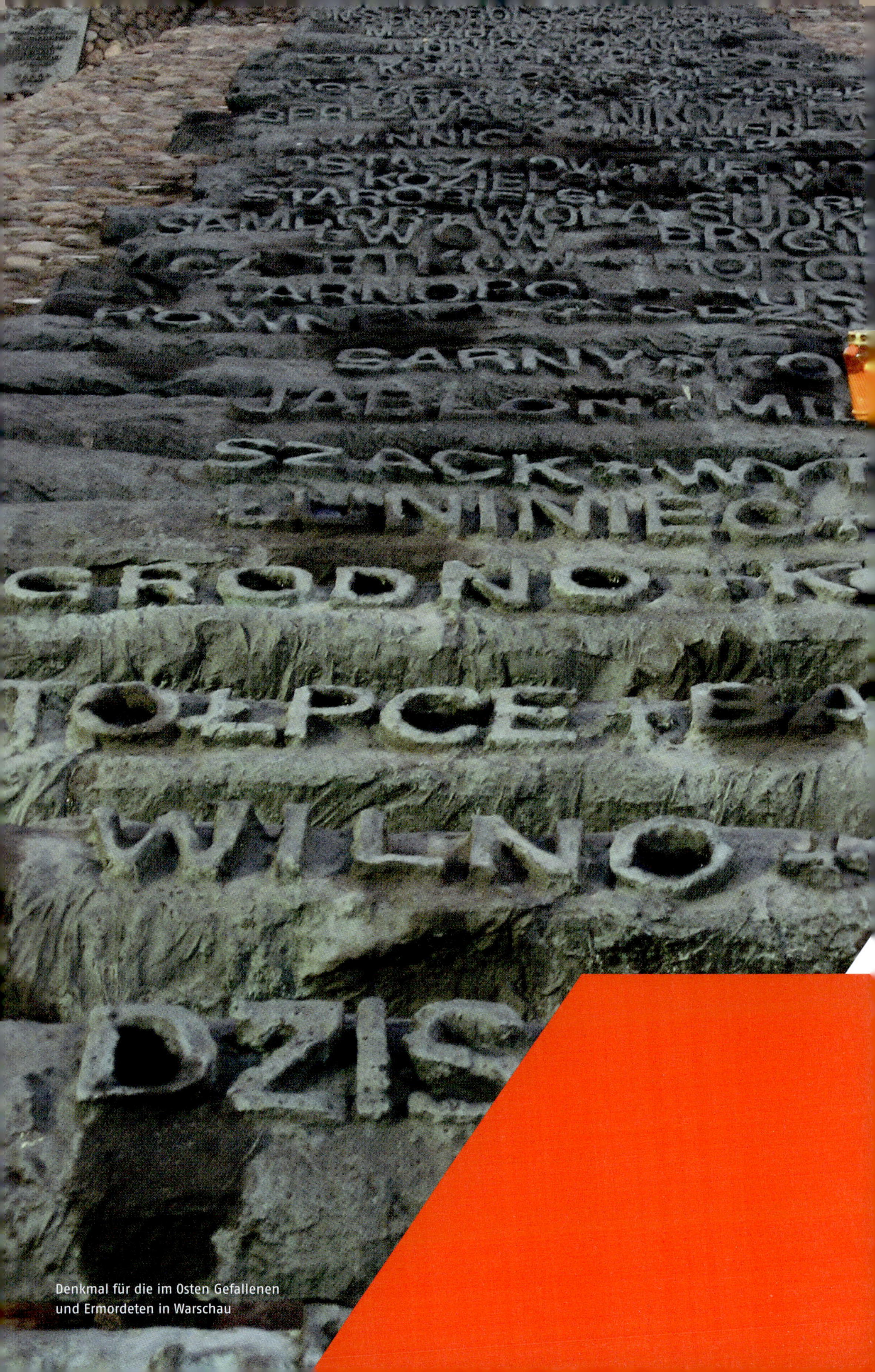

Denkmal für die im Osten Gefallenen und Ermordeten in Warschau

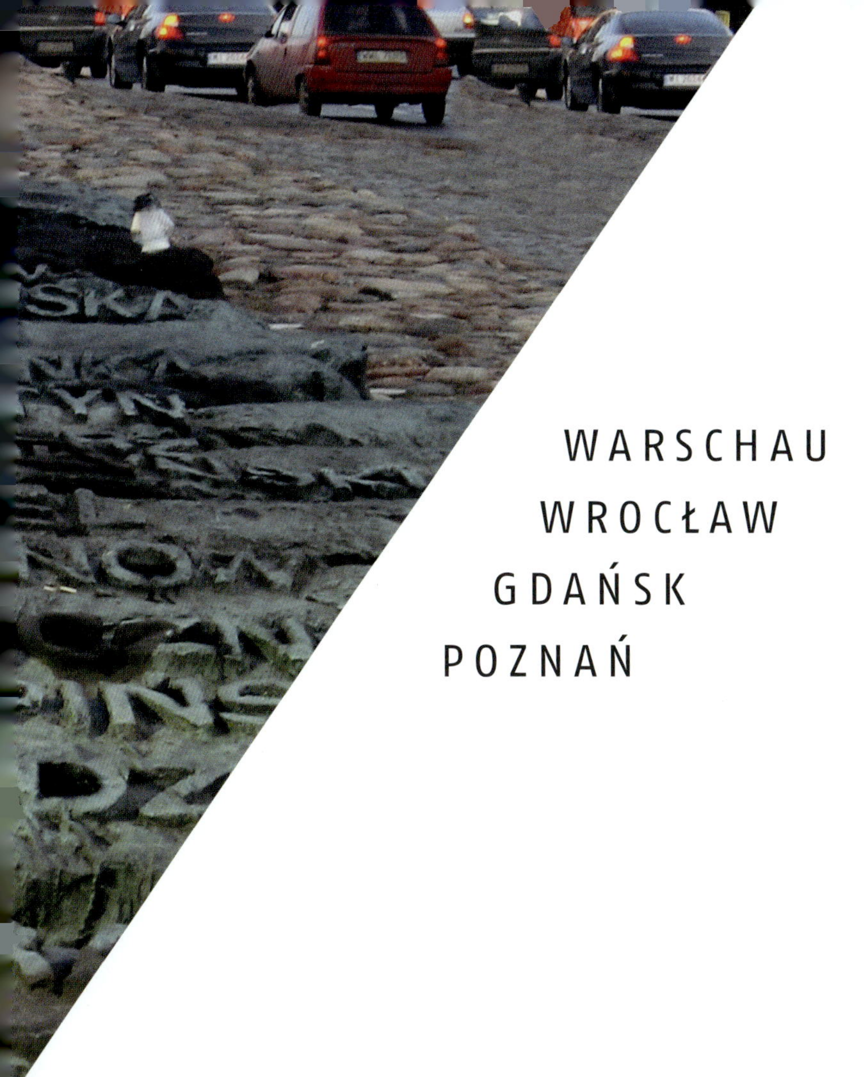

WARSCHAU
WROCŁAW
GDAŃSK
POZNAŃ

Polen

Als Polen nach dem Ersten Weltkrieg seine Unabhängigkeit nach mehr als 120 Jahren wiedererlangte, war das Land politisch zunächst nicht stabil. Zum einen gab es Gebietsstreitigkeiten mit Deutschland und der Tschechoslowakei. Zum anderen kam es an der Ostgrenze zu Spannungen mit dem Russischen Reich, die in den Polnisch-Russischen Krieg von 1920/21 mündeten. In dessen Folge eroberte Polen vormals von Russland beherrschte Gebiete zurück. 1926 etablierte Józef Piłsudski ein sich zunehmend autoritär entwickelndes Regime, das von großen Teilen der Bevölkerung begrüßt wurde, bot es doch nach den Jahren der Unsicherheit die Aussicht auf Stabilität. Die strittigen Grenzziehungen in der Folge des Versailler Vertrags belasteten jedoch weiterhin die Beziehungen zu den Nachbarstaaten. Trotz verschiedener Nichtangriffsverträge mit der Sowjetunion und Deutschland 1932 und 1934 vereinbarten die Sowjetunion und Deutschland 1939 im sogenannten Hitler-Stalin-Pakt vom 23. August, Ostmitteleuropa und damit auch Polen unter sich aufzuteilen. Am 1. September 1939 überfiel die deutsche Wehrmacht Polen und begann den Zweiten Weltkrieg, der als Angriffs-, Vernichtungs- und Eroberungskrieg geführt wurde. Am 17. September besetzte die Rote Armee vereinbarungsgemäß ostpolnische Gebiete und gliederte diese der Sowjetunion an. Mitglieder der polnischen Regierung gingen nach Paris (und nach der Niederlage Frankreichs nach London), wo sie eine Exilregierung bildeten, die den Widerstand gegen die Besetzungen des Landes organisierte.

In den besetzten Gebieten errichteten Hitler-Deutschland und die Sowjetunion ihre jeweilige Besatzungsherrschaft, die für die Bevölkerung mit Massenerschießungen, Massendeportationen, Entrechtung und der Vernichtung der politischen, militärischen und kulturellen Eliten einherging. Der sowjetisch besetzte Teil im Osten Polens wurde der Belarussischen sowie der Ukrainischen Sowjetrepublik zugeschlagen und das sogenannte Wilna-Gebiet ging an Litauen. Über 100 000 polnische Bürger wurden verhaftet und in die Lager ins Innere der UdSSR deportiert. Darüber hinaus wurden über 300 000 Menschen (darunter ganze Familien) nach Sibirien oder Kasachstan verbannt. Die Politik der sowjetischen Besatzer richtete sich gegen alle potenziellen Opponenten der neuen Macht. Insbesondere Angehörige der intellektuellen, militärischen und politischen Elite wurden vernichtet. Zum Inbegriff dieser Politik wurde die Mordaktion, die mit »Katyń«, dem Namen eines der Tatorte, verbunden wird. In dieser Aktion ermordete die sowjetische Geheimpolizei auf Befehl Stalins im Frühjahr 1940 über 22 000 kriegsgefangene polnische Offiziere und verhaftete Zivilisten, die der Sowjetunion nach dem Einmarsch in Ostpolen in die Hände gefallen waren.

In dem von Deutschland besetzten Landesteil betrieben die Nationalsozialisten eine Ausrottungs- und Vernichtungspolitik gegen Polen und insbesondere die etwa 3,5 Millionen polnischen Juden. Hunderttausende Zivilisten wurden zur Zwangsarbeit nach Deutschland verschleppt. In den auf polnischem Boden errichteten deutschen Konzentrations- und Vernichtungslagern wurden Millionen Menschen zur Zwangsarbeit herangezogen, gingen an den menschenfeindlichen Bedingungen zugrunde oder wurden ermordet. Etwa sechs Millionen Juden aus allen von Deutschland besetzten Ländern wurden in die Vernichtungslager nach Auschwitz-Birkenau, Treblinka, Sobibor, Belzec und viele andere verschleppt und getötet. Hunderttausende Sinti und Roma sowie als »rassisch minderwertig« angesehene Menschen insbesondere aus Polen und der Sowjetunion fielen ebenfalls dem nationalsozialistischen Rassenwahn zum Opfer. Nach dem deutschen Überfall auf die Sowjetunion am 22. Juni 1941 kam auch das vormals von der Sowjetunion annektierte ostpolnische Gebiet unter deutsche Herrschaft. Während der NS-Besatzung verlor Polen insgesamt fast ein Fünftel seiner Bevölkerung.

Während des gesamten Zweiten Weltkriegs kämpften polnische Zivilisten und Armeeangehörige zuerst in der regulären polnischen Armee und nach der Kapitulation Ende September 1939 als Mitglieder der aus dem Untergrund operierenden »Heimatarmee« (»Armia Krajowa«) gegen die deutschen und sowjetischen Besatzer. Besonders der jüdische Aufstand im Warschauer Ghetto im Frühjahr 1943 setzte ein verzweifeltes Zeichen dafür, dass sich die Juden nicht ohne Widerstand abschlachten ließen. Während des Warschauer Aufstands im August und September 1944 verloren über 150 000 Stadtbewohner bei Massenerschießungen und Bombardements ihr Leben. Als die Deutschen an allen Fronten auf dem Rückzug waren, befreite die Rote Armee Polen zwar von der nationalsozialistischen Besetzung. Das Land geriet dafür jedoch unter sowjetische Herrschaft. Die Sowjetunion verleibte sich die ostpolnischen Landesteile endgültig ein und beschloss gemeinsam mit den Westalliierten, Polen dafür nach Kriegsende mit deutschen Gebieten zu entschädigen. Die polnische Westgrenze wurde um 200 Kilometer Richtung Westen verschoben, was millionenfache Vertreibungen, die Aussiedlung und den Tod Tausender Menschen zur Folge hatte.

Nach dem Ende des Zweiten Weltkriegs wurde mithilfe der Sowjetunion ein kommunistisches Regime installiert: Massive Wahlfälschungen bei einem Referendum 1946 und die »Präparierung« der ersten Sejm-Wahlen 1947 sollten der kommunistischen Staatsmacht eine Form von »Legitimation« geben. Mit der Durchsetzung der kommunistischen Macht ging auch die Bekämpfung jeglicher Form von Opposition und Widerstand einher, die sich gegen die Kommunisten und die erneute Besetzung des Landes bildeten. Um die kommunistische Herrschaft zu sichern, wurde der Sicherheitsapparat stetig ausgebaut. Das 1944 gegründete Ministerium für Öffentliche Sicherheit (Urząd Bezpieczeństwa, UB) sicherte den Machtanspruch der kommunistischen Polnischen Vereinigten Arbeiterpartei (PVAP) durch Terror und Gewalt. Zwischen 1944 und 1947 führte das Sicherheitsministerium eine brutale Kampagne gegen die Gruppierungen des Untergrunds, dessen bedeutendste Organisationen die Heimatarmee sowie die aus ihr hervorgegangene Vereinigung Freiheit und Unabhängigkeit (Zrzeszenie Wolność i Niezawisłość, WiN) waren. Tausende Untergrundkämpfer wurden zur Zielscheibe brutaler Angriffe, Verfolgungen und Deportationen ins Innere der Sowjetunion. Zugleich wurden die Repressionsmaßnahmen auf die gesamte Gesellschaft ausgeweitet. Jeder konnte ins Visier der Geheimpolizei geraten: hohe Beamte der Vorkriegszeit, aber auch Mitglieder des Politbüros, Generäle, Partisanen, Bauern, Jugendliche, Arbeiter – alle, die vermeintlich, tatsächlich oder potenziell in Opposition zum kommunistischen Regime hätten aktiv werden können. Dem Sicherheitsapparat unterstanden im Jahr 1952 schon etwa 34 000 feste Mitarbeiter. Ein alle Bereiche des gesellschaftlichen Lebens durchdringendes Netz aus Informanten und Spitzeln, dem 1949 bereits 74 000 Personen angehörten, sollte die Bevölkerung in Angst halten und zur Atomisierung der polnischen Gesellschaft beitragen. So befanden sich schon 1952 nach offiziellen Angaben 49 500 politische Häftlinge in den Gefängnissen des Landes. Im Januar 1953 wurden in den »Verzeichnissen verdächtiger Elemente« der Staatssicherheit zudem etwa 5,2 Millionen Menschen – ein Drittel der gesamten erwachsenen Bevölkerung Polens – geführt. Die Einführung der Planwirtschaft ging mit massenhaften Enteignungen sowie übereilten Industrialisierungsmaßnahmen einher, die zu massiven ökonomischen Problemen führten. Bis 1954 betrug die Zahl der in Zwangsarbeitslagern Inhaftierten 84 200 Personen. Schätzungen zufolge verloren zwischen 1944 und 1956 etwa 50 000 Menschen ihr Leben.

Nach dem Versuch, jegliche Opposition im Land auszuschalten, blieb die katholische Kirche als einzige noch funktionierende Institution neben dem kommunistischen Staatsapparat übrig. Ein 1950 ausgehandeltes Kompromissabkommen verschonte die Kirche allerdings nicht vor Repressionen: Priester- und Ordensseminare wurden aufgelöst, religiöse Schriften aus dem öffentlichen Raum verbannt, kirchliche Jurisdiktion wurde unter staatliche Aufsicht gestellt und der PVAP »genehme« Priester in klerikale Schlüsselpositionen gebracht. Die Amtsenthebung und Inhaftierung des polnischen Primas Kardinal Stefan Wyszyński 1953 bildete den Höhepunkt der Repressionen gegen die katholische Kirche.

Die in allen von der Sowjetunion besetzten Staaten ähnlich ablaufende Entwicklung wiederholte sich auch in Polen: Die politische Opposition wurde ausgeschaltet, existierende sozialistische Bewegungen in ein kommunistisches Einparteiensystem überführt, eine forcierte Industrialisierung durchgeführt sowie Kirche und Religion massiv unterdrückt. Erst nach dem Tod Stalins im März 1953 lockerte sich der staatliche Terror. Ein Teil der politischen Gefangenen kam »aus gesundheitlichen Gründen« vorzeitig frei, die Zahl der Prozesse und Verhaftungen nahm ab. Nichtsdestotrotz hatten diese Veränderungen zunächst nur einen kosmetischen Charakter: Etwa 30 000 politische Gefangene blieben weiterhin inhaftiert. Den entscheidenden Anstoß zur Entstalinisierung gaben, wie in anderen kommunistisch regierten Staaten auch, erst die Ereignisse des XX. Parteitags der KPdSU im Februar 1956. Die Geheimrede des sowjetischen Staats- und Parteichefs Nikita Chruschtschow (»Über den Personenkult und seine Folgen«) verurteilte nicht nur das stalinistische Terrorregime. Sie diskreditierte gleichzeitig auch viele osteuropäische Staatsführer, die sich bis dahin mit ihrer bedingungslosen Gefolgschaft zu Stalin gebrüstet hatten. Das in Gang gesetzte »Tauwetter« erschütterte auch die Machtstellung von Staats- und Parteichef Bolesław Bierut und stellte seinen politischen Kurs eines »eisernen« Sozialismus infrage. Unter der Oberfläche schwelende ideologische Konflikte, Meinungsverschiedenheiten und Widersprüche innerhalb der PVAP traten immer deutlicher zutage. Das in der aufgeheizten Atmosphäre plötzlich entstandene politische Machtvakuum – Bierut verstarb unerwartet im März 1956 – füllten sowohl im Amt des Parteichefs als auch auf dem Posten des Ersten Sekretärs zunächst moderatere und reformorientiertere Nachfolger aus. Sie plädierten nicht nur für eine Lockerung der strengen Pressezensur, sondern gingen – als einziges Land des Warschauer Pakts – sogar so weit, den Inhalt von Chruschtschows Rede den Mitgliedern der Parteiorganisationen zur Verfügung zu stellen. Da die zuständigen Druckereien die Auflagenhöhe der Produktion zusätzlich eigenmächtig steigerten, wurde der Text innerhalb kürzester Zeit praktisch allen Interessierten zugänglich. Mit der wachsenden Zahl an Parteimitgliedern und »Normalbürgern«, die vom Inhalt der Rede wussten, mehrten sich – neben den Spekulationen zu den Ursachen der stalinistischen Verbrechen – auch die Stimmen derjenigen, die den Regierungs- und Machtanspruch der PVAP infrage stellten und die Abhängigkeit Polens von Moskau kritisierten. Die in der polnischen Gesellschaft immer häufiger artikulierten Forderungen nach einer grundlegenden Änderung der staatlichen Politik gegenüber der katholischen Kirche gingen allerdings schon bald über jegliches von Chruschtschow intendierte Maß an zulässiger Kritik hinaus.

Die Systemkrise des stalinistisch geprägten Sozialismus, das Absinken des Lebensstandards in unmittelbarer Folge der Planwirtschaft, die riesigen Rüstungsausgaben, der (gesellschafts-)politische Schock von Chruschtschows Enthüllungen auf dem XX. Parteitag, die rapide Zunahme feindseliger Stimmungen gegenüber der Sowjetunion, die Berichte Tausender nach der Amnestie vom 27. April 1956 entlassener politischer Gefangener sowie die merkliche Abschwächung des staatsterroristischen Drucks und das Erstarken der Opposition und des Widerstands gegen die kommunistische Herrschaft führten am 28. Juni 1956 in Posen (Poznań) zu einem Generalstreik der Arbeiter. Dies war die erste große öffentliche Erhebung der polnischen Bevölkerung gegen das kommunistische Regime, dem sich weite Teile der Bevölkerung anschlossen. Der Aufstand wurde blutig niedergeschlagen. 74 Menschen verloren ihr Leben, Zehntausende wurden zu langen Haftstrafen verurteilt.

Die Ereignisse in Posen bildeten den Auftakt für zahlreiche ähnliche Proteste, die bis zum Oktober 1956 das ganze Land ergriffen und auch Unruhen in anderen kommunistisch beherrschten Ländern wie Ungarn auslösten. Unmittelbar nach der Niederschlagung der Posener Erhebung diskreditierte und stigmatisierte die kommunistische Führung die Geschehnisse jedoch als Provokation »ausländischer Agenten«. In Polen blieben die Opposition und der Widerstand gegen das kommunistische Regime auch in der Folgezeit im Unterschied zu vielen anderen Ländern deutlich spür- und sichtbar. Immer wieder erhoben sich die Arbeiter in Streiks und Unruhen gegen die herrschende Macht. Die Proteste erreichten einen neuen Höhepunkt, als im März 1968 Tausende von Studenten im ganzen Land gegen die kommunistische Macht, für freie Wahlen, ein Ende der sowjetischen Besetzung und demokratische Freiheiten protestierten. Im Dezember 1970 breiteten sich in den Werftgebieten an der polnischen Ostseeküste erneut Streiks und Erhebungen gegen die kommunistische Herrschaft aus, die ebenfalls blutig niedergeschlagen wurden. Zahlreiche Menschen fanden dabei den Tod. Trotz der brutalen Bekämpfung der Unruhen und Streiks rissen die Widerstandsaktionen nicht ab. So kam es im Juni 1976 erneut zu größeren Unruhen in Radom und Ursus. Zur Unterstützung der Streikenden wurde 1976 das Komitee zur Verteidigung der Arbeiter (KOR) gegründet, in dem sich erstmals Intellektuelle und Arbeiter verbündeten. 1980 ging aus den wiederholten Protesten schließlich die unabhängige Gewerkschaftsbewegung Solidarność hervor, die landesweite Unterstützer und Anhänger fand und mit über 9,5 Millionen Mitgliedern, darunter auch eine Million Mitglieder der PVAP, zur mächtigsten Organisation in Polen wurde. Vorsitzender wurde der Danziger Elektriker und spätere polnische Präsident Lech Wałęsa. Im Dezember 1981 schlug die Staatsmacht zurück und verhängte landesweit das Kriegsrecht, das bis 1983 andauerte. Die Führer der Solidarność wurden inhaftiert und die Gewerkschaft selbst 1982 verboten. Wieder wurden Zehnausende Menschen inhaftiert und verfolgt. Die Kinder inhaftierter Solidarność-Anhänger kamen in staatliche Heime; bei Streiks wie beispielsweise in der Kattowitzer Grube Wujek erschossen die Sicherheitskräfte 25 Personen.

Trotz ihres Verbots setzte die Solidarność aus dem Untergrund heraus ihren Widerstand gegen die kommunistische Macht und für ein freies und demokratisches Polen fort. Mit dem Ende 1988 eingeleiteten Systemwechsel und der Beteiligung von Oppositionsvertretern im Februar 1989 an einem Nationalen Runden Tisch begann die Demokratisierung Polens, die anders als in anderen kommunistischen Ländern nicht als Revolution, sondern in einem Reformprozess gestaltet wurde (manchmal »Refolution« genannt). Bereits im Juni 1989 fanden die ersten halbfreien Wahlen in einem Land des ehemaligen Ostblocks statt, aus denen die Vertreter der Solidarność mit überwältigender Mehrheit als Sieger hervorgingen. Zwar hatte sich die regierende kommunistische Partei bereits im Vorfeld 65 Prozent der Sitze im Sejm gesichert, jedoch markierte diese Wahl das Ende der kommunistischen Herrschaft. Tadeusz Mazowiecki wurde zum ersten nichtkommunistischen Staatsoberhaupt im Ostblock ernannt.

Obwohl die kommunistische Regierung jahrzehntelang alle Formen von Widerstand massiv unterdrückt und Gewaltexzesse wie das Verbrechen von Katyń, die Vernichtung der Angehörigen des bewaffneten Untergrunds oder die blutige Niederschlagung der Proteste, Streiks und Unruhen tabuisiert hatte, war die inoffizielle Erinnerung an die begangenen Verbrechen in der Bevölkerung lebendig geblieben. Aus dem Untergrund heraus organisierten Studenten, Künstler und Vertreter der Solidarność Gedenkaktionen, um die Opfer der Verbrechen in Erinnerung zu halten. Bürgerinitiativen wie KARTA in Warschau befassten sich mit bisherigen Tabuthemen und stellten Öffentlichkeit für verschwiegene Verbrechen und die Opfer her. Nach dem Regimewechsel begann zwar eine historische Aufarbeitung und die Beschäftigung mit bisherigen »weißen Flecken«; zu einer echten, auch staatlicherseits getragenen Auseinandersetzung mit der kommunistischen Vergangenheit kam es jedoch erst 1997 unter der Mitte-rechts-Regierung von Jerzy Buzek. So wurde am 18. Juni 1998 die kommunistische Herrschaft offiziell verurteilt und die Wiedergutmachung des begangenen Unrechts versprochen. Das Institut des Nationalen Gedenkens (IPN) mit Außenstellen in allen größeren Städten des Landes hatte fortan die Aufgabe, Verbrechen gegen das polnische Volk zu ermitteln, die Strafverfolgung zu ermöglichen sowie historische Forschungen und die Aufklärung der Öffentlichkeit zu betreiben.

Zwar waren bereits im Prozess der Entstalinisierung Tausende politische Häftlinge im Rahmen der damaligen Amnestie entlassen worden, jedoch konnte eine strafrechtliche Rehabilitierung erst seit 1988 vorgenommen werden. Gesetzlich verankert wurde dies mit dem Gesetz vom 23. Februar 1991 mit der Nichtigerklärung von Urteilen, die aufgrund von Widerstandsaktionen gegen die Besetzung Polens verhängt worden waren. Dies bezog sich aber vorerst nur auf bis 1956 gefällte Urteile. Spätere Urteile wurden im Zuge von Wiederaufnahmeverfahren »kassiert«. Erst mit der Gesetzesnovellierung 2007 erfolgte die Anwendung des Gesetzes auf den gesamten Zeitraum der kommunistischen Herrschaft von 1944 bis 1989. Mit der strafrechtlichen Rehabilitierung verbunden ist die Möglichkeit, Entschädigung zu erhalten und Verfolgungszeiten auf die Rente anrechnen zu lassen.

Während so Erleichterungen für die Opfer politischer Verfolgung erreicht werden sollten, verlief der Versuch, Täter auch strafrechtlich zur Verantwortung zu ziehen, weitgehend unbefriedigend. Nur wenige wurden überhaupt vor Gericht gestellt und kaum jemand verurteilt. Die Bilanz, die der damalige Präsident des IPN 2012 zog, war ernüchternd: Lediglich 152 Täter konnten verurteilt werden. Beklagt wurde, dass die Täter und Verantwortlichen von einst nun alle Rechte und Freiheiten des Rechtsstaats genießen – Rechte, die sie einst mit Füßen traten und ihren Opfern vorenthielten. Ebenfalls mit der Gründung des IPN 1999 erhielten Opfer und Betroffene, aber auch einstige Mitarbeiter und Kollaborateure die Möglichkeit, ihre Unterlagen der Staatssicherheit einzusehen. Eine reguläre Überprüfung aller im öffentlichen Bereich Tätigen ist nicht vorgesehen.

Um an das geschehene Unrecht und die Verbrechen zu erinnern, sind in den vergangenen Jahren nicht nur verschiedene Erinnerungsstätten und Denkmäler errichtet worden, sondern es kamen auch zahlreiche Gedenktage für die Opfer der Diktatur hinzu, wie beispielsweise der 11. März als Gedenktag für den bewaffneten Widerstand gegen die sowjetischen Besatzer und die kommunistische Herrschaft. Am 13. April wird in Polen der Opfer von Katyń gedacht und der 28. Juni ist der Gedenktag für den Posener Aufstand. Am 23. August wird der Europäische Gedenktag an die Opfer von Stalinismus und Nazismus abgehalten, am 17. September erinnert sich das Land an die nach Sibirien Deportierten und am 13. Dezember an die Opfer des Kriegsrechts.

Haus der Begegnung mit der Geschichte

Warschau. Das »Haus der Begegnung mit der Geschichte« wurde 2005 eröffnet. Die Initiative für die Errichtung des Hauses kam von der Nichtregierungsorganisation Fundacja Ośrodka KARTA bzw. Stiftung Zentrum KARTA, die sich seit 1982 der Dokumentation und Vermittlung der neuesten Zeitgeschichte Polens und Ostmitteleuropas verschrieben hat. Ziel des Hauses ist, anhand verschiedener historischer Ausstellungen, Bildungsprojekte, Veröffentlichungen, Diskussionen, Lesungen, Seminare, Konferenzen und Filmvorführungen die Geschichte Polens sowie Ost- und Mitteleuropas im 20. Jahrhundert der Öffentlichkeit näherzubringen. Ein Schwerpunkt der Bildung und Vermittlung sind die Folgen des Nationalsozialismus und Kommunismus. Zur Einrichtung gehören auch ein Verlagshaus sowie eine audiovisuelle Bibliothek mit einer einzigartigen Sammlung an digitalisierten Fotografien, Tonmitschnitten und Dokumenten. Das Hauptprinzip des Hauses basiert auf der Arbeit mit Biografien. Gemeinsam mit dem KARTA-Zentrum unterhält die Einrichtung das landesweit größte Oral-History-Archiv. Anhand von mehr als 5 500 biografischen Interviews wird die Geschichte des 20. Jahrhunderts in Polen aus einer individuellen Perspektive erlebbar gemacht.

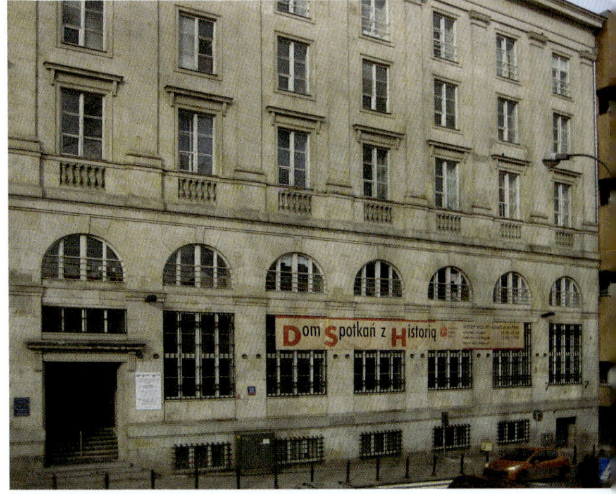

Eingang zum Haus der Begegnung mit der Geschichte

In Zusammenarbeit mit nationalen und internationalen Partnern bietet das »Haus der Begegnungen mit der Geschichte« ein breites Spektrum an schulischen und außerschulischen Bildungsangeboten. Dazu zählen Themenveranstaltungen, Zeitzeugeninterviews, Führungen, Workshops und Lernspiele.

Standort: Warschau, Ulica Karowa 20
Internet: www.dsh.waw.pl

Katyń-Museum

Warschau. Das Katyń-Museum in Warschau wurde am 29. Juni 1993 als Abteilung des Museums der Polnischen Armee in den Kasematten des aus dem 19. Jahrhundert stammenden russischen Forts Sadyba im Stadtteil Mokotów eröffnet. Es dient der Sammlung und Präsentation von Erinnerungsstücken, die mehrheitlich während der Exhumierungen an den Orten der Massengräber in Katyń, Mednoje und Charkiw zu Beginn der 1990er Jahre gefunden wurden. Außerdem sammelt es Erinnerungsstücke von den Angehörigen der Opfer. Die Gründung des Museums geht auf die Initiative des Verbandes der Katyń-Familien zurück, die einen würdigen Ort für die Fundstücke schaffen wollten. In Zusammenarbeit mit dem Museum der Polnischen Armee organisierte der Verband in den Jahren 1991 und 1992 zwei Ausstellungen mit Fotografien und Exponaten der Ausgrabungen. Im Dezember 1991 wurde die Gründung eines Katyń-Museums beschlossen. Nach der notwendigen Renovierung eines Teils der historischen Festungsanlage Sadyba wurde das Museum im Juni 1993 vom damaligen stellvertretenden polnischen Verteidigungsminister, Bronisław Komorowski, und der Vorsitzenden des Verbands der Katyń-Familien, Bożena Łojek, eröffnet. Der Militärbischof Leszek Sławoj Głódź und der Überlebende des Lagers Koselsk, Prälat Zdzisław Peszkowski, weihten die Räumlichkeiten.

Durch Fundstücke aus den Massengräbern wuchsen die Bestände des Museums weiter an. Die zunächst 200 Quadratmeter umfassende Ausstellungsfläche wurde im Laufe der Jahre sukzessive auf 500 Quadratmeter erweitert. Dennoch konnte nur ein kleiner Teil der Bestände in den Ausstellungssälen und einem »Saal des Gedenkens« präsentiert werden. Nach der Schließung der Räume im Fort Sadyba wurde seit dem 17. September 2011 im Hauptgebäude des Museums der Polnischen Armee eine Son-

Haupteingang zum Museum

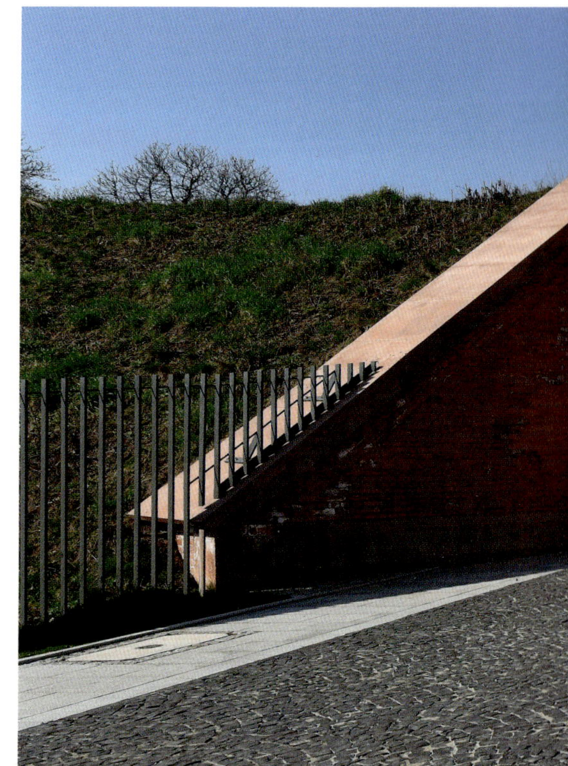

derausstellung des Katyń-Museums gezeigt. Im Zuge des Umzugs des Museums der Polnischen Armee mitsamt dem Katyń-Museum auf die Warschauer Zitadelle, einem Festungskomplex aus dem 19. Jahrhundert, konnte dort 2015 eine mit modernsten Mitteln gestaltete, neue Ausstellung eröffnet werden. Das 2,5 Hektar große Außengelände ist von tiefer Symbolik geprägt: ein Appellplatz, ein Holzkreuz, ein kleiner Wald, der von der »Allee der Nichtanwesenden« durchschnitten wird. Über 20 000 Pflastersteine wurden gesetzt – für jeden Ermordeten einer. Die Namen der Toten sind in ein Epitaph eingraviert, das aus 15 Tafeln besteht. Eine Glocke mit einem Durchschuss symbolisiert die Exekution der Gefangenen. Der Eingang zum Museum führt durch einen abgedunkelten Tunnel, an dessen rechte Wand die »Schatten der Opfer« projiziert werden. Die Ausstellung gliedert sich in die Ebenen »Entdeckung« und »Zeugnis«. In der ersten Ebene sind die Vorgeschichte und die Ausführung des Verbrechens, seine Instrumentalisierung durch die deutschen Entdecker und die sowjetischen Täter, das Verschweigen und Verleumden der Gewalttaten sowie schließlich ihre offizielle Aufdeckung dargestellt. In hölzernen Militärkisten werden Dokumente, Fotografien, Plakate und multimediale Elemente präsentiert. In der zweiten Ebene des Museums werden in hohen, vielfach unterteilten Vitrinen über 6 000 bei den Exhumierungen der Massengräber zutage geförderte persönliche Gegenstände der Hingerichteten gezeigt. Jedes Objekt – Brillen und Kämme, Uniformteile und Feldflaschen, Rosenkränze und Schachfiguren, Portemonnaies und Taschen – befindet sich in einer kleinen, in warmes Licht getauchten Kammer. Der letzte Raum vor dem Ausgang auf das Außengelände konfrontiert mit den für das Massaker von Katyń verantwortlichen Tätern.

Einen Überblick zu 178 Erinnerungsorten in 18 Ländern vermittelt die von der Bundesstiftung zur Aufarbeitung der SED-Diktatur erarbeitete Publikation »Erinnerungsorte für die Opfer von Katyń«, die im Jahr 2013 im Leipziger Universitätsverlag erschienen ist.

Standort: Warschau, ul. Jana Jeziorańskiego 4 (Warschauer Zitadelle)
Internet: www.muzeumkatynskie.pl

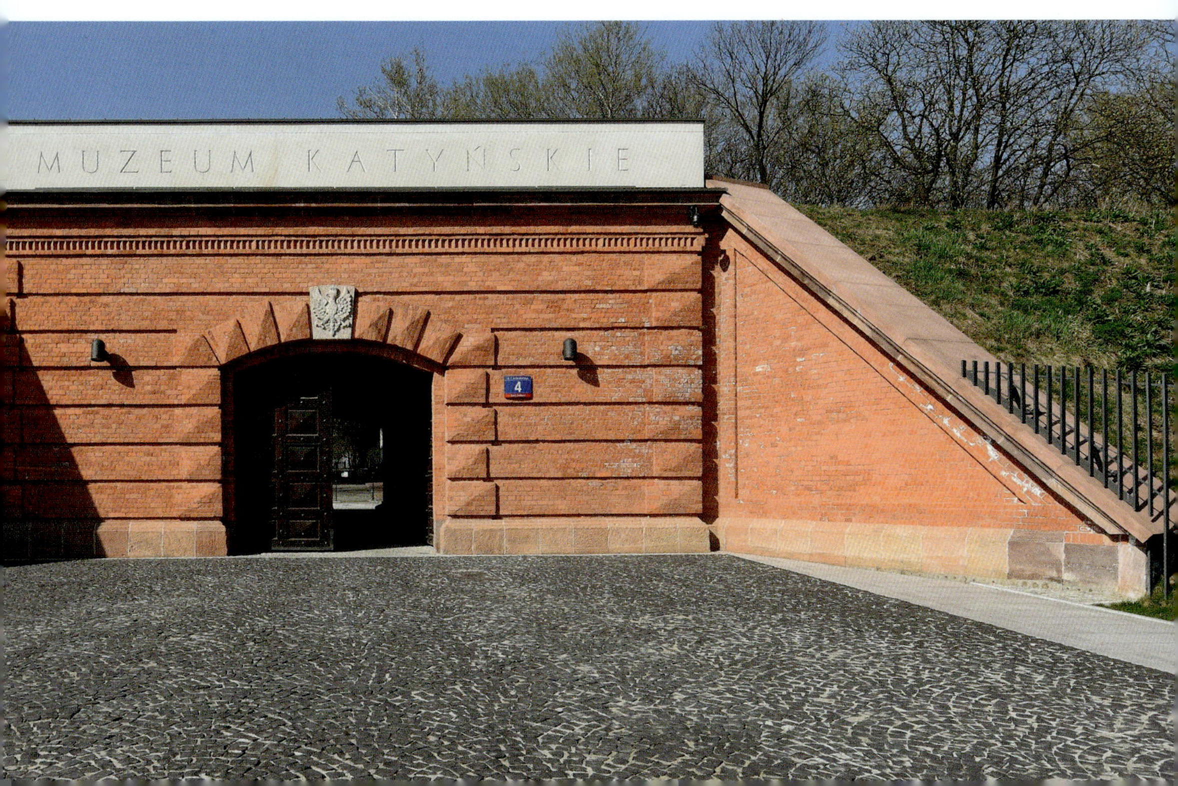

Denkmal für die im Osten Gefallenen und Ermordeten

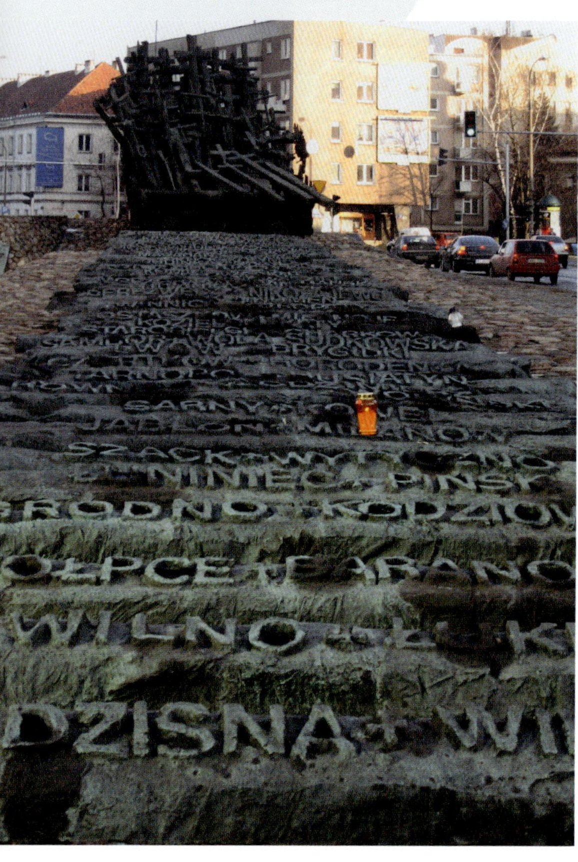

Denkmal für die im Osten Gefallenen und Ermordeten

Warschau. Das Denkmal für die im Osten Gefallenen und Ermordeten wurde am 17. September 1995 auf dem Mittelstreifen der Muranowska-Straße feierlich eingeweiht. Es besteht aus einem nachgebauten Bahnsteig, auf dem ein acht Meter langer offener Güterwaggon steht. Auf dieser monumentalen Bronzeplastik von Maksymilian Biskupski befinden sich zahllose Kreuze, die durch Stacheldraht vernetzt und in verschiedene Richtungen geneigt sind. Davor liegen auf einer weiteren, mit Feldsteinen gepflasterten Schräge 40 ebenfalls aus Bronze gegossene Bahnschwellen mit den Namen von Lagern und Exekutionsorten auf dem Gebiet der Sowjetunion, die mit dem Leiden und der Ermordung polnischer Bürger verbunden sind. An einer Seite des Waggons ist das bronzene Wappen der polnischen Armee, der gekrönte Adler mit der Pelte, befestigt. Der Adler ist mit einem Seil gefesselt, das Schild zu seinen Füßen trägt das Datum »17 IX 39«; an diesem Tag griff die Rote Armee nach dem Hitler-Stalin-Pakt Polen an und besetzte die östlichen Gebiete des Landes. Um die konfessionelle Vielfalt der Opfer ins Bewusstsein zu rufen, befinden sich auf dem Waggon christliche und orthodoxe Kreuze sowie Grabplatten mit jüdischen und muslimischen Symbolen. Eines der Kreuze ist dem am 20. Januar 1989 mutmaßlich wegen seines Engagements für das Gedenken an Katyń ermordeten Priester Stefan Niedzielak, Probst in der Warschauer Borromäus-Kirche, gewidmet.

Die Errichtung des Denkmals wurde von einer im September 1989 gegründeten Stiftung unter der Leitung von Wojciech Ziembiński betrieben. Ihr Anliegen war es, ein ausdrucksstarkes, zentrales Denkmal für die 500 000 Opfer von Massendeportation und Verfolgung zu schaffen, die Polen während der sowjetischen Okkupation im Zweiten Weltkrieg zu beklagen hatte. Eine Jury wählte im Februar 1991 den Entwurf von Maksymilian Biskupski aus. Die Arbeiten an der Umsetzung des Entwurfs, die Sicherstellung der vor allem aus staatlichen Mitteln stammenden Finanzierung sowie die Suche nach einem angemessenen Standort in Warschau dauerten viereinhalb Jahre. An der Einweihungszeremonie nahmen der polnische Staatspräsident Lech Wałęsa, der Primas von Polen Kardinal Józef Glemp, der Generalstabschef der polnischen Armee sowie der Warschauer Stadtpräsident Marcin Święcicki und Angehörige der Opfer teil.

Während seiner siebten Pilgerreise in sein Heimatland betete Papst Johannes Paul II. am 11. Juni 1999 vor dem Denkmal. Daran erinnert ein weiterer Gedenkstein an der Rückseite des Denkmals.

Inschriften

Auf der zentralen Gedenktafel auf Polnisch:
Poległym / Pomordowanym / na Wschodzie / Ofiarom / agresji / sowieckiej / 17 IX 1939 / Naród / 17 IX 1995

Die deutsche Übersetzung lautet:
Den Gefallenen [und] Ermordeten im Osten, den Opfern der sowjetischen Aggression vom 17. 9. 1939. Die Nation, 17. 9. 1995

Auf dem Gedenkstein für den Papstbesuch, polnisch: *Tu 11 czerwca AD 1999 / za ofiary agresji / sowieckiej / modlił się Ojciec / Święty / Jan Paweł II*

Die deutsche Übersetzung lautet:
Hier betete am 11. Juni im Jahr des Herrn 1999 der Heilige Vater Johannes Paul II. für die Opfer der sowjetischen Aggression

Standort: Warschau, Ulica Muranowska

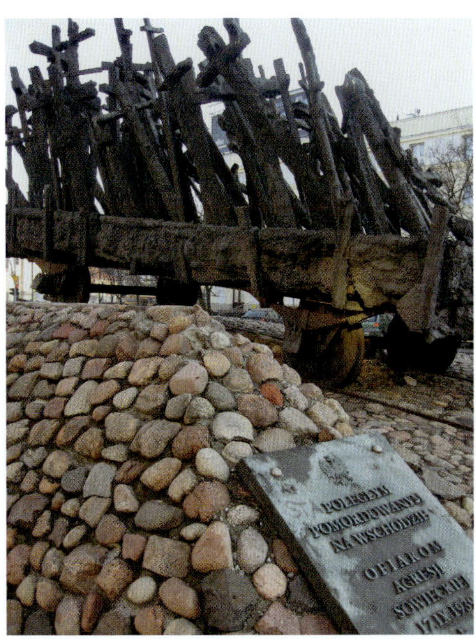

Zentrale Gedenktafel am Denkmal für die im Osten Gefallenen und Ermordeten

Denkmal zur Erinnerung an die Opfer des Kriegsrechts

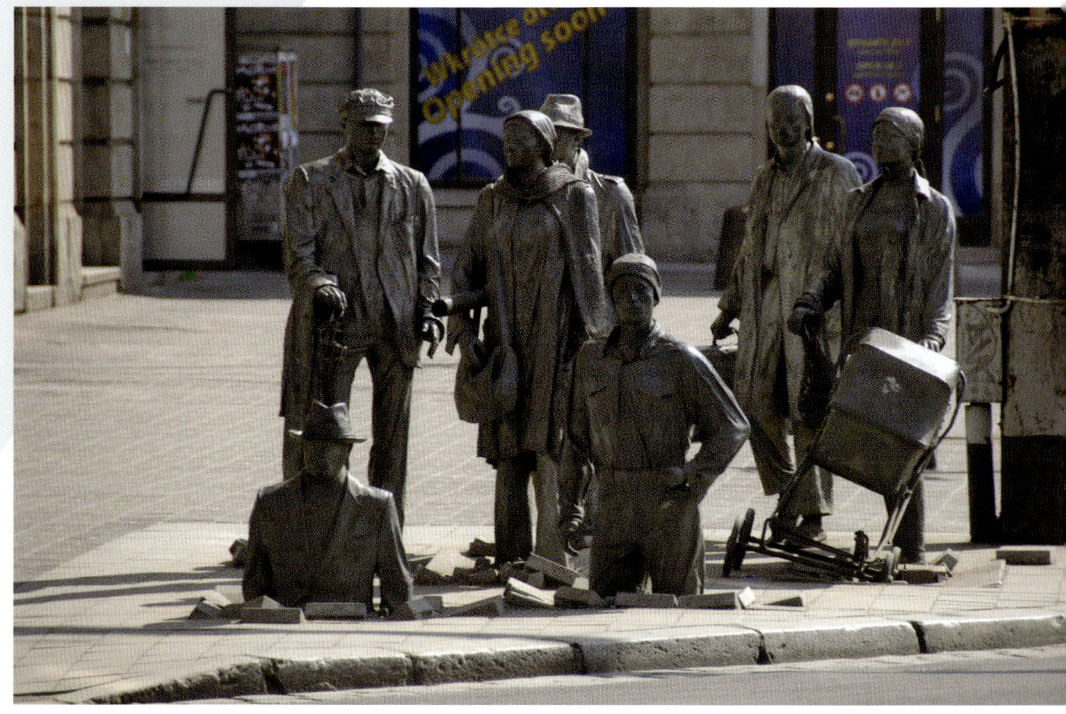

Wrocław / Breslau. Das Denkmal wurde in einer feierlichen Zeremonie am Abend vom 12. auf den 13. Dezember 2006 – dem 25. Jahrestag der Verkündung des Kriegsrechts in der Volksrepublik Polen am 13. Dezember 1981 – der Öffentlichkeit übergeben. Es erinnert an die Opfer des Kriegszustands, die bei den Auseinandersetzungen mit den staatlichen Sicherheitskräften ihr Leben verloren, ohne Gerichtsurteile in Internierungslagern festgehalten wurden und zahllose Repressalien erlitten. Es erinnert auch an alle Menschen, die sich ab dem 13. Dezember 1981 gezwungen sahen, in den Untergrund zu gehen, um von dort aus den Widerstand gegen das Repressionsregime zu führen. Zudem gedenkt es der Hunderttausenden durch die kommunistische Gewaltherrschaft ins Exil getriebenen Polen. Das vom bekannten polnischen Bildhauer Jerzy Kalina entworfene Bronzedenkmal besteht aus 14 Skulpturen: Sieben

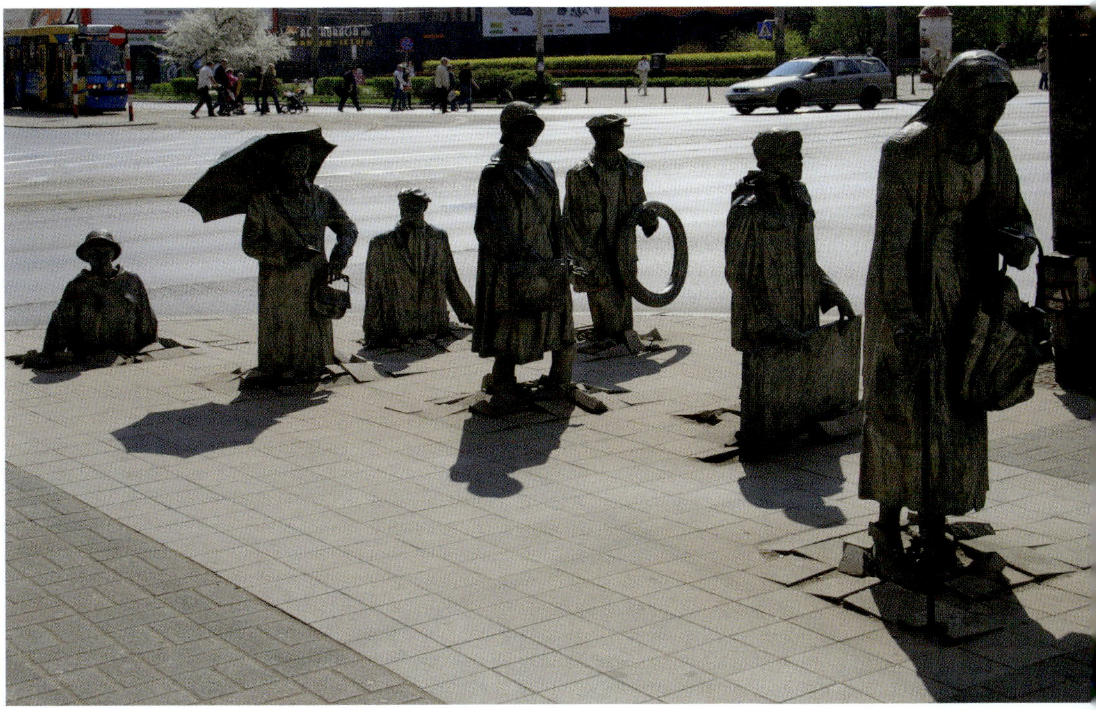

Ansicht des Denkmals
auf der Piłsudskiego-Straße

Denkmal zur Erinnerung an die Opfer
des Kriegsrechts

Figuren versinken auf der Piłsudskiego-Straße im Boden, auf der gegenüberliegenden Świdnicka-Straße steigen sieben aus dem »Untergrund« empor.

Standort: Wrocław / Breslau, an der Kreuzung von Piłsudskiego- und Świdnicka-Straße

Denkmal der gefallenen Werftarbeiter

Gdańsk / Danzig. Das am 16. Dezember 1980 bei einer feierlichen Zeremonie enthüllte Denkmal der gefallenen Werftarbeiter erinnert an die Opfer der dramatischen Ereignisse im Dezember 1970. Die durch Preiserhöhungen ausgelösten Arbeiterstreiks in zahlreichen Städten an der polnischen Ostseeküste hatten die staatlichen Sicherheitskräfte in Danzig blutig niedergeschlagen. Dutzende Arbeiter der Lenin-Werft verloren dabei ihr Leben. Das noch während der kommunistischen Herrschaft errichtete Mahnmal geht auf eine Initiative der freien Gewerkschaft Solidarność zurück.

Schon kurze Zeit nach den Streiks im Winter 1970 wurden an der Werftmauer in Danzig Kränze niedergelegt, die jedoch regelmäßig über Nacht verschwanden. In den folgenden Jahren kamen in jedem Dezember immer mehr Menschen an diesem Ort zusammen, um der Opfer zu gedenken – 1979 waren es schließlich rund 6 000 Personen. Lech Wałęsa, einer der Danziger Streikführer und späterer Staatspräsident der Republik Polen, trat in jenem Jahr in der Werft als Redner auf und forderte die Aufstellung eines Denkmals. Im Zuge der gewerkschaftlichen Massenbewegung Solidarność im Sommer 1980, die wiederum von der Danziger Werft ausging, wurden die Ereignisse des Dezember 1970 und 1976 erneut thematisiert. In einem Kompromiss zwischen der Partei, der Gewerkschaft und der Kirche rang man im Streiksommer 1980 den Bau des Mahnmals für die Toten des Aufstands von 1970 vor dem Tor 2 der Werft im Zuge der Danziger Vereinbarung der Staatsführung ab.

Das 42 Meter hohe Denkmal, das aus Spenden finanziert wurde, besteht aus drei Passionskreuzen, die an den Schnittstellen der Längs- und Querbalken Stockanker tragen. Die Komposition soll zum einen den Glauben und das erlittene Märtyrertum des polnischen Volkes versinnbildlichen und zum anderen seine unerschütterliche Hoffnung zum Ausdruck bringen. Am unteren Teil der Kreuze sind Reliefs mit Szenen aus dem Alltagsleben der Werftarbeiter, Momentaufnahmen der Tragödie des Dezembers 1970 sowie Tafeln zur Entstehungsgeschichte der Solidarność angebracht. Hinter dem im Volksmund als »Drei-Kreuze-Denkmal« bezeichneten Mahnmal befindet sich eine Gedenkmauer. In ihrer Mitte ist ein Zitat aus der Rede eingraviert, die Papst Johannes Paul II. bei seinem ersten Polen-Besuch im Jahr 1979 hielt. Außerdem sind an der Wand die Namen und das Alter der im Dezember 1970 gefallenen Werftarbeiter verzeichnet. Unmittelbar vor der Gedenkwand steht die Skulptur eines Werftarbeiters, der verzweifelt die Hände hochreckt. Zu seiner Linken sind Ausschnitte aus dem Psalm 29 sowie Fragmente des Gedichts »Capo di Fiori« von Czesław Miłosz, die mit den Wor-

► Denkmal der gefallenen Werftarbeiter in Gdańsk / Danzig

ten »Der du dem einfachen Menschen Unrecht/ getan hast und darüber noch lachst« beginnen, in die Gedenkwand eingraviert. Das Denkmal befindet sich vor dem Eingang zum Europäischen Solidarność-Zentrum.

Standort: Gdańsk/Danzig, Plac Solidarności

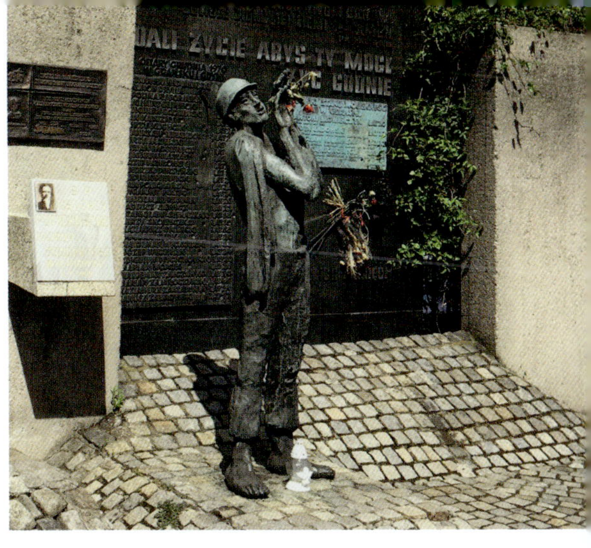

►
Gedenkwand mit der Skulptur eines Werftarbeiters neben dem »Drei-Kreuze-Denkmal«

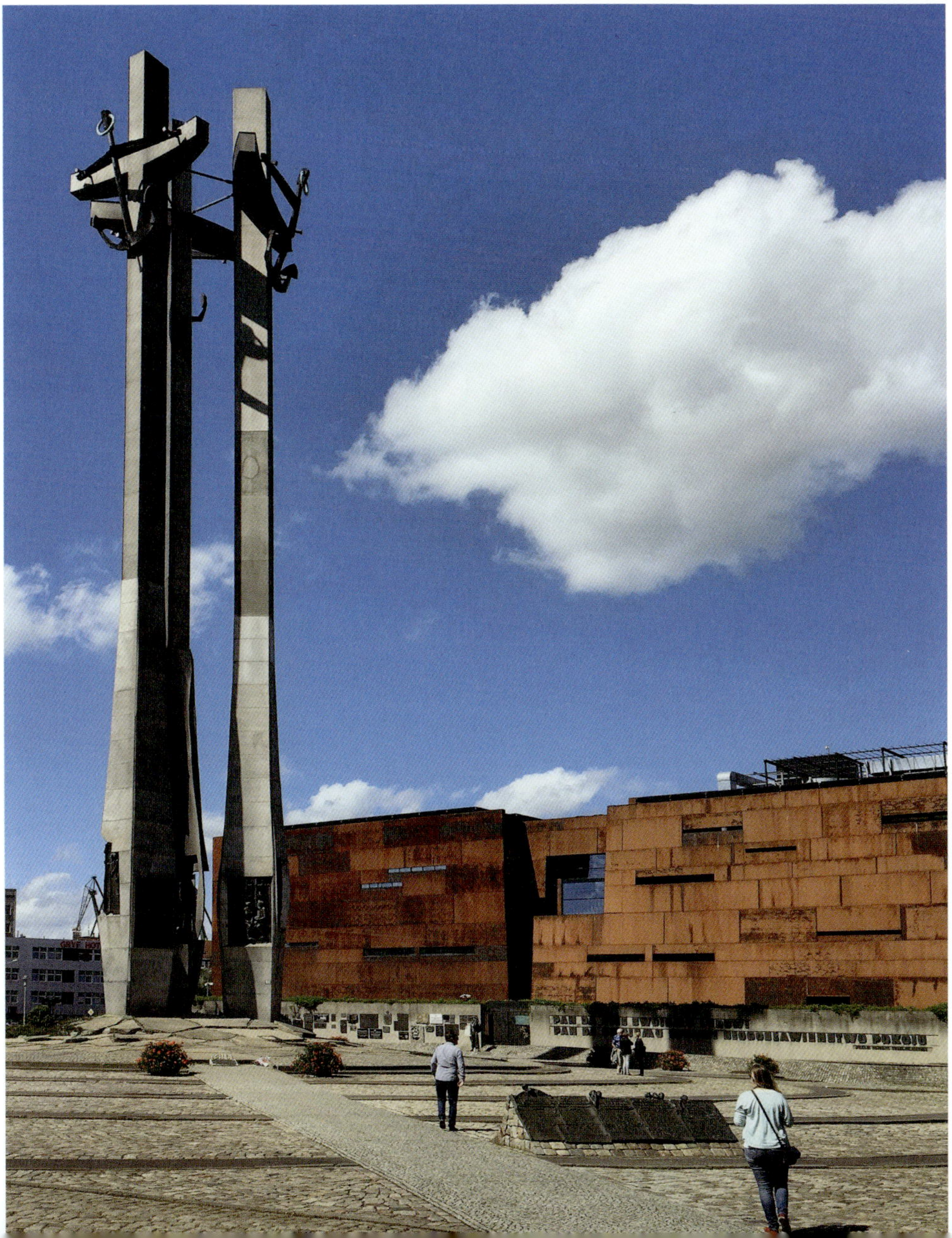

Europäisches Zentrum der Solidarność

Gdańsk / Danzig. Das am 30. August 2014 eröffnete Europäische Zentrum der Solidarność befindet sich auf dem Gelände der ehemaligen Lenin-Werft. Die dortige Ausstellung erzählt die Geschichte der freien Gewerkschaft Solidarność in Polen sowie der Bürgerbewegungen in anderen Staaten Mittel- und Osteuropas. Die Gründung der Einrichtung geht zurück auf eine im Herbst 2007 gestartete Initiative des polnischen Kulturministeriums und des Gewerkschaftsbundes NSZZ Solidarność. Der 20 000 Quadratmeter große Gebäudekomplex vereinigt in sich ein Museum, ein Zentralarchiv, eine Multimediabibliothek, ein Forschungs- und Bildungszentrum sowie Büroräume für zivilgesellschaftliche Organisationen. In das weitläufige Gelände sind sowohl neue architektonische Elemente als auch historische Erinnerungsorte integriert. In die Gesamtkonzeption einbezogen wurden der geschichtsträchtige Platz der Solidarität, an dem sich auch das Denkmal für die gefallenen Werftarbeiter befindet, das berühmte Tor 2 der Danziger Lenin-Werft sowie die einstige Arbeitsschutzhalle, welche die Gewerkschaftsaktivisten während der legalen Phase ihrer Arbeit als Konferenzsaal nutzten und welche heute als Gedenkstätte dient. Komplettiert wird das Ensemble durch einen mehrgliedrigen Neubau, in dem sich die ständige Ausstellung befindet. Diese informiert auf zwei Etagen und einer Gesamtfläche von 3 000 Quadratmetern eingehend über die Entstehungsgeschichte und das Wirken der gewerkschaftlichen Massenbewegung. In sechs chronologisch strukturierten Themeneinheiten wird der Untergangsprozess des Kommunismus in Polen und den anderen Staaten des ehemaligen Ostblocks dargelegt. So berichtet die erste Station »Geburt der Solidarność« von den Anfängen der oppositionellen Tätigkeit rund um den Streiksommer 1980 bis hin zur Gründung der ersten freien Gewerkschaften in der Volksrepublik Polen. Andere Ausstellungssäle beleuchten durch räumliche Installationen, multimediale Inszenierungen, zahlreiche Originaldokumente und Gegenstände Aspekte des Alltags im sozialistischen Volkspolen, das Wirken der antikommunistischen Opposition vor 1980, die Tätigkeiten des staatlichen Repressionsregimes, den »Weg zur Demokratie« sowie den »Triumph der Freiheit«. Der letzte, nach Papst Johannes Paul II. benannte Raum ist ein bewusster Ort der Stille und lädt den Besucher zur eigenen Reflexion des Wahrgenommenen ein. Die aufwendig gestaltete Dauerausstellung zeichnet sich nicht zuletzt durch die gelungene Zusammenführung zahlreicher historischer Originalexponate und multimedialer Elemente aus. So fungieren beispielsweise über 2 000 an der Decke befestigte gelbe Schutzhelme der Werftarbeiter als Projektionsfläche für filmische Originaldokumente, während ein massiver Kantinentisch zum Multimediabildschirm umfunktioniert wurde. Gleichzeitig bieten einzigartige Originalexpo-

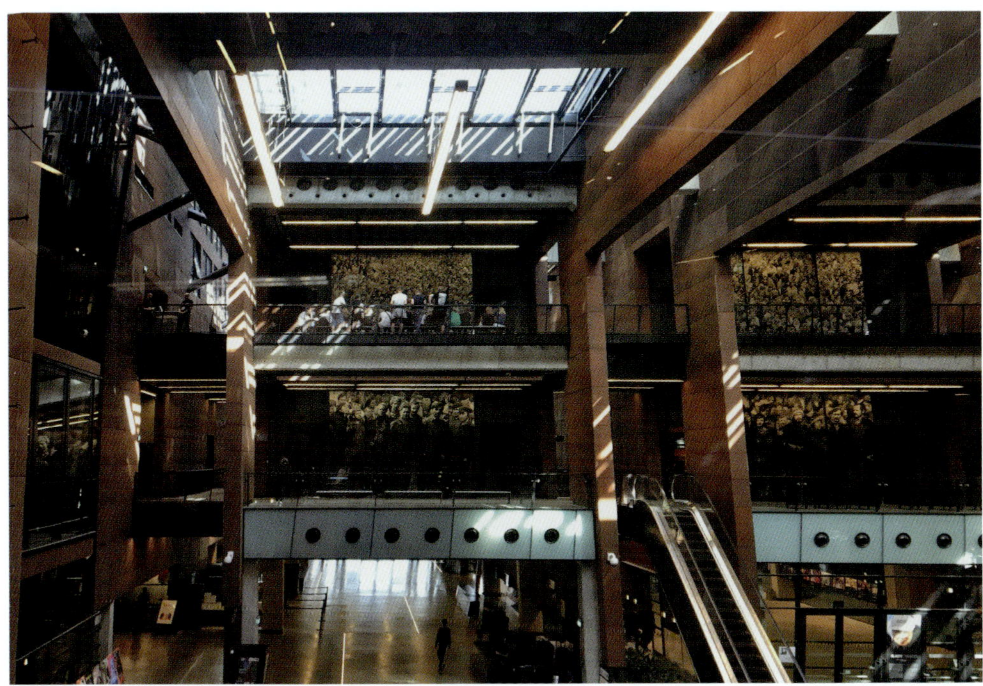

Innenansicht des Europäischen Zentrums der Solidarność

nate einen besonderen Blick auf erlebte Geschichte. Dazu zählen die Steuerkabine der Kraftfahrerin Anna Walentynowicz, deren politisch motivierte Kündigung den unmittelbaren Auslöser des Streiksommers 1980 bildete, das bekannte Transparent »Proletarier aller Betriebe vereinigt euch« sowie insbesondere die beiden Tafeln mit den 21 Forderungen der Streikenden, die von der UNESCO zum Weltkulturerbe ernannt wurden. In der Ausstellung kommen immer wieder Zeitzeugen zu Wort. Die gesamte Präsentation ist in Polnisch und Englisch gestaltet und behindertengerecht konzipiert, Audiobeiträge und Brailletexte machen Inhalte auch für Blinde nachvollziehbar. Die Bildungsarbeit des Zentrums, das seit 2008 als Kultureinrichtung besteht, wird erweitert durch Konferenzen, Seminare, Tagungen, Konzerte und Filmvorführungen. Im Zuge der bisherigen Forschungs- und Begegnungsarbeit wurden daneben über 122 000 historische Dokumente, Plakate und Flugblätter zusammengetragen sowie rund 42 000 Originalfotos archivarisch erfasst. Zudem wurden die Erinnerungen von 800 Zeitzeugen filmisch festgehalten. Eine spezielle »Spielabteilung« bringt die Museumsthematik Kindern und Jugendlichen auf altersgerechte Art und Weise näher. Die vom Zentrum herausgegebene Publikationsreihe verbreitet das Wissen über den polnischen und europäischen Widerstand gegen den Kommunismus, unter anderem die Geschichte der Solidarność-Bewegung und der Opposition in den Ländern Ost- und Mitteleuropas.

Standort: Danzig, Plac Solidarności 1
Internet: www.ecs.gda.pl

Mahnmal für den Posener Aufstand

Poznań / Posen. Mit der Erstarkung der Solidarność-Bewegung in Polen Ende der 1970er Jahre wurde auch die Erinnerung an die streikenden Arbeiter von 1956 wieder wachgerufen. Ein Komitee unter Leitung des Schriftstellers Roman Brandstaetter setzte sich 1980 öffentlich für die Errichtung eines Mahnmals für die Opfer ein. Zum 25. Jahrestag des Aufstands, am 28. Juni 1981, wurde das Monument unter großer Anteilnahme der Bevölkerung der Öffentlichkeit übergeben. Zwei ineinander verschränkte hohe Betonkreuze, die von dem Bildhauer Adam Graczyk und dem Architekten Włodzimierz Wojciechowski entworfen wurden, sollen an die Opfer des Aufstands erinnern. Rechts daneben findet sich eine stilisierte Büste des polnischen Wappenadlers, die den Wahlspruch der Aufständischen trägt: »O Boga, za wolność, prawo i chleb« (deutsch: »O Gott, für Freiheit, Gerechtigkeit und Brot«).

Standort: Poznań / Posen, Plac Adama Mickiewicza

Literaturhinweise Polen:

Friszke, Andrzej: Geschichte der polnischen Opposition. In: Biografisches Lexikon Widerstand und Opposition im Kommunismus 1945 – 91. Bundesstiftung zur Aufarbeitung der SED-Diktatur 2016. Online abrufbar unter: www.dissidenten.eu/laender/polen/oppositionsgeschichte/1/ (letzter Zugriff: 6.12.2017). / Gańczak, Filip: Länderstudie Polen. In: Honoring Civil Courage. Developing Suggestions to Improve the Situation of Victims of Communist State Crimes. Project Coordinator: Gedenkstätte Berlin-Hohenschönhausen 2015, Ref.-Nr.: JUST/2011/JPEN/AG/2998. Online abrufbar unter: www.stiftung-hsh.de/assets/Dokumente-pdf-Dateien/EU-Projekt-Laenderstudien.pdf (letzter Zugriff: 6.12.2017). / Paczkowski, Andrzej: Polen, der »Erbfeind«. In: Courtois, Stéphane et al. (Hrsg.): Das Schwarzbuch des Kommunismus. Unterdrückung, Verbrechen und Terror. Sonderausgabe. München, Zürich 2004, S. 397 – 429. / Peters, Florian über Golak, Pawel / Kerski, Basil / Knoch, Konrad (Hrsg.): Wystawa stała Europejskiego Centrum Solidarności. Katalog [Die Dauerausstellung des Europäischen Solidarność Zentrums. Katalog]. Gdańsk 30.8.2014. In: H-Soz-Kult 2015. Online abrufbar unter: www.hsozkult.geschichte.hu-berlin.de/index.asp?id=205&view=pdf&pn=rezensionen&type=rezausstellungen (letzter Zugriff: 16.11.2017). / Weber, Claudia: Krieg der Täter: Die Massenerschießungen von Katyń. Hamburg 2015.

► Mahnmal für den Posener Aufstand im Juni 1956

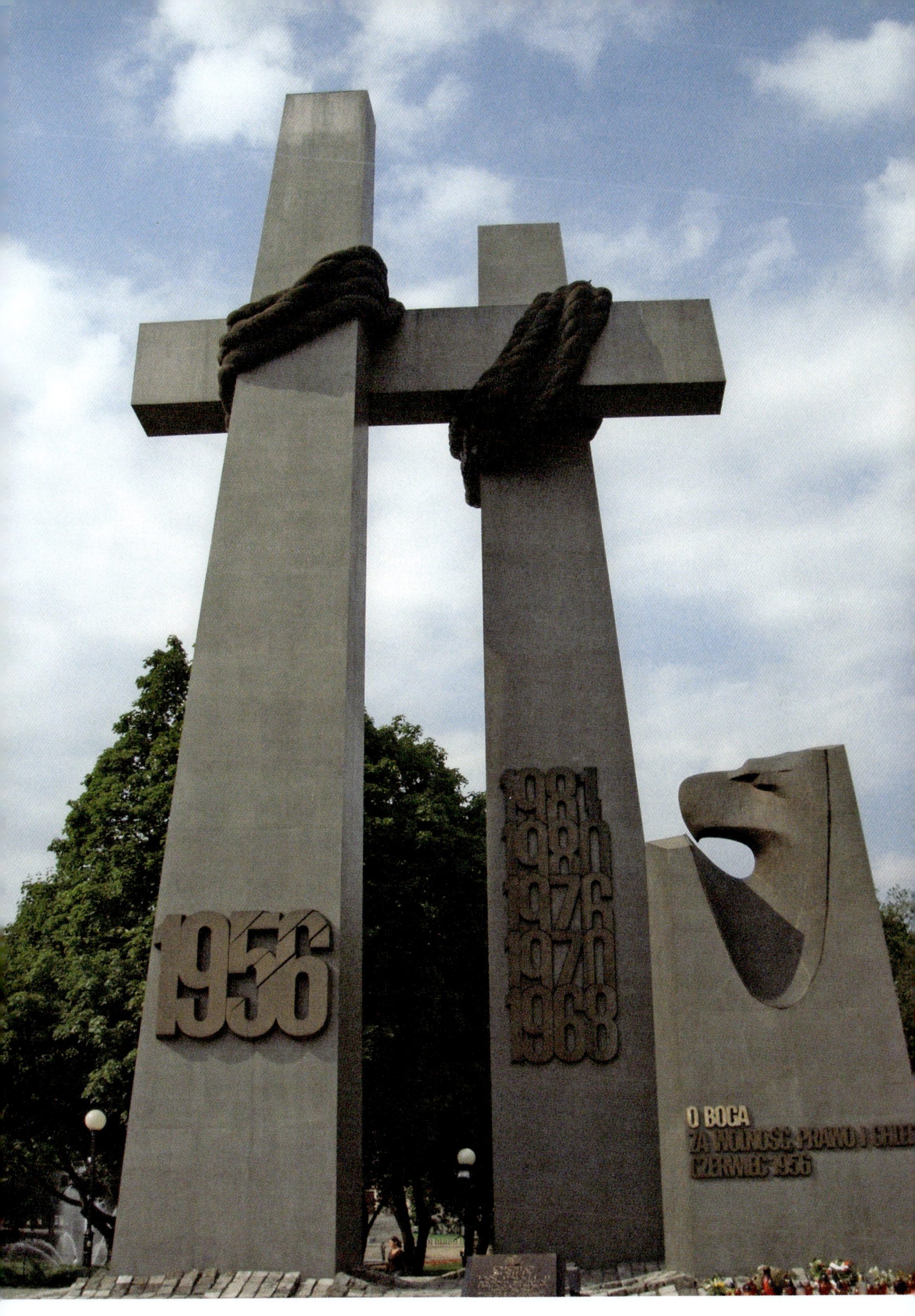
1956
1981
1980
1976
1970
1968
O BOGA

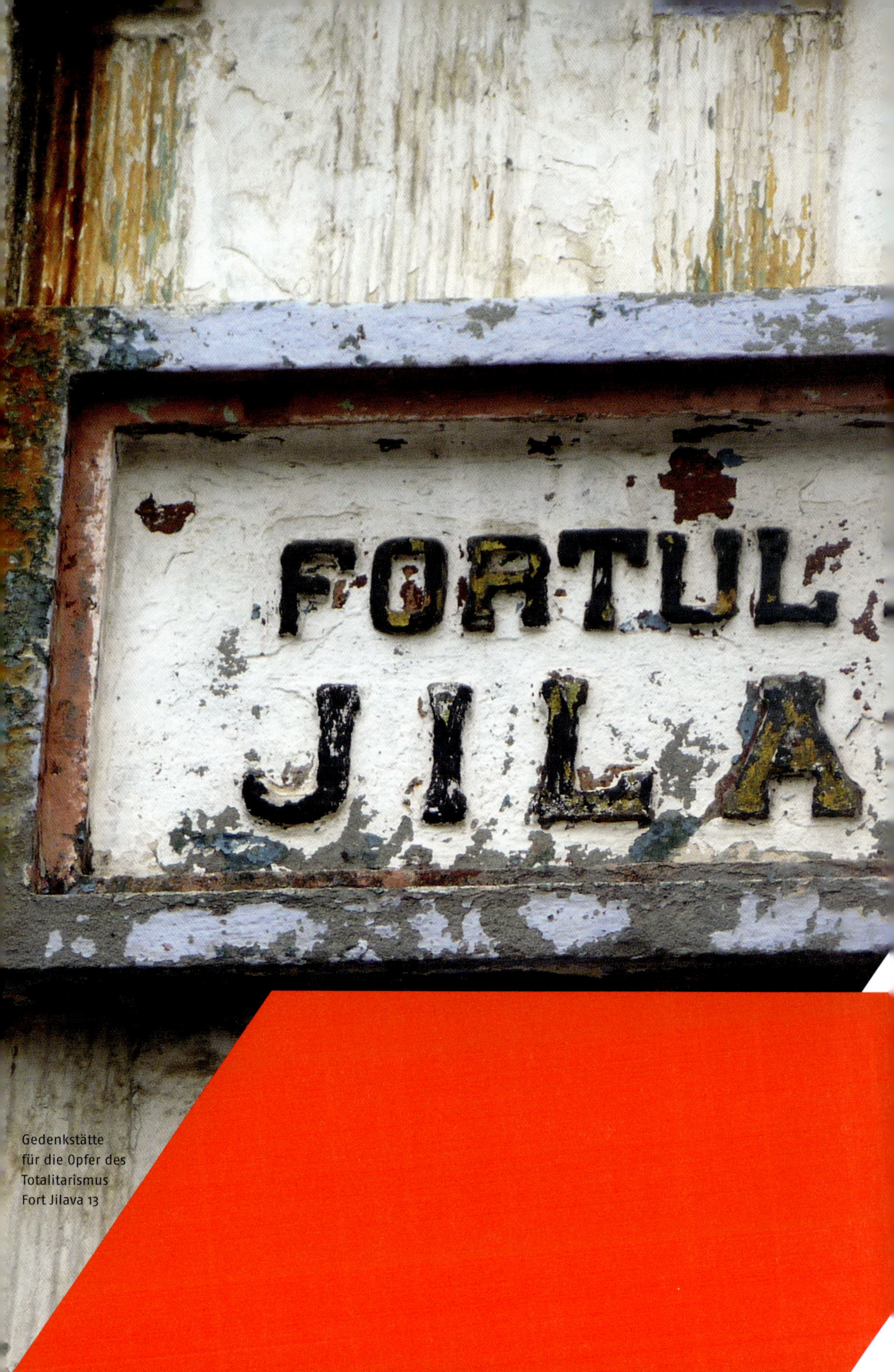

Gedenkstätte
für die Opfer des
Totalitarismus
Fort Jilava 13

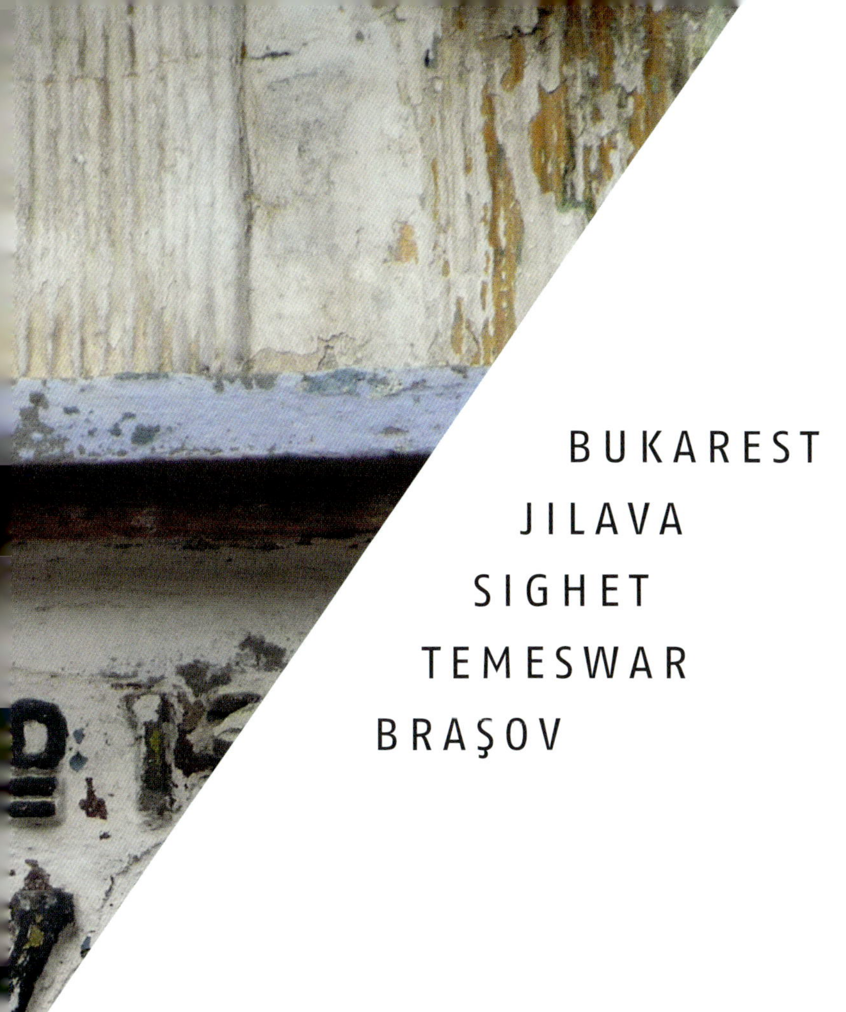

BUKAREST
JILAVA
SIGHET
TEMESWAR
BRAŞOV

Rumänien

Wie zuvor mit Hitler-Deutschland vereinbart, besetzten am 28. Juni 1940 sowjetische Truppen das rumänische Bessarabien und die Nordbukowina. Diese Annexion sowie die Umsiedlung von etwa 180 000 deutschstämmigen Bewohnern aus diesen Gebieten ins Deutsche Reich war im geheimen Zusatzprotokoll zum Hitler-Stalin-Pakt geregelt worden. Nach dem Überfall der Wehrmacht auf die Sowjetunion kämpfte die rumänische Armee an der Seite der im Land stationierten deutschen Truppen. Die mit den Achsenmächten paktierende faschistische Militärdiktatur von Marschall Ion Antonescu wurde im Sommer 1944 durch König Mihai I. gestürzt. Rumänien trat nun auf der Seite der Alliierten in den Krieg ein und kämpfte gegen die deutschen Truppen. Die Sowjetunion ihrerseits stationierte Einheiten der Roten Armee in Rumänien und betrachtete das Land als unter ihrer Herrschaft stehendes Territorium, was auf der Konferenz von Jalta bestätigt wurde. Um die sowjetischen Truppen zu bekämpfen, formierten sich – ähnlich den Partisanenbewegungen in Polen, der Ukraine und in den drei baltischen Ländern – bewaffnete Widerstandsgruppen mit unterschiedlicher politischer Ausrichtung. Mit der fortschreitenden Sowjetisierung Rumäniens nach den manipulierten Wahlen im November 1946 und der erzwungenen Abdankung des Königs Mihai I. wurde das Land am 30. Dezember 1947 offiziell zur Volksrepublik erklärt.

Bereits seit Januar 1945 verschleppte man weite Teile der deutschstämmigen Bevölkerung zur Ableistung von »menschlichen Reparationen« in die Sowjetunion. Zugleich wurden Zehntausende Mitglieder und Anhänger der faschistischen, aber auch der bürgerlichen Parteien verhaftet und teilweise hingerichtet. Wie in anderen sowjetisch besetzten Ländern forcierte man die Zwangskollektivierung der Landwirtschaft und die Verstaatlichung der Industrie, was wiederum mit Massenverhaftungen und Repressalien einherging. Verfolgt wurden auch Angehörige der Kirchen und der Intelligenz, Studenten und Lehrer. Bis 1949 hatte die kommunistische rumänische Geheimpolizei Securitate zudem die meisten Partisanengruppen unterwandert und aufgerieben. Ihre Mitglieder wurden entweder gleich liquidiert oder als Angehörige von »Banden« und »Mitglieder terroristischer Vereinigungen« zu langen Haftstrafen oder zum Tode verurteilt. Bis Ende der 1950er Jahre kam es immer wieder zu Protest-, Streik- und Widerstandsaktionen, denen das stalinistische Regime unter Gheorghe Gheorghiu-Dej mit offener Gewalt begegnete. Im Herbst 1956 protestierten in den Universitätsstädten Klausenburg (Cluj) und Temeswar (Timişoara) Hunderte Studenten gegen die Niederschlagung der ungarischen Revolution, was wiederum harte Repressalien nach sich zog. 1958 gab es in verschiedenen Orten des Landes aufgrund der sich verschlechternden Lebensbedingungen mehrfach Streiks und Proteste gegen Landenteignungen, die Zwangskollektivierung und die forcierte Industrialisierung. Bewaffneter Widerstand hielt sich vereinzelt sogar bis Anfang der 1960er Jahre. Danach führten die massive Repression gegen Andersdenkende und Kritiker der kommunistischen Herrschaft sowie der flächendeckende Ausbau der Securitate dazu, dass die Opposition zahlenmäßig geschwächt war und kaum mehr in Erscheinung trat.

Zur Internierung und Inhaftierung von Regimegegnern richtete man in Rumänien über 230 Lager, Gefängnisse und psychiatrische Anstalten ein, davon allein 44 Hauptgefängnisse und 72 Arbeitslager. Bis 1989 wurden mehrere Hunderttausend Menschen inhaftiert und unter menschenunwürdigen Bedingungen zur Zwangsarbeit gezwungen. Allein in den frühen 1950er Jahren waren etwa 180 000 Menschen aus politischen Gründen in Haft. Rund 40 000 Personen wurden zwischen 1950 und 1954 sowie zwischen 1958 und 1963 in Lagern zu Zwangsarbeit versklavt, beispielsweise beim Bau des Donau-Schwarzmeer-Kanals. In Säuberungswellen, die auch die kommunistische Partei selbst erfassten, wurden angeblich Abtrünnige ausgeschlossen, zum Teil verhaftet oder sogar hingerichtet. Insgesamt schloss die Kommunistische Partei Rumäniens (KPR) 192 000 ihrer Mitglieder aus.

Zwischen 1962 und 1964 wurden mehrere Amnestien für politische Häftlinge erlassen. 1965 löste Nicolae Ceauşescu Gheorghe Gheorghiu-Dej im Amt des Generalsekretärs der KPR ab. Mit dem Machtwechsel war anfänglich eine gewisse Lockerung der Repressalien verbunden. Auch das unter Ceauşescu eingeleitete kulturelle »Tauwetter« sowie vor allem seine Verurteilung der blutigen Niederschlagung des Prager Frühlings durch sowjetische Interventionstruppen im August 1968 trugen dazu bei, dass der neue »Conducător« zunächst als Vertreter eines »Sozialismus mit menschlichem Antlitz« galt, was ihm insbesondere im westlichen Ausland bis in die 1980er Jahre hinein große Zustimmung einbrachte. Unter der rumänischen Bevölkerung verbreitete sich anfangs die Hoffnung auf eine Entstalinisierung der Gesellschaft. Zaghafte Versuche einer kritischen Aufarbeitung des Terrors der 1940er und 1950er Jahre wurden jedoch alsbald unterbunden und ihre Initiatoren aus der Kommunistischen Partei und den Künstler- und Schriftstellerverbänden ausgeschlossen. Viele Autoren, Künstler und Intellektuelle erhielten Publikations- und Auftrittsverbot. Kritiker und Gegner des sozialistischen Regimes wurden überwacht, schikaniert und unter Hausarrest gestellt; etliche bekamen Morddrohungen, wurden zwangspsychiatrisiert oder inhaftiert. Gegen die Solidarisierung mit der Menschenrechtsbewegung in der ČSSR sowie den freien Gewerkschaften in Polen und der Sowjetunion, die im Februar 1979 von der Gründung der Freien Gewerkschaft der Arbeiter in Rumänien begleitet wurde, ging die Securitate massiv vor. Alle namentlich bekannten Mitglieder der 2000 Personen umfassenden Gewerkschaftsbewegung wurden verhaftetet und wegen »Parasitismus« oder anderer Anschuldigungen zu mehrjährigen Gefängnisstrafen verurteilt oder in psychiatrische Anstalten zwangseingewiesen.

Der Bergarbeiterstreik im Schiltal im August 1977 war mit etwa 35000 Beteiligten die bis dahin größte Protestaktion vor der Revolution im Dezember 1989. Nach anfänglichem Einlenken gegenüber den Forderungen der Bergarbeiter verlegten die Machthaber Militäreinheiten in die Grubenorte, erklärten das gesamte Gebiet zur exklusiven »Sperrzone« und entließen etwa 4000 Bergarbeiter. Die Streikführer verschwanden nach der Infiltrierung der Grubenverwaltung durch Mitarbeiter der Securitate entweder unter ungeklärten Umständen oder kamen bei »Unfällen« ums Leben. Protestaktionen organisierten in den 1970ern und Anfang der 1980er Jahre auch Angehörige nationaler Minderheiten in Rumänien. Die ungarische Diaspora, die rund 7,9 Prozent der Gesamtbevölkerung ausmachte, gab regimekritische Samisdat-Schriften heraus und leistete aktiven Widerstand gegen Ceauşescus »Systematisierungsprogramm«. Dieses sah die Schleifung ganzer Dörfer zum Zweck der nationalen »Homogenisierung« und die Zwangsansiedlung der Dorfbewohner in sogenannten agroindustriellen Zentren vor.

Auch das architektonische und kulturelle Erbe wurde zerstört, da Altstadtviertel in Bukarest und vielen anderen Orten für sozialistische Repräsentationsbauten abgerissen wurden. Es entstand eine gewisse kulturelle Opposition: Einige Schriftsteller setzten sich für eine Abkehr von den strikten Vorgaben des sozialistischen Realismus ein, die Lyrik der Dichterin Ana Blandiana erlangte als Kritik an den herrschenden Verhältnissen eine große Bekanntheit und in den 1980er Jahren wurde die Klausenburger Romanistikprofessorin Doina Maria Cornea zu einer der wichtigsten Persönlichkeiten der Opposition. Trotz jahrelanger Verfolgung durch die Behörden hielt sie an ihrer Kritik am rumänischen Kommunismus und an der Solidarität mit den von der Securitate Verfolgten fest.

Zu dieser Zeit befand sich das Land, dessen Führungselite einen opulenten Lebensstil pflegte, in einem politisch und ökonomisch desolaten Zustand. Trotz gravierender Armut und Verelendung, akuter Nahrungsmittelknappheit und Rationierung der Energie frönte der »Conducător« seinem Persönlichkeitskult, forcierte kostspielige Bauprojekte und propagierte den erfolgreichen Aufbau

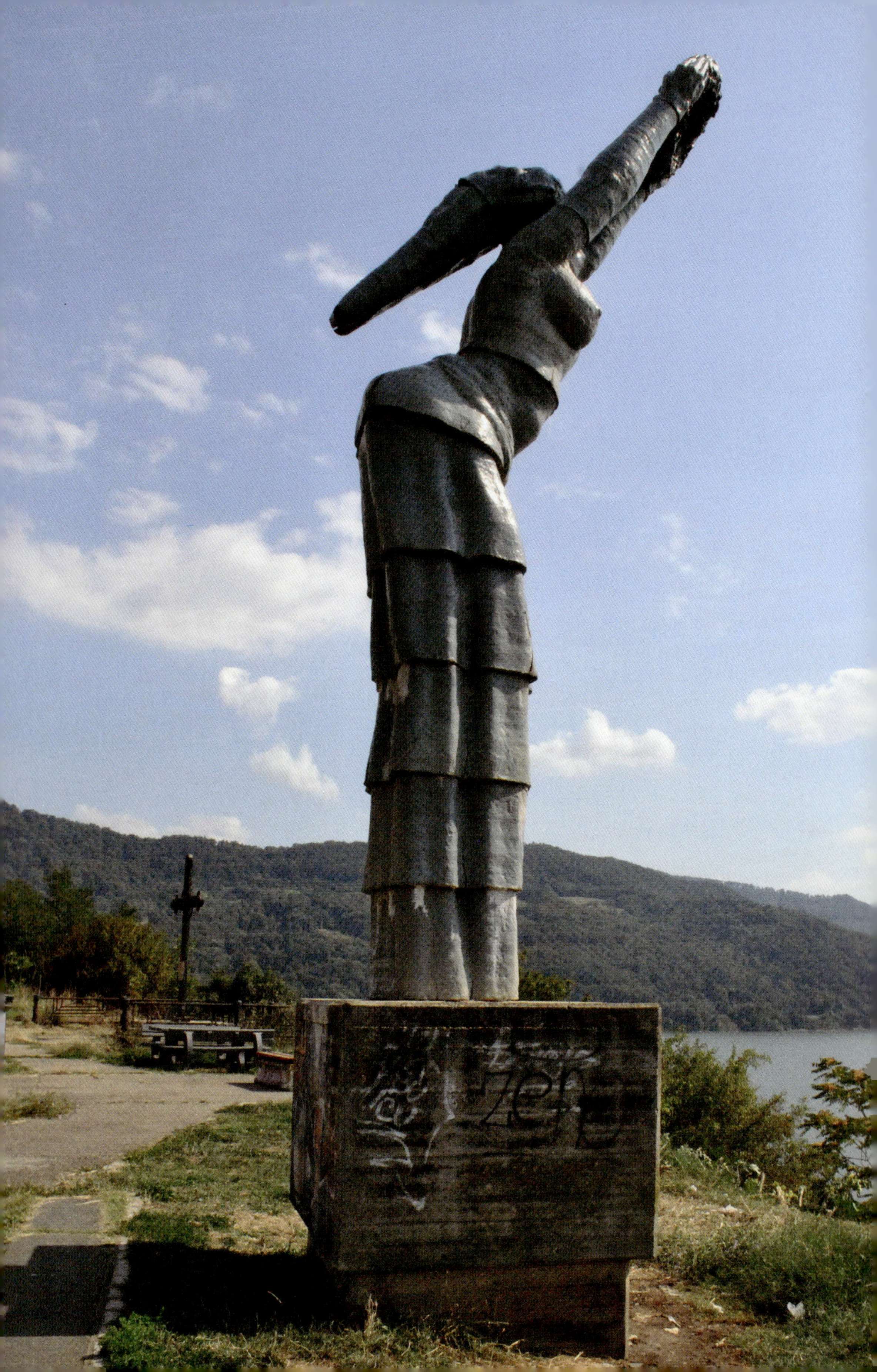

des rumänischen Sozialismus. 1983 kam Radu Filipescu in Haft, weil er regimekritische Flugblätter in Bukarest verteilt hatte; im gleichen Jahr verhafteten die Behörden Dumitru Iuga, der als Elektriker beim Staatsrundfunk arbeitete und versuchte, eine Oppositionsbewegung zu formen. Im Jahr darauf wurden mehrere seiner Mitstreiter ebenfalls inhaftiert. Arbeiterproteste wie zum Beispiel 1987 in einem Autowerk in Braşov wurden durch die Securitate brutal niedergeschlagen. Unter dem Eindruck der Umbrüche in anderen kommunistisch beherrschten Ländern kam es im Dezember 1989 auch in Rumänien zu Protestaktionen. Auslöser war die geplante Zwangsumsiedlung des ungarischstämmigen Pastors László Tőkés aus Temeswar in ein abgelegenes Dorf. Als Armee und Securitate mit Panzerfahrzeugen gegen die Demonstranten vorgingen, weiteten sich die Proteste auf das gesamte Land aus. Sieben Tage später, am 22. Dezember, wurde der Diktator Nicolae Ceauşescu in Bukarest gestürzt. Bei den Auseinandersetzungen zwischen den staatlichen Sicherheitskräften und den Demonstranten verloren mehr als 1100 Menschen ihr Leben. Nicolae Ceauşescu und seine Frau Elena Ceauşescu wurden nach ihrer Gefangennahme von einem außerordentlichen Militärtribunal in einem Schauprozess zum Tode verurteilt und am 25. Dezember 1989 hingerichtet.

Die Aufarbeitung der Verbrechen des kommunistischen Regimes kam nach dem Regimewechsel nur schleppend in Gang. Zwar wurde die Securitate aufgelöst bzw. umgewandelt, die KPR zerfiel und die kommunistische Ideologie wurde als verbrecherisch verurteilt. Aber viele Machtpositionen blieben in den Händen ehemaliger kommunistischer Kader, und es fehlte an unbelasteten Justizorganen. So wurden nach der Hinrichtung von Elena und Nicolae Ceauşescu nur vier Anklagen gegen vormalige Folterer erhoben, die meist ohne Verurteilungen endeten. Ehemalige politische Gefangene konnten zwar seit 1990 die Aufhebung ihrer Strafurteile beantragen, einen Anspruch auf Entschädigung erhielten sie jedoch erst ab 2009. 2005 wurde das Institut zur Erforschung der kommunistischen Verbrechen eingerichtet, das ebenfalls Strafverfolgungen beantragen kann.

Auch aufgrund der angespannten sozialen und wirtschaftlichen Situation im Land erwiesen sich die Aufarbeitung der zweifachen Diktaturerfahrung, das öffentliche Erinnern und die Errichtung von Denkmälern als langwierig und schwierig. Nichtsdestotrotz manifestierte sich in den Jahrzehnten seit dem Zusammenbruch des kommunistischen Regimes eine vielgestaltige »Erinnerungslandschaft« aus Denkmälern, Museen, Gedenkstätten und Markierungen. Sie erinnern dabei – nicht selten an historischen Orten wie der heutigen Gedenkstätte Sighet oder dem Fort Jilava 13 – an Repressionen, Leid und vor allem die Opfer der Gewaltherrschaft. Auch in den Grenzregionen des Landes entstanden diverse Denkmäler und Skulpturen, die die Erinnerung an die Fluchtopfer wachhalten sollen. In der Nähe der Stadt Orschowa befindet sich seit 1996 das vom Bildhauer Patriciu Mateescu geschaffene Denkmal »Danubia«, welches all der Menschen gedenkt, die beim Fluchtversuch von Rumänien nach Jugoslawien ihr Leben verloren. Die Errichtung weiterer Denkmäler, so beispielsweise in der Stadt Sânnicolau-Mare (Großsanktnikolaus) – hier verstarb eines der letzten Fluchtopfer –, ist geplant. Gleichzeitig entstanden in den vergangenen Jahrzehnten auch Erinnerungszeichen und Einrichtungen, die dem Widerstand, der Befreiung sowie dem demokratischen Aufbruch gewidmet sind, zum Beispiel das Museum der Revolution in Temeswar oder das Denkmal »Wiedergeburt« in Bukarest.

◄ Denkmal »Danubia« bei Orschowa

Denkmal »Wiedergeburt«

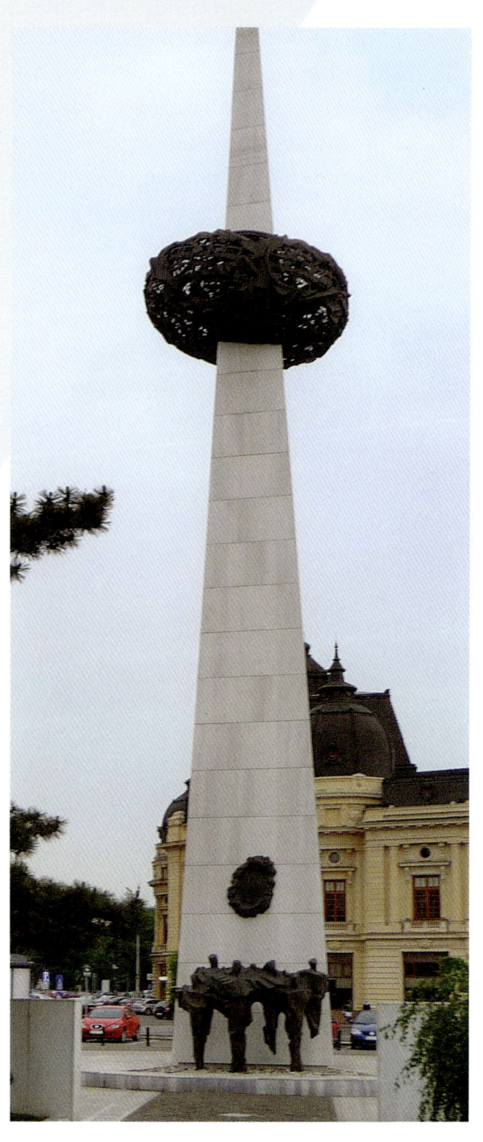

◄ Denkmal »Wiedergeburt« auf dem Platz der Revolution in Bukarest

Bukarest. Das Denkmal »Wiedergeburt« befindet sich auf dem Platz der Revolution. Hier nahmen am 21. Dezember 1989 die Bukarester Demonstrationen gegen das kommunistische Regime von Nicolae Ceauşescu ihren Anfang. Das vom rumänischen Bildhauer Alexandru Ghilduş entworfene Denkmalensemble zu Ehren der Opfer der Revolution wurde nach kontroversen öffentlichen Debatten am 1. August 2005 feierlich der Öffentlichkeit übergeben.

Das Denkmal besteht aus mehreren Elementen, deren Namen eine symbolische Bedeutung haben. Zum Mittelpunkt des Mahnmals führt die Calea Biruintei, der Pfad des Sieges, ein mit Eichenholz gepflasterter Weg, der beidseitig von Bäumen und Marmorbänken gesäumt wird. Er steht symbolhaft für den Weg Rumäniens hin zur Demokratie, an deren Schwelle das Land zu Beginn der Revolution gestanden hatte. Das Zentrum des kreisrunden Platzes der Erinnerung bildet ein 25 Meter hoher Obelisk aus weißem Marmor, unter dessen Spitze eine stilisierte Metallkrone angebracht ist. Sie steht für eine Erhöhung der gefallenen Revolutionäre durch das von ihnen erbrachte Opfer. Im Kiesbeet an der Frontseite des Obelisken befindet sich eine aus Bronze gestaltete abstrakte

Skulpturengruppe. Die ineinander verschmolzenen Figuren sollen die Einigkeit, den Mut zur Veränderung sowie die Freiheitssehnsucht der im Dezember 1989 demonstrierenden rumänischen Bevölkerung zum Ausdruck bringen. Umrahmt wird der Platz der Erinnerung von einer halbkreisförmigen Mauer der Erinnerung. An ihrer Innenseite sind auf Messingtafeln die Namen der 1 058 Opfer der Revolution angebracht.

Inschrift auf der Mauer der Erinnerung
Rumänisch: *EROI MARTIRI AI REVOLUTIEI DIN DECEMBRIE 1989*

Die deutsche Übersetzung lautet:
Die Märtyrer-Helden der Revolution des Dezember 1989

Inschrift auf einer Plakette
Rumänisch: *MEMORIALUL RERENASTERII // GLORIE ETERNA EROILOR / SI REVOLUTIEI ROMANE / DIN DECEMBRIE 1989.*

Englisch: *THE REVIVAL'S MEMORIAL // ETERNAL GLORY TO THE / ROMANIAN REVOLUTION / AND ITS HEROES / FROM DECEMBER 1989.*

Die deutsche Übersetzung lautet:
Das Denkmal Wiedergeburt. Ewiger Ruhm der Rumänischen Revolution und ihren Helden vom Dezember 1989.

Seit 1990 befindet sich nahe dem Freiheitspark in der Calea Şerban Vodă Nummer 237 ein Friedhof für die Märtyrer-Helden der Revolution vom Dezember 1989 (Cimitirul Eroii Martiri ai Revoluţiei din Decembrie 1989). Dieser Friedhof erinnert an die 281 Bukarester Opfer der gewaltsamen Auseinandersetzung. Auf den einheitlich gestalteten Grabstätten aus weißem Marmor sind Widmungen und Namen der Opfer eingelassen. Eine von Blumenbeeten umrahmte weiße Mauer trägt die auf Metallplatten eingravierten Namen aller Bukarester Revolutionsopfer. Daneben befindet sich ein ebenfalls weißes Gedenkkreuz. Auf Initiative der Vereinigung für die Ehrung der Märtyrer-Helden der Revolution des Dezember 1989 wurde 2003 auf dem Gelände des Friedhofs die Kirche der Märtyrer-Helden der Revolution eingeweiht.

Standort: Bukarest, Piaţa Revoluţiei

Zentrales Mahnmal auf dem Friedhof der Märtyrer-Helden der Revolution vom Dezember 1989 in Bukarest

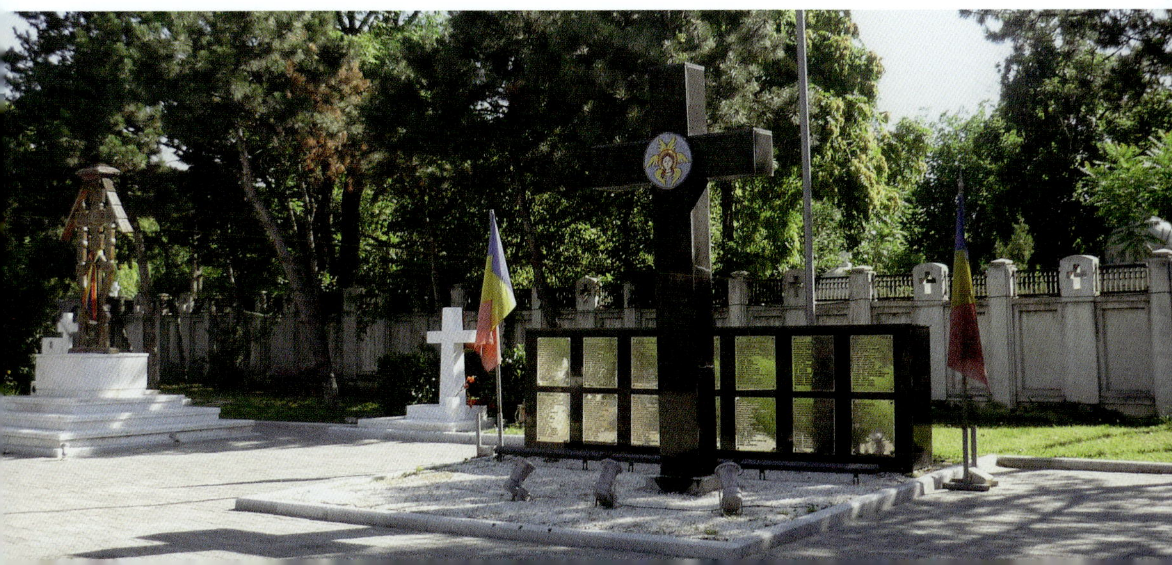

Nationales Denkmal zur Erinnerung an den antikommunistischen Widerstand 1945 – 1989

Bukarest. Das Nationale Denkmal zur Erinnerung an den antikommunistischen Widerstand zwischen 1945 und 1989 wurde am 30. Mai 2016 am Platz der freien Presse feierlich der Öffentlichkeit übergeben. Es befindet sich direkt vor einem der wichtigsten Gebäude der Stalinzeit aus den 1950er Jahren, der Casa Sânteii. Die Initiative für das 20 Meter hohe Denkmal ging vom Verein ehemaliger politischer Häftlinge in Rumänien aus, es wurde maßgeblich aus Spenden lokaler und nationaler Regierungsstellen finanziert. Die auf dem Sockel einer niedergerissenen Lenin-Statue errichtete 100 Tonnen schwere Stahlkonstruktion des Bildhauers Mihai Buculei hat die Form von drei zusammenhängenden Flügeln.

Inschrift auf der Gedenkplatte vor dem Mahnmal
Rumänisch: *ARIPI // IN MEMORIA LUPTATORILOR / DIN REZISTENTA ANTICOMUNISTA // 1945 – 1989 // Autor Mihai Buculei*

Die deutsche Übersetzung lautet:
Flügel. Im Gedenken an den antikommunistischen Widerstand 1945 – 1989 // Autor Mihai Buculei

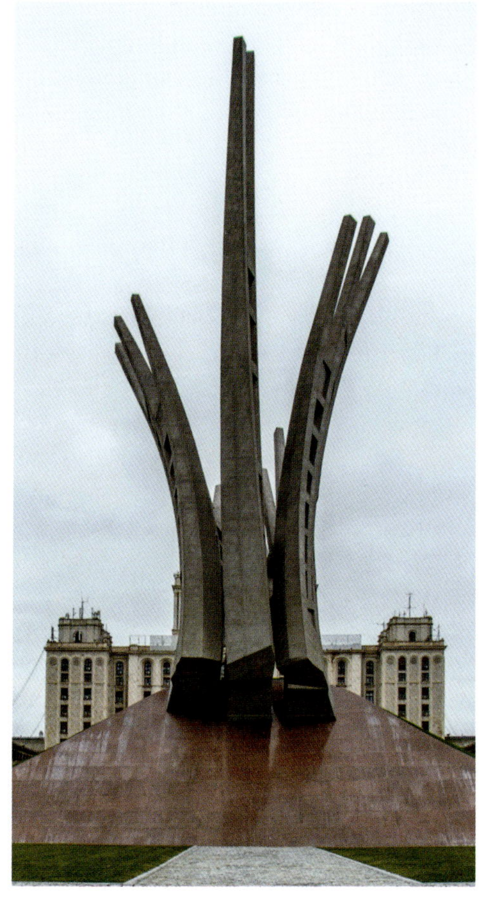

Nationales Denkmal zur Erinnerung an den antikommunistischen Widerstand am Platz der freien Presse

Standort: Bukarest, Piata Presei Libere

Gedenkstätte für die Opfer des Totalitarismus Fort Jilava 13

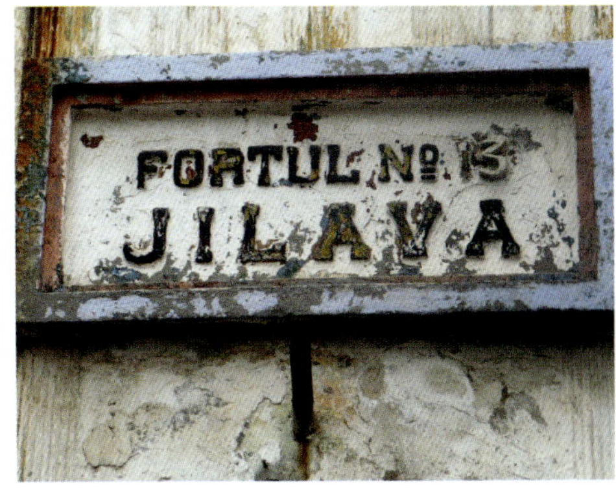

Gedenkstätte für die Opfer des Totalitarismus Fort Jilava 13

Jilava. Die Gedenkstätte für die Opfer des Totalitarismus Fort Jilava 13 befindet sich auf dem Gelände der gleichnamigen Haftanstalt. Das zehn Kilometer südlich von Bukarest gelegene Fort wurde in der zweiten Hälfte des 19. Jahrhunderts als Teil eines Befestigungsnetzwerks errichtet. Bis Anfang der 1970er Jahre diente Fort 13 als Hochsicherheits- bzw. Transitgefängnis und als Hinrichtungsstätte. Jilava gehörte bis 1989 neben den Haftanstalten in Piteşti und Sighet zu den berüchtigsten Gefängnissen in Rumänien.

In der Geschichte des ehemaligen Gefängnisses spiegeln sich die politischen Veränderungen Rumäniens im 20. Jahrhundert wider, diente es doch allen Regimes als Haftort für politische Gegner und als Hinrichtungsstätte. Im November 1940 wurden hier über 60 Würdenträger der jüdischen Gemeinschaft aus Bukarest ermordet. Nach Kriegsende nutzte die Rote Armee das Gefängnis, um ehemalige Anhänger des faschistischen Regimes, aber auch Gegner der kommunistischen Umwandlung des Landes zu inhaftieren und zu exekutieren. Im Juni 1946 erfolgte hier zum Beispiel die Hinrichtung von Ion Antonescu und weiterer führender Politiker der abgesetzten deutschfreundlichen rumänischen Regierung. Antonescu, dessen Regierung die Verantwortung für die Vernichtung der jüdischen Bevölkerung in Transnistrien und die Deportation von Sinti und Roma trug, war zuvor zusammen mit dem ehemaligen Gouverneur von Transnistrien, Gheorghe Alexianu, und dem Außenminister seines Kabinetts, Mihail Antonescu, als Kriegsverbrecher in einem öffentlichen Prozess zum Tode verurteilt worden.

Mit der fortschreitenden Sowjetisierung Rumäniens nach den manipulierten Wahlen im November 1946 und der erzwungenen Abdankung Königs Mihais wurde das Land am 30. Dezember 1947 offiziell zur Volksrepublik erklärt. Die daraufhin forcierte Kollektivierung der Landwirtschaft sowie die Repressalien gegen Kirche und Klerus riefen in Teilen der Bevölkerung Widerstand hervor, dem das stalinistische Regime

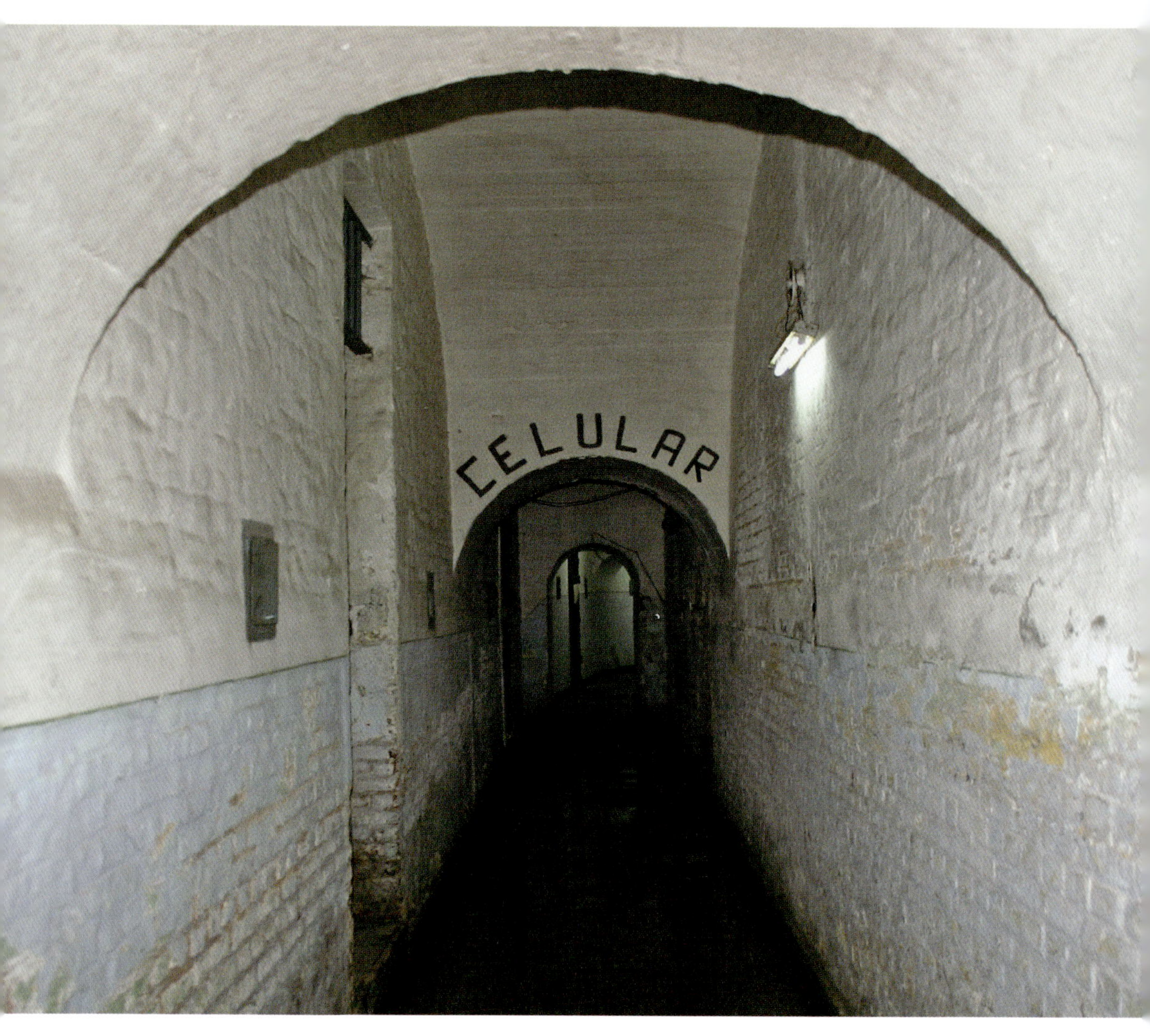

Eingang zu einem der Zellentrakte im ehemaligen Hochsicherheitsgefängnis im Fort Jilava 13

unter Gheorghe Gheorghiu-Dej mit offener Gewalt begegnete. In Jilava wurden nun neben Vertretern der politischen Opposition sowie Widerstandskämpfern aus allen Teilen des Landes auch geächtete KP-Funktionäre inhaftiert. Nach sowjetischem Vorbild war die Haftanstalt 1948 nicht mehr dem Militär, sondern dem Innenministerium unterstellt.

Unter dem Diktator Gheorghiu-Dej herrschten in Jilava besonders harte und brutale Haftbedingungen. Zwischen 1948 und 1964 waren in den 52 Arrestzellen jährlich etwa 3000 Häftlinge interniert. Sie warteten entweder auf einen Gerichtsprozess, ihren Weitertransport in eine andere Haftanstalt oder in eines der Arbeitslager, wie sie zum Bau des Donau-Schwarzmeer-Kanals errichtet wurden. Ihre Haft im Transitgefängnis konnte zwischen wenigen Wochen und einigen Jahren betragen. Bereits bei ihrer Ankunft wurden die Häftlinge gewaltsamen Erniedrigungsritualen und Misshandlungen durch das Wachpersonal unterzogen. Frauen und Männer waren in getrennten Trakten untergebracht, darunter Mitglieder demokratischer Parteien wie der christdemokratischen Nationalen Bauernpartei (PNT) oder der liberal-konservativen Nationalliberalen Partei (PNL), Kommunisten, die Opfer parteiinterner Säuberungen waren, einstige Anhänger der faschistischen Eisernen Garde, Kriegsverbrecher sowie Menschen, die des »Vaterlandsverrats« oder der Mitgliedschaft in »subversiven Organisationen« angeklagt wurden. Zumeist wurden den in Jilava Inhaftierten »Verbrechen gegen die staatliche Sicherheit« angelastet. Mit der Ernennung von Nicolae Moromete zum Wachleiter und Interimsdirektor des Gefängnisses – beide Posten bekleidete er von 1949 bis 1952 – wurde das ohnehin strenge Haftregime weiter verschärft: Angst, Folter, Hunger und Terror bestimmten den Gefangenenalltag. Die 1964 erlassene Generalamnestie für politische Gefangene führte auch in der Haftanstalt Jilava zu Veränderungen. Infolge der Fertigstellung eines in der Stadt gelegenen Neubaus im Jahr 1970 wurde der Haftbetrieb im Fort Jilava 13 eingestellt. Mit weiteren ausgedienten Strafvollzugsanstalten zählte das Fort allerdings zum Reservebestand an Gefängnissen, die in Ausnahmesituationen erneut genutzt werden konnten. Ein solcher Fall trat fast 20 Jahre später während der revolutionären Ereignisse im Dezember 1989 ein. Als sich die Proteste und Unruhen von Temeswar aus innerhalb kürzester Zeit auf Bukarest ausweiteten, inhaftierten Sicherheitskräfte der Hauptstadt über 60 Personen, die im Fort in einer nur 15 Quadratmeter großen Zelle festgehalten wurden.

Nach dem Zusammenbruch des kommunistischen Regimes in Rumänien Ende 1989 wurde die gesamte Gefängnisanlage stillgelegt. In den 1990er Jahren hat man das Fort zwischenzeitlich als Materiallagerhaus genutzt. Seit 2012 ist das Gelände, welches auch vier oberirdisch gelegene Innenhöfe umfasst, im Rahmen des Projekts »Fort Jilava 13. Memorial des Totalitarismus: Repression und Widerstand« für die Öffentlichkeit zugänglich. Das Projekt, das vom einstigen rumänischen Präsidenten Emil Constantinescu in Zusammenarbeit mit der Vereinigung der ehemaligen politischen Gefangenen in Rumänien initiiert worden ist, fungiert als Mahnmal gegen Unterdrückung und als Aufruf zum Widerstand gegen Totalitarismus. Auf der Internetpräsenz der Gedenkstätte kann eine virtuelle Führung durch das gesamte Gelände der ehemaligen Haftanstalt unternommen werden.

Standort: Jilava, Strada Sabarului 1
Internet: www.memorialuljilava.ro

Gedenkstätte für die Opfer des Kommunismus und des Widerstands

Sighet. Die Gedenkstätte für die Opfer des Kommunismus und des Widerstands wurde 1994 von der Stiftung Bürgerakademie (Fundatia Academia Civica) gegründet und nach Abschluss umfassender Renovierungsarbeiten im Jahr 2000 der Öffentlichkeit übergeben. Die Initiative für die Errichtung einer Gedenk- und Begegnungsstätte in dem ehemaligen Gefängnis für politische Häftlinge geht auf die Schriftstellerin Ana Blandiana und ihren Ehemann Romulus Rusan zurück. In den über 80 zu Ausstellungsräumen umfunktionierten Zellen, die sich auf drei Stockwerke des Gebäudes verteilen, werden verschiedene Aspekte politischer Verfolgung in Rumänien von 1944 bis zur Revolution 1989 anhand von Überblicksdarstellungen und einzelnen Haftschicksalen veranschaulicht. Sighet dient auch als Ort des Gedenkens und der Erinnerung. Ein besonderes Anliegen der Einrichtung ist die Aufklärung der rumänischen und internationalen Öffentlichkeit über Formen der Unterdrückung und des Widerstands während der kommunistischen Diktatur im Land.

Das Gefängnis Sighet wurde 1897 als Haftanstalt des öffentlichen Rechts erbaut. Zwischen 1918 und 1945 fungierte es als reguläre Haftanstalt. Nach 1945 wurde Sighet zunächst als Durchgangsstation für Gefangene und Deportierte aus der Sowjetunion genutzt. Als die Kommunistische Rumänische Arbeiterpartei im Jahr 1947 die Macht übernahm, entwickelte sich die Haftanstalt zu einem der schlimmsten politischen Gefängnisse des Landes. Bis 1964 internierte das Regime unter Führung des Diktators Gheorghe Gheorghiu-Dej in Sighet über 200 Personen ohne juristischen Prozess oder Gerichtsurteil. Darunter befand sich fast die gesamte politische, religiöse und intellektuelle Elite des Landes. Mehr als 50 Personen verstarben aufgrund von Misshandlungen und miserablen Haftbedingungen. Zumeist wurden die sterblichen Überreste nachts auf einem Feld außerhalb der Stadt verscharrt. Erst als die Massengräber 1994 offengelegt wurden, konnten die Gebeine der Toten in separaten Gräbern bestattet werden. In den Jahren von 1955 bis 1977 diente das Gefängnis wieder als reguläre Haftanstalt. Als der seit 1965 amtierende Generalsekretär der Rumänischen KP Nicolae Ceauşescu im April 1977 eine allgemeine Amnestie und die Kampagne zur Erziehung der Häftlinge am Arbeitsplatz ausrief, wurde das Gefängnis geschlossen. Das Gebäude diente in den folgenden Jahren als Salzdepot, Gemüselager und Besenfabrik. Nach dem Zusammenbruch des kommunistischen Regimes im Dezember 1989 fanden hier mehrere Jahre lang Obdachlose Zuflucht. Erst als sich die Stiftung Bürgerakademie Mitte der 1990er Jahre des im Verfall begriffenen Gebäudes annahm, wurde die Geschichte der Einrichtung rekonstruiert und im Rahmen einer museologisch konzipierten Ausstellung aufgearbeitet.

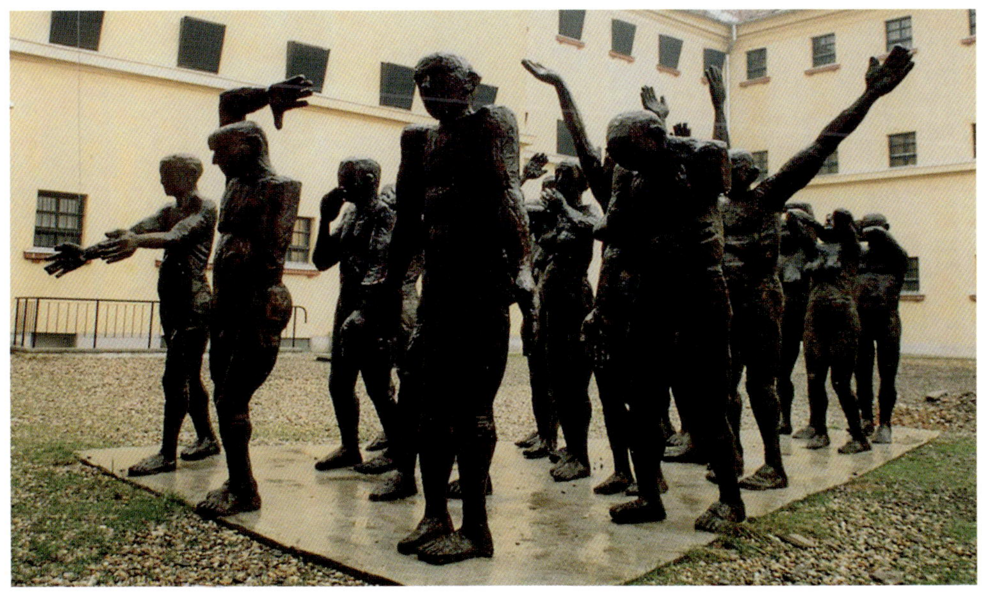

Skulpturenkomposition »Der Konvoi der Geopferten« im Innenhof der Gedenkstätte

Die zu thematischen Präsentationsräumen umfunktionierten Zellen veranschaulichen das weit verzweigte Repressionssystem im kommunistisch regierten Rumänien. So vermittelt der »Kartensaal« eine topografische Vorstellung von den über 230 Orten der Internierung, Zwangsarbeit, Aussiedlung, Deportation, Repression und Zwangspsychiatrisierung, an denen zwischen 1945 und 1989 etwa 600 000 Menschen gefangen waren. Hunderttausende von ihnen waren bis zu zehn Jahre interniert, ohne jemals einen rechtsstaatlichen Prozess erlebt zu haben. Gegenstände und Faksimiles veranschaulichen den Haftalltag, Grafiken und Informationstexte stellen die Funktionen und Besonderheiten des kommunistischen Strafsystems in Rumänien vor. Eingegangen wird auch auf das sogenannte »Piteşti-Experiment« in den Jahren 1949 bis 1952, als die damals noch »Siguranţa« genannte rumänische Geheimpolizei Gefangene durch Folter und Erniedrigung zu »neuen Menschen« umerziehen wollte. Dokumentiert werden in weiteren Teilen der Ausstellung die ostentativ zum Vorteil der KP manipulierten Wahlen des Jahres 1946, die systematische Ausschaltung der etablierten demokratischen Vereinigungen und die endgültige Eliminierung des Mehrparteiensystems zugunsten einer Einparteiendiktatur im Februar 1948. In diesem Zusammenhang wird auch die erzwungene Entmachtung König Mihais am 30. Dezember 1947 beleuchtet. Die Verfolgung der verschiedenen Konfessionsgemeinschaften – von der materiellen Zerstörung von Kirchenbesitz bis zur physischen Vernichtung von Geistlichen – sowie die Repressalien gegen die deutsche, jüdische und ungarische Minderheit in Rumänien werden ebenfalls dargestellt. Schließlich widmen sich die Ausstellungsgestalter den Kampagnen und verheerenden Auswirkungen der Zwangskollektivierung und forcierten Industrialisierung. Eine begrünte Furche steht symbolhaft für den bäuerlichen Widerstand und die damit verbundenen Opfer. Weitere Ausstellungsräume widmen sich der Zwangsarbeit in Rumänien, bei der das kommunistische Regime Häftlinge auf Baustellen, in Bergwerken oder Fabriken einsetzte. Auf der wohl bekanntesten Baustelle des Landes, der künstlich angelegten Wasserstraße des Donau-Schwarzmeer-Kanals, kamen

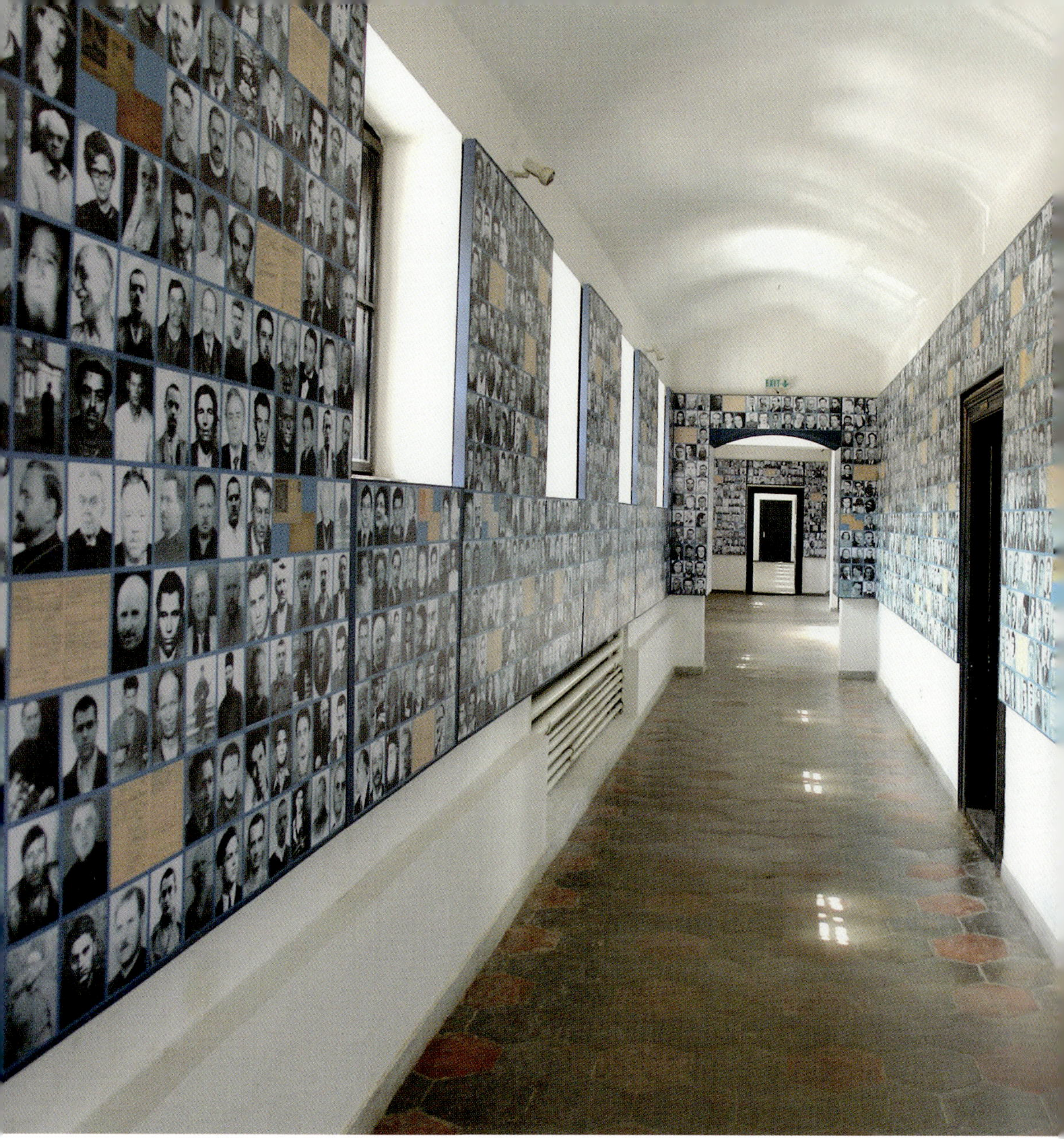

Fotografien der Opfer des kommunistischen Regimes an den Wänden der Ausstellung

zwischen 1949 und 1954 sowie zwischen 1958 und 1963 etwa 40 000 Zwangsarbeiter zum Einsatz. Sighet fungierte als »spezielle Arbeitseinheit« – als »Donaukolonie« für die bürgerliche Elite des Landes. Im April 1950 war die Securitate in einem Beschluss angehalten worden: »Bei allen Elementen, die im politischen Leben des Landes eine Rolle gespielt haben, sollen Gründe gefunden werden, um gegen sie Prozesse anzustrengen«. In der Nacht vom 5. auf den 6. Juni 1950 wurden 80 Personen nach Sighet gebracht, die Rumänien vor der kommunistischen Diktatur geprägt hatten. Weitere Verhaftungswellen folgten. Im August 1951 legalisierte das Innenministerium mit Beschluss Nummer 334 die Zwangsmaßnahmen und verurteilte die bereits Internierten zu 24 Monaten Zwangsarbeitslager. Diese Strafen,

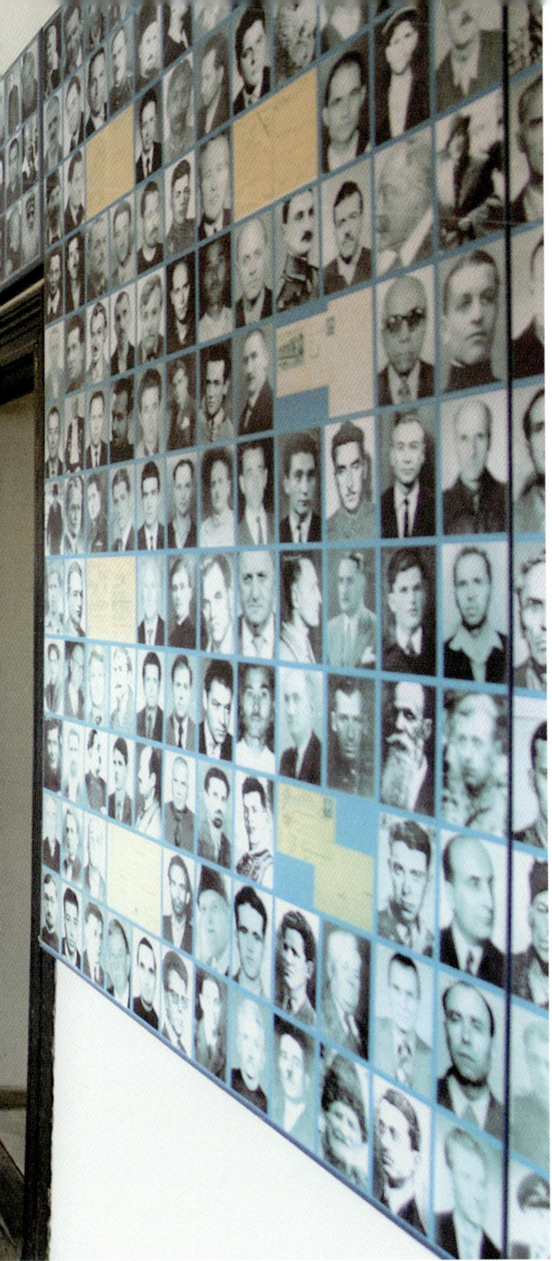

gegen die kein Einspruch möglich war, verlängerte das Ministerium am 6. August 1953 schließlich nochmals um 60 Monate Haft. Die Ausstellung versucht, einen Eindruck von den Haftbedingungen in den kleinen, meist überbelegten Zellen zu vermitteln und den Alltag der Gefangenen in Sighet und anderen Gefängnissen des Landes darzustellen.

An den Wänden der Rampe zum unterirdischen Andachtsraum sind die Namen von 8 000 bislang identifizierten Opfern der kommunistischen Diktatur eingraviert. In dem sogenannten Kenotaph, einem sakralen Rundbau, sollen die Besucher einen Moment der Meditation und Reflexion erleben. In der Mitte des Raums befindet sich eine von Wasser bedeckte runde Steinplatte, auf ihr spiegelt sich der kreuzförmige Durchbruch in der kuppelartigen Decke. Im Innenhof der Gedenkstätte stehen Steinplatten mit den Namen weiterer ehemaliger Insassen von Sighet und die vom rumänischen Künstler Aurel Vlad gestaltete Skulpturenkomposition »Der Konvoi der Geopferten«. Die 18 sich auf die Gefängniswand zubewegenden amorphen Bronzefiguren sollen eine sich in Agonie befindende Gesellschaft symbolisieren.

Zur Gedenkstätte gehört auch ein unweit der Anlage gelegener Armenfriedhof. Dort wurden einige der 53 Menschen anonym verscharrt, die zwischen 1950 und 1955 im Gefängnis verstarben. Um sie zu würdigen, wurden Bäume gepflanzt und 2005 ein Altar aufgestellt, der als Ehrenmal den Opfern aus allen kommunistischen Gefängnissen, Lagern und Orten der Deportation gewidmet ist.

Die Gedenkstätte Sighet erweitert ihr Bildungs- und Informationsangebot durch zahlreiche Konferenzen, Symposien und Fortbildungen. Seit 1998 veranstaltet die Einrichtung jährlich eine internationale Sommerschule, deren Teilnehmer in einem Essaywettbewerb ermittelt werden. Der Stiftung Bürgerakademie angegliedert ist das Internationale Zentrum für Kommunismusstudien mit Sitz in Bukarest, wo die wissenschaftliche Aufarbeitung durch den Aufbau von Archiven und Dokumentationen vorangetrieben wird. Am 9. Mai 2013 wurde eine Außenstelle der Gedenkstätte in Bukarest eröffnet.

Standort: Sighetu Marmaţiei, Strada Corneliu Coposu 4 und Bukarest, Strada Jean Louis Calderon 66

Internet: www.memorialsighet.ro

Museum der Revolution vom 16. bis 22. Dezember 1989 in Temeswar

Temeswar. Der am 26. April 1990 gegründete Verein Memorial der Revolution vom 16. bis 22. Dezember 1989 in Temeswar richtete unter der Leitung von Traian Orban ein Dokumentations- und Forschungszentrum ein. Mit staatlicher Unterstützung wurde in der Innenstadt von Temeswar ein Gebäude restauriert und ausgebaut. Dort sind Ausstellungsräume des Museums, eine Bibliothek sowie ein Archiv untergebracht. Im Innenhof des Dokumentationszentrums befindet sich eine ökumenische Kapelle als Ort der Erinnerung und des Gedenkens.

Das nahe der ungarischen Grenze gelegene Temeswar ist mit rund 360 000 Einwohnern die größte Stadt Westrumäniens. Hier begann am 16. Dezember 1989 die rumänische Revolution, die mit der Hinrichtung des Diktators Nicolae Ceauşescu und seiner Ehefrau Elena am 25. Dezember zum Sturz des kommunistischen Regimes im Land führte. Auslöser der Proteste war die bekannt gewordene Zwangsumsiedlung des reformierten ungarischen Pastors László Tőkés, der bereits seit Längerem von der berüchtigten Geheimpolizei Securitate wegen regimekritischer Äußerungen beobachtet worden war. Im Laufe des 16. September versammelten sich über 1 000 Menschen im Stadtzentrum, sie erhoben sozialpolitische Forderungen und verlangten die Absetzung Ceauşescus. Die Securitate trieb die Menge mit Gummiknüppeln auseinander, verhaftete Dutzende Demonstranten, bekam aber den Aufruhr nicht mehr unter Kontrolle. Am nächsten Tag schlossen sich viele Arbeiter den Protesten an, die Menge skandierte antikommunistische Losungen, es kam auch zu Akten roher Gewalt und zu Plünderungen. Die Einsatzkräfte gingen äußerst brutal gegen die Aufständischen vor, am Nachmittag gab es Verletzte und Tote. Bis zum 20. Dezember verloren in Temeswar über 100 Menschen ihr Leben, dann stellte sich die dort stationierte Armee auf die Seite des Volkes. Temeswar war die erste Stadt Rumäniens, die sich von der Ceauşescu-Diktatur befreit hatte.

Nach der Übernahme eines Flügels der ehemaligen Armeebaracke Nummer 1079 konnte das Museum 2011 den Ausstellungsbereich erweitern. Anhand einer umfassenden Fotodokumentation, von Plakaten und Informationstafeln, Video- und Audioelementen, Faksimile- und Originalexponaten wird die Geschichte der Revolution 1989 dargestellt. Ein besonderer Schwerpunkt liegt auf den Ereignissen in Temeswar, die nach Meinung verschiedener Historiker und Zeitzeugen bis heute nicht vollständig aufgeklärt sind. Besucher können an Führungen durch das Museum teilnehmen. Diese werden in Rumänisch, Englisch, Deutsch, Französisch, Italienisch, Ungarisch und Serbisch angeboten.

►
Mahnmal für die Opfer der Revolution auf dem städtischen Friedhof in Temeswar

Am 20. Dezember 2012, dem Jahrestag der rumänischen Revolution, enthüllten Klaus Christian Olasz, Konsul der Bundesrepublik Deutschland, und Dr. Traian Orban auf dem Gelände des Museums ein Originalsegment der Berliner Mauer als Mahnmal an die Überwindung des Eisernen Vorhangs in Europa. Die Schenkung des Berliner Senats erfolgte auf Anregung von Dr. Anna Kaminsky, der Geschäftsführerin der Bundesstiftung zur Aufarbeitung der SED-Diktatur. In der Stadt wurden an zentralen Schauplätzen in Erinnerung an die Ereignisse von 1989 zwölf Skulpturen und Mahnmale aufgestellt.

Zwischen 1990 und 1999 entstand auf Initiative des Temeswarer Vereins Memorial der Revolution vom 16. bis 22. Dezember 1989 auf dem städtischen Friedhof eine Gedenkanlage für die Opfer der Dezemberrevolution. Sie wurde nach den Entwürfen der rumänischen Architekten Pompiliu Alâmoreanu, Ionel Pop und Liviu Brebe realisiert. Für die über 70 namentlich bekannten Toten wurden symbolische Gräber errichtet. In die einheitlich gestalteten schwarzen Grabsteine wurden die Namen der Toten eingraviert. Neben einer offenen Kapelle aus schwarzem und weißem Marmor befindet sich das zentrale Mahnmal der Anlage: eine hohe Wand aus schwarzen und weißen Marmorquadern, in deren Mitte ein goldenes Kreuz eingelassen ist. In einem Steinbehälter unmittelbar vor der Gedenkwand brennt eine ewige Flamme.

Standort: Temeswar, Strada Popa Şapcă 3 – 5
Internet: www.memorialulrevolutiei.ro

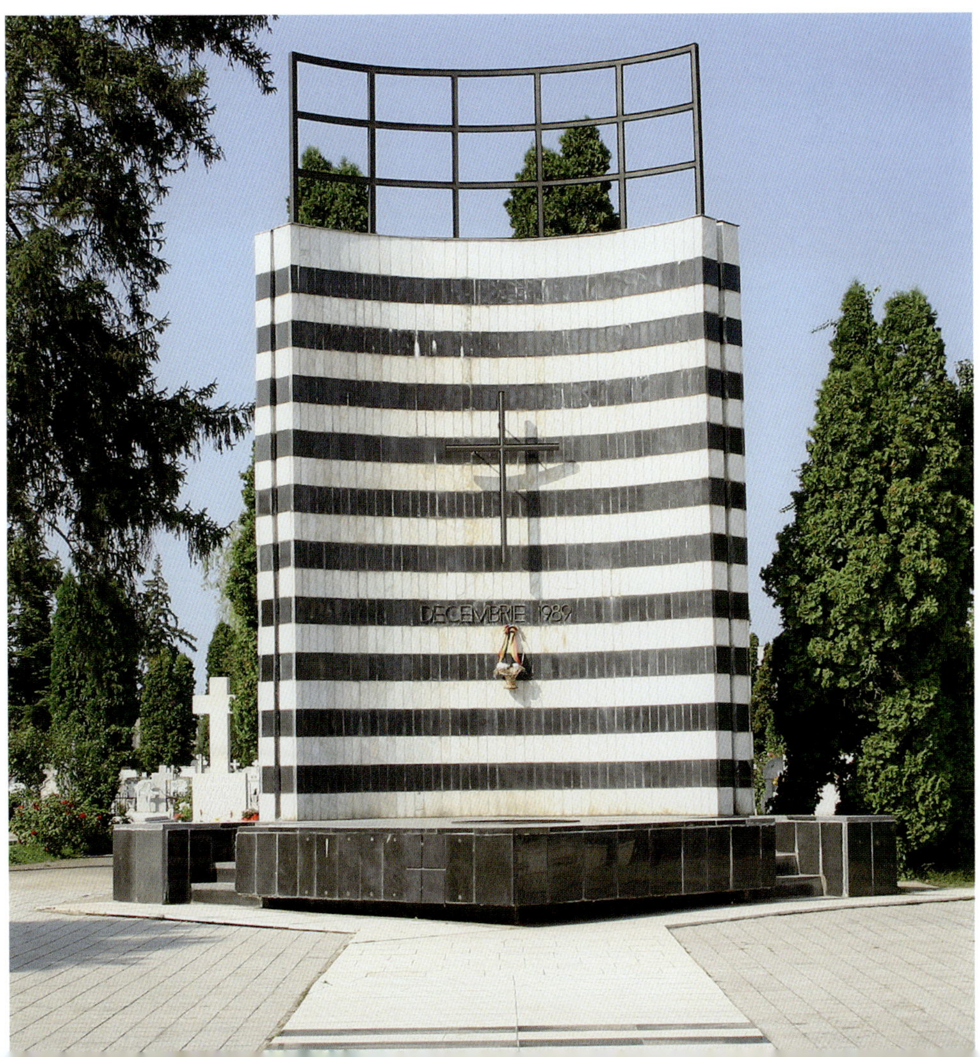

Denkmal für den Arbeiteraufstand von Braşov am 15. November 1987

Braşov. Am zehnten Jahrestag des Arbeiteraufstands vom 15. November 1987 wurde im Jahr 1997 auf Initiative der Vereinigung 15. November 1987 das Denkmal enthüllt. Das mit einer Gedenktafel versehene Votivkreuz zu Ehren der Freiheitskämpfer befindet sich auf der Calea Bucureşti, einem Teilabschnitt jener Strecke, die während des Aufstands von den Demonstranten auf ihrem Protestzug ins Stadtzentrum zurückgelegt wurde. Neben dem Bergarbeiterstreik im Schiltal 1977 und der von Temeswar ausgehenden Revolution im Dezember 1989 zählt der Arbeiteraufstand in Braşov zu den wichtigsten Protestaktionen im kommunistisch regierten Rumänien.

Inschrift auf dem Sockel des Denkmals
Rumänisch: *A fost ridicat acest sfânt monument în cinstea braşovenilor care în acest loc, la 15 noiembrie 1987, învingându-şi teama şi dispreţuind moartea au cântat imnul »Deşteaptă-te, române!« şi au scandat »Jos comunismul!«*

Die deutsche Übersetzung lautet:
Dieses heilige Denkmal wurde zu Ehren der Braşover errichtet, die an diesem Ort am 15. November 1987 – ihre Angst überwindend und den Tod verachtend – die Hymne »Wach auf, Rumäne!« sangen und in Sprechchören »Nieder mit dem Kommunismus!« riefen.

Standort: Braşov, Calea Bucureşti (gegenüber dem Kreiskrankenhaus / Spitalul Judeţean Braşov)

Denkmal für die Opfer des Kommunismus 1944–1989

Braşov. Das Denkmal für die Opfer des Kommunismus 1944–1989 wurde am 14. September 2002 in einer feierlichen Zeremonie eingeweiht und der Öffentlichkeit übergeben. Die Initiative für die Errichtung des Mahnmals geht auf die Braşover Sektion der Vereinigung der politischen Häftlinge in Rumänien zurück. Maßgeblich an der Realisierung des Erinnerungsortes beteiligt waren der ehemalige politische Häftling Octav Bjoza sowie Horia Salcă, der Sohn des ehemaligen Häftlings Alexandru Salcă. Das Denkmal aus rotem und schwarzem Sandstein wurde mit Unterstützung lokaler Stadt- und Kreisbehörden finanziert. Es besteht aus einer kreisförmigen begehbaren Ebene, die vorn von einer flachen Mauer umrahmt wird. Auf der gegenüberliegenden Seite befindet sich eine gebogene Mauer mit stilisiertem Gitterfenster, Stacheldraht und Kreuz. Vor der Mauer ist ein halbkugelförmiger Steinbehälter mit ewiger Flamme angebracht.

Inschriften
Vorderseite, rumänisch: *ÎN FAŢA ACESTUI SIMBOL AL JERTFEI PENTRU LIBERTATE, CREDINŢĂ ŞI DEMNITATE NAŢIONALĂ DESCOPERIŢI-VĂ!*

Die deutsche Übersetzung lautet:
Vor diesem Symbol der Aufopferung für Freiheit, Glauben und nationale Würde entblößt eure Häupter!

Auf der Mauer, rumänisch: *ÎN MEMORIA LUPTĂTORILOR ANTICOMUNIŞTI 1944–1989*

Die deutsche Übersetzung lautet:
Zum Gedenken an die antikommunistischen Kämpfer 1944–1989

Auf der kreisförmigen Ebene sind vier sich sternförmig schneidende rote Linien zu sehen, entlang derer die Namen von Orten und Regionen, in denen Menschen zwischen 1944 und 1989 aus politischen Gründen inhaftiert, gefoltert oder ermordet wurden, entsprechend ihrer Himmelsrichtung von Braşov aus angeordnet sind.

Inschrift (im Uhrzeigersinn ab rechts von der ewigen Flamme) mit Information zum Ort in Klammern:

TIMIŞOARA (*Gefängnis, politische Psychiatrie, Massengräber, Ermordungen und Hinrichtungen*) – LUGOJ (*Gefängnis*)

FĂGĂRAŞ (*Gefängnis*) – CODLEA (*Gefängnis*)

AIUD (*Gefängnis*) – GHERLA (*Gefängnis, Massengräber, Ermordungen und Hinrichtungen*)

NISTRU (*Arbeitslager*) – CAVNIC (*Arbeitslager*) – BAIA SPRIE (*Arbeitslager*)

SIGHET *(Gefängnis und Massengräber)* – SUCEAVA *(Umerziehungsgefängnis, Massengräber, Ermordungen und Hinrichtungen)*

CERNĂUŢI *(in der heutigen Ukraine)* – MIERCUREA CIUC *(Gefängnis)*

SIBERIA *(dt. Sibirien)* – BĂLŢI *(in der heutigen Republik Moldawien)* – CHIŞINĂU *(ebenso)*

GALATA IAŞI *(Gefängnis)* – ONEŞTI *(Arbeitslager und politische Psychiatrie)*

DELTA DUNĂRII *(Arbeitslager)* – GALAŢI *(Gefängnis, Massengräber, Ermordungen und Hinrichtungen)*

RÂMNICUL SĂRAT *(Gefängnis)*

BALTA BRĂILEI *(Deportationszentrum und Arbeitslager)*

CANALUL DUNĂRE – MAREA NEAGRĂ *(Arbeitslager, Deportationszentren, Massengräber, Ermordungen und Hinrichtungen)*

PITEŞTI *(Umerziehungsgefängnis, Massengräber, Ermordungen und Hinrichtungen)* – JILAVA *(Transitgefängnis, Massengräber, Ermordungen und Hinrichtungen)*

VĂCĂREŞTI *(Gefängnisspital)*

TÂRGŞOR *(Schülergefängnis)* – MISLEA (Frauengefängnis)

CARANSEBEŞ *(Gefängnis, Massengräber, Ermordungen und Hinrichtungen)*

OCNELE MARI *(Umerziehungsgefängnis, Massengräber, Ermordungen und Hinrichtungen)*

CARACAL *(Lager)* – CRAIOVA *(Gefängnis, Massengräber, Ermordungen und Hinrichtungen)*

Standort: Braşov, Piaţa Teatrului

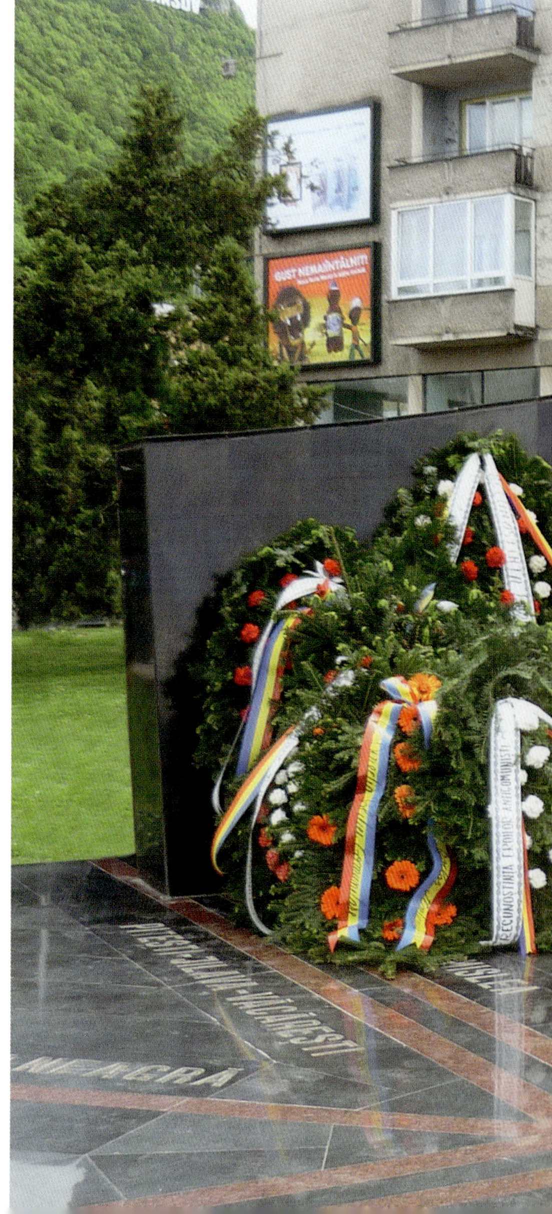

► Das Denkmal für die Opfer des Kommunismus 1944–1989 in Braşov

Literaturhinweise Rumänien:
Grancea, Mihaela: Case Study on Romania. In: Honoring Civil Courage. Developing Suggestions to Improve the Situation of Victims of Communist State Crimes. Project Coordinator: Gedenkstätte Berlin-Hohenschönhausen 2015, Ref.-Nr.: JUST/2011/JPEN/AG/2998. Online abrufbar unter: www.stiftung-hsh.de/assets/Dokumente-pdf-Dateien/EU-Projekt-Laenderstudien.pdf (letzter Zugriff: 15.11.2017). / Hausleitner, Mariana: Politischer Widerstand in Rumänien vor 1989. In: Halbjahresschrift für südosteuropäische Geschichte, Literatur und Politik, 1996. Online abrufbar unter: www.halbjahresschrift.homepage.t-online.de/radu1.htm (letzter Zugriff: 15.11.2017). / Jung, Martin: In Freiheit. Die Auseinandersetzung mit Zeitgeschichte in Rumänien (1989–2009). Berlin 2016. / Oprea, Marius/Stejarel, Olaru: The day we won't forget: 15 November 1987 Braşov. Iasi 2003. / Rusan, Romulus (2008): Chronologie und Geografie der kommunistischen Unterdrückung in Rumänien; Zählung der zwangsinternierten Bevölkerung (1945–1989). Bukarest: Fundaţia Academia Civică.

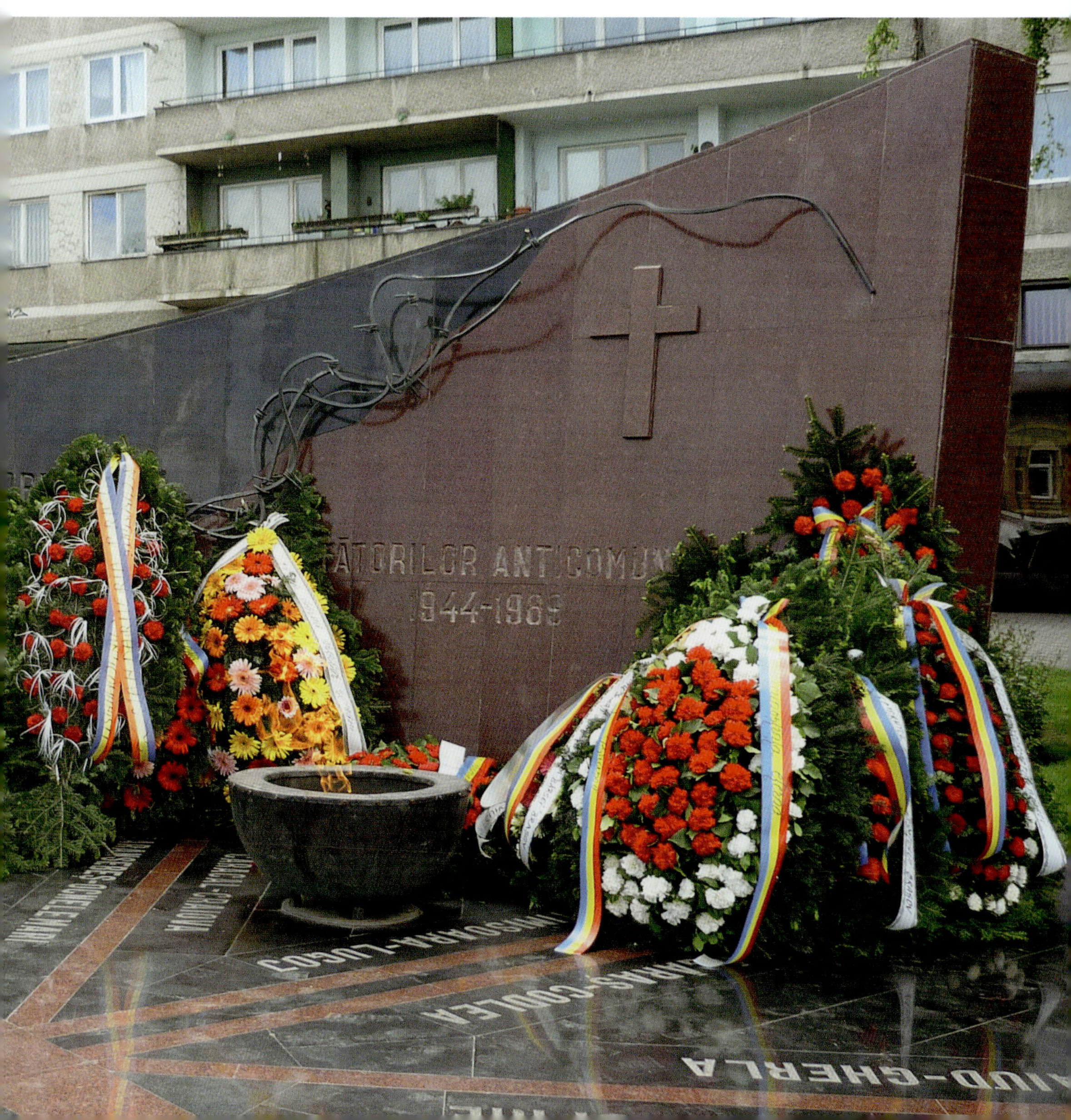

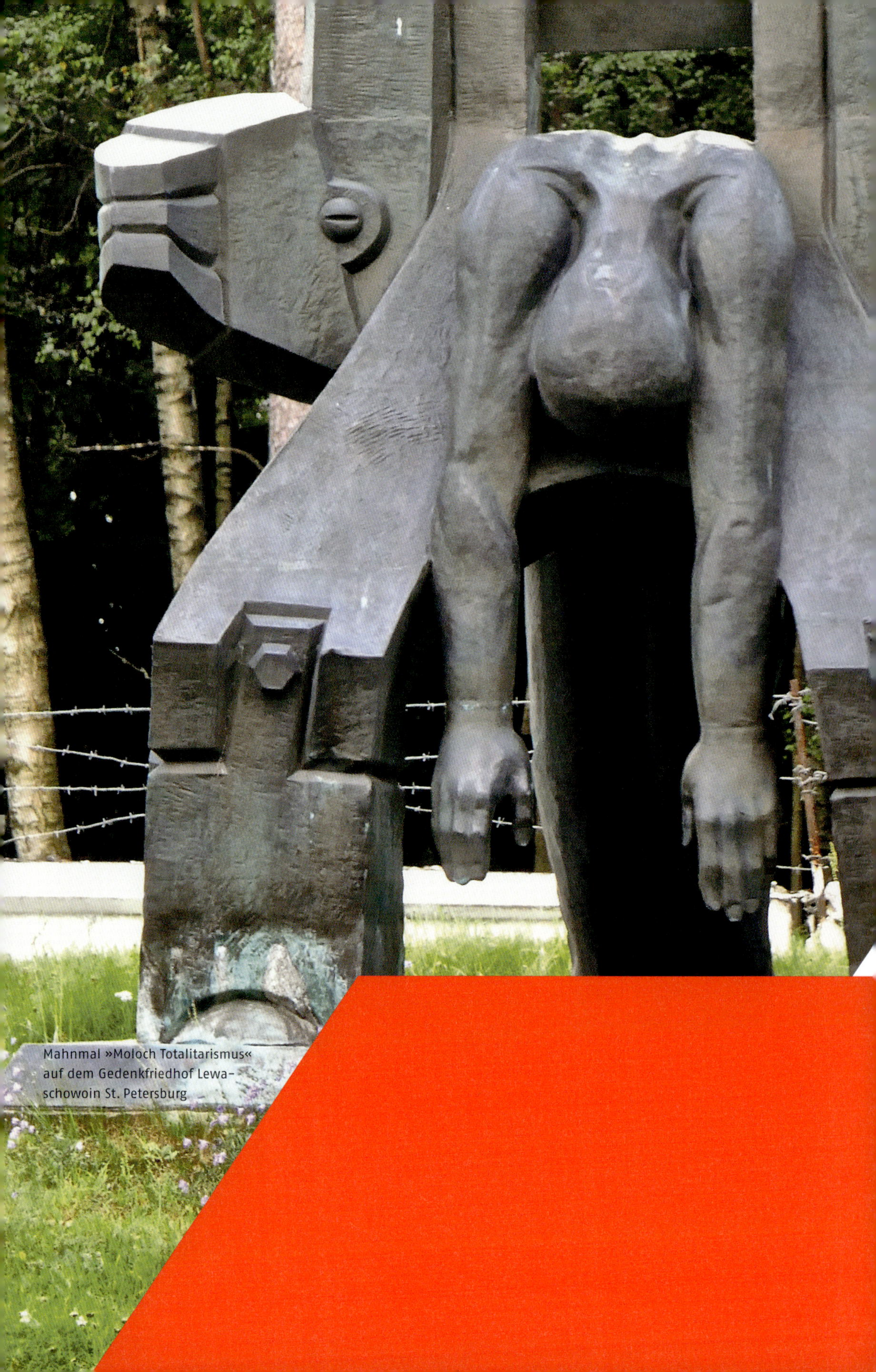

Mahnmal »Moloch Totalitarismus« auf dem Gedenkfriedhof Lewaschowoin St. Petersburg

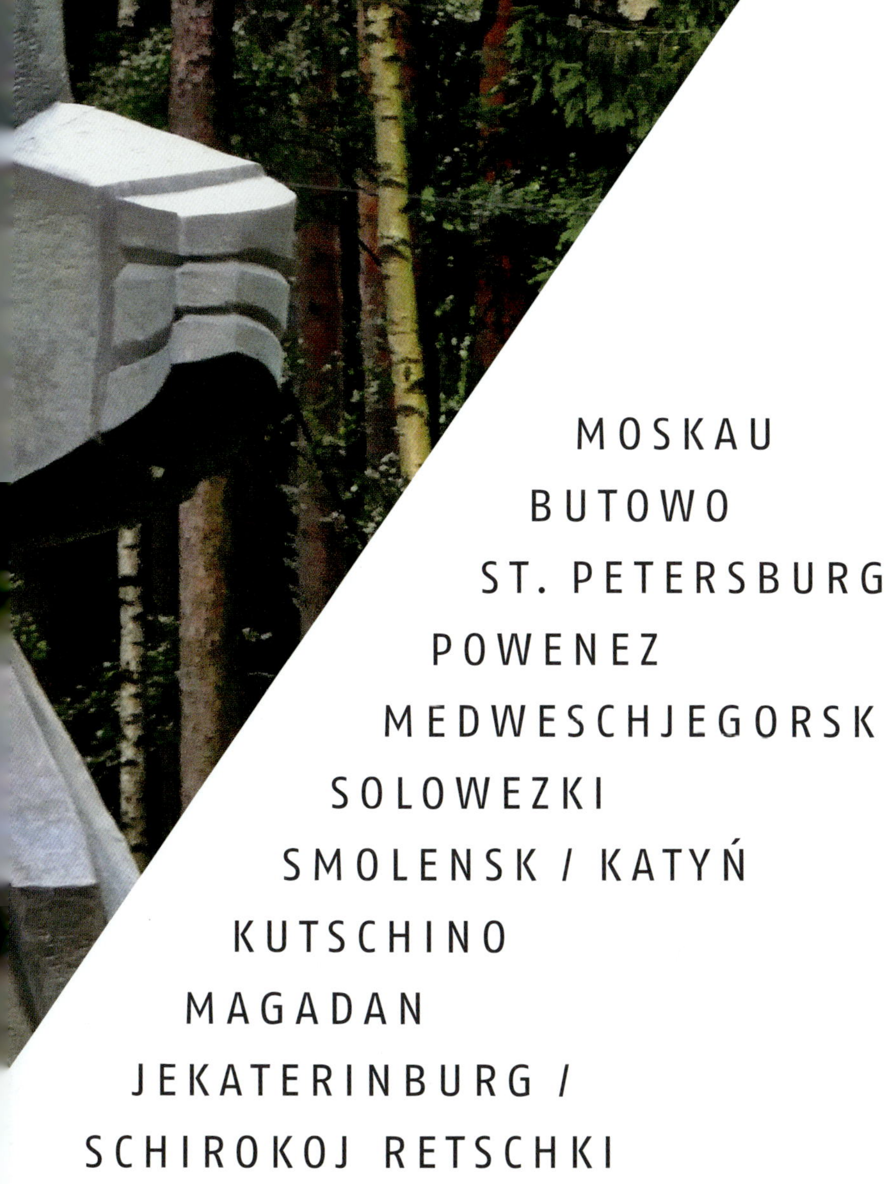

MOSKAU

BUTOWO

ST. PETERSBURG

POWENEZ

MEDWESCHJEGORSK

SOLOWEZKI

SMOLENSK / KATYŃ

KUTSCHINO

MAGADAN

JEKATERINBURG / SCHIROKOJ RETSCHKI

Russland

Am 7. November (nach damaligem russischen Kalender am 25. Oktober) 1917 putschten sich die russischen Bolschewiki unter Führung Wladimir Iljitsch Lenins in der sogenannten Oktoberrevolution an die Macht und beendeten die seit Februar 1917 bestehende Regierung aus Sozialrevolutionären und Bolschewiki unter Alexander Kerenski. Damit endete der fast achtmonatige Versuch, aus der zaristisch-autoritären Herrschaft eine bürgerlich-demokratische parlamentarische Ordnung zu bilden. Im darauf folgenden Jahr wurde die Sozialdemokratische Arbeiterpartei Russlands in Kommunistische Partei Russlands umbenannt. Aus ihr wurde nach der Gründung der Sowjetunion zunächst die Kommunistische Allunionspartei und ab 1952 die Kommunistische Partei der Sowjetunion (KPdSU).

Nach dem Putsch stürzte das Land in einen Bürgerkrieg, in dem sich die von Lenin und seinen Bolschewiki geführte Rote Armee und Einheiten der sogenannten Weißen Armee, bestehend aus Offizieren und Truppen, die sich der zaristischen bzw. bürgerlichen Ordnung verpflichtet fühlten, sowie ausländische Interventionstruppen gegenüberstanden. Der Bürgerkrieg forderte auf allen Seiten etwa acht Millionen Todesopfer, darunter sehr viele Zivilisten, die zwischen die kriegführenden Seiten gerieten. Aus diesem Krieg ging die Rote Armee siegreich hervor. 1922 wurde die Sowjetunion gegründet, der neben der Russischen Sowjetrepublik die Ukrainische und die Belorussische sowie die Transkaukasische Sowjetrepublik, bestehend aus Armenien, Georgien und Aserbaidschan, angehörten. Über die Jahrzehnte wurden weitere Länder der Sowjetunion oft gewaltsam angeschlossen.

Bereits während des Bürgerkriegs hatten die Bolschewiki in den von ihnen beherrschten Gebieten einen »Kriegskommunismus« eingeführt. Dieser sah die Enteignung von Grundbesitz und Fabriken, die Einführung von Zwangsabgaben und die Zwangsrekrutierung von Soldaten für

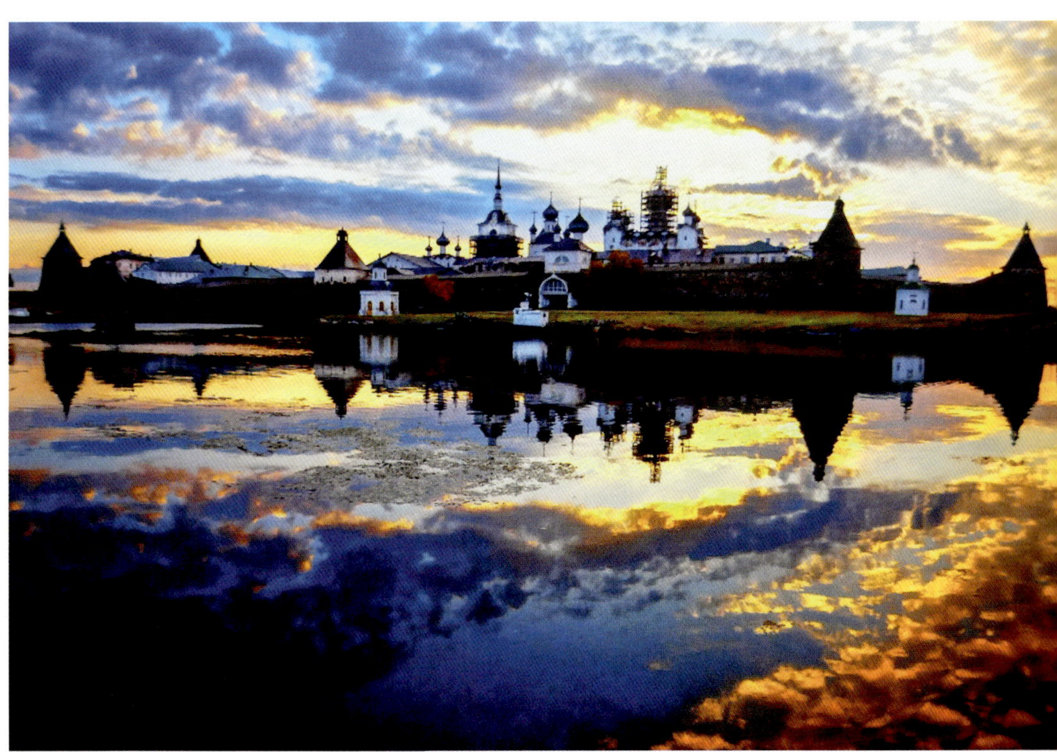

die Armee sowie die Sicherung der Herrschaft durch den »Roten Terror« vor. Das Dekret des Rates der Volkskommissare »Über den Roten Terror« regelte am 5. September 1918 offiziell die Errichtung von Konzentrations- und Internierungslagern, in denen als Feinde der neuen Ordnung betrachtete Menschen gefangen gehalten wurden. Eines der ersten Lager entstand auf den Solowezki-Inseln im Weißen Meer.

Nach dem Ende des Bürgerkriegs ordnete Lenin die Einführung der Neuen Ökonomischen Politik an, die den Bauern Spielräume beim Anbau und Verkauf ihrer Produkte gestattete und so die Wirtschaft im bürgerkriegszerstörten Land wieder aufbauen helfen sollte. Als Lenin 1924 starb, übernahm Stalin die Macht und sicherte diese mit neuem Terror und Massenrepressalien. Innerparteiliche Konkurrenten und Kritiker seiner Politik wurden Schritt für Schritt entmachtet und ins Exil getrieben oder – wie später Trotzki – ermordet. Ihre Sympathisanten wurden in Lagern inhaftiert, mussten Zwangsarbeit leisten oder wurden ermordet. Nach Stalins Machtübernahme endete 1927 die Phase der Wirtschaftsliberalisierung, die Landwirtschaft wurde zwangskollektiviert. Zehntausende Bauern verloren ihr Land, wurden als »Kulaken« stigmatisiert und unter diesem Vorwand mitsamt ihren Familien deportiert oder ermordet. Die gewaltsame Umgestaltung der Landwirtschaft und die massive Verfolgung von Bauern führten zu Hungersnöten, denen insbesondere in Kasachstan, der Ukraine und auf der Krim mehrere Millionen Menschen zum Opfer fielen. Dabei setzte die sowjetische Führung den Hunger auch als Mittel zur Disziplinierung von als kritisch geltenden Bevölkerungsteilen ein.

Bereits 1918 war der Grundstein für die Errichtung des später die gesamte Sowjetunion umfassenden Lagersystems geschaffen worden, das ab Anfang der 1930er Jahre unter der Bezeichnung GULag (Glawnoje Uprawlenije Lagerej; Hauptverwaltung der Lager) zusammengefasst wurde. Der GULag umfasste ein riesiges Netz aus Zwangsarbeitslagern, das die gesamte Sowjetunion von den Solowezki-Inseln im Weißen Meer bis nach Magadan und Wladiwostok im Fernen Osten, von Murmansk und Workuta am Polarkreis bis nach Alma-Ata und Ulan Bator in Zentralasien, vom Zentrum Moskaus bis in den Stadtkern Leningrads überzog. Der Begriff GULag wurde zum Synonym für das sowjetische Repressionsregime – menschenfeindliche Lebensbedingungen, schwerste körperliche Arbeit, drakonische Strafen, Mangelernährung, Erschöpfung, Krankheit und Tod. Bereits 1918 hatte Lenin die erbarmungslose Unterdrückung jeglichen Widerstands angeordnet und gefordert, dass verdächtige Personen in Konzentrationslagern außerhalb der Städte eingesperrt werden sollten. In diesem breit gefächerten System an Arbeits- und Straflagern, Lagern mit kriminellen und politischen Häftlingen, Frauen- und Kinderlagern, Transit- und Sonderlagern sollten vermeintliche und tatsächliche Gegner der Sowjetunion nicht nur vom Rest der Gesellschaft isoliert werden. Seit Ende der 1920er / Anfang der 1930er Jahre wurde die Arbeitskraft der Inhaftierten im Zuge der Zwangskollektivierung und forcierten Industrialisierung für die überstürzte infrastrukturelle und ökonomische Erschließung des Landes ausgebeutet. Künstler, Wissenschaftler und Intellektuelle wurden zur »Umerziehung« in die Lager geschickt und mussten Zwangsarbeit wie beispielsweise beim Bau des Weißmeer-Ostsee-Kanals sowie anderen industriellen Großprojekten leisten. Hinzu kam die massive Verfolgung der Kirchen und der Gläubigen, denen die Religionsausübung untersagt war. Zahlreiche Priester und Gläubige wurden

◄

Zum Lagerkomplex umfunktionierte jahrhundertealte Klosteranlage des Solowezki-Archipels

inhaftiert oder ermordet, Kircheneigentum beschlagnahmt, mutwillig zerstört und teilweise ins Ausland verkauft, um Devisen für die forcierte Industrialisierung zu erhalten. In sogenannten atheistischen Museen stellte man Kultgegenstände aus, um den zu schaffenden »neuen Menschen« vor den Gefahren der Religion zu warnen und die Gläubigen lächerlich zu machen. In den Kirchen richtete man Ställe und Lagerhallen, Schwimmbäder oder auch Krematorien und Gefängnisse ein.

Das Zwangsarbeitssystem, das Häftlinge unter unmenschlichen Bedingungen in vollkommen unerschlossenen, klimatisch extremen Regionen zu schwerster körperlicher Arbeit versklavte, machte den GULag zwischenzeitlich zum größten Wirtschaftsunternehmen der Sowjetunion. Insassen wurden dabei in allen nur erdenklichen Industriesektoren eingesetzt: von Holzschlag, Bergbau, Fabrikarbeit, Edelmetallförderung, Kanal-, Eisenbahn-, Straßen- oder Hausbau über Agrarwirtschaft, Ölförderindustrie und Radiumgewinnung bis hin zur Entwicklung von Geschützen, Flugzeugen und Maschinen in den geheimen Forschungslaboratorien des NKWD, den »Scharaschkas«. Nach dem Durchlaufen des »Fleischwolfs« von Verhaftung, Verhör und unter Folter erzwungenen Geständnissen schloss sich der Abtransport in ungeheizten Viehwaggons in abgelegene Regionen der Sowjetunion an.

Die Zahl an Lagern erhöhte sich nach dem Beginn der Massenrepressalien drastisch. Über die Jahre entstanden mindestens 476 große Lagerkomplexe mit tausenden Einzel- und Nebenlagern, in denen sich zwischen einigen Hundert und mehreren Tausend Personen befanden. Hinzu kam der den gesamten Alltag und die Gesellschaft prägende Terror, der seinen Höhepunkt 1937/38 im »Säuberung« genannten »Großen Terror« fand. Binnen weniger Monate wurden über zwei Millionen Menschen durch den NKWD verhaftet, 1,345 Millionen von ihnen nach dem berüchtigten Artikel 58 des Russischen Strafgesetzbuches verurteilt und etwa 700 000 Menschen erschossen. Über 27 000 Ehefrauen und 36 000 Kinder von sogenannten Volksfeinden deportierte man in Lager, wo sie Zwangsarbeit leisten mussten. Vom »Großen Terror« und seinen Mordaktionen war auch die militärische Spitze des Landes betroffen. Fast das gesamte Offizierskorps der Roten Armee wurde ermordet, was die Sowjetunion im nur zwei Jahre später beginnenden Deutsch-Sowjetischen Krieg nach dem Überfall Deutschlands auf die Sowjetunion am 22. Juni 1941 mit riesigen Verlusten an Menschenleben bezahlte. Während des Überlebenskampfes der sowjetischen Bevölkerung gegen den von deutscher Seite geführten Angriffs- und Vernichtungskrieg gingen die Repressionen unvermindert weiter.

In Lager und Verbannung verschickt wurden allerdings nicht nur tatsächliche und vermeintliche Gegner der Sowjetunion. Spätestens seit dem Zweiten Weltkrieg wurden Hunderttausende Menschen aus allen sowjetisch besetzten Gebieten sowie Kriegsgefangene in den GULag verschleppt. Allein im Lagerkomplex Workuta waren zeitweilig bis zu 50 000 Deutsche inhaftiert. Nach Kriegsende brachten erneute Repressionswellen weitere Hunderttausende Menschen in verschiedene Lagerstandorte. Zu Zeiten seiner höchsten Belegung im Jahr 1950 betrug die Anzahl der in den Lagern des GULag inhaftierten Menschen über 2 561 300 Personen.

Etwa 20 Millionen Menschen waren insgesamt im GULag inhaftiert. Millionen Menschen wurden dort ermordet oder fielen den menschenunwürdigen Umständen zum Opfer. Besonders in der Hochzeit des stalinistischen Massenterrors 1937/38 gestaltete sich der Unterschied zwischen einer Existenz innerhalb und außerhalb des Stacheldrahtzauns eher graduell denn grundsätzlich. Von einem aus dem GULag entlassenen Strafgefangenen sagte man oft, er würde lediglich aus der »kleinen Zone« in die »große Zone« überführt. Das gesamte Leben wurde auf unbedingte Unterwerfung unter die Ideologie und Ziele der kommunistischen Partei ausgerichtet; jede

Abweichung konnte für die betroffene Person und ihre Familie Deportation, Haft oder Tod bedeuten. Die sowjetische Politik zielte während der Regierungszeit Lenins und insbesondere Stalins darauf ab, die Menschen ihrer persönlichen Geschichte und Identität zu berauben. Kindern und Familien gab man willkürlich neue Namen und zerstörte rigoros den Generationenzusammenhang. Traditionen, seien sie religiöser oder kultureller Art, wurden durch neue sowjetische Rituale ersetzt und die alten Bräuche bei Strafe aus dem öffentlichen Leben verbannt.

Auch nach dem Ende des Zweiten Weltkriegs, den die Sowjetunion mit dem höchsten Blutzoll an Menschenleben bezahlte und aus dem sie als eine der Siegermächte hervorging, setzte sich die Unterdrückung der Bevölkerung fort. Immer neue Gruppen wurden angeblicher Verschwörungen gegen Stalin oder die kommunistische Herrschaft bezichtigt, in Schauprozessen abgeurteilt und oftmals getötet. Erst Stalins Tod im März 1953 beendete das Morden. Nach seinem Tod setzte eine Entstalinisierung unter dem neuen Staats- und Parteichef Nikita Chruschtschow ein, die mit der schrittweisen Auflösung des GULag-Systems und einer gewissen Liberalisierung des Lebens im Vergleich zu den Zuständen unter Stalin verbunden war. Politische Häftlinge wurden aus den Lagern entlassen und rehabilitiert, blieben jedoch oft weiterhin benachteiligt, was die Wahl des Wohnorts, der Ausbildung oder Arbeitsstellen betraf. Ehemals nach Stalin benannte Städte, Straßen und Werke wurden umbenannt. Bereits am 27. März 1953 kamen in einer Massenamnestie fast 1,2 Millionen Häftlinge frei. Von vorzeitiger Entlassung ausgeschlossen waren allerdings fast alle aus politischen Gründen wegen »konterrevolutionärer Verbrechen gegen den Staat« nach dem berüchtigten Artikel 58 des Strafgesetzbuches der RSFSR inhaftierten Gefangenen. Die stockend und nur selektiv implementierten Reformbemühungen des Strafvollzugssystems resultierten daher 1953/54 innerhalb der Lagerkomplexe darin, dass die Wut und Frustration der Insassen in Arbeitsniederlegungen, Streiks, Übergriffe und Massenerhebungen gegen die Wachmannschaften und Lageradministrationen umschlug. Besonders in den nördlichen Standorten am Polarkreis, im GorLag – einem Sonderlager von Norilsk –, dem Workuta-Sonderlager RetschLag sowie im kasachischen Sonderlager Nummer 4 in Kengir kam es in den Sommern 1953 und 1954 zu gewaltsamen Auseinandersetzungen, die von den staatlichen Sicherheitsorganen blutig niedergeschlagen wurden. Gleichzeitig stellten die ersten Massenentlassungen die Gesellschaften der Sowjetrepubliken vor enorme rehabilitationspolitische Herausforderungen. Den aus Gefangenschaft und Verbannung zurückgekehrten, vormals als »Volksfeinde« und »Nationalisten« angeklagten Menschen – vor allem in den baltischen Gebieten, der Ukraine, Belarus und Moldawien – wurde der Zugang zu Ausweisdokumenten, Wohnraum, Arbeit und Renten verwehrt.

Das kulturelle »Tauwetter« und die eingeleitete Entstalinisierung unter Staats- und Parteichef Nikita Chruschtschow waren eine machtpolitische Gratwanderung für die oberste Regierungsführung der UdSSR. Zwar wurde der GULag nach Stalins Tod als allumfassender Unterdrückungsapparat sukzessive abgebaut und man versuchte nie wieder, das Lagersystem zu einem integralen Bestandteil der sowjetischen Wirtschaft zu gestalten oder Millionen Menschen darin einzukerkern. Auch erhielt die Geheimpolizei nie wieder solch weitgreifende, selbst ins Wirtschaftsleben des Landes einschneidende Kompetenzen wie unter Stalin. Das hieß allerdings nicht, dass die Repressionen und die Verfolgungen eingestellt wurden. Die Lager verschwanden nie gänzlich aus dem sowjetischen System des Strafvollzugs und der Unterdrückung, sondern wurden auch weiterhin dafür genutzt, um politischen, nationalen oder kulturellen Widerstand zu brechen. Auch gliederten sich die sowjetischen Gefängnisse nicht vollständig in den regulären Strafvollzug ein, der nur Kriminelle beherbergte. Stattdessen durchlief das staatliche Unterdrückungsinstrumentarium einen Wandel. Waren die Verhaftungen zu Zeiten Stalins durch reine

Willkür charakterisiert – ausnahmslos jeder Mensch konnte zu jeder Zeit aus jedem Grund »wegen nichts« festgenommen werden –, fanden die Inhaftierungen in der poststalinistischen Zeit, vor allem während der Regierungszeit Leonid Breschnews, aufgrund literarischer, religiöser oder politischer Gegnerschaft zum Sowjetsystem statt. Nach Abschaffung des Artikels 58 wurden Festnahmen nun entweder nach dem neu verfassten Artikel 70 des Strafgesetzbuches über »Antisowjetische Agitation und Propaganda« oder Artikel 72 über »Organisierte Beteiligung an besonders gefährlichen Verbrechen gegen den Staat sowie die Beteiligung an antisowjetischen Organisationen« vorgenommen. Die erste große politisch motivierte Verhaftungswelle nach Stalins Tod ereignete sich infolge der von sowjetischen Truppen blutig niedergeschlagenen ungarischen Revolution im Oktober 1956. In die Lager kamen fast 2000 Personen, die mit der Volkserhebung sympathisiert hatten. Fast 10000 der zwischen Anfang der 1960er und Ende der 1980er Jahre inhaftierten politischen Gefangenen – Dissidenten, Menschenrechtler, Schriftsteller und Andersdenkende wie Alexander Solschenizyn, Andrej Sacharow, Wassyl Stus, Arsenij Roginskij, Sergej Kowaljow – verbüßten ihre Haftstrafen in isolierten Lagerkomplexen in der Region Mordwinien und im Gebiet Perm. Erst mit Beginn der Perestroika, dem von Staats- und Parteichef Michail Gorbatschow Anfang 1986 eingeleiteten Prozess der gesellschaftspolitischen und wirtschaftlichen Modernisierung der UdSSR, begann der endgültige Niedergang des sowjetischen Straflagersystems. 1987 forderte Gorbatschow ganz im Sinne von Glasnost und Perestroika anlässlich seiner Rede zum 70. Jahrestag der Oktoberrevolution, nunmehr die »weißen Flecken« in der sowjetischen Geschichte zu beseitigen und sich der bisher tabuisierten Seiten der Sowjetgeschichte und des Stalinismus anzunehmen.

Ab der zweiten Hälfte der 1960er Jahre entstand im russischen Teil der Sowjetunion eine oppositionelle Menschenrechtsbewegung. Einen wichtigen Anteil an ihrer Herausbildung hatten die bereits zuvor von 1958 bis 1960 auf dem Moskauer Majakowski-Platz stattfindenden Dichterlesungen. Die sogenannte Glasnost-Demonstration in Moskau 1965, die Proteste gegen die Inhaftierung der Dichter Andrej Sinjawskij und Julij Daniel 1965/66, gegen die Verurteilung von Alexander Ginsburg 1968 oder gegen die Niederschlagung des Prager Frühlings in der Tschechoslowakei waren wichtige Wegmarken der Oppositionsbewegung. In den folgenden Jahren engagierten sich immer mehr Dissidenten wie Andrej Sacharow, Sergej Kowaljow oder Igor Schafarewitsch für die »Chronik der laufenden Ereignisse« als Samisdat-Publikation. Während der 1970er Jahre entstanden in mehreren Sowjetrepubliken sogenannte Helsinki-Gruppen, welche die auf der KSZE-Schlusskonferenz 1975 in Helsinki vereinbarten Menschenrechte einforderten. Im Zuge der Perestroika und der schrittweisen Lockerungen der repressiven sowjetischen Politik weiteten sich diese Aktivitäten stark aus. In vielen Städten entstanden Menschenrechtsgruppen wie Memorial, das Sacharow-Zentrum in Moskau und andere zivilgesellschaftliche Organisationen, die sich mit seit Jahrzehnten verschwiegenen Themen und insbesondere der Wahrheit über den »Großen Terror« und den GULag und deren Millionen Opfer befassten. In vielen Orten wurden mittlerweile durch lokale Initiativen Denkmäler errichtet, die an die Opfer des Terrors und der Repression erinnern, und Ausstellungen in den Heimatmuseen greifen auch bislang heroisierte oder tabuisierte Themen auf. Dies bezieht sich nicht nur auf das Thema GULag und stalinistische Repression, sondern ebenso auf den Afghanistan-Krieg oder den Krieg in Tschetschenien, wie zum Beispiel das von Afghanistan-Kämpfern in Jekaterinburg betriebene Museum zeigt. Man führte offizielle Gedenktage zur Erinnerung an die Opfer der Repression ein, wie den 5. August, an dem 1937 das Dekret über den »Großen Terror« beschlossen wurde, oder den 31. Oktober als offiziellen und staatlichen Gedenktag für die Opfer der Repression.

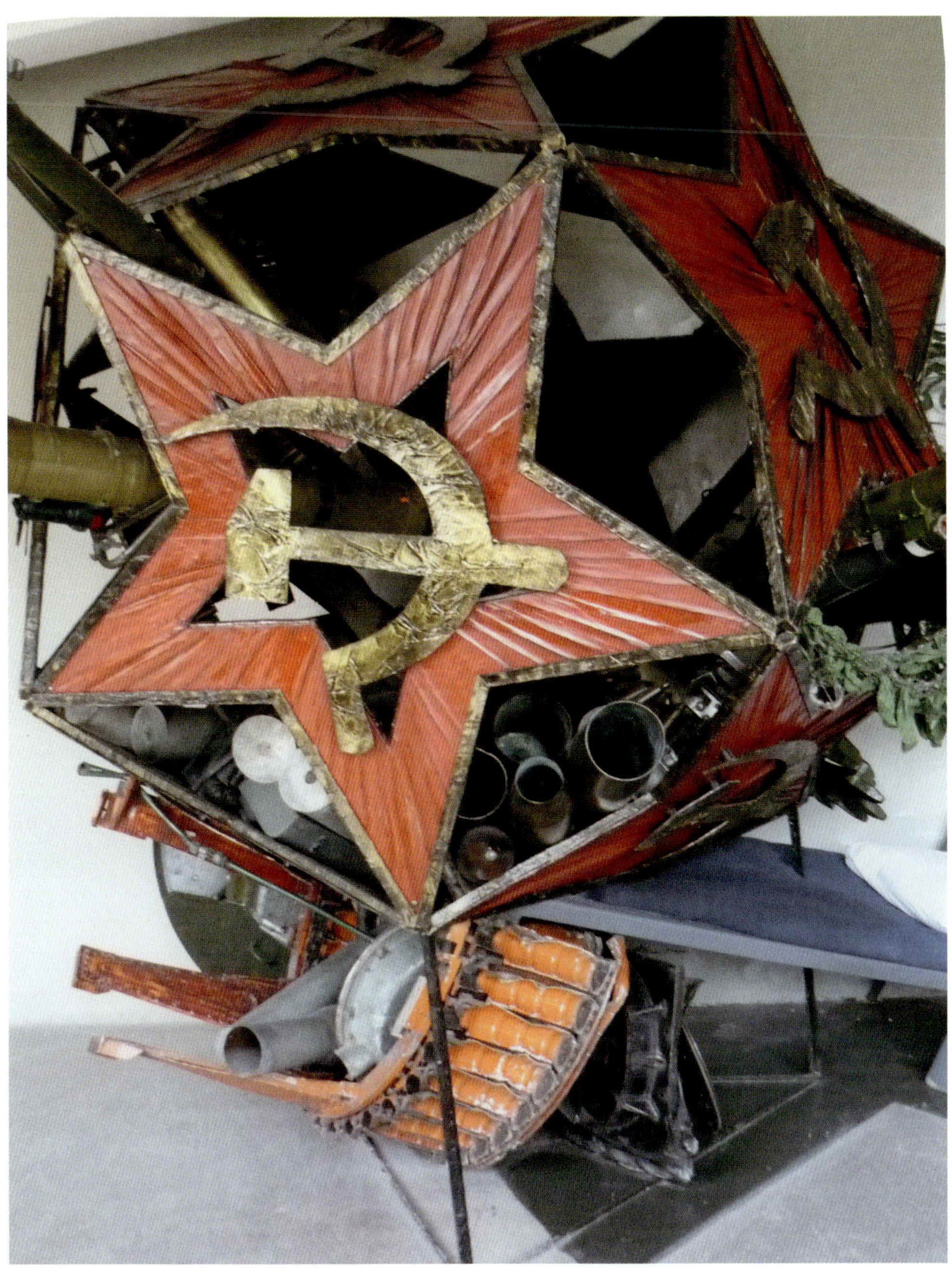

Denkmal in der Ausstellung
»Waffen hinter Rotem Stern«

Seit dem Machtantritt Wladimir Putins, einem ehemaligen KGB-Offizier, im Jahr 2000 haben sich die Bedingungen für unabhängige historische Aufarbeitung immer weiter verschlechtert. So wurde einerseits die russische Geschichtspolitik weg von den »negativen« Seiten der sowjetischen und russischen Geschichte hin zu den »positiven« Seiten orientiert. Dies führte zur Marginalisierung der stalinistischen Repressionen und einer damit einhergehenden Umdeutung der Verfolgung wie beispielsweise im einzigen GULag-Museum an einem historischen Lagerort, Perm-36. Allerdings ist diese Entwicklung durchaus widersprüchlich, da sich das staatliche GULag-Museum in Moskau, das 2015 eröffnet wurde, der in Perm praktizierten Umdeutung der Lager- und Verfolgungsgeschichte nicht in dieser Form anschließt. Dennoch werden nichtstaatliche Institutionen immer mehr in ihrer Arbeit behindert und bedrängt, sich gemäß dem 2012 verabschiedeten »Gesetz über ausländische Agenten« als solche registrieren zu lassen. Ende 2016 wurde Memorial zum »ausländischen Agenten« erklärt. Ebenfalls 2016 wurde der bekannte Memorial-Aktivist Jurij Dimitriev, der maßgeblich für die Lokalisierung von Massengräbern aus der Stalinzeit in

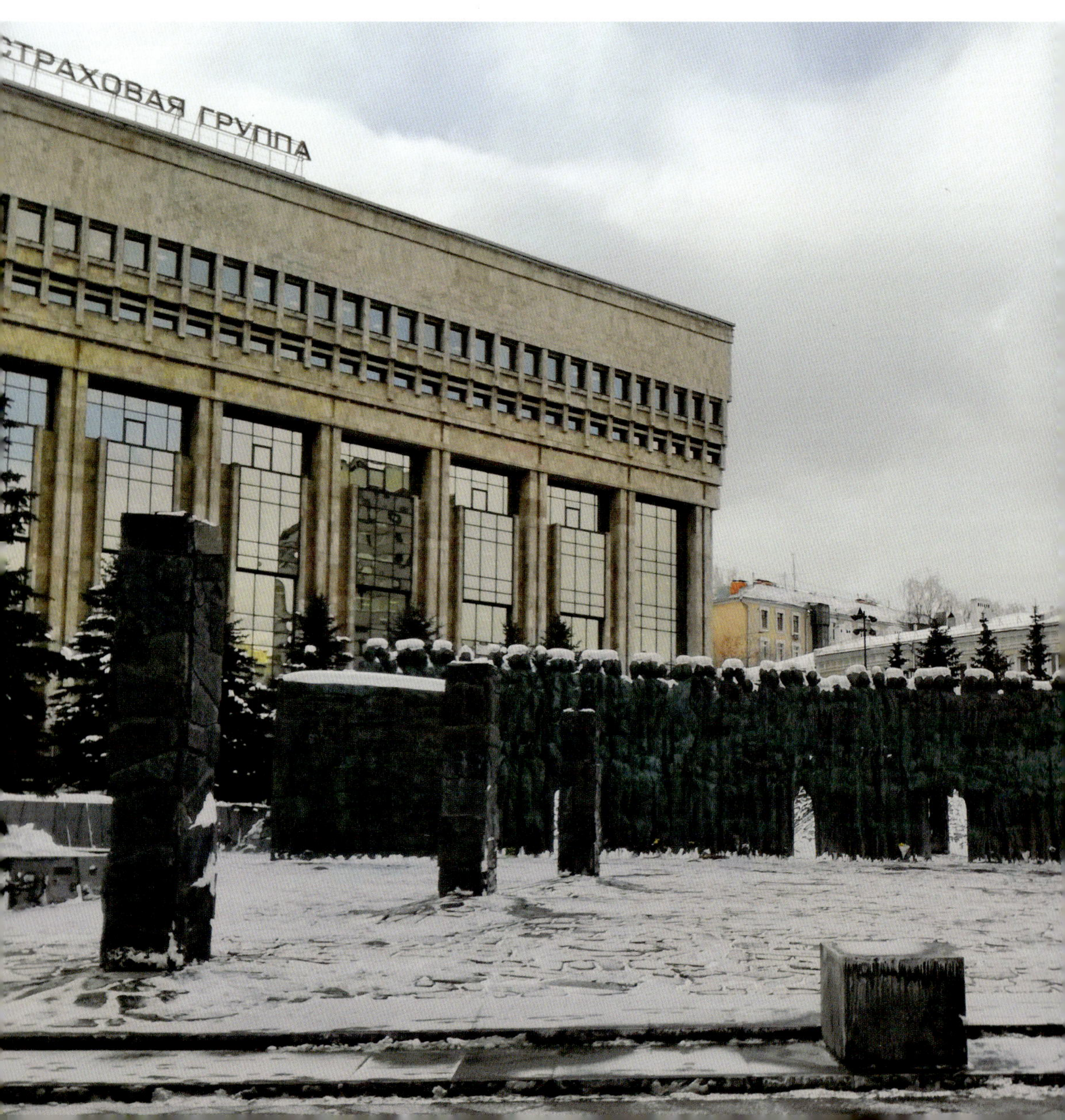

Karelien sorgte, verhaftet. Zeitgleich mit seiner Verhaftung erklärte eine Untersuchung der Universität Petrosawodsk, dass die in Sandormoch aufgefundenen Massengräber nicht von Mordaktionen des NKWD stammen würden, sondern Massengräber seien, in denen durch finnische Truppen getötete Kriegsgefangene liegen würden.

Parallel zur fortgesetzten Einschüchterung und Behinderung von unabhängigen Organisationen wie Memorial wurden staatliche Institutionen wie zum Beispiel 2008 die Stiftung »Istoritscheskaja Pamjat« (»Historische Erinnerung«) gegründet, die für die Verbreitung regierungsoffizieller Geschichtsbilder sorgen sollen. Wie widersprüchlich die russische Politik im Hinblick auf die Erinnerungskultur ist, zeigt sich auch daran, dass am 31. Oktober 2017 auf dem Sacharow-Platz in Moskau ein staatlich finanziertes Denkmal für die Opfer politischer Repressionen, »Die Mauer der Trauer«, errichtet wurde.

Eine Übersicht der Denkmäler zur Erinnerung an die Opfer des stalinistischen Terrors befindet sich im Buch von Anna Kaminsky »Erinnerungsorte an den Massenterror 1937/38«, Berlin 2007.

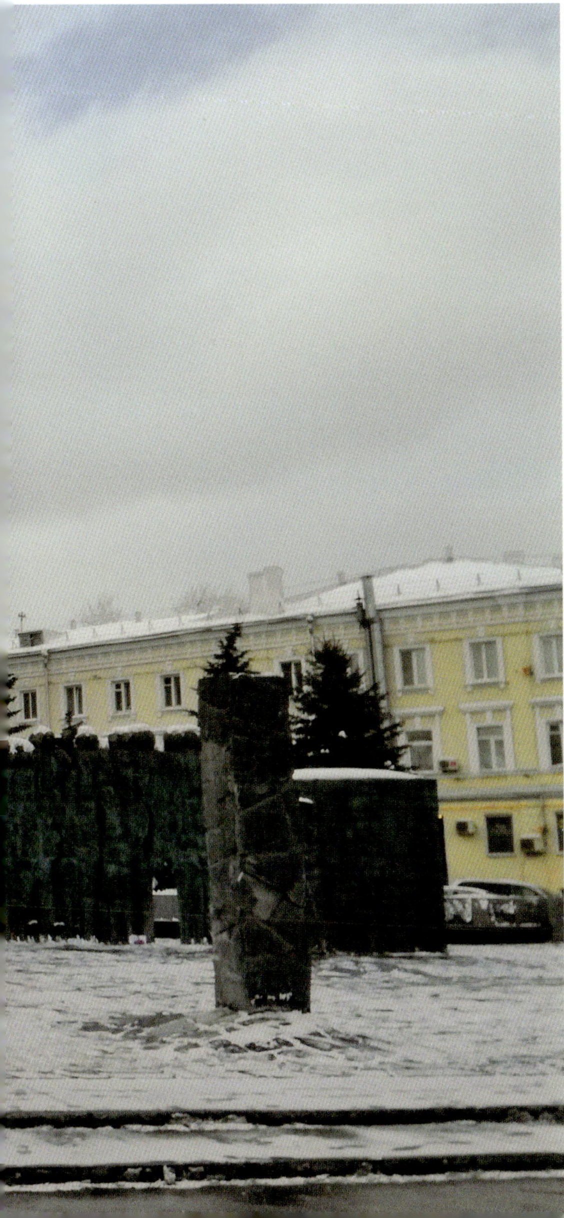

◄ »Mauer der Trauer« auf dem Sacharow-Platz in Moskau

Donskoje-Friedhof

Moskau. Der Donskoje-Friedhof ist eine der größten und bedeutendsten Grabanlagen in Moskau, die sich unmittelbar an das gleichnamige Kloster anschließt.

Zu Beginn des 20. Jahrhunderts erfuhr der Friedhof eine erhebliche Erweiterung. Auf dem als Neuer Donskoje-Friedhof bezeichneten Areal wurde 1904 mit dem Bau der Kirche des Heiligen Serafim von Sarow und der Anna von Kaschin begonnen, die 1914 vollendet und geweiht wurde. Nach 1917 wurde die Kirche geschlossen und anschließend das erste Krematorium der Stadt in den Räumen eingerichtet. Aus Anlass des zehnten Jahrestags der Oktoberrevolution konnte die Anlage 1927 in Betrieb genommen werden und wurde bis Anfang der 1970er Jahre genutzt. Den sowjetischen Repressionsorganen dienten sowohl der Friedhof als auch das Krematorium zur Beseitigung von Opfern der politischen Verfolgung, deren sterbliche Überreste hier verbrannt und in Massengräbern verscharrt wurden. Die ersten dokumentierten Einäscherungen nahm die sowjetische Geheimpolizei NKWD Anfang 1935 vor. Es ist jedoch nicht ausgeschlossen, dass die Anlage schon zu einem früheren Zeitpunkt genutzt wurde, wahrscheinlich sogar bereits nach der Inbetriebnahme 1927. Zu diesem Zeitpunkt beseitigte die Geheimpolizei die zum Tode Verurteilten allerdings noch vorrangig im Jauzskaja-Krankenhaus und auf dem Wagankowskoje-Friedhof. Eine erste große Welle von Einäscherungen begann 1936 und dauerte bis zum Beginn des Jahres 1937. Hauptsächlich betraf dies Opfer, die im Zuge des beginnenden Massenterrors vom Obersten Kollegium des Militärgerichtes unschuldig abgeurteilt worden waren. Allein für das Jahr 1937 sind über 4 000 Einäscherungen dokumentiert. Aufgrund des Ausmaßes der Hinrichtungen konnten nicht mehr alle Leichen eingeäschert werden, sodass in diesem Zeitraum auch einige Massengräber entstanden, in denen mehrere Hundert nicht verbrannte Tote anonym verscharrt wurden. Die Einäscherungen wurden sofort nach der Erschießung vorgenommen, die in den 1930er Jahren vor allem in der Lubjanka sowie dem Butyrka- und Lefortowogefängnis durchgeführt wurden. In den Nachkriegsjahren wurden die Exekutionen mit großer Sicherheit nur noch in der Butyrka vorgenommen. Ebenfalls sind Hinrichtungen in anderen Gerichtsgebäuden und Haftanstalten belegt. Die Kontrolle über die Verbrennungen hatte eine Sondergruppe der Geheimpolizei inne, die sowohl den bürokratischen Ablauf als auch die Beseitigung der Asche überwachte. Nach Aussage des langjährigen Friedhofsdirektors, der 1941 verhaftet wurde, war er persönlich

► In der Kirche auf dem Donskoje-Friedhof befand sich seit 1927 das einzige Krematorium Moskaus.

mit dem Verstreuen der Asche an genau festgelegten Plätzen im Umkreis des Krematoriums betraut. So war die Existenz der Massengräber nur ihm und den beteiligten Mitarbeitern der Geheimpolizei bekannt. Die Zahl der Opfer politischer Verfolgung auf dem Donskoje Friedhof ist nicht mehr eindeutig zu ermitteln. Nachforschungen von Memorial und Historikern belegen mindestens 7000 Einäscherungen, deren tatsächliche Anzahl wird jedoch auf zehn- bis elftausend geschätzt. Da die Asche im Verlaufe der Jahrzehnte an verschiedenen Stellen des Friedhofs beseitigt wurde, entstanden insgesamt drei Massengräber. Die Aschefelder der Jahre 1935 bis 1941 befinden sich am Ende des Friedhofs, unmittelbar daneben die Gräber der Jahre 1942 bis 1944. Die Toten der Jahre 1945 bis 1953 fanden in unmittelbarer Nähe des Krematoriums ihre letzte Ruhestätte. Die drei Massengräber auf dem Moskauer Donskoje-Friedhof wurden Ende der 1980er Jahre entdeckt. Im Zuge der Bemühun-

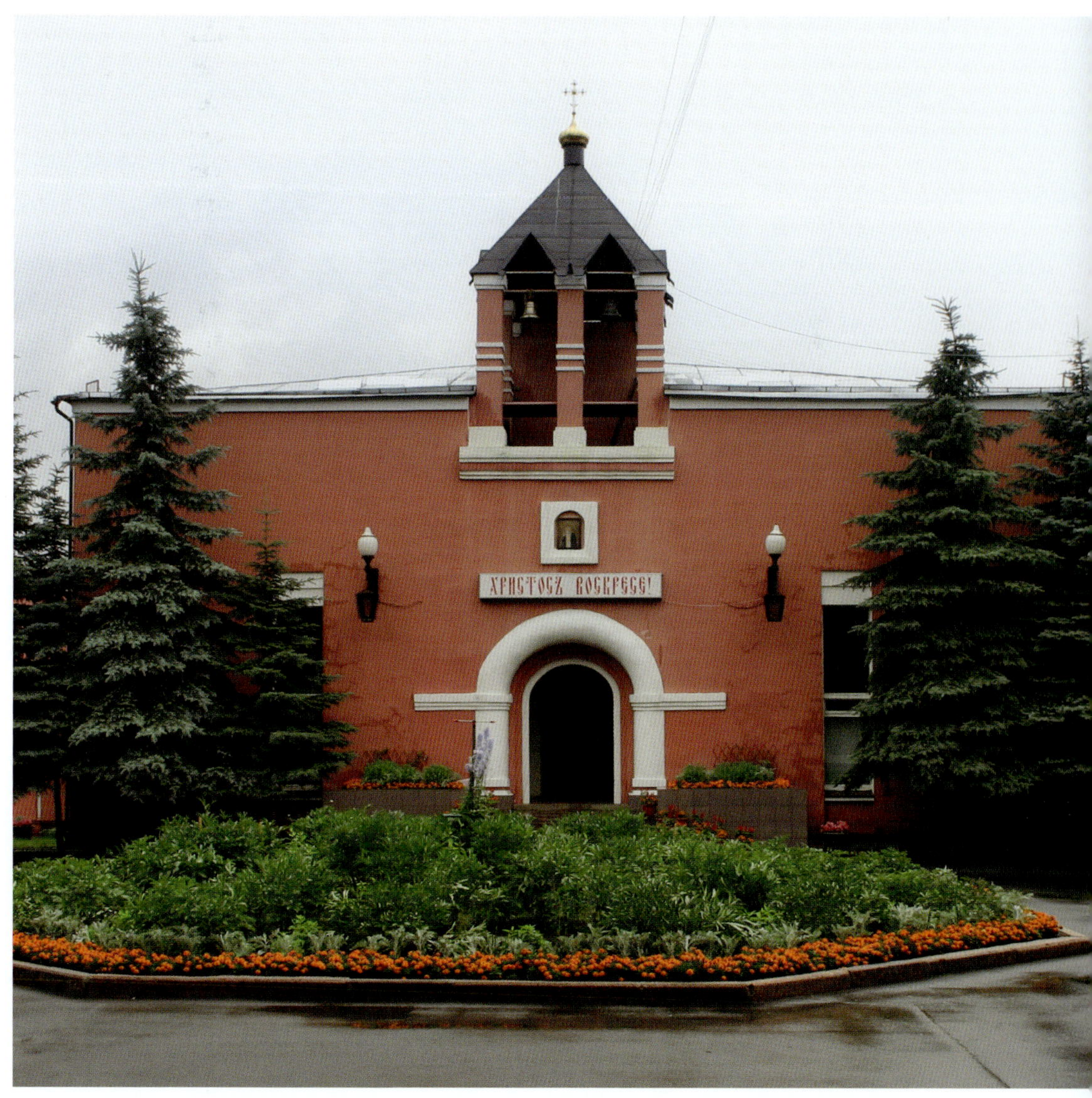

gen um die Rehabilitierung politisch Verfolgter in Moskau, die vor allem von der Tscheremuschkinsker Gruppe unter Leitung von Michail Borisowitsch Mindlin vorangetrieben wurde, begann auch die Suche nach den Gräbern der zwischen 1937 und 1953 Hingerichteten. Nachforschungen in den Archiven der ehemaligen Geheimpolizei bestätigten die Existenz von drei Massengräbern, in denen die Toten verschiedener Verfolgungsepochen ruhen. Nachdem bereits im August 1991 ein erster Gedenkstein auf dem Grab der Opfer des Massenterrors 1937/38 errichtet werden konnte, begann die allmähliche Umgestaltung der betreffenden Areale in würdige Gedenkorte.

Im Zuge der Einweihung des Mahnmals für die Opfer der »Leningrader Affäre«, einer der größten Säuberungskampagnen im Partei- und Staatsapparat der Sowjetunion nach dem Massenterror 1937/38, wurde auf dem Massengrab Nummer 3 ein Gedenkareal errichtet. Im Zentrum des kreisrund angelegten memorialen Platzes befindet sich die Skulptur einer knienden Frau. Vor ihr ist eine Tafel in den Rasen eingelassen, die der Opfer der Verfolgung von 1945 bis 1953 gedenkt. Mehrere um den Platz herum angebrachte nationale Gedenkstelen erinnern an ungarische, polnische, japanische, österreichische und deutsche Opfergruppen. So wurden zwischen 1950 und 1953 allein 927 deutsche Bürger, die aus der DDR an die Sowjetunion ausgeliefert wurden, von sowjetischen Militärtribunalen zum Tode verurteilt, in Moskau erschossen und auf dem Donskoje-Friedhof verscharrt. Im Beisein von Angehörigen der Opfer wurde im Juli 2005 ein Gedenkstein für die deutschen Opfer stalinistischer Verfolgung offiziell eingeweiht. Memorial Moskau, das Historische Forschungsinstitut Facts & Files und die Bundesstiftung zur Aufarbeitung der SED-Diktatur stellen in der Publikation »Erschossen in Moskau ...« eine um-

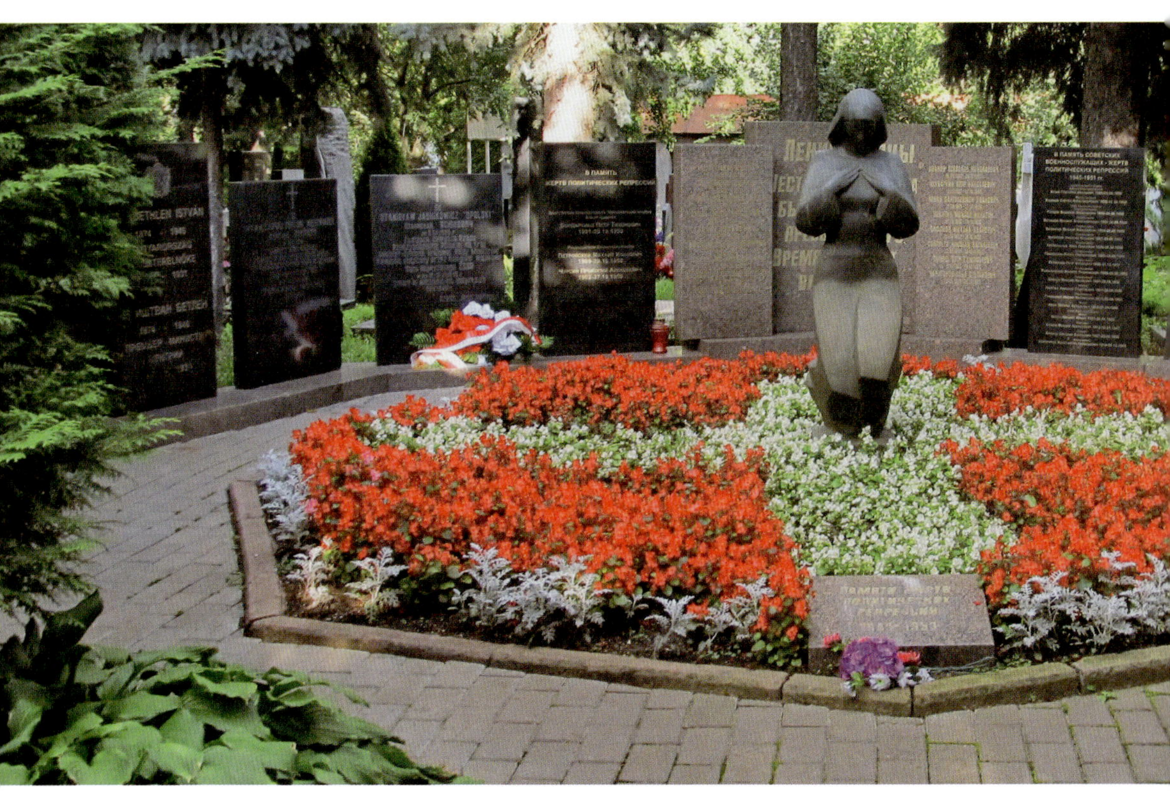

fassende Dokumentation mit Kurzbiografien der deutschen Opfer vor. Finanziert wurde die Anlage aus Mitteln der Stadtverwaltung Moskau. Inzwischen sind alle drei Massengräber mit zahlreichen individuellen und offiziellen Gedenkzeichen versehen. Alljährlich finden am 30. Oktober, dem Tag des Gedenkens an die Opfer politischer Repressionen in Russland, auf dem Friedhof Gedenkzeremonien statt.

Inschrift des Gedenksteins
am Massengrab Nummer 3, russisch:
Памяти жертв политических репрессий
1945 – 1953

Die deutsche Übersetzung lautet:
Zum Gedenken an die Opfer der politischen Repression 1945 – 1953

Inschrift auf dem Gedenkstein
für die Opfer politischer Repressionen am Massengrab Nummer 1, russisch:
Здесь захоронены останки невинно замученых и расстрелянных жертв политических репрессий 1930 – 1942.
Вечная им память! // Общая могила № 1.
Захоронение невостребованных прахов с 1930 – 1942 включ.

Die deutsche Übersetzung lautet:
Hier ruhen die Überreste unschuldig gequälter und erschossener Opfer der politischen Repression 1930 – 1942. Ihnen ewiges Gedenken! Gemeinschaftsgrab Nr. 1. Grab der nicht abgeholten Asche. 1930 – 1942

Inschrift auf dem Gedenkstein
für die deutschen Opfer der politischen Repression, deutsch / russisch:
Zur Erinnerung an die / Bürger Deutschlands Opfer der politischen / Repressionen 1950 – 1953
Памяти граждан Германии / жертв политических / репрессий 1945 – 1953

Die Namenslisten der Opfer / sind in den Räumlichkeiten der / Friedhofsverwaltung einsehbar
Поимённые списки жертв находятся в здании администрации кладбища

Standort: Moskau, uliza Ordschonikidse 4
Internet: www.topos.memo.ru/donskoe-kladbishche-novoe

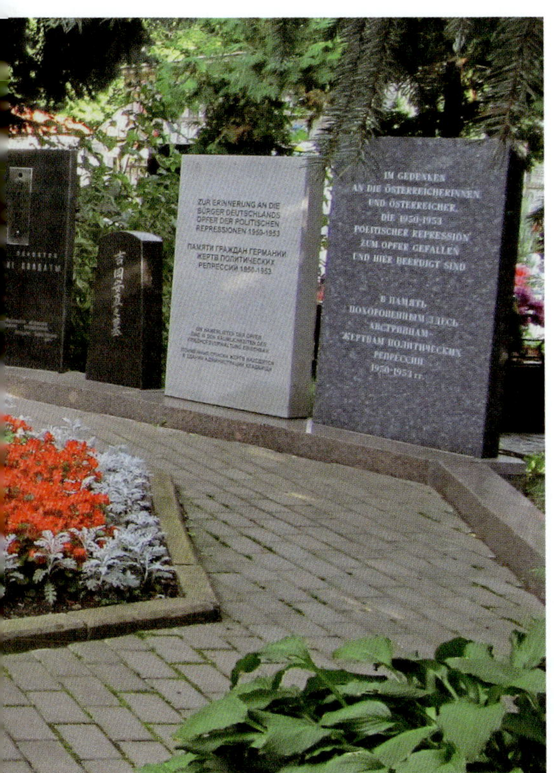

Massengrab Nummer 3
auf dem Donskoje-Friedhof

Gedenkstätte »Butowskij Poligon«

Butowo. Die Gedenkstätte »Butowskij Poligon« (Übungsplatz Butowo) befindet sich am südwestlichen Stadtrand von Moskau, in der Nähe des Dorfes Droshshino. Das Gelände des »Butowskij Poligon« gehörte bis 1917 zum Besitz des Moskauer Kaufmannes Solowjew. Zwischen 1920 und 1995 stand es als Sperrgebiet unter der Verwaltung der sowjetischen, später russischen, Geheimpolizei. 1995 erfolgte die Übertragung an das Moskauer Patriarchat der russisch-orthodoxen Kirche.

Hier wurden zwischen 1937 und 1938 im Zuge des Massenterrors durch die sowjetische Geheimpolizei NKWD mehr als 21 000 Menschen erschossen und in Massengräbern verscharrt. Unter ihnen waren über tausend Geistliche. Mehr als ein Drittel aller Erschossenen in Butowo waren zudem Häftlinge des Dmitlag, die für den Bau des Moskau-Wolga-Kanals eingesetzt worden waren und nach Abschluss der Bauarbeiten 1938 hingerichtet wurden. Zahlreiche Politiker, Wissenschaftler und Künstler des vorrevolutionären Russlands fanden in Butowo ihre letzte Ruhestätte. Unter ihnen der Präsident der zwetien Staatsduma F. A. Golowin, der ehemalige Generalgouverneur Moskaus, W. F. Dshunkowskij, und sein Adjutant W. S. Gadon oder N. N. Danilewskij, einer der russischen Luftfahrtpioniere. Überdies zahlreiche Angehörige des alten russischen Adels und der zaristischen Armee. Die genaue Zahl der Toten ist aufgrund der schwierigen Quellenlage weiterhin unbekannt. Seit 1993 bemühen sich verschiedene Aufarbeitungsinitiativen, unter anderem Memorial Moskau, sowie die russisch-orthodoxe Kirche um die Umgestaltung des Gräberfelds in einen würdigen Gedenkort für die Opfer des Massenterrors der Jahre 1937/38. Als Ende der 1980er Jahre unter Gorbatschow die öffentliche Auseinandersetzung mit den stalinistischen Verbrechen einsetzte, begannen sich ehemalige Häftlinge, Angehörige, Historiker und Journalisten um die Aufklärung der Schicksale der Opfer des Massenterrors zu bemühen. Nach Öffnung der Archive konnten Anfang der 1990er Jahre erste Totenlisten erstellt werden. Die 1992 gegründete »Gruppe zur Bewahrung des Andenkens an die Opfer der Repression« unter Leitung des ehemaligen Kolyma-Häftlings Michail Borisowitsch Mindlin stieß im Zuge der Recherchen auch auf das frühere Spezialobjekt des NKWD in Butowo. Im Juni 1993 kam es zu einer ersten Begehung des Gräberfelds, nachdem eine Expertenkommission des russischen Geheimdienstes FSB offiziell die Existenz des Hinrichtungsortes »Butowo« bestätigt hatte. Bereits am 10. Oktober 1993 konnte im Beisein von zahlreichen Angehörigen und Überlebenden des Massenterrors ein erster Gedenkstein eingeweiht werden. In der ehemaligen Geheimdienstschule am Rande des Gräberfelds wurde von der Kirchengemeinde eine Sonntagsschule eingerichtet, die gleichzeitig eine kleine Ausstellung zur Geschichte des Gräberfelds beherbergt. Sie widmet sich vorrangig dem Schicksal der in Butowo erschossenen geistlichen Würdenträger der russisch-orthodoxen Kirche, die eine der größten Opfergruppen ausmachen. Zum heutigen Gedenkareal gehören die in den 1990er Jahren gekennzeichneten Massengräber, eine 1996 geweihte Holzkirche »Kirche auf dem Blute«, ein Holzglockenturm sowie ein im Mai 1994 errichtetes Anbetungskreuz. Zum Gedenken an die mehr als Tausend in Butowo hingerichteten geistlichen Würdenträger wurden zahlreiche weitere Gedenkzeichen errichtet.

Standort: Butowo, uliza Jubilejnaja
Internet: www.martyr.ru

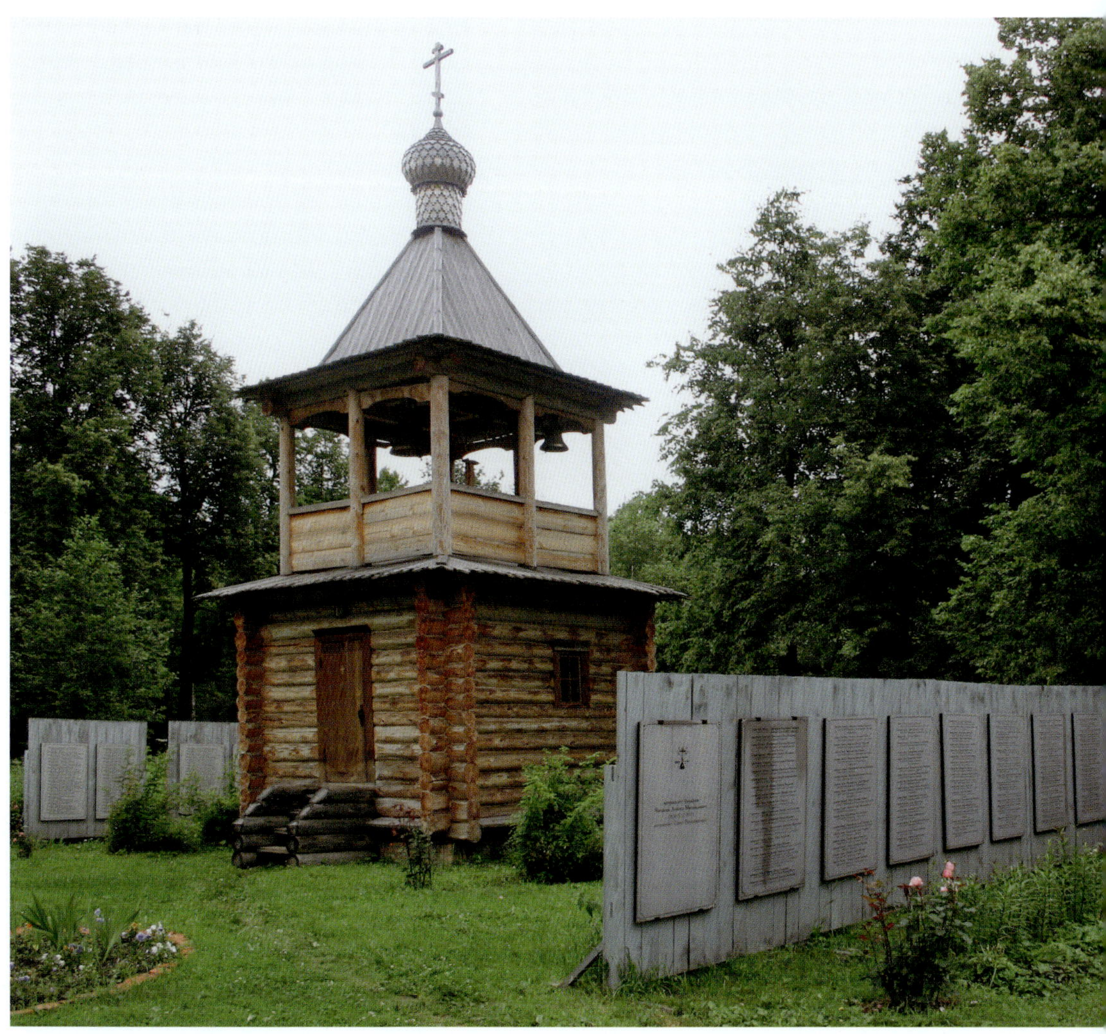

Gedenkkapelle und Namenstafeln der hingerichteten Geistlichen

Solowezki-Stein

Moskau. Der Solowezki-Stein für die Opfer der politischen Repression wurde am 30. Oktober 1990 vor dem Hauptquartier der ehemaligen sowjetischen Geheimpolizei am Rande des Lubjanka-Platzes eingeweiht. Der Stein ist eines der ersten großen Gedenkzeichen für die Opfer politischer Verfolgung auf dem Gebiet der ehemaligen Sowjetunion. Initiiert wurde er von der Vereinigung Memorial, die den Stein nach Moskau bringen und auf einen Sockel aus Marmorplatten setzen ließ. Die Moskauer Stadtregierung beteiligte sich finanziell an dem Unternehmen, das jedoch zum Großteil aus von Memorial gesammelten Spenden finanziert wurde. Den Entwurf für das zunächst als Provisorium gedachte Mahnmal lieferte der Künstler S. I. Smirnow, der ihn von dem Architekten W. E. Korsi umsetzen ließ. In den Sockel ist eine Inschrift eingelassen, die auf die Bedeutung des Steines verweist. Am Rande des Platzes wurde in den 1990er Jahren eine Tafel aufgestellt, die weitere Informationen in russischer und englischer Sprache bietet. Mit Gründung der Vereinigung Memorial 1988 wurde die Forderung nach Errichtung eines Denkmals für die Opfer politischer Verfolgung in der Sowjetunion zu einem der wichtigsten Anliegen der Gesellschaft. Die sowjetische Staats- und Parteiführung wehrte sich lange gegen den Bau eines derartigen Mahnmals, musste aber schließlich dem öffentlichen Druck nachgeben. Die Initiative für das Vorhaben lag damit bei Memorial. Als in Archangelsk im Frühjahr 1990 eine Expedition der dortigen Aufarbeitungsinitiative Sowjest zu den Solowezki-Inseln aufbrach, um von dort einen Stein für ein Mahnmal der Opfer politischer Repression in der Stadt zu holen, schloss sich Memorial dieser Unternehmung an und orderte ihrerseits einen eigenen Stein für das Moskauer Mahnmal. Die Einweihung erfolgte mit Unterstützung der Moskauer Stadtregierung. Der symbolträchtige Ort vor dem Hauptquartier der sowjetischen Geheimpolizei, die als Lubjanka bekannt wurde, war bewusst gewählt worden. Noch vor Einweihung des Denkmals erhielt der damalige Dserschinksi-Platz seine ursprüngliche Bezeichnung Lubjanka-Platz zurück, während das Denkmal für den Gründer der sowjetischen Geheimpolizei Feliks Dserschinski bis August 1991 stehen blieb. Der nach Moskau verbrachte Solowezki-Stein wurde etwas abseits des Lubjanka-Platzes in einer Grünanlage vor dem Polytechnischen Museum aufgestellt. Zur Einweihung am 30. Oktober 1990 zogen Tausende Menschen durch die Straßen Moskaus. Der ehemalige Solowezki-Häftling Oleg Wolkow sowie der verbannte Priester Gelb Jakunin nahmen die Einweihungszeremonie vor. Vonseiten Memorials sprachen Anatoli Shigulin und Sergej Kowaljow. Der unbehauene Stein sollte in der Vorstellung der Initiatoren im Verlauf der Jahre durch ein neues, »bearbeitetes« Mahnmal ersetzt werden. Trotz verschiedener Initiativen in den folgenden Jahren blieb der Solowezki-Stein ein Provisorium, gewann aber aufgrund seiner Bedeutung dennoch eine hohe symbolische Bedeutung.

Inschrift auf dem Stein
Russisch: Этот камень с территории Соловецкого лагерия особого назначения доставлен обществом »Мемориал« и установлен в память о миллионах жертв тоталитарного режима. 30. октябрь 1990 года День политзаключенного в СССР

Die deutsche Übersetzung lautet:
Dieser Stein vom Territorium des Solowezker Lagers wurde zur besonderen Verwendung hierher verbracht und zum Gedenken an die Millionen Opfer des totalitären Regimes aufgestellt. 30. Oktober 1990 / Tag der politischen Häftlinge in der UdSSR

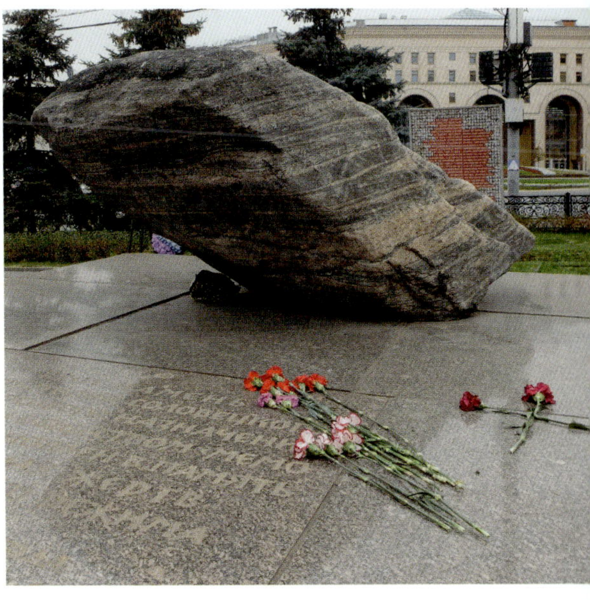

»Solowezki-Stein« für die Opfer der politischen Repression

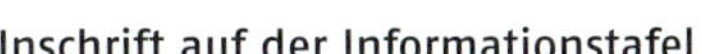

Inschrift auf der Informationstafel
Russisch: За годы террора в Москве по ложным политическим обвинениям были расстреляны более 40 тысяч человек. В 1921–1926 годах расстреляных хоронили на территории кладбища Язской больницы (ныне больница № 223), в 1926–1935 г. г. – на Ваганьковском кладбище, а начиная с 1934 года и по крайней мере до 1950-х г. г. Расстрелянных кремовали в Московском (Донском) крематории. Начиная с 1937 года в качестве мест захоронений использовались также два полигона НКВД в ближнем Подмосковье – в Бутово и близ совхоза »Коммунарка«

Die deutsche Übersetzung lautet:
In den Jahren des Terrors wurden in Moskau aufgrund unwahrer politischer Anklagen mehr als 40 000 Menschen erschossen. In den Jahren 1921–1926 wurden die Erschossenen auf dem Gelände des Friedhofs des Jauskaja-Krankenhauses (heute Krankenhaus Nr. 223) beerdigt, in den Jahren 1926–1935 auf dem Wagankowski-Friedhof. Von 1934 bis mindestens in die 1950er Jahre hinein wurden die Erschossenen im Moskauer (Donskoi-) Krematorium eingeäschert und in Massengräbern verscharrt. Von 1937 an wurden auch zwei Schießplätze des NKWD in den Vororten von Moskau – Butowo und nahe der Sowchose Kommunarka – als Bestattungsort genutzt.

Standort: Moskau, Nowaja Ploschtschad 3/4

Internationale Gesellschaft für Aufklärung, Menschenrechte und soziale Fürsorge Memorial

Moskau. Memorial, die älteste und bekannteste Menschenrechtsorganisation in Russland, entwickelte sich aus der 1987 ins Leben gerufenen Initiativgruppe »Für die Bewahrung der Erinnerung an die Opfer von Gesetzeslosigkeit und Repression in der Vergangenheit unseres Landes«. Bei ihrer offiziellen Konstituierung auf dem Gründungskongress im Januar 1989 stellte nunmehr die »Internationale Gesellschaft für Aufklärung, Menschenrechte und soziale Fürsorge Memorial« die erste Organisation auf dem Gebiet der Sowjetunion dar, die nicht auf Grundlage einer Parteientscheidung ins Leben gerufen wurde, sondern regierungsunabhängig durch politisch-gesellschaftliche Selbstorganisation interessierter Bürger und ehemaliger politischer Gefangener entstand. Heute unterhält Memorial, deren erster Vorsitzende der Atomphysiker, Friedensnobelpreisträger sowie Vordenker der sowjetischen Dissidentenbewegung Andrej Sacharow gewesen ist, ein Netzwerk von über 70 auf regionaler und nationaler Ebene selbstständig agierenden Zweigstellen und Tochterverbänden in Russland, der Ukraine, Weißrussland, Kasachstan, Lettland, der Tschechischen Republik, Polen, Deutschland, Italien und Frankreich. Zu den vorrangigen Aufgaben der Organisation zählen die historische Aufarbeitung der kommunistischen Verbrechen und die Aufrechterhaltung des Gedenkens an die Opfer der politischen Repression.

Seit ihrer Gründung besteht ein weiteres satzungsgemäßes Ziel der Organisation darin, »die vollständige und öffentliche Rehabilitierung der Opfer der Repressionen« zu erwirken. Zu diesem Zweck beteiligte sich Memorial aktiv an der Ausarbeitung des 1991 in Kraft getretenen Gesetzes »Über die Rehabilitierung der Opfer politischer Repressionen«. Zu den zentralen Arbeitsfeldern der Organisation zählt daher bis heute die soziale und juristische Betreuung der politisch Verfolgten und ihrer Angehörigen sowie ihre Unterstützung bei der Durchsetzung von Entschädigungsansprüchen und medizinischen Betreuungs- und Versorgungsleistungen. Mit dem Anliegen, das Gedenken an die Opfer des sowjetischen Unrechtsregimes stärker in den Fokus der Gesellschaft zu rücken, beteiligt sich Memorial alljährlich an den Gedenkveranstaltungen am 30. Oktober, dem nationalen Gedenktag an die Opfer politischer Repressionen in Russland. Dieser Tag wurde bereits seit 1974 – zunächst informell, nach dem Zusammenbruch des kommunistischen Regimes offiziell – von den sowjetischen politischen Gefangenen als Tag der Solidarität und des Widerstandes begangen. Am 30. Oktober 1990 wurde auf Initiative von Memorial auf dem Lubjanka-Platz, vor dem berüchtigten Hauptquartier und Foltergefängnis der sowjetischen Geheimpolizei, der Solowezki-Stein aufgestellt. Seit 2007 findet an dieser Stelle alljährlich am 30. Oktober die von Memorial ins Leben gerufene Aktion »Rückgabe der Namen« statt. Dabei werden im Verlauf des gesamten Tages die Namen von Personen verlesen, die in Moskau in den Jahren des »Großen Terrors« 1937/38 hingerichtet worden sind. Die Gesellschaft initiiert seit 1999 jedes Jahr den landesweiten Schülerwettbewerb »Der Mensch in der Geschichte. Russland und das 20. Jahrhundert«, im Rahmen dessen bereits mehr als 35 000 Aufsätze eingereicht worden sind. Darüber hinaus organisiert und veranstaltet Memorial sowohl eigenständig als auch mit Kooperationspartnern ein vielfältiges Programm zur historischen Aufklärung und politischen Bildung. Ein weiteres besonderes Projekt ist das »Virtuelle GULag-Museum« des Forschungs- und Informationszentrums Memorial in St. Petersburg. Die Onlinedatenbank ist ein umfassendes Kompendium an Zeugnissen über die Ära des sowjetischen Terrors. Auf Englisch, Russisch und Deutsch werden detaillierte Informationen zu Denkmälern und Gedenkzeichen sowie Überresten ehemaliger Lagerstandorte vorgestellt.

In den Räumlichkeiten der Gesellschaft Memorial Moskau befindet sich seit 1990 eine museale Kollektion, die über 4 000 Originalexponate von Lagerkunst und Gegenständen des Haftalltags beherbergt.

Für ihren Einsatz zur Verteidigung der Menschenrechte wurde der Organisation 2004 der alternative Nobelpreis zuerkannt. Im Jahr 2009 erhielt Memorial den Sacharow-Preis für geistige Freiheit des Europäischen Parlaments. In den vergangenen Jahren sah sich Memorial jedoch immer wieder staatlichen Restriktionen ausgesetzt: Im Oktober 2016 musste sich die Organisation auf Weisung des russischen Justizministeriums als »ausländischer Agent« registrieren lassen, um weiterhin tätig sein zu können. Die diskreditierende Kennzeichnung »ausländischer Agent« geht auf ein 2012 erlassenes Gesetz zurück und betrifft alle Institutionen, die »Einfluss auf die öffentliche Meinung nehmen« und Gelder aus dem Ausland erhalten. Dieses Gesetz ist wegen der damit verbundenen Einschränkungen für die Meinungsfreiheit und für die Tätigkeit von unabhängigen Institutionen sowie nicht zuletzt wegen der an die Zeit des Stalinismus und des »Großen Terrors« erinnernden Wortwahl umstritten.

Standort: Moskau, Karetnij Rjad 5/10
Internet: www.memo.ru

Die Gesellschaft Memorial verfügt über ein einzigartiges Archiv zu den Opfern der politischen Repression.

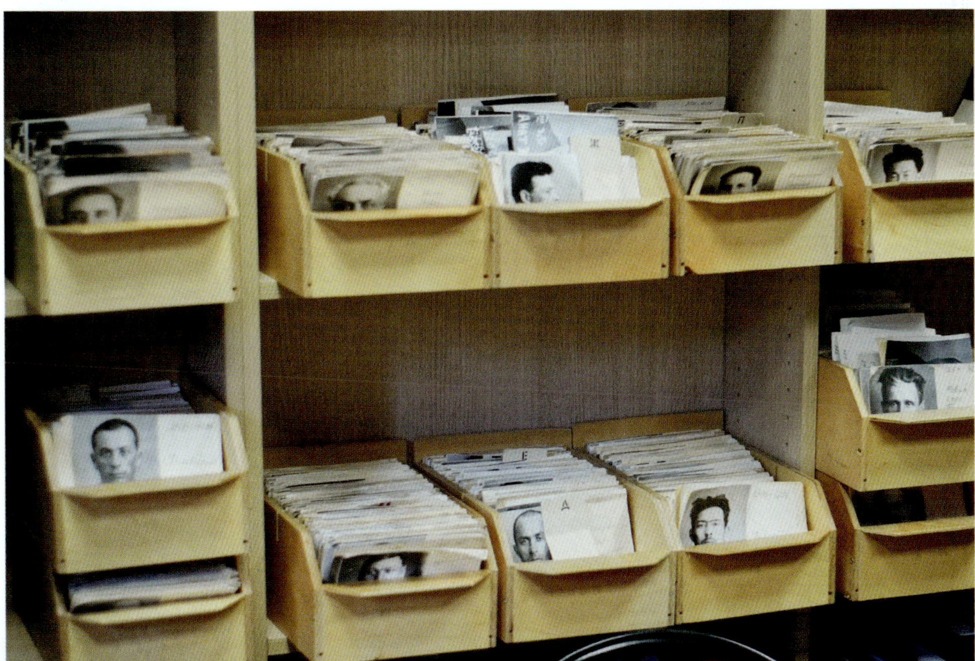

Museum und gesellschaftliches Zentrum »Frieden, Fortschritt, Menschenrechte« Andrej Sacharow

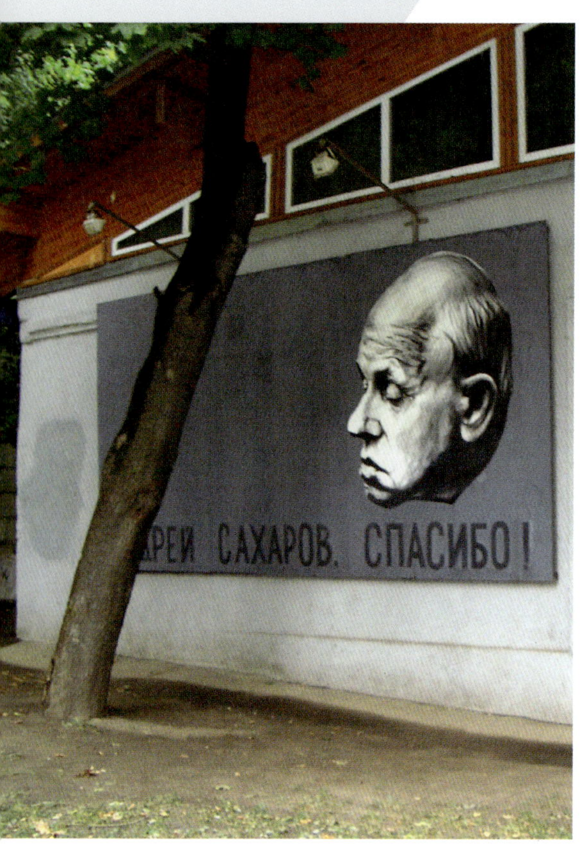

Blick auf die Gebäudefassade des Museums

Moskau. Das 1994 gegründete Museum und gesellschaftliche Zentrum »Frieden, Fortschritt, Menschenrechte« Andrej Sacharow bietet ein breites Diskussions- und Veranstaltungsforum zum Austausch über aktuelle zivilgesellschaftliche, politische und kulturelle Herausforderungen. Die ständige Ausstellung des Museums beleuchtet eingehend die Geschichte der (Un-)Freiheit in der UdSSR und widmet dem Schicksal und Werk des Friedensnobelpreisträgers und Dissidenten Andrej Sacharow breiten Raum.

Das Museum des Sacharow-Zentrums widmet sich der Geschichte der Sowjetunion unter dem Blickwinkel der politischen Repression. Die in vier Abschnitte gegliederte Ausstellung »Totalitäre Vergangenheit« beschäftigt sich im ersten Teil mit der sowjetischen »Mythologie und Ideologie«. Dabei werden die Mechanismen des totalitären Systems und dessen Auswirkungen auf Gesellschaft und Individuum näher beleuchtet. Der folgende Bereich »Wege durch den GULag« illustriert anhand einer exemplarischen Biografie den Komplex der Lager und Gefängnisse während der stalinistischen Verfolgung. Anschließend werden Formen des Widerstands und der Verweigerung dargestellt, angefangen von Aufständen in den Lagern über antistalinistische Zirkel der Nachkriegszeit bis hin zur Dissidentenbewegung der 1960er und 1970er Jahre. Im dritten Abschnitt werden regelmäßig Wechselausstellungen gezeigt, die

Probleme der gegenwärtigen Gesellschaft in Russland zum Gegenstand haben. Den Abschluss bildet ein Abriss der Biografie von Andrej Sacharow und dessen Wirken. Neben der ständigen und den wechselnden Ausstellungen bietet die Einrichtung eine umfangreiche Bibliothek mit Video- und Audiosammlung. Zum Museumsfonds des Zentrums zählen rund 600 Kunstobjekte – Gemälde, Grafiken, Zeichnungen und Skulpturen –, eine umfangreiche Foto-, Zeitungs- und Samisdat-Sammlung sowie persönlichen Hinterlassenschaften bekannter russischer Dissidenten. Die Sacharow-Stiftung organisiert Konferenzen und Seminare. Zusammen mit ihren internationalen Partnern veranstaltet das Zentrum alljährlich Weiterbildungen zur Wahrung und Durchsetzung von Menschenrechten.

Standort: Moskau, Zemljanoj wal 57
Internet: www.sakharov-center.ru

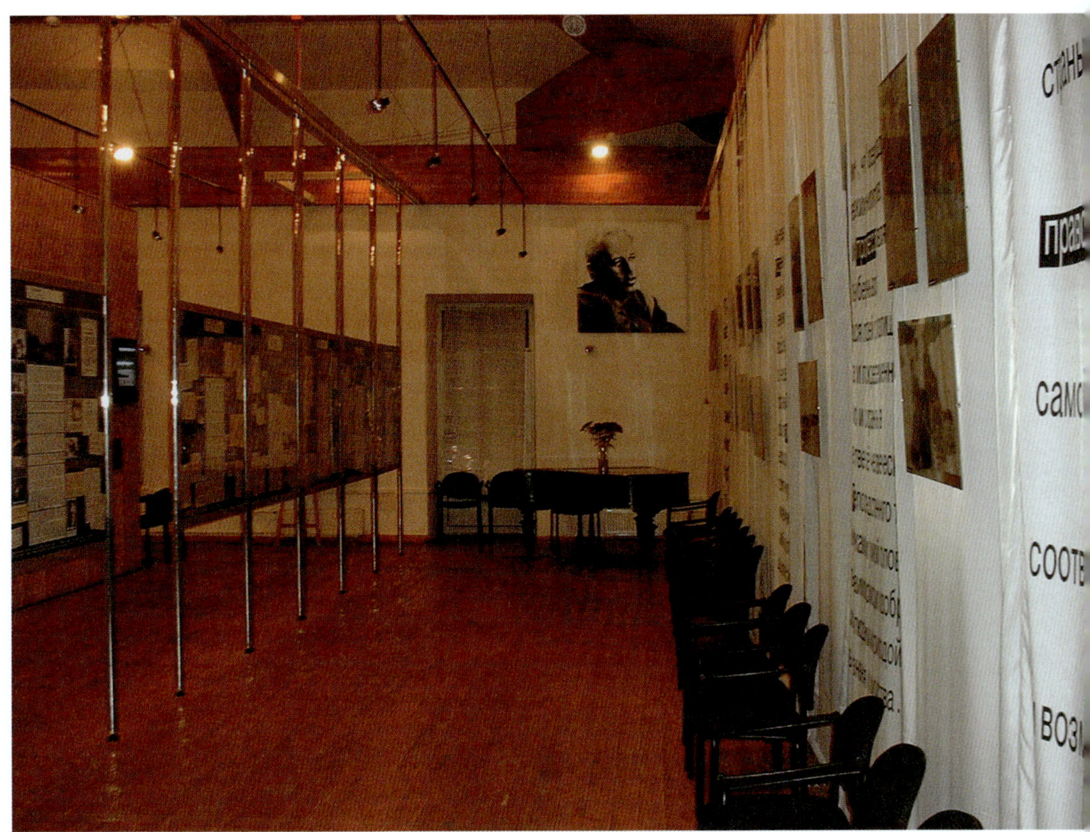

Ausstellungsansicht

Staatliches Museum zur Geschichte des GULag

Moskau. Das Staatliche Museum zur Geschichte des GULag wurde am 30. Oktober 2015, dem Tag der Opfer politischer Repressionen in Russland, eröffnet. Die Idee für die Errichtung eines Museums, das sich mit der Geschichte der sowjetischen Zwangsarbeitslager auseinandersetzt, geht auf eine im Jahr 2001 entstandene Initiative von Opfern, Angehörigen und Historikern sowie dem prominenten Publizisten und ehemaligen Lagerhäftling Anton Wladimirowitsch Antonow-Owsejenko zurück. Das Museum will Entstehungsgeschichte, Entwicklung und die Auflösung des weitläufigen Systems der »Besserungsarbeitslager« auf dem Gebiet der ehemaligen Sowjetunion darstellen.

Auf über 860 Quadratmetern Ausstellungsfläche werden zentrale Aspekte des Systems der Zwangsarbeitslager beleuchtet, das die Gesellschaft, Politik und Wirtschaft der Sowjetunion für viele Jahre nachhaltig prägte. Die ständige Ausstellung »Nationales Gedächtnis an den GULag« verdeutlicht den Besuchern die Geschichte politischer Repressionen in der Sowjetunion. Den Mittelpunkt der Dauerausstellung bilden über 100 aus landesweit 25 Museen zusammengetragene Exponate – Alltagsgegenstände, Dokumente, Fotografien, Videointerviews –, die mittels der persönlichen Erfahrungen der GULag-Häftlinge einen Eindruck vom Lagerleben vermitteln sollen. Zum Museum gehören neben der ständigen und den wechselnden Ausstellungen auch ein Forschungszentrum sowie eine Bibliothek. Darüber hinaus sind in den neuen Räumlichkeiten ein Freiwilligencenter, ein Saal für thematische Filmvorführungen und eine Publikationsstelle angesiedelt. Das Museum besitzt ein Dokumentenarchiv, Briefe und Erinnerungsprotokolle ehemaliger GULag-Häftlinge sowie eine umfangreiche Sammlung an Kunstgegenständen, die von Lagerinsassen und zeitgenössischen Autoren in Interpretation der sowjetischen Repressionsgeschichte hergestellt wurden. Das Bildungsangebot wird erweitert durch diverse das Thema Repression aufgreifende Veranstaltungen: Lesungen, Filmvorführungen, Konzerte, Seminare und Präsentationen. Führungen durch die Ausstellung werden auf Russisch und Englisch angeboten.

Standort: Moskau, 1. Samotechny pereulok 9, Boulevard 1
Internet: www.gmig.ru

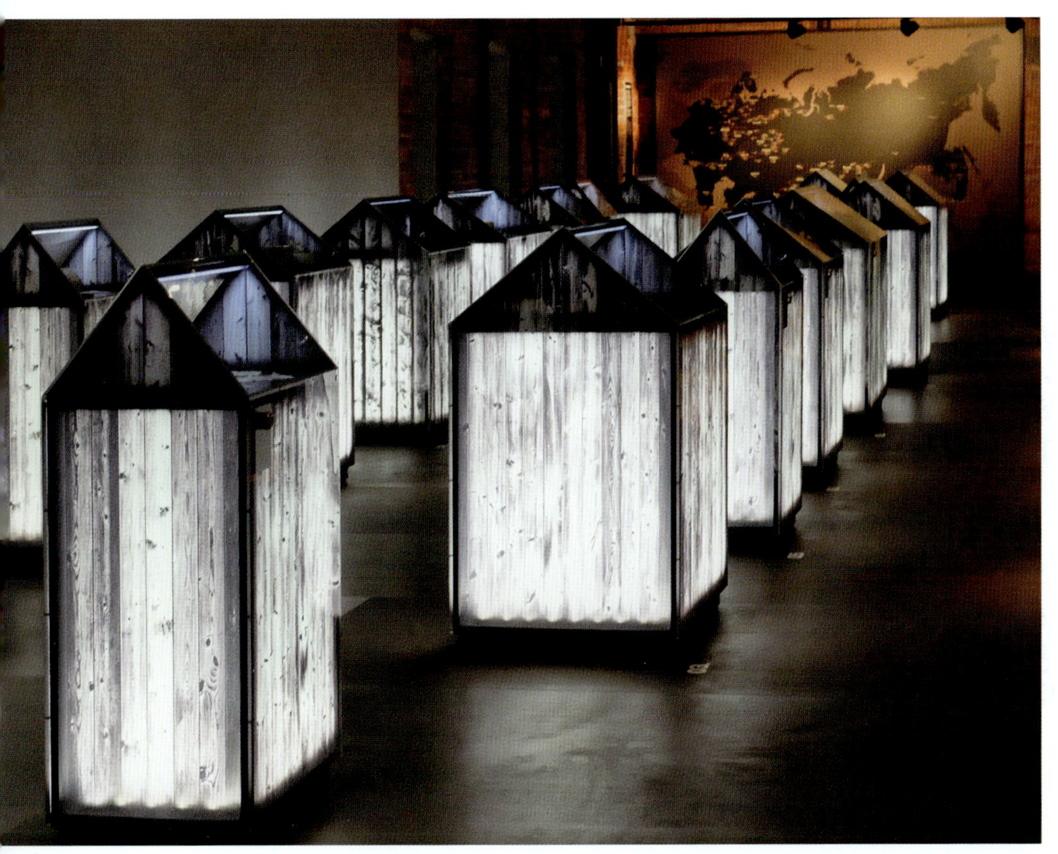

Objektvitrinen mit Ausstellungsexponaten

Park der Künste »Muzeon«

Moskau. Der 1992 eingeweihte Park der Künste befindet sich in unmittelbarer Nähe der Tretjakow-Galerie für moderne Kunst und zeigt die landesweit größte Freiluftausstellung von Skulpturen und Plastiken sowjetischer und zeitgenössischer russischer Künstler. Auf über 23 Hektar Ausstellungsfläche sind mehr als 700 Exponate mit historisch-politischen, avantgardistischen und modernen Motiven zu sehen.

Ende 1990 beschloss die Moskauer Stadtregierung, auf dem heutigen Gelände des Parks der Künste eine Skulpturenanlage einzurichten. Ursprünglich als künstlerisches Projekt geplant, gewann dieses Vorhaben schnell eine neue Bedeutung. Nach der Niederschlagung des Augustputsches 1991 wurde in der Hauptstadt mit der Demontage zahlreicher sowjetischer Mahnmale begonnen, die bis dahin auf vielen wichtigen Plätzen Moskaus zu sehen waren. Damit diese nicht der Vernichtung anheimfielen, fasste die Moskauer Stadtverordnetenversammlung noch im Oktober 1991 den Entschluss, die demontierten Standbilder und Skulpturen zu sammeln und in den neu gegründeten Park zu verbringen. Unter der Leitung von Michail Pukemo wurde Anfang 1992 die Vereinigung Muzeon ins Leben gerufen, um die Gestaltung und Verwaltung des Parks voranzutreiben. In den folgenden Jahren begann der Aufbau der Freiluftausstellung, der bis heute nicht abgeschlossen ist.

Im historischen Teil des Skulpturenparks sind zahlreiche bekannte Denkmäler und Standbilder zu sehen, die das Moskauer Stadtbild bis 1991 prägten. Eines der bekanntesten Ausstellungsstücke ist die Skulptur des Begründers des sowjetischen Geheimdienstes Feliks Edmundowitsch Dserschinski. Das vom renommierten sowjetischen Bildhauer Jewgeni Wutschetisch geschaffene Standbild wurde 1958 vor der Zentrale des damaligen NKWD, der Lubjanka, eingeweiht. Dort befand es sich bis zum 24. Oktober 1991, als es die Stadtregierung unter großer öffentlicher Anteilnahme entfernen ließ. Ein Stalin-Standbild, das Sergej Merkurow 1938 anlässlich der Weltausstellung in New York 1939 aus Granit geschaffen hatte, diente als verkleinerte Vorlage für eine mehr als 30 Meter hohe Skulptur, die vor dem Bolschoi-Theater in Moskau errichtet werden sollte. Außerdem sind Standbilder von Lenin, Kalinin, Swerdlow, Breschnew und anderen Staats- und Parteifunktionären sowie zahlreiche Denkmäler der sogenannten Helden sozialistischer Arbeit zu besichtigen. Neben »programmatischen« Kunstwerken des sozialistischen Realismus zeigt der Muzeon auch Arbeiten sowjetischer Bildhauer der Avantgarde, die aufgrund der restriktiven sowjetischen Staatsideologie ihre Werke der breiten Öffentlichkeit nicht zugänglich machen konnten. Dazu gehören Skulpturen von Jewgeni Tschubarow sowie zahlreiche aus Metall und Stein geformte expressionistische Objekte von Alexej Grigorjew und Leonid Rabens. Auf Initiative der Parkleitung gestaltete Tschubarow ein Mahnmal zur Erinnerung an die Opfer der politischen Repression. Der Künstler errichtete hinter einem Stalin-Standbild eine mit Metallgitternetz umspannte Mauer, deren Innenraum mit 283 aus Stein gefertigten Häuptern gefüllt ist. Darüber befindet sich, in Anlehnung an die Lager des GULag, ein hölzernes Barackendach mit Stacheldrahtkrone.

Zwischen 2012 und 2016 wurde das Parkgelände erweitert und im Rahmen einer städtebaulichen Initiative zu einem weitläufigen Erholungsgebiet umgestaltet. Die Betreiber des Parks bieten neben verschiedenen Ausstellungsführungen auf Russisch und Englisch auch Fortbildungen, Seminare, Workshops und Diskussionsveranstaltungen zu verschiedenen kulturellen und stadtpolitischen Themen an.

Standort: Moskau, Krymskij Wal 10
Internet: www.muzeon.ru

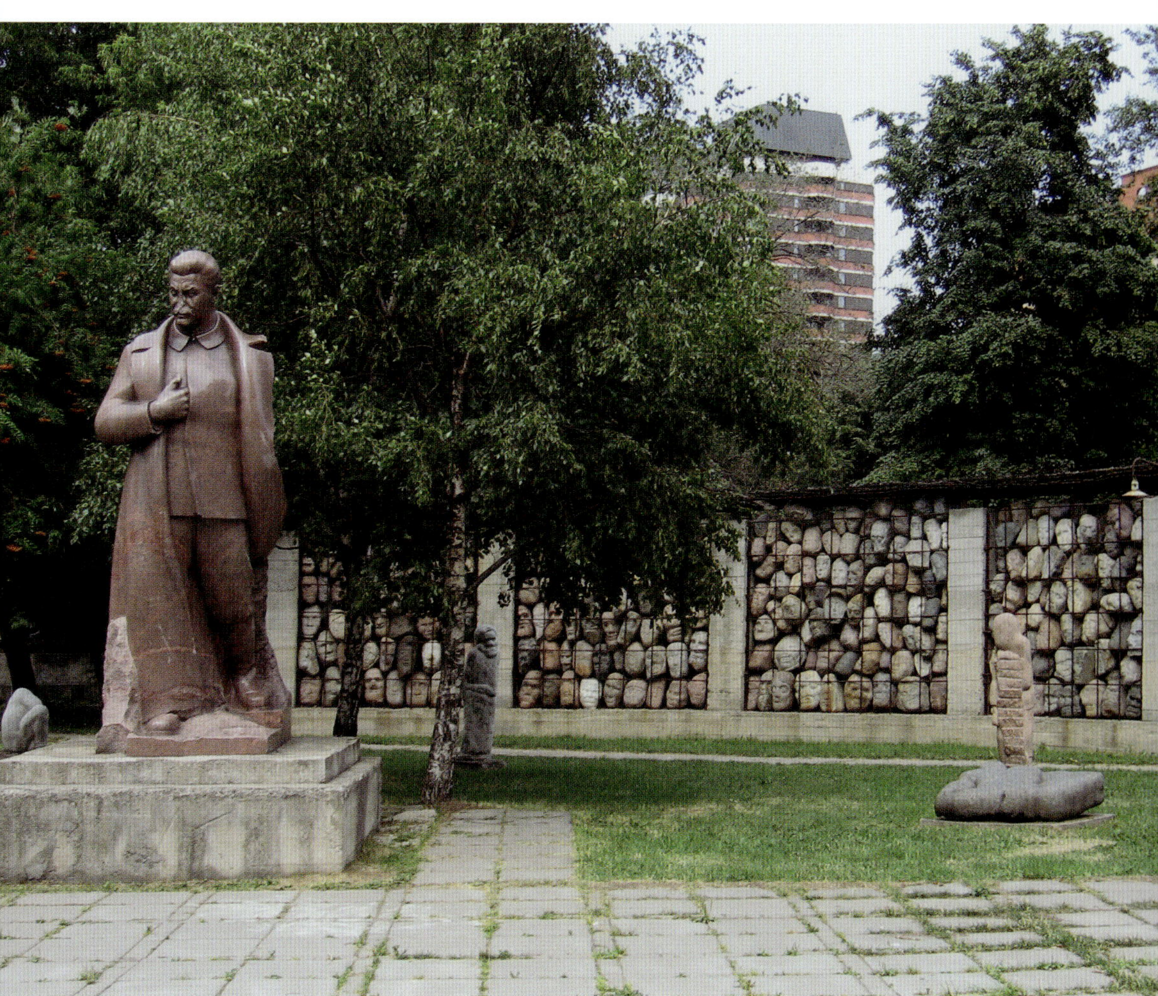

Stalin-Skulptur vor dem Mahnmal für die Opfer der Repression

Gedenkfriedhof Lewaschowo

St. Petersburg. Der Gedenkfriedhof Lewaschowo befindet sich am Stadtrand von St. Petersburg (bis September 1991 Leningrad). Das Gelände wurde zwischen 1937 und 1954 von der sowjetischen Geheimpolizei als Massengrab für über 24 000 Menschen genutzt.

Die Geschichte des Gräberfelds Lewaschowo ist eng mit dem Beginn des Massenterrors in der Sowjetunion verbunden. Ende Juli 1937 erhielt der Chef der lokalen Geheimpolizeiverwaltung NKWD den Befehl, wonach in den kommenden Monaten die Hinrichtung von mehr als 4 000 »Spionen, Verrätern und Volksfeinden« zu erfolgen habe. Um die sterblichen Überreste der Ermordeten möglichst unauffällig beseitigen zu können, wählte man ein Areal, das zum Forstwirtschaftsbetrieb Pargolowsk nahe der Bahnstation Lewaschowo gehörte. Das Gelände wurde in den Sommermonaten eingezäunt und streng bewacht. Vermutlich Anfang September 1937 begannen die Transporte sterblicher Überreste, die hier in Massengräbern verscharrt wurden. Nach Aussagen von Zeitzeugen sollen vereinzelt auch Erschießungen vor Ort erfolgt sein, grundsätzlich fanden die Hinrichtungen jedoch in den Kellern der Hauptverwaltung des NKWD Leningrad, dem »Großen Haus«, statt. Die genaue Anzahl der in Lewaschowo Begrabenen ist unbekannt, da bis heute Hinweise auf den Verbleib der Toten in den Unterlagen der Geheimpolizei fehlen. Insgesamt wurden in Leningrad und Umgebung allein zwischen 1937 und 1938 nach offiziellen Angaben knapp 40 000 Menschen erschossen, etwa 24 000 sollen in Lewaschowo verscharrt worden sein. Schätzungen von Memorial und Historikern beziffern die Gesamtzahl der bis 1954 hier Vergrabenen auf bis zu 45 000 Menschen. Unter ihnen befanden sich einige bekannte Wissenschaftler, die Japanologen N. A. Newskij und D. P. Shukow, der Byzantinist W. N. Beneschewitsch, der Physiktheoretiker M. P. Bronstein, die Dichter Nikolaj Olejnikow und Boris Kornilow sowie der Philosoph Pawel Florenskij. Zu den letzten Opfern von Lewaschowo zählen die 1949 hingerichteten Mitglieder des Staats- und Parteiapparats, die der sogenannten »Leningrader Affäre« zum Opfer fielen. Die letzten Bestattungen wurden vermutlich 1954 vorgenommen. Doch erst 1965 ordnete der Chef der Geheimpolizei KGB von Leningrad die Schließung des Gräberfelds an. Danach blieb das Gelände Sperrgebiet und war nach außen hin als Militärobjekt getarnt. Wachmannschaften der Geheimpolizei bewachten das Gelände. Mitte der 1970er Jahre erneuerte man die Umzäunung und füllte die inzwischen eingesunkenen Massengräber mit Sand auf.

►

Mahnmal »Moloch Totalitarismus« am Gräberfeld

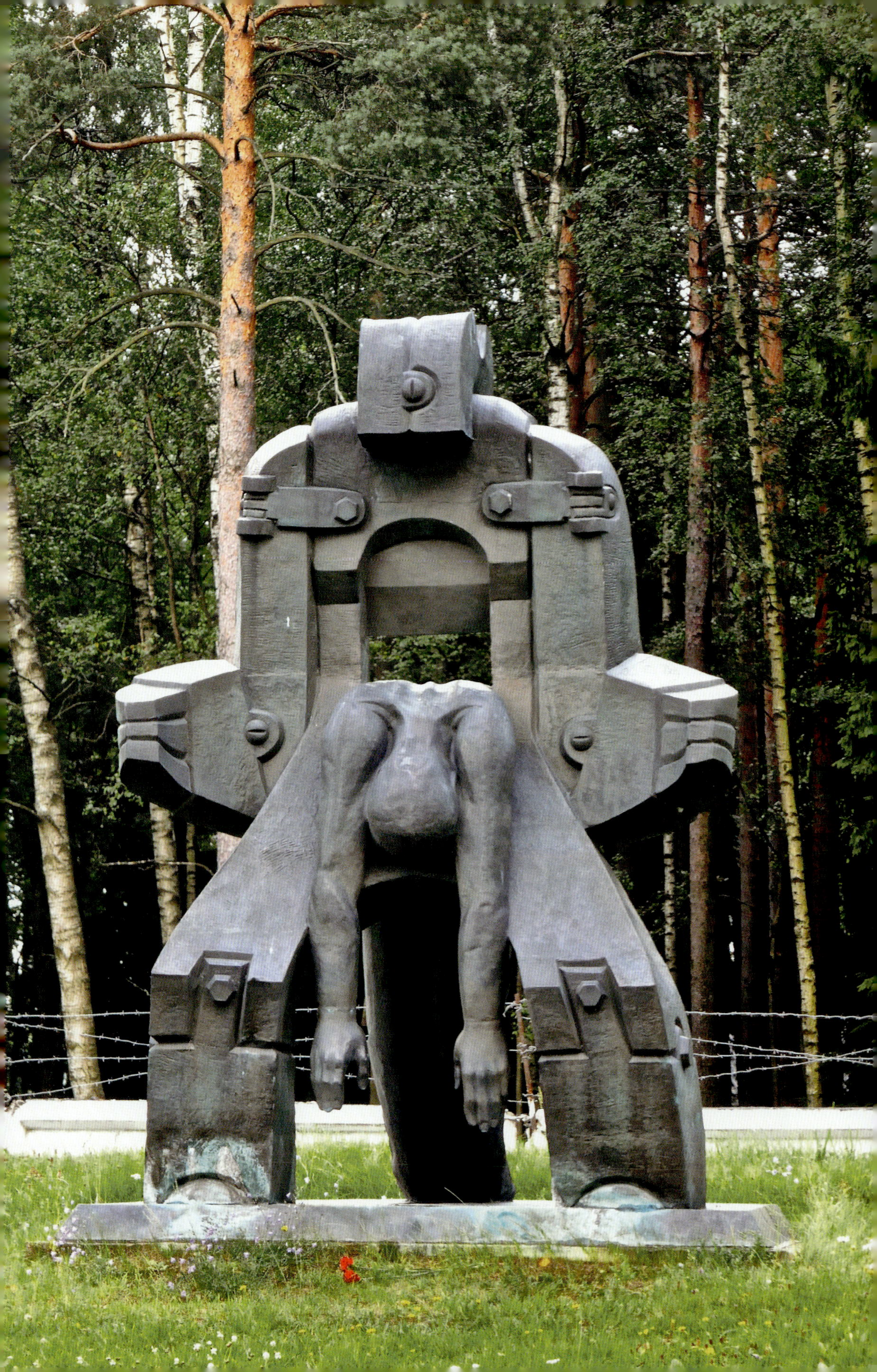

Das Gräberfeld wurde im Frühjahr 1989 von Mitgliedern der Gruppe »Poisk« (»Suche«) unter Leitung von W. T. Murawskij entdeckt, die sich innerhalb der St. Petersburger Sektion von Memorial seit 1988 der Suche nach Massengräbern der 1930er Jahre widmeten. Aufgrund von Zeitzeugenaussagen konnte das damals unzugängliche Sperrgebiet der Heide von Lewaschowo identifiziert werden. Nach Bekanntwerden dieser Ergebnisse richtete man im Juni 1989 bei der Stadtverwaltung Leningrad eine Untersuchungskommission ein, die sich offiziell mit dem Auffinden von Massengräbern befassen sollte. Diese Kommission stellte eine offizielle Anfrage an die sowjetische Geheimpolizei KGB mit der Bitte um Klärung der Geschichte des Gräberfelds Lewaschowo, die mit der Begründung fehlender Unterlagen abgewiesen wurde. Die zeitgleiche Übergabe erster Totenlisten aus den Geheimpolizeiarchiven in Leningrad und Moskau bestätigten jedoch die Vermutungen. Am 18. Juli 1989 erkannte die Stadtverwaltung per Beschluss das Gelände offiziell als Gedenkfriedhof für die Opfer politischer Repression an. Im Herbst des Jahres wurde das Sperrgebiet für eine begrenzte Öffentlichkeit zugänglich gemacht und am 21. Oktober 1989 ein erster Gedenkgottesdienst abgehalten. Während der Andacht wurde auf Initiative von Opferverbänden und der Kirchen ein heute nicht mehr existenter Gedenkstein aufgestellt. In den folgenden Monaten nahmen Geologen aus Leningrad und Moskau Untersuchungen vor und entdeckten zahlreiche Massengräber in der Mitte und am nördlichen Ende des Geländes. Am 1. Juni 1990 übertrug der KGB das Gelände offiziell der Stadt Leningrad. Eine Gruppe von neun Architekten und Künstlern unter A. G. Leljakow wurde beauftragt, Konzepte für die Umgestaltung von Lewaschowo in einen würdigen Gedenkort auszuarbeiten. Seitdem bemühen sich verschiedene Opferverbände, die Stadtverwaltung sowie Angehörige und Betroffene um den Aufbau einer Gedenkstätte. Aus Anlass des Gedenktags für die Opfer der Repression wurde am 30. Oktober 1993 im ehemaligen Wachhaus eine erste Ausstellung zur Geschichte des Gräberfelds und des Massenterrors in Leningrad eröffnet, die von Mitgliedern der »Assoziation der Opfer ungesetzlicher Repression« unter L. A. Bartadscheskij initiiert worden war. In den folgenden Jahren begann die Erschließung des Geländes. Seit der Öffnung des Gräberfelds entstanden zahllose individuelle und öffentliche Gedenkzeichen. Mit der Einweihung des Mahnmals »Moloch Totalitarismus« am 15. Mai 1996 durch den Bürgermeister von St. Petersburg, Anatoli Sobtschak, erhielt das Gräberfeld einen zentralen Gedenkort. Die Gestaltungsarbeiten sind noch nicht abgeschlossen. Die Gedenkstätte Lewaschowo ist heute zugänglich. Im ehemaligen Wachgebäude befinden sich die Verwaltung und eine kleine Ausstellung.

Standort: St. Petersburg, Gorskoje-Chaussee 135
Internet: www.gulagmuseum.org

Eingang zum Gedenkfriedhof Lewaschowo

Staatliches Museum der politischen Geschichte Russlands

St. Petersburg. Das Staatliche Museum der politischen Geschichte Russlands wurde 1920 als Staatliches Revolutionsmuseum der Öffentlichkeit zugänglich gemacht. Das Museum widmet sich den politischen, wirtschaftlichen und kulturellen Wandlungsprozessen des 19. bis 21. Jahrhunderts in Russland und beleuchtet die wichtigsten Umbruchsetappen in der Geschichte des Landes. Zum Bestand des Museums zählen zahlreiche Originalobjekte zu den politischen Parteien und gesellschaftlichen Bewegungen, zentralen staatlichen Organen des Landes (Staatsduma, Bundesrat und Regierung) sowie zu den Institutionen der einzelnen Föderationsmitglieder.

Die ständige Hauptausstellung gliedert sich in zwei große Themeneinheiten: »Mensch und Macht im Russland des 19. bis 21. Jahrhunderts« sowie »Sowjetische Epoche: Zwischen Utopie und Realität«. Beim Gang durch den ersten Teil der Exposition wird der Besucher in 25 interaktiv gestalteten Modulen über die Entwicklung zentraler politischer Strömungen und über Schlüsselereignisse der russischen Geschichte informiert. Eingehend beleuchtet werden die einschneidenden Ereignisse und Folgen der Februarrevolution 1905 sowie der von den Bolschewiken sogenannten »Großen Sozialistischen Oktoberrevolution« 1917. Auch die Schrecken des »Roten« und des »Weißen Terrors« im Verlauf der Bürgerkriegsjahre sowie die Zäsuren, die diese historischen Umbrüche in den individuellen Lebensschicksalen der Menschen hervorgerufen haben, sind dargestellt. Illustriert werden unter anderem Ursachen und Wirkungen der forcierten Industrialisierung sowie die Bedeutung des GULag-Lager-Industrie-Komplexes für Politik, Wirtschaft und Gesellschaft des Landes. Eingegangen wird auch auf den Verlauf sowie den Stellenwert des »Großen Vaterländischen Krieges« in der Sowjetunion sowie auf Aspekte des Kriegskommunismus und der Neuen Ökonomischen Politik, die agrarwirtschaftliche Zwangskollektivierung und das Phänomen der sowjetischen Nomenklatura. Ebenso Thema sind das von Staats- und Parteichef Nikita Chruschtschow eingeleitete »Tauwetter« – eine Politik der kulturellen und gesellschaftlichen Entstalinisierung – sowie der von Michail Gorbatschow initiierte Modernisierungskurs mit den Losungen von »Glasnost« und »Perestroika«. Der letzte Themenblock widmet sich den Entwicklungen seit dem gescheiterten Putsch im August 1991. Den Abschluss bildet eine Darstellung der politischen und gesellschaftlichen Verhältnisse in der Russischen Föderation der 1990er Jahre, die mit dem Machtantritt Wladimir Putins Ende 1999 ihren vorläufigen Kulminationspunkt erreichten.

Der zweite große Teil der Hauptausstellung »Sowjetische Epoche: Zwischen Utopie und Realität« gibt Aufschluss über das alltägliche Leben und Wirken mehrerer Generationen unter

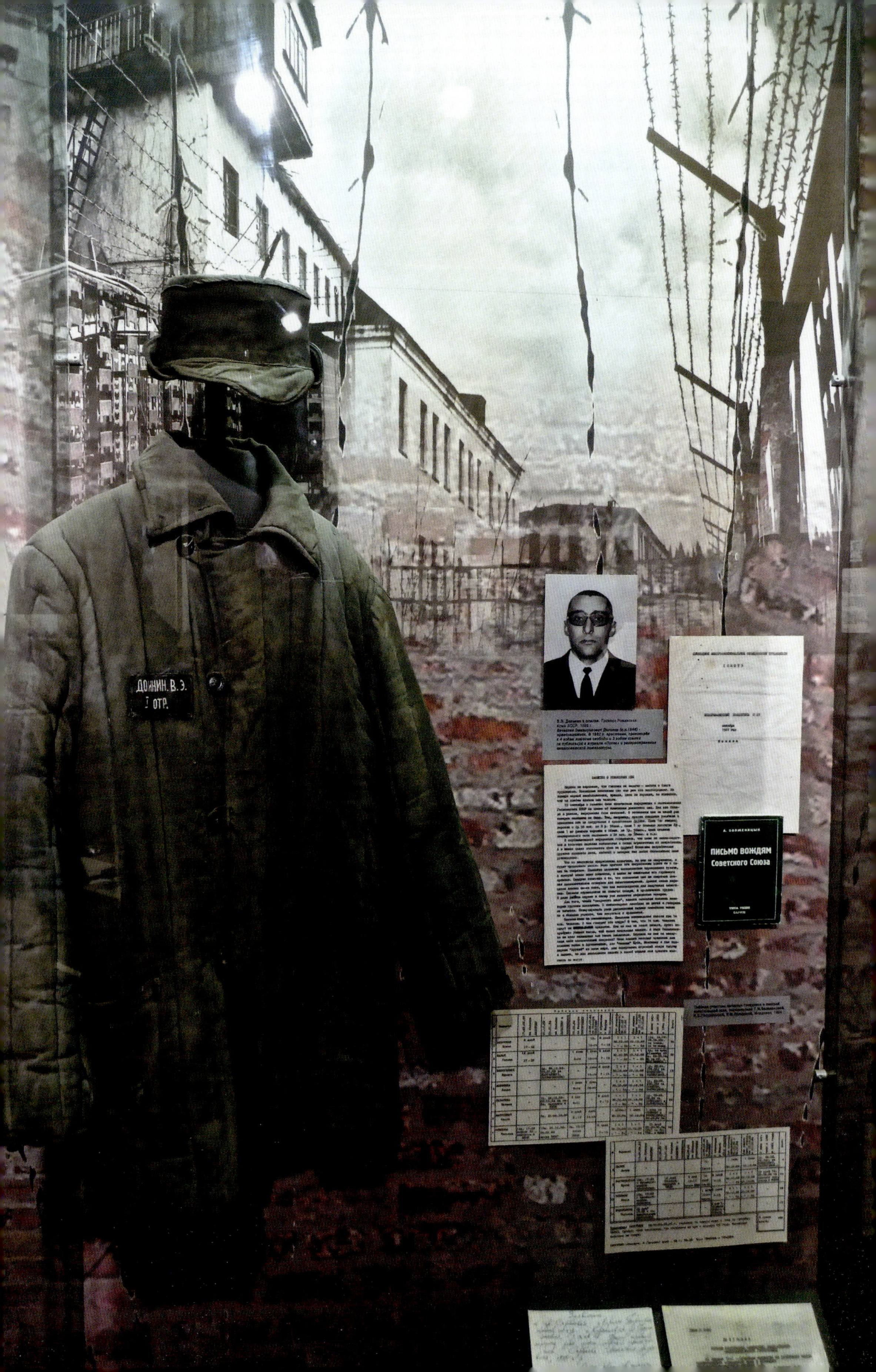
ДОЛИНИН. В. Э.
ОТР.
ПИСЬМО ВОЖДЯМ
Советского Союза

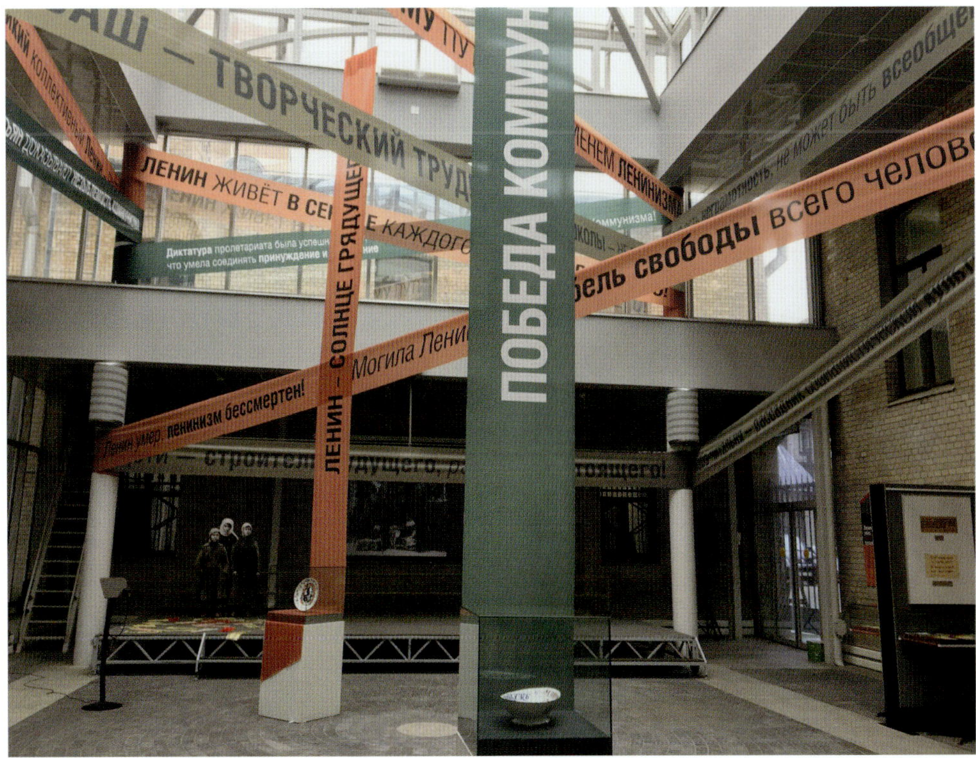

Blick in die Eingangshalle des Museums

den sich wandelnden Vorgaben der politischen Führung. Nachgezeichnet werden der ideologische Pathos, der das Leben in allen Bereichen begleitete, ebenso wie Formen der Verweigerung, die von Menschenrechtlern, Aktivisten und Dissidenten in Reaktion auf die autoritären Werte und Normen des Staates gewählt wurden.

Viele der zu besichtigenden Exponate sind dem Museum als Leihgaben oder Spenden von Zeitzeugen übergeben worden. Neben den beiden Hauptausstellungen sind im Museum auch Einzel- und Wechselausstellungen zu einem breiten Themenspektrum zu sehen. Auf der Internetpräsenz der Einrichtung kann man eine virtuelle Tour durch das Gebäude unternehmen. Das Museum unterhält zwei weitere Filialen, die auf spezifische Aspekte der politischen Geschichte Russlands eingehen. Am Standort in der Gorochowaja-Straße 2 steht die Geschichte der sowjetischen Geheimpolizei und der russischen Staatssicherheitsorgane im Fokus. Die Filiale an der Bolotnaja-Straße 13 beherbergt ein Kindermuseum, das spielerisch die Geschichte Russlands und der Sowjetunion vermittelt.

Standort: St. Petersburg, uliza Kuibyschewa 2–4, uliza Gorochowaja 2, uliza Bolotnaja 13
Internet: www.polithistory.ru

◄
Ausstellungsansicht im Museum der politischen Geschichte Russlands

Ausstellung in der St.-Petri-Kirche

St. Petersburg. Die St.-Petri-Kirche wurde zwischen 1833 und 1838 nach den Entwürfen des Architekten Alexander Brüllow erbaut und ist die größte evangelische Kirche in Russland. Bis zu ihrer zwangsverordneten Schließung zur Zeit des »Großen Terrors« 1937 beherbergte sie die 1710 gegründete Petri-Gemeinde. Anschließend wurde sie zunächst als Lager zweckentfremdet, die prachtvolle Inneneinrichtung des Gebäudes beschlagnahmt, die Pastoren Paul und Bruno Reichert verhaftet und 1938 hingerichtet. In den 1950er Jahren erfolgte der Umbau zu einem Schwimmbad, das 1962 den Betrieb aufnahm und bis 1993 genutzt wurde. Nach der Schließung des Schwimmbads übergab man das Gebäude noch im selben Jahr an die Evangelisch-Lutherische Kirche Russlands und wollte es in seinen Ursprungszustand zurückversetzen. Aufgrund der technischen Komplexität und des damit verbundenen enormen finanziellen Aufwands konnte der Rückbau bis heute nicht vollständig realisiert werden. Durch eine Abdeckelung des Schwimmbeckens konnte der Kirchensaal, der nun jedoch um eine Etage

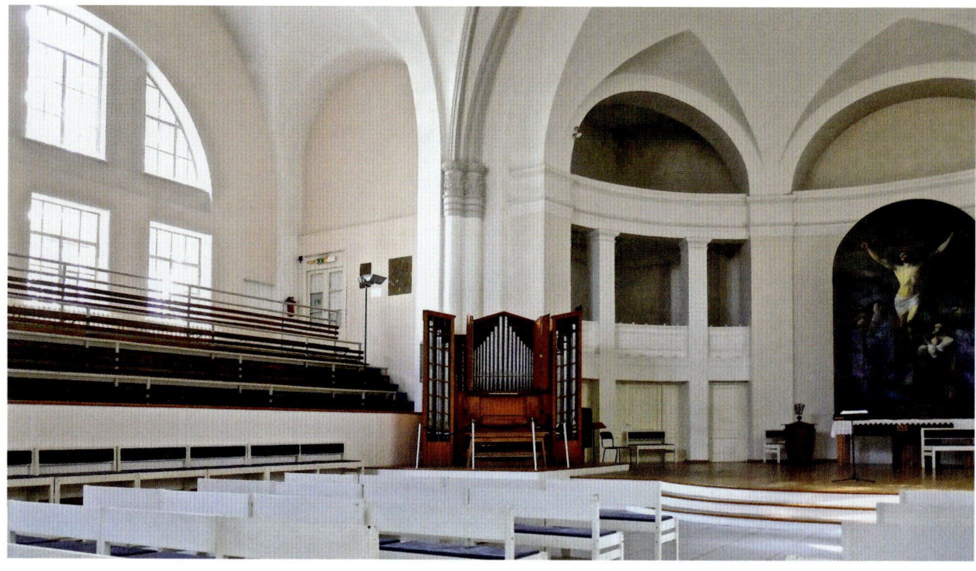

Rekonstruierter Saal der St.-Petri-Kirche

tiefer liegt, wiederhergestellt werden. Der Keller sowie Teile des Erdgeschosses bilden heute die sogenannten »Katakomben«. Hier befindet sich unterhalb des Altarbereichs eine Darstellung der Geschichte der Russlanddeutschen von 1937 bis 1956, die vom Künstler Adam Schmitt in Form eines sechsteiligen Wandgemäldes gestaltet worden ist. Durch zwei Einschnitte in der Wand kann das einstige Schwimmbecken betreten werden. Gelegentlich wird der Raum für Wechselausstellungen und Theateraufführungen genutzt. Die Außenhaut des Beckens wurde 2007 durch den amerikanischen Künstler Matt Lamb mit Sujets im abstrakt-naiven Stil bemalt. Eine Dauerausstellung informiert darüber hinaus über die wechselvolle Geschichte des Gebäudes und illustriert die religiöse Unterdrückung in der Sowjetunion.

Standort: St. Petersburg, Newskij prospekt 22 – 24
Internet: www.petrikirche.ru

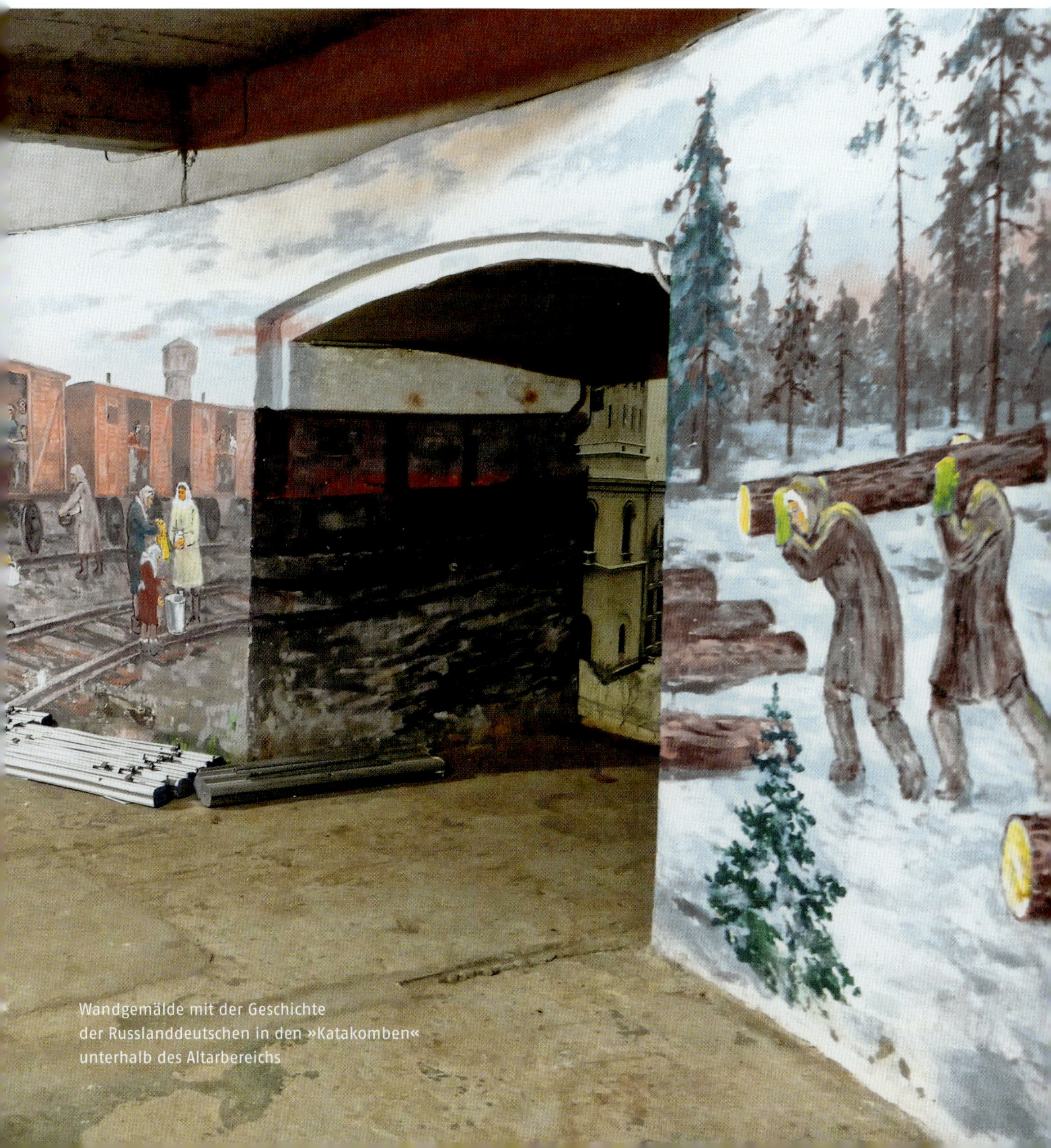

Wandgemälde mit der Geschichte der Russlanddeutschen in den »Katakomben« unterhalb des Altarbereichs

Gedenkstein für die Opfer des Weißmeer-Ostsee-Kanals (Belomorkanal)

Powenez. Der Belomorkanal, ein künstlich angelegter Seefahrtweg zwischen der Ostsee und dem arktischen Weißen Meer, war ein von Stalin initiiertes prestigeträchtiges Großbauprojekt, das zwischen 1931 und 1933 entstand. Ähnlich anderen arbeitsintensiven Bauvorhaben der 1930er Jahre wie dem Stahlwerk bei Magnitogorsk oder den zahlreichen »sozialistischen Städten«, die im Zuge der staatlich forcierten Industrialisierung aus Steppen und Sümpfen emporsprossen, war auch der Belomorkanal ein Vorzeigeprojekt der sowjetischen Führung. Anders als viele andere Bauprojekte stellte seine Konstruktion allerdings aufgrund des extremen Tempos der Bauarbeiten, seiner besonderen Bedeutung für Stalin und vor allem aufgrund der ihm gewidmeten Aufmerksamkeit ein einzigartiges Unterfangen dar. Der Weißmeer-Ostsee-Kanal war das einzige Projekt des GULag-Systems, das die sowjetische Propaganda gezielt in den Fokus sowohl des In- als auch des Auslands rückte. Der Gedenkstein zur Erinnerung an die beim Bau des Weißmeer-Ostsee-Kanals umgekommenen Häftlinge befindet sich in der Nähe der Schleuse Nummer 2 in Powenez. Er wurde 1996 auf Initiative von Memorial St. Petersburg eingeweiht.

Administrativ und praktisch entstanden die ersten Lager des Belomorkanals aus den Strukturen der »Solowezki-Lager zur besonderen Verwendung« (SLON). Sowohl die bei Bauarbeiten eingesetzten Häftlinge als auch das Wachpersonal stammten daher von den Solowezki-Inseln. So wurden die unmittelbaren Kanalarbeiten während der gesamten Fertigungszeit von Naftali Frenkel überwacht. Selbst ehemaliger Häftling der Solowezker Gefängnisse stieg er innerhalb kürzester Zeit in der Lagerhierarchie zu einem der Hauptverantwortlichen für die Weiterentwicklung der Lagerstrukturen auf dem Archipel auf. Mit der Überführung des SLON-Komplexes in die im November 1931 gegründeten Strukturen der Belomor-Baltijskij-Besserungsarbeitslager (BelBaltLag) lag die operative Aufsicht für das Projekt bei der neu geschaffenen Kanalbürokratie. Die politische Verantwortung für das Gelingen des Bauvorhabens oblag Genrich Jagoda, dem Chef der sowjetischen Geheimpolizei OGPU. Trotz aller Bemühungen um einen effizienten Arbeitseinsatz waren die Arbeits- und Lebensbedingungen von Chaos, Primitivität und Mangelwirtschaft gekennzeichnet. Die Bauarbeiten am Kanalbett, die im September 1931 nach nur knapp sieben Monaten Vermessungs- und Erschließungsarbeiten begannen, mussten mangels technischer Ausrüstung mit einfachsten Werkzeugen verrichtet werden. Die etwa 170 000 Häftlinge und Zwangsumsiedler, die das Projekt in der vorgegebenen Rekordzeit von 21 Monaten zu realisieren hatten, konnten dabei nur auf selbstgefertigte Holzspaten, Handsägen, Spitzhacken und Schubkarren zurückgreifen. Mit dem Voranschreiten der Bauarbeiten ent-

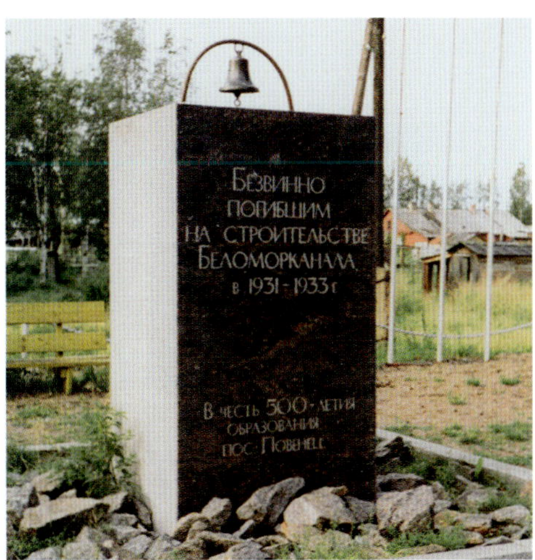

Gedenkstein für die Opfer des Weißmeer-Ostsee-Kanals

lang des entstehenden Kanals mussten die Gegangenen immer wieder neue Lagerstandorte an völlig unerschlossenen Orten Kareliens errichten. Angesichts der unzulänglichen Haftbedingungen erforderte die Einhaltung der von Stalin gesetzten Fristen »kreative« Methoden der Arbeitsbeschleunigung. Zwischen Arbeitsbrigaden wurde der »sozialistische Wettbewerb« um die Normerfüllung ausgerufen. Hinzu kamen »Stoßschichten«, in denen »freiwillig« 24 bis 48 Stunden ohne Unterlass gearbeitet wurde. Der Kult um den »Stoßarbeiter«, den »Udarnik«, der die vorgegebenen Normen übererfüllte, wurde durch die Gewährung von Privilegien wie Sonderverpflegung und Haftverkürzung befeuert. Drei aufeinanderfolgende Tage wurden bei voller Normausschöpfung mit der Streichung eines Hafttags »entlohnt«. Auf diese Weise kamen 12 484 Inhaftierte nach der fristgerechten Terminierung des Projekts am 2. August 1933 frei. Zahlreiche weitere wurden mit Medaillen und Ehrenabzeichen bedacht. Aufgrund der überstürzten Fertigung sowie der schweren Arbeits- und Lebensbedingungen verloren jedoch 25 000 Menschen beim Bau des Belomorkanals ihr Leben. Nicht erfasst werden von diesen Zahlen all jene Menschen, die wegen Krankheit oder Unfällen von den Bauarbeiten abgezogen wurden und aufgrund von Folgeerscheinungen verstarben.

Die offizielle Eröffnung des Kanals am 5. August 1933 wurde von einer breit angelegten Öffentlichkeitskampagne begleitet. Nach Stalins Inspektionsfahrt unternahmen am 17. August 1933 auch 120 namhafte Künstler und Literaten wie Alexei Tolstoi und Michail Soschtschenko unter der Leitung Maxim Gorkis eine Dampferfahrt auf dem Kanal. Nur ein Jahr später veröffentlichten 36 von ihnen einen Sammelband, der im Stile des sozialistischen Realismus rechtfertigte, was eigentlich nicht gerechtfertigt werden konnte. Die 600 Seiten umfassende Publikation »Belomor – Kanal imeni Stalina« (»Der Stalin-Kanal«) propagiert den »geistigen Wandel von Gefangenen zu strahlenden Beispielen des homo sovieticus«. Bereits kurze Zeit später erwies sich der wirtschaftliche Nutzen des Kanals als unbedeutend. Aufgrund seiner geringen Tiefe war er für die industrielle Schifffahrt nicht geeignet.

Der aus rotbraunem Granit gefertigte Gedenkstein in Powenez trägt am oberen Ende eine Glocke und ist mit einer Einfriedung aus grauen Steinplatten umfasst.

Inschrift
Russisch: Безвинно / погибшим / на строительстве / Беломорканала / в 1931 – 1933 // В честь 500 – летия / образования / пос. Повенец.

Die deutsche Übersetzung lautet:
Den unschuldig Verstorbenen beim Bau des Belomorkanals 1931 – 1933. Zu Ehren des 500-jährigen Bestehens der Siedlung Powenez.

Standort: Powenez, an der Hauptstraße auf Höhe der zweiten Kanalschleuse
Internet: www.memorial.gulag.de

Gedenkfriedhof Sandormoch

Medweschjegorsk. Der Gedenkfriedhof Sandormoch befindet sich 16 Kilometer nördlich der Stadt Medweschjegorsk in Richtung Powenez, in der Nähe des gleichnamigen Dorfes. Seit der Entdeckung des Gräberfelds im Sommer 1997 wurde an dieser Stelle ein Friedhof zur Erinnerung an Tausende hier erschossene Opfer politischer Verfolgung zwischen 1937 und 1938 angelegt. Zahlreiche Mahnmale und Gedenkzeichen sind seitdem entstanden. 2002 wurde die Gedenkkapelle des Heiligen Georg für die Opfer der Repression geweiht. Gemäß einer orthodoxen Bestattungstradition, wonach jeder Friedhof mit einer Kirche versehen sein muss, wurde der Bau der Kapelle von der russisch-orthodoxen Kirche mit Unterstützung von Opferverbänden und Memorial initiiert.

Die Entdeckung des Gräberfelds bei Sandormoch ist eng mit der Erforschung des SLON verbunden. Bereits seit 1988 bemühten sich Mitglieder der führenden russischen Menschenrechtsorganisation Memorial, unterstützt von Angehörigen und dem Museum der Solowezki-Inseln um die Aufklärung des Schicksals von Häftlingen, die während des Massenterrors 1937/38 ermordet wurden. Im Zuge dieser Nachforschungen entdeckte 1995 A. Soschina, Mitarbeiterin des Solowezki-Museums, im Archiv des russischen Geheimdienstes FSB eine Liste mit den Namen von 1111 Lagerinsassen, die auf Befehl der Leningrader Verwaltung der sowjetischen Geheimpolizei zwischen dem 27. Oktober und 4. November 1937 hingerichtet wurden. Über den genauen Exekutionsort gaben

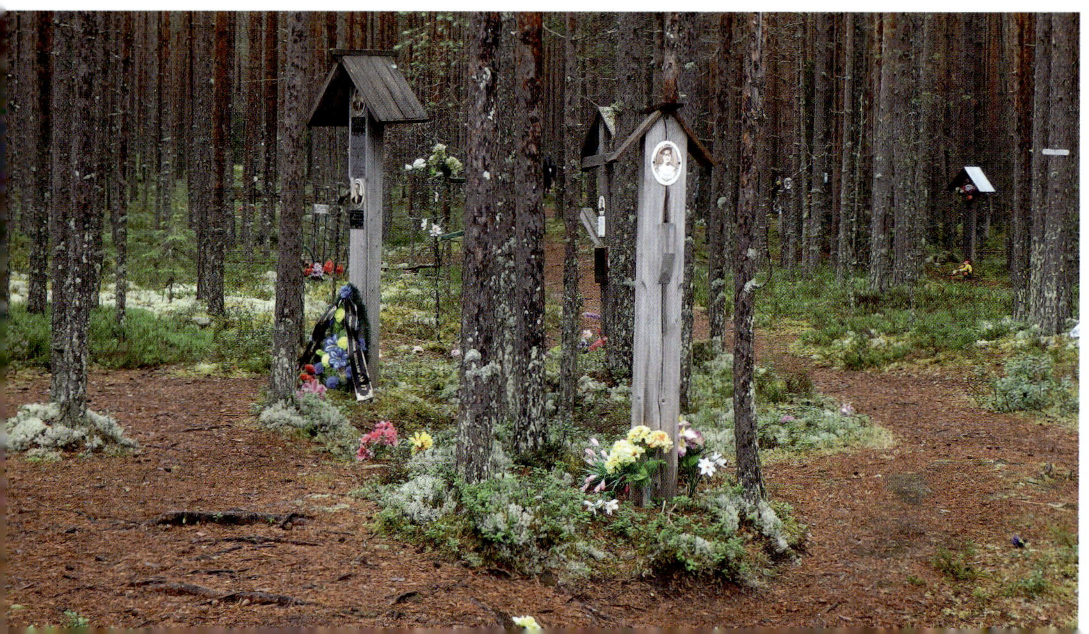

die Unterlagen allerdings keine Auskunft. Erst mit dem Auffinden eines Verhörprotokolls des für die Erschießungen verantwortlichen NKWD-Funktionärs Matwejew konnte im Herbst 1996 der Ort näher bestimmt werden. Im Februar 1997 setzte sich Memorial zum Ziel, bis zum 60. Jahrestag des Massakers im Oktober 1997 das Massengrab ausfindig zu machen. Es wurden Suchgruppen gegründet, die zusammen mit den örtlichen Verwaltungen und der Staatsanwaltschaft Zeitzeugen in dem betreffenden Gebiet befragten. Am 30. Juni und 1. Juli 1997 begannen die Suchgruppen von Memorial St. Petersburg und Memorial Karelien mithilfe von Armeeeinheiten erste Suchgrabungen in einem Waldstück bei Sandormoch. Bereits am ersten Tag wurden Gebeine entdeckt. Insgesamt konnten fünf Massengräber geöffnet und etwa 150 Tote exhumiert werden. Die gerichtsmedizinischen Untersuchungen ergaben, dass es sich zweifelsfrei um die letzte Ruhestätte der Häftlinge des SLON handelte. Die Meldung über die Entdeckung des Massengrabs fand in den folgenden Wochen ein breites öffentliches Echo. Die Kommission für die Rehabilitierung der Opfer politischer Repression der Republik Karelien erließ daraufhin am 14. August 1997 einen Beschluss, das Gelände als Gedenkfriedhof umzugestalten, und erklärte auf Betreiben von Memorial den 27. Oktober zum Gedenktag für die Opfer von Sandormoch. Die örtlichen Behörden unterstützten dieses Anliegen und ermöglichten bis zum 60. Jahrestag des Massakers den Bau einer Straße zum Gräberfeld. Am 27. Oktober 1997 fand so ein erster Gedenkgottesdienst in Sandormoch statt. Im Beisein von etwa 900 Menschen wurden zwei Gedenkkreuze eingesegnet und der Grundstein für ein Mahnmal gelegt. Auf Betreiben von Opferverbänden, Aufarbeitungsinitiativen, politischen Parteien und Angehörigen entstanden Gedenkzeichen zur Erinnerung an einzelne Opfergruppen, die in Sandormoch ihre letzte Ruhestätte fanden. Die 362 bis heute lokalisierten Massengräber wurden einheitlich unter Rücksichtnahme auf die unterschiedlichen religiösen Traditionen mit neutralen Holzpfählen gekennzeichnet. Die russisch-orthodoxe Kirche setzte sich für den Bau einer Gedenkkirche ein, die 1998 eingeweiht werden konnte. Der Gedenktag für die Opfer von Sandormoch wurde im Jahr 1999 auf den 5. August, den Jahrestag des Beginns des Massenterrors, verlegt. Seitdem finden an diesem Tag die zentralen Gedenkveranstaltungen statt.

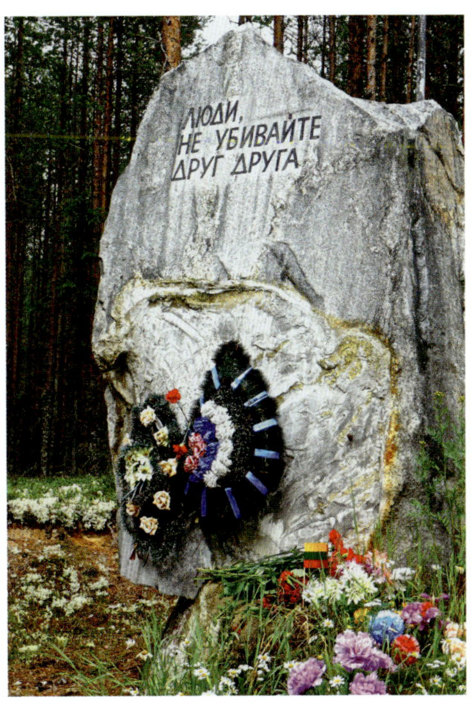

Gedenkstein für die Opfer von Sandormoch mit der Inschrift *»Menschen, tötet einander nicht«*

◄ Zahlreiche Mahnmale und Gedenkzeichen für die Opfer der Repressionen

Standort: Medweschjegorsk, bei Kilometer 16 der Straße Medweschjegorsk-Powenez
Internet: www.sand.mapofmemory.org

Gedenkort für die Häftlinge der Solowezki-Lager

Solowezki. Der Gedenkort zur Erinnerung an die Häftlinge der Solowezki-Lager (SLON) liegt außerhalb des Klosters Solowezki an jenem Ort, wo sich zwischen 1937 und 1939 das Sondergefängnis STON (Solowezker Gefängnis zur besonderen Verwendung) und ein Erschießungsplatz befanden. Heute erinnern ein 1989 errichteter Gedenkstein, ein 1997 aufgestelltes Gedenkkreuz und ein Museum an die Lager und ihre Opfer. Der Gedenkstein wurde am 7. Juni 1989 als eines der ersten Gedenkzeichen für die Opfer des GULag und der politischen Repressionen in der damaligen Sowjetunion auf Initiative von Memorial St. Petersburg sowie des Heimatmuseums und der Kreisverwaltung eingeweiht. Anlass war eine der ersten Exkursionen auf den Solowezki-Archipel, um der Opfer des Lagers zu gedenken und zugleich Orte der Massenerschießungen zu lokalisieren. Zugleich wurde die erste Ausstellung zur Geschichte des GULag im Heimatmuseum Solowezki eröffnet. Der etwa zwei Meter hohe graue Granitfindling trug zu diesem Zeitpunkt keine Inschrift. Die heute zu besichtigende Granittafel wurde aus Anlass einer Gedenkveranstaltung am 14. August 1999 auf Initiative von Memorial St. Petersburg angebracht. Sie trägt die russische Inschrift »Соловецким Заключенным« *(»Den Solowezker Gefangenen«)*. Der Stein ist seit 1989 zentraler Versammlungs- und Gedenkort für die jährlich stattfindenden Gedenkveranstaltungen auf den Solowezki-Inseln. Mittlerweile wurden in der Anlage weitere Gedenksteine wie zum Beispiel für die verschleppten und ermordeten Polen, Ukrainer, Russen, Armenier sowie für die Sozialisten und Anarchisten errichtet. Im Lagermuseum wird an die Geschichte des Lagers und der auf den Inseln gefangenen und ermordeten Menschen erinnert.

Der Solowezki-Archipel, eine isolierte Inselgruppe im Weißen Meer nur 160 Kilometer südlich des Polarkreises, war die »Urzelle« und das Experimentierfeld der späteren stalinistischen Lagerkomplexe. An diesem Ort wurden die neuen Methoden der »Perekowka«, der »Umschmiedung« von Straffälligen zum wahren homo sovieticus durch systematisierten Einsatz von »Besserungsarbeit« zuerst erprobt. Das auf dem Archipel erworbene Wissen wendete die sowjetische Geheimpolizei später bei der Realisierung stalinistischer Großbauprojekte wie dem Belomorkanal und besonders ab 1934 beim Ausbau des GULag-Systems an. Die SLON wurden Anfang der 1920er Jahre zunächst als Festlandlager in den nordrussischen Regionen Archangelsk und Karelien angelegt und trugen den Charakter von Politisolatoren, Isolationsgefängnissen für politische Gefangene. Nach größeren Umstrukturierungen wurden die bestehenden Festlandlager aufgelöst und die Insassen im Sommer 1923 auf die Solowezki-Inseln überführt. Die jahrhundertealten Klosteranlagen des Archipels mit ihren Mönchszellen und Werkstätten boten ideale infrastrukturelle

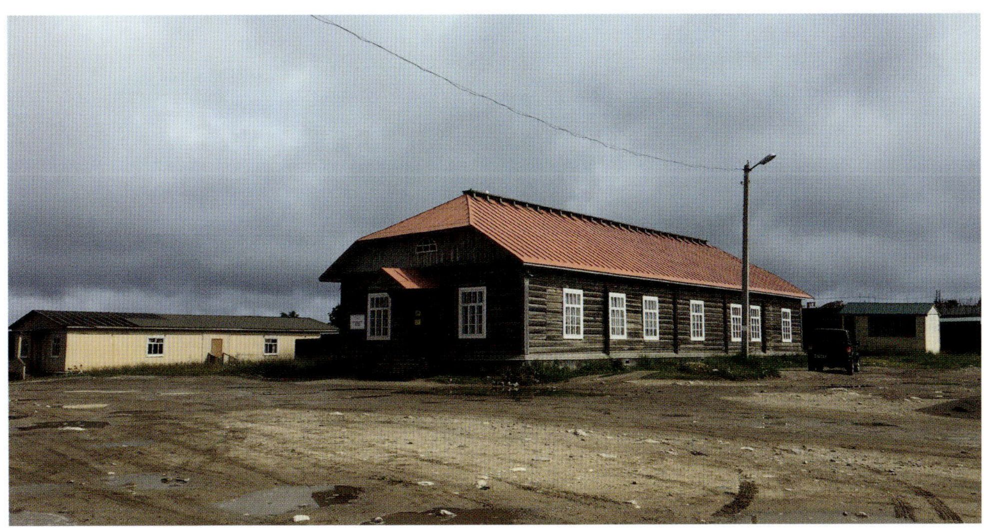

Lagermuseum in Solowezki

Möglichkeiten zur Einrichtung des Lagerkomplexes. Auf persönliches Insistieren Feliks Dserschinskis, des Chefs der Tscheka und späteren OGPU, wurden der gesamte Klosterbesitz und die Lagerleitung am 13. Oktober 1923 der Verwaltung der Geheimpolizei unterstellt.

Die Inhaftierten der SLON-Gefängnisse hatten im Vergleich zu den Verurteilten der Stalinzeit relativ kurze Haftstrafen von drei bis fünf, in den seltensten Fällen von bis zu zehn Jahren zu verbüßen. Die Solowezki-Inseln wurden dabei zu einem Lager der vorrevolutionären Elite – selten zuvor befanden sich so viele Künstler, Geistliche und Politiker auf so kleinem Raum in Gefangenschaft. Die Häftlinge wurden in drei Kategorien – »Politische«, »Konterrevolutionäre« und »Kriminelle« – eingeteilt. Die »Politischen« – Sozialrevolutionäre, Menschewiki und Anarchisten – genossen aufgrund ihrer Verbindungen zum westlichen Ausland bis zu ihrer Verlegung in Politisolatoren im Inneren Russlands Mitte der 1920er Jahre weitgehende Sonderrechte innerhalb der SLON-Hierarchie. Zusammen mit den »Konterrevolutionären«, zu denen zaristische Offiziere, Geistliche aller Konfessionen, Adelige, Kronstadt-Matrosen, Geschäftsläute, »Auslandsrussen« sowie weitere gesellschaftliche Untergruppen zählten, bildeten sie zunächst die Mehrheit der Solowezker Gefangenen. Die »Kriminellen«, die anfänglich nur ein nachgeordnetes Kontingent auf den Inseln waren, stiegen allerdings 1928/29, nach der Verlegung der »Politischen«, an die Spitze der Häftlingshierarchie auf und dominierten von da an den Lageralltag. Mit der Durchsetzung eines Privilegiensystems sowie einer engen Zusammenarbeit zwischen der Häftlingsselbstverwaltung und der OGPU wurde ein internes Lagersystem etabliert, welches später zum vorherrschenden Modell des stalinistischen GULag-Komplexes wurde.

Im Zuge der Vorbereitungen auf den Winterkrieg mit Finnland 1939/40 beschloss man, den gesamten Lagerkomplex zu beseitigen. Alle Häftlinge und Internierten wurden an andere Standorte des BelBaltLag, des Belomor-Baltiski-Besserungsarbeitslagers, überführt. Zwischen 1939 und 1947 diente das Kloster der sowjetischen Nordflotte als Truppenstützpunkt. Von 1942 bis 1945 befand sich hier eine Marineschule, in der im Eilverfahren Kadetten für den Seefronteinsatz im »Großen Vaterländischen Krieg« ausgebildet wurden. In dieser Zeit wurde der Archipel zum Sperrgebiet erklärt. In den 1960er Jahren ermöglichte die Politik der Entstalinisierung unter Staats- und Parteichef Nikita Chruschtschow erste Maß-

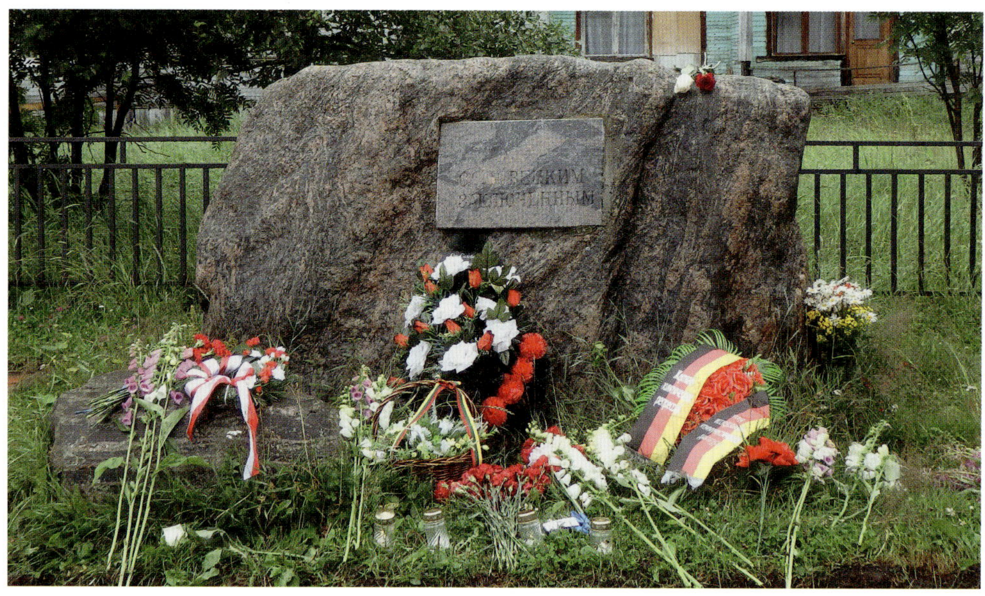

Gedenkstein für die Häftlinge der Solowezki-Lager

nahmen zur Sicherung des Baubestands. 1967 entstand das Solowezker historisch-architektonische Museum. Eine von Juri Brodsky 1989 vorbereitete Ausstellung beleuchtet dort heute die Geschichte des Lagerkomplexes auf dem Archipel.

An dem Gedenkort befindet sich ein am 27. Juni 1999 auf Initiative der Ärzte W. Shukow und A. Smirnow aus Archangelsk angebrachtes Gedenkkreuz. Das zuvor vom Solowezker Klostervorsteher gesegnete Gedenkzeichen soll an die Schließung des Sondergefängnisses im November 1939 erinnern. An der Außenmauer der Klosteranlage befindet sich ein weiteres Gedenkkreuz zur Erinnerung an die Häftlinge der Solowezki-Lager. Die Einweihung fand am 7. Juni 1989 statt. An der Errichtung waren maßgeblich Memorial St. Petersburg sowie die Museums- und Nationalparkverwaltung Solowezki beteiligt. Das sieben Meter hohe russisch-orthodoxe Holzkreuz wurde gegenüber dem Gedenkstein für die Häftlinge von Solowezki errichtet. Es ist in einen Sockel aus Natursteinen eingelassen und trägt keine Inschrift.

Standort: Solowezki, uliza Pawla-Florenskogo-Straße
Internet: www.gulag.memorial.de

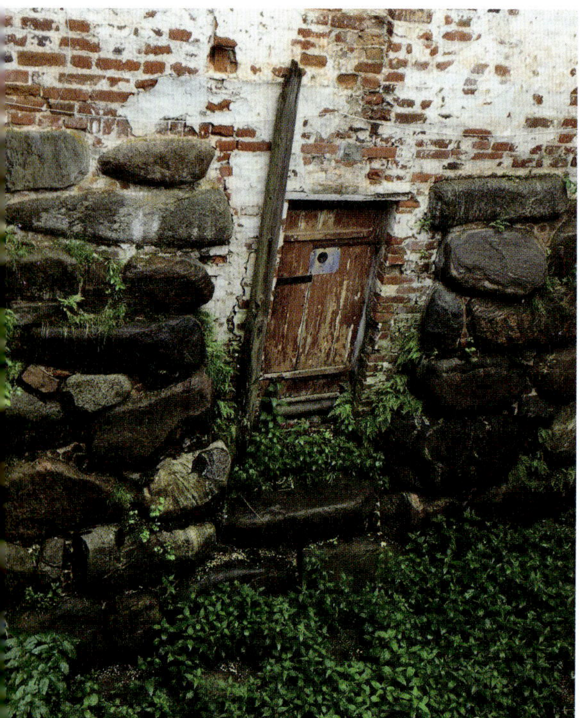

◄
In der Klosteranlage sind bis heute Spuren der Nutzung als Lagerstandort zu erkennen.

Staatliche Gedenkstätte Katyń mit polnischem Militärfriedhof

Smolensk / Katyń. Der knapp 20 Kilometer westlich von Smolensk gelegene Wald von Katyń ist seit der Entdeckung von rund 4400 Leichen polnischer Offiziere im Frühjahr 1943 zum Symbol für den sowjetischen Massenmord an polnischen Kriegsgefangenen geworden. Im Juli 2000 wurde hier eine Gedenkstätte mit drei separaten Abteilungen eröffnet, die den verschiedenen an diesem Ort ermordeten Opfergruppen gewidmet sind: den 1937/38 exekutierten sowjetischen Opfern des stalinistischen Terrors, den 1940 durch den NKWD erschossenen polnischen Offizieren sowie den 1943 von deutschen Einsatzgruppen hingerichteten sowjetischen Kriegsgefangenen. Zuvor hatte Katyń ein halbes Jahrhundert lang zu den umstrittensten Orten der europäischen Geschichte gezählt, da die Sowjetunion die Verantwortung für den Massenmord an den polnischen Soldaten bis 1990 vehement geleugnet und die deutsche Wehrmacht als Täter beschuldigt hatte. Die Geschichte Katyńs war dementsprechend eine Geschichte von Geheimhaltung und wiederholter Vertuschung.

Heute steht außer Zweifel, dass von den insgesamt knapp 15 000 polnischen Kriegsgefangenen und rund 7 000 weiteren polnischen Häftlingen aus den 1939 von der Sowjetunion einverleibten ostpolnischen Gebieten, die aufgrund eines Beschlusses des Politbüros der KPdSU im Frühjahr 1940 ermordet wurden, rund 4400 Offiziere in Katyń den Tod fanden. Sie waren zuvor in einem Speziallager des NKWD auf dem Gelände des ehemaligen orthodoxen Klosters Optina Pustyn in Koslsk interniert gewesen und wurden vermutlich in Eisenbahnwaggons bis zur Station Gnjosdowo transportiert, von dort in den nahe gelegenen Wald gefahren und direkt an zuvor ausgehobenen Gruben erschossen.

Trotz strenger Geheimhaltung der Exekutionen wurden ihre Leichen in den folgenden Jahren von der ortsansässigen Bevölkerung sowie von polnischen Zwangsarbeitern entdeckt. Nachdem die deutschen Besatzer darauf aufmerksam geworden waren, nutzten sie die Offenlegung der Massengräber im April 1943 zu einer groß angelegten antisowjetischen Propagandakampagne. Zugleich wurden die Toten unter Aufsicht einer internationalen Expertengruppe exhumiert, die die sowjetische Verantwortung für die Tat bestätigte. Nach Abschluss der Arbeiten bestatteten Mitarbeiter der Technischen Kommission des polnischen Roten Kreuzes die sterblichen Überreste provisorisch; dabei wurden die beiden identifizierten Generäle Bronisław Bohatyrewicz und Mieczysław Smorawiński in individuellen Gräbern beigesetzt.

Nachdem die Rote Armee im September 1943 das Gebiet um Smolensk zurückerobert hatte, bemühte sich eine sowjetische Kommission unter Leitung von Nikolaj Burdenko, den Beweis zu führen, die Polen seien erst im Herbst 1941 von den vorrückenden deutschen Truppen erschossen worden. Dabei wurde der zuvor angelegte provisorische Friedhof zerstört. Seither blieb der Ort hermetisch abgeriegelt und durfte über Jahrzehnte nicht besucht werden. Dennoch wurden in Katyń seit den 1960er Jahren mehrere Denkmäler errichtet, die der sowjetischen Behauptung eines faschistischen Massenmordes entsprachen. Ein zwei Meter hoher Obelisk aus schwarzem Granit wurde 1974 durch eine größere Anlage ersetzt, die aus zwei, später vier in Beton eingefassten Gräbern und einer 1,7 Meter hohen Steinmauer mit einem Ziergitter in der Mitte bestand.

Indessen wuchs in polnischen Exilkreisen im Westen, seit Anfang der 1980er Jahre aber auch bei der Opposition in der Volksrepublik Polen die Kritik an der von der Sowjetunion beharrlich vertretenen These der deutschen Verantwortung für den Massenmord. Im Zuge der vom sowjetischen Staats- und Parteichef Michail Gorbatschow ausgerufenen Perestroika war es polnischen Staatsbürgern 1988 erstmals wieder möglich, die Gräberstätte zu betreten. So konnte eine polnische Delegation bei einem Besuch am 2. August jenes Jahres ein vom Primas der katholischen Kirche in Polen, Kardinal Józef Glemp, gestiftetes Eichenkreuz aufstellen, das die Hoffnung auf die Errichtung einer neuen Gedenkstätte ausdrücken sollte. Als kaum zwei Jahre später, am 14. April 1990, mit Wojciech Jaruzelski erstmals ein polnischer Staatspräsident Katyń besuchte, waren die Inschriften an dem dortigen Memorial eilig entfernt worden – am Tag zuvor hatte die Sowjetunion offiziell die Täterschaft des NKWD eingeräumt.

Die politische Transformation ermöglichte eine erneute Untersuchung der Massengräber durch polnische Experten, die in den Jahren 1994 und 1995 durchgeführt wurde und die Erkenntnisse über das Massaker des NKWD bestätigte. Nach langwierigen Verhandlungen wurde am 25. März 1995 eine polnisch-russische Vereinbarung über die Errichtung von Gedenkstätten in Katyń sowie in Mednoje, der letzten Ruhestätte Tausender polnischer Polizisten, unterzeichnet. Diese sah separate polnische Militärfriedhöfe im Rahmen gemeinsamer Gedenkorte, die allen Opfern totalitärer Gewalt gewidmet sein sollten, vor. Auf dieser Basis konnte am 4. Juni 1995 durch den polnischen Staatspräsidenten Lech Wałęsa der zuvor von Papst Johannes Paul II. geweihte Grundstein für den polnischen Friedhof in Katyń gelegt werden.

Die polnischen Sektionen der Gedenkstätten in Katyń und Mednoje sowie der gemeinsame Friedhof in Charkiw wurden nach dem Entwurf einer von Zdzisław Pidek aus Danzig und Andrzej Sołyga aus Warschau geleiteten Gruppe gestaltet, der im Oktober 1996 in einem internationalen Wettbewerb ausgewählt worden war. Die Künstlergruppe schlug als zent-

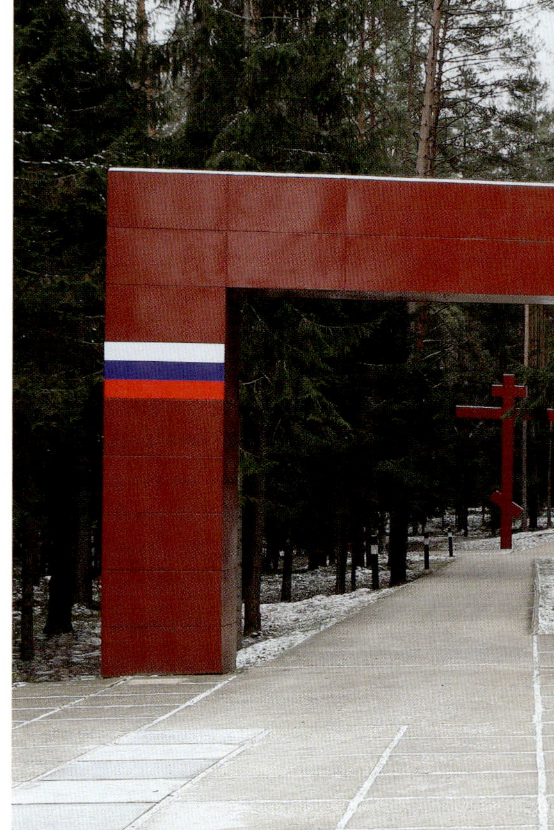

► Eingang zur Staatlichen Gedenkstätte Katyń

rale Elemente aller drei Friedhöfe eine senkrechte Gedenkwand, eine unterirdische Glocke sowie einen Altartisch mit Kreuz vor. Je nach örtlichen Gegebenheiten wurde dieses Konzept bei der Realisierung etwas variiert. Für die Gestaltung des russischen Teils der Gedenkstätte wählte man im März 1998 einen Entwurf von M. D. Chazanow aus. Nach Abstimmung der beiden Konzepte begann im Mai 1999 der Bau der vorwiegend aus Mitteln des polnischen und russischen Staates finanzierten Gedenkstätte, die schließlich am 28. Juli 2000 offiziell eröffnet werden konnte – 60 Jahre nach dem historischen Ereignis. An der feierlichen Einweihungszeremonie nahmen, neben den Angehörigen der Opfer, der polnische Ministerpräsident Jerzy Buzek, der russische Vizepremier Wiktor Christenko, der Primas der katholischen Kirche in Polen, Kardinal Józef Glemp, sowie Ehrenkompanien der polnischen und russischen Streitkräfte teil.

Der Besucher betritt die Gedenkstätte durch einen durchbrochenen Erdwall, dessen Seiten durch eine gläserne Wand miteinander verbunden sind. Im Inneren des Walls ist die Verwaltung der Gedenkstätte sowie eine Dauerausstellung zur Geschichte des Ortes untergebracht. Auf dem Weg durch den Wald zu den Gräberstätten schließt sich ein Platz an, auf dem zwei sich kreuzende stilisierte Tore aus Metall stehen. Von hier aus führen getrennte Wege zu den polnischen und russischen Sektionen der Gedenkstätte sowie zur »Allee der Erinnerung und polnisch-russischen Versöhnung«. Die an den oberen Querbalken des Tores angebrachten Nationalflaggen Russlands und Polens weisen auf die getrennten Bereiche hin. Außerdem befinden sich an diesem Platz ein orthodoxes Kreuz und eine Gedenktafel für 500 sowjetische Kriegsgefangene, die 1943 von deutschen Einsatzgruppen in Katyń ermordet wurden.

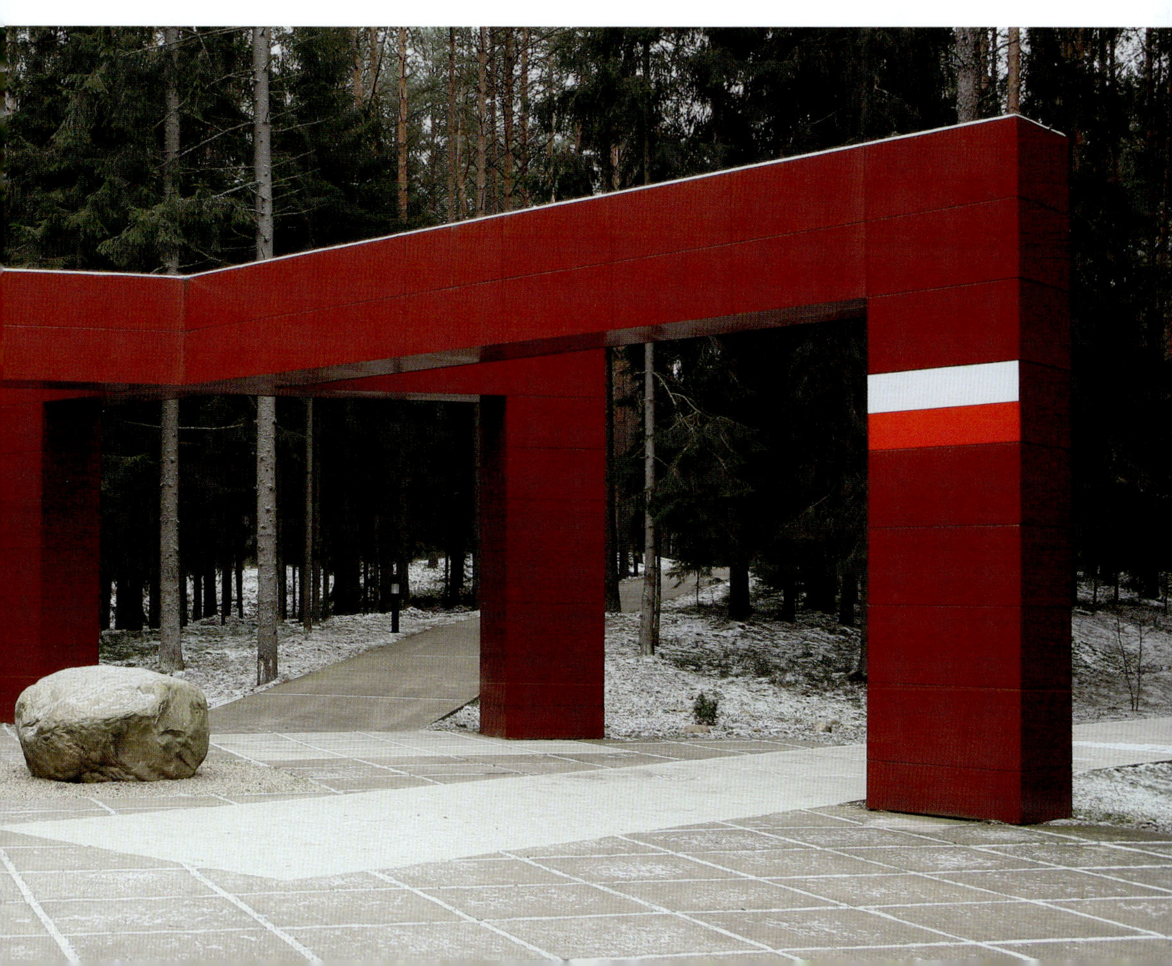

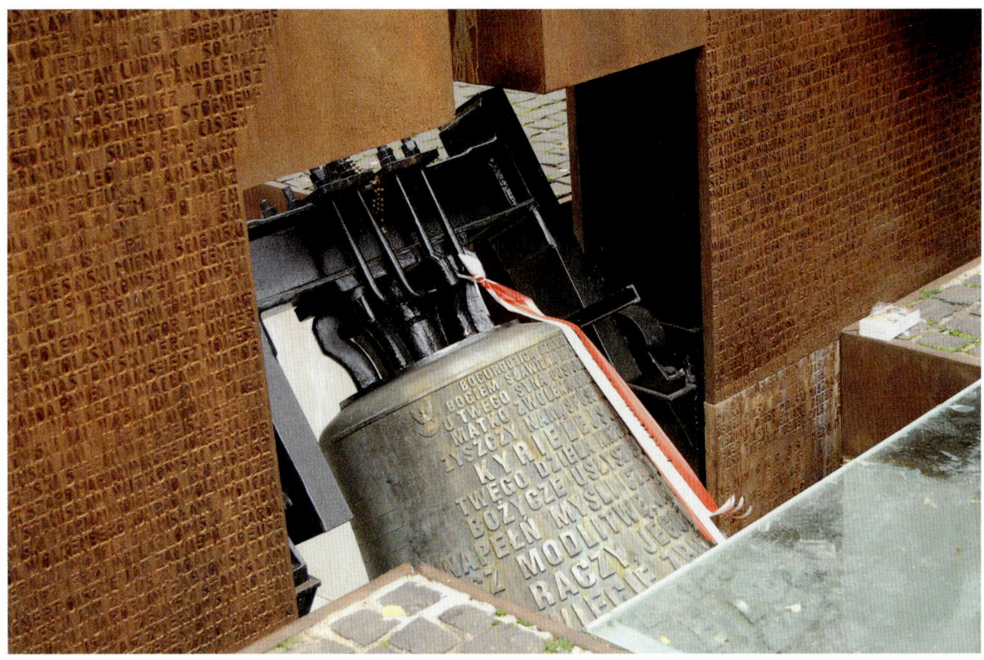

Gedenkglocke mit Inschrift auf dem polnischen Militärfriedhof/Gedenkstätte Katyń

Der Eingang zum Friedhof der 1940 erschossenen polnischen Offiziere wird von zwei eisernen Säulen mit dem Wappen der polnischen Armee flankiert. Der offizielle Name des »Polnischen Militärfriedhofs Katyń« ist in den gepflasterten Boden eingelassen. Kurz hinter dem Eingang befindet sich auf der linken Seite das 1988 vom polnischen Primas gestiftete Holzkreuz. Der Friedhof gliedert sich in zwei Bereiche: zum einen die ehemaligen Todesgruben, an denen die Offiziere erschossen und verscharrt wurden, und zum anderen die eigentlichen Gräber, in die sie nach der Exhumierung 1943 umgebettet wurden. Die Bereiche der Todesgruben sind mit Eisenplatten belegt, während die sechs 1943 angelegten Massengräber im Zentrum des Friedhofs durch eiserne Einfassungen markiert sind, in deren Mitte jeweils ein Kreuz aus Eisen liegt. Neben den Massengräbern befinden sich zwei 1943 eingerichtete individuelle Grabstätten für zwei identifizierte Generäle, die mit beschrifteten eisernen Grabplatten belegt sind. Der gesamte Bereich der Gräber erhebt sich einen bis zwei Meter über das Niveau des umgebenden Waldes und wird von einer Mauer umschlossen, an der eiserne Epitaphen mit Namen, Geburtsdaten und militärischen Rängen der 4400 ermordeten Offiziere angebracht sind.

Die zentrale Achse des polnischen Friedhofs verläuft zwischen den Gräbern und wird an einem Ende von vier niedrigen eisernen Stelen mit den Symbolen des katholischen, jüdischen, orthodoxen und muslimischen Glaubens begrenzt, deren Angehörige auf dem Friedhof ihre letzte Ruhe gefunden haben. Am gegenüberliegenden Ende der Achse befindet sich der Mittelpunkt der Anlage: der eiserne Altartisch mit einer sechs Meter hohen eisernen Gedenkwand, in deren Oberfläche die Namen der Opfer gegossen sind. In der Mitte ist die Wand durch einen schmalen Spalt unterbrochen, hinter dem sich ein schlankes Kreuz aus Eisen über die Wand erhebt. Zwischen beiden Teilen der Gedenkwand hängt unterhalb der Erdoberfläche eine Glocke, welche die Verse des mittelalterlichen Kirchenliedes »Bogurodzica« (»Mutter Gottes«) und die Inschrift »KATYŃ« trägt. Der dumpfe Klang der unterirdischen Glocke soll auf die Erfolglosigkeit der jahrzehntelangen Versuche verweisen, die Wahrheit über die Toten von Katyń zu verschweigen. Vor dem Altartisch ist die zentrale Gedenktafel in den Boden eingelassen. Schließlich befinden sich im polnischen Teil der Anlage noch überdimensionale eiserne Nachgüsse der polnischen Orden »Virtuti Militari« sowie des »Kreuzes des Septemberfeldzugs«, die den in Katyń ermordeten Offizieren posthum verliehen worden waren.

Das Gräberfeld der sowjetischen Opfer des »Großen Terrors« 1937/38 befindet sich auf der gegenüberliegenden Seite des Platzes mit dem Tor. An seinem Eingang steht ein zehn Meter hohes orthodoxes Gedenkkreuz aus Metall. Da das Terrain der sowjetischen Massengräber nicht genau erforscht wurde, ist es teilweise nur über Stege begehbar, um die Ruhe der Toten nicht zu stören. Neun lokalisierte Grabstellen sind durch kleine, mit einer niedrigen Umzäunung umfasste Hügel markiert. Der polnische und der russische Teil der Gedenkstätte sind durch eine »Allee der Erinnerung und polnisch-russischen Versöhnung« miteinander verbunden. In dem außerhalb des Geländes der Gedenkstätte befindlichen »Tal der Toten«, in dem weitere 200 sowjetische Opfer ruhen, wurde 2009 ein Gedenkstein errichtet.

Anlässlich des 70. Jahrestags des Massenmords von Katyń wurde die Gedenkstätte am 7. April 2010 gemeinsam vom russischen Ministerpräsidenten Wladimir Putin und seinem polnischen Amtskollegen Donald Tusk besucht. Dabei legten sie auch den Grundstein für eine orthodoxe Kirche mit angeschlossenem Bildungszentrum neben dem Haupteingang des Gedenkkomplexes. Auf dem Weg zu einer weiteren Trauerfeier wenige Tage später verunglückten der polnische Staatspräsident Lech Kaczyński und die ihn begleitende polnische Delegation beim Landeanflug der Präsidentenmaschine auf den Flugplatz von Smolensk. Am ersten Todestag Kaczyńskis und seiner Begleiter, dem 11. April 2011, gedachten sein Nachfolger Bronisław Komorowski und der russische Präsident Dmitri Medwedew gemeinsam der Opfer von Katyń. Damit besuchte erstmals ein russisches Staatsoberhaupt den Ort des Verbrechens. Am 15. Juli 2012 wurde die orthodoxe »Kirche der Wiederauferstehung des Herrn« neben der Gedenkstätte von dem Moskauer Patriarchen Kyrill I. eingeweiht, die dem Gedenken an die dort umgebrachten russischen Opfer, aber auch der Versöhnung mit Polen gewidmet ist.

Einen Überblick zu 178 Erinnerungsorten in 18 Ländern vermittelt die von der Bundesstiftung zur Aufarbeitung der SED-Diktatur erarbeitete Publikation »Erinnerungsorte für die Opfer von Katyń«, die im Jahr 2013 im Leipziger Universitätsverlag erschienen ist.

Standort: Katyń, Oblast Smolensk

Gedenkstätte zur Geschichte der politischen Repression »Perm-36«

Kutschino. Die Gedenkstätte auf dem Gelände des früheren Straflagers Perm-36 war einzigartig in der Russischen Föderation. Die Existenz der Einrichtung ist der langjährigen und beharrlichen Rekonstruktionsarbeit engagierter Aktivisten zu verdanken. Seit 1993 bemühten sich insbesondere die regionale Abteilung der russischen Menschenrechtsorganisation Memorial in Perm sowie ehemalige Häftlinge der Lageranstalt darum, das Gelände für die Öffentlichkeit zugänglich zu machen. In den 20 Jahren ihres Bestehens entwickelte sich Perm-36 unter zivilgesellschaftlicher Leitung von einem regionalen Erinnerungsort im Ural zu einem international angesehenen Museum, Mahnmal und Weiterbildungszentrum. Neben Praxisseminaren, Sommerschulen, Jugendbegegnungen und internationalen Fortbildungsprogrammen fand an diesem Ort auch das bekannte zivilgesellschaftliche Forum »Pilorama« statt. Menschenrechtler, Wissenschaftler, Künstler, Politiker, Journalisten, sowjetische Dissidenten und ehemalige Lagerhäftlinge aus dem Im- und Ausland kamen im Rahmen der Veranstaltung alljährlich zusammen, um über die historische Aufarbeitung des Sowjetregimes zu diskutieren und einen kritischen Dialog über Demokratie, Menschenrechte und politisch-gesellschaftliche Fragen zu führen. Mit der Rückkehr Wladimir Putins ins Präsidentenamt im Mai 2012 wurde die zivilgesellschaftlich getragene Gedenkstätte – geleitet von Tatjana Kursina und Viktor Schmirow – legalistischen Repressionen ausgesetzt und unter Druck der lokalen Regierung 2014 verstaatlicht. Seither befindet sich das gesamte Gelände zusammen mit der umgestalteten Ausstellung und den historischen Hinterlassenschaften im Besitz der Permer Gebietsverwaltung. Durch die Neukonzeption der Ausstellung im Sinne einer national-patriotisch motivierten Umdeutung der Geschichte wird die Repressions- und Leidensgeschichte der Opfer der kommunistischen Diktatur bagatellisiert und relativiert, zugleich die systematische Vermittlung eines verfälschten Geschichtsbildes staatlich gefördert.

Mit der Ausdehnung des Lagerindustriekomplexes unter Stalin entstanden in der Region Perm etwa 170 GULag-Standorte. Die Gefangenen mussten Zwangsarbeit beim Bau von Straßen, Eisenbahnlinien, Kraftwerken oder in der Land- und Holzwirtschaft leisten. Seit 1946 existierte in dem Dorf Kutschino das Besserungsarbeitslager Nr. 6. Inhaftiert wurden hier zunächst vermeintliche Kriminelle sowie Personen, die des Diebstahls sozialistischen Eigentums bezichtigt wurden. Die Häftlinge wurden vor allem bei Holzfällerarbeiten in den umliegenden Waldgebieten eingesetzt. Nach Stalins Tod im Jahr 1953 leitete der neue Parteichef

►

Rekonstruierter Wachturm auf dem Gelände des früheren Straflagers »Perm 36« in Kutschino

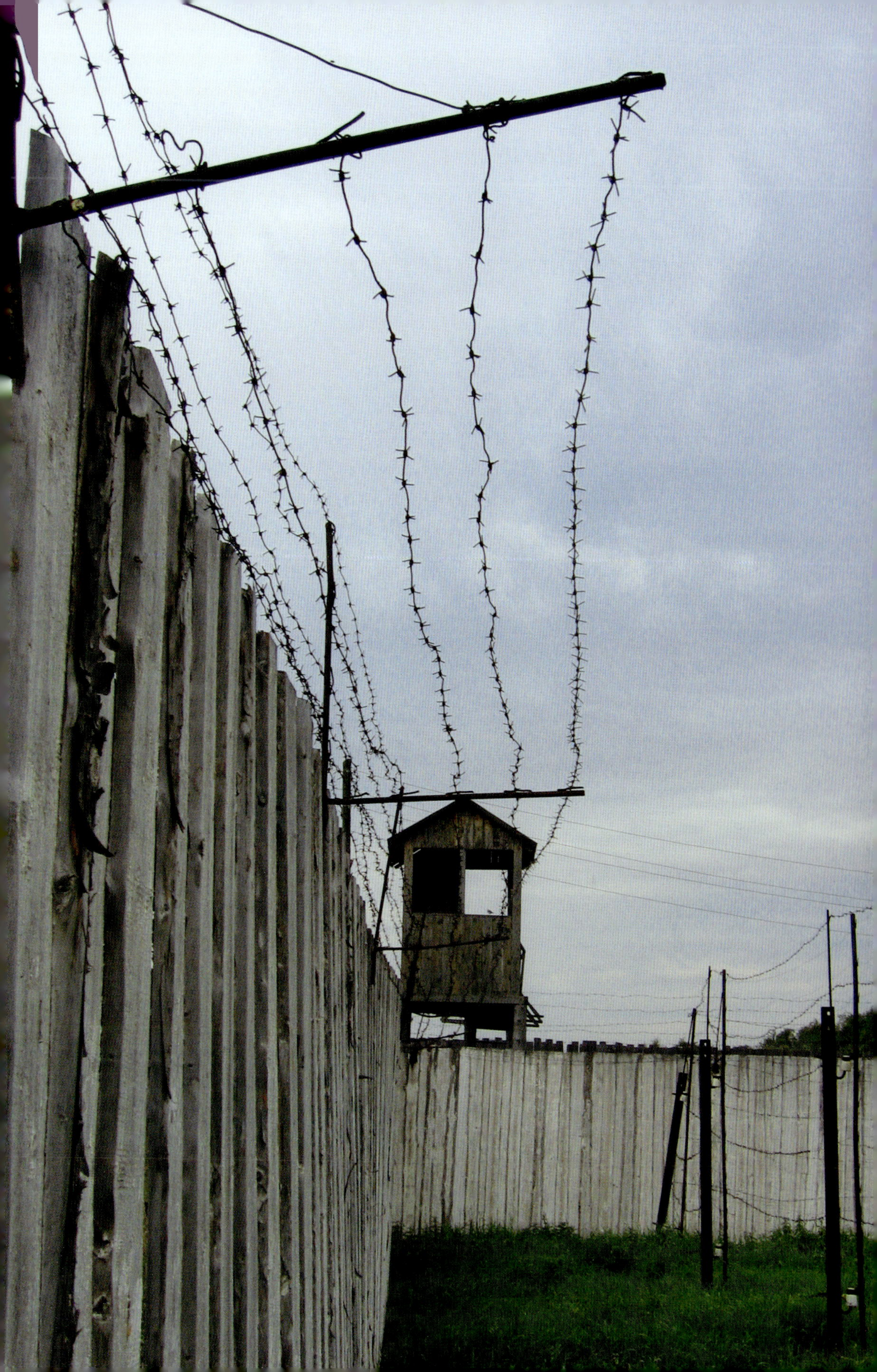

Nikita Chruschtschow die Transformation des sowjetischen Straflagersystems ein, die eine schrittweise Auflösung des GULag vorsah. Im Zuge der am 27. März 1953 erlassenen Massenamnestie kamen fast 1,2 Millionen Häftlinge frei. Davon ausgenommen war allerdings die überwiegende Mehrheit der nach dem berüchtigten Artikel 58 des Strafgesetzbuches der RSFSR verurteilten politischen Gefangenen. Ungeachtet des Chruschtschow'schen »Tauwetters« – der graduellen Entstalinisierung des gesellschaftlichen und kulturellen Lebens – existierten in und um Perm bis in die Zeit der Perestroika hinein zahlreiche Lager. Im Besserungsarbeitslager Nr. 6 in Kutschino verbüßten zwischen 1954 und 1972 nach der Hinrichtung des ehemaligen NKWD-Chefs Lawrenti Berija im Dezember 1953 frühere Funktionsträger des stalinistischen Sicherheitsapparats ihre symbolischen Haftstrafen. Da die einstigen NKWD-Mitarbeiter, Generäle und Offiziere, Richter und Polizeibeamte, die wenige Jahre zuvor an der Verfolgung, Verurteilung und Internierung zahlreicher Menschen beteiligt gewesen waren, mit der Infrastruktur und dem Wachsystem der Lager vertraut waren, wurden die Sicherheitsvorkehrungen in Kutschino erheblich verschärft.

Anfang der 1970er Jahre verschärfte sich auch das Vorgehen gegen die Menschen- und Bürgerrechtsbewegungen in der Sowjetunion. In den späten 1950er und 1960er Jahren war es immer wieder zu Konfrontationen zwischen dem liberal denkenden Großteil der Intelligenzija und den offiziell verordneten autoritären Anschauungen des Staatsapparats gekommen. Gegen diesen politisch motivierten Dissens ging das sowjetische Strafrecht mit Urteilen wegen »antisowjetischer Agitation und Propaganda« oder wegen »organisierter Verbrechen gegen den Staat« vor. Fast 10 000 politische Gefangene erlitten auf diese Weise zwischen Anfang der 1960er und Ende der 1980er Jahre Haftstrafen in Lagern und regulären Strafvollzugseinrichtungen. Nicht wenige fanden sich in psychiatrischer Zwangsunterbringung wieder. Auch das »Besserungsarbeitslager« in Kutschino wandelte sich zu einem Inhaftierungsort, der überwiegend politische Gefangene beherbergte. Nachdem das Kontingent der stalinistischen Funktionsträger aus dem Lager ausgeschieden war, wurden am 13. Juli 1972 auf einen streng geheimen Befehl hin die ersten politischen Gefangenen aus Lagern in Mordwinien nach Kutschino überstellt. Zu diesem Zeitpunkt befanden sich in unmittelbarer Nähe der Lagereinheit VS-389/36, der administrativen Bezeichnung des Politlagers Perm-36, auch die beiden Lagereinrichtungen VS-389/35 und VS-389/37 (Perm-35 und Perm-37). Die Überführung politischer Gefangener nach Perm gründete zum einen darauf, dass diese Standorte kurz zuvor von einer internationalen Kommission begutachtet worden waren und somit mit einer weiteren Kontrolle nicht mehr unmittelbar zu rechnen war. Zum anderen galt Kutschino mit seiner über 1200 Kilometer großen Distanz zu Moskau als ausreichend isoliert, um jegliche Kontaktaufnahme der Gefangenen zur Außenwelt auszuschließen. Die jeweiligen Lagereinheiten unterschieden sich lediglich durch die Form des Haftregimes – Perm-35 und -37 waren Lager mit »Sonderregime« und Perm-36 ein Lager mit »strengem Regime«. Als eine Art Hochsicherheitsgefängnis konzipiert, durften die Zellen von den Insassen kaum verlassen werden. Selbst der Hofgang war auf eine zwölf Quadratmeter kleine, nach oben offene Kammer beschränkt. Die Isolierung der Häftlinge wurde noch dadurch verstärkt, dass das Wachpersonal weder durch den Familiennamen noch durch den Dienstgrad zu identifizieren war.

»Perm-36« kam bei der Verfolgung der Dissidenten eine besondere Bedeutung zu. 1980 wurde hier eine Zone des »besonderen Regimes« eingerichtet, in der Aktivisten der Bürgerrechts- und Nationalbewegungen isoliert wurden. Hier waren vor allem jene inhaftiert, die bereits mehrmals aufgrund ihres Engagements mit dem sowjetischen System in Konflikt geraten waren. Unter ihnen befanden sich Sergej Kowaljow, Lewko Lykjanenko, Anatolij Martschenko, Lew Timofejew, Wasyl Stus und Vasil Gajauskas. Mit der Perestroika begann der endgültige Niedergang des sowjetischen Straflagersystems. Nach einer Amnestie im Jahr 1988 wurde ein kleiner Teil der Insassen entlassen und die verbliebenen Häftlinge nach Perm-35 überstellt. Perm-36 war damit aufgelöst. Erst im Februar 1991 erlangten die letzten Insassen des »Permer Dreiecks« die Freiheit, wobei das Lager offiziell bis 1992 bestand. Nach der Schließung begann der Geheimdienst mit der systematischen Zerstörung des Geländes. Fast alle Gebäude und Sicherungsanlagen wurden mit Bulldozern eingeebnet.

Die ursprünglich von zivilgesellschaftlichen Kräften getragene Gedenkstätte beherbergte das 1995 eröffnete GULag-Museum, das in Kooperation mit dem Andrej-Sacharow-Zentrum Moskau und der Gebietsverwaltung Perm entstand. Für museale Zwecke wurden zwei Bereiche des Lagers kontinuierlich rekonstruiert. Neben dem Hochsicherheitsbereich für »unverbesserliche« politische Häftlinge und Dissidenten wurden auch Teile der »gemäßigten Lagerzone« wieder errichtet. Im Hochsicherheitslager wurden die Absperrungen, Wachtürme, Schlaf- und Arbeitsbaracken wiederhergestellt. Neben der Rekonstruktion leistete die Gedenkstätte Öffentlichkeitsarbeit. In den vergangenen Jahren konnten zahlreiche Publikationen herausgegeben und der Aufbau eines Zeitzeugen- und Videoarchivs vorangetrieben werden. Der Wiederaufbau des Lagergeländes erfolgte im Rahmen von internationalen Freiwilligenprojekten. Zusätzlich wurden Schüler und Studenten aus der Region in diese Arbeiten einbezogen. Das Museum konzipierte in dieser Zeit auch Wanderausstellungen zur Geschichte der politischen Repression. Ende 2013 sah sich die Gedenkstättenleitung gezwungen, die Einrichtung in staatliche Trägerschaft zu überführen, um der Stigmatisierung als »ausländischer Agent« zu entgehen – eine Einschätzung, die sich seit dem Erlass der scharf kritisierten NGO-Gesetzgebung auf den Erhalt ausländischer Stiftungsgelder bezieht. Unter diffamierenden Anschuldigungen wurde die Mitbegründerin und langjährige Gedenkstättenleiterin durch eine neue Leitung ersetzt. Seit der Wiedereröffnung des Museums, nun unter ausschließlicher Trägerschaft der Permer Gebietsverwaltung, wird anstelle des Gedenkens an die Opfer der Repressionen der Beitrag der Inhaftierten zum sowjetischen Sieg über den Hitlerfaschismus in den Fokus der Aufmerksamkeit gerückt. Die Repressionen werden als ein notwendiges Übel zum Erhalt der Sowjetunion interpretiert. Die Häftlinge – so die neue Darstellung – hätten durch ihren Arbeitseinsatz zum Sieg im »Großen Vaterländischen Krieg« beigetragen. In Führungen durch die Ausstellung wird hervorgehoben, dass alle Insassen des Strafvollzugs »Feinde der Sowjetunion« und »Kriminelle« und daher zu Recht inhaftiert gewesen seien. Neue Installationen wie etwa ein medizinisches Untersuchungszimmer, ein Umkleideraum sowie eine Lagerbibliothek vermitteln den Eindruck passabler Haftbedingungen.

Standort: Kutchino, 29 Kilometer außerhalb von Kemerowo
Internet: www.pmem.ru

Denkmal »Maske des Kummers«

Magadan. Zur Erinnerung an die Opfer des Lagerverbunds Dalstroj (Fernbau) wurde am 12. Juni 1996 auf der Spitze des Berges Krutaja das Mahnmal »Maske des Kummers« eingeweiht. Der Bildhauer Ernst Neizwestnij und der Architekt Kamil Kasaew schufen die 18 Meter hohe Betonskulptur, die ein menschliches Gesicht zeigt, in das ein Kreuz eingearbeitet wurde. Das Mahnmal ist heute zentraler Erinnerungsort an die Leiden der Insassen der Lager des Kolyma-Gebiets. Errichtet wurde die Anlage aus Mitteln der Russischen Föderation und Spenden der Städte

Auf der Frontseite des Mahnmals bilden die Stirn, Nase und Augenbraue der »Maske« ein Kreuz. Aus dem linken Auge fließt eine Träne, in die menschliche Häupter eingebettet sind. Die leere rechte Augenhöhle der Skulptur beherbergt eine Glocke, unterhalb derer die symbolische Gefangenennummer 937 eingemeißelt ist. Im Mittelbau der Rückseite ist ein nichtkanonisches Kruzifix sowie die Bronzeskulptur einer trauernden jungen Frau aufgestellt. Im begehbaren Innenraum des Monuments befinden sich die Rekonstruktion einer Isolationskammer sowie die symbolische Nachbildung einer Grabstelle des Lagerfriedhofs. Auf der ersten zum Mahnmal führenden Aussichtsplattform sind elf Steinblöcke mit Namen der gefürchtetsten GULag-Lager an der Kolyma platziert: Maldak, Butugychak, Chenikandzha, Dzhelgala, Elgen, Dnepropetrowskij, Serpantinka, Sewernyj, Maglag, Kanyon und Kinzhal. Entlang der zum zweiten Aussichtspunkt führenden Treppe sind Steinblöcke mit eingemeißelten religiösen Symbolen – christliches Kreuz, Davidstern, Halbmond – sowie das kommunistische Zeichen mit Hammer und Sichel angebracht.

Standort: Magadan, auf dem Berg Krutaja

Die »Maske des Kummers« ist ein zentraler Gedenkort an die Leiden der Insassen der Kolyma-Lager.

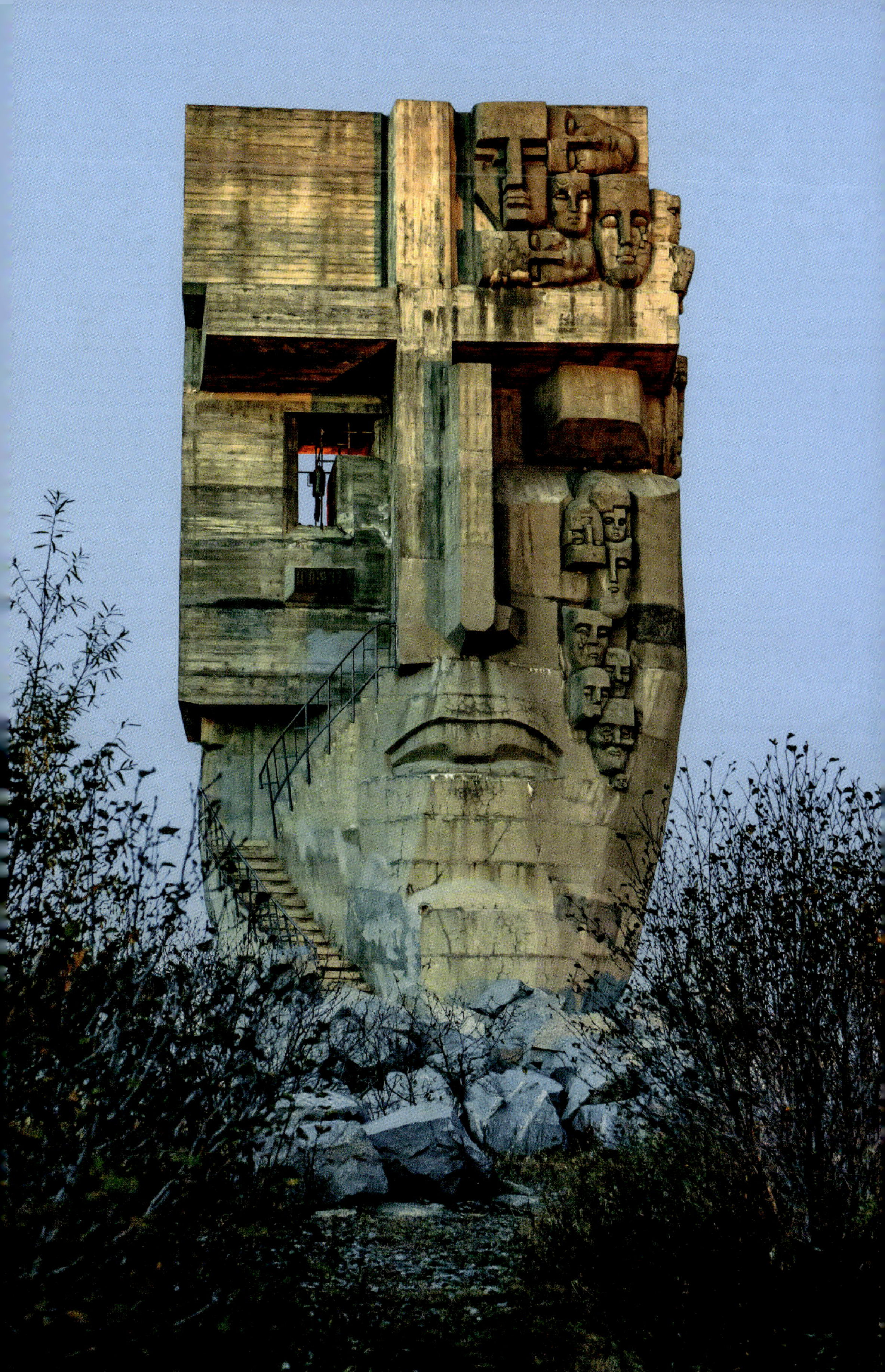

Gedenkstätte für die Opfer der politischen Repression 1930 – 1950

Jekaterinburg / Schirokoj Retschki. Die Gedenkstätte zur Erinnerung an die Opfer der politischen Repression wurde am 26. Oktober 1996 außerhalb von Jekaterinburg eingeweiht. Das Gelände befindet sich am Kilometer 12 der Straße von Jekaterinburg nach Moskau. Auf Betreiben der Assoziation der Opfer politischer Repression des Gebiets Swerdlowsk und der Stadtverwaltung Jekaterinburg konnte das Areal gestaltet werden.

Die Gedenkstätte befindet sich am Ort der Massenhinrichtungen von Bürgern aus den Regionen Perm, Tomsk und Swerdlowsk. Sie wurden zwischen 1937 und 1938 von der zuständigen Troika – einem außergerichtlichen Dreiergremium bestehend aus einem lokalen NKWD-Funktionär sowie je einem Vertreter von Partei und Staatsanwaltschaft – abgeurteilt, an diesem Ort hingerichtet und anonym verscharrt. Bereits seit 1991 wurden auf dem Gelände des ehemaligen Sperrgebiets der sowjetischen Geheimpolizei NKWD Gedenkfeiern abgehalten. 1993 stimmte der Bürgermeister von Jekaterinburg, A. M. Tschernezkij, der Errichtung einer Gedenkstätte an diesem Ort zu. Die Finanzierung wurde von der Stadtverwaltung übernommen. Die Entwürfe stammen von dem Architekten A. L. Bulygin und dem Vorsitzenden der Häftlingsassoziation, A. A. Kriwonogow.

Zentraler Bestandteil ist ein mehrere Meter hohes Anbetungskreuz aus schwarzem Marmor, auf dem ein weißes Kreuz, symbolisch für die Unschuld der Toten, angebracht ist. Unter dem Sockel des Kreuzes befindet sich ein Massengrab. Es liegt in der Mitte eines strahlenförmig angelegten Platzes, dessen Zugänge von Ziegelsteinmauern eingefasst sind. Dort sind auf 46 Metallplatten die Namen, Geburts- und Sterbedaten von 18 475 Menschen verzeichnet, die in den Lagern der Gebiete Swerdlowsk und Perm inhaftiert waren oder auf andere Weise Opfer politischer Verfolgung wurden. Der Straße zugewandt befindet sich eine aus weißen Quadern gesetzte Mauer.

Auf dem Gelände der Gedenkstätte steht seit 2004 außerdem ein 1,5 Meter hoher, aus grauem Granit gestalteter Obelisk mit den Symbolen der vier großen Weltreligionen. Zudem wurde auf Initiative der Assoziation der Opfer politischer Repressionen in Swerdlowsk mit Unterstützung der Stadtverwaltung Jekaterinburg ein weiteres Mahnmal errichtet, das die Erinnerung an die namenlosen Opfer der Gefängnisse und Lager des GULag wachhält. Alljährlich finden an diesem Ort am 30. Oktober, dem Tag der Opfer politischer Repressionen in Russland, von der städtischen Administration in Zusammenarbeit mit der Opferassoziation organisierte Gedenkveranstaltungen statt.

►

Großes Anbetungskreuz
auf dem Gelände der Gedenkstätte

Inschriften

Russisch: Мемориальный комплекс жертв политических репрессий 30–50 гг Здесь покоятся останки тысяч погибших безвинно расстрелянных наших соотечественников. Правда о местах массовых захоронений и причинах смерти скрывалась многие годы. Сегодня мы знаем их имена. Замедли шаг, обнажи голову перед братской могилой.

Die deutsche Übersetzung lautet:
Gedenkstätte für die Opfer politischer Repressionen der 30er–50er Jahre. Hier ruhen die sterblichen Überreste Tausender Umgekommener, unschuldig Erschossener, unserer Landsmänner. Die Wahrheit über die Standorte der Massengräber und über die Todesursachen wurde viele Jahre verschleiert. Heute wissen wir ihre Namen. Verlangsame deinen Schritt, verneige dein Haupt vor dem Massengrab.

Standort: Jekaterinburg/Schirokij Retschki bei Kilometer 12 der Fernstraße nach Moskau
Internet: www.ekmemorial.com

Literaturhinweise Russland:

Applebaum, Anne: Der GULag. Berlin 2003. / Baberowski, Jörg: Der Rote Terror. Die Geschichte des Stalinismus. München 2003. / Hedeler, Wladislaw (Hrsg.): Stalinistischer Terror 1934–1941. Eine Forschungsbilanz. Berlin 2002. / Kaminsky, Anna (Hrsg.): Erinnerungsorte an den Massenterror 1937/38. Russische Föderation. Berlin 2007. / Kizny, Tomasz: GULag: Solowezki, Belomorkanal, Waigatsch-Expedition, Theater im GULag, Kolyma, Workuta, Todesstrecke. Hamburg 2004. / Roginskij, Arsenij/Drauschke, Frank/Kaminsky, Anna (Hrsg.): »Erschossen in Moskau ...« Die deutschen Opfer des Stalinismus auf dem Moskauer Friedhof Donskoje 1950–1953. 3., vollständig überarbeitete Aufl. Berlin 2008.

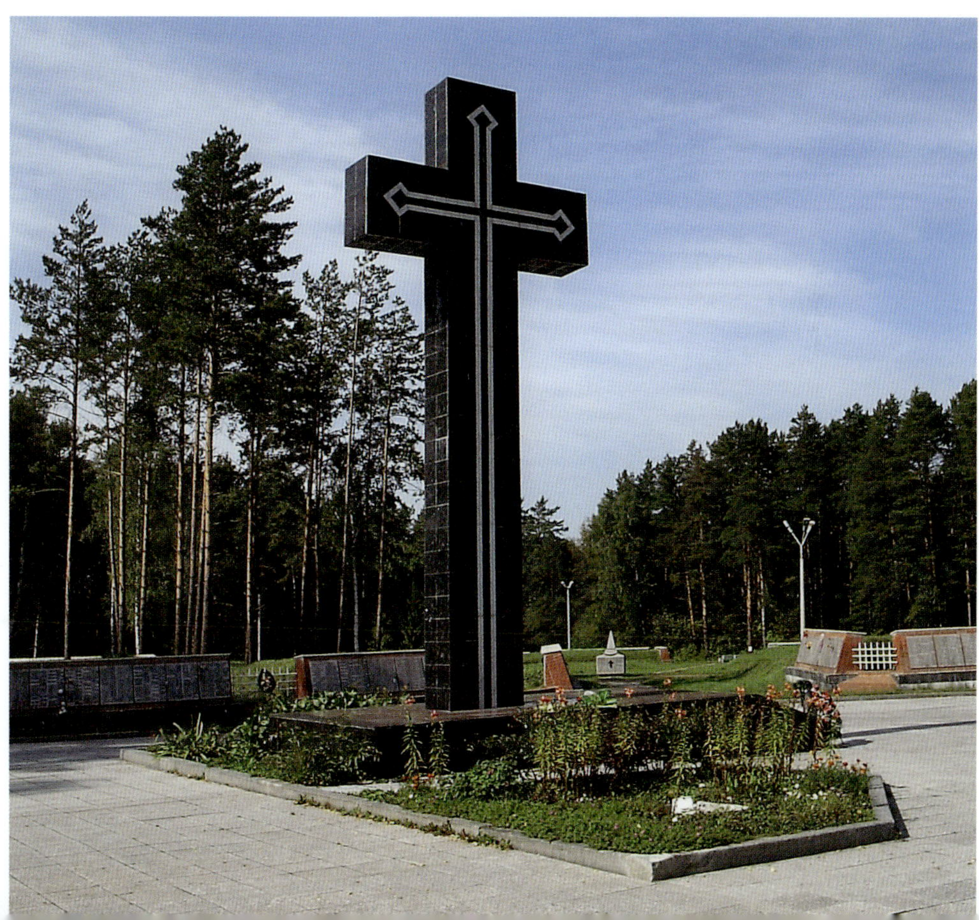

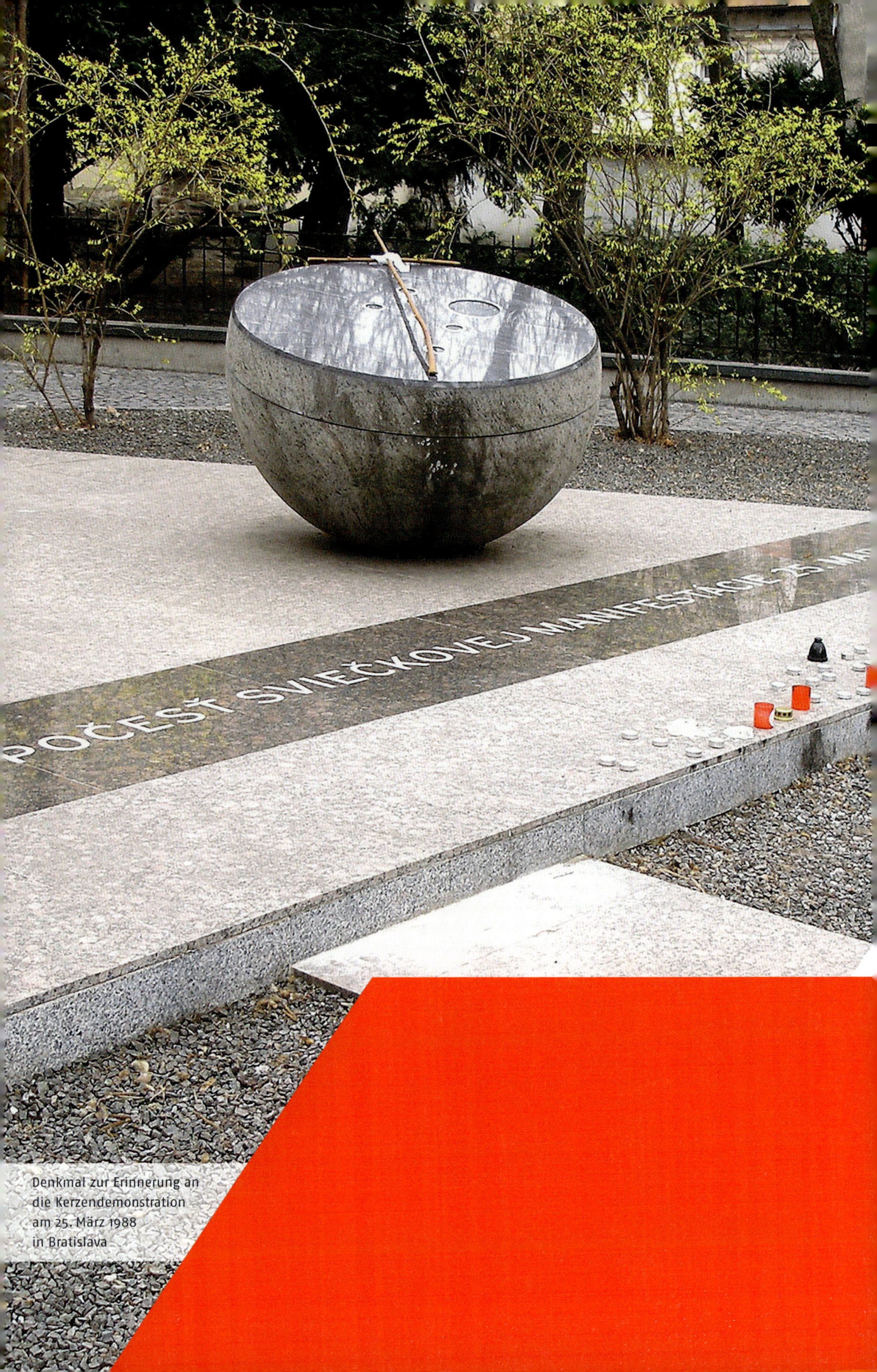

Denkmal zur Erinnerung an die Kerzendemonstration am 25. März 1988 in Bratislava

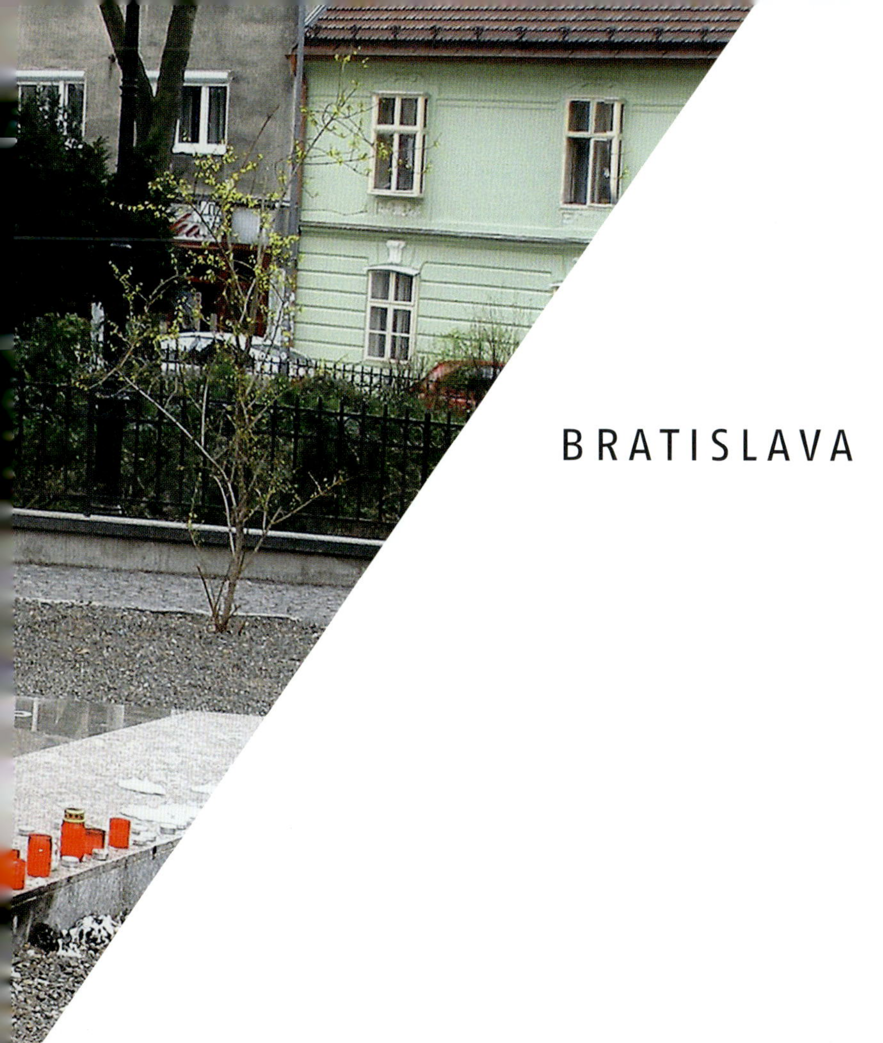

BRATISLAVA

Slowakei

Nach dem Ende des Ersten Weltkriegs wurde am 28. Oktober 1918 die Tschechoslowakei gegründet. Diese bestand aus dem vormals zum österreichischen Landesteil Österreich-Ungarns gehörenden Böhmen sowie der zum ungarischen Landesteil der Monarchie gehörenden Slowakei. Im neu gegründeten Staat Tschechoslowakei lebten nicht nur Tschechen und Slowaken, sondern auch Ungarn und Deutsche als Minderheiten. Unter der slowakischen Bevölkerung verstärkte sich ab Anfang der 1930er Jahre die Unzufriedenheit mit der politischen und ökonomischen Situation. Nationale Bestrebungen und Forderungen nach größerer Autonomie nahmen zu. Nach dem Münchner Abkommen von 1938, in dem durch das Deutsche Reich, Großbritannien, Frankreich und Italien die Abtretung des zur Tschechoslowakei gehörenden, aber mehrheitlich von Deutschen bewohnten Sudetengebiets an das Deutsche Reiche beschlossen wurde, marschierte die deutsche Wehrmacht am 1. Oktober 1938 in das Sudetengebiet ein und gliederte es dem Deutschen Reich an. Damit begann die Zerschlagung der Tschechoslowakei, da auch andere Länder wie Polen oder Ungarn ihrerseits Gebiete der Tschechoslowakei besetzten. Am 15. März 1939 okkupierte die Wehrmacht unter Bruch des Münchner Abkommens die der Tschechoslowakei verbliebenen Gebiete. Böhmen und Mähren wurden als Protektorat unter deutsche Verwaltung gestellt. Die Slowakische Republik erklärte sich auf deutschen Druck hin am 14. März 1939 für unabhängig. Die neue Regierung unter Jozef Tiso von der Slowakischen Volkspartei schloss mit Deutschland einen »Schutzvertrag« ab und entging damit – im Unterschied zum tschechischen Landesteil – einer Besatzung durch die deutschen Truppen.

Die Slowakische Republik verfügte nur über geringe staatliche Autonomie und galt als Vasallenstaat von Hitlers Gnaden. Schon früh wurde sie in Kriegshandlungen des Zweiten Weltkriegs verstrickt. So kam es bereits im März 1939 zu einem Angriff ungarischer Truppen auf slowakische Gebiete, die nach Waffenstillstandsverhandlungen Anfang April 1939 an Ungarn angeschlossen wurden. Nach dem Überfall Deutschlands auf Polen am 1. September 1939 beteiligten sich slowakische Verbände »als erster Verbündeter Deutschlands« am Krieg. Ab 1941 nahmen slowakische Einheiten auch an den Kampfhandlungen gegen die Sowjetunion teil. Während slowakische Roma weitgehend unbehelligt vom nationalsozialistischen Rassenwahn blieben, wurden die slowakischen Juden erfasst und in Konzentrationslager nach Deutschland deportiert. 1942 wurde die Übergabe der slowakischen Juden an Deutschland nach Protesten der katholischen und der protestantischen Kirche sowie aus dem Vatikan unterbrochen. Nach der Besetzung des Landes durch die Wehrmacht im August 1944 und der endgültigen Niederschlagung des slowakischen Nationalaufstands nahm man die Deportationen erneut auf. Über 75 000 slowakische Juden wurden ermordet.

Als sich im Laufe des Krieges immer deutlicher eine Niederlage Deutschlands und seiner Verbündeten abzeichnete und die Rote Armee weiter nach Westen vorrückte, wandten sich immer mehr ehemalige Verbündete gegen das Deutsche Reich. Ende August 1944 brach in der Slowakei ein bewaffneter Aufstand aus, an dem sich große Teile der Bevölkerung beteiligten. Ziel dieses Aufstands war es, das mit dem »Dritten Reich« verbündete klerikal-nationalistische Marionettenregime in Bratislava zu stürzen. Die deutschen Truppen schlugen den Aufstand nieder und entwaffneten die slowakischen Verbände. Im Frühjahr 1945 besetzte die Rote Armee schließlich das Land. Die Slowakische Republik wurde erneut Teil der wieder errichteten Tschechoslowakei, musste aber das Gebiet der Karpatenukraine an die Sowjetunion abtreten. Nach dem kommunistischen Putsch 1948 in Prag verloren die Slowaken endgültig ihre autonomen Rechte, die bereits seit 1946 stark beschnitten worden waren. Die Slowakei wurde der Zentralmacht in Prag unterstellt, welche nun die Kommunistische Partei ausübte. Die Verfolgungen und politischen Säuberungen richteten sich gegen alle, die als Gegner der neuen Macht galten. Dazu zählten slowakische Nationalisten ebenso wie bürgerliche Politiker und Intellektuelle oder Vertreter des Klerus sowie Angehörige des militärischen Widerstands von 1944. Bis Mitte der 1950er Jahre wurden etwa 250 Menschen aus politischen Gründen hingerichtet. Etwa 70 000 Slowaken inhaftierte man aus politischen Gründen. Tausende Menschen wurden auch ohne Urteile in die Zwangsarbeitslager im Uranbergbau verschleppt. Gegen die kommunistische Herrschaft gab es in der Tschechoslowakei bis in die 1950er Jahre hinein vereinzelte, auch bewaffnete Widerstandsaktionen. Begleitet wurde die politische Repression von Enteignungen. Vor der Verfolgung und Unterdrückung im Land flohen Tausende nach Österreich. Etwa 450 Menschen verloren zwischen 1948 und 1989 bei Fluchtversuchen ihr Leben. Diejenigen, die man auf der Flucht fasste, kamen für Jahre ins Gefängnis. 1968 wurde in der Folge des Reformprozesses, zu dem vor allem auch die Forderung nach Föderalisierung des zentralistischen Staates gehörte, die Tschechoslowakei und die Hauptstadt Prag von Truppen des Warschauer Vertrags besetzt. Bei den Kämpfen verloren 180 Menschen ihr Leben und Hunderte erlitten Verletzungen. Wiederum versuchten Tausende, ins Ausland zu fliehen. Kritische Intellektuelle erhielten Berufsverbot. Widerständige Jugendliche brachte man in Spezialheimen unter. Familienangehörige und Kinder von sogenannten Klassenfeinden erhielten Berufsverbot oder durften nicht studieren. Die Bevölkerung wurde von der Staatssicherheit überwacht und mit einem dichten Netz an Spitzeln durchsetzt. Schätzungen zufolge verließen zwischen 1948 und 1989 mindestens 170 000 Menschen das Land; andere Schätzungen gehen davon aus, dass allein zwischen 1968 und 1989 über 250 000 Menschen aus der Tschechoslowakei flohen. Es sind jedoch Fälle aus den 1950er Jahren bekannt, in denen die tschechoslowakische Geheimpolizei Flüchtlinge kidnappte und wieder in die ČSSR zurückbrachte, wo sie nach ihrer Verurteilung in Lagern und Gefängnissen verschwanden.

Während der gesamten Dauer der kommunistischen Herrschaft kam es immer wieder zu Widerstandsaktionen und zivilem Ungehorsam. Im slowakischen Landesteil waren es Anfang der 1970er Jahre vor allem Künstler und Schriftsteller, die sich oppositionell engagierten, wie zum Beispiel in den Gruppen »DG« (Degenerierte Generation) oder »Safran«. 1977 wurde von einigen wenigen Bürgerrechtlern die Charta 77 gegründet, die in der gesamten Tschechoslowakei gegen die Menschenrechtsverletzungen protestierte. Auslöser für die Gründung der Gruppe war die Verhaftung der Bandmitglieder der »Plastic People of the Universe« nach einem Konzert im Februar 1976. Die Protestaktionen setzten sich in den folgenden Jahren fort. Mitglieder der Charta wurden verhaftet und aus den Städten verbannt. Den Protest gegen das Regime konnten die Repressionen jedoch nicht mehr eindämmen. Eine Besonderheit des slowakischen Landesteils war, dass hier die antikommunistische Opposition stärker christlich (katholisch) geprägt war als in Tschechien. So bestand eine vom Vatikan anerkannte Kirche im Untergrund, die neben zahlreichen katholischen Gruppen das gesellschaftliche Leben mitorganisierte, unabhängige Schriften herausgab oder Petitionen zur Einhaltung der Menschenrechte unterstützte. Auch Vertreter der ungarischen Minderheit wirkten in der slowakischen Opposition mit bzw. hielten Kontakt über die Grenze zum Widerstand in Ungarn. Nach dem Machtantritt Gorbatschows in der Sowjetunion 1985 und seiner Politik von Glasnost und Perestroika kam es überall zu einer Stärkung und Ausbreitung von oppositionellen Aktionen. Vielfach unterstützten die Kirchen die Proteste. Katholische Dissidenten organisierten die Demonstrationen. So beteiligten sich am 25. März 1988 in Bratislava Tausende Menschen an der sogenannten Kerzendemonstration, bei der vor allem Religionsfreiheit gefordert wurde. Kaum ein Jahr später kam es zwischen dem 15. und dem 20. Januar 1989 aus Anlass des 20. Todestags von Jan Palach, der sich im Januar 1969 aus Protest gegen die Niederschlagung des Prager Frühlings selbst verbrannt hatte, zu weiteren Unruhen. Die Polizei ging brutal gegen die Demonstranten vor. Führende Oppositionelle und Dissidenten wie Václav Havel wurden verhaftet. Im November 1989 kam es in vielen Städten zu offenen Protesten. Hunderttausende Menschen demonstrierten gegen die kommunistische Herrschaft und für eine Demokratisierung des Landes. Am 16. November 1989 gab es eine erste kleine Demonstration von etwa 300 Studenten in Bratislava. Nachdem am 17. November 1989 Zehntausende Menschen auf dem Prager Wenzelsplatz friedlich demonstriert hatten, verstärkten sich auch die Proteste in der slowakischen Hauptstadt Bratislava; am 25. November waren es 100 000 Menschen. Als Gerüchte aufkamen, dass bei der Demonstration am 17. November in Prag ein Student zu Tode gekommen war, eskalierte die Situation. Im ganzen Land kam es zu Streiks und Protesten. Universitäten und Theater wurden besetzt und der Rücktritt der Regierung und die Demokratisierung des Landes gefordert. Nach dem erzwungenen Rücktritt der kommunistischen Regierung nahmen die von Václav Havel angeführte Protestbewegung und Vertreter der Kommunistischen Partei Verhandlungen auf, in deren Folge im Dezember 1989 eine aus Kommunisten und Vertretern der Protestbewegung gebildete Regierung entstand. Václav Havel wählte man zum Präsidenten. Die führende Rolle der Kommunistischen Partei wurde aus der Verfassung gestrichen. Im Frühjahr 1990 wurde die Tschechoslowakische Sozialistische Republik (ČSSR) in die Tschechische und Slowakische Föderative Republik (ČSFR) umbenannt. Die Kommunistische Partei der Slowakei (KPS), die nach dem Auseinanderfallen der ČSR 1939 gegründet worden war und zwischen 1945 und 1989 als territoriale Filiale der KPČ fungierte, benannte sich 1990 in Partei der demokratischen Linken um. 1991 traten die orthodoxen Kommunisten aus dieser wiederum aus und gründeten erneut die Kommunistische Partei der Slowakei. Bereits im Juni 1990 fanden die ersten freien Wahlen in der Slowakei statt, aus denen die antikommunistische VPN, das slowakische »Bürgerforum«, mit fast 30 Prozent der Stimmen als Siegerin hervorging. Wegen der friedlichen Form der Proteste erhielt die Revolution den Namen »Samtene Revolution«. Am 25. November 1992 beschloss die Bundesversammlung die Auflösung der ČSFR und die Bildung zweier unabhängiger Staaten. Die Slowakei erhielt ab 1. Januar 1993 ihre Souveränität.

Die Aufarbeitung der kommunistischen Herrschaft setzte unmittelbar nach der Samtenen Revolution ein. 1990 verabschiedete man ein erstes Rehabilitierungsgesetz und gewährte Entschädigungsleistungen für politisch Verfolgte. Dazu gehörte nicht nur die Entschädigung für erlittene Haftzeiten, sondern auch die Rückerstattung bzw. der Ausgleich für enteignete Vermögenswerte. Bereits im Mai 1991 verurteilte das Parlament die kommunistische Herrschaft offiziell als verbrecherisch, was 1993 sowie 1996 die nun unabhängige Slowakei in verschiedenen Gesetzen, in denen die kommunistische Herrschaft für illegal erklärt wurde, bestätigte. Gleichzeitig wurde der Widerstand gegen die kommunistische Herrschaft als legitim und ehrenhaft klassifiziert. Eine kollektive Verurteilung der kommunistischen Führung unterblieb, vielmehr fokussierte man sich auf die Ermittlung persönlicher und individueller Schuld. 2011 wurde die Rechtfertigung oder Verharmlosung kommunistischer Verbrechen unter Strafe gestellt. Bereits 1991 wurde noch in der Tschechoslowakei ein erstes Lustrationsgesetz verabschiedet, das eine Überprüfung für bestimmte Positionen in öffentlichen Einrichtungen und Ministerien vorsieht. Nach der Auflösung der

Tschechoslowakei und der Gründung der Slowakei als eigenständiger Staat lief das Gesetz 1996 aus und wurde nicht mehr erneuert. Wegen der ausgesetzten Überprüfungen verblieben viele bereits während der kommunistischen Herrschaft in der Justiz arbeitenden Richter und Staatsanwälte auf ihren Posten. Die Strafverfolgung gegen Täter und Verantwortliche der kommunistischen Herrschaft war unbefriedigend; bisher gab es kaum Verurteilungen wegen der kommunistischen Verbrechen. Zwar wurden der ehemalige Vorsitzende der Kommunistischen Partei und der Chef der Geheimpolizei angeklagt, die Verfahren verliefen allerdings im Sande. Beklagt wurde zudem, dass Angeklagte zwar das Anrecht auf einen bezahlten Verteidiger haben, die damaligen politischen Verfolgten ihre Klagevertreter jedoch selbst bezahlen müssen. Prozesse gegen einstige Verantwortliche werden verschleppt und oftmals sterben die ehemaligen politisch Verfolgten, bevor ein Verfahren eröffnet wird. Zwar gab es Versuche, Prozesse gegen einstige Grenzsoldaten wegen der Tötung von Flüchtlingen an der Grenze anzustrengen. Diese wurden jedoch unter Verweis darauf, dass die Soldaten nach damaligem Recht rechtmäßig gehandelt hätten, abgewiesen.

2002 wurde das Institut für das Nationale Gedächtnis gegründet. Dessen Aufgabe ist es, die Verbrechen zu dokumentieren und zu untersuchen und ggf. Anklage zu erheben. In diesem Institut befinden sich auch die Akten der Geheimpolizei, die grundsätzlich zur Einsichtnahme für alle zur Verfügung stehen.

Mahnmal für die Opfer des kommunistischen Regimes

Bratislava. Das Mahnmal für die Opfer des kommunistischen Regimes wurde am 28. Oktober 1992 durch den Bischof Vladimír Filo eingeweiht und der Öffentlichkeit übergeben. Es ist der erste offiziell errichtete Erinnerungsort auf dem Territorium der Slowakischen Republik, an dem ehemalige politische Gefangene und weitere Opfer des kommunistischen Regimes bis heute alljährlich zu Gedenkveranstaltungen zusammenkommen. Die aufwendig gestaltete Anlage befindet sich in der Nähe des Haupteingangs des Friedhofs Ružinov. Die Errichtung ging auf die Initiative des Verbands ehemaliger politischer Häftlinge der Slowakei zurück. Das Mahnmal besteht aus drei Steinmauern, die symbolhaft die Gefängnisse und Internierungsanstalten des kommunistischen Regimes repräsentieren sollen. Darauf angebracht sind Plaketten mit Inschriften sowie vor allem – in einer unvollständigen Auflistung – mit den Namen der Opfer der politischen Gewaltherrschaft, die in den Gefängnissen ihr Leben verloren oder hingerichtet wurden. Im Zentrum des Innenraums zwischen den Mauern thront ein 17 Meter hohes lateinisches Kreuz. Dieses wurde 1990 – nach der Idee des ehemaligen politischen Gefangenen Pavol Cintavý – anlässlich des ersten Besuchs von Papst Johannes Paul II. in der Slowakei geschaffen. Vor seiner Überführung auf den Friedhof Ružinov befand sich das Kreuz am Altar im Vajnory Flughafen in Bratislava. Alljährlich finden am 17. November, dem Tag des Kampfes für Freiheit und Demokratie, an diesem Ort Gedenkveranstaltungen und Kranzniederlegungen statt.

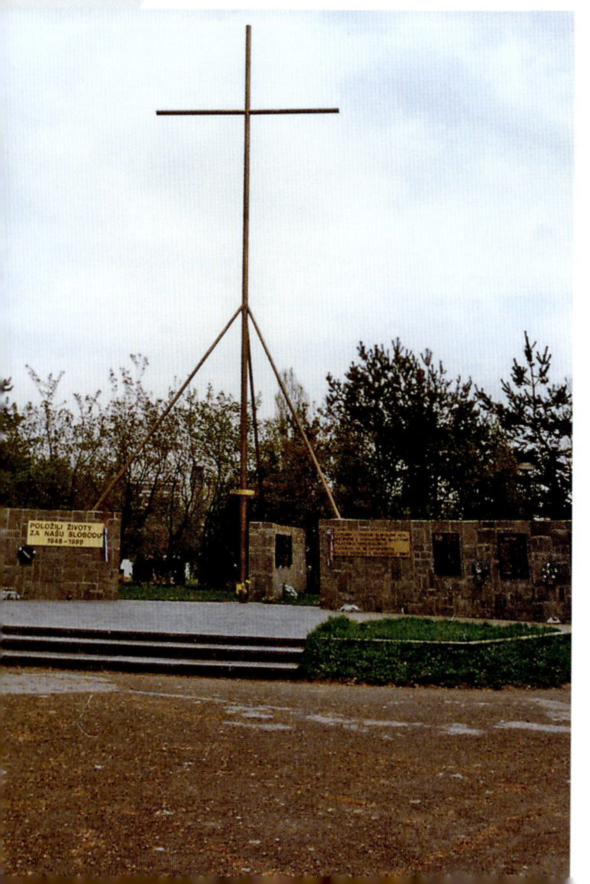

◄ Mahnmal für die Opfer des kommunistischen Regimes

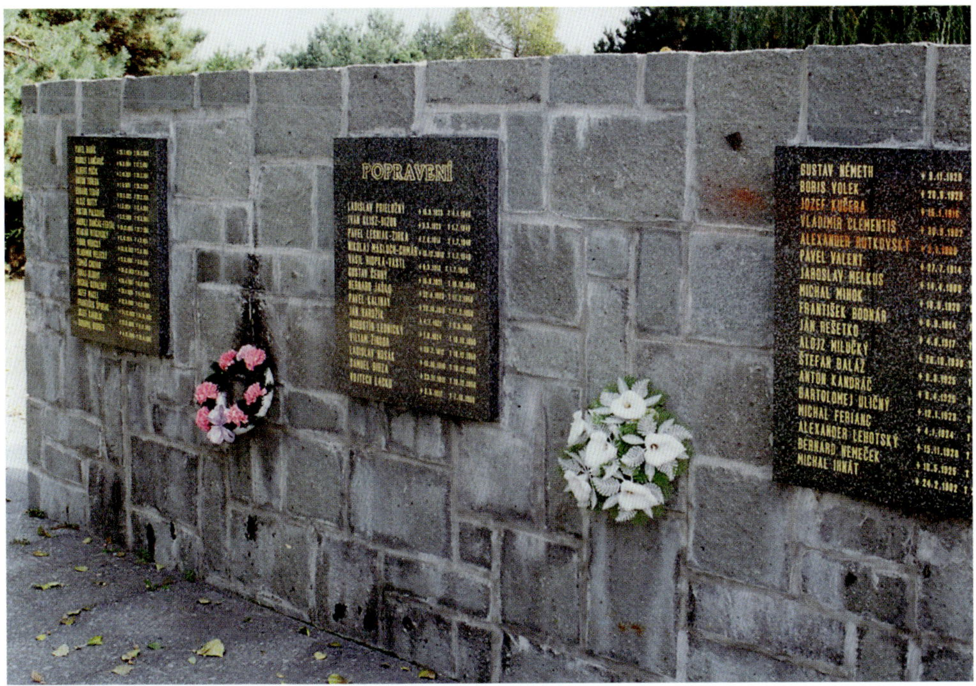

Mahnmal für die Opfer
des kommunistischen Regimes

Inschrift
Slowakisch: *POLOŽILI ŽIVOTY / ZA NAŠU SLOBODU / 1948 – 1989 / OSTOJME V TICHOM ZAMYSLENÍ NAD / UMUČENÝMI A POPRAVENÝMI MARTÝRMI / – OČAKÁVALI SPRAVODLIVOSŤ / DOSTÁVALO SA IM OPOVRHNUTIA / HLADALI SLOBODU A NACHÁDZALI SMRŤ*

Die deutsche Übersetzung lautet:
Sie gaben ihr Leben für unsere Freiheit
1948 – 1989
Bleiben wir im stillen Nachdenken über gefolterte und hingerichtete Märtyrer – Sie erwarteten Gerechtigkeit, bekamen nur Verachtung, sie suchten die Freiheit und fanden den Tod

Standort: Bratislava, auf dem Gelände des Friedhofs Ružinov

Museum der Verbrechen und der Opfer des Kommunismus

Bratislava. Am 25. März 2013, dem 25. Jahrestag der Kerzendemonstration in der slowakischen Hauptstadt 1988, wurde das Museum der Verbrechen und der Opfer des Kommunismus offiziell für die Öffentlichkeit zugänglich gemacht. Einige Monate zuvor, am 17. November – dem symbolischen Datum des Beginns der Samtenen Revolution in der ehemaligen Tschechoslowakei 1989 – hatte das Museum bereits eine kurze vorläufige Eröffnung gefeiert, bevor es zur endgültigen Fertigstellung zwischenzeitlich wieder schloss. Die Initiative zur Errichtung des Museums stammte vom Vorsitzenden des Bürgervereins Stille Helden František Neupauer sowie dem Bund der ehemaligen politischen Gefangenen in der Slowakei. Bis zum Regierungswechsel im März 2012 wurde das Vorhaben aktiv von der damaligen Ministerpräsidentin Iveta Radičová unterstützt. Gegenwärtig erhält die Einrichtung jedoch keine staatliche Unterstützung und finanziert sich ausschließlich aus Spendeneinnahmen. Die Ausstellungsräumlichkeiten des Museums wurden von der Universität für Gesundheit und Sozialarbeit »Heilige Elisabeth« zur Verfügung gestellt. Im weitläufigen Dachgeschoss der Hochschule dokumentiert die Ausstellung anhand von Schautafeln und authentischen Objekten den Zeitraum zwischen dem kommunistischen Putsch im Februar 1948 und dem Zusammenbruch des Regimes im Herbst 1989. Im Fokus der Präsentation stehen dabei die individuellen Schicksale der vielen »stillen Helden«, deren Geschichten von Widerstand und Opposition bisher nicht öffentlich bekannt gewesen sind. Für die Zukunft ist der weitere Ausbau der Ausstellung geplant mit dem langfristigen Ziel, ebenso totalitäre Regime außerhalb Europas zu dokumentieren und die Öffentlichkeit darüber zu informieren. Die Mitarbeiter des Museums organisieren neben Führungen durch die Ausstellung auch Konferenzen, Seminare und Vorträge und bieten verschiedene Bildungsangebote für Schulen an.

Standort: Bratislava, Námestie slobody 3
Internet: www.muzeumkomunizmu.sk

Literaturhinweise Slowakei:
Gyarfášová, Soňa: Case Study on Slovakia. In: Honoring Civil Courage. Developing Suggestions to Improve the Situation of Victims of Communist State Crimes. Project Coordinator: Gedenkstätte Berlin-Hohenschönhausen 2015, Ref. Nr.: JUST/2011/JPEN/AG/2998. Online abrufbar unter: www.stiftung-hsh.de/assets/Dokumente-pdf-Dateien/EU-Projekt-Laenderstudien.pdf (letzter Zugriff: 1.12.2017). / Katholisches Magazin für Kirche und Kultur: »Stille Helden« – Museum der Verbrechen und Opfer des Kommunismus in Preßburg eröffnet. 2012. Online abrufbar unter: www.bit.ly/2kfMkof (letzter Zugriff: 1.12.2017). / Marušiak, Jura / Kmeť, Norbert: Geschichte der slowakischen Opposition. In: Biografisches Lexikon Widerstand und Opposition im Kommunismus 1945 – 91. Bundesstiftung zur Aufarbeitung der SED-Diktatur 2015. Online abrufbar unter: www.dissidenten.eu/fileadmin/user_upload/Slowakei/Oppositionsgeschichte/dissidenten_eu-Slowakische-Oppositionsgeschichte.pdf (letzter Zugriff: 15.2.2018).

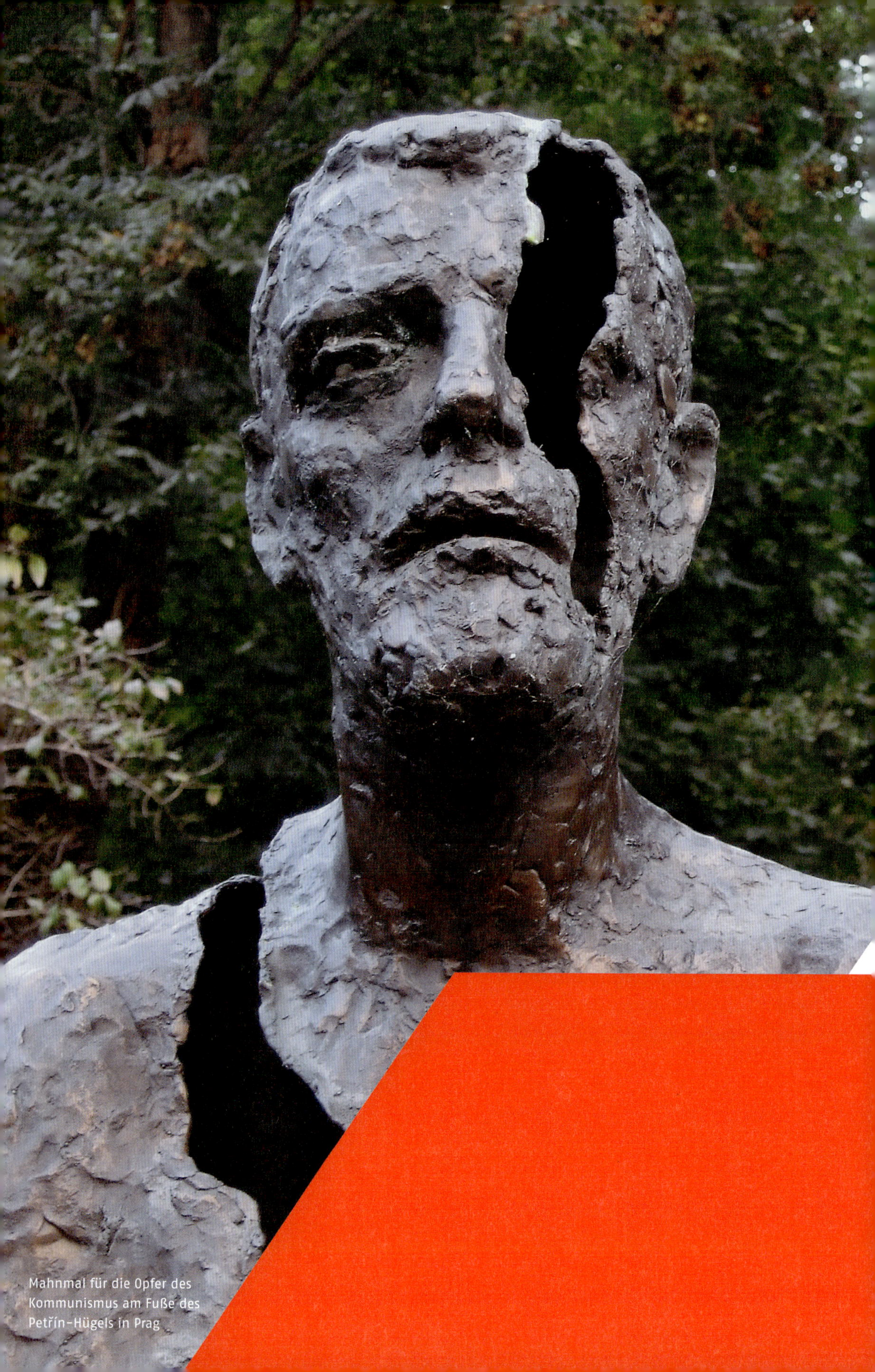

Mahnmal für die Opfer des Kommunismus am Fuße des Petřín-Hügels in Prag

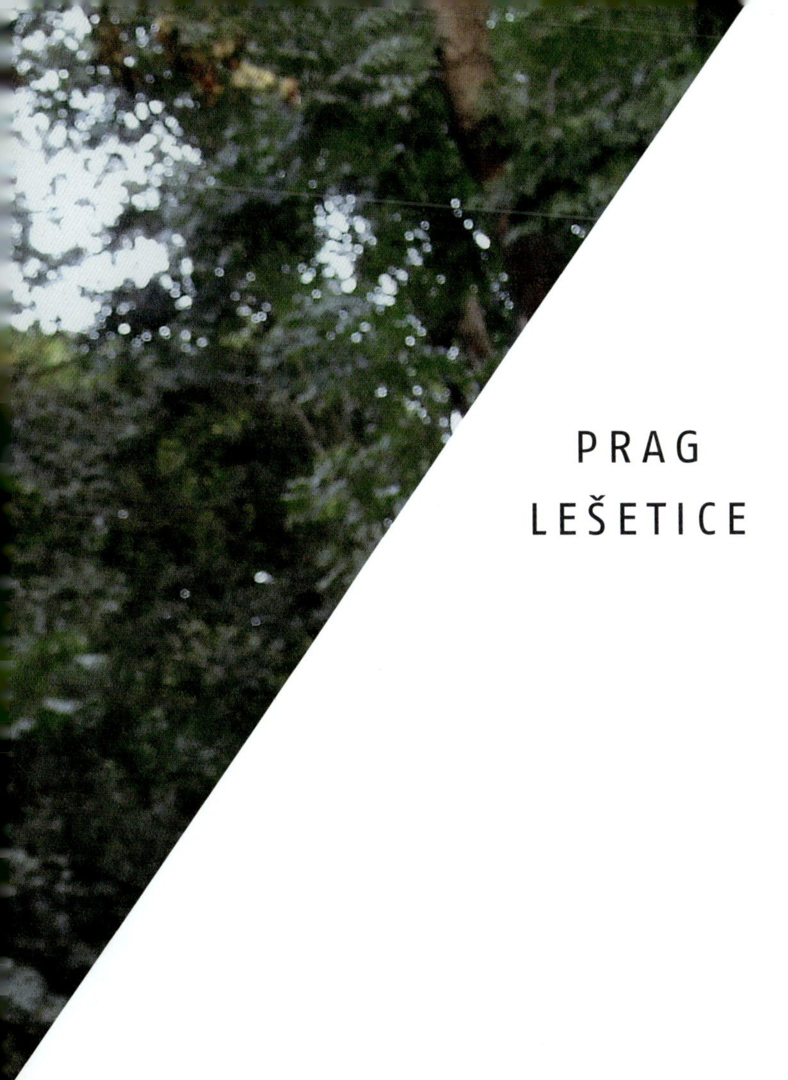

PRAG
LEŠETICE

Tschechische Republik

Nach dem Ersten Weltkrieg wurde die erste Tschechoslowakische Republik gegründet, die bis 1938 bestand. Infolge der sogenannten Sudetenkrise 1938 wurde ein Teil des tschechischen Staatsgebiets dem nationalsozialistischen Deutschland angegliedert. Dabei handelte es sich um das mehrheitlich deutschsprachige Sudetengebiet. Diese Gebietsübernahme durch Deutschland wurde im Münchner Abkommen, zu dem die tschechoslowakische Regierung nicht eingeladen war, durch Vermittlung von Benito Mussolini zwischen Großbritannien und Frankreich auf der einen Seite und Deutschland auf der anderen vereinbart. Zugleich nutzten Ungarn und Polen ihrerseits die Möglichkeit, zur Tschechoslowakei gehörende Gebiete, die mehrheitlich ungarisch- oder polnischsprachig waren, ihren Ländern zuzuschlagen. Im März 1939 löste sich die Slowakei schließlich aus dem Rest-Staatenbund und erklärte ihre Unabhängigkeit. Zurück blieb nur noch ein Torso der einstigen Tschechoslowakischen Republik. Mitglieder der Regierung, darunter Edvard Beneś, flohen ins Exil. Nach der Besetzung des verbliebenen tschechischen, als »Protektorat« bezeichneten Gebiets unterdrückte die deutsche Besatzungsmacht jegliche Form des Widerstands brutal. Berüchtigt waren Massaker an der Zivilbevölkerung wie beispielsweise in Lidice, die man als Vergeltungsaktionen für Widerstandsaktionen ausgab. Die in Böhmen und Mähren lebenden Juden wurden zum großen Teil deportiert und in deutschen Vernichtungslagern ermordet. Der Widerstand gegen die deutschen Besatzer wurde bis Kriegsende fortgeführt und führte Anfang Mai 1945 zu einem bewaffneten Aufstand. Prag wurde am 9. Mai 1945 durch die Rote Armee befreit.

Nach Kriegsende wurde das tschechoslowakische Staatsgebiet in den Grenzen von 1937 wiederhergestellt. Die Karpatenukraine verblieb bei der Sowjetunion und wurde der Ukraine zugeschlagen. Nach der Rückkehr des vormaligen Staatspräsidenten Beneś aus dem Exil wurde eine Regierung der Nationalen Einheit gebildet, in der auch die Kommunisten vertreten waren. Diese verfügten wegen ihres Widerstands gegen das Münchner Abkommen über großes Ansehen und Rückhalt in der Bevölkerung. Zudem dominierten sie in den Betrieben und Gewerkschaften; wichtige Schlüsselressorts wurden von Kommunisten geleitet. Unmittelbar nach Kriegsende begannen massive Vergeltungsaktionen gegen die deutschen Einwohner, die aus ihren Wohnorten vertrieben, misshandelt und ihres Eigentums beraubt wurden.

Nach dem Sieg in den Wahlen des Jahres 1946 bereitete sich die Kommunistische Partei der Tschechoslowakei (KPČ) systematisch auf die Übernahme der politischen Macht vor. Wichtige Posten in der Regierung wurden von Vertretern der Kommunistischen Partei besetzt. Ihr Vorsitzender Klement Gottwald war zugleich Ministerpräsident. Nach dem »Februarumsturz« 1948, der mit dem Rücktritt mehrerer nichtkommunistischer Minister einherging, wurde eine neue, kommunistisch dominierte Regierung gebildet mit Klement Gottwald als Staatspräsident. Bereits unmittelbar nach den Wahlen 1946 war mit Enteignungen begonnen worden, die nun forciert wurden. Politische Repressionen wurden legalisiert. Demokratisch gesinnte Bürger wurden zu »Klassenfeinden« erklärt, von der Staatssicherheit (Státní bezpečnost – StB) verfolgt und zu langjährigen Freiheitsstrafen verurteilt. Zwischen 1946 und 1964 befanden sich in den Gefängnissen jährlich etwa 30 000 politische Häftlinge. Mindestens 240 Menschen wurden aus politischen Gründen getötet. Zusätzlich zu den Gefängnissen richtete man zahllose Zwangsarbeitslager ein. Zum Symbol des Widerstands gegen das totalitäre Repressionsregime der 1950er Jahre wurde die Bürgerrechtlerin Dr. Milada Horáková: Von 1942 bis 1944 für ihren Einsatz gegen die nationalsozialistische Besatzung im Konzentrationslager Theresienstadt inhaftiert, wurde sie nach ihrer Rückkehr in die Tschechoslowakei aufgrund ihres entschiedenen Eintretens gegen das stalinistische Regime 1949 erneut festgenommen. Im Zuge eines inszenierten Schauprozesses wegen »antisowjetischer Konspiration«,

»Spionage«, »Hochverrats« und »umstürzlerischen Verhaltens« verurteilt, wurde sie am 27. Juni 1950 in Pankrác hingerichtet. Seit 2009 erinnert vor dem Eingang zur Gedenkstätte in Pankrác ein vom tschechischen Bildhauer Milan Knobloch gestaltetes Denkmal mit einer Büste Horákovás an die couragierte Widerstandskämpferin. Auch eine Prager Hauptstraße trägt ihren Namen.

In den ersten Jahren der kommunistischen Herrschaft wurde der bewaffnete Widerstand fortgesetzt. Die verschiedenen Gruppen, deren Mitglieder oftmals bereits im Kampf gegen die nationalsozialistische Besatzung aktiv gewesen waren, führten Sabotageakte in der Industrie und Landwirtschaft durch, sammelten nachrichtendienstliche Informationen, akquirierten Waffen für einen Kampf gegen die kommunistischen Machthaber und bekämpften lokale Parteifunktionäre. Von Einheiten der Geheimpolizei infiltriert, wurden diese Gruppierungen aufgerieben, ihre Mitglieder verhaftet und zu langjährigen Strafen verurteilt oder hingerichtet.

Die fortgesetzten Repressionsmaßnahmen des Regimes erschwerten organisierte Widerstandsaktionen. Dennoch waren Hunderte kleine Initiativen und Einzelpersonen tätig. Sie bereiteten Fluchten ins Ausland vor, sicherten Verstecke für politisch verfolgte Personen, unterstützten die Familienangehörigen von Inhaftierten, produzierten und vertrieben regimekritische Flugblätter oder beseitigten propagandistische Losungen im öffentlichen Raum. In größerem Umfang äußerte sich der gesellschaftliche Widerstand auf dem Land, wo unter Anwendung von Gewalt die Zwangskollektivierung und Enteignung des privatwirtschaftlichen Eigentums des Bauernstands forciert wurde. Die Auswirkungen des planwirtschaftlichen Diktats führten bereits im Dezember 1951 zu spontanen Arbeiterdemonstrationen in Brünn (Brno). Im Zuge der Geldentwertung 1953 büßte die überwiegende Mehrheit der Bevölkerung ihre gesamten Ersparnisse ein, während die kommunistische Regierung unter dem Vorwand des Klassenkampfes gegen »bourgeoise und reaktionäre Elemente« die marode Wirtschaft aufrechterhielt, die Auslandsverschuldung tilgte und die leeren Staatskassen zu füllen suchte. In Prag und anderen Städten gingen Zehntausende Menschen auf die Straßen, 129 Betriebe im ganzen Land legten aus Protest gegen die Währungsreform die Arbeit nieder. In Pilsen (Plzeň) riefen die Arbeiter der Škoda-Werke am 1. Juni 1953 einen Streik aus, aufgebrachte Demonstranten besetzten das Rathaus und den städtischen Rundfunk, in den Straßen und an Gebäuden wurden kommunistische Symbole niedergerissen. Erst durch das gewaltsame Einschreiten von Armee, Grenztruppen und Volksmiliz konnte der Aufstand niedergeschlagen werden. In 14 politisch motivierten Gerichtsverfahren wurden 331 Personen zu langjährigen Haftstrafen verurteilt, etwa 200 Familien aus ihren Wohnungen zwangsausgesiedelt.

Nach den von harten Repressionen gekennzeichneten 1950er Jahren lockerte sich die politische Situation zu Beginn der 1960er Jahre. Erste – vorerst wirtschaftliche – Reformbestrebungen sollten die Wirtschaftskrise stoppen. Als dies scheiterte, wuchs die Unzufriedenheit im Land; immer mehr Menschen kritisierten die schlechten Lebensbedingungen, junge Leute forderten Reformen und Schriftsteller und Künstler meldeten sich mit kritischen Werken zu Wort. 1968 wurde der reformorientierte Alexander Dubček zum Generalsekretär der KPČ gewählt. Sein Programm sah die Errichtung eines »Sozialismus mit menschlichem Antlitz« vor. Seine Reformen betrafen nicht nur die Wirtschaft, sondern vor allem auch die Gewährung von bürgerlichen Rechten wie Rede- und Versammlungsfreiheit sowie die Zulassung von anderen Parteien und Organisationen. Politisch Verfolgte wurden rehabilitiert. Durch die Lockerung der Zensur konnte in den Medien eine öffentliche Diskussion über die Repressalien der Vergangenheit und den Reformkurs geführt werden. In dem im Juni 1968 veröffentlichten »Manifest der 2000 Worte« wurden die Repression verurteilt und weitergehende Neuregelungen gefordert. Während in der Tschechoslowakei die Reformdiskussionen weitergeführt wurden, wuchsen in anderen sozialistischen Diktaturen die Befürchtungen vor einem Übergreifen der Umgestaltungen. Die tschechoslowakische KP-Führung wurde aufgefordert, die Reformen zu beenden und die »Konterrevolution« zu bekämpfen. In der Nacht vom 20. auf den 21. August 1968 marschierten schließlich Truppen des Warschauer Vertrags in die Tschechoslowakei ein und schlugen den Reformkurs nieder. Sowjetische Truppen besetzten die Hauptstadt Prag. Gegen den Einmarsch erhoben sich Millionen Menschen in der ČSSR. Nach der Niederschlagung des Prager Frühlings flohen Tausende Menschen ins Ausland. In der ČSSR selbst wurden Anhänger der Reformbewegung verhaftet und eingesperrt. Andere erhielten Berufsverbote. Versammlungs- und Redefreiheit wurden wieder eingeschränkt und erkämpfte Erleichterungen zurückgenommen. Der Versuch, einen »Sozialismus mit menschlichem Antlitz« zu schaffen, war blutig niedergeschlagen worden. Am 16. Januar 1969 verbrannte sich der Student Jan Palach aus Protest gegen den Einmarsch auf dem Prager Wenzelsplatz selbst.

Kaum zehn Jahre später traten erneut kritische Intellektuelle und Künstler mit der Bürgerrechtsbewegung Charta 77 öffentlich dafür ein, demokratische Rechte und Freiheiten zu erkämpfen und Menschenrechtsverletzungen anzuprangern. Ermutigt durch die Unterzeichnung der Schlussakte von Helsinki 1976 setzten sie sich für eine Demokratisierung der Gesellschaft und die Achtung der Menschenrechte ein. Auch diese Initiativen wurden mit Verfolgung und Repression beantwortet und ihre Autoren jahrelang eingesperrt, mit Berufsverboten belegt und schikaniert. Zu ihnen gehörte unter anderem der spätere Staatspräsident Václav Havel. Trotz der Repressalien kam es immer wieder zu Protestaktionen. 1978 wurde das Komitee zur Verteidigung der zu Unrecht Verfolgten gegründet, dessen prominenteste Begründer und Unterstützer wie zum Beispiel Václav Benda, Václav Havel, Petr Uhl und Jiří Dienstbier verhaftet und zu langen Haftstrafen verurteilt wurden.

Die Politik von Glasnost und Perestroika in der Sowjetunion ab Mitte der 1980er Jahre unter Michail Gorbatschow hatte auch Auswirkungen auf die Oppositions- und Dissidentenbewegung in der ČSSR. So demonstrierten beispielsweise im August 1988, zum 20. Jahrestag der Niederschlagung des Prager Frühlings, Tausende Studenten in Prag für eine Demokratisierung der Gesellschaft. Unter dem Eindruck der politischen Veränderungen in den Nachbarländern Ungarn, Polen oder auch der DDR, wo am 9. November 1989 die Mauer gefallen war und Hunderttausende Menschen ihren Protest gegen das kommunistische Regime erfolgreich auf die Straßen getragen hatten, begannen auch die Menschen in der tschechoslowakischen Hauptstadt, sich zu erheben. Eine Demonstration von mehr als 15 000 Studenten am 17. November in Prag markierte den Auftakt zur Samtenen Revolution in der Tschechoslowakei. Sie wurde von der Polizei gewaltsam niedergeschlagen, was jedoch zu einer riesigen Solidaritätswelle im ganzen Land und zu weiteren Aufständen gegen das kommunistische Regime führte. In vielen Städten fanden Protestkundgebungen statt; einem Generalstreik schlossen sich landesweit Millionen Menschen an. Am 24. November 1989 forderten Alexander Dubćek und Václav Havel, zwei Symbolfiguren, auf dem Prager Wenzelsplatz den Rücktritt des Politbüros der KPČ. Wie in den anderen kommunistischen Ländern auch erfolgte der Machtverfall der kommunistischen Machthaber rasend schnell. Bereits am 28. November 1989 begannen Verhandlungen zwischen dem nur wenige Tage zuvor gegründeten Bürgerforum und der Regierung, die schließlich in der Bildung einer neuen Regierung, der mehrheitlich Vertreter der Opposition angehörten, mündete. Die Umwälzung in der Tschechoslowakei wurde »Samtene Revolution« genannt, da die Veränderungen nicht durch einen blutigen Umsturz erzwungen, sondern ausgehandelt wurden. Zum Symbol der Massendemonstrationen gegen das

Regime wurde der Schlüsselbund, mit dem die Menschen ihren Protest lautstark zum Ausdruck brachten. Mit der Wahl von Alexander Dubćek zum Parlamentspräsidenten und Václav Havel zum Staatspräsidenten Ende Dezember 1989 wurde der endgültige Triumph über die kommunistische Herrschaft besiegelt.

Die kommunistische Herrschaft in der Tschechoslowakei hatte für 248 Menschen aus politischen Gründen den Tod gebracht. 200 000 Personen wurden aus politischen Gründen verurteilt und 4 500 starben an den unmenschlichen Bedingungen in der Haft. Mindestens 327 Menschen verloren bei Fluchtversuchen ihr Leben. Etwa 250 000 Personen wurden in Internierungs- und Zwangsarbeitslagern eingesperrt und etwa dreimal so viele wurden beruflich oder sozial, weitere 500 000 bis 750 000 aus religiösen Gründen diskriminiert.

Nach der Umgestaltung der Tschechoslowakei wurden zu Unrecht verurteilte ehemalige politische Gefangene rehabilitiert. Zudem verabschiedete man 1991 ein Lustrationsgesetz, mit dem frühere hohe Funktionäre, Mitarbeiter der Staatssicherheit und der Volksmiliz aus höheren Verwaltungsposten und öffentlichen Ämtern entfernt wurden. Bereits 1993 erklärte das tschechische Parlament das kommunistische Regime als unrechtmäßig und verbrecherisch. 2008 wurde die Verharmlosung der kommunistischen Verbrechen in der Tschechischen Republik unter Strafe gestellt. Wie in allen ehemaligen kommunistischen Ländern gestaltete sich die Strafverfolgung einstiger Täter und Verantwortlicher für die Verbrechen schwierig. Von den etwa 200 erhobenen Anklagen endeten lediglich 23 mit Haftstrafen, von denen die meisten zur Bewährung ausgesetzt wurden. Bereits 1991 war ein erstes Institut für die Unterlagen der Staatssicherheit gegründet worden, das dem Ministerium des Inneren unterstand. 1995 wurde das Amt zur Untersuchung und Verfolgung kommunistischer Verbrechen (ÚDV) gegründet. 2007 erfolgte schließlich die Einrichtung des Instituts für das Studium der totalitären Regime (ÚSTR), das auch Archivbestände der früheren Sicherheitsorgane besitzt.

In der Tschechischen Republik ist heute der 17. November, an dem 1989 die Samtene Revolution ausbrach, als Tag des Kampfes für Freiheit und Demokratie nationaler Feiertag. Der 27. Juni ist in Tschechien seit 2004 Gedenktag für die Opfer des kommunistischen Regimes. Erinnert wird an diesem Tag damit auch an die Hinrichtung von Maria Horáková im Prager Gefängnis Pankrác am 27. Juni 1950.

Mahnmal für die Opfer des Kommunismus

Prag. Das Mahnmal für die Opfer des Kommunismus wurde am 22. Mai 2002 am Fuße des Petřín-Hügels (Laurenziberg) auf der Prager Kleinseite eingeweiht. Die Konföderation der politischen Häftlinge der Tschechischen Republik hatte sich seit Mitte der 1990er Jahre für die Errichtung eines Denkmals eingesetzt. Unterstützung erfuhr der Verband vom Bürgermeister der Stadt Prag sowie von der Bezirksverwaltung des Stadtteils Prag 1.

Der Bildhauer und ehemalige politische Häftling Olbram Zoulbek entwarf die 60 Meter lange und sieben Meter breite Anlage. Auf einer weißen, immer enger werdenden Treppe stehen auf 26 Stufen sieben stilisierte, aus Bronze gestaltete Männerskulpturen. Vom Fuß der Anhöhe aus betrachtet, lösen sich die Figuren, je weiter die Treppe emporsteigt, immer mehr auf, bis sie schließlich nur noch als Fragmente auszumachen sind. Die Männerfiguren repräsentieren symbolhaft einen Menschen, der zur Liquidierung bestimmt wurde (auf Tschechisch »Muž určený k likvidaci«, Abkürzung »Mukl«). Entlang der Treppe verläuft ein Bronzestreifen mit eingravierten Angaben zu den Opfern des Kommunismus in der ehemaligen ČSSR. Am Fuße der Anlage befindet sich ein mit Inschriften versehener Granitsockel. Umgesetzt wurde das Mahnmal von den Architekten Zdenék Hölzel und Jan Kerel aus Prag.

Inschrift am Fuß des Mahnmals
Tschechisch: *OBĚTI KOMUNISMU 1948 – 1989 / 205 486 ODSOUZENO / 248 POPRAVENO / 4 500 ZEMŘELO VE VĚZNICÍCH / 327 ZAHYNULO NA HRANICÍCH / 170 938 OBČANŮ EMIGROVALO*

Die deutsche Übersetzung lautet:
Opfer des Kommunismus 1948 – 1989 / 205 486 wurden verurteilt, 248 wurden hingerichtet, 4 500 starben in Gefängnissen, 327 starben an der Grenze, 170 938 emigrierten.

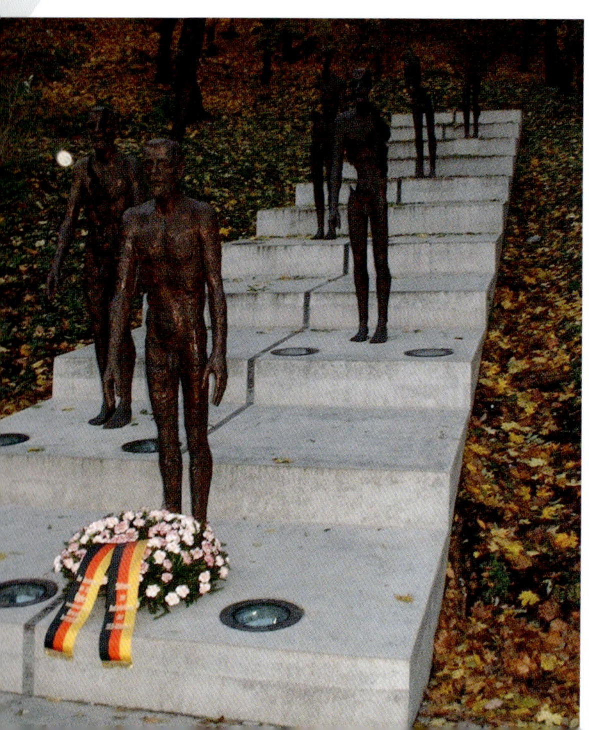

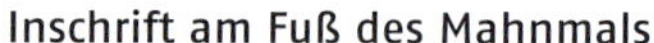

◄
Mahnmal für die Opfer des Kommunismus am Fuße des Petřín-Hügels

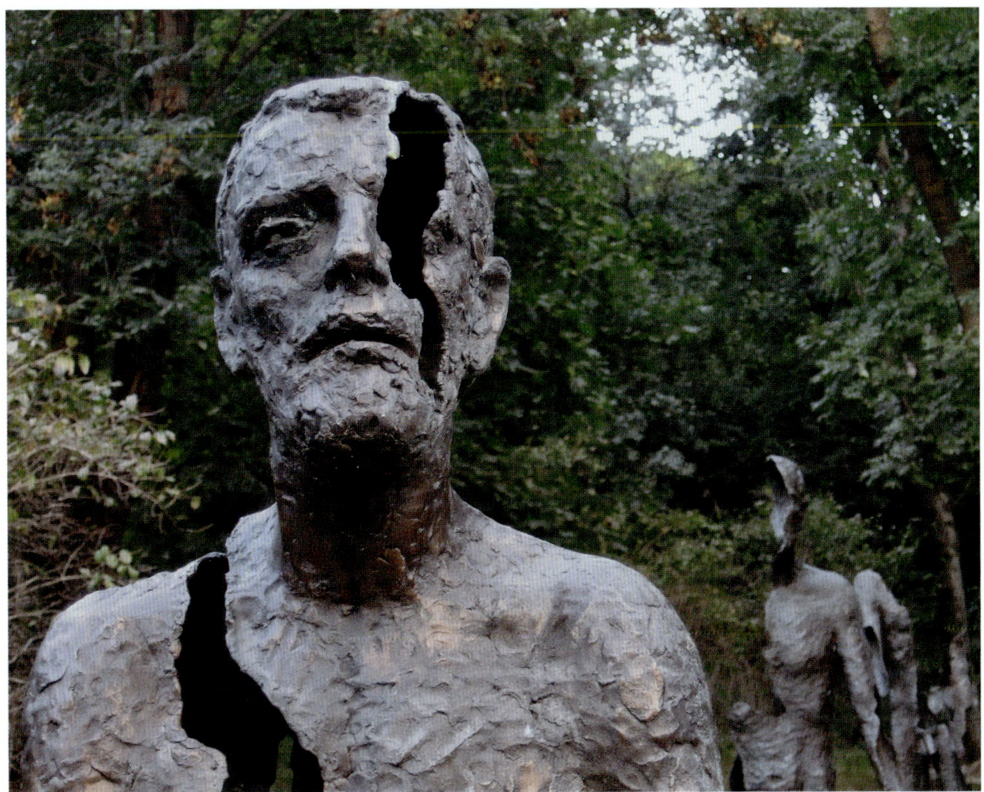

Bronzeskulpturen als Symbole für Menschen, die zur Liquidierung bestimmt waren

Inschriften am Granitsockel

Tschechisch: *POMNÍK OBĚTEM KOMUNISMU JE/ VĚNOVÁN VŠEM OBĚTEM, NEJEN/POPRAVENÝM A VĚZNĚNÝM, ALE/I VŠEM, JEJICHŽ ŽIVOTY BYLY/ TOTALITNÍ ZVŮLI ZNIČENY/ZBUDOVÁNO ROKU 2002 PÉČÍ HLAVNÍHO MĚSTA PRAHY, / MĚTSKÉ ČASTI PRAHA 1, KONFEDERACE POLITICKÝCH VĚZŇŮ/AUTOŘI: ING. ARCH. ZDENĚK HÖLZEL, AK. ARCH. JAN KEREL, AK. SOCHAŘ. OLBRAM ZOUBEK*

Englisch: *THE MEMORIAL TO THE VICTIMS/ OF COMMUNISM IS DEDICATED TO/ALL VICTIMS NOT ONLY THOSE/WHO WHERE JAILED OR EXECUTED/BUT ALSO THOSE WHOSE LIVES/WERE RUINED BY TOTALITARIAN/DESPOTISM. / THE CITY OF PRAGUE, THE MUNICIPAL DISTRICT OF PRAGUE 1/AND THE CONFEDERATION OF POLITICAL PRISONERS BUILT/THE MEMORIAL IN 2002. / AUTHORS: ARCHITECTS ZDENĚK HÖLZEL, JAN KEREL, AND SCULPTOR OLBRAM ZOUBEK.*

Die deutsche Übersetzung lautet:
Das Mahnmal für die Opfer des Kommunismus ist allen Opfern gewidmet, nicht nur denen, die inhaftiert oder hingerichtet wurden, sondern auch all denjenigen, deren Leben vom totalitären Despotismus ruiniert wurden. Die Stadt Prag, die Munizipalabteilung Prag 1 und die Konföderation der Politischen Häftlinge errichteten dieses Mahnmal 2002. Autoren: Die Architekten Zdeněk Hölzel, Jan Kerel und der Bildhauer Olbram Zoubek.

Standort: Prag, am Fuß des Petřín-Hügels

Denkmal für Jan Palach und Jan Zajíc

Prag. Das Denkmal für Jan Palach und Jan Zajíc wurde am 16. Januar 2000 aus Anlass des 31. Jahrestags der Selbstverbrennung von Jan Palach am nördlichen Ende des Wenzelsplatzes neben dem Brunnen unterhalb des Nationalmuseums eingeweiht. Nach langen Debatten um die Gestaltung dieses symbolträchtigen Ortes wurde der Entwurf von Čestmír Houska und Jiří Veselý umgesetzt. Zwei hügelartige Erhebungen im Kopfsteinsteinpflaster symbolisieren die Körper von Palach und Zajíc, die durch ein liegendes bronzenes Kreuz miteinander verbunden sind. Das Ende des Kreuzes weist in jene Richtung, in die der brennende Palach auf den Wenzelsplatz laufen wollte. Auf dem linken Querbalken sind die Namen und Lebensdaten der beiden jungen Männer eingraviert. Der feierlichen Einweihungszeremonie wohnten der Bürgermeister von Prag sowie Vertreter der Jan-Palach-Gesellschaft Všetaty und des Unternehmens Thimm bei, das sich an den Kosten für den Bau beteiligte.

Jan Palach wurde am 11. August 1948 in Mělnik als Sohn eines Kaufmanns geboren, der den Familienbetrieb wegen des kommunistischen Umsturzes noch im gleichen Jahr aufgeben musste. Die Familie siedelte nach Všetaty, wo Palach seine Jugend verbrachte. Von 1963 bis 1967 besuchte er das Gymnasium in Mělnik. Obwohl er die Aufnahmeprüfung zum Philosophiestudium bestanden hatte, konnte er sich nicht an der Prager Karlsuniversität immatrikulieren. Er studierte die kommenden zwei Jahre an der Wirtschaftshochschule. Im Frühjahr 1968 erhielt er die nachträgliche Zulassung für die philosophische Fakultät, wo er mit den politischen und gesellschaftlichen Reformen des Prager Frühlings in direkten Kontakt kam. Nach dem Einmarsch der Interventionstruppen des Warschauer Paktes am 21. August 1968 beteiligte sich Palach im Herbst an den Studentenstreiks, war jedoch von der zunehmenden Lethargie und Gleichgültigkeit seiner Landsleute enttäuscht. Zum Zeichen des Protestes gegen die einsetzende »Normalisierung« beschloss Palach, sich selbst zu verbrennen. Zum Jahreswechsel 1968/69 besuchte er seine Mutter und kehrte Anfang Januar 1969 nach Prag zurück. Am 15. Januar fuhr er noch einmal nach Hause, um der Beisetzung seines Onkels beizuwohnen. Am folgenden Tag reiste er mit dem Zug wieder nach Prag und ging gegen 16 Uhr ins Stadtzentrum. Am Fuß des Nationalmuseums übergoss er sich mit Benzin, zündete ein Streichholz an und lief brennend in Richtung des belebten Wenzelsplatzes. Nach wenigen Metern brach er bewusstlos zusammen. Ein Straßenbahnfahrer löschte mit seinem Mantel das Feuer und Palach wurde wenig später mit schwersten Verbrennungen in ein Krankenhaus gebracht. Vor der Selbstentzündung hatte er mehrere Briefe, in denen er die Gleichgültigkeit anklagte und die Abschaffung der Zensur forderte, verschickt. Die Nach-

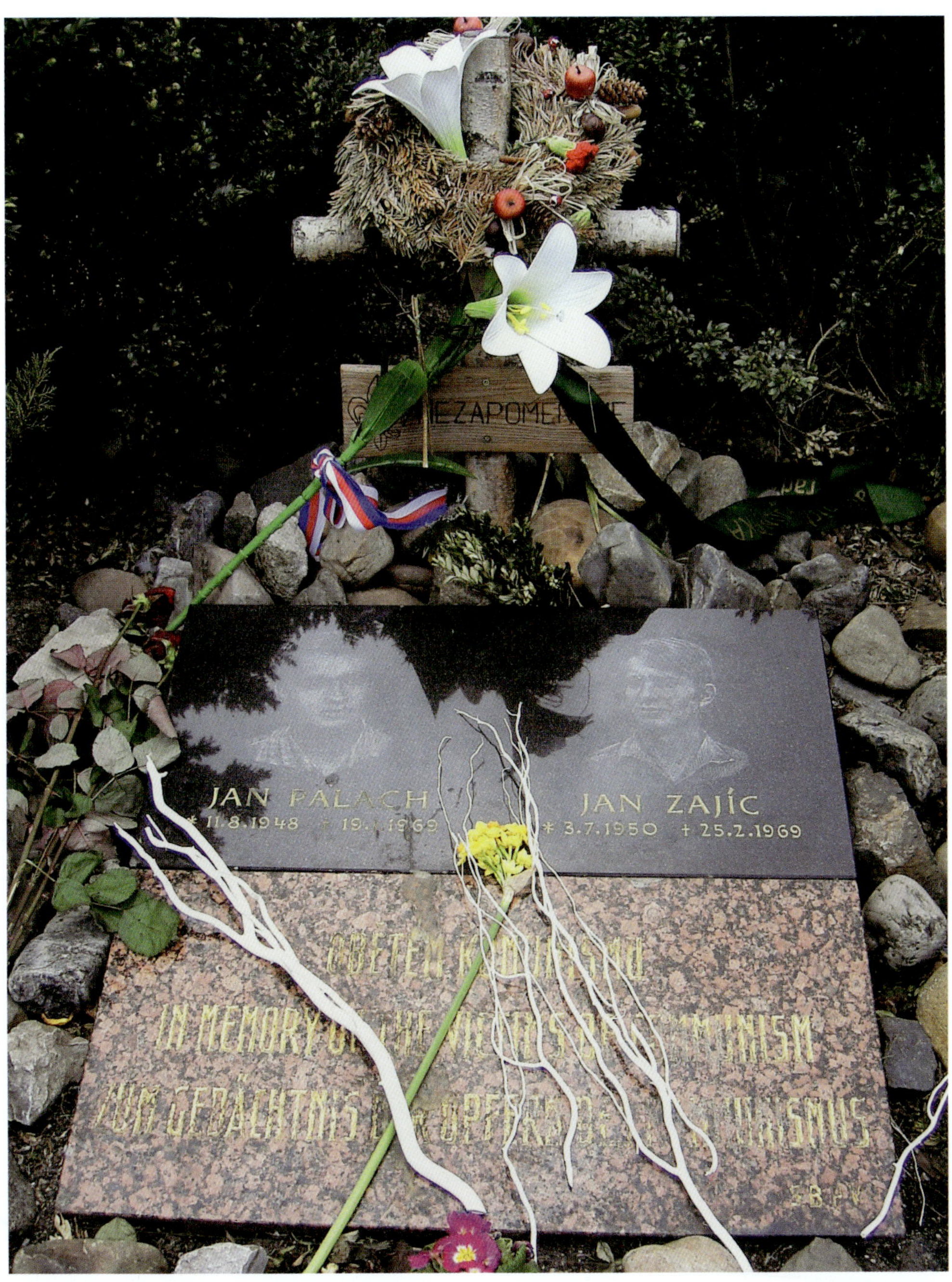

Das Denkmal in einer mit Blumen und Büschen bepflanzten Rotunde entstand bereits 1989 während der Samtenen Revolution.

richt von der Verbrennung und seine schnell bekannt gewordenen Forderungen zogen eine große Welle der Solidarität und des Protestes nach sich. Einige Studenten, unter ihnen Jan Zajíc, hielten am Wenzelsdenkmal einen Hungerstreik ab. Jan Palach erlag am 19. Januar 1969 seinen Verletzungen. Sein Leichnam wurde am 24. Januar 1969 in der Karlsuniversität aufgebahrt und anschließend unter Anteilnahme Tausender Menschen auf dem Olšany-Friedhof beigesetzt.

Denkmal für Jan Palach und Jan Zajíc am Wenzelsplatz neben dem Brunnen unterhalb des Nationalmuseums

Jan Zajíc wurde am 3. Juli 1950 in Vítkov als Sohn einer Lehrerin und eines Drogisten geboren. Nach dem Besuch der Schule begann er eine Ausbildung an einer Eisenbahnerfachschule in Šumperk. Zajíc registrierte die gesellschaftlichen und politischen Umbrüche während des Prager Frühlings voller Begeisterung. Er nahm an verschiedenen Kundgebungen und Initiativen teil und war von der Niederschlagung der Reformbewegung durch die Truppen des Warschauer Paktes stark erschüttert. Ähnlich wie Palach beklagte er in den folgenden Monaten die sich in der tschechoslowakischen Gesellschaft nach der Aufbruchsstimmung der letzten Jahre ausbreitende Gleichgültigkeit. Als Zajíc von der Selbstverbrennung Palachs

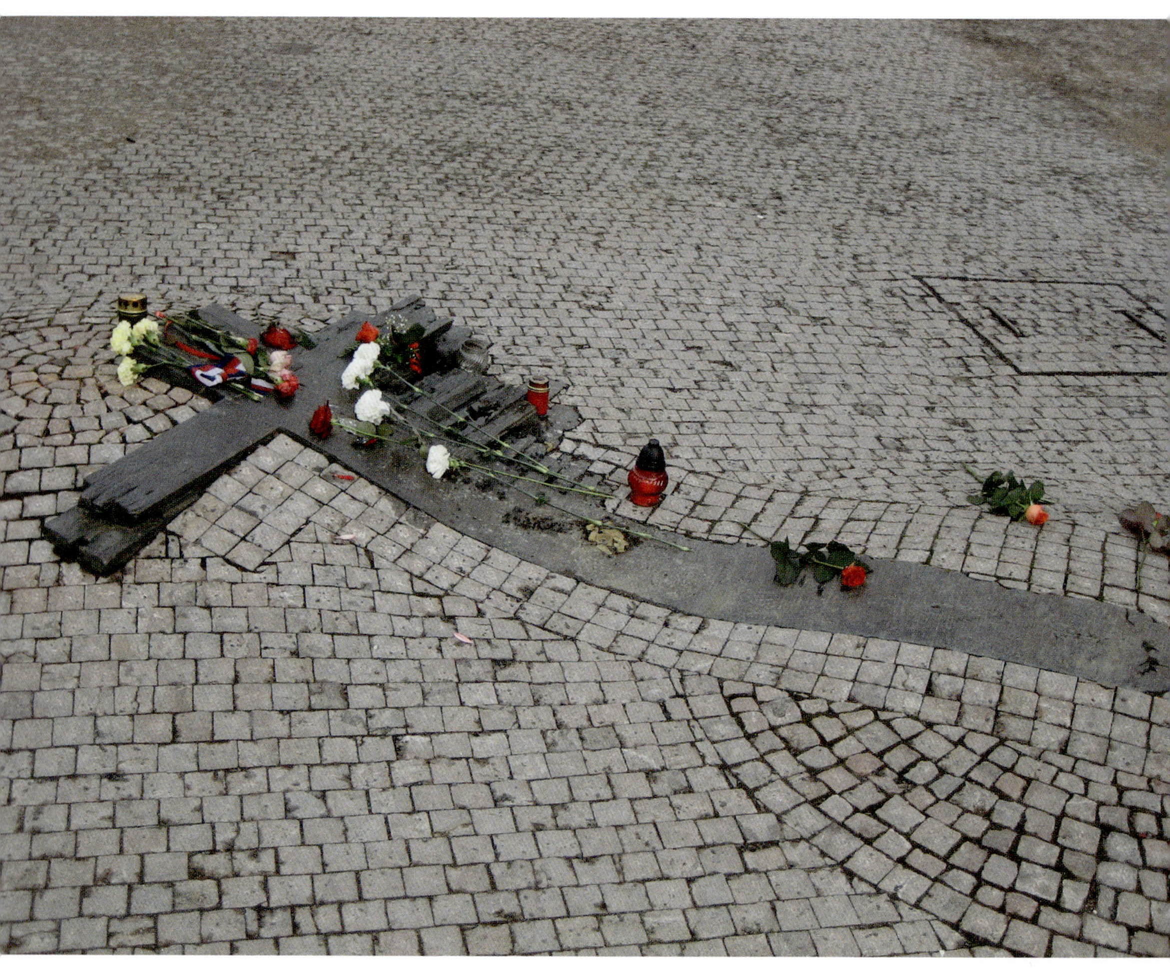

hörte, schloss er sich in Prag einem Hungerstreik an, der die Forderungen Palachs bekräftigen sollte. Ende Januar kehrte er nach Šumperk zurück, wo er sein Studium wieder aufnahm. Am 25. Februar 1969, dem Jahrestag des kommunistischen Umsturzes von 1948, fuhr er zusammen mit drei Freunden morgens nach Prag. In seinem Gepäck befanden sich mehrere Briefe und Resolutionen. Gegen 13.30 Uhr ging Zajíc allein ins Stadtzentrum und trank im Keller des Hauses Nummer 39 am Wenzelsplatz Benzin, übergoss sich mit dem Rest und zündete sich anschließend an. Zajíc hatte geplant, aus dem Hauseingang heraus auf den Wenzelsplatz zu laufen, brach aber bereits auf der Kellertreppe tot zusammen. Obwohl er mit seiner Tat nicht das gleiche öffentliche Aufsehen erregte wie Palach, verbreitete sich die Nachricht von einer erneuten Selbstverbrennung schnell. An der feierlichen Beisetzung Zajícs am 2. März 1969 in seiner Heimatstadt nahmen Tausende Menschen teil.

Am Wenzelsplatz unweit des im Jahr 2000 eingeweihten Denkmals befindet sich ein weiterer Erinnerungsort zu Ehren von Jan Palach und Jan Zajíc. Er enstand während der Samtenen Revolution 1989 und besteht aus einer mit Blumen und Büschen bepflanzten Rotunde, in die ein Gedenkstein mit den Namen von Palach und Zajíc eingelassen ist. Nicht nur unmittelbar nach den tragischen Ereignissen selbst, sondern auch in den nachfolgenden Jahrzehnten kam es immer wieder zu spontanen Kundgebungen, die an die Niederschlagung des Prager Frühlings und die Verzweiflungstaten von Palach und Zajíc erinnerten. Die tschechoslowakischen Sicherheitsbehörden waren vergeblich bemüht, das Gedenken an beide Ereignisse zu unterbinden. Als im Frühjahr 1989 aus Anlass des 30. Jahrestags der Selbstverbrennungen die tschechoslowakische Oppositionsbewegung die Palach-Gedenkwochen ausgerufen hatte, fanden erstmals seit 1968/69 wieder große Kundgebungen auf dem Wenzelsplatz statt. Erneut wurden vor dem Denkmal des heiligen Wenzel Blumen niedergelegt. Die Polizei ging zwischen dem 16. und 19. Januar gegen mehr als 1000 Demonstranten mit Verhaftungen und Wasserwerfern vor und konnte die Protestaktionen so zunächst beenden. Im November 1989 versammelten sich erneut Zehntausende Menschen in der Prager Innenstadt. Diese Kundgebungen markierten den Auftakt für die Samtene Revolution in der ČSSR.

Inschriften am Fuß des Denkmals
*Jan Palach / *11. 8. 1948 †19. 1. 1969 /*
*Jan Zajíc / *3. 7. 1950 †25. 2. 1969. //*
Obětem kommunismu / In memory of the victims of communism / Zum Gedächtnis der Opfer des Kommunismus / SBPV

Standort: Prag, Verwaltungsbezirk Prag 1, Václavské náměstí

Gedenkstätte Pankrác

Prag. Die Gedenkstätte Pankrác befindet sich in dem Gebäude der gleichnamigen Strafvollzugsanstalt und wurde 1995 aus Mitteln des Strafvollzugsdienstes der Tschechischen Republik eingerichtet. Maßgeblich an der Verwirklichung des Gedenkstättenkonzepts beteiligt waren das Kabinett für Dokumentation und Geschichte des Sekretariats des Generaldirektors des Strafvollzugsdienstes der Tschechischen Republik, der Verein ehemaliger politischer Häftlinge sowie zahlreiche wissenschaftliche und kulturelle Institutionen der Tschechischen Republik. Die Einrichtung dient vorrangig der Schulung von Angestellten und Studenten des Justizwesens und der Polizei, reguläre Besucher müssen sich für eine Führung durch die Gedenkstätte über die Justizvollzugsverwaltung anmelden. Die ständige Ausstellung informiert über die Geschichte des Justizwesens in Böhmen vom Mittelalter bis in die Neuzeit. Eine umfangreiche Dokumentation unter dem Titel »Von der Rassenjustiz zur Klassenjustiz« illustriert die politische Haft und Verfolgung unter der nationalsozialistischen deutschen Besatzung sowie unter dem kommunistischen Regime nach 1945.

Das Gebäude der heutigen Justizvollzugsanstalt und der Gedenkstätte Pankrác wurde 1889 auf einem brachliegenden Gebiet östlich des Prager Stadtzentrums errichtet und sollte die bisherige Landesstrafanstalt des heiligen Wenzel ersetzen. Nach der Gründung der Ersten Tschechoslowakischen Republik im Jahr 1918 war hier die Strafvollzugsanstalt des Bezirksstrafgerichts Prag untergebracht. Am 15. März 1939 besetzten nationalsozialistische deutsche Truppen die tschechoslowakischen Gebiete. Die Okkupation des Landes führte zur Zerschlagung der Tschechoslowakischen Republik durch die Abtrennung der Slowakei und der Karpatischen Rus und zur Bildung des sogenannten Protektorats Böhmen und Mähren. Pankrác wurde zwischen 1939 und 1945, wie auch andere Einrichtungen, durch die nationalsozialistische Okkupationsverwaltung genutzt. Im Erdgeschoss des linken Längstrakts der Haftanstalt entstand die berüchtigte Abteilung II/A, in der die zum Tode Verurteilten untergebracht wurden. Für sie wurden 20 Zellen – Nummer 32 bis 52 – ausgegliedert, von denen vier der Massenhaft und die restlichen der Einzelhaft dienten. Aus den Zellen 29, 30 und 31 wurde der sogenannte »Beilraum« – bestehend aus einem Sitzungs-, Hinrichtungs- und Sargraum – gebildet. Diese authentisch erhaltenen Räume vermitteln Besuchern bis heute die einprägsamsten Momente in der Ausstellung. Zwischen dem 5. April 1943 und dem 26. April 1945 vollstreckten die nationalsozialistischen Besatzer in Pankrác insgesamt 1075 Todesurteile durch Erhängen und durch die Guillotine. Die sterblichen Überreste der Opfer wurden anschließend im Krematorium in Prag-Strašnice vernichtet. Stellwände informieren über die an diesem Ort aufgefundenen Gegenstände bei der Übernahme der Strafvollzugsanstalt durch die tschechische Verwaltung im Mai 1945. Nach der Machtübernahme durch die Kommunisten 1948 wurden hier Zehntausende Regimegegner inhaftiert, viele gefoltert und über 1000 Menschen hingerichtet.

Im Gedenksaal von Pankrác steht die Liste mit den Namen aller an diesem Ort aus politischen Gründen zwischen 1939 und 1960 Hingerichteten im Zentrum. Eine Urne mit Erde aus dem Konzentrationslager Auschwitz – wo viele Einwohner aus Böhmen, Mähren, Schlesien und der Slowakei ihr Leben verloren – erinnert an die nationalsozialistischen Repressionen und den Terror der deutschen Okkupationsmacht. Zu sehen ist außerdem eine überlebensgroße Fotografie von der Hauptverhandlung im Prozess gegen Dr. Milada Horáková sowie das Originalpult, an dem sie sich vor der Schaujustiz verteidigen musste. Ausgestellt werden auch Überreste des sogenannten Hinrichtungsbretts eines der beiden Galgen, die in Pankrác sowohl von der nationalsozialistischen Okkupationsmacht wie auch später vom kommunistischen Regime verwendet wurden. Mit dem Gedenksaal soll nicht nur die Erinnerung an die Opfer der totalitären Gewaltherrschaft wachgehalten, sondern gleichfalls eine Mahnung für die Zukunft ausgesprochen werden. Die im Raum angebrachte Inschrift verdeutlichet diese Mission: »Die Verletzung der Menschenrechte ist nicht Vergangenheit. Gewalt und Grausamkeit sind immer noch so nah, wir sind alle für Demokratie und Freiheit verantwortlich, ein jeder von uns, jeden Tag, das Blut der Opfer der totalitären Macht verpflichtet uns [...].«

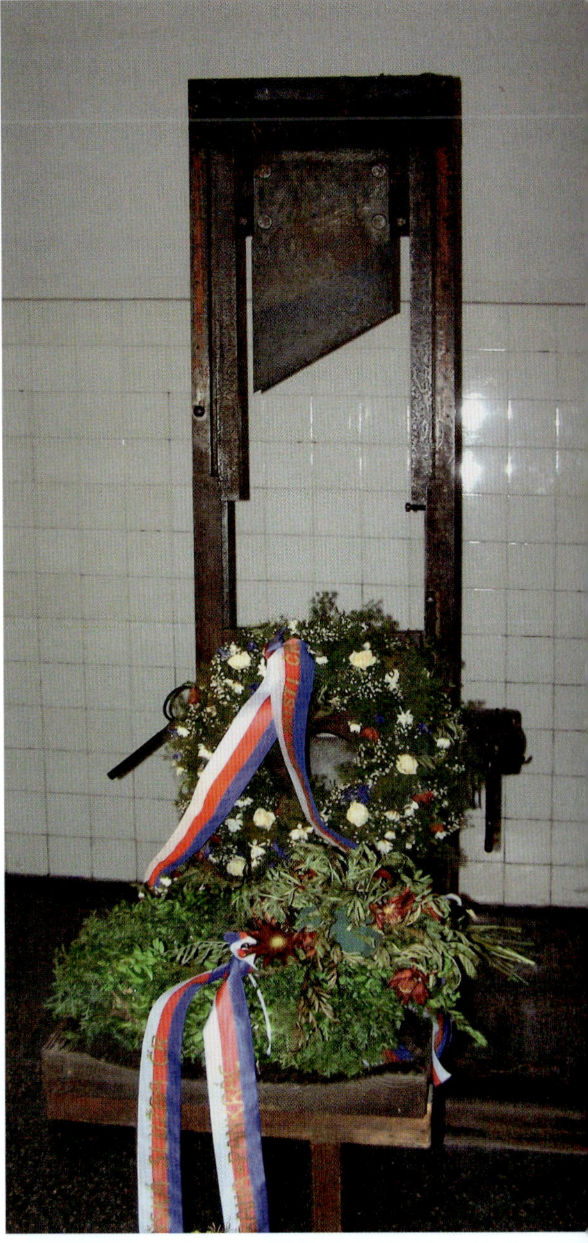

Guillotine im sogenannten Beilraum der Gedenkstätte

Standort: Prag, Verwaltungsbezirk Prag 4, Soudní 988/1

Gedenkstätte Lager Vojna

Lešetice. Auf Antrag der Konföderation der ehemaligen politischen Häftlinge entschied die Regierung der Tschechischen Republik im Juli 1998, auf dem Gelände des ehemaligen Uran-Zwangsarbeitslagers Vojna – der einzigen authentisch erhalten gebliebenen Anlage dieser Art aus der kommunistischen Zeit – eine Gedenkstätte zu schaffen. Nach der Beräumung des Geländes, das bis zum Jahr 2000 von der tschechischen Armee genutzt wurde, fanden umfassende Rekonstruktions- und Sicherungsarbeiten statt. 2001 wurde das gesamte Areal zum Kulturdenkmal erklärt. Im Mai 2005 konnte schließlich die Gedenkstätte Lager Vojna in einem Festakt der Öffentlichkeit übergeben werden. Sie soll als Zweigstelle des Bergbaumuseums Příbram die Erinnerung an das hier praktizierte Unrecht wachhalten. In Kooperation mit dem Museum des Dritten Widerstands in Příbram und der Vereinigung der politischen Häftlinge in der Tschechischen Republik entstand auf dem Gelände der Gedenkstätte eine Dauerausstellung. Sie illustriert die politische Verfolgung in der Tschechoslowakei nach der Machtergreifung der Kommunisten am 25. Februar 1948, beleuchtet Aspekte des antikommunistischen Widerstands und zeigt die Entwicklung des Uranbergbaus. Zwischen 1945

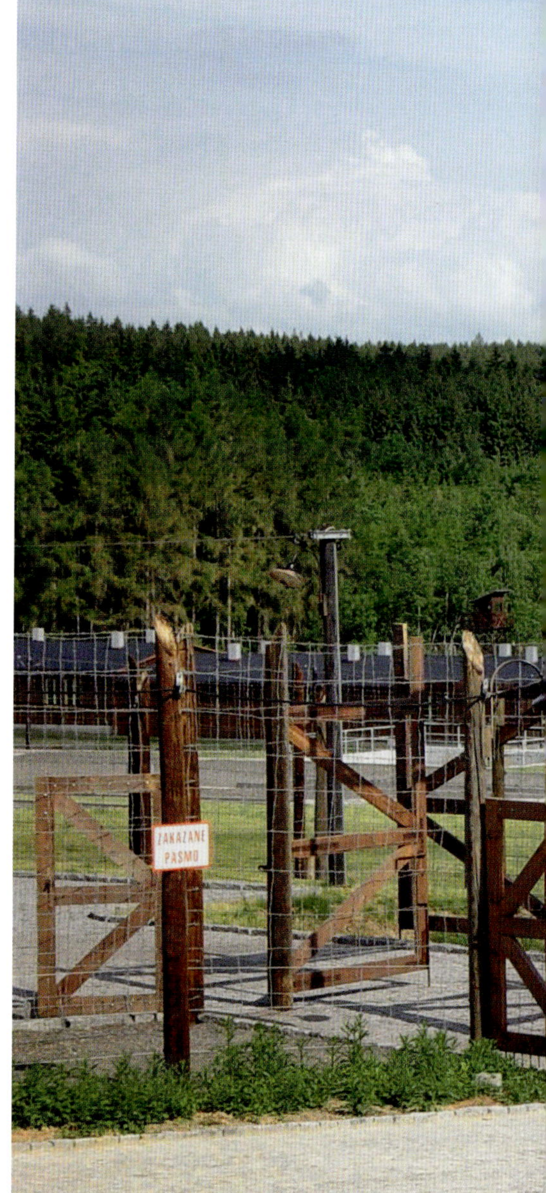

Eingang zur Gedenkstätte Lager Vojna

und 1962 wurden etwa 5 000 deutsche Kriegsgefangene, 7 000 nichtausgesiedelte Sudetendeutsche, 100 000 tschechoslowakische politische Häftlinge sowie etwa 260 000 tschechische Zivilarbeiter zwangsweise in den Uranabbaugebieten in Joachimsthal, Schlaggenwald und Příbram für die sowjetische Atomwaffenindustrie ausgebeutet.

Offiziell gegründet wurde das Uran-Zwangsarbeitslager (Tábory Nucené Práce – TNP) Příbram-Vojna am 22. November 1949. Zum 3. März 1950 befanden sich dort 530 Männer, im Frühjahr 1951 war ihre Zahl auf 761 angestiegen. Bis 1. Juli 1950 entstanden zudem die Zweigstellen TNP Příbram-Brod, die zum 20. Januar 1951 jedoch wieder aufgelöst wurde, sowie TNP Třebsko, das ab Herbst 1950 als eigenständiges Lager fungierte. Im selben Jahr hatten die »Zöglinge« die Urangruben Nr. 4 (Lešetice), Nr. 5 und Nr. 6 (Brod) und Nr. 7 (Třebsko) abgeteuft. Wie an den anderen Standorten – zum Jahresende 1949 existierten in der ČSSR 26 Zwangsarbeitslager

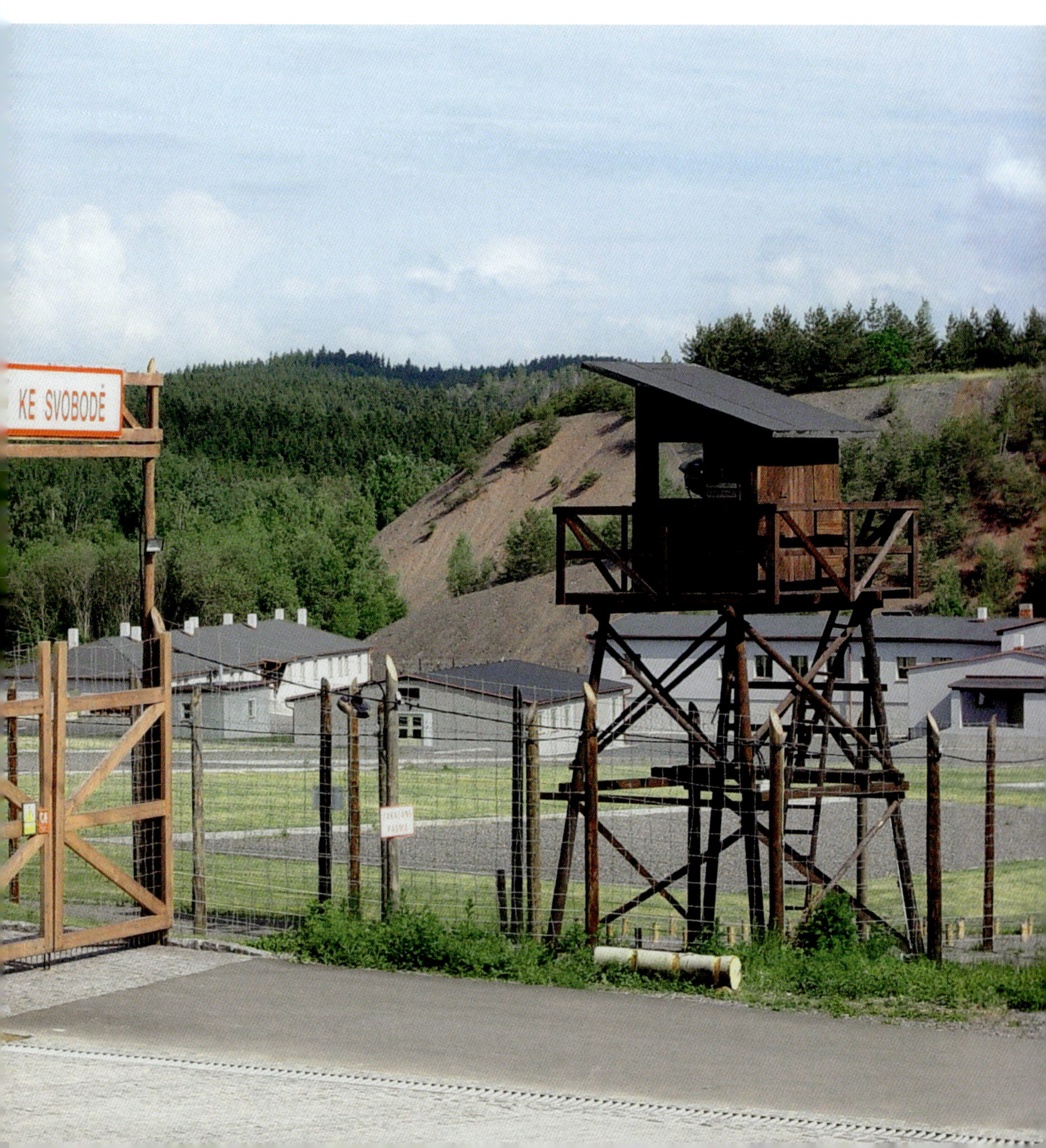

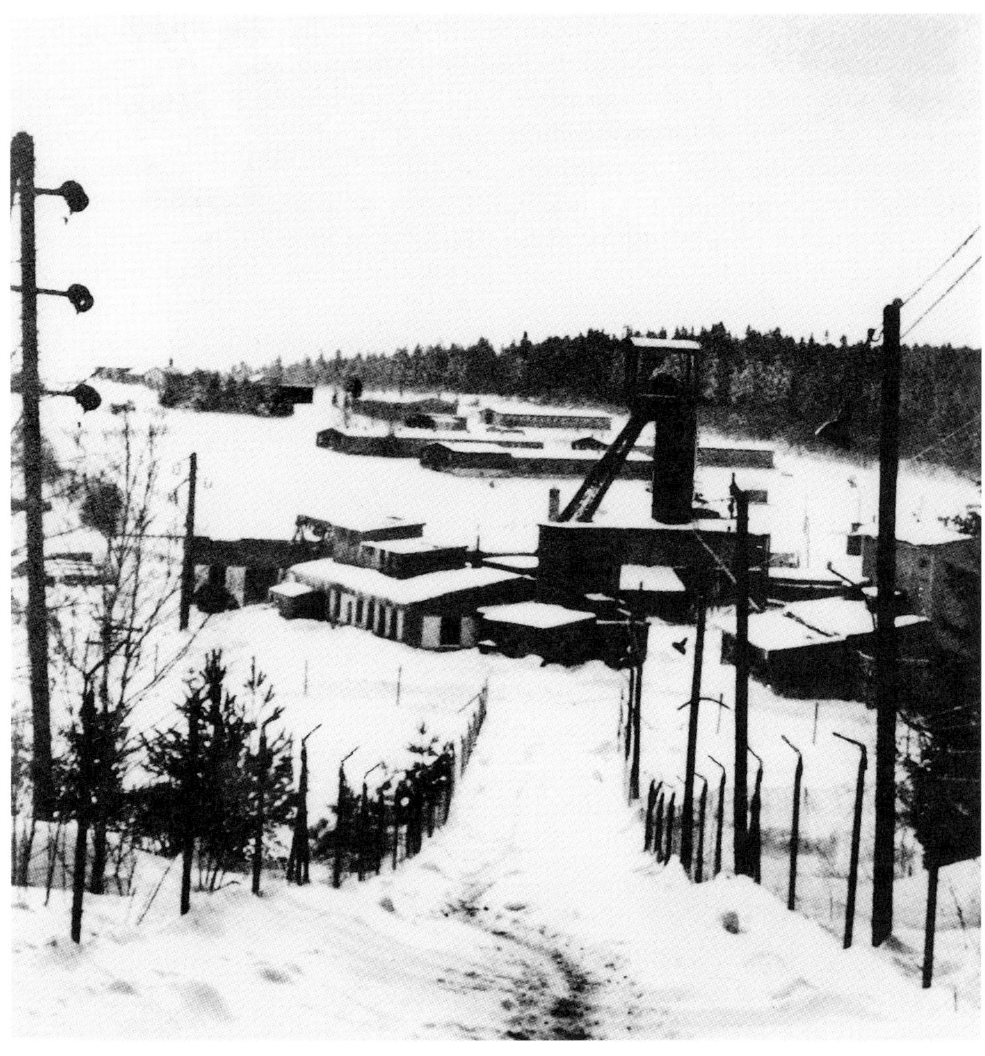

Historische Aufnahme des Lagers aus den 1950er Jahren

mit 5 618 Insassen – waren die Arbeitsbedingungen aufgrund des rücksichtslosen Strebens nach immer größeren Abbaumengen unmenschlich. Überhöhte Ablieferungsquoten und die Nichteinhaltung der einfachsten Sicherheitsvorkehrungen führten immer wieder zu Unfällen mit schweren Verletzungen und Todesfolgen. Die Arbeit mit radioaktivem Material, das unzureichende Lüftungssystem in den Schächten, der Konsum radioaktiv verseuchten Wassers und das Einatmen des radioaktiven Staubes zersetzten die Gesundheit der Gefangenen und verursachten schwerwiegende Folgeschäden. Da die Häftlingsbarracken zur »optimalen Nutzung des Arbeitskräftepotenzials« unmittelbar zwischen den Urangruben Vojna 1 und 2 errichtet wurden, waren die Internierten auch außerhalb der Gruben ständig einer unkontrolliert hohen, unmittelbaren Strahlenbelastung ausgesetzt.

Anfang 1951 kam es zu einer Reorganisation des Lagersystems. Einige Standorte wie Joachimsthal wurden aufgrund der geringer werdenden Fördermengen stillgelegt. Die Internierten überführte man in andere Strafvollzugseinrichtungen, die als »Besserungsarbeitslager« (Nápravně Pracovní Tábor – NPT) bezeichnet wurden. So wandelte sich auch das vormalige Zwangsarbeitslager Vojna zum »Besserungsarbeitslager« mit der Bezeichnung NPT-U. Verbannt wurden in die Uranlager nun vor allem Menschen, die zu hohen Haftstrafen verurteilt worden waren. Aus Sicht der Lagerleitung waren die politischen Häftlinge, welche die Justiz zu dieser Zeit besonders zahlreich generierte, wesentlich nützlicher für den Uranabbau als die Internierten der Zwangsarbeitslager, deren Verbleib »immer zu kurz« gewesen ist. Entsprechend dem Gesetz Nummer 231/1948 zum »Schutz der Volksdemokratischen Republik« setzte man Häftlinge mit Freiheitsstrafen von zehn oder mehr Jahren bei der Uranförderung ein. Ins NPT-U Vojna eingeliefert wurden daraufhin die »allergefährlichsten, insbesondere die hinsichtlich der staatlichen Sicherheit relevanten Verbrecher«. Dabei handelte es sich meist um demokratisch gesinnte Bürger aller Gesellschaftsschichten vom Arbeiter und Bauern bis zum obersten Offizier der tschechoslowakischen Armee oder ehemaligen Fabrikdirektor, die des Hoch- und Landesverrats, der Spionagetätigkeit oder der Unterminierung der volksdemokratischen Ordnung überführt worden waren. Zum Häftlingskontingent zählten auch gewöhnliche Kriminelle, Schwarzhändler und Wirtschaftskriminelle. Die Bewachung des Lagers übernahm ab Mai 1950 die selbstständige Kompanie der Spezialeinheit des Korps der Nationalen Sicherheit (SNB) mit der Bezeichnung »Kranich III« (Jeřáb).

Nach der Teilamnestie im Jahr 1960 wurde das »Besserungsarbeitslager« Vojna zum 1. Juni 1961 aufgelöst. Die noch verbliebenen Häftlinge überstellte man in das nahegelegene Lager Bytíz – das größte aller Uranlager auf dem Territorium der ČSSR mit einer Aufnahmekapazität von bis zu 2000 Verurteilten. Das Areal des NPT-U Vojna nutzten zwischen 1961 und 2000 zunächst die tschechoslowakischen (1992) und anschließend die tschechischen Streitkräfte. Nicht zuletzt aus diesem Grund sind wesentliche Teile der Anlage bis heute erhalten geblieben, darunter die Küchenbaracke, die Wohnbaracke 1, die Sanitätsstation, die Sonderstrafbaracke, der unterirdische »bunkr« sowie das Maschinengebäude des Förderschachts. Dieser »Altbestand« vermittelt zusammen mit den rekonstruierten Elementen den Besuchern des Museums nicht nur einen Eindruck von den Verhältnissen im Lager Vojna, sondern auch von den Bedingungen in den übrigen Lagern des »Geheimgebiets Joachimsthal«.

Standort: Lešetice, im Wald 5 km südöstlich von Příbram, an den Ortsgrenzen der Gemeinden Lazsko, Lešetice und Příbram-Zavržice
Internet: www.muzeum-pribram.cz

Literaturhinweise Tschechische Republik:
Eine umfassende Übersicht über Erinnerungsorte, Gedenkstätten und Museen zur kommunistischen Herrschaft in der Tschechischen Republik findet sich unter: www.pametnimista.usd.cas.cz / Kladnik, Ana: Case Study on the Czech Republik. In: Honoring Civil Courage. Developing Suggestions to Improve the Situation of Victims of Communist State Crimes. Project Coordinator: Gedenkstätte Berlin-Hohenschönhausen 2015, Ref.-Nr.: JUST/2011/JPEN/AG/2998. Online abrufbar unter: www.stiftung-hsh.de/assets/Dokumente-pdf-Dateien/EU-Projekt-Laenderstudien.pdf (letzter Zugriff: 15.11.2017). / Kýr, Aleš: Gedenkstätte Pankrác. Ausstellung des Justizvollzugsdienstes der Tschechischen Republik. Lanškroun 1999. / Pauer, Jan: Die Aufarbeitung der Diktaturen in Tschechien und der Slowakei. In: Aus Politik und Zeitgeschichte, 2006, Vol. 42, Nr. 16, S. 25–32. / Pustejovsky, Otfrid: Stalins Bombe und die »Hölle von Joachimsthal«. Uranbergbau und Zwangsarbeit in der Tschechoslowakei nach 1945. Münster 2009.

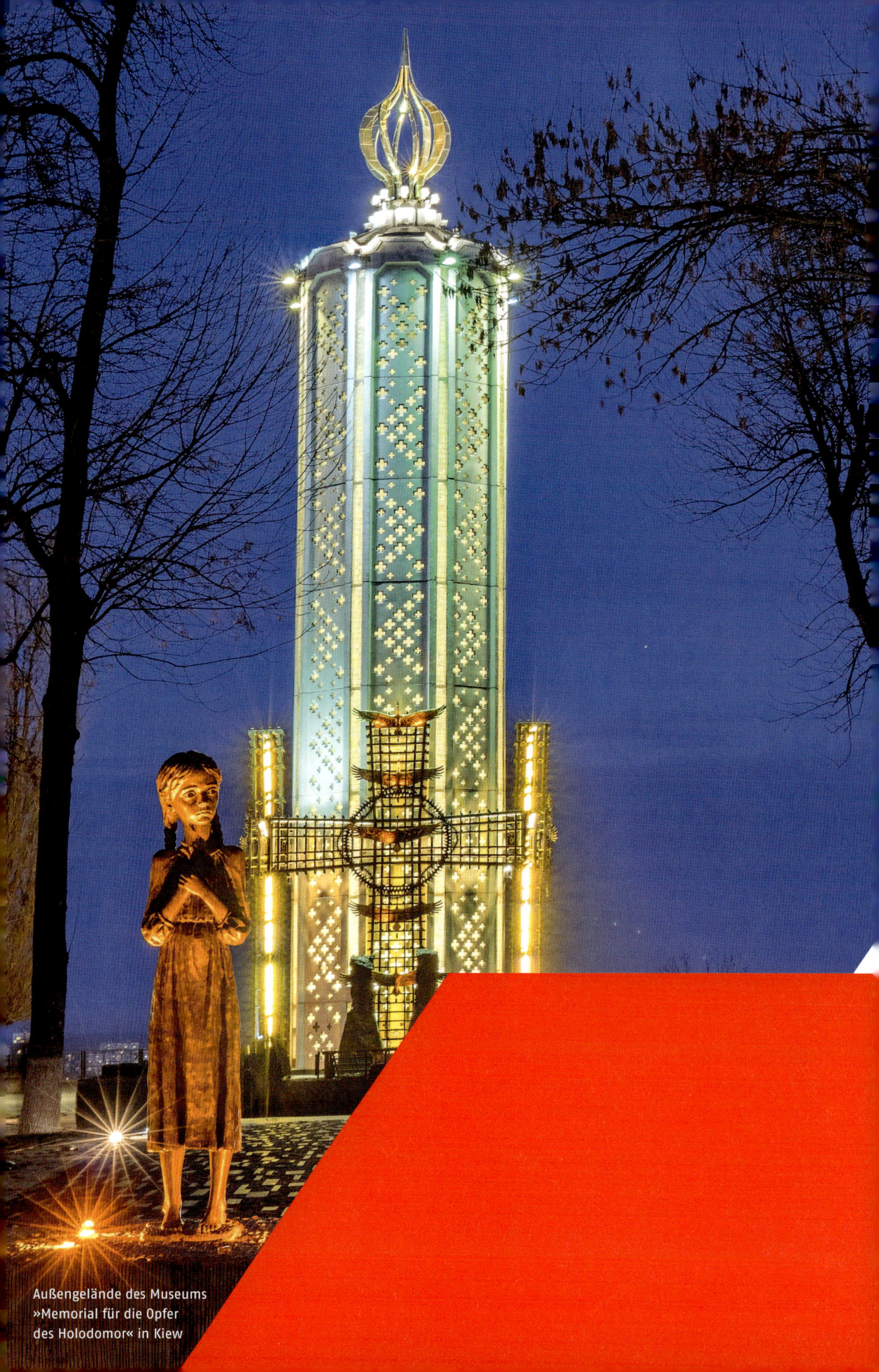

Außengelände des Museums »Memorial für die Opfer des Holodomor« in Kiew

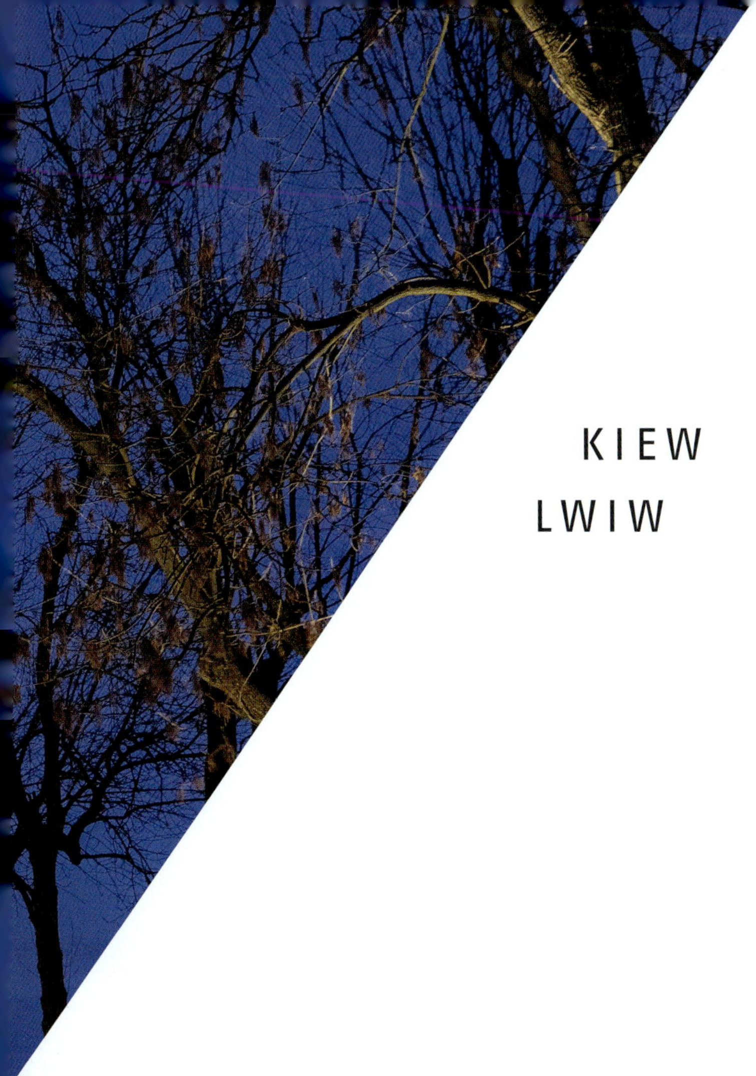

KIEW
LWIW

Ukraine

Das Gebiet der heutigen Ukraine gehörte nach den polnischen Teilungen im 18. Jahrhundert bis zum Ende des Ersten Weltkriegs größtenteils zum Russischen Reich. Nur Galizien, die Karpatoukraine (Transkarpatien) und die Nordbukowina im Westen und Südwesten waren der Habsburgermonarchie unterstellt. Wie auch in anderen Ländern Europas erstarkten zum Ende des 19. Jahrhunderts nationale Bestrebungen, die die Errichtung von unabhängigen Nationalstaaten zum Ziel hatten. Nach dem Sturz der Zarenherrschaft in Russland im Februar 1917 bildete sich im bisher zu Russland gehörenden Gebiet in Kiew eine ukrainische Nationalversammlung, die eine Autonomie der Ukraine innerhalb Russlands anstrebte. Nach dem bolschewistischen Umsturz in Petrograd wurde im November 1917 die Ukrainische Volksrepublik als Teil der – eigentlich durch die Bolschewiki soeben aufgelösten – Russischen Republik gegründet. Das erklärte Ziel war ein föderaler Aufbau Russlands. Die neue – zunächst sozialistische – Regierung in Kiew befand sich somit von Anfang an im Konflikt mit den russischen Bolschewiki und ihren deutlich schwächeren ukrainischen Genossen, die hier ihre Macht etablieren wollten. Ende Dezember 1917 starteten die russischen bolschewistischen Roten Garden eine militärische Offensive in der Ostukraine, parallel zu diesem Angriff wurden Arbeiteraufstände in den Städten organisiert. Kurz vor der ersten Einnahme Kiews durch bolschewistische Truppen rief die Ukrainische Volksrepublik im Januar 1918 ihre Unabhängigkeit aus. Nach dem Brotfrieden von Brest-Litowsk, der zwischen der Ukrainischen Volksrepublik und den Mittelmächten im Februar 1918 geschlossen wurde, mussten die Bolschewiken infolge einer gemeinsamen Offensive der ukrainischen, deutschen und österreichischen Truppen die Ukraine verlassen. Die Ukraine blieb zwar danach formell unabhängig, war aber von deutschen und österreichischen Truppen besetzt. In den folgenden Jahren weiteten sich die Kämpfe auf die gesamte zentrale und östliche Ukraine aus. Nach unzähligen Machtwechseln, ausländischen Interventionen, erbitterten Kämpfen zwischen den »Roten« und den »Weißen« und einem totalen Bürgerkrieg, in dem am Ende »alle gegen alle« gekämpft hatten (während dieser Zeit wechselte die Herrschaft in Kiew nicht weniger als 15 Mal), gewannen schließlich die Bolschewiki die Oberhand. Ab 1920 war das gesamte Gebiet der zentralen und östlichen Ukraine unter ihrer Kontrolle. Die Ukrainische Sozialistische Sowjetrepublik wurde 1922 Teil der Sowjetunion.

In den vormals zu Österreich-Ungarn gehörenden Gebieten Galiziens in der westlichen Ukraine wurde 1918 die Westukrainische Volksrepublik gegründet. Die im Januar 1919 verkündete Vereinigung mit der Ukrainischen Volksrepublik blieb eher ein symbolischer Akt. Nach dem polnisch-ukrainischen Krieg von 1918/19 kam Galizien bis zum Zweiten Weltkrieg zu Polen, ebenso wie die Region Wolhynien im Nordwesten, die Sowjetrussland 1920 im Vertrag von Riga an Polen abtreten musste. Zugleich fiel die Karpatoukraine (Transkarpatien) an die neu gegründete Tschechoslowakei, die Nordbukowina wurde in das nach dem Ersten Weltkrieg stark erweiterte Rumänien eingegliedert.

In den zur Sowjetunion gehörenden Gebieten wurde die Sowjetherrschaft gewaltsam durchgesetzt: Geistliche und Gläubige wurden verfolgt, Mitglieder der vorherigen Regierungen und Angehörige der kulturellen und politischen Eliten verhaftet oder ermordet. Bauern wurden enteignet und in die neu eingerichteten staatlichen Kolchosen gezwungen, als Kulaken diffamierte Familien wurden deportiert oder ermordet. Zugleich setzte die Industrialisierung der Kohlereviere in der Ostukraine ein. 1929 erklärte Stalin die endgültige »Liquidierung« der noch vorhandenen freien bäuerlichen Wirtschaften zum Programm. Die Folge war die massenhafte Enteignung, Verhaftung, Deportation und Vernichtung Hunderttausender Menschen. Der »Holodomor«, zusammengesetzt aus den Wörtern »holod« (Hunger) und »mor« (Massensterben), gehört zu den größten von Menschen verursachten Hungerkatastrophen des 20. Jahrhunderts. Lange Zeit zählte er zu den »weißen Flecken« der sowjetischen Geschichte. Obwohl der Begriff in Bezug auf das Hungersterben in der Ukraine ab Ende der 1970er Jahre von der ukrainischen Diaspora in den USA und Kanada geprägt worden war, hat man in der Sowjetunion erst während der Perestroika mit dem Leugnen und Verschweigen der »Großen Hungersnot« zaghaft gebrochen. Heute ist bekannt, dass auf dem gesamten Gebiet der UdSSR in den Jahren 1932/33 etwa sechs bis sieben Millionen Menschen an den Folgen von Hunger und Entkräftung dahinsiechten. In der Ukraine, wo heute der Holodomor als Genozid eingestuft wird (dieser Definition haben sich mittlerweile über 20 Länder der Welt angeschlossen), sind zwischen drei und 3,5 Millionen Menschen verhungert. In seiner jüngsten Studie von 2015 geht das Ukrainische demografische Institut sogar von 3,9 Millionen direkten Opfern aus.

Auch auf dem Gebiet der damaligen Kasachischen Autonomen Republik (heutiges Kasachstan) waren die Verluste enorm: Über 1,5 Millionen Menschen fielen hier dem Hunger zum Opfer. Besonders gravierend war die Hungerkatastrophe zudem im Nordkaukasus, vor allem im Kuban-Gebiet, am Don, in den weiten Landstrichen der Unteren und Mittleren Wolga, am südlichen Ural und in Westsibirien, in den Gebieten Kursk, Tambow und Wologda. Ganze Siedlungen verödeten innerhalb weniger Monate, einige Landstriche schienen vollkommen menschenleer. Dem »Großen Hungersterben« der 1930er Jahre gingen keine Naturkatastrophen voraus. Vielmehr war es das Resultat der extremen Gewaltpolitik des sowjetischen Staates. Ohne die Zwangskollektivierung – die seit 1929 gewaltsam betriebene Überführung bäuerlicher Kleinbetriebe in größere staatlich kontrollierte Kolchoseinheiten – und die »Entkulakisierung« – die stalinistische Repressionskampagne gegen vermeintlich wohlhabende Bauern – hätte es die Hungerkatastrophe so nicht gegeben. Zum einen sollte durch immer weiter steigende Getreideexporte die forcierte Industrialisierung des Landes finanziert werden. Zum anderen dienten die Maßnahmen der endgültigen Etablierung der Sowjetmacht auf dem Land. Das Dorf als verbliebene Bastion von Tradition und Glaube, das sich dem »sozialistischen Wertesystem« bisher entziehen konnte, sollte als letztes Hindernis der totalitären Herrschaft Stalins beseitigt werden. Widerstand gegen die Kollektivierung und die damit einhergehenden brutalen Getreidebeschlagnahmungen hatte es von Anfang an gegeben. Stalin sah darin allerdings nicht die Reaktion auf seine brutale Politik gegenüber der Bauernschaft, sondern die »Sabotage getreidehortender Kulaken«. Unter diese willkürlich dehnbare Kategorie des »Kulaken« fielen vermeintlich wohlhabende Bauern sowie all diejenigen, die sich der Kollektivierung verweigerten.

In der Ukraine verbreitete sich in den ländlichen Gebieten zum Jahreswechsel 1931/32 der Hunger. Im Frühjahr 1932 waren bereits 144 000 Hungertote zu verzeichnen. Ein am 10. Juni 1932 vom ukrainischen Vorsitzenden des Rates der Volkskommissare Wlas Tschubar an den Ministerpräsidenten der UdSSR Wjatscheslaw Molotow gerichtetes Gesuch nach »dringender Versorgungshilfe« angesichts der kritischen Situation ließ die oberste Führung in Moskau unbeantwortet. Stattdessen verkündete Molotow bei mehreren Gelegenheiten, dass die angesetzten Requirierungsquoten unbedingt erfüllt werden müssten. Ohne Aussicht auf Hilfe versuchten Bauern in der Ukraine, insgeheim einen Teil der Ernte zurückzuhalten, um sich so vor dem Hunger zu schützen. Geahndet wurden diese Verzweiflungstaten mit Todesstrafe durch Erschießen oder mit zehn Jahren Lagerhaft. Unruhen und Aufstände nahmen zu – von 1630 in der gesamten Sowjetunion registrierten Protesten entfielen allein 1096 auf die Ukrainische SSR und das ethnischukrainisch besiedelte Kuban-Gebiet. Die Ukraine entwickelte sich in den Augen Stalins zum Zentrum politischer Destabilisierung. Er hatte nicht vergessen, dass es dort bereits 1930 zu massiven Bauernaufständen gegen die Kollektivierung gekommen war. Diesen national interpretierten Widerstand verband er mit dem gewachsenen Selbstbewusstsein der ukrainischen Funktionseliten, die er der Illoyalität gegenüber den übergeordneten Interessen der Sowjetunion verdächtigte. In den 1920er Jahren hatten die Bolschewiki im Zuge einer relativ liberalen Nationalitätenpolitik die in die UdSSR eingegliederten nichtrussischen Völker gefördert. Die ukrainische Sprache wurde 1923 als Amtssprache eingeführt, die nationale Kultur gezielt gefördert. Die Nationenbildung diente jedoch als ein Instrument der Sowjetisierung – »national in der Form, sowjetisch im Inhalt« sollten die Republiken fest im Bestand der UdSSR verankert werden. Die strategisch wichtige Ukraine wurde zunehmend als »Insel der Autonomie« und die Bauern als »Klasse« wahrgenommen und beides galt in den Augen der Sowjetführung gleichermaßen als gefährlich. Durch Hungerterror sollten die »Sabotage« der »Kulaken und Feinde des Kolchos-Systems« gebrochen und der ukrainische Widerstand endgültig erstickt werden.

Die Opferzahlen in den ukrainischen Dörfern waren wesentlich höher als in anderen Hungerregionen der UdSSR. Dies lag daran, dass in der Ukraine flächendeckend drakonische Maßnahmen eingeführt wurden, die in anderen Hungerregionen entweder nur vereinzelt oder gar nicht in derart brutaler Form Anwendung fanden. Am 18. November 1932 verhängte das Zentralkomitee der Kommunistischen Partei der Ukraine »Naturalienstrafen«. Kolchosen, die ihr Getreidesoll nicht erfüllten – was aufgrund der unerfüllbaren Bedingungen auf 90 Prozent aller Betriebe zutraf –, mussten zusätzlich das 15-fache ihrer Monatsnorm an Fleisch abliefern. Schafften Kolchosen die Planvorgaben nicht, wurden sie ab Anfang Dezember 1932 auf »Schwarze Listen« gesetzt. De facto bedeutete dies die Einstellung jeglichen Handels, die Konfiszierung aller in den Geschäften vorhandenen Nahrungsmittel und die Verhängung einer totalen Blockade über die Dörfer. Ihrer gesamten Wintervorräte beraubt, waren die Bauern dem sicheren Hungertod ausgeliefert. Bis Mitte Dezember waren 82 Rayons der Ukraine von den Maßnahmen betroffen.

Ab Mitte Dezember 1932 trafen die Terrormaßnahmen auch den mehrheitlich von ethnisch-ukrainischen Kosaken und Bauern bewohnten Kreis Kuban im Nordkaukasus. Per geheimen Beschluss des Rates der Volkskommissare der UdSSR vom 14. Dezember 1932 sollte die Geheimpolizei OGPU die »Sabotage der Getreideerfassung und der Aussaat« im Nordkaukasus und der Ukraine unterbinden. Es folgte eine Massendeportation von 60 000 bis 100 000 Kosaken aus ihren Siedlungen in den hohen Norden, an den Ural und nach Kasachstan. 15 000 Mitglieder der regionalen KP wurden verhaftet. Diese Säuberungsaktionen wirken wie die Vorläufer der späteren »nationalen Operationen«, die während des stalinistischen Massenterrors der Jahre 1937/38 ihren Höhepunkt fanden.

In den Wintermonaten 1932/33 versuchten Hunderttausende Bauern, aus den ukrainischen Hungergebieten in die angrenzenden Regionen Weißrusslands und der Sowjetunion zu fliehen, um dort an Nahrungsmittel zu gelangen. Am 22. Januar 1933 erging an die Parteiorgane sowie die OGPU eine von Stalin und Molotow unterzeichnete Direktive, die Grenzen zum Nordkaukasus und der Ukraine abzuriegeln. Keine der Hungerregionen im Ural oder an der Wolga wurde mit vergleichbaren Zwangsmaßnahmen belegt. Dort konnten Hunderttausende in den Norden Russlands oder in den Südkaukasus ausweichen, um dem Hungertod zu entkommen. Die Abriegelung der Gebiete sollte die Weiterverbreitung von Informationen über die Zustände auf dem Land unterbinden und die Verschärfung sozialer Spannungen in den Regionen durch umherziehende Hungeropfer verhindern. Bis Mitte März 1933 hatte die OGPU in Erfüllung der Direktive vom

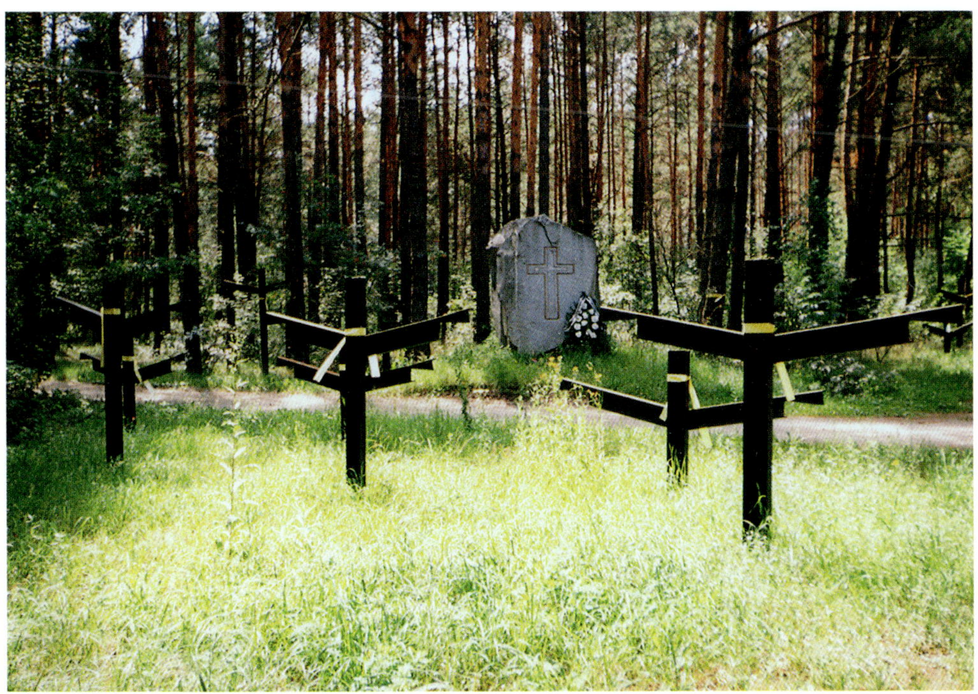

Gedenkkreuze für die Opfer des Massenterrors in der Gedenkstätte Bykiwnja bei Kiew

22. Januar 219 416 Menschen verhaftet, von denen 186 588 zurück in ihre Wohnorte verfrachtet und 9 385 vor Gericht gestellt wurden. 10 657 Personen befanden sich in »Filtrationslagern«. Die territoriale Abschottung der Gebiete ermöglichte darüber hinaus die Durchführung der von Stalin angeordneten Säuberungskampagnen gegen sogenannte »nationale und antisowjetische Elemente« der ukrainischen Eliten im Bildungs-, Partei- und Landwirtschaftssektor. Für zahlreiche Menschen bedeutete das Verhaftung, Deportation und langjährige Inhaftierung in den Lagern des GULag. Erst im Juli 1933, als der Hungerterror seine höchste Intensität und Ausbreitung erreicht hatte, genehmigte die Sowjetführung Hilfsleistungen für die von »Versorgungsschwierigkeiten« betroffenen Gebiete. Die Zuteilungen waren jedoch unzureichend. Obwohl im Land Millionen Menschen verhungerten, setzte die Sowjetunion den Export von 1 830 000 Tonnen Getreide zur Devisenbeschaffung fort. Auf dem Zenit der Hungerkatastrophe befanden sich in staatlich kontrollierten Kornspeichern zudem über eine Million Tonnen an Getreidereserven – ausreichend, um Millionen Menschen vor dem Hungertod zu bewahren.

Nachdem die Hungerkatastrophe überstanden war, kam das Land jedoch nicht zur Ruhe. Nur wenige Jahre später begann mit dem »Großen Terror« eine neue Welle von Massenverhaftungen und Hinrichtungen, denen wiederum Hunderttausende Ukrainer im Zuge der »nationalen Operationen« zum Opfer fielen. Zahllose Massengräber im ganzen Land zeugen von den Mordaktionen der sowjetischen Geheimpolizei. Bis heute sind weder die genaue Lage noch die Anzahl und Identität der Ermordeten geklärt, da der NKWD nach dem deutschen Einmarsch viele Unterlagen vernichtete, um zu verhindern, dass diese den Deutschen in die Hände fielen. An den bisher lokalisierten Erschießungsstätten und Massengräbern wurden oftmals Gedenkkapellen errichtet.

Kurz nach dem Überfall der deutschen Wehrmacht auf Polen fielen die sowjetischen Truppen am 17. September 1939 in Ostgalizien und Wolhynien ein. Entsprechend der Vereinbarungen des Hitler-Stalin-Pakts vom 23. August 1939 kam die bis dahin zu Polen gehörende Westukraine (Ostgalizien und Wohlynien) unter sowjetische Herrschaft. Im Juni 1940 annektierte die Sowjetunion die damals rumänische Nordbukowina. Wie in den Jahrzehnten zuvor bereits in den ostukrainischen Gebieten praktiziert, hielt nun auch hier der stalinistische Terror Einzug. Die polnischen Staatsbürger (ob Polen, Ukrainer oder Juden) – vor allem Politiker, Geistliche, Intellektuelle und als vermögend angesehene Menschen –, aber auch ukrainische Nationalisten wurden verhaftet, deportiert oder ermordet. Bis zum Überfall der deutschen Wehrmacht auf die Sowjetunion am 22. Juni 1941 fielen Hunderttausende Bürger in den neuen Gebieten der Ukrainischen SSR dem Terror zum Opfer. Vor diesem Hintergrund wurde der Einmarsch der deutschen Truppen im Juni 1941 von Teilen der Bevölkerung als Befreiung von der sowjetischen Herrschaft begrüßt. Ukrainische Freiwillige schlossen sich den deutschen Truppen beim Kampf gegen die Rote Armee an und verübten auch Massaker an der jüdischen Bevölkerung, die unmittelbar nach dem deutschen Einmarsch begannen.

Die Hoffnungen, dass das Dritte Reich die ukrainischen Unabhängigkeitsbestrebungen unterstützen würde, zerschlugen sich jedoch sehr schnell. Die OUN (Organisation Ukrainischer Nationalisten) hatte unmittelbar nach dem deutschen Einmarsch in Lemberg (Lwiw) einen unabhängigen ukrainischen Staat ausgerufen. Dieser wurde von Nazi-Deutschland jedoch nicht anerkannt, sondern seine Anführer wie Stepan Bandera wurden verhaftet und nach Berlin überstellt, ab Anfang 1942 bis September 1944 wurden sie im KZ Sachsenhausen eingesperrt. Nach dem deutschen Einmarsch wurde auch in der Ukraine offenbar, dass das nationalsozialistische Deutschland einen verbrecherischen Angriffs-, Eroberungs- und Vernichtungskrieg führte und die Menschen in Osteuropa – wie Polen, Ukrainer, Weißrussen oder Russen – als Untermenschen ansah und ebenso behandelte. Mit dem Einmarsch der deutschen Truppen begann auch in der Ukraine die systematische Ermordung der jüdischen Bevölkerung. Millionen Menschen fielen dem nationalsozialistischen Rassenwahn zum Opfer. Zudem ließen die Nazis Hunderttausende sowjetische Gefangene in den Lagern auf dem ukrainischen Gebiet verhungern und verschleppten Hunderttausende Ukrainerinnen und Ukrainer nach Deutschland zur Zwangsarbeit. Die gesamte Infrastruktur wurde zerstört. Timothy Snyder bezeichnet die Gebiete in der Ukraine, Weißrussland und Polen als »Bloodlands«. Gegen die deutsche Besatzungsherrschaft bildeten sich sowohl nationalistische als auch sowjetische Partisanenverbände. Die von ihnen verübten Sabotageakte wurden jedoch durch die Deutschen mit brutalen Vergeltungsaktionen gegen die Zivilbevölkerung beantwortet.

Mit dem Vormarsch der Roten Armee gegen die deutsche Wehrmacht kämpften die nationalistischen Partisanenverbände nicht mehr nur gegen die deutschen Okkupanten, sondern auch gegen die sowjetische Armee. Ein Teil der ukrainischen Nationalisten, der die stalinistische Sowjetunion nach dem Terror in den Jahren 1939 bis 1941 für das schlimmere Übel hielt, kollaborierte mit den Deutschen und nahm auch in Kampfverbänden (Division Galizien oder die 14. Waffen-Grenadier-Division der SS) an den Schlachten gegen die Rote Armee teil. Die 1942 gegründete UPA (Ukrainische Aufständische Armee) bekämpfte ab 1943 die deutschen Truppen und die polnische Heimatarmee (AK – Armija Krajowa). Der seit Ende des Ersten Weltkriegs andauernde Konflikt mit Polen artete im Blutbad von Wolhynien aus, als die UPA-Verbände 1943/44 nach verschiedenen

Schätzungen zwischen 35 000 und 60 000 polnische Bürger ermordeten (dazu zwischen 25 000 und 40 000 in Ostgalizien) und die AK in Vergeltungsaktionen Tausende Ukrainer tötete. Am Ende des Krieges kämpfte die UPA vor allem gegen die vorrückenden sowjetischen Einheiten. Nach dem Krieg setzte sie ihren Guerilla-Kampf gegen die Sowjetunion fort. Erst Mitte der 1950er Jahre konnten die sowjetischen Truppen die UPA endgültig zerschlagen, einzelne Widerstandszellen gab es noch bis in die 1960er Jahre.

Nach dem Sieg der Anti-Hitler-Koalition und der Kapitulation der deutschen Wehrmacht am 8. Mai 1945 sowie entsprechend der alliierten Vereinbarungen kam das gesamte ukrainische Gebiet einschließlich der vormaligen westukrainischen Gebiete unter sowjetische Kontrolle. Im Juni 1945 wurde Transkarpatien laut Vertrag zwischen der Sowjetunion und der Tschechoslowakei Teil der Ukrainischen SSR. Nach dem Ende des Krieges wurden auch in der Ukraine die Verfolgungen fortgesetzt. Diese trafen zum einen tatsächliche und vermeintliche Kollaborateure, die mit den deutschen Besatzern zusammengearbeitet hatten oder an Verbrechen gegen die Zivilbevölkerung beteiligt waren. Zugleich richtete sich der Terror erneut gegen jeden, der als potenziell gefährlich eingeschätzt wurde. Dies konnten Vertreter der ukrainischen Unabhängigkeitsbewegung ebenso sein wie Künstler und Intellektuelle oder einfache Arbeiter und Bauern, die unter den geringsten Vorwürfen verhaftet und nach Sibirien deportiert wurden. Nach Stalins Tod ebbte auch in der Ukraine der Terror ab, die Repressionen setzten sich aber in einer abgeschwächten Form fort. Obwohl die ukrainische Sprache und Kultur offiziell anerkannt und zugelassen waren, wurden Personen, die sich für die Förderung freier ukrainischer Kultur und die Liberalisierung des wieder zunehmend repressiveren sowjetischen Systems einsetzten, als Staatsfeinde verfolgt und inhaftiert. Dieses Schicksal ereilte viele Dissidenten wie etwa den ukrainischen Dichter Wassyl Stus, der 1985 im sibirischen Lager Perm 36 unter ungeklärten Umständen ums Leben kam. Nach der Unterzeichnung der Schlussakte von Helsinki am 1. August 1975 wurde im nächsten Jahr in der Ukraine eine Helsinki-Gruppe gegründet, die Menschenrechtsverletzungen dokumentierte und sich für Demokratisierung einsetzte.

Staatliches Museum »Memorial für die Opfer des Holodomor«

Kiew. Das seit 2010 staatlich anerkannte Museum wurde am 22. November 2008, dem nationalen Tag des Gedenkens an die Opfer des Holodomor, der Öffentlichkeit zugänglich gemacht. Das Museum mit der weitläufigen Gedenkanlage befindet sich auf den Hügeln von Petschersk (ein Stadtteil von Kiew) auf der rechten Uferseite des Dnipro (in der Transliteration aus dem Russischen: Dnjepr). Die zum 75. Jahrestag der Hungerkatastrophe 1932/33 eingeweihte Einrichtung erinnert an die mehrere Millionen ukrainischer Todesopfer, die im Zuge der agrarwirtschaftlichen Zwangskollektivierung, der »Entkulakisierung« und der brutalen Getreidebeschaffungsmaßnahmen der Sowjetregierung ihr Leben verloren.

Die etwa 5 Hektar umfassende Gedenkstättenanlage wurde vom ukrainischen Architekten Jurij Kowaljow und vom Monumentalkünstler Anatolij Hajdamaka entworfen und gestaltet. Vor dem Eingang zum Gelände stehen zwei Quader aus schwarzem Granit mit den eingravierten Jahreszahlen 1932 und 1933. Wenige Meter dahinter markieren die Skulpturen von zwei knienden Engeln den Zugang zur Gedenkstätte. Die schwarze Bepflasterung des ins Zentrum der Anlage führenden Weges verweist symbolisch auf die besonders fruchtbaren und mit am schlimmsten vom Holodomor betroffenen ukrainischen Schwarzerdegebiete. Gesäumt wird der Weg auf beiden Seiten von insgesamt vierundzwanzig Mühlsteinen und

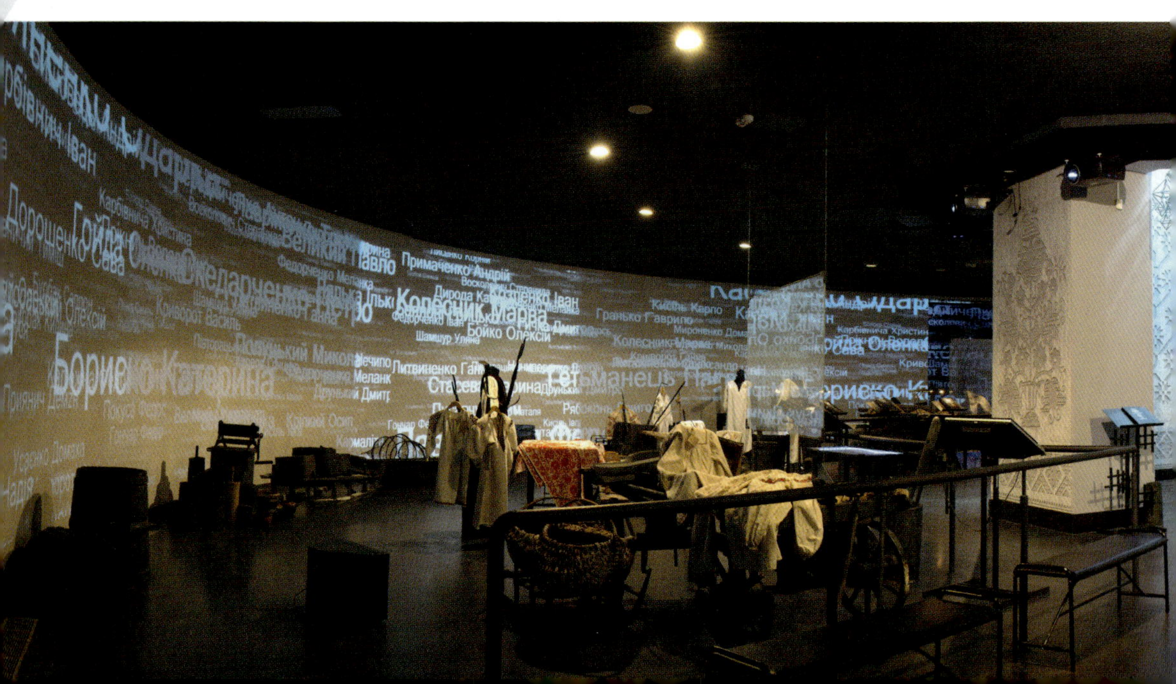

von Steinplatten, in die die Namen von Hunderten Dörfern eingraviert sind, die von der Hungerkatastrophe betroffen waren. Auf halbem Weg zum Museum steht auf einem kreisrunden Betonsockel die lebensgroße Bronzeskulptur eines verhärmten Mädchens. Den Blick in die Ferne gerichtet, hält sie in ihren vor der Brust verschränkten Händen drei Kornähren. Die als »Bittere Erinnerung der Kindheit« bezeichnete Komposition ist allen während des Holodomor an Hunger und Entkräftung verstorbenen Kindern gewidmet. Den zentralen Platz des gesamten Komplexes nimmt ein dreißig Meter hohes, in Form einer brennenden Kerze gestaltetes Monument ein. Auf der weiß gehaltenen Fassade des Mahnmals bilden unterschiedlich große kreuzförmige Glaseinlassungen traditionelle ukrainische Stickereimuster ab. An der Außenseite des Mahnmals sind vier aus schwarzen Gittern gefertigte lateinische Kreuze angebracht. An der Stelle, wo sich die Quer- mit dem Längsbalken treffen, befindet sich jeweils die Bronzefigur eines Storches mit ausgebreiteten Flügeln. Sie soll symbolhaft für die Wiedergeburt des ukrainischen Nationalstaates nach dem Zusammenbruch der Sowjetunion stehen. Unterhalb des Mahnmals ist das Museum mit einer Ausstellung zum Holodomor angesiedelt. Präsentiert werden vor allem alltägliche Gebrauchsgegenstände der ukrainischen Landbevölkerung der 1920er und 1930er Jahre. Die Exponate stammen aus den vom Holodomor besonders betroffenen Regionen des Landes. In der Mitte des Ausstellungssaals befinden sich Totenbücher mit Namen von 900 000 Opfern der Hungerkatastrophe. Videoinstallationen mit Dokumenten, Fotografien und Filmsequenzen informieren über die Ursachen, den Verlauf und die Folgen der Hungerkatastrophe.

Standort: Kiew, uliza Lawrska 3
Internet: www.memorialholodomor.org.ua

Ausstellung im Museum
»Memorial für die Opfer des Holodomor«

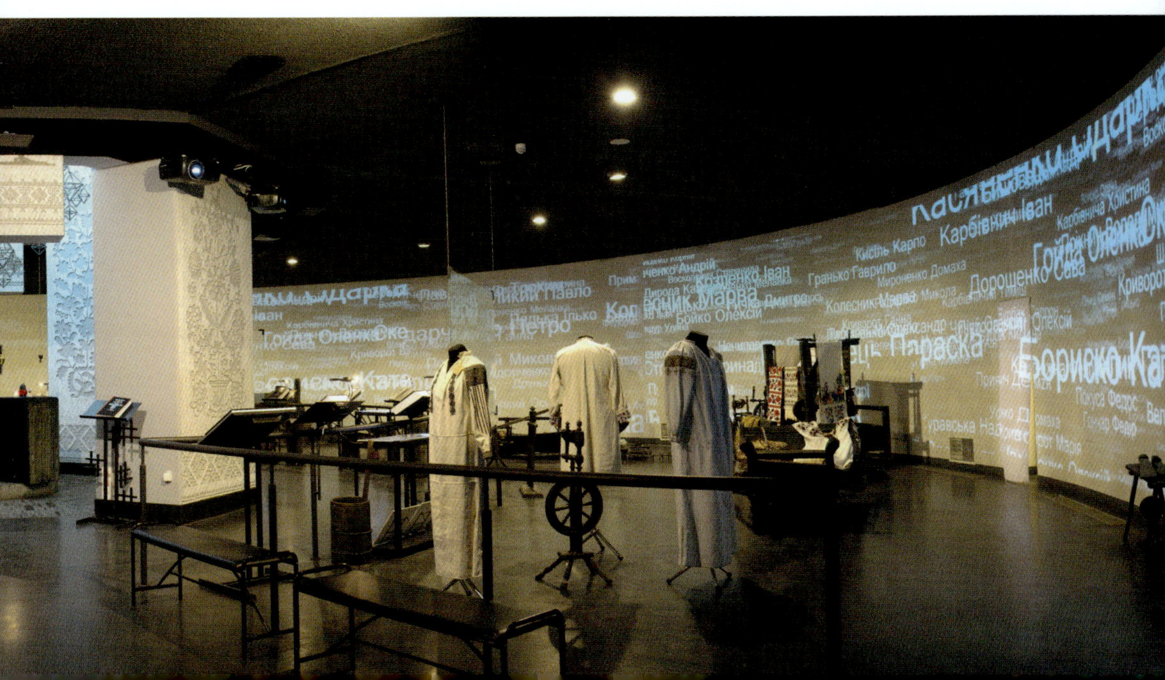

Mahnmal für die Opfer des Holodomor 1932 / 33

Kiew. Das Mahnmal für die Opfer des Holodomor 1932 / 33 wurde am 2. September 1993 im Rahmen der Trauerfeier zum 60. Jahrestag der Hungerkatastrophe auf dem Michaelplatz eingeweiht. Das Denkmal aus Granit und Bronze zeigt ein ausgespartes Kreuz, in dessen Mitte sich die Silhouette der »Mutterbeschützerin«, Symbol der Ukraine, befindet. Den Entwurf für das schlichte Mahnmal legten der Bildhauer Wassyl Perewalskyj und der Architekt Mykola Kyslyj vor. Die Enthüllung des Denkmals fand im Beisein von Staatspräsident Leonid Krawtschuk statt. Es gilt bis heute als eines der zentralen Mahnmale für die Opfer des Holodomor in der Ukraine. An der dahinter befindlichen Außenmauer des Michaelsklosters wurden in den vergangenen Jahren von Memorial Kiew gestaltete Tafeln angebracht, die über die Hungerkatastrophe informieren.

Inschrift

Ukrainisch: Мільйонам Українців – жертвам Голодомору Геноциду 1932–1933 років. / Встановлено 1993 р

Englisch: *For the Millions of Ukrainians – Victims of the Famine-Genocide of 1932 – 1933 / Erected in 1993*

Die deutsche Übersetzung lautet:
Den Millionen Ukrainern – Opfern des Holodomor-Genozids 1932 – 1933 Errichtet 1993

Standort: Kiew, ploschtschad Michailowskaja

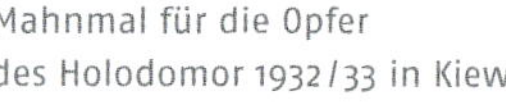

Mahnmal für die Opfer des Holodomor 1932 / 33 in Kiew

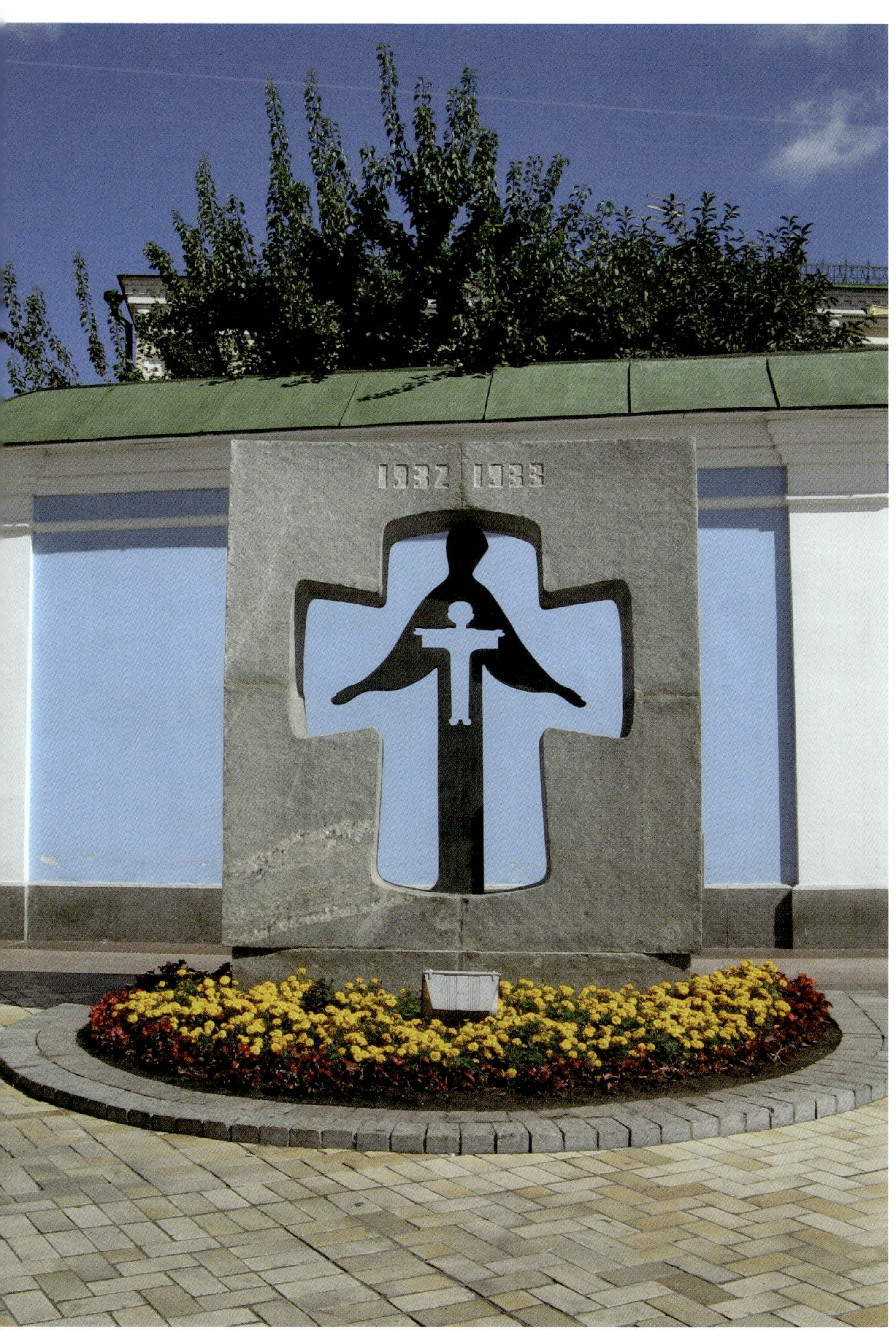
1932 1933

Museum der sowjetischen Okkupation

Kiew. Das Museum der sowjetischen Okkupation wurde am 30. November 2001 von der Kiewer Organisation Memorial in deren Hauptbüro als vorläufige Ausstellung unter dem Namen »Es darf nicht in Vergessenheit geraten: Chronik der kommunistischen Inquisition (1917–1991)« eröffnet. Auf Initiative des Vorstands von Memorial wurde die Exposition am 10. April 2007 in »Museum der sowjetischen Okkupation« umbenannt. Chronologisch aufgebaut, zeigt die Ausstellung historische Ereignisse zwischen 1917 und 1991 und beabsichtigt damit, die Besucher über die sowjetische Epoche der ukrainischen Geschichte zu informieren. Andere Ausstellungselemente zeigen Schicksale ukrainischer Häftlinge auf den Solowezker Inseln sowie die Geschichte der Stadt Kiew während der sowjetischen Zeit.

Der Hauptteil der Ausstellung »Chronik der kommunistischen Inquisition« gliedert sich in zwölf thematische Schwerpunkte. Anhand von Fotografien, Plakaten, Archivmaterialien und zuvor unveröffentlichten Dokumenten wird ein Abriss der kommunistischen Herrschaft und ihrer Folgen auf dem Gebiet der Sowjetunion und der ukrainischen Republik rekonstruiert. Vorgestellt wird zunächst das »System der Konzentrationslager in der UdSSR«, in dem neben Angehörigen anderer Nationalitäten auch Tausende Ukrainer langjährige Haftstrafen verbüßen und Zwangsarbeit leisten mussten. Mit

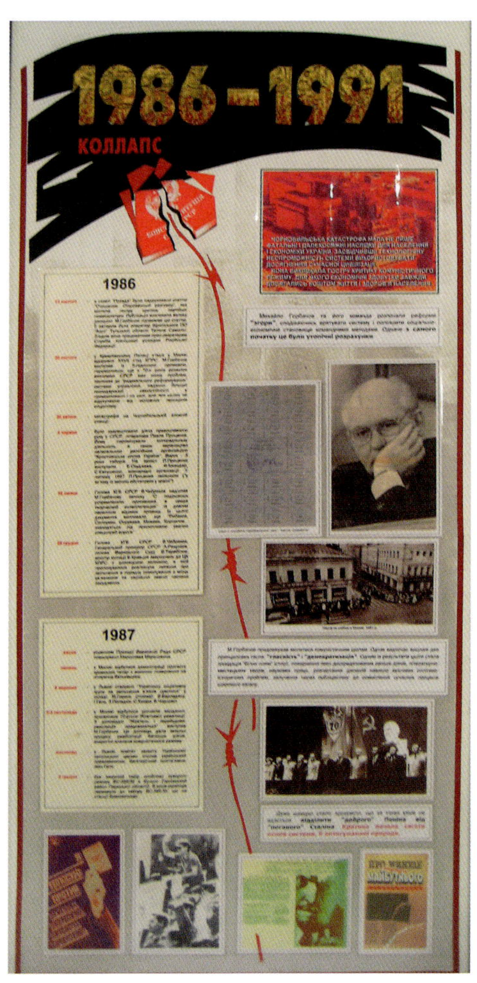

Ausstellungstafel im Museum der sowjetischen Okkupation

einem riesigen Netz von mindestens 476 Lagerkomplexen sowie Tausenden Einzel- und Nebenlagern überzog der GULag die gesamte Sowjetunion. Breiten Raum nimmt die chronologische Darstellung kommunistischer Herrschaft auf dem Gebiet der Ukraine ein. Angefangen beim bolschewistischen Umsturz im Zuge der Oktoberrevolution 1917 präsentieren die Ausstellungsgestalter die Tätigkeit der sowjetischen Geheimpolizei unter Leitung von Feliks Dserschinski in der Ukraine. Beleuchtet werden auch die Schrecken der Bürgerkriegsjahre von 1918 bis 1920, die Gewalttaten des »Roten« und »Weißen Terrors«, an dessen Endpunkt sich die Macht der Sowjets endgültig etablierte. In einem weiteren Abschnitt sind die Festigung des stalinistischen Alleinherrschaftsanspruchs sowie die forcierte Industrialisierung dargestellt, welche die Sowjetunion innerhalb kürzester Zeit in die Moderne katapultieren sollte. Eingehend thematisiert werden in diesem Zusammenhang sowohl die Zwangskollektivierung – die gewaltsame Überführung bäuerlicher Kleinbetriebe in staatlich kontrollierte Kolchosen – als auch die »Entkulakisierungskampagne« gegen vermeintlich wohlhabende Bauern sowie all diejenigen, die sich den Vorgaben des Kollektivierungsdiktats verweigerten. Besonders ausführlich dokumentiert sind die Schrecken des Holodomor der Jahre 1932/33. Auf dem Gebiet der Sowjetunion forderte der stalinistische Hungerterror etwa sechs bis sieben Millionen Opfer. In den Getreideüberschussgebieten der Ukraine sowie im ethnisch ukrainisch besiedelten Kuban-Gebiet des Nordkaukasus verstarben innerhalb weniger Monate zwischen drei und 3,9 Millionen Menschen an den direkten Folgen von Entbehrung, Hunger, Verelendung und Krankheit. Weitere Ausstellungsflächen beleuchten die stalinistischen Gewaltexzesse des »Großen Terrors« 1937/38, die in ihrer Absolutheit und willkürlichen Brutalität auf die »Liquidierung« aller verbliebenen »Feinde« im Partei- und Staatsapparat sowie in allen gesellschaftlichen Schichten abzielten. Eingegangen wird auch auf die Ereignisse und Folgen des »Großen Vaterländischen Krieges« und die letzten Jahre der stalinistischen Herrschaft bis zum Tod des Diktators am 5. März 1953. Weitere Themen sind die Jahre der Stabilität und Stagnation während der sogenannten Breschnew-Ära von 1965 bis 1985 sowie der Kollaps des sowjetischen Systems im August 1991. In einer ebenfalls chronologisch aufgebauten Darstellung wird der Prozess der ukrainischen Staatsbildung nach 1991 dargestellt.

Das Angebot des Kiewer Memorial wird durch eine umfangreiche Sammlung an Filmmaterial und wissenschaftlicher Literatur über kommunistische Verbrechen in der Ukraine von der Oktoberrevolution 1917 bis zum Zusammenbruch der Sowjetunion 1991 ergänzt. Führungen durch die Ausstellung sind auf Ukrainisch und Russisch möglich.

Standort: Kiew, uliza Michaila Stelmacha 6A
Internet: www.memorial.kiev.ua/expo/eng/second.html

Gedenkstätte Bykiwnja

Kiew. Als vierter Friedhof für die Opfer des Massenmords von Katyń neben jenen in Katyń, Mednoje und Charkiw wurde 2012 am östlichen Stadtrand der ukrainischen Hauptstadt Kiew ein polnischer Militärfriedhof errichtet. Dieser befindet sich auf dem Gelände des »Nationalen historisch-memorialen Reservats Gräber von Bykiwnja«, wo die sowjetische Geheimpolizei NKWD seit 1937 die sterblichen Überreste von Erschossenen begraben hatte. Schätzungen gehen von mehreren Zehntausend bis hin zu über 100 000 ukrainischen Opfern aus, die vom NKWD in Kiew erschossen und mit Lastwagen oder mit der durch das Waldgebiet führenden Straßenbahnlinie hierher transportiert wurden.

Das Gräberfeld von Bykiwnja ist seit 1971 bekannt, wobei es sich der offiziellen sowjetischen Version zufolge angeblich um Gräber aus der deutschen Besatzungszeit zwischen 1941 und 1943 handelte. Erst mit dem Ende der Sowjetunion wurde offenkundig, dass die hier begrabenen Menschen von der stalinistischen Geheimpolizei ermordet worden waren. Bald vermutete man in Bykiwnja auch polnische Opfer der Massenerschießungen vom Frühjahr 1940, die als Massaker von Katyń bekannt wurden. Diese Hypothese wurde durch Exhumierungen polnischer Archäologen in den Jahren 2001, 2006 bis 2007 und 2011 bestätigt, die 1488 Leichen aufgrund von in den Gräbern gefundenen persönlichen Objekten als Polen identifizieren konnten. Obwohl eine individuelle Identifizierung nur in wenigen Einzelfällen möglich war, ist anzunehmen, dass es sich um die Opfer der sogenannten »Ukrainischen Katyń-Liste« handelt. Auf dieser waren 3435 in den Gefängnissen der 1939 an die Sowjetunion ange-

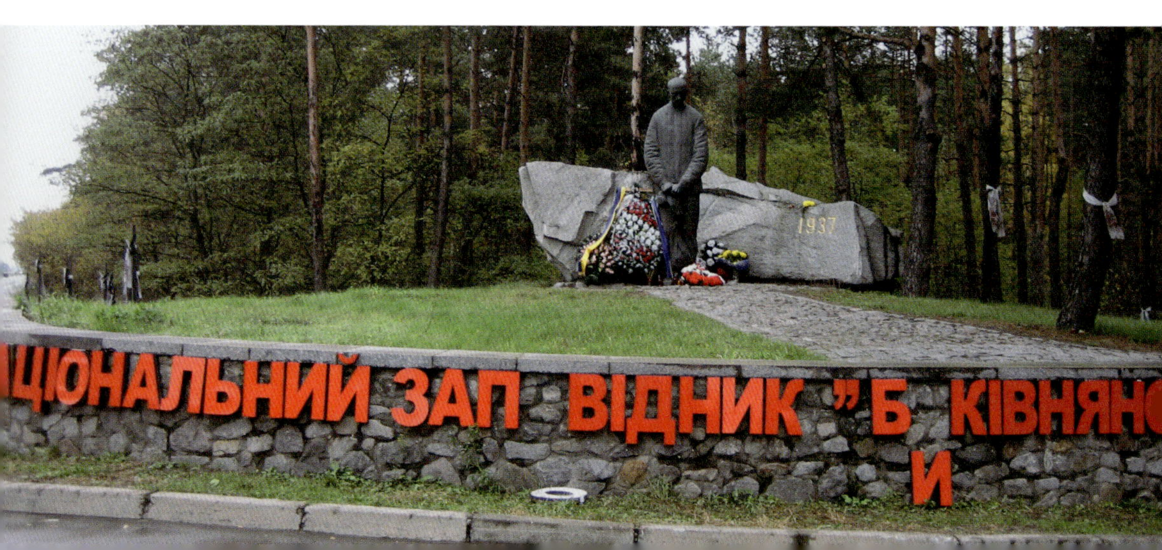

Eingangsbereich zur Gedenkstätte Bykiwnja

schlossenen Westukraine inhaftierte polnische Staatsbürger verzeichnet, die im Zuge der Katyń-Aktion erschossen werden sollten.

Nachdem die exhumierten Leichen im Oktober 2007 und im September 2011 in provisorischen Gräbern beigesetzt worden waren, legte der polnische Staatspräsident Bronisław Komorowski in Anwesenheit seines ukrainischen Amtskollegen Wiktor Janukowytsch am 28. November 2011 den Grundstein für den Bau eines polnischen Militärfriedhofs. Die Gestaltung des Friedhofs nach einem Entwurf der Gruppen AIR Projekt und Moderau Art orientiert sich an den bereits bestehenden Gräberstätten in Katyń, Mednoje und Charkiw. Anstelle des dort vorwiegend verwendeten Eisens mit rostiger Oberfläche kam in Bykiwnja jedoch heller Granit als wichtigstes Material zum Einsatz. Zentrale Elemente sind eine Gedenkwand, die die Namen aller Opfer der »Ukrainischen Katyń-Liste« trägt, und ein waagerecht auf einem symbolischen Grabhügel liegendes Kreuz, an dessen Seitenflächen der Orden »Virtuti Militari« und das Kreuz des September-Feldzugs eingraviert sind. Außerdem befinden sich ein Altartisch aus Granit und eine zwischen vier Stelen mit den Symbolen der Konfessionen und Religionen der Ermordeten angebrachte Glocke in der Mitte des Gedenkensembles. Dieses wird von Tafeln mit individuellen Epitaphen umschlossen. Die Staatspräsidenten Polens und der Ukraine eröffneten den Friedhof am 21. September 2012. Die heilige Messe im Rahmen der Einweihungszeremonie wurde vom Primas Polens, Erzbischof Józef Kowalczyk, und dem polnischen Militärbischof Józef Guzdek geleitet.

Für die ukrainischen Opfer des stalinistischen Terrors war in Bykiwnja bereits 1995 ein Ensemble von sieben Gedenkorten errichtet worden. Am Eingang des Geländes befindet sich ein großes Denkmal, das eine überlebensgroße Skulptur eines Mannes mit geneigtem Kopf vor zwei großen Granitblöcken zeigt, in welche die Jahreszahl 1937 eingraviert ist. Weitere Gedenksteine mit kurzen Inschriften sowie

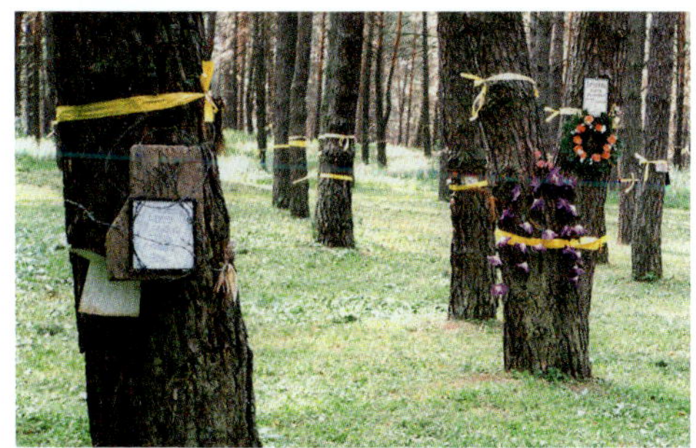

Bäume mit Gedenktafeln und Blumenschmuck auf dem Gelände der Gedenkstätte

87 stilisierte Metallkreuze sind entlang eines Trauerwegs im Wald verteilt. Den Abschluss des von Wolodymyr Tschepelyk und Georgij Kyslyj gestalteten Memorials bildet ein Granitkreuz an einem im Zuge von Ausgrabungen entdeckten Massengrab. An vielen Bäumen und Kreuzen im Bereich der Gedenkstätte hängen kleine Metalltafeln mit Namen einzelner Opfer sowie traditionelle Tücher, die man nach ukrainischem Brauch als Segenswunsch mit auf Reisen gibt.

Die Gräberstätte wurde 2006 zum »Nationalen historisch-memorialen Reservat« erklärt. Am 21. Mai des gleichen Jahres nahm mit Wiktor Juschtschenko erstmals ein ukrainisches Staatsoberhaupt an der traditionellen Trauerfeier in Bykiwnja teil. 2012 wurde neben dem polnischen Militärfriedhof auch ein neuer monumentaler Gedenkort für die ukrainischen Opfer errichtet. Dieser besteht aus einem sieben Meter hohen, aus grauen Granitsteinen aufgeschütteten Hügel, auf dem zehn große Kreuze aus grauem Granit stehen. In das oberste Kreuz ist das Wappen der Ukraine eingraviert. Außerdem gehören zwei Paar Granitstelen zu der Gedenkstätte, die jeweils Skulpturen eines überdimensionalen Einschusslochs darstellen.

Standort: Kiew, prospekt Browarskogo, östlich des Stadtteils Bykiwnja
Internet: http://ua.bykivnya.org/

Mahnmal für die Opfer der kommunistischen Verbrechen

Lwiw. Das Mahnmal für die Opfer der kommunistischen Verbrechen befindet sich unmittelbar vor dem Gebäude des ehemaligen Gefängnisses Nr. 1. Das Gefängnisgebäude wurde als Nebenbau der ehemaligen k. u. k. Gendarmerie direkt nach dem Ersten Weltkrieg in den Jahren von 1918 bis 1920 errichtet. Vor dem Zweiten Weltkrieg internierte hier die 4. Abteilung der polnischen Staatspolizei politische Gefangene. Nach dem Ausbruch des Krieges im September 1939 und dem Einmarsch der sowjetischen Armee in Galizien nach dem Hitler-Stalin-Pakt residierte von 1939 bis 1941 in dem Gebäude die sowjetische politische Geheimpolizei NKWD. In der Zeit der deutschen Besatzung waren hier das Untersuchungsgefängnis der Gestapo sowie die Einsatzgruppen der SD untergebracht. Der Gefängnishof wurde mit Grabplatten des alten jüdischen Friedhofs gepflastert. Seit 1944 wurde das Gebäude wieder

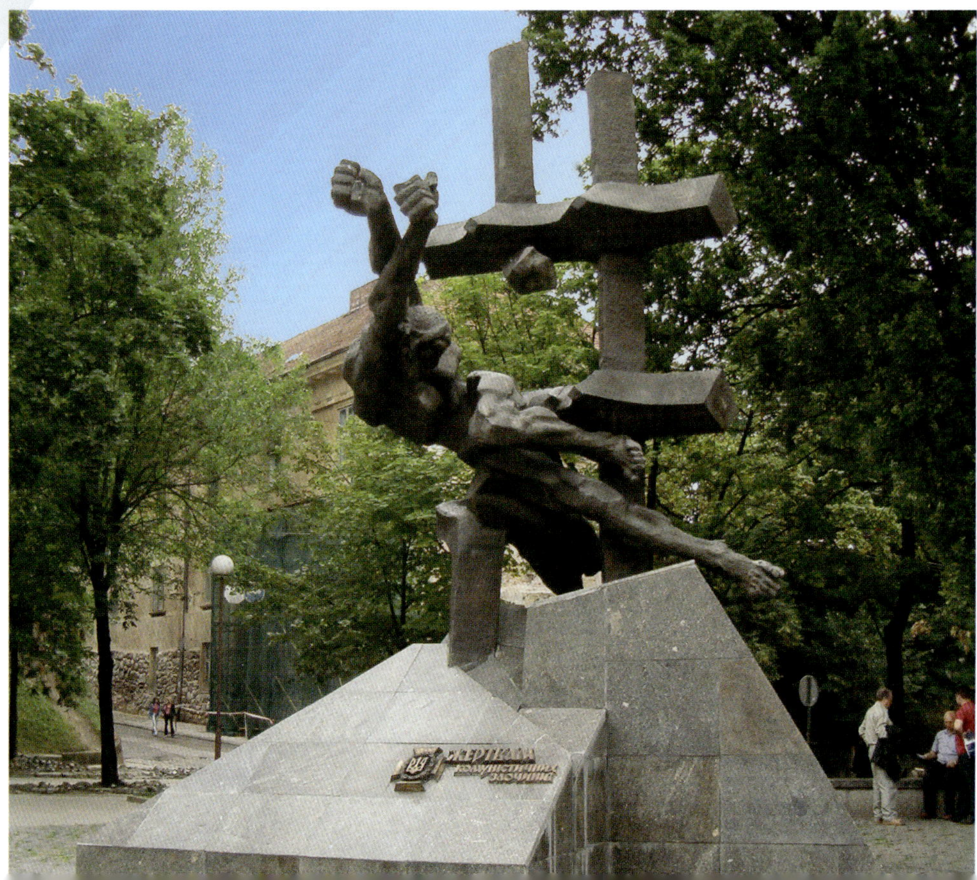

vom NKWD sowie seinen Nachfolgeorganisationen MGB und KGB genutzt. Auch nach dem Zerfall der Sowjetunion blieb das Gebäude in den ersten Jahren nach der Unabhängigkeit der Ukraine ein Gefängnis. Es wurde als Untersuchungsgefängnis des ukrainischen Geheimdienstes SBU genutzt, erst 1996 erfolgte seine endgültige Schließung.

Das Mahnmal wurde von der Vereinigung der politischen Häftlinge und verschiedenen Organisationen des Gebietes Lwiw unter Anteilnahme der Bevölkerung errichtet. Am 23. Juni 1992 wurde während einer Trauerfeier anlässlich des 51. Jahrestags des Beginns von NKWD-Massakern in Galizien zunächst ein Gedenkstein aufgestellt mit der Inschrift »Hier wird das Denkmal für die Opfer der kommunistischen Verbrechen entstehen«. Die Einweihung des Denkmals fand am 8. November 1997 statt. Die auf einem Sockel befestigte Skulptur eines sterbenden Mannes vor einem stilisierten Gitterfenster ist allen Opfern des Kommunismus gewidmet. Entworfen und gestaltet wurde die Komposition vom Bildhauer Petro Schtajer und vom Architekten Roman Sywenkyj.

Nach dem Überfall Deutschlands auf die Sowjetunion am 22. Juni 1941 verhaftete das NKWD massenweise vermeintliche Spione und Saboteure. Besonders in den 1939 annektierten westlichen Gebieten waren davon mehrere Tausend Menschen betroffen. Sie gelangten in die bereits durch Massenverhaftungen und Deportationsvorbereitungen überfüllten Gefängnisse der Geheimpolizei. Es war ursprünglich vorgesehen, alle Haftanstalten und Kriegsgefangenenlager der frontnahen Gebiete in das Landesinnere zu evakuieren. Am 24. Juni 1941 erließ der NKWD-Chef Lawrenti Berija den Befehl, kriminelle Häftlinge freizulassen, politische Häftlinge jedoch nach Osten zu evakuieren. War dies aufgrund der Frontnähe nicht mehr möglich, so waren die Inhaftierten zu erschießen. Allein in Galizien und Wolhynien wurden in den Haftanstalten des NKWD in den ersten Kriegstagen im Juni 1941 über 20 000 Menschen (meistens Ukrainer, aber auch zahlreiche Polen und Juden) ermordet.

Am Mahnmal finden alljährlich am letzten Sonntag im Juni Gedenkfeiern statt, an denen sich Vertreter aller konfessionellen Gruppen des Gebietes Lwiw beteiligen.

◄
Mahnmal für die Opfer der kommunistischen Verbrechen

Inschrift am Sockel
Ukrainisch: Жертвам / комуністичних / злочинів

Die deutsche Übersetzung lautet:
Den Opfern der kommunistischen Verbrechen

Standort: Lwiw, ploschtschad Markiana Schaschkewytscha

Literaturhinweise Ukraine:

Kaminsky, Anna (Hrsg.): Erinnerungsorte an den Holodomor 1932/33 in der Ukraine. Leipzig 2008. / Kaminsky, Anna (Hrsg.): Erinnerungsorte für die Opfer von Katyń. Leipzig 2013. / Krutsyk, Roman / Yeremenko, Artur: Educational Handbook to Accompany the Exposition »Not to be Forgotten. A Chronicle of the Communist Inquisition in Ukraine 1917–1991«. The Kyiv City Organization of the All Ukrainian Memorial Society of V. Stus. 2003. Online abrufbar unter: www.memorial.kiev.ua/expo/eng/second.html (letzter Zugriff: 15.11.2017). / Simon, Gerhard: Holodomor als Waffe. Stalinismus, Hunger und der ukrainische Nationalismus. In: Osteuropa, 2004, Vol. 54, Nr. 12, S. 37–56. / Werth, Nicolas: Die große ukrainische Hungersnot von 1932/33. In: Baberowski, Jörg / Kindler, Robert (Hrsg.): Macht ohne Grenzen. Herrschaft und Terror im Stalinismus. Frankfurt am Main, New York 2014, S. 117–139.

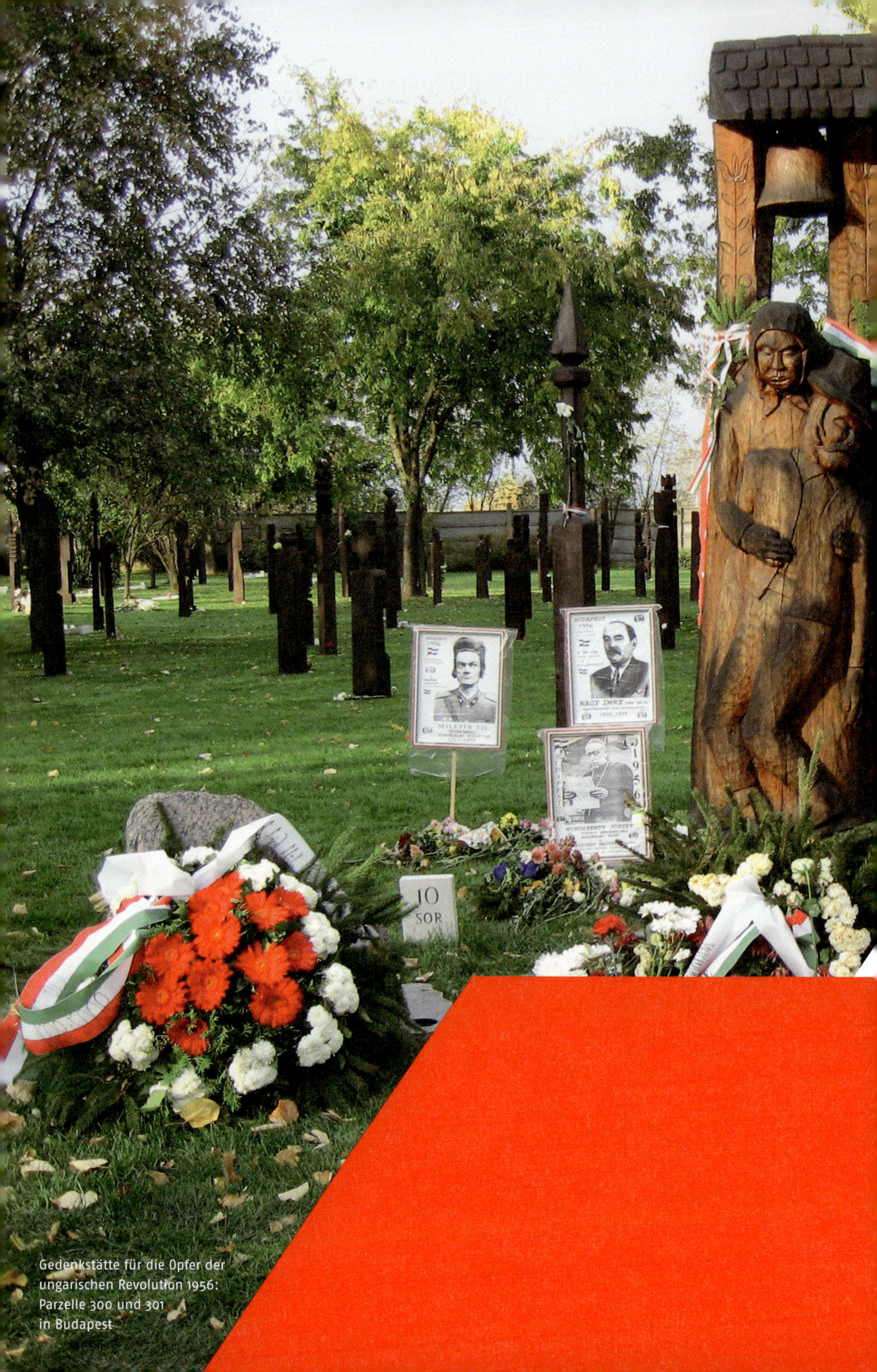

Gedenkstätte für die Opfer der ungarischen Revolution 1956: Parzelle 300 und 301 in Budapest

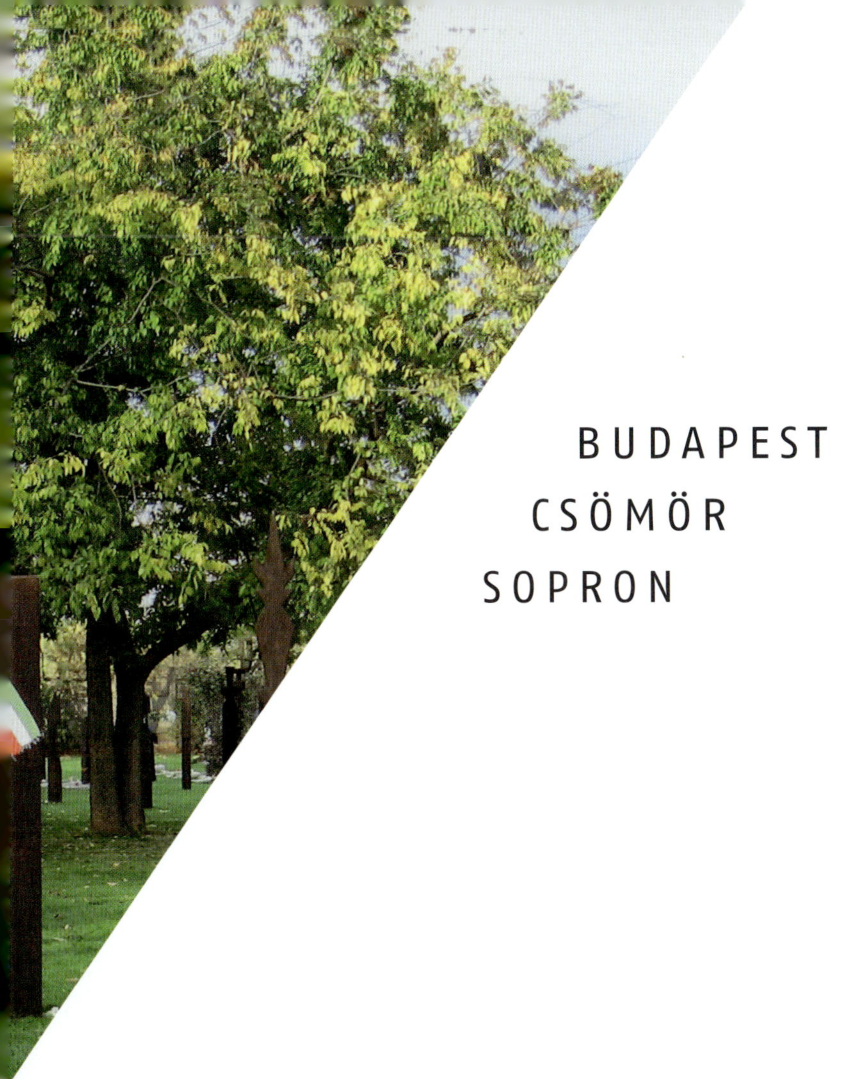

BUDAPEST
CSÖMÖR
SOPRON

Ungarn

Nach dem Ersten Weltkrieg, bei dem das vormalige Österreich-Ungarn zu den Verlierern gehört hatte, wurde Ungarn als unabhängiger Staat gegründet, verlor jedoch etwa zwei Drittel seines Territoriums an die umliegenden, ebenfalls neu gegründeten Staaten. Nach einer kurzen Zeit der bürgerlichen Republik des Grafen Mihály Károlyi und der »Räterepublik« unter Béla Kun wurde Ungarn vom sogenannten Reichsverweser Miklós Horthy autoritär regiert. 1934 schloss das Land ein Wirtschaftsabkommen mit dem nationalsozialistischen Deutschland und besetzte infolge der deutschen Zerschlagung der Tschechoslowakei im März 1939 vormals zu Ungarn gehörende Gebiete in den Karpaten. Am 20. November 1940 trat Ungarn dem Dreimächtepakt mit Deutschland, Japan und Italien bei und nahm am Krieg gegen die Sowjetunion teil. Nach der Niederlage der 2. Ungarischen Armee 1943 vor Woronesch änderte die ungarische Regierung ihre Politik und versuchte eine Annäherung an die Alliierten der Anti-Hitler-Koalition, woraufhin deutsche Truppen das Land im März 1944 besetzten. Damit ging die Deportation von 400 000 ungarischen Juden mithilfe der ungarischen Gendarmerie und Staatsbeamten einher. Der Großteil der Deportierten wurde in deutschen Vernichtungslagern ermordet.

Im Herbst 1944 erreichte die Rote Armee von Osten her kommend das Land. Reichsverweser Miklós Horthy schloss im Herbst 1944 einen Waffenstillstand mit den sowjetischen Streitkräften, woraufhin er von SS-Verbänden gefangen genommen und in Bayern interniert wurde. Die Regierungsgeschäfte übernahmen die faschistischen Pfeilkreuzler unter Ferenc Szálasi. Mit Kriegsende geriet Ungarn unter sowjetische Besatzung. In den im Herbst 1945 erstmals abgehaltenen Wahlen erreichte die kommunistische Partei keine Mehrheit. Konkurrierende Parteien – wie die traditionell starke Partei der kleinen Landwirte – wurden daraufhin zerschlagen oder behindert. Im Juni 1948 erfolgte die Zwangsvereinigung von Sozialdemokratischer und Kommunistischer Partei zur Partei der ungarischen Werktätigen (MDP), die als einzige zu den Parlamentswahlen 1949 zugelassen wurde. Damit lag die Macht in den Händen des Generalsekretärs der kommunistischen Partei Ungarns und langjährigen Ministerpräsidenten Mátyás Rákosi. Unter der diktatorischen Führung des »besten Schülers Stalins«, wie sich Rákosi selbst zu nennen pflegte, stützten die regierenden Kommunisten ihre Herrschaft auf einen effizient funktionierenden Terrorapparat, der bereits 1945 aufgebaut worden war. Mithilfe der »Staatssicherheitspolizei« ÀVH (Àllamvédelmi Hatóság) wurden nicht nur die demokratischen Parteien ausgeschaltet. Auch »innere Feinde« – Mitglieder und Angehörige der Partei- und Staatsführung wie der Innen- und spätere Außenminister László Rajk – wurden nach dem Muster stalinistischer Schauprozesse verfolgt. Allein zwischen 1950 und 1953 wurden über 400 000 Menschen zu Gefängnisstrafen und langjähriger Haft in Arbeits- oder Konzentrationslagern verurteilt. Zu den Verurteilten gehörten beispielsweise Kardinal József Mindszenty und Paul Esterházy.

Der politische Terror verband sich mit einem ökonomischen Plandiktat: Übereilt durchgepeitschte Kollektivierungskampagnen und forcierte Industrialisierung, in deren Folge Zehntausende Menschen verhaftet oder verbannt wurden, führten zu einem drastischen Abfall des ohnehin geringen Lebensstandards. Vor dem Hintergrund des Volksaufstands in der DDR vom 17. Juni 1953, der nur mithilfe sowjetischer Truppen niedergeschlagen werden konnte, war der sowjetischen Führung viel daran gelegen, die Destabilisierung eines weiteren strategisch wichtigen Satellitenstaaten zu verhindern. Am 4. Juli 1953 musste Mátyás Rákosi, auf Veranlassung Moskaus, zugunsten von Imre Nagy von seinem Posten als Regierungschef zurücktreten. Der Agrarfachmann Nagy distanzierte sich vom stalinistischen Führungsstil seines Vorgängers und führte eine »Politik des neuen Kurses« ein, die ihn für viele zum Hoffnungsträger machte. Er versuchte, einen Sozialismus ohne staatlichen Terror, mit größeren gesellschaftlichen Freiheiten und einer moderateren Wirtschaftspolitik zu verwirklichen. Weite Teile des Parteiapparats standen jedoch noch unter dem Einfluss von Mátyás Rákosi und blockierten seine Politik. Dies führte schließlich dazu, dass Nagy aufgrund »parteischädigender, antimarxistischer, opportunistischer und rechtsgerichteter« Tendenzen am 14. April 1955 abgesetzt und einige Monate später aus der Partei ausgeschlossen wurde. Mit der Machtübernahme András Hegedüs, eines engen Vertrauten Rákosis, wurden in einer Phase der Restauration viele der von Nagy eingeleiteten Reformvorhaben wieder rückgängig gemacht. Spätestens seit dem Frühjahr 1956, nach Chruschtschows Enthüllungen über Stalin beim XX. Parteitag der KPdSU, kam es angesichts der offensichtlichen politischen und ökonomischen Fehlentwicklung im Land und der Weigerung der Regierung, personelle Konsequenzen zu ziehen, sowohl innerhalb der ungarischen Kommunistischen Partei (KP) als auch in weiten Kreisen der Bevölkerung zu Unmutsäußerungen. Reformorientierte Teile der KP und die antistalinistisch eingestellte Intelligenz lehnten den als rückschrittlich empfundenen Regierungskurs ab. Der in diesem Kontext ins Leben gerufene *Petőfi*-Kreis entwickelte sich im Sommer 1956 zum wichtigsten Diskussionsforum der Opposition und zum Wegbereiter der Revolution. Mit der Neugründung des unabhängigen Einheitsverbandes Ungarischer Universitäts- und Hochschulstudenten (MEFESZ) wurden am 19. Oktober 1956 neben dem Wunsch nach Bildungsreformen zum ersten Mal auch politische Forderungen gestellt.

Den Beginn der revolutionären Ereignisse markiert eine Demonstration am 23. Oktober 1956 in Budapest. Einen Tag zuvor hatten Studenten der Technischen Universität ein 16 Punkte umfassendes Manifest formuliert. Unter der Parole »Polen ist das Vorbild, lasst uns sogleich den ungarischen Weg bestreiten« forderten die Studenten den sofortigen Abzug sowjetischer Truppen aus Ungarn, die Bildung einer neuen Regierung unter Imre Nagy, die Absetzung alter Funktionskader der Rákosi-Ära sowie eine umfassende Demokratisierung des öffentlichen Lebens. In den Abendstunden des 23. Oktober demonstrierten mehr als 250 000 Personen in der ganzen Stadt, um die Postulate der Studenten zu unterstützen. Da die Forderungen nicht angenommen wurden, eskalierte die Situation. Ein Teil der Demonstranten stürmte das Rundfunkhaus, es kam zu Auseinandersetzungen mit dem Staatssicherheitsdienst, zahlreiche Tote und Verletzte waren die Folge. Unterdessen entstanden zahlreiche aufständische Gruppen, Revolutionskomitees und Arbeiterräte, welche gegen die nach Budapest verlegten sowjetischen Truppen kämpften. Imre Nagy wurde erneut zum Ministerpräsidenten ernannt. Am 28. Oktober bezeichnete er in einer berühmten Rundfunkansprache den Aufstand als »ein großes, [...] nationales, demokratisches Aufbegehren« und sicherte die Erfüllung eines Teils der Forderungen zu. Am nächsten Tag verließen die sowjetischen Truppeneinheiten auf Bitten der ungarischen Regierung Budapest.

Die Auflösung der kommunistischen Staatspartei, die Wiederherstellung des Mehrparteiensystems, die Freilassung der politischen Gefangenen der Ära Rákosi und vor allem der von Imre Nagy verkündete Austritt Ungarns aus dem Warschauer Pakt sowie die Erklärung der staatlichen Neutralität führten zur militärischen Niederschlagung der ungarischen Revolution durch die Sowjetunion: In den Morgenstunden des 4. November 1956 begann die zweite sowjetische Offensive gegen Ungarn. Bei der blutigen Niederschlagung gingen die Streitkräfte im ganzen Land mit 15 Divisionen gegen die Aufständischen vor. Allein in Budapest fiel die Rote Armee mit rund 2 000 Panzern ein und zerschlug systematisch die noch intakten Einheiten des ungarischen Militärs. Am 6. November 1956 wurde die Hauptstadt unter sowjetische Militärverwaltung gestellt. Bis zum 11. November war die Besetzung des Landes trotz erbitterten Widerstands seitens der Bevölkerung im Wesentlichen abgeschlossen und die Revolution endgültig erstickt. Die Kampfhandlungen hatten rund 2 500 Ungarn das Leben gekostet, fast 20 000 wurden verletzt. János Kádár als neuer

Ministerpräsident versprach zunächst eine Amnestie und Straffreiheit für die Anhänger der Revolution. Erst später wurden die zunächst geduldeten Arbeiterräte aufgelöst und erste Verhaftungen vorgenommen. In Schauprozessen wurden bis 1958 wichtige Persönlichkeiten der Reformbewegung, darunter auch Imre Nagy, zum Tode verurteilt und hingerichtet. Insgesamt ergingen 800 Todesurteile, 400 von ihnen wurden vollstreckt. Etwa 15 000 Menschen kamen in Internierungslager, weitere 20 000 Personen mussten langjährige Haftstrafen verbüßen. Rund 200 000 Ungarn flüchteten über die zeitweilig offene Westgrenze ins Ausland.

Nach der Niederschlagung der Revolution setzte János Kádár einerseits auf harte Repressionen gegen Oppositionelle und andererseits auf die Befriedung der Bevölkerung durch das Versprechen nach mehr Wohlstand, wofür der Begriff »Gulasch-Kommunismus« geprägt wurde. Wirtschaftsreformen ermöglichten in gewissen Grenzen private Initiativen im Kleinhandel und -handwerk. 1963 wurden fast alle der wegen ihrer Beteiligung an der Revolution Beteiligten amnestiert. Die Zensur wurde gelockert, obwohl bis zuletzt nicht aufgehoben.

Eine neue systemkritische Öffentlichkeit bildete sich erst Mitte der 1970er Jahre zunächst aus dem Kreis der Schüler des Philosophen Georg Lukács. Ohne die Legitimität des Regimes infrage zu stellen, optierten sie für allmähliche Ausweitung der Freiräume. Doch selbst diese Kritik am herrschenden System blieb nicht ohne Folgen. Verfasser von kritischen Schriften wurden festgenommen, erhielten Berufsverbot oder kamen ins Gefängnis. Als Reaktion auf die Zensur entwickelte sich auch eine eigene Samisdat-Literatur. Nach der Verhaftung von Mitgliedern der tschechoslowakischen Bürgerrechtsbewegung Charta 77 im Jahr 1977 forderten drei ungarische Intellektuelle in einem Protestbrief die Freilassung der Inhaftierten. Als Letztere 1979 zu hohen Haftstrafen verurteilt wurden, unterzeichneten bereits mehrere Hundert Personen eine Petition

Demonstration auf dem Budapester József-Boulevard
während der ungarischen Revolution 1956

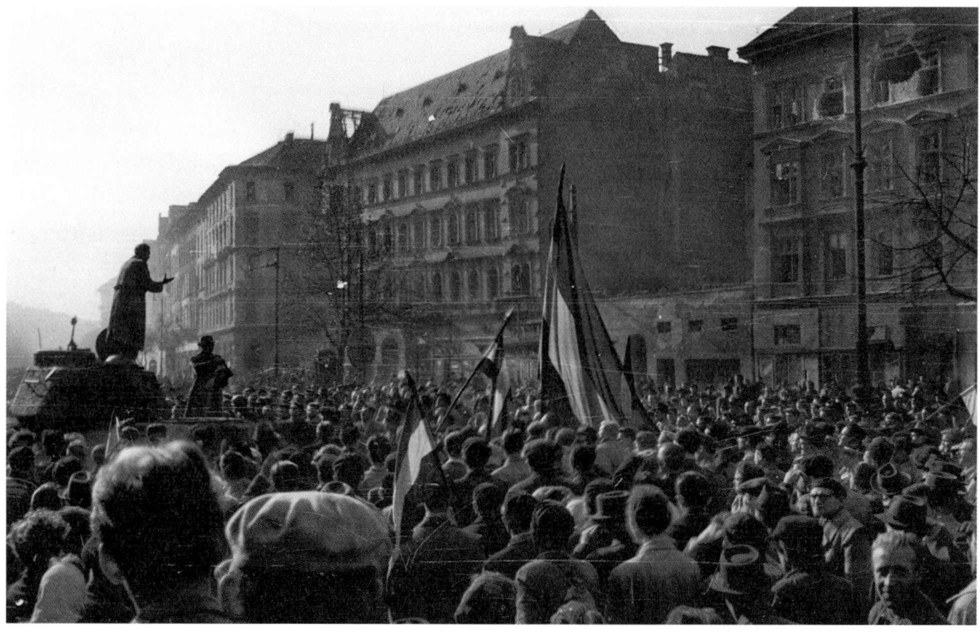

an die ungarische Führung. Viele von ihnen verloren in der Folge ihre Arbeit oder wurden unter Druck gesetzt und eingeschüchtert. In den 1980er Jahren verstärkten sich die oppositionellen Aktivitäten der ungarischen Gesellschaft. Es erschienen weitere Samisdat-Publikationen, zivilgesellschaftliche und Intellektuellen-Initiativen wurden gegründet. Gleichzeitig liberalisierte sich aufgrund der wachsenden ökonomischen Schwierigkeiten – vor allem der hohen Westverschuldung – die ungarische Politik weiter: Eine Wahlrechtsreform ermöglichte die Aufstellung von zwei Kandidaten pro Wahlkreis. So gelang es einigen KP-unabhängigen Vertretern bereits 1985, in das Parlament gewählt zu werden. Unter dem Eindruck der Gorbatschow'schen Perestroika und Glasnost wurden die Befürchtungen vor einem militärischen Eingreifen der Sowjetunion in Ungarn immer geringer. Im Juni 1987 verkündete die Samisdat-Zeitschrift »Beszélő« eine Erklärung mit dem Titel »Der Konsens ist zu Ende« und forderte die Abdankung von János Kádár. Eine andere Gruppe von Intellektuellen gründete im Herbst desselben Jahres das Ungarische Demokratische Forum.

Nach Kádárs Ablösung im Mai 1988 fanden immer öfter Protestaktionen wie zum Beispiel am 16. Juni 1988 zur Erinnerung an den Volksaufstand von 1956 trotz Polizeigewalt und Verhaftungen in der Öffentlichkeit statt. Unter dem Druck der sich immer weiter organisierenden und erstarkenden Opposition stimmte die Parteiführung zunehmend der Schaffung rechtsstaatlicher Strukturen, unter anderem auch Parteien zu. Ein symbolischer Wendepunkt war die feierliche Neubestattung von Imre Nagy und seiner Kampfgefährten im Juni 1989. An der Gedenkveranstaltung nahmen Hunderttausende Menschen teil und gestalteten sie zu einer machtvollen Demonstration. Im Sommer 1989 wurde der »Eiserne Vorhang« an der ungarisch-österreichischen Grenze abgeschafft. Flüchtlinge aus der DDR gelangten nun über Österreich in die Bundesrepublik – ein Ereignis, das den Sturz des Honecker-Regimes und den Fall der Berliner Mauer beschleunigte.

Bei einer Volksbefragung im November 1989 stimmte die übergroße Mehrheit der ungarischen Bevölkerung für demokratische Reformen. Aus den Wahlen im April 1990 ging das Ungarische Demokratische Forum als Wahlsieger hervor. Die Umgestaltung in Ungarn verlief mittels Reformen und nicht als revolutionärer Prozess. Der sanfte Übergang zur Demokratie bedeutete aber auch, dass Fragen der Vergangenheitsaufarbeitung nur zögerlich angegangen wurden. Zwar verabschiedete man bereits 1990 erste Regelungen zur Aufhebung von Unrechtsurteilen (»Nichtigkeitsgesetz«) sowie zur Entschädigung der Betroffenen. Eine Strafverfolgung von Personen, die während der kommunistischen Diktatur für Verfolgung und Verbrechen verantwortlich waren, blieb aber aus. Bis 2005 wurden mehrere Tausend Mitarbeiter und Mitarbeiterinnen in hohen Regierungsämtern überprüft, ob sie während der kommunistischen Diktatur Parteiämter innehatten oder für die Geheimpolizei arbeiteten. Konsequenzen hatte dies jedoch für die wenigsten. Lediglich ein Prozent der überprüften Personen wurde aufgefordert, ihr Mandat oder ihren Posten aufzugeben. Enteignetes und beschlagnahmtes Eigentum wurde in den meisten Fällen – mit Ausnahme der Kirchen – nicht restituiert, allerdings oftmals entschädigt.

In Ungarn wurden Unterlagen der Geheimpolizei bereits 1989 massenhaft vernichtet, das 1997 zur Verwaltung der Akten der Geheimpolizei gegründete Historische Amt erhielt unvollständige Dokumente. 2003 wurde es in das Historische Archiv der Staatssicherheit umgewandelt. Die Akten stehen für individuelle Einsicht sowie wissenschaftliche Recherchen und Forschungen zur Verfügung.

Zahlreiche Denkmäler entstanden, die vor allem die Freiheitskämpfer der 1956er-Revolution würdigen und sie im öffentlichen Raum in Erinnerung halten. Seit 1989 ist der 23. Oktober Nationalfeiertag.

Museum »Haus des Terrors«

Budapest. Das Museum »Haus des Terrors« wurde am 24. Februar 2002 im Zeichen des nationalen Gedenktags für die Opfer der kommunistischen Verbrechen eröffnet.

Das 1880 nach den Plänen des Architekten Adolf Feszty als Wohnhaus errichtete Gebäude wurde im Jahr 1937 durch die ungarische faschistische Bewegung (Pfeilkreuzler) in Besitz genommen, als deren Hauptquartier es ab 1940 fungierte. Als die mit den Nazis verbündete Pfeilkreuzler-Partei im Herbst 1944 an die Macht kam, dienten die Kellerräume als Gefängnis und Folterstätte. Nach dem Einmarsch der sowjetischen Truppen und der Rückkehr führender ungarischer Kommunisten aus dem Moskauer Exil im Frühjahr 1945 übernahm die ungarische Staatssicherheit das Gebäude. Sie nutzte die Kellerräume ebenfalls als Gefängnis und Folterstätte. 1956 gab der Staatssicherheitsdienst das Haus auf; in den folgenden Jahrzehnten diente es als Bürogebäude.

Die Initiative zur Einrichtung des »Hauses des Terrors« mit dem Ziel, die Geschichte und Folgen der totalitären Regime der Pfeilkreuzler und der Kommunisten in Ungarn zu musealisieren, geht auf den Abgeordneten József Szájer zurück. Die von der Regierung unter Viktor Orbán initiierte Stiftung zur Erforschung der mittel- und osteuropäischen Geschichte und Gesellschaften erwarb im Jahr 2000 das Gebäude und begann mit dem Aufbau des Museums. Zwei Jahre später konnte die Ausstellung eröffnet werden. Sie zeigt einen chronologisch aufgebauten Abriss der totalitären Regime in Ungarn bis 1989. Schwerpunkte bilden neben der Herrschaft der Pfeilkreuzler 1944/45 und dem Holocaust die Verbrechen unter sowjetischer Besatzung sowie die Repressalien in der Frühphase des volksdemokratischen Ungarn. Einen besonderen Stellenwert nimmt die Revolution von 1956 ein. Neben Objekten des Repressionsapparats und persönlichen Hinterlassenschaften der Opfer vergegenwärtigen audiovisuelle Elemente – Filme, Fotos, Schilderungen von Zeitzeugen, Musiksequenzen und interaktive Installationen – die Schrecken und Leiden der Opfer. Im Terrorhaus-Museum finden auch Seminare und Konferenzen statt.

Vor dem »Haus des Terrors« befindet sich seit dem Jahr 2010 ein originales Segment der Berliner Mauer.

Standort: Budapest, Andrassy útca 60
Internet: www.terrorhaza.hu

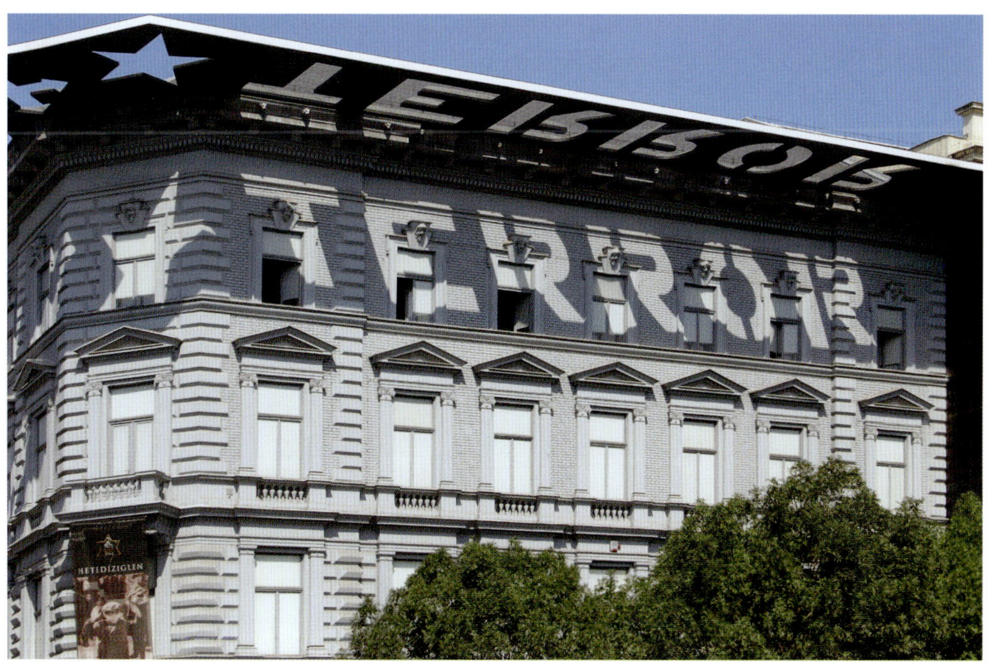

Außenansicht des Museums
»Haus des Terrors«

Blick in die Ausstellung
des Museums

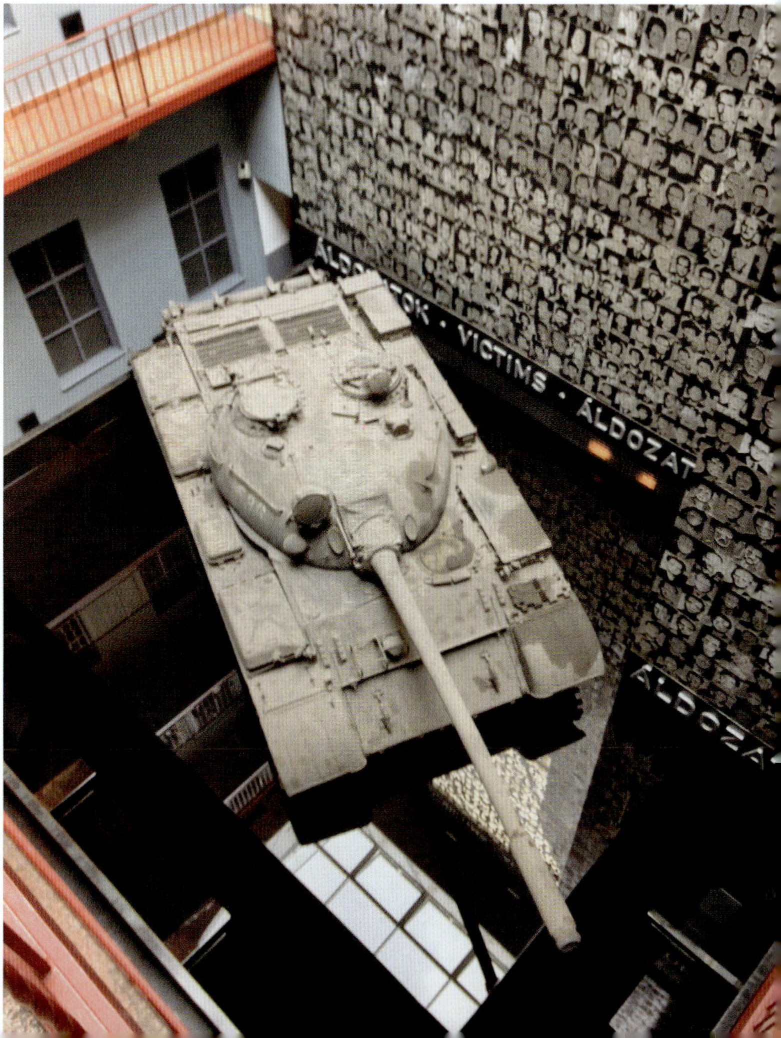

Gedenkstätte für die Opfer der ungarischen Revolution 1956: Parzellen 300 und 301

Budapest. Die Gedenkstätte für die Opfer der ungarischen Revolution von 1956 befindet sich auf der Parzelle 301 des Neuen Städtischen Friedhofs in Budapest. Sie wurde aus Anlass des 33. Jahrestags der Erhebung am 23. Oktober 1989 eingeweiht. Noch vor der offiziellen Eröffnung waren bereits im Juni dieses Jahres die sterblichen Überreste Imre Nagys und anderer Anführer der Revolution hier beigesetzt worden. Im Rahmen der ersten offiziellen Feierlichkeiten wurden im Oktober 1989 die Grabstellen provisorisch markiert. Noch im gleichen Jahr schrieb die ungarische Regierung einen nationalen Wettbewerb für die Umgestaltung des Geländes in eine Gedenkstätte aus. Den Zuschlag erhielt der Künstler György Jovánovics, der ein dreiteiliges Konzept vorlegte. Nach zweijähriger Bauzeit wurde die Anlage am 23. Oktober 1992 offiziell eingeweiht. Das zentrale Mahnmal befindet sich am Rande der Parzelle. Es besteht aus mehren unförmig behauenen weißen Kalksteinquadern, die einen Sarkophag bilden. Abgeschlossen wird dieser durch einen Säulenaufbau. In Anlehnung an das Testament des hingerichteten Aufständischen István Angyal symbolisiert es einen »großen weißen Felsen«, mit dem Angyal die Revolution von 1956 verglich. Ein offenes symbolisches Grab in der Mitte des Platzes erinnert stellvertretend an alle Opfer der Revolution. In der Mitte wurde eine 1956 Millimeter hohe Säule aus schwarzem Marmor eingelassen, die ebenerdig abschließt. Die Namen der auf der Parzelle ruhenden etwa vierhundert Toten sind auf einer großen Tafel am Rande zu lesen. Nur einzelne, herausragende Persönlichkeiten der Revolution erhielten individuelle Grabstellen. Diese bestehen einheitlich aus schlichten weißen Kalksteinquadern, die den Namen und die Lebensdaten zeigen. Neben Imre Nagy sind so die Ruhestätten von den mit ihm zum Tode verurteilten Miklós Gimes, Géza Losonczy, Pál Maléter und József Szilágyi gekennzeichnet. Sándor Kopácsi, sechstes Opfer des Prozesses gegen die Anführer der Revolution und zu lebenslanger Haft verurteilt, wurde nach seinem Tod 2001 ebenfalls auf der Parzelle 301 beigesetzt. Zur Erinnerung an weitere Opfer wurden auf private Initiative Kreuze und Kopfhölzer errichtet. So finden sich symbolische Gräber beispielsweise für István Bibo, István Angyal, József Dudás, János Szabó, László Iván Kovács und Povl Bang Jensen. Nach der Niederschlagung der Revolution 1956 wurden die Toten der Erhebung auf dem entlegenen Teil des Neuen Städtischen Friedhofs zum Teil anonym verscharrt. Dieses Areal, das die Bezeichnung Parzelle 301 trägt, wurde so zu einem der größten Gräberfelder für die Opfer der Revolution. Die umliegenden Parzellen 298 und 300 nutzte der ungarische Staatssicherheitsdienst ÁVH bereits seit 1945 für die Bestattung in der Haft umgekommener und hingerichteter Häftlinge der Geheimpolizei.

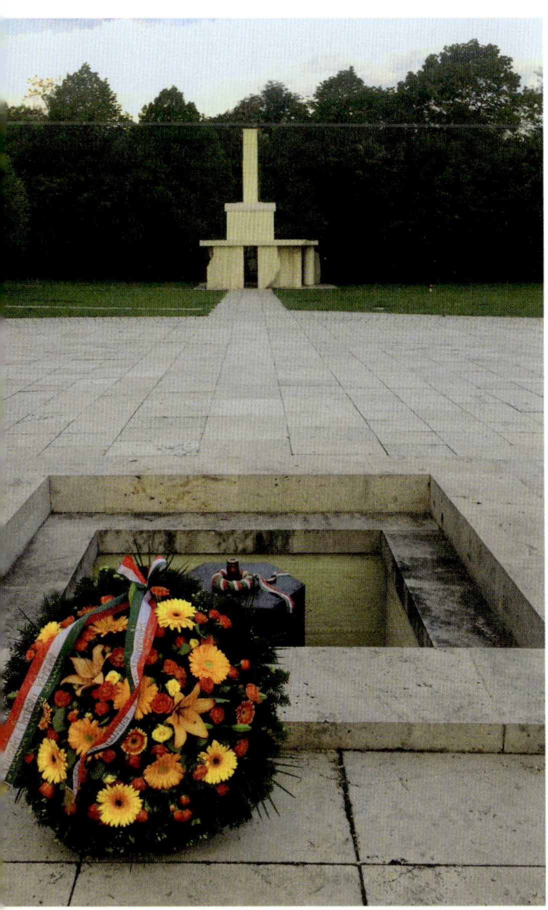

Gedenkstätte für die Opfer der ungarischen Revolution 1956 auf dem Neuen Städtischen Friedhof

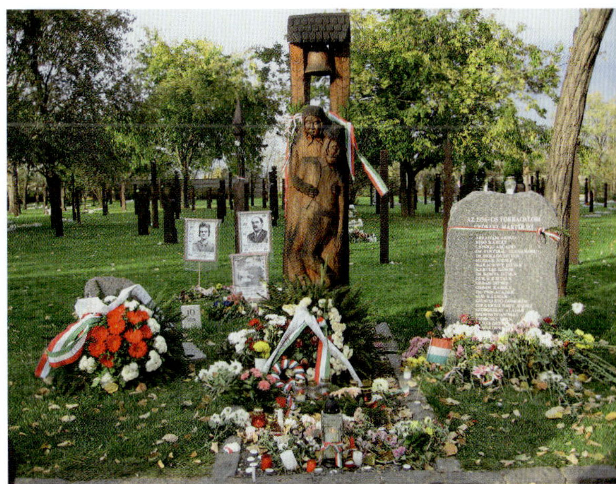

Zur Erinnerung an weitere Opfer der Revolution entstanden auf private Initiative Kopfhölzer und Kreuze.

Aus diesem Grund war das gesamte Areal zur verbotenen Zone erklärt worden. Neben den unmittelbar bei den Kämpfen umgekommenen fanden hier auch die zum Tode Verurteilten der Prozesse gegen die Anführer der Revolution ihre letzte Ruhestätte. Imre Nagy und die mit ihm 1958 Hingerichteten wurden beispielsweise heimlich 1961 auf die Parzelle 301 umgebettet. Die Bevölkerung wurde über den Verbleib der sterblichen Überreste der gefallenen Aufständischen offiziell nicht Kenntnis gesetzt. Es kursierten jedoch Gerüchte, dass diese auf dem Neuen Städtischen Friedhof ruhen. Immer wieder versuchten kleine Gruppen oder Einzelpersonen zum abgesperrten Teil des Friedhofs vorzudringen, um hier heimliche Gedenkveranstaltungen abzuhalten. Eine erste größere Kundgebung aus Anlass des Todestags von Imre Nagy am 16. Juni 1988, wurde gewaltsam von der Polizei aufgelöst. Ende des Jahres wurde auf Druck der Öffentlichkeit ein Untersuchungsausschuss eingerichtet, der den Verbleib der Toten der Revolution, vor allem aber Nagys, aufklären sollte. Im März des kommenden Jahres wurde die Parzelle 301 offiziell als Begräbnisort bekannt gegeben. Unmittelbar darauf begann die Exhumierung der sterblichen Überreste. Die Identifizierung der Aufständischen stellte eines der großen Probleme dar, die diese zum Großteil unter falschem Namen in den Unterlagen der Friedhofsverwaltung verzeichnet waren. Noch während dieser Arbeiten wurde am 16. Juni 1989 Imre Nagy erneut feierlich bestattet und die Umgestaltung der Parzelle zur Gedenkstätte begonnen.

Standort: Budapest, Stadtbezirk X, Kozma-utca 8–10

Mahnmal für die ungarische Revolution

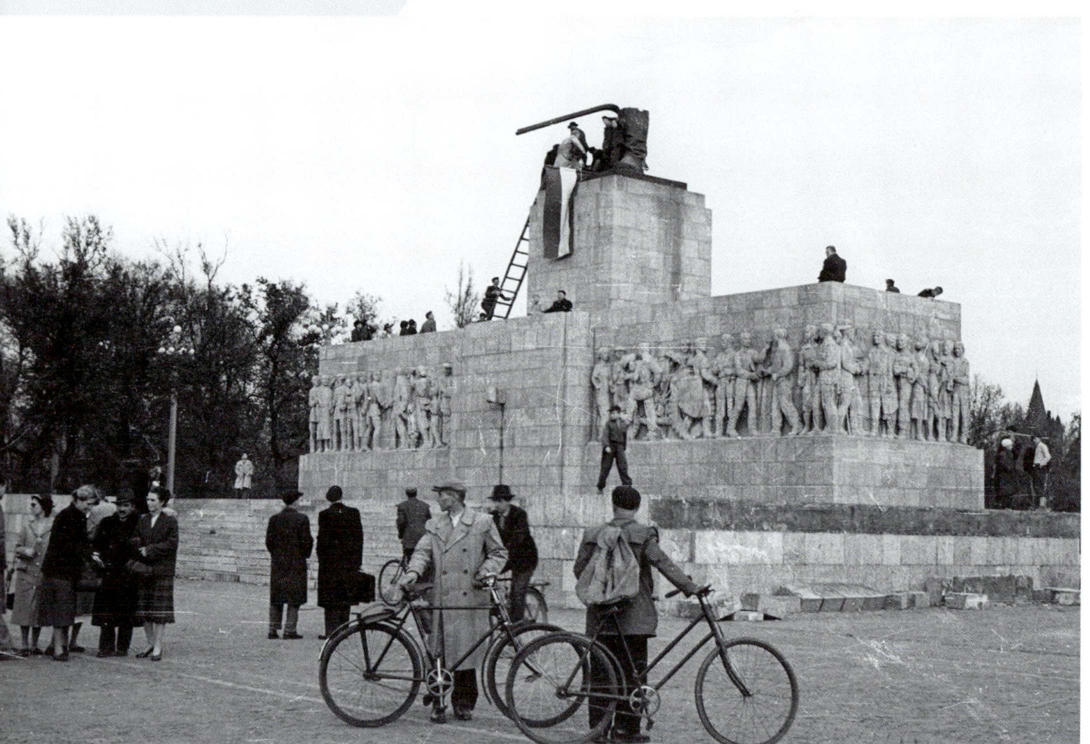

Budapest. Das Mahnmal für die ungarische Revolution wurde am 23. Oktober 2006, dem 50. Jahrestag des Volksaufstands von 1956, der Öffentlichkeit übergeben. Die Konstruktion, bestehend aus über 2000 keilförmig zusammenlaufenden Eisen- und Stahlsäulen, befindet sich am einstigen Standort einer monumentalen Stalin-Skulptur. Diese wurde während der revolutionären Ereignisse am 23. Oktober 1956 von Demonstranten gestürzt. Das heutige Mahnmal symbolisiert die vereinten Kräfte der Ungarn, die sich zusammen einen Weg durch die kommunistische Herrschaft bahnten.

Das Mahnmal hat, in Anlehnung an das Revolutionsjahr, die Form eines Keils im 56-Grad-Winkel. Die überlebensgroßen Eisensäulen sollen die Hand in Hand gehenden Demonstranten repräsentieren. Hin zur Achse des Monuments

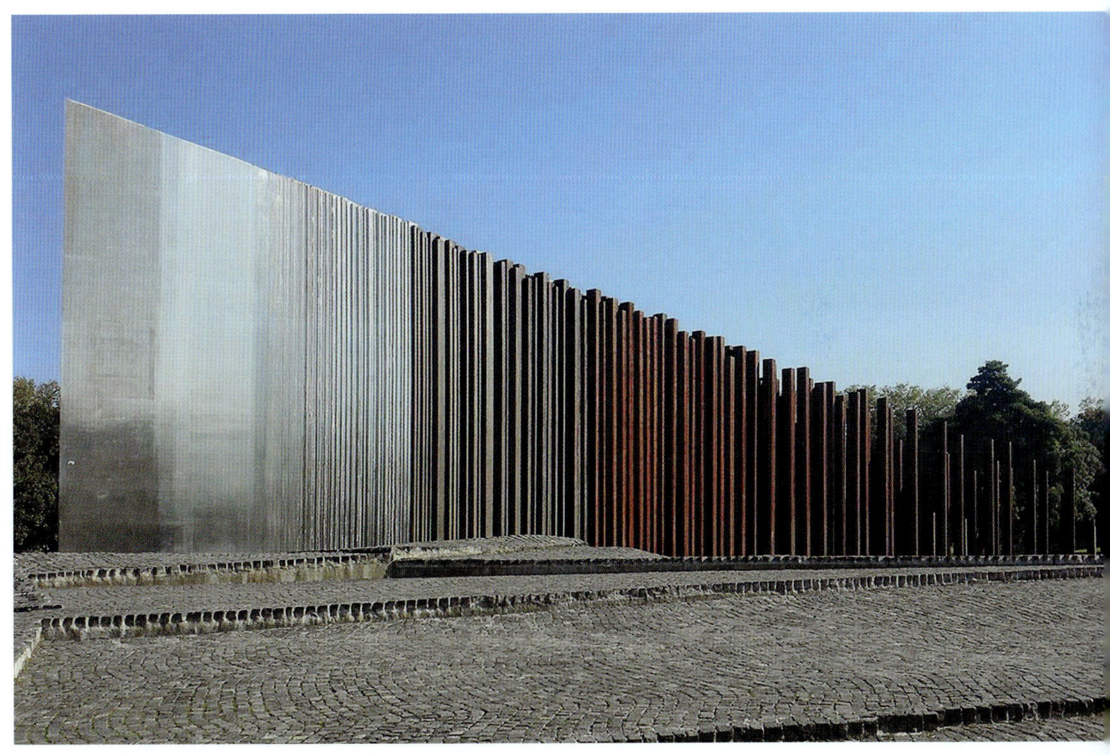

nehmen die Pfeiler eine immer hellere Schattierung an und sind enger aneinander platziert, bis schließlich eine spitz zulaufende, aus rostfreiem Stahl gestaltete Metallkonstruktion den Kulminationspunkt des Mahnmals bildet.

Mahnmal für die ungarische Revolution im Zentrum Budapests

◄

Überreste des Stalin-Denkmals nach dessen Demontage zu Beginn der ungarischen Revolution 1956

Standort: Budapest, Ötvenhatosok tere gegenüber dem Városliget-Park

Memento Park

Budapest. Das 1993 eröffnete Freilichtmuseum präsentiert Skulpturen und Denkmäler aus der sowjetischen Ära, die über Jahrzehnte das öffentliche Stadtbild Budapests prägten. Die insgesamt 42 Ausstellungsstücke zeigen zum einen Vorläufer und berühmte Vertreter des Kommunismus wie Karl Marx und Friedrich Engels, Wladimir Iljitsch Lenin, den bulgarischen Staats- und Parteichef Georgi Dimitroff oder den ungarischen Revolutionär Béla Kun. Zum anderen stellen die Skulpturen allegorische Monumente dar, welche bestimmte Ereignisse, Ideen und Personen repräsentieren sollen, so beispielsweise die Gründung der Räterepublik 1919, sowjetische Soldaten oder kommunistische Märtyrer.

Wie in vielen anderen Staaten Ostmittel- und Osteuropas stellte sich nach dem Zusammenbruch des kommunistischen Regimes auch in Ungarn 1989 die Frage, wie mit dem ideologisch-politischen Erbe des Kommunismus

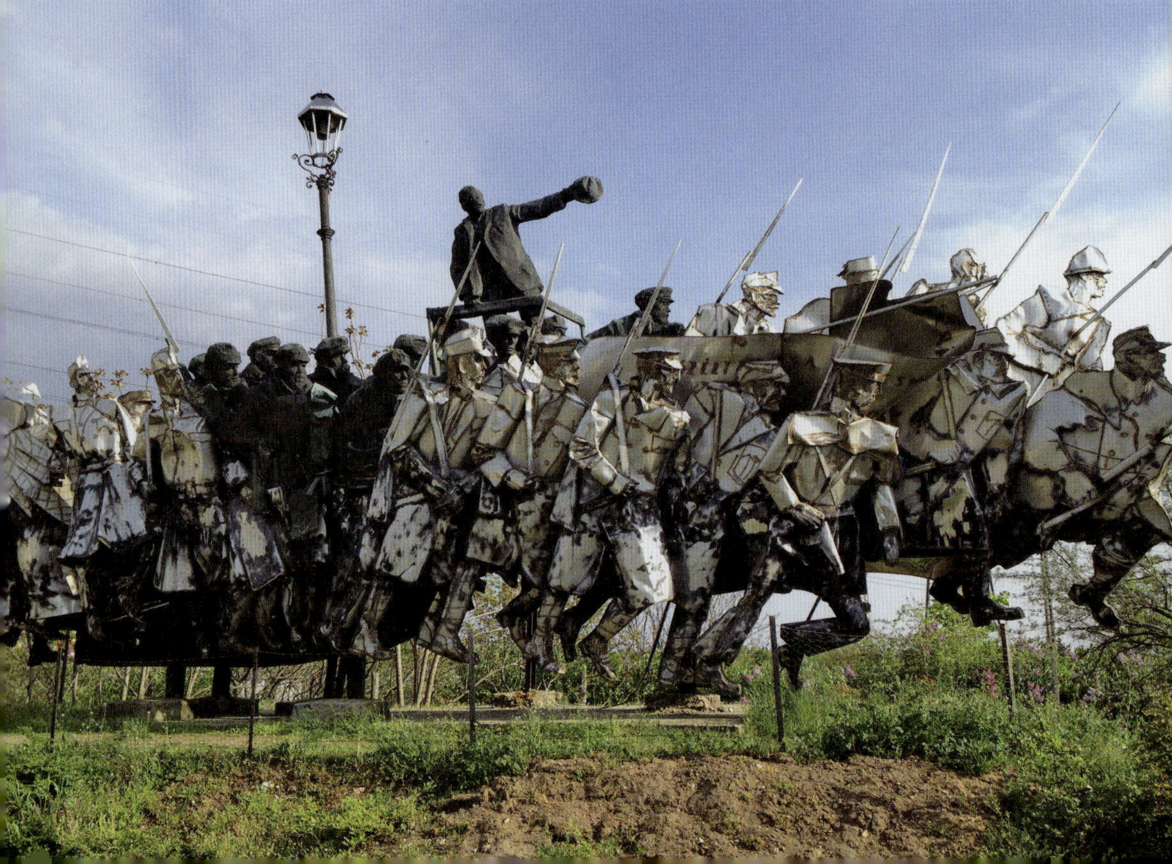

im öffentlichen Raum – den Denkmälern und Skulpturen, die den diktatorischen Anspruch auf Omnipräsenz und Omnipotenz verkörperten – umzugehen sei. Neben den Möglichkeiten, diese Relikte der unmittelbaren Vergangenheit zu entfernen und zu zerstören, sie in umgewandelter Form oder gar unverändert zu erhalten, setzte sich in Budapest die Alternative durch, diese kommunistischen Monumente in einem Skulpturenpark am Stadtrand auszustellen. Die Idee eines Denkmalparks geht auf den Literaturhistoriker László Szörényi zurück. In der Kulturzeitschrift »Hitel« schlug er im Juli 1989 vor, einen »Lenin-Garten« zu errichten, in dem alle Lenin-Denkmäler Budapests versammelt und in einem neuen Kontext präsentiert werden würden. Auf Grundlage dieser Idee beschloss die Budapester Generalversammlung im Dezember 1991, dass jeder Stadtbezirk zunächst selbstständig über den Verbleib der Statuen entscheiden kann. Gleichzeitig wurde ein Wettbewerb zur Gestaltung eines Skulpturenparks ausgeschrieben. Den Zuschlag erhielt schließlich das Konzept des Architekten Ákos Eleőd, welcher beabsichtigte, in seiner Komposition ohne jegliche »Willkür und Überheblichkeit« eine ironisch-distanzierte Haltung zu den Denkmälern selbst sowie zu der gesamten Epoche der kommunistischen Herrschaft zu schaffen.

Als Ausstellungsgelände wurde ein »ideologisch neutrales« Areal außerhalb des Stadtzentrums am südwestlichen Rand Budapests gewählt. Dem Gestaltungskonzept folgend, wird das Gelände, in Anspielung auf beliebte Bauformen des sozialistischen Realismus, architektonisch von einer roten Ziegelsteinmauer sowie darin integrierten klassizistischen Stilzitaten eingerahmt. Den Eingang markiert eine durch Giebel überhöhte Fassade mit Mauernischen, in denen sich die Skulpturen von Marx und Engels und Lenin befinden. Im Inneren des Parks sind die Denkmäler entlang von drei kreisförmig angelegten Promenaden angeordnet, die sich jeweils mit der Hauptachse des Ausstellungspfades kreuzen. Im Zentrum der Anlage ist ein kreisförmig angelegtes Beet, in dessen Mitte die Bepflanzung einen roten Stern bildet. Zu den prominentesten Ausstellungsstücken des Gedächtnisparks zählen die Stiefel der 1951 fertiggestellten riesigen Stalin-Statue, welche gleich zu Beginn der ungarischen Revolution, in der Nacht vom 23. auf den 24. Oktober 1956, vom Sockel gestürzt wurde.

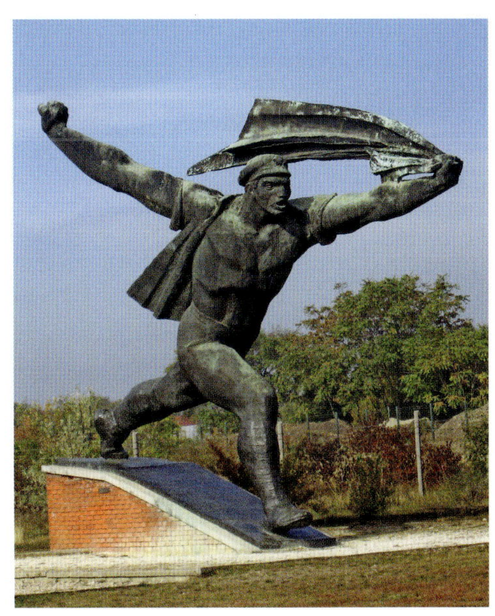

Skulptur eines ungarischen Arbeiters

Standtort: Budapest, XXII. Stadtbezirk, Balatoni útca – Szabadkai utca sarok
Internet: www.mementopark.hu

◄
Skulpturen und Standbilder aus der sowjetischen Ära im Memento Park

Gedenkstätte Gloria Victis

Csömör. Die Gedenkstätte Gloria Victis zu Ehren der 100 Millionen Opfer des Kommunismus wurde am 21. Oktober anlässlich des 50. Jahrestags der ungarischen Revolution 1956 im Rahmen einer feierlichen Enthüllungszeremonie am nordöstlichen Stadtrand Budapests in der Großgemeinde Csömör eingeweiht. Der Erinnerungsort wurde auf Initiative der gleichnamigen ungarischen Stiftung »Gloria Victis« ins Leben gerufen und finanzierte sich durch öffentliche Spenden sowie durch Zuwendungen des Bürgermeisteramts der Gemeinde Csömör.

Im Zentrum der Gedenkstätte befindet sich ein vom ungarischen Bildhauer János Víg aus Granit gestaltetes Zwillingsmonument. Das erste Element bildet eine Bogenmauer, auf welcher die Konturen einer Weltkarte eingraviert sind. Sie soll die Dimensionen der Verwüstung und Vernichtungsgewalt der kommunistischen Regime zum Ausdruck bringen. Oberhalb der Krone dieser »Weltmauer« sind außerdem ein Stacheldrahtzaun sowie mehrere Stahlkreuze angebracht. Sie stellen symbolisch die unmenschlichen Lagerbedingungen und die Opfer der kommunistischen Diktaturen dar. Abgeschlossen wird die Komposition durch einen am Mauerwerk angefügten stählernen Glockenturm. Das lateinische Kreuz im Gewölbe der Konstruktion versinnbildlicht den über alles menschliche Leiden siegenden christlichen Glauben. Zum Gedenken an die von den kommunistischen Regimen Hingerichteten und alle durch die totalitären Diktaturen Leidtragenden wird regelmäßig die Glocke des Turms geläutet. Auf der Rückseite der Mauer wurde auf Englisch, Ungarisch und Deutsch auszugsweise die am 26. Januar 2006 von der Parlamentarischen Versammlung des Europarats verabschiedete Resolution Nummer 1481 über die »Notwendigkeit einer Verurteilung der Verbrechen totalitärer kommunistischer Regime« eingraviert. Der »Weltmauer« gegenüber befindet sich das in Form eines »Flaggenschiffs« gestaltete bogenförmige Denkmal der ungarischen Revolution 1956. Das aus der Mauer schräg herausragende christliche Kreuz soll die Last zum Ausdruck bringen, unter der die ungarische Bevölkerung im Herbst 1956 den Kampf gegen die kommunistische Diktatur aufnahm. Direkt daneben erhebt sich eine aus Edelstahl gefertigte Revolutionsfahne in den Himmel. Anstelle des sozialistischen Emblems ist die Fahne allerdings mit einem Loch versehen worden, welches die Überwindung des Unterdrückungsregimes symbolisieren soll. An der Frontseite des Denkmalelements sind Lobeshymnen des ungarischen Nationaldichters István Sinka an die heroische ungarische Jugend angebracht. Die Rückansicht der Bogenmauer trägt die Umrisse einer ungarischen Landkarte.

Weitere besondere Elemente des Mahnmals sind die Erinnerungstafeln für die Opfer des Holodomor in der Ukraine, die ermordeten polnischen Offiziere von Katyń sowie eine Mahntafel zur Erinnerung an den deutsch-sowjetischen Nichtangriffspakt von 1939, welcher Ostmitteleuropa in Einflusssphären zwischen Hitler und Stalin teilte. Jedes Jahr finden am 23. August, dem Jahrestag der Paktunterzeichnung, welchen das Europäische Parlament 2008 zum »Europäischen Gedenktag an den Stalinismus und Nationalsozialismus« erklärte, Gedenkveranstaltungen statt.

Standort: Csömör, an der Fernstraße 95 neben dem Gemeindefriedhof
Internet: www.gloriavictis.hu

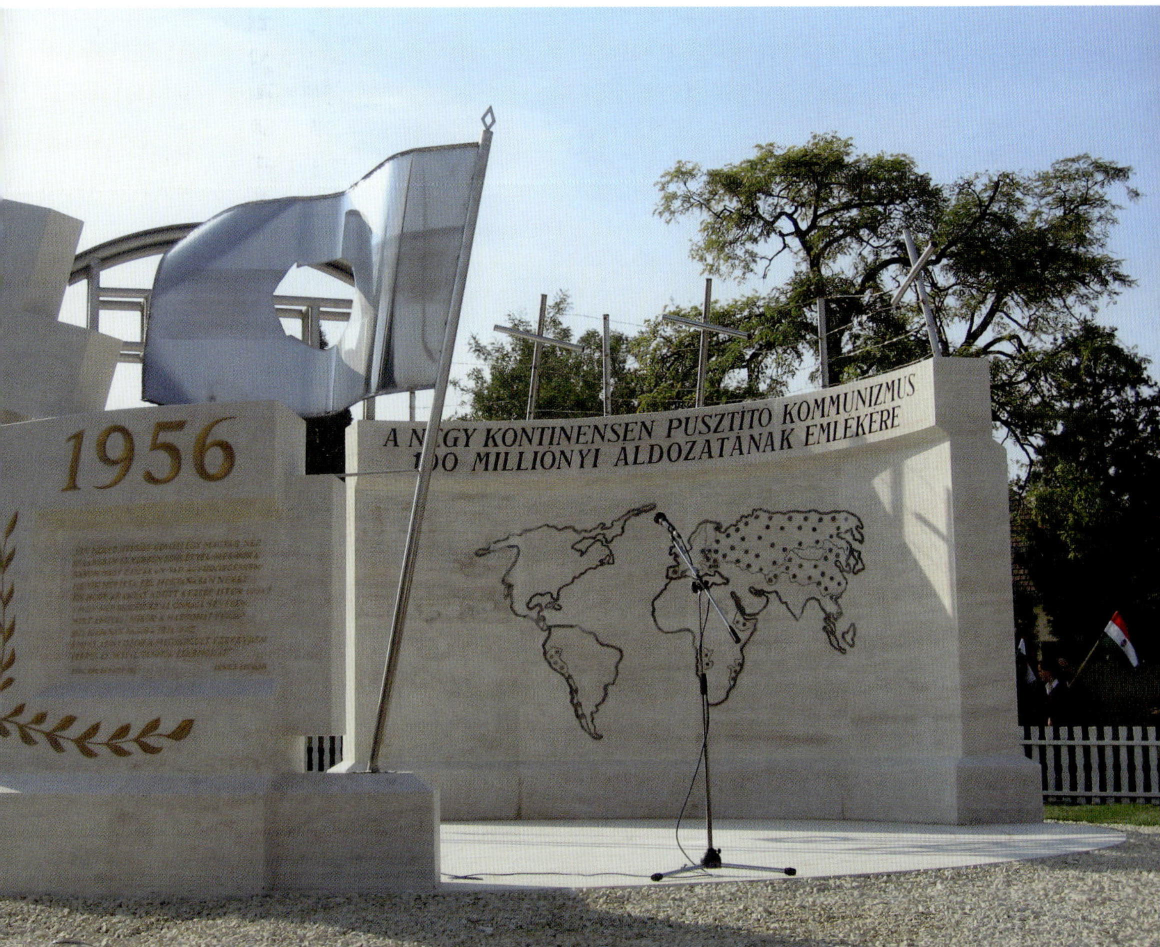

Gedenkstätte Gloria Victis zu Ehren der 100 Millionen Opfer des Kommunismus

Denkmal »Durchbruch«

Sopron. Das vom italienisch-ungarischen Bildhauer Miklós Melocco gestaltete Denkmal »Durchbruch« wurde 2009 im Rahmen einer feierlichen Einweihungszeremonie enthüllt. Es war der erste in Ungarn errichtete Erinnerungsort, der das Gedenken an die Ereignisse der friedlichen Revolution in der DDR in der öffentlichen Wahrnehmung wachhalten soll. Das Denkmal befindet sich neben anderen Skulpturenkompositionen im Gedächtnispark »Paneuropäisches Picknick«, welcher in der Nähe des Ortes gelegen ist, wo am 19. August 1989 mehr als 600 DDR-Bürgern über die ungarisch-österreichische Grenze die Flucht in den Westen gelang.

Das in Sopron 2009 zum 20. Jahrestag des Grenzdurchbruchs enthüllte Denkmal zeigt vor dem Hintergrund eines in sich zusammenstürzenden klassizistischen Tempels aus den Tiefen

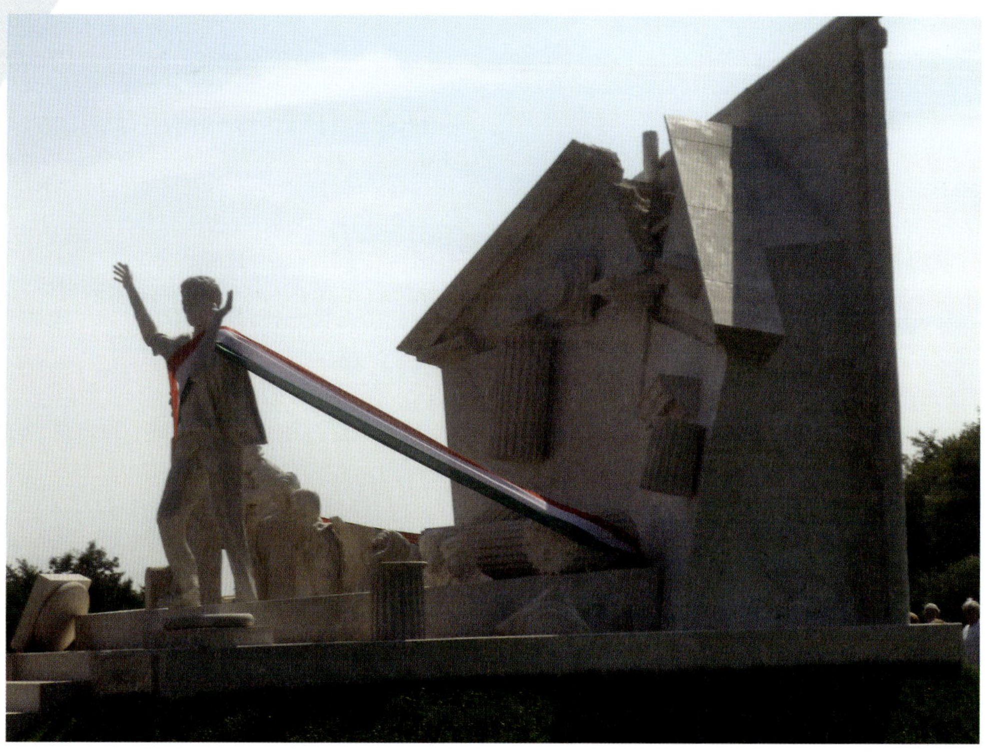

der Konstruktion emporsteigende Menschen. Das Mahnmal symbolisiert somit die Befreiung der osteuropäischen Völker von der kommunistischen Herrschaft.

Inschriften
Auf der Frontseite, ungarisch / deutsch:
Àttörés // Durchbruch

Auf der Rückseite, ungarisch / deutsch:
1989. Augusztus 19. Egy Rab Nép / Kinyitotta Börtönének a Kapuját, / Hogy Egy Másik Rab Nép Kiléphessen a / Szabadságba. //
Am 19. August 1989 öffnete ein / unterjochtes Volk das Tor seines / Gefängnisses / um einem anderen unterjochten Volk / zur Freiheit zu verhelfen.
Errichtet anlässlich des 20. Jahrestages / des Paneuropäischen Picknicks / mit Unterstützung der Bundesrepublik Deutschland / der Selbstverwaltung der Stadt Sopron / mit Komitatsrechten und / des Freundeskreises Europa Berlin e. V. / zur Erinnerung an die Öffnung der Grenzen 1989, / die das Ende der Teilung Europas einleitete.

Standort: Sopron, Páneurópai Piknik Emlékpark – Fertőrákos, an der Kreuzung St. Margarethener Landestraße und Schuschenwald
Internet: www.paneuropaipiknik.hu

◄
Denkmal »Durchbruch« im Gedächtnispark »Paneuropäisches Picknick« in der Nähe der ungarisch-österreichischen Grenze

Literaturhinweise Ungarn:
Hegedüs, András / Wilke, Manfred (Hrsg.): Satelliten nach Stalins Tod: der »neue Kurs«; 17. Juni 1953 in der DDR, ungarische Revolution 1956. Studien des Forschungsverbundes SED-Staat an der Freien Universität Berlin. Berlin 2000. / Ein Einblick in die Erinnerungslandschaft zur Revolution 1956 in Budapest findet sich unter www.bundesstiftung-aufarbeitung.de/gedenkorte-zur-erinnerung-an-die-ungarische-revolution-1956-in-budapest-3300.html (letzter Zugriff: 3.1.2018). / Nagy, László: Das paneuropäische Picknick und die Grenzöffnung am 11. September 1989. In: Potsdamer Bulletin für Zeithistorische Studien Nr. 23 / 2001, S. 24 – 40. / Kerékgyártó, Béla: Identitätskämpfe im öffentlichen Raum: Budapest und seine Denkmalwellen. In: International Review of Sociology, 2006, Vol. 16, Nr. 2, S. 273 – 308. / Schmidt, Mária: Das Budapester Museum »Haus des Terrors« – Museum der modernen Zeitgeschichte und lebendige Gedenkstätte. In: Knigge, Volkhard / Mählert, Ulrich (Hrsg.): Der Kommunismus im Museum. Formen der Auseinandersetzung in Deutschland und Ostmitteleuropa. Köln 2005, S. 161 – 170. / Tallai, Gabor: Länderstudie Ungarn. In: Honoring Civil Courage. Developing Suggestions to Improve the Situation of Victims of Communist State Crimes. Project Coordinator: Gedenkstätte Berlin-Hohenschönhausen 2015, Ref.-Nr.: JUST/2011/JPEN/AG/2998. Online abrufbar unter: www.stiftung-hsh.de/assets/Dokumente-pdf-Dateien/EU-Projekt-Laenderstudien.pdf (letzter Zugriff: 15.11.2017).

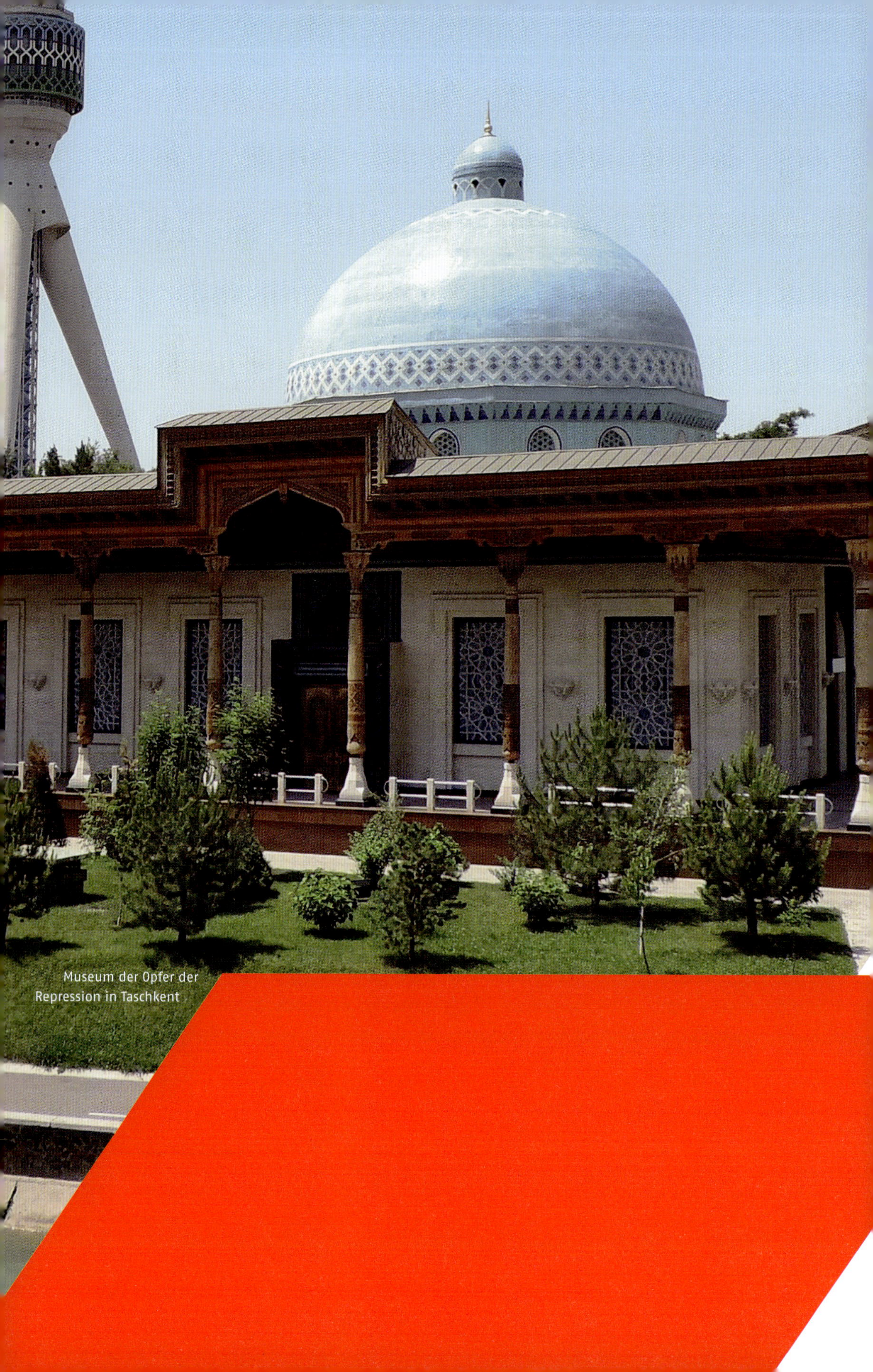

Museum der Opfer der Repression in Taschkent

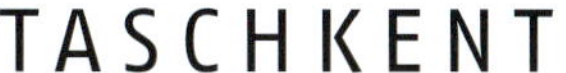

Usbekistan

Bis 1918 gehörte das usbekische Territorium zum Generalgouvernement Turkestan und war Teil des Russischen Zarenreichs. Nachdem die Bolschewiki 1917 in großen Teilen des Russischen Reiches und in Taschkent die Macht übernommen hatten, wurde den zentralasiatischen Völkern ihre nationale Unabhängigkeit versprochen, was zu einer starken lokalen Unterstützung der Bolschewiki führte. Während des Bürgerkriegs wurden die lokalen Eliten jedoch als »Nationalisten« diffamiert und zu Feinden der Sowjetmacht erklärt. Im Bürgerkrieg kämpften lokale Einheiten gegen die Rote Armee; 1922 wurden die Verbände zerschlagen, wobei einige Verbände bis in die Mitte der 1930er bewaffneten Widerstand gegen die Bolschewiki leisteten. 1922 wurde die Turkestanische Sozialistische Sowjetrepublik gegründet, die 1924 unter Einbeziehung weiterer Territorien in Usbekische Sozialistische Sowjetrepublik umbenannt wurde und 1925 der Sowjetunion beitrat.

Wie in den anderen Sowjetrepubliken ging die Etablierung der kommunistischen Macht auch in Usbekistan und den anderen zentralasiatischen Republiken nach dem gleichen Muster vor sich: Zwangsenteignungen und Zwangskollektivierung, Zerstörung der traditionellen Lebensweise,

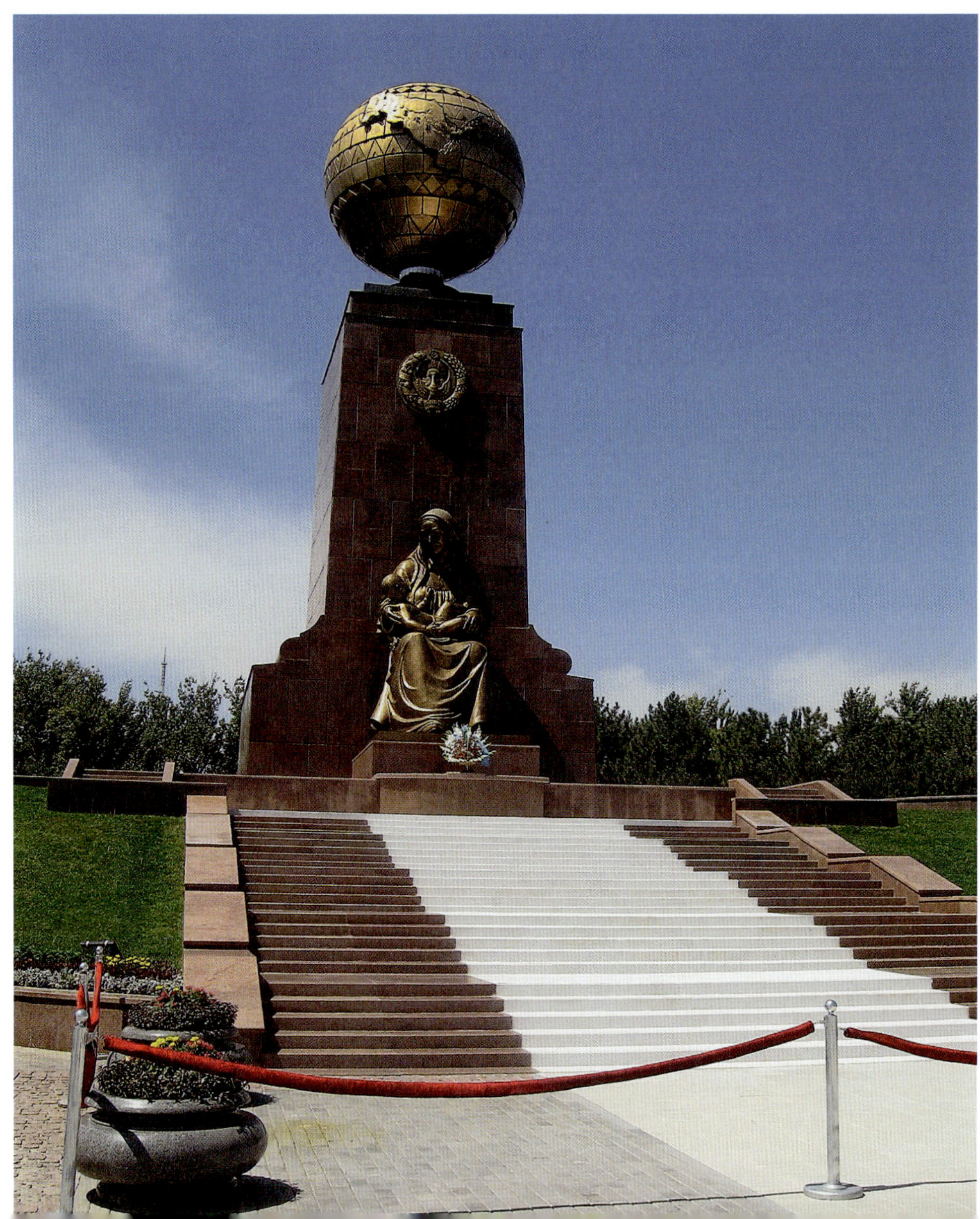

forcierte Industrialisierung und Umstellung der traditionellen Landwirtschaft auf Baumwollmonokulturen sowie Kampf gegen die islamische Religion und ihre Vertreter. Begleitet war die gewaltsame Umgestaltung der Gesellschaft von Massenverhaftungen, Hinrichtungen und Deportationen. Im »Großen Terror« wurde ein Großteil der usbekischen Parteielite sowie der Intellektuellen ermordet. Nach dem deutschen Überfall auf die Sowjetunion wurde das Land zum Auffangbecken und Deportationsziel von Zigtausenden Menschen, die aufgrund ihrer ethnischen Zugehörigkeit oder Herkunft als unzuverlässig eingeschätzt wurden und aus den westlichen Landesteilen der Sowjetunion nach Osten deportiert wurden. Gleichzeitig wurde während des Krieges die Verfolgung von Gläubigen und muslimischen Funktionären ausgesetzt, um über die Gewährung religiöser Praktiken die Kampfmoral von Soldaten und Bevölkerung zu stärken.

Nach dem Krieg und bis zu Stalins Tod 1953 änderte sich an Verfolgung und Repression wenig. Wie auch in den anderen Landesteilen wurden immer wieder neue Repressionswellen gegen unterschiedliche Bevölkerungsgruppen durchgeführt.

Erst nach Stalins Tod und dem XX. Parteitag der KPdSU 1956 lockerten sich die Repressalien. Eine gewisse kulturelle Öffnung setzte ein; lokale Traditionen konnten gepflegt werden. Stetiger Streitpunkt war auch die Bewertung der Zugehörigkeit Zentralasiens zum Russischen Zarenreich. Während die Bolschewiki dies als Akt der Modernisierung sehen wollten, der den Völkern Zentralasiens den Weg aus mittelalterlichen Strukturen und Traditionen ermöglicht habe, wurde die Angliederung an das Russische Reich durch die lokale Bevölkerung als Kolonisierung empfunden. Dies bezog sich durchaus auch auf die Zeit der sowjetischen Herrschaft, die massive Ansiedlung ethnischer Russen, die Zurückdrängung der usbekischen und die offizielle Etablierung der russischen Sprache.

Mit dem Einmarsch der Sowjetunion 1979 in Afghanistan erlangte die zentralasiatische Region eine wichtige Funktion, da es mit der gemeinsamen Grenze zu Afghanistan eine neue strategische Funktion erhielt. Anfang der 1980er Jahre verschärften sich die Repressalien wieder. Auslöser hierfür war zum einen die sogenannte »Baumwollaffäre«, bei der in großem Maßstab Fälschungen der Produktionsziffern beim Baumwollanbau aufgedeckt wurden. Dies bot Moskau die Möglichkeit, einen Großteil der lokalen Eliten von ihren Positionen zu entfernen. Zum anderen wurden ideologische Abweichungen, der als zu lax empfundene Umgang mit dem Islam und seinen Vertretern kritisiert. Für die lokale Bevölkerung und Eliten jedoch boten diese Auseinandersetzungen – befördert durch Gorbatschows Politik von Glasnost und Perestroika – die Chance, auf massive Umweltprobleme, die durch die Baumwollmonokultur entstanden waren, sowie die Diskriminierung von zentralasiatischen Bürgern zum Beispiel in der sowjetischen Armee und Verwaltung hinzuweisen.

Im Dezember 1991 erklärte sich Usbekistan nach einem Referendum für unabhängig. Islam Karimow, der vormalige Vorsitzende der Kommunistischen Partei Usbekistans, wurde zum Präsidenten gewählt und hatte dieses Amt bis zu seinem Tod im Dezember 2016 inne. Kritische geschichtspolitische Debaten über die sowjetische Vergangenheit werden unterdrückt und haben dem von Karimow vorgegebenen Kurs zu folgen. Die Kommunistische Partei benannte sich in Volksdemokratische Partei um; viele Kader verblieben in ihren Ämtern und Positionen. Die vormalige sowjet-usbekische Geheimpolizei KGB wurde in SNB umbenannt und fungiert seither als nationaler Sicherheitsdienst.

◄
Unabhängigkeitsdenkmal in Taschkent

Museum der Opfer der Repression

Taschkent. Das am 31. August 2002 auf dem Gelände der »Gedenkstätte der Neuen Märtyrer« eröffnete staatliche Museum setzt sich mit der politischen Verfolgung auf dem Gebiet des heutigen Usbekistan auseinander. Das Museum befindet sich auf einem Gelände, das die sowjetische Geheimpolizei zwischen 1928 und 1941 als Erschießungsplatz nutzte. Die Zahl der hier Ermordeten ist bis heute nicht bekannt. Die Ausstellung beschäftigt sich vorrangig mit den Auswirkungen der Sowjetisierung des Landes in den 1920er und 1930er Jahren, insbesondere den »Entkulakisierungskampagnen« und dem Aufbau einer kollektivistischen Landwirtschaft. Ein zweiter Schwerpunkt liegt auf der Aufarbeitung der Geschichte Usbekistans als Deportationsgebiet nach dem Zweiten Weltkrieg. Dabei wird besonders das Schicksal der hierher verschleppten Krimtataren und Koreaner thematisiert. Die historische Kontextualisierung der Ausstellung geht über die stalinistische Phase hinaus: Es werden ebenso die Eroberung des Gebiets durch Russland im 19. Jahrhundert und die britischen Annexionsversuche dargestellt. Nach umfassenden Erweiterungs- und Renovierungsarbeiten im Jahr 2008 gilt das Museum der Opfer der Repression als eines der wichtigsten Symbole der nationalstaatlichen Unabhängigkeit Usbekistans. Der Besuch der Einrichtung gehört für Schüler und Studierende Taschkents zum obligatorischen Ausbildungsprogramm. Nur wenige Meter vom Museum entfernt befindet sich außerdem eine 27 Meter hohe, auf Säulen fußende Rotunde mit einem Kuppeldach, in deren Mitte ein symbolischer Jadegrabstein eingelassen ist.

Die in zehn thematische Einheiten gegliederte Ausstellung illustriert anhand von multimedialen Elementen, Fotografien, Dokumenten und Originalgegenständen verschiedene Perioden der usbekischen Geschichte vom Ende des 19. Jahrhunderts bis zur Erlangung der nationalstaatlichen Unabhängigkeit im September 1991. Chronologisch aufgebaut, zeigen die eingangs platzierten Ausstellungsvitrinen zunächst die Geschichte der Unterwerfung zentralasiatischer Staaten durch das Russische Zarenreich. Beleuchtet und in den Vordergrund gerückt werden in diesem Zusammenhang die antikolonialen Aufstände der lokalen Bevölkerung sowie deren brutale Unterdrückung durch die zaristische Fremdherrschaft. Die der sowjetischen Periode gewidmeten Ausstellungsteile zeichnen die Machtergreifung durch die Bolschewiki 1917 und die Zerschlagung sowohl der kurzlebigen »Provisorischen Regierung des Autonomen Turkestan« 1918 als auch der »Widerstandsbewegung« der Basmatschen nach. Breiten Raum nehmen die Repressionsmaßnahmen der Entkulakisierung und Zwangskollektivierung, der stalinistische Massenterror der Jahre 1937/38 sowie die Geschichte des Landes als Deportationsgebiet insbesondere während und nach Beendigung des Zweiten Weltkriegs ein.

In der Darstellung ausgespart bleibt die Entwicklung Usbekistans während der Regierungszeit Chruschtschows und Breschnews, wohingegen die Entwicklung ab Mitte der 1980er Jahre mit der »Baumwollaffäre« wieder aufgegriffen wird. In deren Folge kam es zu Massenverhaftungen, Gerichtsurteilen und Selbstmorden unter usbekischen Partei- und Staatsfunktionären. Die Strafverfolgung dieses Wirtschaftsverbrechens – die jahrelange Unterschlagung, Korruption und Angabenfälschung bei der Erfüllung zentraler Planvorgaben für die Baumwollernte – gliedern die Ausstellungsgestalter in die lange Reihe sowjetischer Repressionen ein. Den Abschluss bildet schließlich die Darstellung der in Usbekistan geleisteten Erinnerungsarbeit an die Opfer der kommunistischen Verbrechen seit der Erlangung der nationalstaatlichen Unabhängigkeit im September 1991.

Auf Erlass des langjährigen Präsidenten Islam Karimow wird seit 2001 der 31. August als Tag des Gedenkens an die Opfer der Repressionen begangen. Zudem wird der 9. Mai als »Tag der Erinnerung« begangen. Am Museum finden an diesem Tag alljährlich die offiziellen Gedenkveranstaltungen unter Teilnahme wichtigster Vertreter aus Politik und Gesellschaft statt.

Standort: Taschkent, Amir Temur ko'chasi, »Shahidlar xotirasi« maydoni
Internet: www.xotira-muzey.uz

Literaturhinweise Usbekistan:
Abashin, Sergei: Entsowjetisierung und Erinnerungspolitik in Zentralasien. In: Mählert, Ulrich et al. (Hrsg.): Jahrbuch für Historische Kommunismusforschung. Berlin 2014, S. 125 – 138. / Abashin, Sergei: Mustakillik and Remembrance of the Imperial Past. Passing Through the Halls of the Tashkent Museum in Memory of the Victims of Repression. In: Russian Politics and Law, 2010, Vol. 48, Nr. 5, S. 78 – 91.

Blick auf das Gelände der »Gedenkstätte der Neuen Märtyrer«

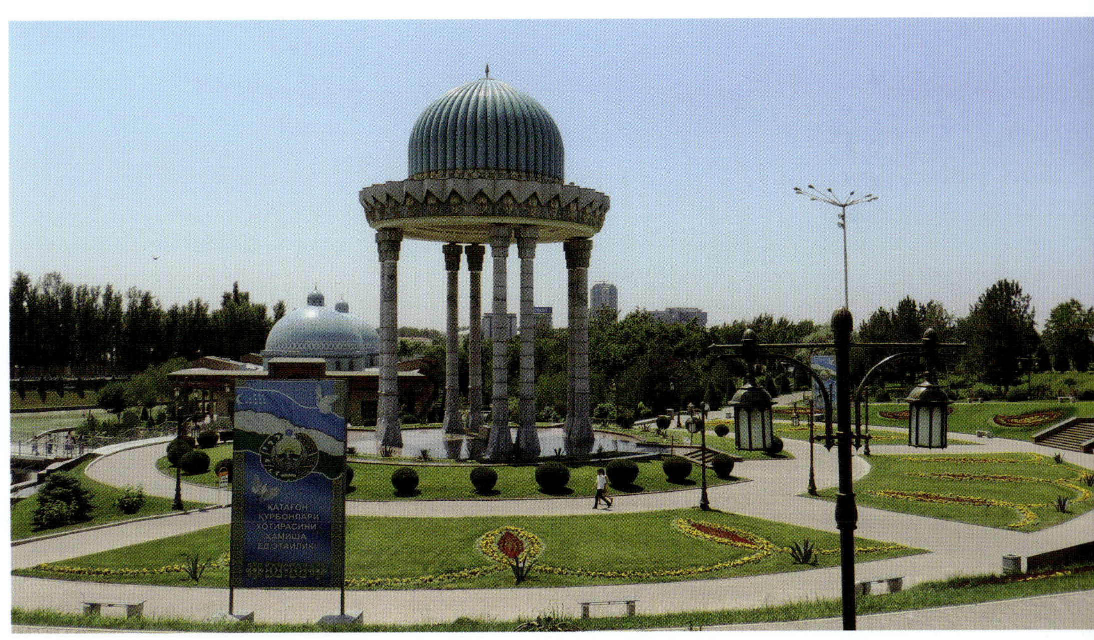

Museen
und Gedenkstätten
zur Erinnerung
an die Opfer
der kommunistischen
Diktaturen

Denkmäler zur Erinnerung an die Opfer des Kommunismus finden sich nicht nur in einstmals kommunistisch beherrschten Ländern. Auch in Ländern wie Australien, Belgien, Frankreich, Großbritannien, Kanada, Österreich, der Schweiz und den USA wird der Verbrechen und ihrer Opfer gedacht. Zumeist wurden diese Denkmäler auf Initiative von Exilgemeinden und Familienangehörigen errichtet, denen die Flucht ins Ausland gelungen war. Die Denkmäler erinnern in der Mehrzahl an herausragende Ereignisse der Repressions-, aber auch der Widerstandsgeschichte. So stehen zum Beispiel in Adelaide (Australien), London (Großbritannien), Wien (Österreich) und Jersey City sowie Boston (USA) Denkmäler zur Erinnerung an das Verbrechen von Katyń und die dort von der sowjetischen Geheimpolizei auf Befehl der sowjetischen Regierung unter Stalin ermordeten 22 000 polnischen Zivilisten und Militärangehörigen. In Washington, D. C. (USA), Edmonton und Regina (Kanada) finden sich Denkmäler, die an die Opfer des Holodomor in der Ukraine erinnern. Dieser Hungerkatastrophe, die durch die sowjetische Führung künstlich herbeigeführt worden war, fielen Schätzungen zufolge zwischen sechs und zwölf Millionen Menschen zum Opfer. Schließlich wurden weltweit aber auch der Aufstände gegen die kommunistische Herrschaft wie 1956 in Ungarn oder 1968 in Prag mit Denkmälern gedacht. So existiert unter anderem in Andau in Österreich sowie in Paris, der französischen Hauptstadt, je ein Denkmal für die ungarische Revolution und in Vevey in der Schweiz wird an den Prager Frühling 1968 erinnert.

Der Mauerfall und das Gedenken an die Berliner Mauer als Symbol für die Unmenschlichkeit der kommunistischen Regime und deren Opfer findet sich weltweit in über 300 Denkmälern. Diese bestehen zumeist aus Überresten der Berliner Mauer und wurden in über 50 Ländern errichtet. Eine Übersicht über die »Berliner Mauer in der Welt« hat die Bundesstiftung Aufarbeitung in ihrem gleichnamigen Buch zusammengetragen.

Schließlich gibt es auch zwei Denkmäler, die an die Opfer des Kommunismus allgemein erinnern. Diese stehen in Washington, D. C. (USA) sowie in London (Großbritannien).

Staaten ohne kommunistische Diktaturerfahrung

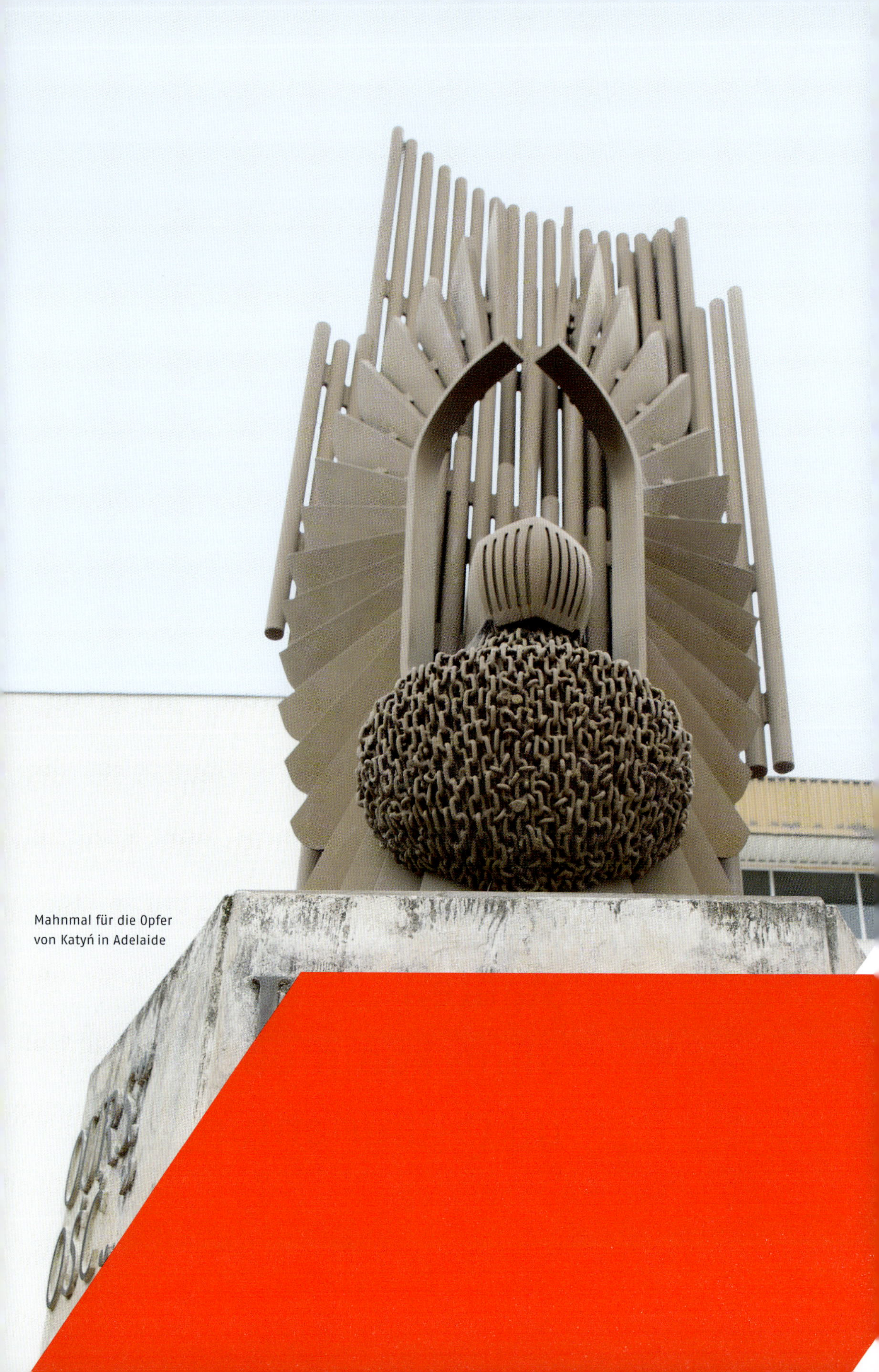

Mahnmal für die Opfer
von Katyń in Adelaide

ADELAIDE

Australien

Mahnmal für die Opfer von Katyń

Adelaide. Nach dem Denkmal auf Hindmarsh Island bei Goolwa ist das Katyń-Mahnmal in Adelaide, der Hauptstadt des Bundesstaats Südaustralien, das zweite Monument, das in Australien zur Erinnerung an die Opfer des sowjetischen Massenmords an den polnischen Offizieren errichtet wurde. Es geht auf die Initiative des australischen Verbands der polnischen Veteranen zurück und stand unter der Schirmherrschaft des Präsidenten der polnischen Exilregierung, die seit dem Zweiten Weltkrieg in London residierte und in Konkurrenz zur kommunistischen Volksrepublik die rechtmäßige Kontinuität des polnischen Staates für sich in Anspruch nahm. Die Einweihung des Denkmals erfolgte am 17. September 1977, am Jahrestag des sowjetischen Einmarschs in Ostpolen im September 1939. Sie wurde mit einer Messe in der Kathedrale von Adelaide und einem anschließenden Standartenzug zum Standort des Denkmals vor dem »Polnischen Haus« begangen.

Das Monument wurde von Stanisław Ostoja-Kostkowski entworfen und besteht aus einem sechseckigen Sockel aus weißem Marmor, auf dem sich eine Skulptur von unterschiedlich hohen, senkrechten Metallstreben erhebt, die den Wald von Katyń symbolisieren sollen, in dem die Erschießungen stattfanden. Vor dem Strebenwald ist ein Helm mit Husarenflügeln platziert. Damit greift der Künstler die ins 16. Jahrhundert zurückreichende Tradition der polnischen Flügelhusaren auf, die als Inbegriff für soldatische Tapferkeit und Ritterlichkeit steht.

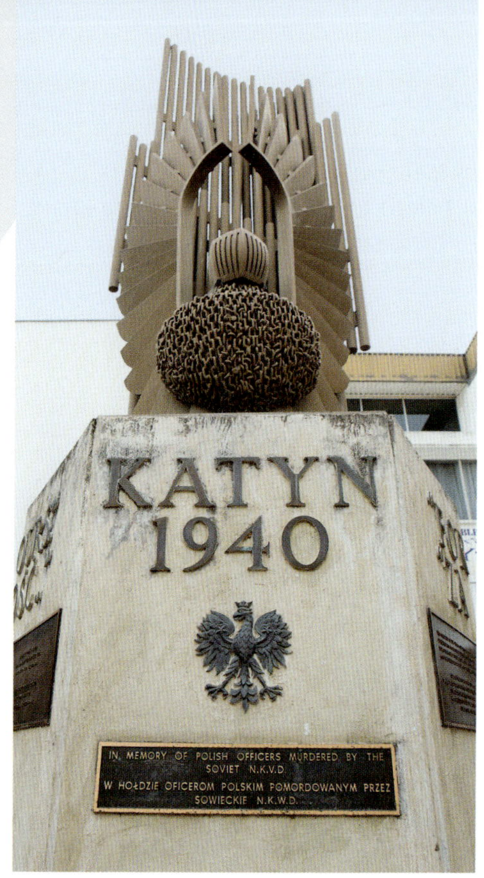

Mahnmal für die Opfer von Katyń

Auf der Frontseite des Marmorsockels befinden sich in großen Lettern die Inschrift »Katyń 1940« und der gekrönte polnische Adler, während sich um den Sockel herum die traditionelle Losung der polnischen Unabhängigkeitsbewegung »Za naszą wolność i waszą« (»Für eure und unsere Freiheit«) in zwei Sprachen zieht. Darunter sind Metalltafeln mit ausführlicheren Inschriften eingelassen.

Inschriften

Auf dem Sockel, englisch / polnisch:
Katyń 1940 For your freedom and ours /
Za naszą wolność i waszą

Die deutsche Übersetzung lautet:
Für eure und unsere Freiheit

Auf der Frontseite, englisch / polnisch:
In memory of Polish officers murdered by the / Soviet N. K. V. D.
W hołdzie oficerom polskim pomordowanym przez / sowieckie N. K. V. D.

Die deutsche Übersetzung lautet:
Zum Gedenken an die polnischen Offiziere, die vom sowjetischen NKWD ermordet wurden.

Auf der Vorderseite rechts, englisch / polnisch:
The conscience of the world cries for truth to be witnessed / in remembrance of 14 500 Polish prisoners of war who disappeared / in 1940 from camps at Kozielsk, Starobielsk and Ostaszkow of whom / 4 500 were later identified in mass graves at Katyn near Smolensk.
Sumienie świata woła o świadectwo prawdzie / pamięci 14 500 polskich jeńców, którzy zniknęli w 1940 z obozów / w Kozielsku, Starobielsku i Ostaszkowie, a z których / 4 500 znaleziono później w zbiorowych mogiłach / w Katyniu koło Smoleńska.

Die deutsche Übersetzung lautet:
Das Gewissen der Welt ruft nach dem Zeugnis der Wahrheit. In Erinnerung an 14 500 polnische Kriegsgefangene, die 1940 aus den Lagern in Koselsk, Starobilsk und Ostaschkow verschwanden und von denen 4 500 später in Massengräbern in Katyń bei Smolensk gefunden wurden.

Auf der Vorderseite links, englisch / polnisch:
This monument was erected by the Polish Ex-Servicemen's / Association in Australia with the support of the Polish / community and their Australian friends. / Unveiled by the President of the World Federation of / Polish Ex-Combatants' Association, major Stefan Soboniewski. / Blessed by His Lordship Bishop Szczepan Wesoły on the 17th september, 1977.

Pomnik ten zbudowany został przez Stowarzyszenie Polskich / Kombatantów w Australii wraz ze społeczeństwem polskim / i przyjaciółmi australiskimi. / Odsłonięcia pomnika dokonał Prezes Federacji / Światowej Stowarzyszenia Polskich Kombatantów / kol. Stefan Soboniewski. / Pomnik poświęcił J. E. ks. bp. Szczepan Wesoły dnia 17 września 1977 roku.

Die deutsche Übersetzung lautet:
Dieses Denkmal wurde errichtet vom Verband der Polnischen Veteranen in Australien zusammen mit der polnischen Gemeinschaft und ihren australischen Freunden. Es wurde enthüllt von dem Vorsitzenden der Weltföderation des Verbands der Polnischen Veteranen, Major Stefan Soboniewski. Geweiht wurde das Denkmal von Seiner Eminenz Bischof Szczepan Wesoły am 17. September 1977.

Auf der Rückseite, englisch / polnisch:
In memory of Polish soldiers / sailors and airmen who gave their lives / during Second World War 1939 – 1945.
Żołnierzom Rzeczypospolitej Polskiej / którzy oddali swe życie / w Drugiej Wojnie Światowej 1939–1945.

Die deutsche Übersetzung lautet:
Den Soldaten der Republik Polen, die ihr Leben im Zweiten Weltkrieg, 1939 – 1945, gegeben haben.

Standort: Adelaide, Polnisches Haus (Dom Polski), 232 Angas Street

Literaturhinweis Australien:
Kaminsky, Anna (Hrsg.): Erinnerungsorte an die Opfer von Katyń. Leipzig 2013.

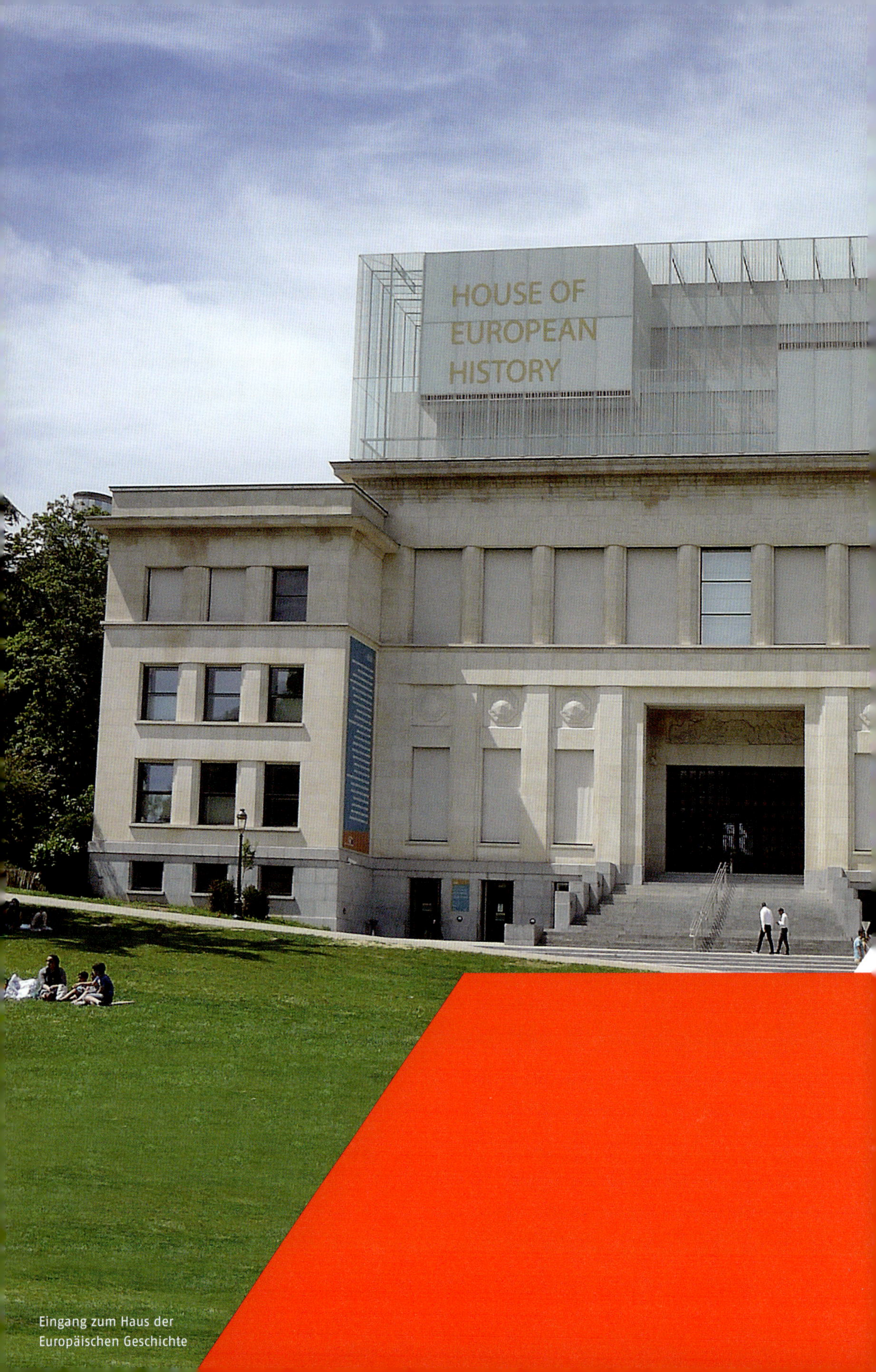

Eingang zum Haus der
Europäischen Geschichte

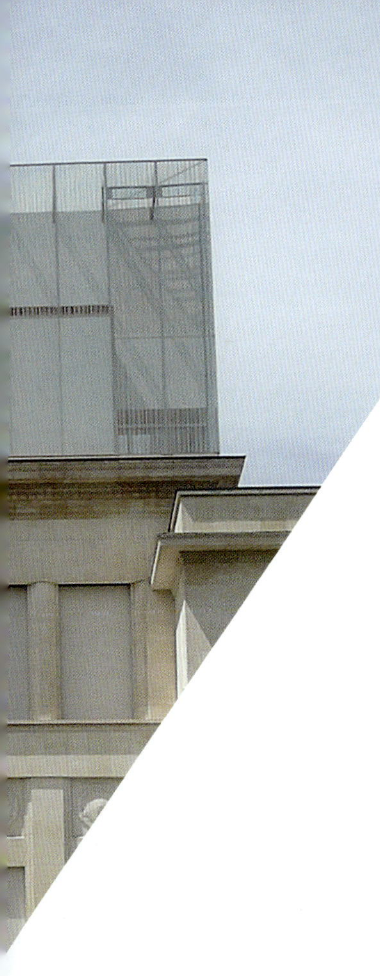

BRÜSSEL

Belgien

Haus der Europäischen Geschichte

Brüssel. Im Eastman-Gebäude im Leopoldpark, inmitten des Brüsseler Europaviertels, eröffnete am 17. Mai 2017 das Haus der Europäischen Geschichte. Die Initiative zur Errichtung dieses historischen Großprojekts der EU hatte der damalige Präsident des Europäischen Parlaments Hans-Gert Pöttering 2007 angeregt. Das Museum versteht sich als »Speicher der europäischen Erinnerung«. Nach dem EU-Prinzip »In Vielfalt geeint« hat es sich zur Aufgabe gemacht, eine gemeinsame Linie der europäischen Geschichtsbetrachtung herauszuarbeiten. Die Kosten für die Erarbeitung der Ausstellung hat das Europäische Parlament getragen. Ein Teil der laufenden Betriebsausgaben wird von der Europäischen Kommission finanziert. Die Ausstellung konzentriert sich auf die europäische Geschichte des 19. und 20. Jahrhunderts. Auf erläuternde Text wird weitgehend verzichtet; vielmehr können die Interessierten die Erläuterungen zu den Exponaten über Tablets in allen 24 Amtssprachen der EU abrufen. Auf insgesamt 4000 Quadratmetern Ausstellungsfläche werden über 1000 Exponate präsentiert. Die ersten beiden Stockwerke des Hauses sind für Wechsel- und Wanderausstellungen reserviert.

Das zentrale künstlerische Element des Gebäudes bilden zahlreiche metallische Spruchbänder, die sich an den Decken oberhalb der Ausstellungsparcours entlangschlängeln und schließlich über die obersten Stockwerke ins offene Treppenhaus hinab zu einem Geflecht

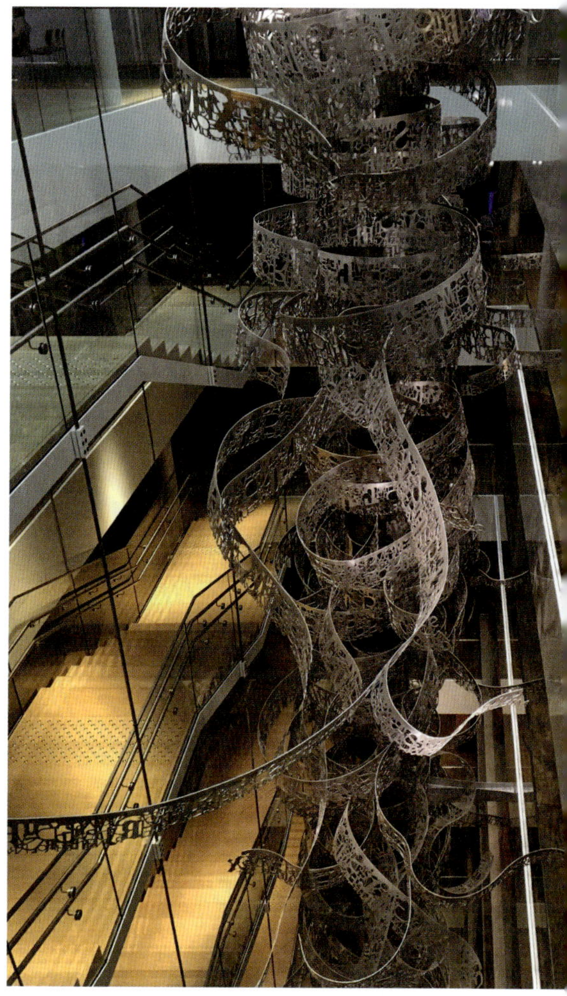

Metallische Spruchbänder, die sich über die obersten Stockwerke ins offene Treppenhaus herabschlängeln

zusammenschmelzen. In diesen »Vortext der europäischen Geschichte« fließen verschiedene Zitate in latinischer, griechischer und kyrillischer Schrift ein, darunter auch die Worte des Schweizer Dichters Adolf Muschg: »Was Europa zusammenhält und was es trennt, ist das europäische Gedächtnis«. Spätestens seit den beiden europäischen Erweiterungsrunden 2004 und 2007 bemühen sich die wichtigsten EU-Institutionen – Kommission, Parlament und Rat – um eine angemessene Würdigung erinnerungskultureller Narrative in Gesamteuropa. Zu den Erinnerungsorten an die Opfer des Holocaust und des Nationalsozialismus kommt nun auch das offizielle Gedenken an die Opfer der kommunistischen Diktaturen hinzu. Auf Grundlage eines Beschlusses des Europäischen Parlaments wird seit 2008 der 23. August – der Tag der Unterzeichnung des deutsch-sowjetischen Nichtangriffsvertrags 1939 – als Gedenktag an die Opfer von Stalinismus und Nazismus begangen. 2009 verabschiedete das Parlament zudem eine programmatische Entschließung »Zum Gewissen Europas und zum Totalitarismus«, in der jeglicher Form von Diktatur unabhängig von ihrer ideologischen Ausrichtung eine kategorische Absage erteilt wird.

Die Einrichtung bietet neben den Ausstellungsinhalten auch ein vielfältiges Bildungsangebot für verschiedene Zielgruppen an. Im Auditorium des Hauses finden regelmäßig Gespräche, Konferenzen, Workshops, Kurzlehrgänge, Konzerte, Filme und Residenzveranstaltungen statt. Ein für die schulische Bildung konzipiertes Angebot an Lehrmaterialien kann vor Ort oder online bezogen werden. Im Internet zur Verfügung gestelltes Annotationsmaterial für Lehrkräfte sowie Klassen- und Gruppenaktivitäten wird durch visuelle Materialien wie Videos, Fotografien und Berichte ergänzt. Das Onlineportal »My House of European History« des Museums stellt individuelle Erfahrungen von Menschen aus ganz Europa vor und lädt dazu ein, die eigene Geschichte auf der Webseite interaktiv zu teilen.

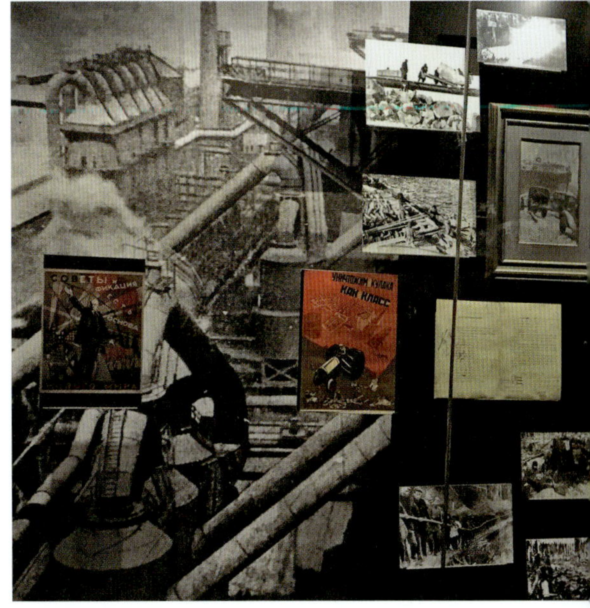

Ausstellungsdetail im Haus der Europäischen Geschichte

Standort: Brüssel, Rue Belliard / Belliardstraat 135
Internet: www.historia-europa.ep.eu und www.my-european-history.ep.eu/my-house/myheh_project?locale=de

Literaturhinweise Belgien:
Troebst, Stefan: Eckstein einer EU-Geschichtspolitik? Das Museumsprojekt »Haus der Europäischen Geschichte« in Brüssel. Bundeszentrale für politische Bildung 2012. Online abrufbar unter: www.bpb.de/geschichte/zeitgeschichte/deutschlandarchiv/144616/eckstein-einer-eu-geschichtspolitik?p=all (letzter Zugriff: 11.1.2018). / Sachverständigenausschuss Haus der Europäischen Geschichte: Konzeptionelle Grundlagen für ein Haus der Europäischen Geschichte. Brüssel 2008. Online abrufbar unter: www.europarl.europa.eu/meetdocs/2004_2009/documents/dv/745/745721/745721_de.pdf (letzter Zugriff: 11.1.2018).

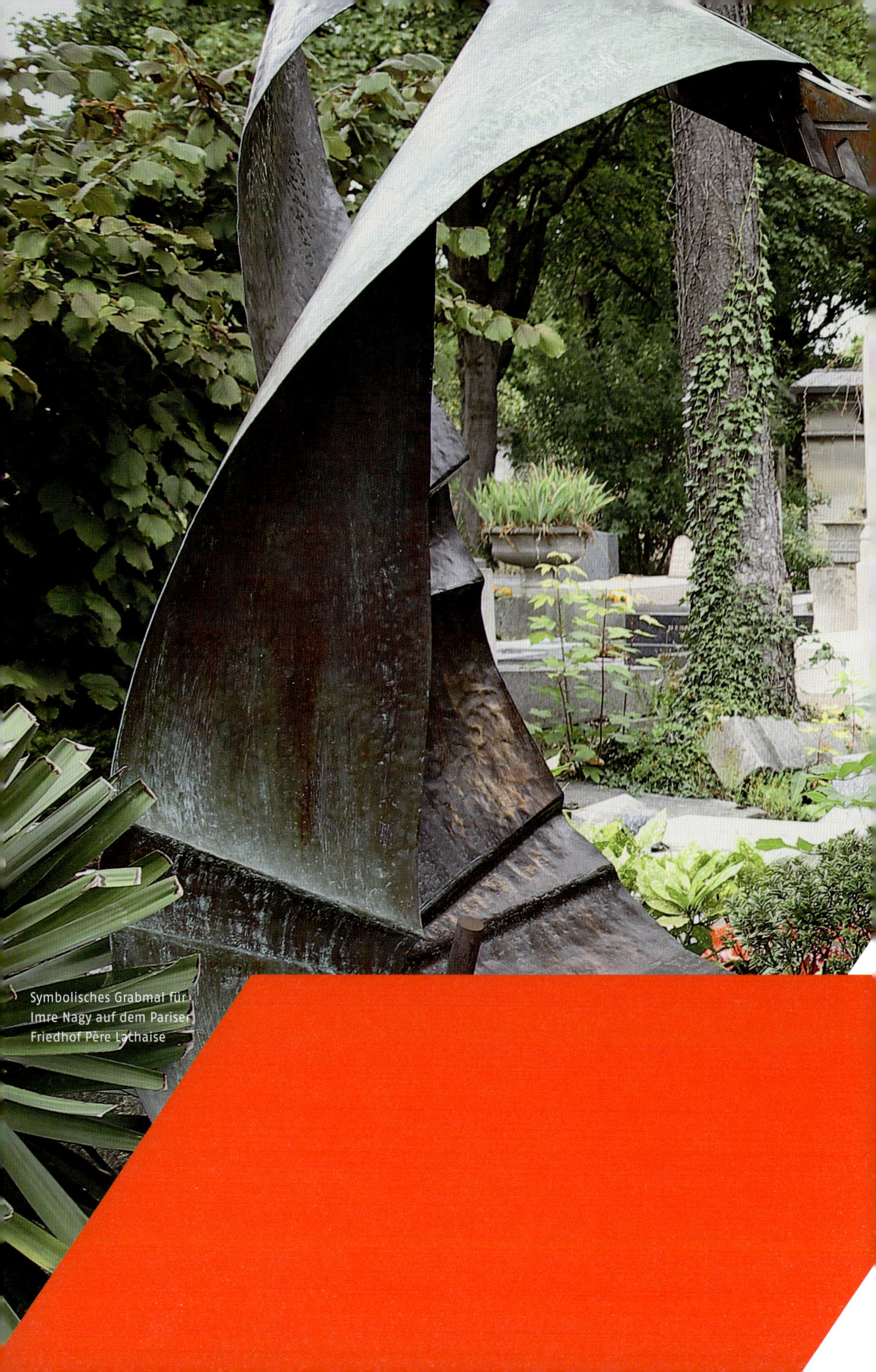

Symbolisches Grabmal für Imre Nagy auf dem Pariser Friedhof Père Lachaise

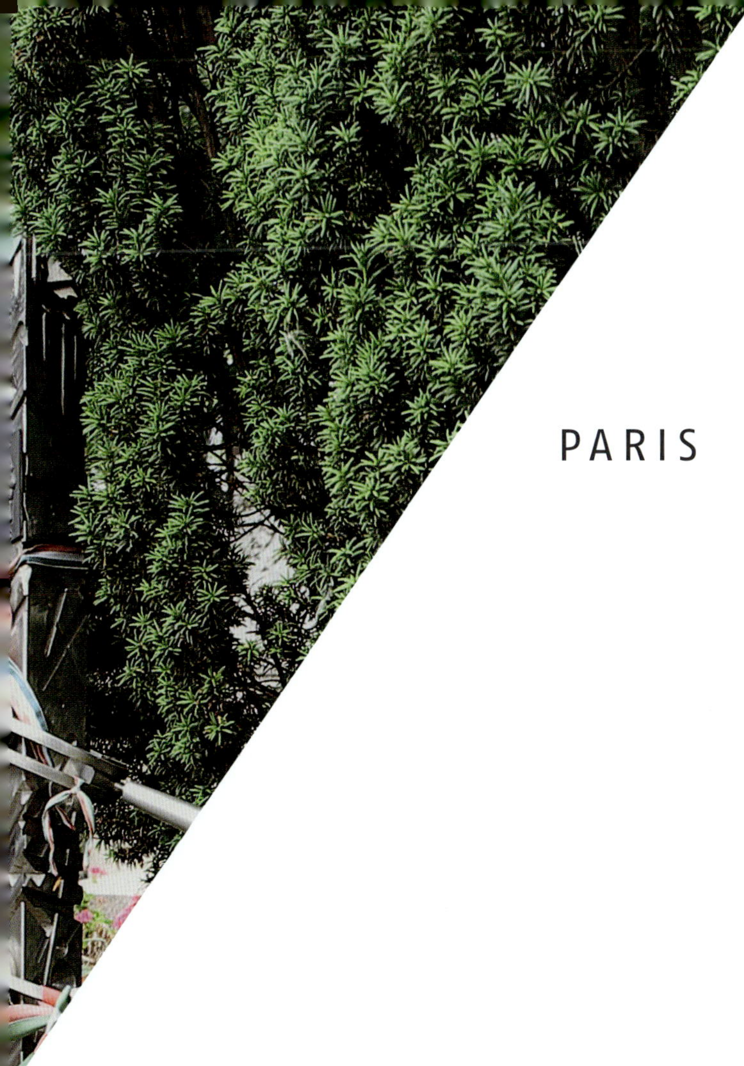

PARIS

Frankreich

Symbolisches Grabmal für Imre Nagy

Paris. Das Grabmal für Imre Nagy wurde aus Anlass des 30. Todestags Nagys auf dem Friedhof Père Lachaise nach Plänen des ungarischen Künstlers László Rajk eingeweiht. Rajk war einer der wichtigsten Vertreter der demokratischen Opposition im sozialistisch regierten Ungarn der 1970er und 1980er Jahre. Sein Vater gleichen Namens, der hohe Funktionen in der kommunistischen Regierung und Partei Ungarns bekleidete, wurde 1949 unter dem Vorwurf der »Anführung einer Gruppe titoistischer Spione« verhaftet, in einem Schauprozess zum Tode verurteilt und hingerichtet. Die symbolische Grabstelle in Paris besteht aus zwei halbrunden nach oben gebogenen Metallelementen, in deren Mitte gemäß ungarischer Tradition ein Kopfholz steht. Vor der Grabstelle ist eine kleine Granittafel in den Boden eingelassen, die auf die nachträgliche Bestattung Nagys in Budapest verweist.

Imre Nagy wurde am 7. Juni 1896 in Kaposvár geboren. Nach seinem Gymnasialabschluss machte er eine Schlosserlehre und leistete mit dem Ausbruch des Ersten Weltkrieges seinen Wehrdienst. Im Juli 1916 geriet er in Galizien in russische Kriegsgefangenschaft, wo er erstmals

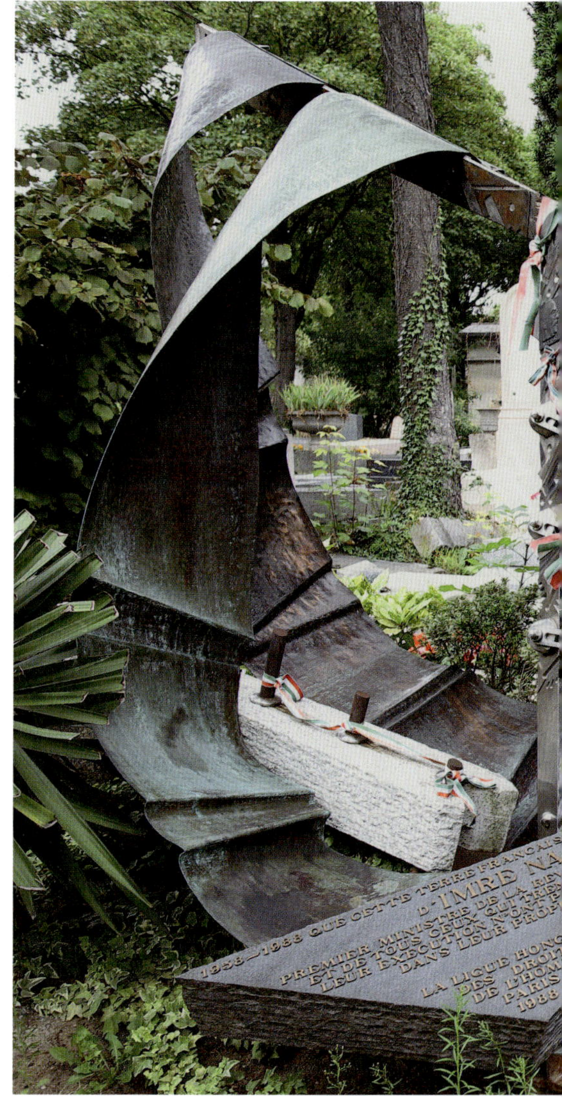

Symbolisches Grabmal für Imre Nagy auf dem Pariser Friedhof Père Lachaise

mit den Ideen der russischen sozialistischen Bewegung in Berührung kam, die ihn nachhaltig prägten. Im Mai 1920 wurde er Mitglied der Kommunistischen Partei Russlands. Nach seiner Rückkehr nach Ungarn 1921 wurde er Mitglied der Sozialdemokratischen Partei, aus der er jedoch wegen seiner linksextremen Positionen 1925 ausgeschlossen wurde. Nach zwei Verhaftungen im Jahr 1927, bei denen er aufgrund mangelnder Beweise nicht verurteilt wurde, tauchte Nagy unter. 1930 emigrierte er in die Sowjetunion, wo er bis 1936 Mitarbeiter des Internationalen Agrarinstituts war. Den großen Säuberungen entging Nagy nach einer Denunziation Béla Kuns nur knapp. Während des Zweiten Weltkrieges arbeitete er beim ungarischen Programm des staatlichen Rundfunks in Moskau. Im Dezember 1944 kehrte er nach Ungarn zurück. Von 1947 bis 1949 war er Präsident der ungarischen Nationalversammlung. Nach seiner Ernennung zum Ministerpräsidenten 1953 versuchte er, umfangreiche wirtschaftliche und

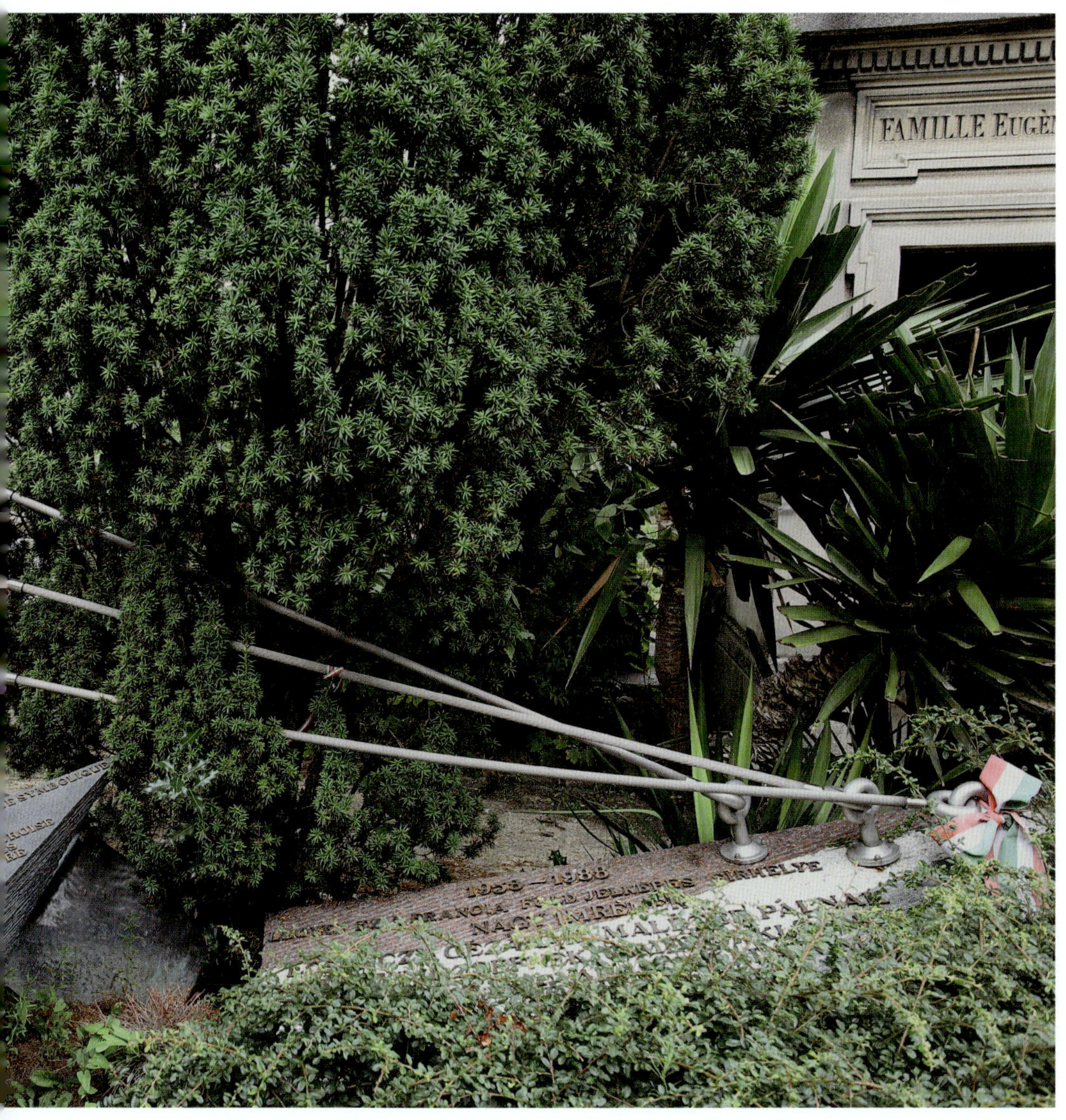

politische Reformen durchzuführen. 1955 verlor er alle seine Ämter und wurde aus der Partei ausgeschlossen. Seine Ideen blieben jedoch in Teilen der ungarischen intellektuellen Elite präsent und wurden ab Mitte 1956 immer stärker in der Öffentlichkeit diskutiert. Unter dem Eindruck der ersten Demonstrationen kehrte Nagy am 23. Oktober 1956 auf Forderung der Aufständischen in die höchste Führungsebene der Partei zurück und wurde erneut zum Ministerpräsidenten ernannt. In dieser Funktion versuchte er einerseits, die wichtigsten Ziele der Revolution gegenüber der MDP, Partei der ungarischen Werktätigen, und der sowjetischen Führung durchzusetzen. Er trat für den Abzug der sowjetischen Truppen, das Mehrparteiensystem und die Neutralität Ungarns ein. Am 30. Oktober 1956 wurde eine neue Regierung mit Nagy an der Spitze gebildet. Beim zweiten sowjetischen Einmarsch am 4. November 1956 fanden er und seine Mitarbeiter in der jugoslawischen Botschaft Zuflucht. Am 22. November wurde Nagy zusammen mit seiner Familie entgegen der Zusicherung des neuen Parteichefs János Kádár von sowjetischen Beamten verhaftet und nach Rumänien verbracht. Am 12. April 1957 wurde Nagy offiziell verhaftet und im Juni an Ungarn ausgeliefert. Am 15. Juni 1958 verurteilte der Volksgerichtshof des Obersten Gerichts Nagy wegen Hochverrats und Bildung einer Verschwörung zum Sturz der ungarischen Regierung zum Tode. Zusammen mit anderen Angeklagten wurde er in das Gefängnis an der Kozma utca überstellt, wo er am 16. Juni 1958 hingerichtet wurde. Seinen Leichnam vergrub man heimlich im Hof der Anstalt. Dort befand er sich bis 1961, als die sterblichen Überreste exhumiert und auf die Parzelle 301 des Neuen Städtischen Friedhofs in Budapest gebracht wurden. Im Juni 1989 fand schließlich unter großer öffentlicher Anteilnahme die feierliche Neubestattung Nagys auf der Parzelle 301 statt.

Standort: Paris, Le Cimetière du Père-Lachaise, Parzelle 44

Denkmal für die Opfer des Kommunismus in Rumänien

Paris. Bei einer Wallfahrt zum Friedhof der rumänischen Helden im französischen Ort Soultzmatt schlug im Juni 1984 der ehemalige politische Häftling Cicerone Ioaniţoiu den in Frankreich lebenden Exilrumänen vor, in Paris ein Marmordenkmal zu Ehren der vom kommunistischen Regime in der Heimat hingerichteten Rumänen zu errichten. Sein Aufruf blieb vorerst ohne große Resonanz. Statt einer Million Francs, die für den Bau eines Denkmals nötig gewesen wären, konnten nur 40 000 Francs gesammelt werden. Die Schaffung eines Gedenkorts für die ermordeten Rumänen kam erst wieder voran, als Remus Radina, ein bekannter ehemaliger politischer Häftling und Vertreter der AFDPR, Verein ehemaliger politischer Häftlinge in Rumänien, in Frankreich, auf dem Friedhof Père Lachaise auf eine Granittafel stieß, die seinerzeit General Charles de Gaulle dem Andenken des französischen Widerstands gewidmet hatte. Daraufhin schlug er Cicerone Ioaniţoiu vor, dem Beispiel des Generals zu folgen. Auf genau diesem Friedhof wurde in der Nähe des Eingangs eine Grabstelle gekauft und eine ein mal zwei Meter große Granitplatte errichtet.

Deren Inschrift lautet
Französisch: *1944 – 1989 // Aux Roumains / tombes pour dieu / et la democratie // Les exiles / Roumains*

Die deutsche Übersetzung lautet:
1944 – 1989. Den für Gott und die Demokratie gefallenen Rumänen. Die Exilrumänen

Eingeweiht wurde das symbolische Grabmal am 25. Februar 1990.

Standort: Paris, Le Cimetière du Père-Lachaise

Literaturhinweis Frankreich:
Rainer, János: Imre Nagy. Vom Stalinisten zum Märtyrer des ungarischen Volksaufstands. Eine politische Biographie 1896 – 1958, Paderborn 2006.

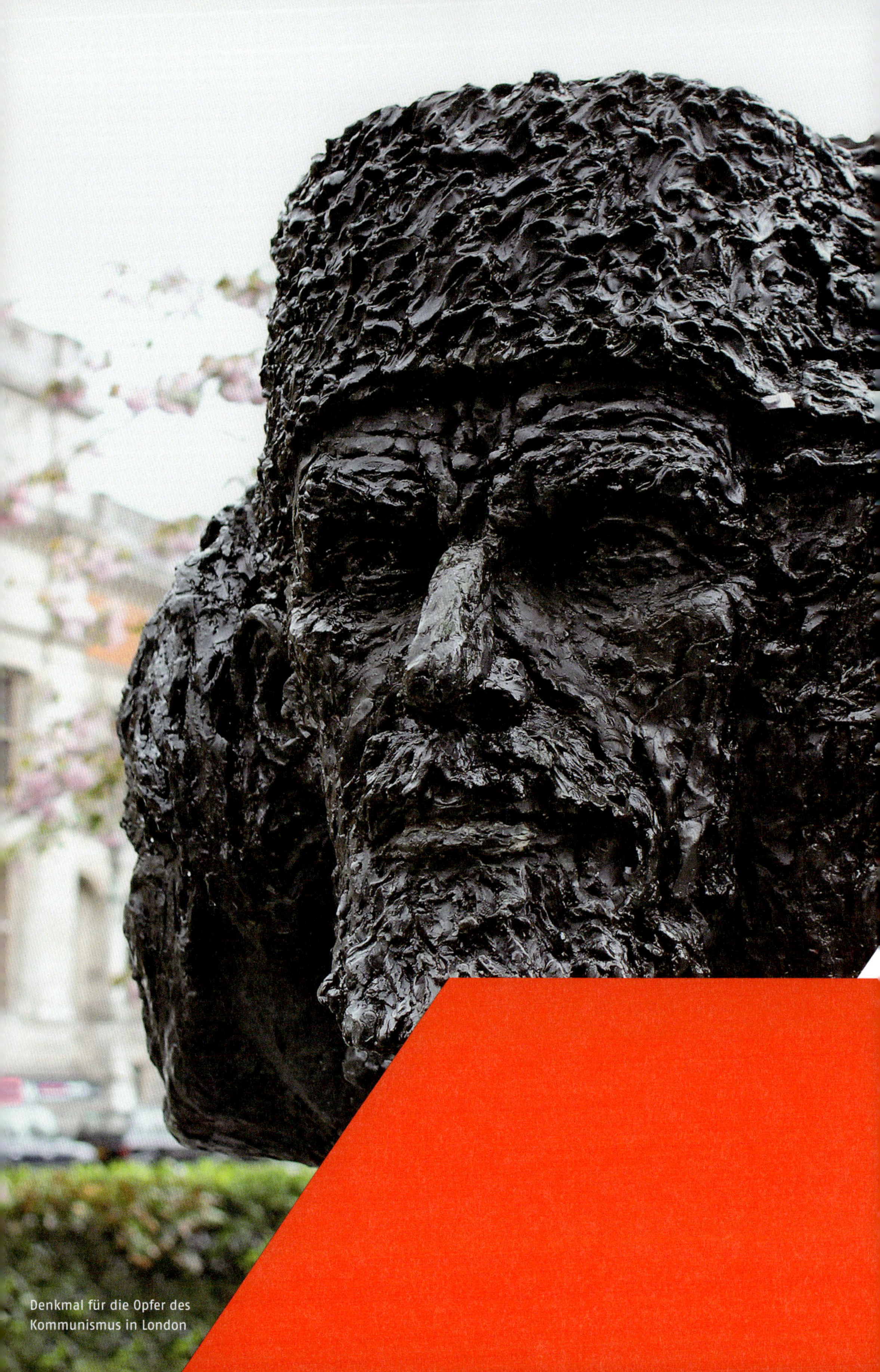

Denkmal für die Opfer des Kommunismus in London

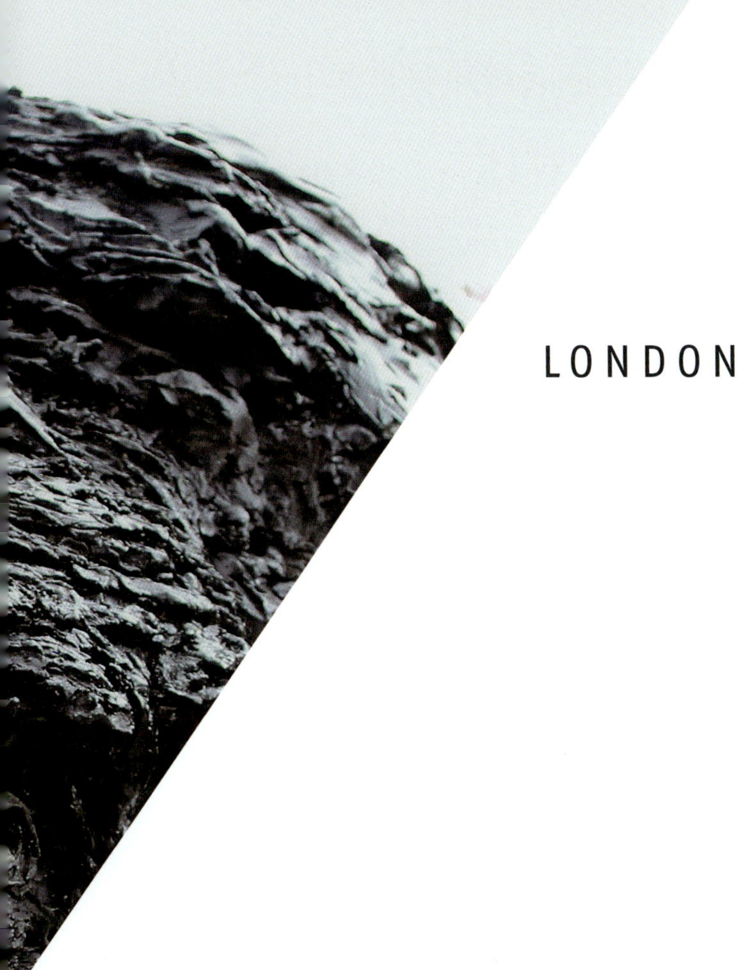

LONDON

Großbritannien

Denkmal für die Opfer des Kommunismus

London. Das Denkmal für die Opfer des Kommunismus wurde am 2. August 1986 in einer feierlichen Zeremonie vom Bischof von Fulham, John Klyberg, im Londoner Stadtteil South Kensington eingeweiht. Die von der britischen Bildhauerin Angela Conner gestaltete Skulptur erinnert an alle Menschen, die infolge der Bestimmungen der Konferenz von Jalta im Februar 1945 Vertreibung und Flucht erlitten. Das Denkmal, das aus zwölf auf einem Sockel platzierten Büsten besteht, ersetzte ein bereits 1982 an dieser Stelle angebrachtes Denkmal, welches zerstört worden war.

Erste Pläne für die Erstellung des Monuments entstanden schon 1970. Damals hatten die Journalisten Richard West, Patrick Marnham und Auberon Waugh an die konservative britische Wochenzeitung »The Spectator« geschrieben und die Errichtung eines Denkmals gefordert, das die Erinnerung wachhalten sollte »an Hunderttausende unschuldige Menschen, die nach Beendigung des Zweiten Weltkriegs mit Einwilligung der Alliierten von der Sowjetunion und der Volksrepublik Jugoslawien zwangsrepatriiert wurden – ein zu der Zeit aufwendig vertuschtes Verbrechen, das aus Angst vor einem öffentlichen Aufschrei selbst vor dem Parlament geheim gehalten wurde«. Die Idee wurde kurze Zeit später in einem weiteren Brief an die »Times« von britischen Politikern verschiedener Parteien erneut aufgegriffen. Im Mai 1980 beschloss schließlich Premierministerin Margaret Thatcher den Bau des Denkmals gegen den Widerstand des Außenministeriums; kritisiert wurde die Errichtung der regierungskritischen Skulptur auf dem Grundbesitz der britischen Krone.

Inschriften

Auf der Ostseite, englisch:
This memorial was placed / here by members of all parties / in both Houses of Parliament / and by many other sympathisers / in memory / of the countless / innocent men, / women and / children from the Soviet Union / and other East European states / who were imprisoned and died / at the hand of communist / governments after being / repatriated at the conclusion / of the Second World War / May they rest in peace.

Die deutsche Übersetzung lautet:
Dieses Denkmal wurde hier angebracht von Mitgliedern aller Parteien der beiden Parlamentshäuser und von vielen anderen Sympathisanten im Gedenken an die zahllosen unschuldigen Männer, Frauen und Kinder aus der Sowjetunion und anderen osteuropäischen Staaten, die nach der Repatriierung am Ende des Zweiten Weltkriegs von den kommunistischen Regierungen verhaftet wurden und starben. Mögen sie in Frieden ruhen.

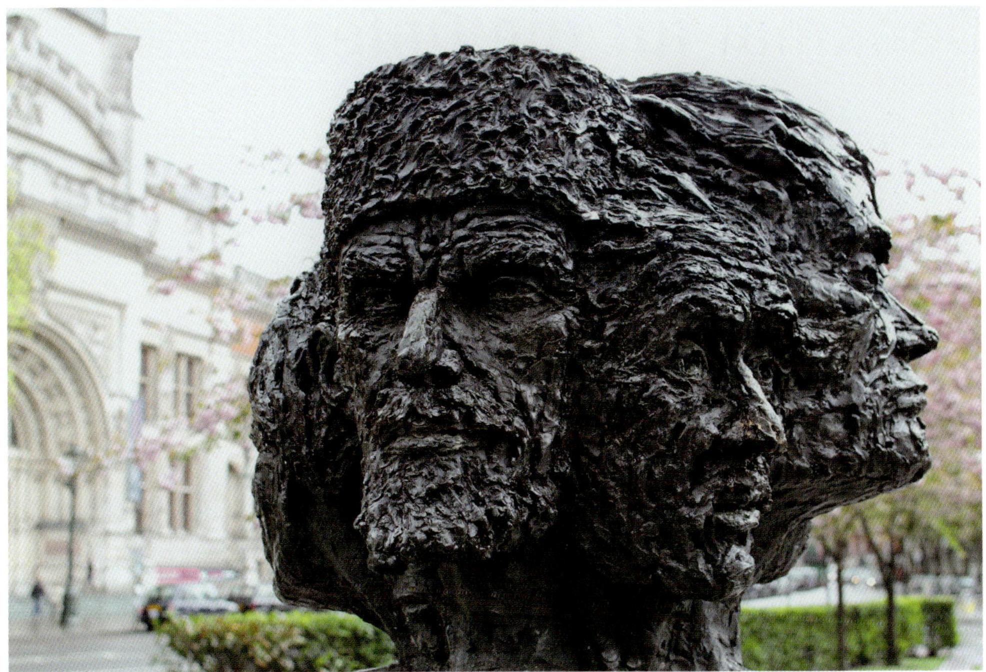

Denkmal für die Opfer des Kommunismus

Auf der Westseite, englisch:
This sculpture was dedicated by/the bishop of Fulham/on 2nd August 1986 to/replace the previous/memorial dedicated by/ the Bishop of London/on 6th March 1982 which/was later destroyed by vandals to whom/the truth was intolerable.

Die deutsche Übersetzung lautet:
Diese Skulptur wurde vom Bischof von Fulham am 2. August 1986 gestiftet, um das bisherige, vom Bischof von London am 6. März 1982 gestiftete Denkmal zu ersetzen, welches von Vandalen, denen die Wahrheit unerträglich war, zerstört wurde.

Auf der Südseite, englisch:
Twelve responses/to tragedy/ by Angela Conner.

Die deutsche Übersetzung lautet:
Zwölf Reaktionen auf die Tragödie von Angela Conner.

Standort: London, gegenüber dem Victoria & Albert Museum an der Kreuzung zwischen Cromwell Road und Thurloe Place

Denkmal für die Opfer von Katyń

London. Das erste im öffentlichen Raum errichtete Denkmal für die Opfer von Katyń in Westeuropa steht seit 1976 auf dem Londoner Friedhof Gunnersbury. Es war das umstrittenste aller Katyń-Denkmäler weltweit, stießen die Planungen dafür doch auf massiven Widerstand der Sowjetunion und der Volksrepublik Polen, die seine Errichtung mit diplomatischem Druck zu verhindern versuchten, um die sowjetische Verantwortung für das Verbrechen zu vertuschen.

Die Entstehung des Denkmals geht auf Bemühungen von Exilpolen in Großbritannien im Jahr 1970 zurück, einen zentralen Gedenkort für die Opfer des Massenmords an polnischen Zivilisten und Militärangehörigen durch die sowjetische Geheimpolizei zu bauen. Die Idee stieß auf ein beachtliches Echo in britischen Medien, was 1971 zur Konstituierung eines Katyń Memorial Fund Committee im britischen Parlament führte. Auch ein Ausführungskomitee wurde gebildet. Beiden Komitees gehörten neben britischen Abgeordneten Vertreter des polnischen Exils in Großbritannien an. Auch die Dachorganisation der Polen in den Vereinigten Staaten, der Kongress der Amerikanischen Polonia in Chicago, unterstützte das Vorhaben.

Nachdem die Sammlung der benötigten Geldmittel im Dezember 1971 begonnen hatte, entwickelte sich jedoch ein jahrelanger Konflikt mit der britischen Regierung, die aus diplomatischer Rücksichtnahme auf die Sowjetunion darauf drängte, die Jahreszahl 1940 nicht auf dem Denkmal erscheinen zu lassen. Mit dieser Datierung war schließlich die sowjetische Verantwortung für den Massenmord unzweifelhaft festgehalten und das wollte die Sowjetunion unbedingt verhindern.

Darüber hinaus galt es, einen geeigneten Standort für das Denkmal zu finden. Aus praktischen Gründen schieden vier zunächst ins Auge gefasste Standorte im Westen Londons aus, wo die meisten Exilpolen lebten. Ein weiterer Standort musste angesichts des anhaltenden Widerstands der anglikanischen Kirche aufgegeben werden. Erst auf dem multikonfessionellen Friedhof Gunnersbury, der nicht der Verwaltung der anglikanischen Kirche oder des Staates untersteht, wurde schließlich die Grundsteinlegung am 1. Juli 1976 vorgenommen und damit die Realisierung des Denkmals möglich.

Dessen symbolische Enthüllung nahm am 18. September 1976 Maria Chełmecka, die Witwe eines der Opfer von Katyń, vor. Der katholische Bischof der polnischen Diaspora, Władysław Rubin, weihte es in Anwesenheit von Vertretern der polnischen orthodoxen und evangelischen Kirche sowie des Verbands der jüdischen Veteranen ein. Anschließend legte der damalige

► Denkmal für die Opfer von Katyń

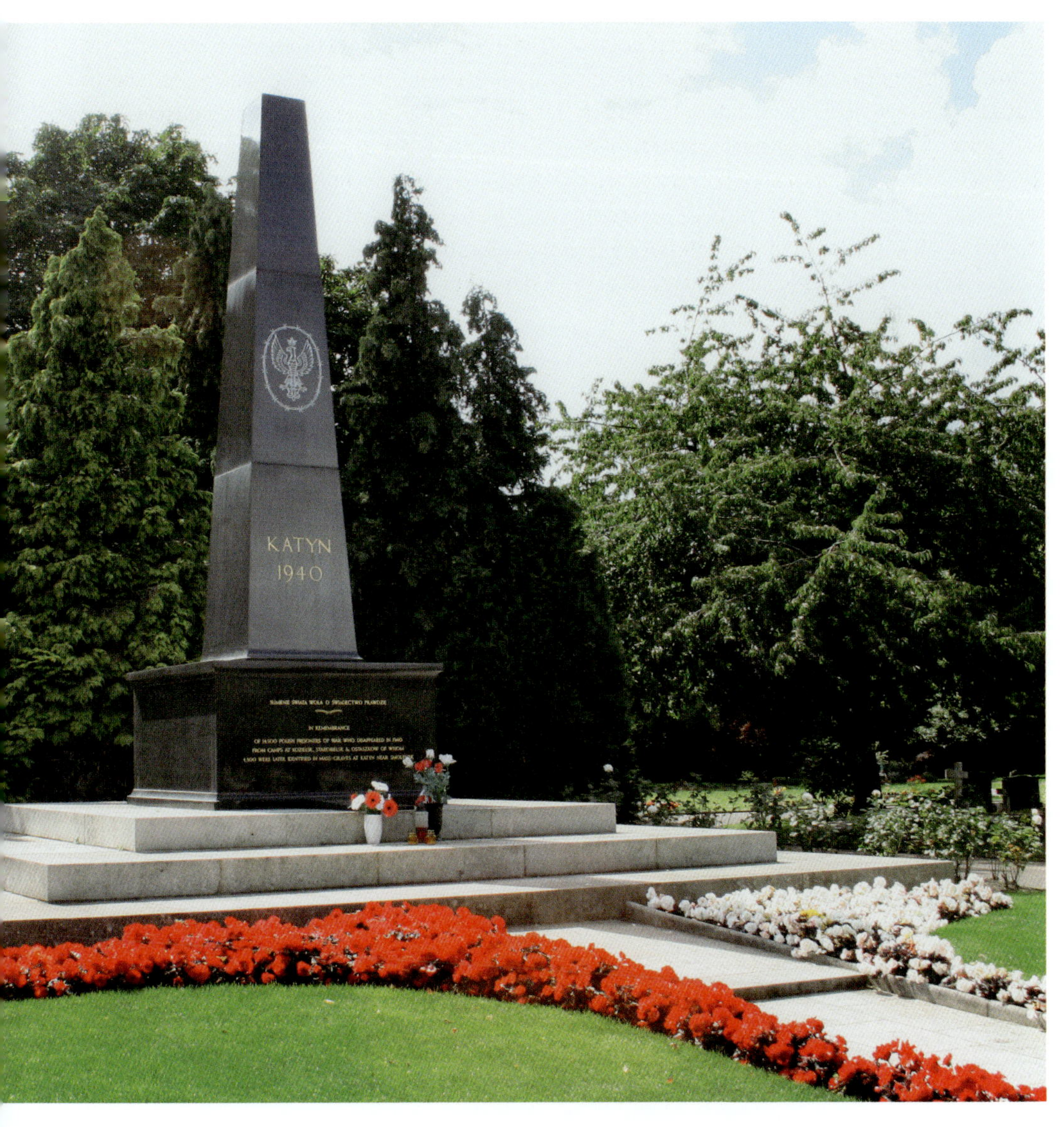
KATYN
1940
IN REMEMBRANCE

Präsident der antikommunistischen polnischen Exilregierung, Stanisław Ostrowski, den ersten von über 120 Kränzen an dem Denkmal nieder. Auch die Bürgermeister einiger Londoner Stadtbezirke sowie Überlebende der Kriegsgefangenenlager Koselsk, Ostaschkow und Starobilsk wohnten der Einweihungszeremonie bei, deren Teilnehmerzahl auf 8 000 beziffert wird.

Begleitet war die Einweihung des Denkmals von massiven Kontroversen. Die sowjetische Botschaft intervenierte allein wegen der Zeremonie zwölfmal im britischen Außenministerium mit dem Ziel, die Feierlichkeiten auf ein Minimum zu beschränken. Die britische Regierung nahm an der Zeremonie nicht teil. Auf einen Hinweis des Außenministeriums verbot der britische Verteidigungsminister, Fred Mulley, sogar britischen Offizieren, die privat an der Einweihungsfeier teilnehmen wollten, das Tragen von Uniformen. Dieses Verbot wurde von zwei Reserveoffizieren demonstrativ missachtet.

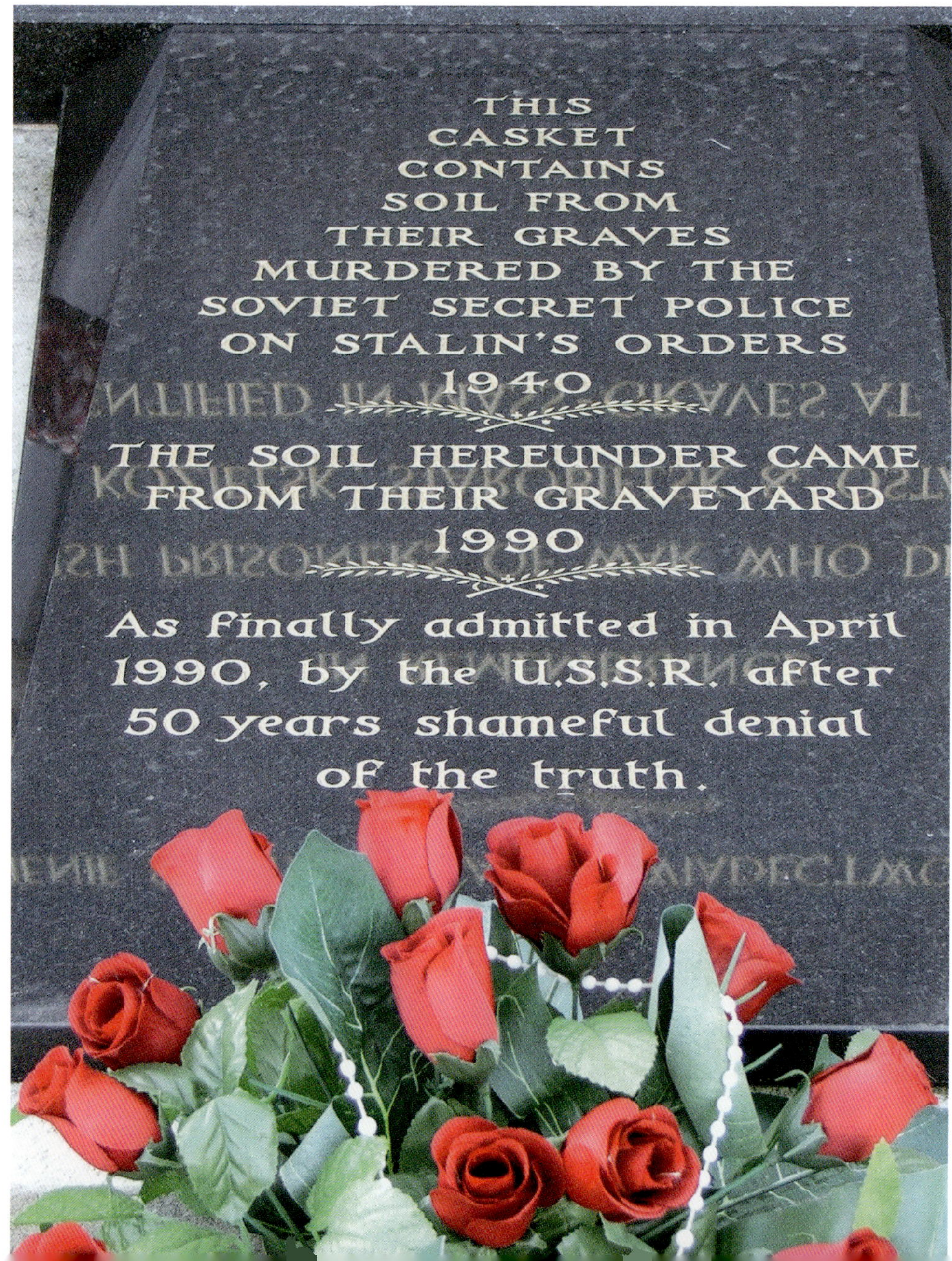

Auch in den folgenden Jahren blieb das Denkmal ein Politikum. Während die Labour-Regierung eine offizielle Teilnahme der britischen Regierung an den jährlich stattfindenden Gedenkveranstaltungen ablehnte, setzte sich die konservative Regierung von Margaret Thatcher ab 1979 über diplomatische Bedenken hinweg und ließ für die Veranstaltungen ein militärisches Zeremoniell zu.

Das Katyń-Denkmal in Gunnersbury wurde von Ryszard Gabrielczyk entworfen und besteht aus einem schlichten, vier Meter hohen Obelisken aus schwarzem Marmor, an dem ein aus nubischem Granit gefertigtes Relief eines gekrönten polnischen Adlers in einem Stacheldrahtkranz angebracht ist. Darunter ist die Inschrift »KATYN 1940« eingraviert. Der Obelisk erhebt sich auf einem schwarzen Marmorsockel mit der Widmung des Denkmals, der wiederum auf einem symmetrischen, dreistufigen Podest aus hellgrauem Stein steht. In dieses Podest wurde eine Kapsel mit Erde aus Katyń eingelassen.

Weil die sowjetische Verantwortung für den Massenmord von Katyń in der Inschrift des Denkmals nicht explizit genannt wird, sondern sich allein aus der Jahreszahl 1940 ergibt, kritisierten Vertreter radikaler antikommunistischer Strömungen die Konzeption als zu zurückhaltend. Nach dem politischen Umbruch 1989 wurde deshalb am 21. April 1990 eine zusätzliche Tafel auf der obersten Stufe des Podestes angebracht, die die sowjetische Geheimpolizei als Täter benennt. Die jährlich vom polnischen Veteranenverband ausgerichteten Gedenkveranstaltungen an dem Denkmal, die bis dahin stets Ende September stattgefunden hatten, um an den sowjetischen Einmarsch in Ostpolen am 17. September 1939 zu erinnern, wurden nun auf den in Polen für das Gedenken an Katyń anerkannten Monat April verlegt.

◄
Podest mit Inschrift am Denkmal
für die Opfer von Katyń

Inschriften
Auf dem Sockel, polnisch / englisch:
Sumienie świata woła o świadectwo prawdzie.
In remembrance / of 14 500 Polish prisoners of war who disappeared in 1940 / from camps at Kozielsk, Starobielsk & Ostaszkow of whom / 4 500 were later identified in mass-graves at Katyn near Smolensk.

Die deutsche Übersetzung lautet:
Das Gewissen der Welt ruft nach dem Zeugnis der Wahrheit. // Zum Gedenken an 14 500 polnische Kriegsgefangene, die 1940 aus den Lagern in Koselsk, Starobilsk und Ostaschkow verschwunden sind und von denen 4 500 später in den Massengräbern von Katyń bei Smolensk identifiziert wurden.

Auf dem Podest, englisch:
This / casket / contains / soil from / their grave. Murdered by the / Soviet secret police / on Stalin's orders / 1940 / The soil hereunder came / from their graveyard / 1990 // As finally admitted, in April / 1990, by the U. S. S. R. after / 50 years shameful denial / of the truth.

Die deutsche Übersetzung lautet:
Dieser Schrein enthält Erde aus ihrem Grabe. Von der sowjetischen Geheimpolizei auf Befehl Stalins 1940 ermordet. Die Erde hierunter kam aus ihrer Grabstätte 1990 // Im April 1990 wurde es von der UdSSR schließlich zugegeben, nach 50 Jahren schändlichen Leugnens der Wahrheit.

Standort: London, Gunnersbury Cemetery, Gunnersbury Avenue

Literaturhinweis Großbritannien:
Kaminsky, Anna (Hrsg.): Erinnerungsorte für die Opfer von Katyń. Leipzig 2013.

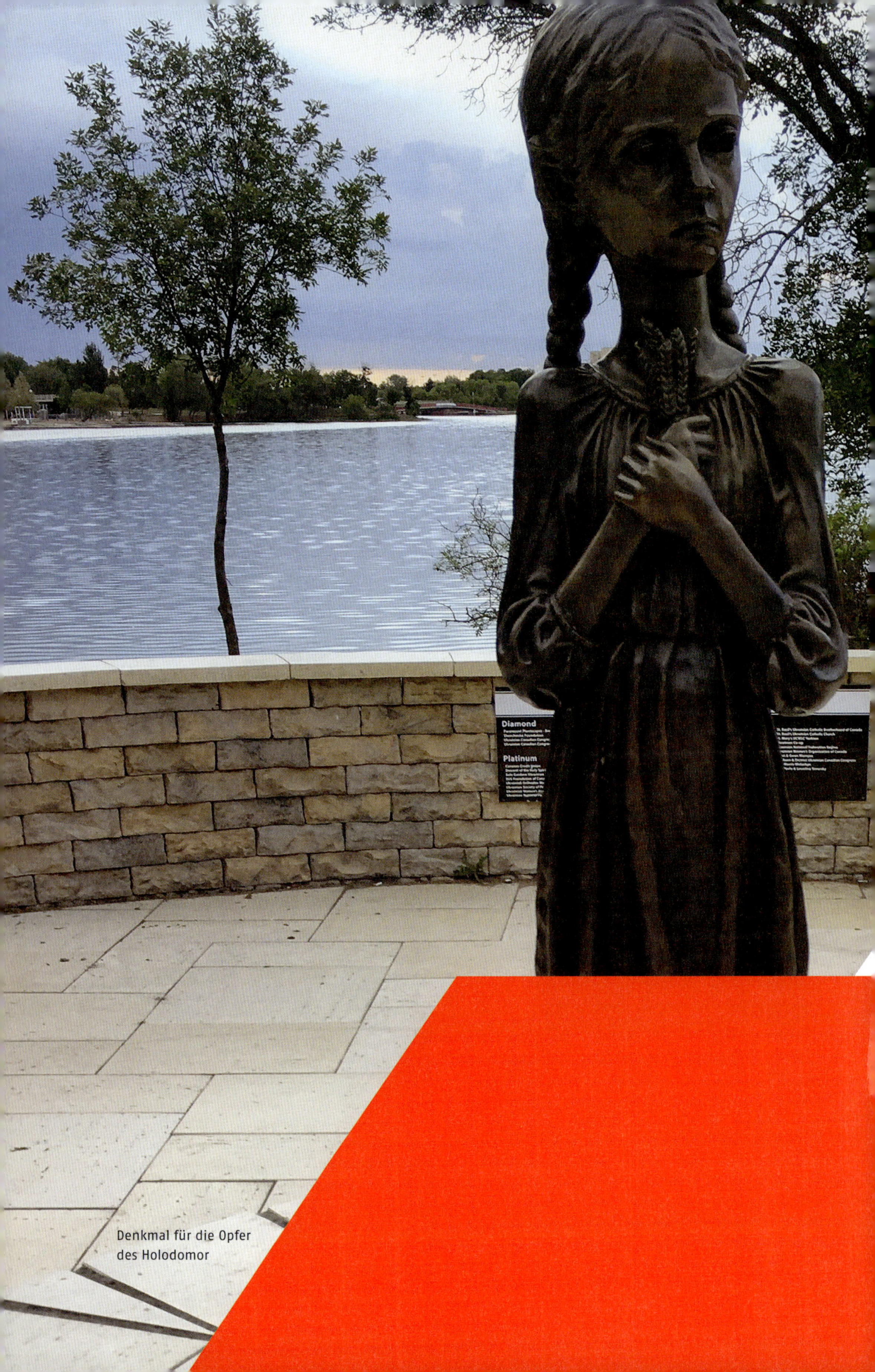

Denkmal für die Opfer des Holodomor

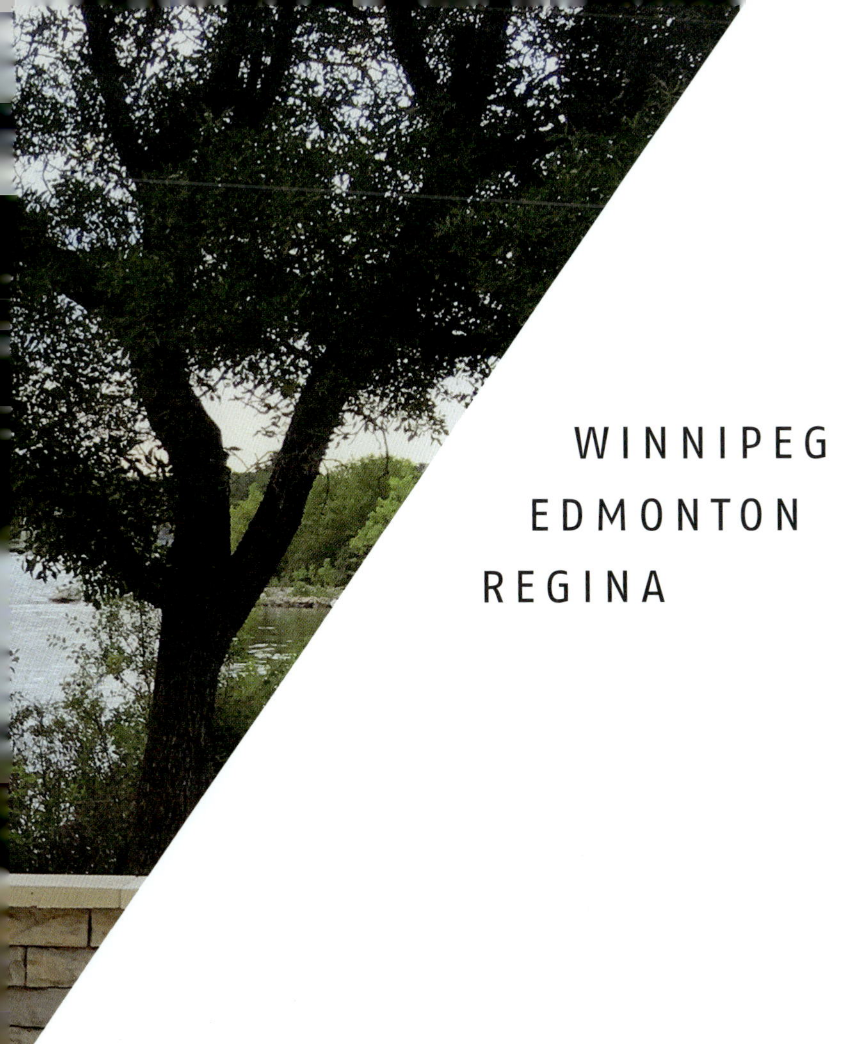

WINNIPEG
EDMONTON
REGINA

Kanada

In Kanada befinden sich einige Denkmäler, die an kommunistische Verbrechen und deren Opfer erinnern, obwohl Kanada selbst nicht Schauplatz dieser Verbrechen war. Gedacht wird der Hungerkatastrophe Holodomor 1932/33 in der Ukraine ebenso wie des Massakers von Katyń, bei dem 1940 über 22 000 polnische Militärangehörige und Zivilisten durch die sowjetische Geheimpolizei NKWD auf Befehl Stalins ermordet wurden. Diese Denkmäler wurden durch die zahlenmäßig recht großen Exilgemeinden initiiert und realisiert. Sie befinden sich zumeist an zentralen Plätzen kanadischer Städte. In Kanada wird zwar an die Verbrechen erinnert, die in anderen Ländern begangen wurden. Jedoch gibt es im öffentlichen Raum eine auffällige Leerstelle, was die allgemeine Erinnerung und das Gedenken an die Opfer der staatlichen kanadischen Politik gegenüber den »First Nations« betrifft. Diese waren seit den 1930er Jahren durch Maßnahmen zur Zwangsassimilierung über mehrere Jahrzehnte lang einem starken Verfolgungsdruck und Repressionen ausgesetzt. So wurden Kinder ab dem vierten Lebensjahr ihren Eltern und aus ihren Gemeinschaften weggenommen und in sogenannte »Residential Schools« verbracht. Dort wurde ihnen die Nutzung ihrer indigenen Namen verboten, die Haare abgeschnitten, der Gebrauch der eigenen Sprache verboten. Misshandlungen und sexueller Missbrauch waren in diesen Schulen an der Tagesordnung. Die Schulen, die zumeist in kirchlicher Trägerschaft waren, dienten weniger der Ausbildung der Kinder als ihrer Zwangsassimilierung und der Entfremdung aus ihren Herkunftsfamilien und -gemeinschaften. Die Folgen dieser Politik waren verheerend. Es wurden nicht nur die traditionellen Familien- und Gemeinschaftsstrukturen in den indigenen Gesellschaften nachhaltig zerstört, vielmehr leiden diese bis heute unter den höchsten Selbstmordraten unter kanadischen Jugendlichen und Kindern, den höchsten Alkoholismusraten, fehlender Ausbildung und mangelhafter Gesundheitsversorgung. In etlichen Reservaten haben die Bewohner bis heute weder eine ausreichende Energie- noch Wasserversorgung.

Die letzte dieser Schulen wurde erst 1996 geschlossen. Zwei Jahre später setzte die kanadische Regierung eine Untersuchungskommission ein, die den »kulturellen Holocaust« an der indigenen Bevölkerung untersuchen und Empfehlungen zur Entschädigung der begangenen Verbrechen und deren Folgen aussprechen sollte. Seit 2007 stellt die kanadische Regierung Mittel zur Verfügung, um die Auswirkungen der Zwangsassimilierung zu lindern.

Kanadisches Museum für Menschenrechte

Winnipeg. Am Zusammenfluss des Red River und des Assiniboine River, in der Hauptstadt der kanadischen Provinz Manitoba, eröffnete am 19. September 2014 das Kanadische Museum für Menschenrechte. Es ist das erste seit 1967 errichtete nationale Museum und die einzige Institution dieser Art in Kanada, die außerhalb der Hauptstadt Ottawa liegt. Die Idee für das Projekt stammt von Izzy Asper, dem Gründer eines der größten kanadischen Medienunternehmen, der sich maßgeblich an der Finanzierung des Museums beteiligte. Halbkugelförmig konstruiert – bestehend aus fünf übereinandergeschlagenen, mit Glaspaneelen versehenen Bögen, aus deren Mitte der 100 Meter hohe »Turm der Hoffnung« herausragt –, beherbergt die Einrichtung 13 multimediale Ausstellungsgalerien, die sich in verschiedenen Modulen der komplexen Thematik der Menschenrechte widmen. Über die neun Etagen des Museums hinweg zieht sich eine von innen beleuchtete Rampe aus Spanischem Alabaster. Im Zentrum der Ausstellung steht die kanadische Gesellschaft. Aufgegriffen und diskutiert werden daher verschiedene Perspektiven der Ureinwohner auf die Menschenrechte genauso wie Zeugnisse der Verletzung ethnischer Rechte in der Geschichte des Landes. Darüber hinaus werden die Stellung der Menschenrechte in der kanadischen Gesellschaft sowie verschiedene Aktionen zur Wahrung dieser fundamentalen Werte kritisch beleuchtet.

An der langen öffentlichen Diskussion um die angemessene Konzeption des Museums beteiligte sich auch die einflussreiche ukrainische Exilgemeinde Kanadas. Sie setzte durch, dass der Holodomor – die Hungerkatastrophe der Jahre 1932/33 in der Ukraine – neben dem Völkermord an den Armeniern Anfang des 20. Jahrhunderts, dem Völkermord in Ruanda 1994 und dem Massaker in Srebrenica 1995 sowie dem Holocaust als Genozid anerkannt und im Museum thematisiert wird.

Standort: Winnipeg, 85 Israel Asper Way

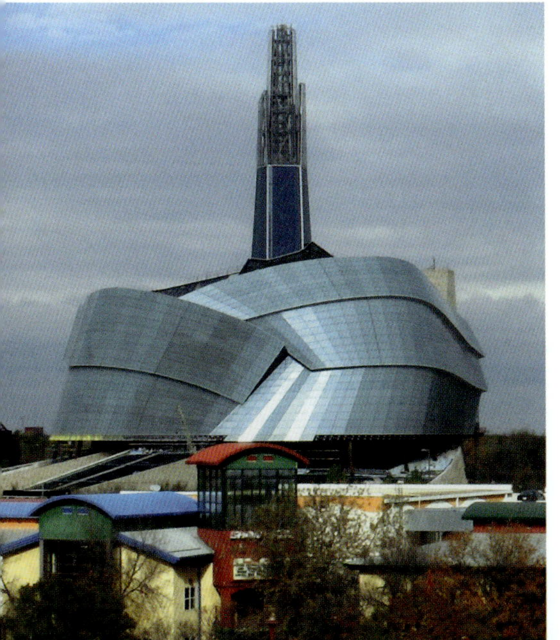

◄ Kanadisches Museum für Menschenrechte

Mahnmal für die Opfer des Holodomor

Edmonton. Das Mahnmal für die Opfer des Holodomor wurde 1983 eingeweiht. Es ist eines der ersten Gedenkzeichen in Kanada, das in Erinnerung an die Opfer der Hungerkatastrophe der Jahre 1932/33 errichtet wurde und geht zurück auf eine Initiative des Ukrainisch-Kanadischen Kongresses Edmonton. Das von der Künstlerin Ludmilla Temertey gestaltete Mahnmal besteht aus einem zerbrochenen Metallkreis, auf dem die Silhouetten abgemagerter Hände zu sehen sind. Der viereckige Sockel aus schwarzem Stein zeigt das ukrainische Wappen sowie eine Inschrift auf Englisch, Ukrainisch und Französisch, welche auf die Bedeutung des Mahnmals verweist.

Inschrift
Englisch: *In memory of the millions who perished / in the genocidal famine inflicted upon / Ukraine by the Soviet regime / in Moscow 1932 – 33 / Let us all stand guard against tyranny, violence and inhumanity.*

Ukrainisch: Пам'яті мільйонів жертв / народовбивчого голоду в Україні, / спричиненого совєтським / режимом у Москві *1932 – 33* р

Französisch: *À la mémoire des millions de victimes / de la famine génocide infligée à / l'Ukraine par le régime soviétique / de Moscou en 1932 – 33*

Die deutsche Übersetzung lautet:
Im Gedenken an die Millionen, die unter dem genozidalen Hunger zu leiden hatten, den das Sowjetische Regime in Moskau über die Ukraine 1932 – 33 brachte. Lasst uns alle gegen Tyrannei, Gewalt und Unmenschlichkeit kämpfen.

Standort: Edmonton, auf dem Winston Churchill Place

Mahnmal für die Opfer des Holodomor

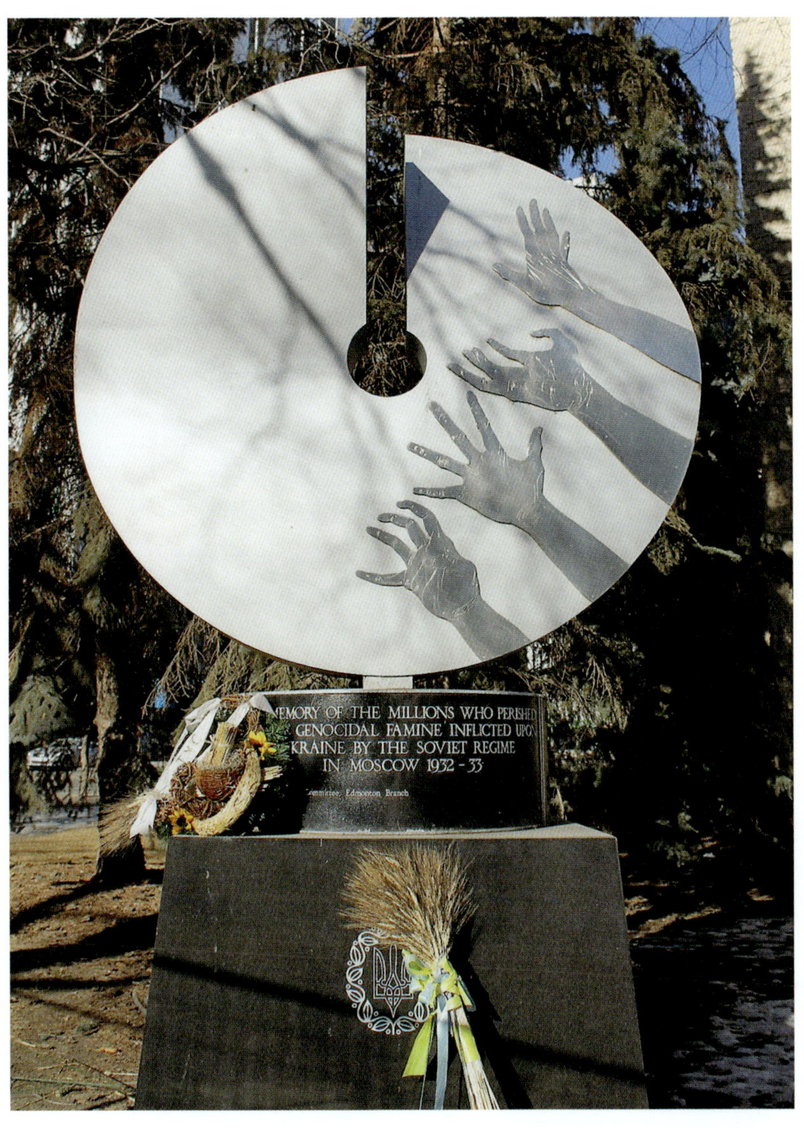
EMORY OF THE MILLIONS WHO PERISHED
GENOCIDAL FAMINE INFLICTED UPO
KRAINE BY THE SOVIET REGIME
IN MOSCOW 1932 - 33
Edmonton Branch

Denkmal für die Opfer des Holodomor

Regina. Das Denkmal für die Opfer des Holodomor wurde am 12. Mai 2015 in einer feierlichen Einweihungszeremonie der Öffentlichkeit übergeben. Maßgeblich an der Realisierung des Projekts beteiligt war die Volontärgruppe des Ukrainisch-Kanadischen Kongresses, eines Interessenverbands der kanadisch-ukrainischen Exilgemeinde in Kanada. Die vom Bildhauer Petro Drozdowsky geschaffene Bronzeskulptur stellt die lebensgroße Gestalt eines ausgemergelten Mädchens dar. Den Blick in die Ferne gerichtet, hält sie in ihren vor der Brust verschränkten Händen drei Kornähren. Die Skulptur ist ein Duplikat der Statue »Bittere Erinnerungen an die Kindheit«, die sich am Eingang des Staatlichen Museums »Memorial für die Opfer des Holodomor« in der ukrainischen Hauptstadt Kiew befindet. Das Denkmal erinnert an die mehreren Millionen ukrainischer Todesopfer der Hungerkatastrophe der Jahre 1932/33, die im Zuge der agrarwirtschaftlichen Zwangskollektivierung, der »Entkulakisierung« und der brutalen Getreidebeschaffungsmaßnahmen der Sowjetregierung ihr Leben verloren.

Inschrift

Englisch: *Bitter Memories of Childhood // This monument commemorates the millions of victims of the / enforced starvation by Stalin's Communist regime during the / Holodomor famine Genocide in Ukraine 1932–1933. // On May 7, 2008 the Saskatchewan Legislature passed Bill 40, / the Ukrainian Famine-Genocide (Holodomor) Memorial Day Act / making Saskatchewan the first province in Canada / to recognize the Holodomor as genocide. // Ukrainian Canadian Congress Regina Branch 2015*

Die deutsche Übersetzung lautet:
Bittere Erinnerungen der Kindheit // Dieses Denkmal gedenkt der Millionen Opfer des erzwungenen Hungertodes durch Stalins kommunistisches Regime während des Holodomor-Genozids in der Ukraine 1932–1933. Am 7. Mai 2008 verabschiedete das Saskatchewaner Parlament die Rechtsverordnung 40, das Ukrainische Hungersnot-Genozid(Holodomor)-Gedenktags-Gesetz, welches Saskatchewan zur ersten kanadischen Provinz machte, die den Holodomor als Genozid anerkennt. Ukrainisch-Kanadischer Kongress Abteilung Regina 2015

Denkmal für die Opfer des Holodomor

Standort: Regina, im Park Wascana Center südöstlich des Parlamentsgebäudes am Lakeshore Drive

Literaturhinweise Kanada:

Archdiocese of Regina: Holodomor Memorial Statue Blessed. 2015. Online abrufbar unter: www.archregina.sk.ca/news/2015/05/19/holodomor-memorial-statue-blessed (letzter Zugriff: 11.1.2018). / Holodomor Research and Education Consortium. Monuments in Canada. Online abrufbar unter: www.holodomor.ca/education/introduction/monuments (letzter Zugriff: 11.1.2018). / Lerchenmüller, Franz: Marx und Mandela. Menschenrechtsmuseum in Winnipeg. taz-Artikel vom 11.10.2015. Online abrufbar unter: www.taz.de/!5237252 (letzter Zugriff: 11.1.2018).

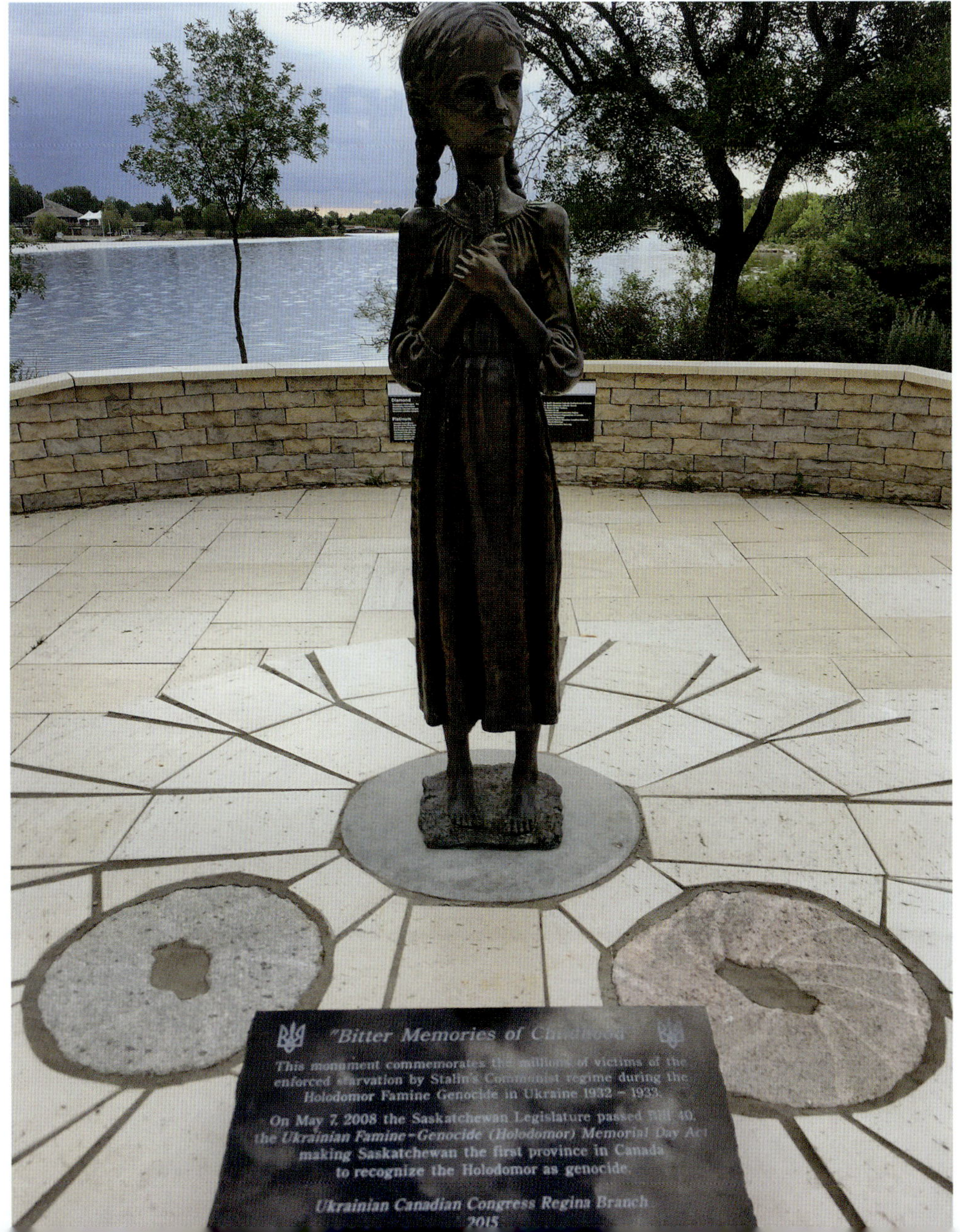

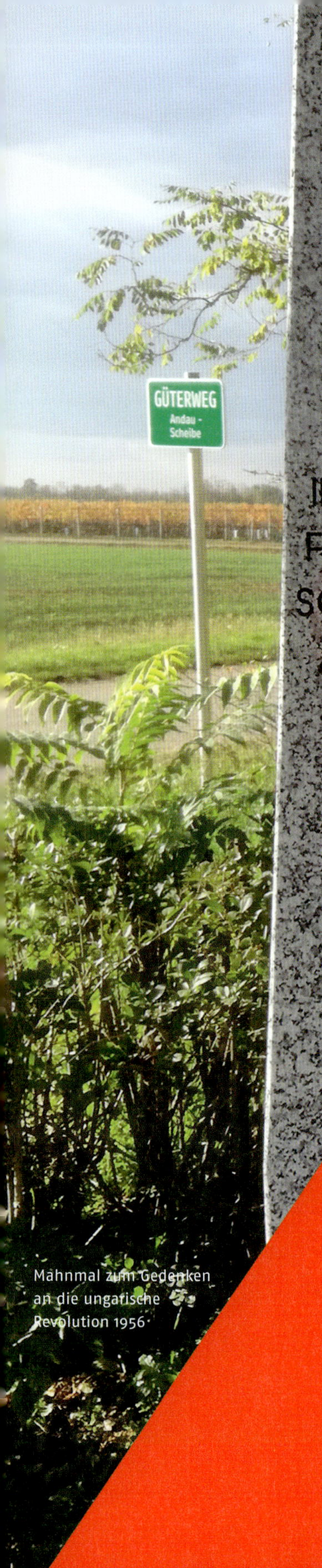

Mahnmal zum Gedenken an die ungarische Revolution 1956

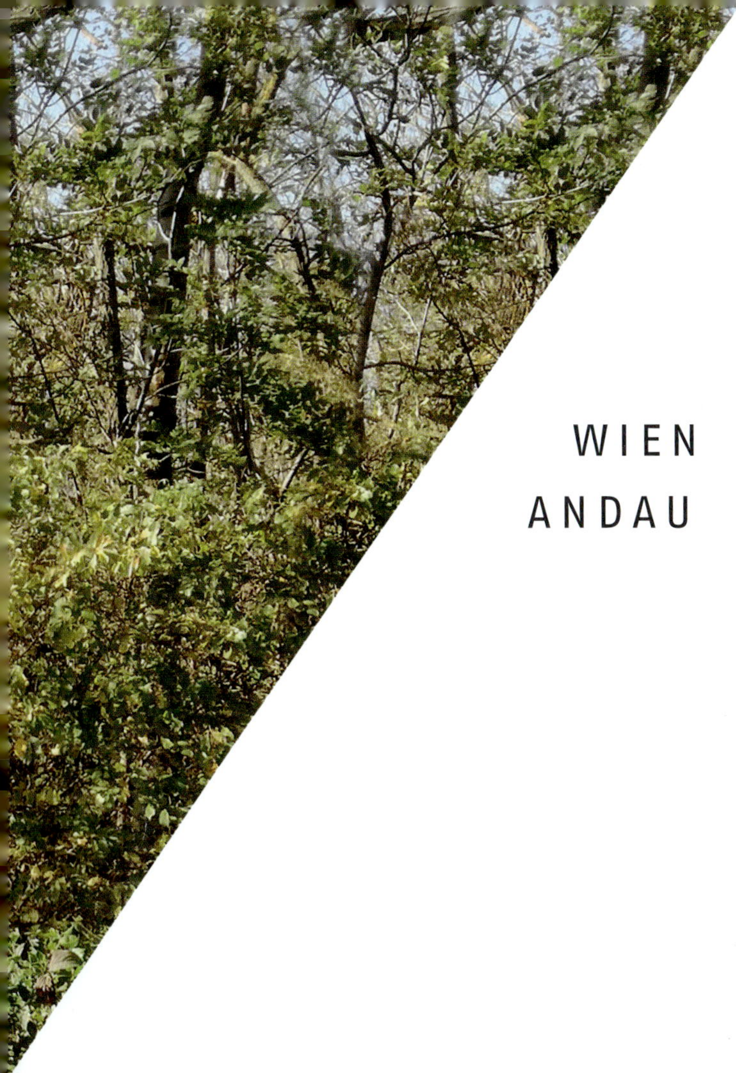

WIEN

ANDAU

Österreich

Gedenkstein für die Opfer von Katyń und der Flugzeugkatastrophe von Smolensk

Wien. An der polnischen Kirche ehrt seit 2011 ein schlichter Gedenkstein die Opfer des Massenmords von Katyń sowie die Menschen, die bei der Flugzeugkatastrophe nahe Smolensk im April 2010 ums Leben kamen. Darunter befanden sich Polens Staatspräsident Lech Kaczyński sowie 95 weitere Mitglieder seiner Delegation. Auf dem weißen Naturstein sind in roter Gravur das polnische Staatswappen mit dem gekrönten Adler und das rot-weiße Schachbrettsymbol der polnischen Luftwaffe zu sehen. Zwischen beiden Symbolen ist die schlichte Inschrift »Katyń 1940 – Smoleńsk 10 IV 2010« eingraviert.

Der Gedenkstein wurde von der Polnischen Katholischen Mission in Österreich auf Anregung der polnischen Gemeinschaft in Wien errichtet. Seine Einweihung fand am 10. Mai 2011 mit einer feierlichen Messe statt. An der Zeremonie nahmen neben einem Konsul der polnischen Botschaft in Wien auch Zuzanna Kurtyka, die Witwe des in Smolensk ums Leben gekommenen Präsidenten des Instituts des Nationalen Gedächtnisses (IPN), Janusz Kurtyka, und Andrzej Melak, der Bruder des ebenfalls beim Flugzeugabsturz verstorbenen Vorsitzenden des Katyń-Komitees, Stefan Melak, teil.

Eine Tafel am Kreuz erinnert in drei Sprachen an das Flugzeugunglück von Smolensk.

Inschrift

Polnisch: *Pamięci prezydenta RP Lecha Kaczynskiego / i 95 ofiar katastrofy lotniczej / pod Smoleńskiem w dniu 10 IV 2010 r., / którzy w 70 rocznicę katyńskiego ludobójstwa, / udawali się złożyć hołd polskim oficerom / zamordowanym przez sowieckie NKWD.*

Deutsch: *Zum Andenken an den Präsidenten der / Republik Polen Lech Kaczynski sowie / an die 95 weiteren Opfer des / Flugzeugabsturzes bei Smolensk, / die am 10. April 2010 auf dem / Weg zu einer Gedenkfeier für / die polnischen Offiziere – Opfer / des sowjetischen Massakers / von Katyń vor 70 Jahren – waren.*

Englisch: *In memory of the President of the / Republic of Poland Lech Kaczynski and 95 other / victims who died in a plane crash near Smolensk / on April 10, 2010. On the 70th anniversary / of genocide in Katyń, they were on their way / to honor the Polish officers murdered there / by the Soviet National Commissariat / for Internal Affairs.*

Standort: Wien, Rennweg 5a

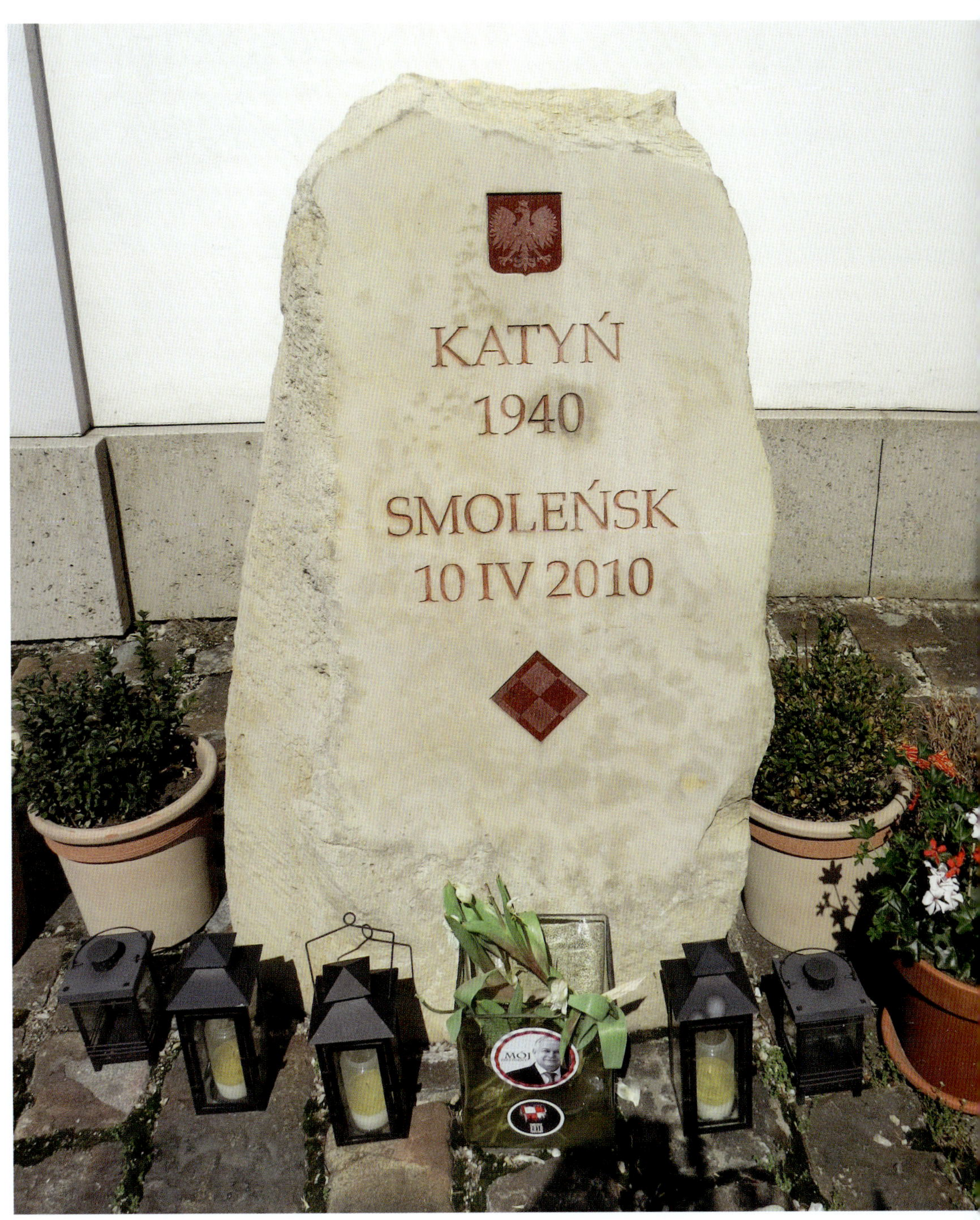

Gedenkstein für die Opfer von Katyń und Smolensk

Denkmal zur Erinnerung an die ungarische Revolution 1956

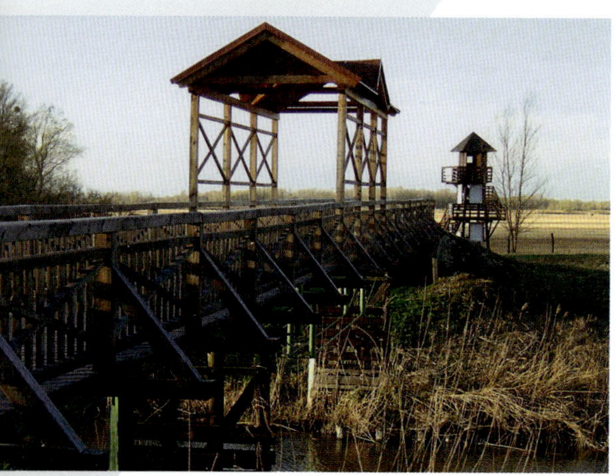

Die rekonstruierte Brücke von Andau heute

Andau. In den Morgenstunden des 4. November 1956 begann die Rote Armee mit der gewaltsamen Niederschlagung der ungarischen Revolution. Etwa 200 000 Ungarn flohen daraufhin aus dem Land. An der österreichisch-ungarischen Grenze diente eine kleine, über den Einser-Kanal führende Brücke etwa 70 000 Menschen als Fluchtweg in die Freiheit. Am Nachmittag des 21. November 1956 wurde die kleine Holzbrücke von ungarischen Grenzsoldaten jedoch gesprengt.

Zur Erinnerung an den Aufstand und die Solidarität zwischen Ungarn und Österreichern, die zusammen zahlreichen Menschen die Flucht ermöglichten, wurde die Brücke auf Initiative des Vereins Gesellschaft für internationale Verständigung – die Brücke von Andau 1996 rekonstruiert. Bereits am 12. November 1966 wurde in der Nähe der Brücke ein erstes Mahnmal zum Gedenken an die ungarische Revolution 1956 errichtet. Der fast zwei Meter hohe Obelisk trägt eine Inschrift in deutscher und ungarischer Sprache, die an das Ereignis gemahnt. Im Laufe der Jahre haben Künstler aus aller Welt entlang des als »Fluchtstraße« bezeichneten Dammwegs 90 weitere Skulpturen, Denkmäler und Installationen errichtet und auf diese Weise eine einzigartige Freiluftgalerie geschaffen. Die Erinnerungszeichen entstanden im Zuge von Künstlersymposien, die der Verein Gesellschaft für internationale Verständigung in den Jahren 1992 bis 1996 in dem Ort abhielt. Die größtenteils aus Holz bestehenden Skulpturen und Installationen sind sichtbare Zeichen für »Ablehnung von Gewalt, Intoleranz und Inhumanität, Menschenverachtung und Rassismus«.

Die ungarische Revolution zählt zu den wichtigsten Erhebungen gegen die kommunistischen Diktaturen hinter dem Eisernen Vorhang. Wie zuvor der Volksaufstand vom 17. Juni 1953 in der DDR und später der Prager Frühling 1968 in der Tschechoslowakei, wurde auch die Revolution in Ungarn durch das brutale Eingreifen des sowjetischen Militärs gewaltsam niedergeschlagen.

Inschrift

Deutsch: *1956 – 1966 / ALS ZEICHEN DES UNAUSLÖSCH-/ LICHEN DANKES FÜR DIE HILFE, / DIE DAS ÖSTERREICHISCHE VOLK IM JAHRE 1956 DEN UNGARISCHEN FLÜCHTLINGEN ZUTEIL WERDEN LIESS / SOWIE ZUR BLEIBENDEN ERINNERUNG / AN DIE HELDEN DES UNGARISCHEN / FREIHEITSKAMPFES UND AN DIE / 200 000 FLÜCHTLINGE, DIE IHRE / HEIMAT VERLOREN.*

Ungarisch: *AUSZIRIA IRANTI HALANK/ MEGÖRÖKITESERE AZ 1956 – OS/ SZABADSAGHARC HÖSEINEK ES / MENEKÜLTJEINEK EMLEKERE. / AZ AMERIKAI MAGYAROK*

Standort: Andau, Brücke von Andau

Literaturhinweise Österreich:

Kaminsky, Anna: Erinnerungsorte für die Opfer von Katyń. Leipzig 2013. / Tourismusverband Andau. Brücke von Andau. Ein Symbol der Menschlichkeit. Online abrufbar unter: www.andau.info/bruecke-von-andau.26.0.html (letzter Zugriff: 11.1.2018).

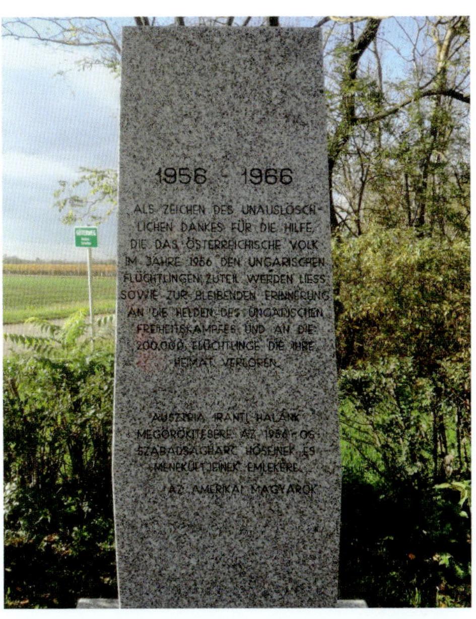

Mahnmal zum Gedenken an die ungarische Revolution 1956

Historische Aufnahme der Einweihung des Mahnmals

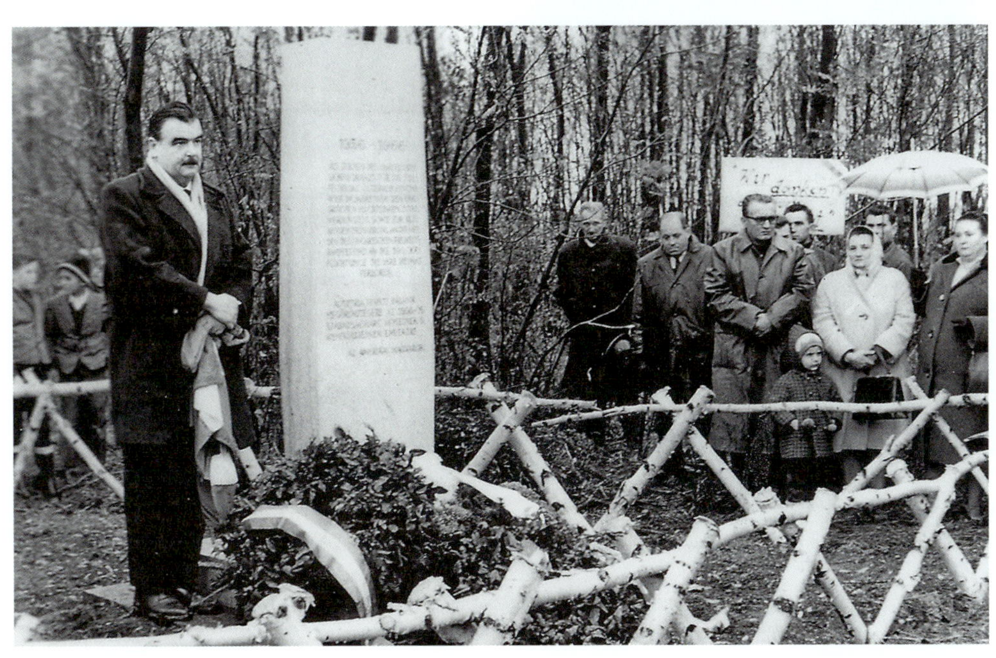

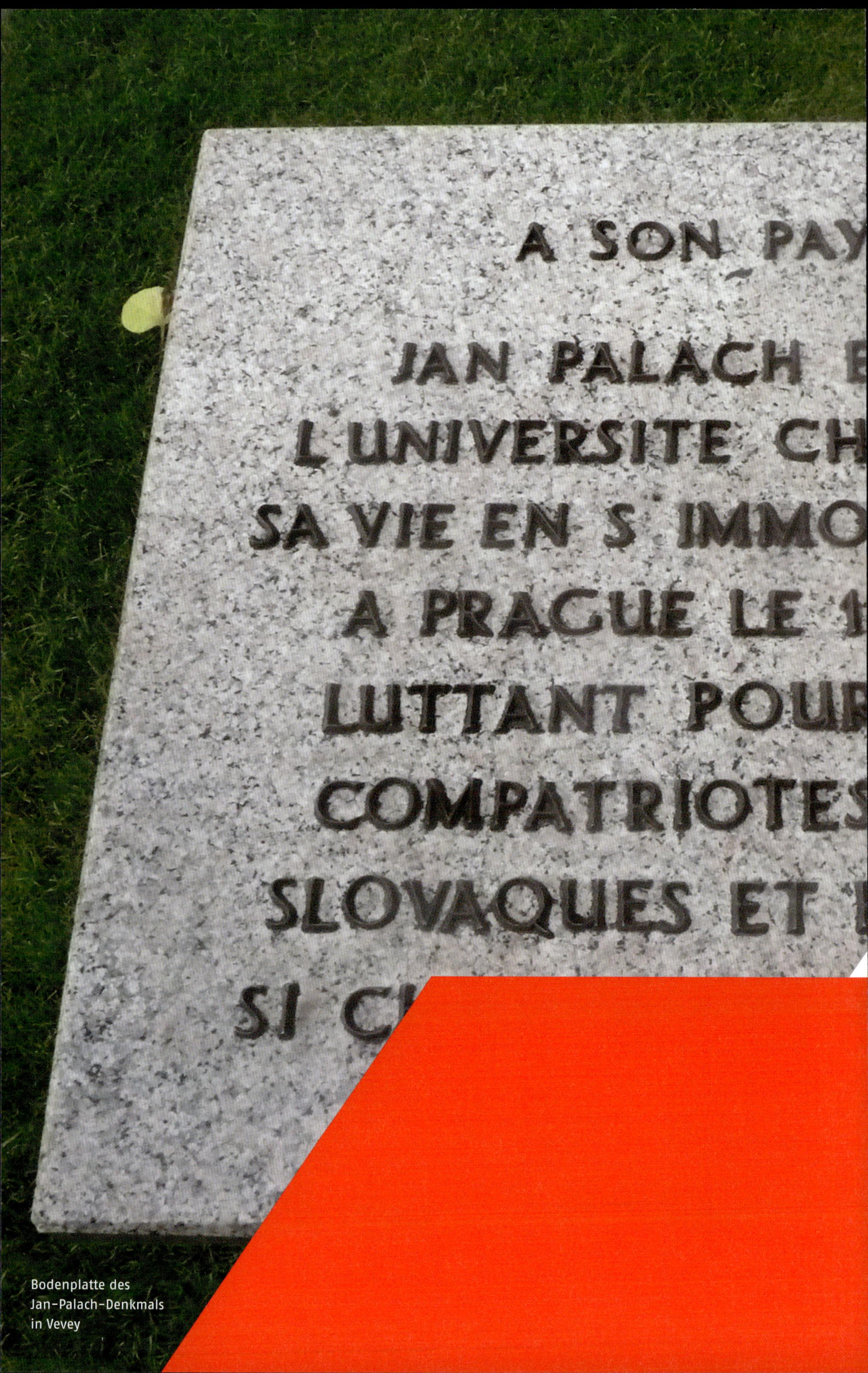

Bodenplatte des Jan-Palach-Denkmals in Vevey

VEVEY

Schweiz

Jan-Palach-Denkmal

Vevey. Am Ufer des Genfer Sees, in der Stadt Vevey, wurde 1997 ein Denkmal zur Erinnerung an Jan Palach der Öffentlichkeit übergeben. Die vom tschechischen Bildhauer Josef Knobloch geschaffene Skulptur zeigt eine stilisierte Flamme auf einer rötlichen Granitstele. Auf deren Vorderseite ist ein Medaillon mit dem Bild Palachs sowie eine ihm gewidmete Inschrift zu lesen. In den Rasen ist eine weitere Tafel eingelassen, die in französischer Sprache an Palach erinnert.

Die Denkmalinitiative geht maßgeblich auf die Ärztin Madeleine Cuendet zurück, die nach der Niederschlagung des Prager Frühlings 1968 Hilfe für tschechoslowakische Flüchtlinge in der Schweiz organisierte. Als sie von den Selbstverbrennungen Jan Palachs und Jan Zajícs erfuhr, bemühte sie sich, für beide ein Denkmal zu errichten. Allerdings stieß diese Idee auf Widerstände, sodass sich die Umsetzung um fast 30 Jahre verzögerte. Nach der sogenannten Samtenen Revolution 1989 organisierte Madeleine Cuendet medizinische Hilfslieferungen in die Tschechoslowakei und erhielt für ihr Engagement vom damaligen Staatspräsidenten Václav Havel den Orden »Pour le Mérite«. Zu Beginn der 1990er Jahre wurde dann auch die Denkmalidee wieder aufgegriffen und mit Unterstützung der tschechischen Botschaft und anderen Vereinigungen mit der Umsetzung begonnen.

Inschrift

Französisch: *À son pays envahi // Jan Palach, étudiant de / l'université Charles, a offert / sa vie en s'immolant par le feu / a Prague le 16. janvier 1969, / luttant pour defendre ses / compatriotes tchèques et / slovaques et pour la liberté / si chère au cœur des Suisses*

Die deutsche Übersetzung lautet:
Aber sie drangen in sein Land ein. //
Jan Palach, Student der Karlsuniversität,
gab sein Leben in Prag am 16. Januar 1969,
indem er sich dem Feuer übergab.
Er brannte, um seine tschechischen und
slowakischen Landsleute und um die Freiheit
zu verteidigen, die dem Herzen der Schweizer
so teuer ist

Standort: Vevey, am Ufer des Genfersees, Quai Maria Belgia

Literaturhinweis Schweiz:
Jan Palach. Multimediales Projekt der Karlsuniversität Prag. Orte der Erinnerung. Online abrufbar unter: www.janpalach.cz/de/default/mista-pameti/vevey (letzter Zugriff: 11.1.2018).

► Denkmal für Jan Palach

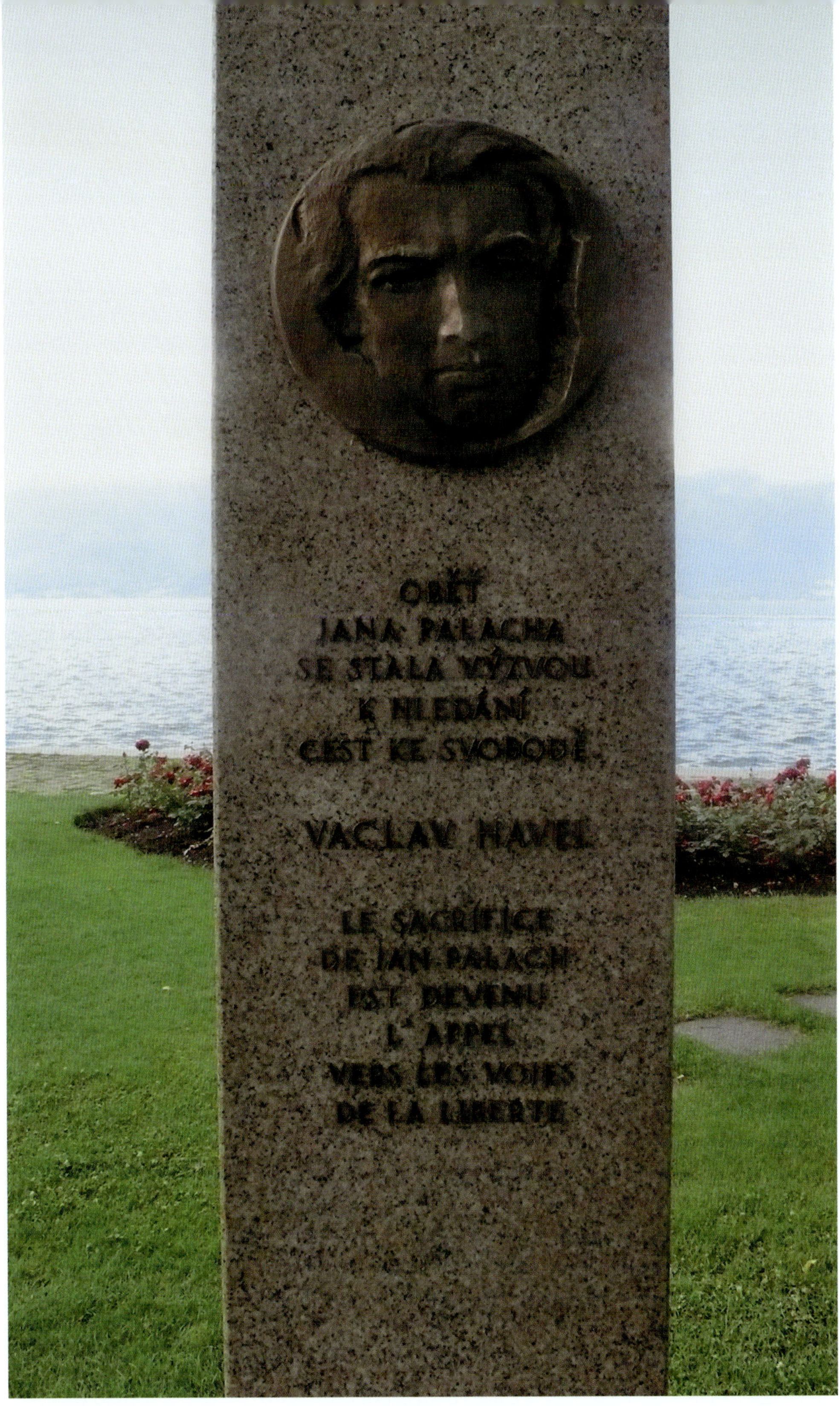
OBĚŤ
JANA PALACHA
SE STALA VÝZVOU
K HLEDÁNÍ
CEST KE SVOBODĚ
VACLAV HAVEL
LE SACRIFICE
DE JAN PALACH
EST DEVENU
L'APPEL
VERS LES VOIES
DE LA LIBERTE

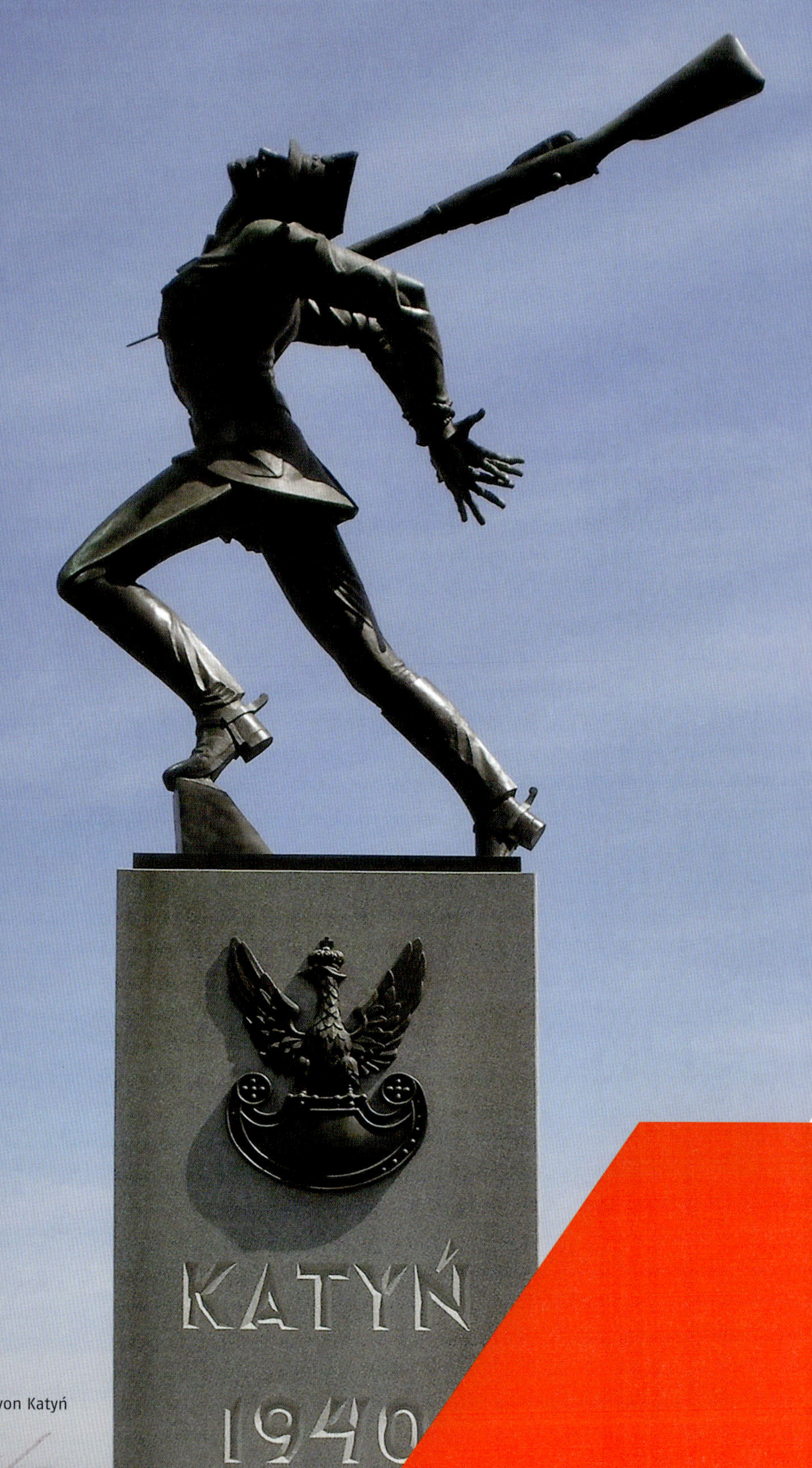

Mahnmal für die Opfer von Katyń

WASHINGTON
JERSEY CITY
CULVER CITY
BOSTON

USA

Mahnmal für die Opfer des Kommunismus

Washington. Das Mahnmal für die Opfer des Kommunismus wurde am 12. Juni 2007 aus Anlass des 20. Jahrestags des Berlin-Besuchs des damaligen US-Präsidenten Ronald Reagan 1987 eingeweiht. Die aufgestellte Bronzestatue in der Nähe des Kongressgebäudes ist eine Nachbildung der zehn Meter hohen Pappmaché-Figur »Göttin der Demokratie«, die chinesische Studenten wenige Tage vor den blutig niedergeschlagenen Kundgebungen auf dem Platz des Himmlischen Friedens in Peking am 4. Juni 1989 errichtet hatten. Zugleich weist die drei Meter hohe Skulptur einer jungen Frau, die eine Fackel in die Höhe hält, deutliche Ähnlichkeiten mit der New Yorker Freiheitsstatue auf. An der Einweihungszeremonie nahmen der US-Präsident George Bush sowie ranghohe Vertreter der amerikanischen Regierung und internationaler Organisationen teil.

Der Bau des Mahnmals geht auf einen Beschluss des US-Kongresses zurück, demzufolge für die Opfer des Kommunismus weltweit ein Denkmal in Washington errichtet werden sollte. Das erste diesbezügliche Dekret wurde bereits 1993 unter der Präsidentschaft von Bill Clinton verabschiedet. Im folgenden Jahr gründete sich die Victims of Communism Memorial Foundation, die den Bau vorantrieb. Ihr gehörten neben US-amerikanischen Politikern, Menschenrechtlern und Wissenschaftlern wie Jeane Kirkpatrick, Bob Dole, Claiborne Pell und Jane Kirkland auch Persönlichkeiten wie Václav Havel, Lech Wałęsa, die Frau von Andrej Sacharow, Elena Bonner, und der litauische Präsident Vytaustas Landsbergis an. Die Kosten für das Mahnmal wurden auf etwa 825 000 US-Dollar beziffert. Nachdem im Sommer 2006 die Summe durch eine weltweite Spendenkampagne aufgebracht und mit der Stadt Washington der Platz für die Errichtung des Mahnmals ausgehandelt worden war, erfolgte am 27. Juni 2006 die Grundsteinlegung.

Inschrift am Sockel des Monuments
Englisch: *To the more than / one hundred million / victims of communism / and to those who love liberty.*

Die deutsche Übersetzung lautet:
Den mehr als 100 Millionen Opfern
des Kommunismus und all denjenigen,
die Freiheit lieben.

Standort: Washington, D. C., Platz zwischen Massachusetts Avenue und New Jersey Avenue

► Mahnmal für die Opfer des Kommunismus

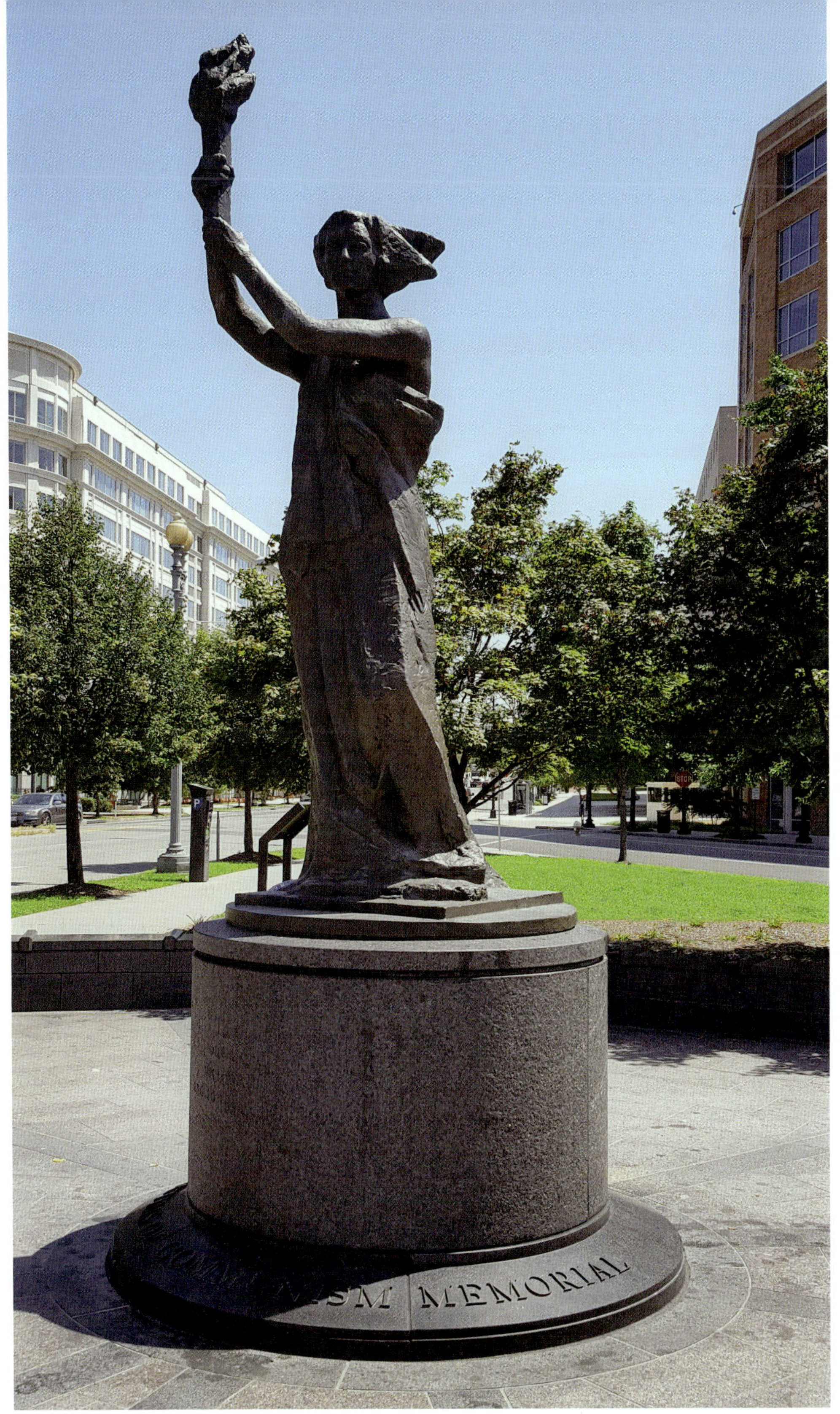
MEMORIAL

Mahnmal für die Opfer des Holodomor in der Ukraine

Washington. Das Mahnmal für die Opfer des Holodomor wurde am 7. November 2015 im Rahmen einer feierlichen Enthüllungszeremonie der Öffentlichkeit übergeben. Es erinnert an die mehreren Millionen Opfer der Hungerkatastrophe in der Ukraine 1932/33. Das Denkmal entstand auf Initiative des Exilinteressenverbands Ukrainisches Kongress-Komitee Amerikas. Der Senat der Vereinigten Staaten stimmte 2005 dem Bau des geplanten Mahnmals zu. Die Finanzierung trugen der US-amerikanische Nationalparkdienst sowie die ukrainische Regierung. Die Frontseite des zehn Meter langen bronzenen Basreliefs zeigt einzeln herausgearbeitete Getreideähren, deren Umrisse sich zum Ende der Komposition immer weiter auflösen. Das von der ukrainisch-amerikanischen Architektin Larisa Kurilas gewählte Motiv des Kornfelds symbolisiert die Bauernschaft als Hauptleidtragende der Hungerkatastrophe.

Inschrift
Englisch: *Famine-enocide/in Ukraine// In memory of the millions/of innocent victims/of a man-made famine/in Ukraine. Engineered and/implemented by Stalin's/ totalitarian regime*

Ukrainisch: У пам'ять про мільйони/ невинних жертв штучного/голоду в Україні/спланованого та вчиненого/ Сталінським тоталітарним/режимом

Die deutsche Übersetzung lautet:
Hunger-Genozid in der Ukraine.
Im Gedenken an die Millionen unschuldiger Opfer der menschengemachten Hungersnot in der Ukraine. Verursacht und implementiert von Stalins totalitärem Regime

Standort: Washington, D.C., an der Kreuzung North Capitol Street, Massachusetts Avenue und F. Street N.W.

Mahnmal für die Opfer des Holodomor

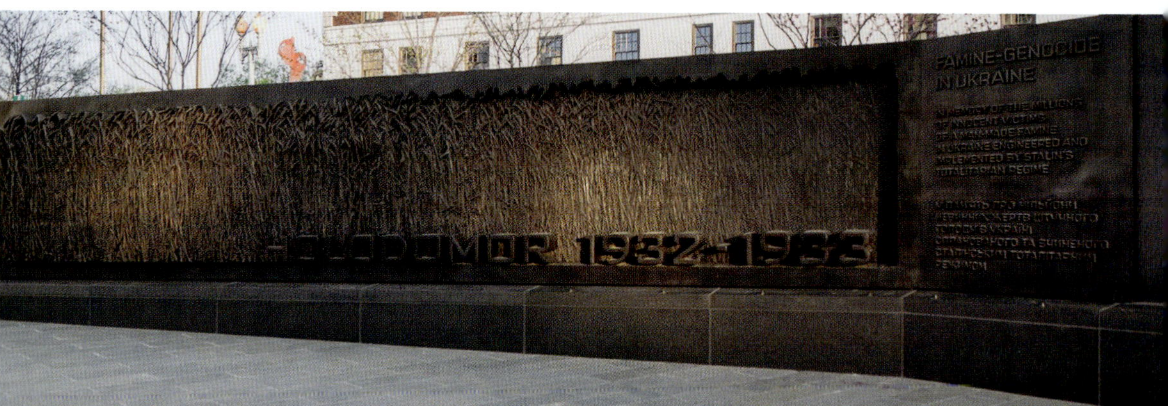

Mahnmal für die Opfer von Katyń und des sowjetischen Kommunismus

Jersey City. Neben dem Husarendenkmal »Der Rächer« in Doylestown von 1988 ist das Denkmal für die polnischen Opfer des sowjetischen Kommunismus in Jersey City das zweite monumentale Werk des polnisch-amerikanischen Bildhauers Andrzej Pityński, das auch den Opfern von Katyń gewidmet ist. Im Gegensatz zu dem Denkmal, das auf dem polnischen Veteranenfriedhof nahe der Kleinstadt Doylestown und somit etwas abseits steht, war das Katyń-Denkmal in New Jersey bei seiner Einweihung am 19. Mai 1991 das erste in den USA, das sich im öffentlichen städtischen Raum befand. Sein Standort auf dem Exchange Place im Zentrum von Jersey City liegt direkt an der Mündung des Hudson River gegenüber dem Panorama von Manhattan.

Das Denkmal geht auf die Initiative von Stanisław Paszul und Joseph Płoński sowie das von ihnen gegründete Komitee zum Bau eines Katyń-Denkmals in Jersey City zurück und kostete mehr als 250 000 Dollar, die von der polnischen Emigration in Nordamerika sowie vom Künstler aufgebracht wurden. Die Einweihung des Gedenkorts wurde mit einer Messe gefeiert, an der 37 Priester teilnahmen.

Das Mahnmal besteht aus einer über fünf Meter hohen Bronzeplastik, die auf einem nochmals fünf Meter hohen Sockel steht. Die Plastik stellt einen jungen geknebelten polnischen Offizier dar, dessen Hände auf dem Rücken gefesselt sind. In seinem Rücken steckt das Bajonett eines Karabiners. Sein zurückgeworfener Kopf ist gen Himmel gerichtet. Die Komposition soll den verräterischen »Stoß in den Rücken« versinnbildlichen, den die Rote Armee im September 1939 den polnischen Truppen versetzte, als diese gegen die deutsche Wehrmacht kämpften.

An der Frontseite des aus hellgrauem Granit bestehenden Sockels sind in großen Buchstaben die Worte »KATYŃ 1940« eingraviert. Darüber befindet sich das in Bronze gegossene Wappen der polnischen Armee mit Adler und Pelte. Während diese Seite auf das Verbrechen von Katyń verweist, ist auf der gegenüberliegenden Seite des Sockels ein über vier Meter hohes Bronzerelief in Form eines Kreuzes zu sehen, das eine Mutter mit drei Kindern unterschiedlichen Alters zeigt. Auf dem Querbalken des Kreuzes sind das Wort »SIBERIA« und darüber die Jahreszahl »1939« zu lesen. Zu Füßen der Mutter mit den drei Kindern befindet sich eine Inschrift. Dort erinnern ein polnisches Gedicht und ein auf Englisch verfasster Text an die 1939 begonnenen Deportationen aus den sowjetisch besetzten polnischen Ostgebieten nach Sibirien. Erwähnt werden dort auch die vom NKWD in den Jahren 1944 bis 1956 ermordeten Kämpfer des antikommunistischen polnischen Untergrunds.

An beiden Seitenflächen des Sockels sind Bronzetafeln angebracht, auf denen ein Auszug aus einem Gedicht des russischen Dichters

Andrei Wosnessenski über Katyń, eine kurze Widmung sowie der Schlüsselsatz aus dem Abschlussbericht des Untersuchungsausschusses des US-Repräsentantenhauses von 1952 stehen. Auf der rechten Seite des Denkmals ist die Tafel mit einem Text in polnischer Sprache versehen, die unterlegt ist von einem Bronzeabguss des gekrönten polnischen Adlers. Auf der linken Seite befindet sich unter dem Adlerwappen der Vereinigten Staaten eine Tafel mit einem englischen Text. Eine weitere Bronzetafel auf der rechten Seite weist auf die Initiatoren und Stifter des Denkmals hin.

Am 11. September 2004 wurde an der Frontseite unterhalb der Hauptinschrift »KATYŃ 1940« ein weiteres Bronzerelief enthüllt, das den Opfern des Terroranschlags auf das World Trade Center am 11. September 2001 gewidmet ist. Es zeigt die Mutter Gottes, die die brennenden Zwillingstürme mit ihren Armen umfasst. In die ebenfalls dargestellte Skyline von Manhattan ist auch die Silhouette des Katyń-Denkmals hineinkomponiert. Die Gloriole der Mutter Gottes enthält die Worte »United States of America«.

Inschriften

Polnisch: *Katyń 1940 / Katyń – to otwarty makabryczny skarbiec, / a w nim zamordowany kwiat narodu / polskiego, wojska, młodej inteligencji, / twórców, bohaterów którzy z szablami / rzucali się na czołgi. / Katyń – to skarbiec kłamstwa, stalinowskiego / i poststalinowskiego, globalnego załgania / rządów, komisji międzynarodowych, / pisarzy – to skarbiec hańby. / Katyń – to wygnanie z pamięci Boga. / Katyń – to skarbiec prawdy... / Boże daj ukojenie duszom niewinnie / zamordowanych w Katyniu / Fragment wiersza A. Wozniesienski, 1989 r /*
Poświęcono pamięci 15 400 polskich oficerów, intelektualistów, / liderów, więzniów wojennych, brutalnie zamordowanych / przez sowieckie N.K.W.D. na wiosnę 1940 roku i pochowanych w masowym grobie w lesie Katyńskim koło Smoleńska i w / innych nieznanych miejscach Rosji Sowieckiej. / ... Ten komitet jednomyślnie wykrył bez żadnej wątpliwości / że sowieckie N. K. W. D. popełniło masowy mord na polskich / oficerach, liderach, intelektualistach w lesie Katyńskim / koło Smoleńska w Rosji ... / Komitet Izby Administracyjnej / Kongres Stanów Zjednoczonych / Raport Nr. 2505 Washington, 1952. /
Fundator tablicy – Wachmistrz Lucja Rutkowski.

Englisch: *Katyn 1940 / Katyn – a macabre treasury, and in it the murdered / flower of the Polish Nation, the army, the / young intelligentsia, the creators and the / heroes who armed with swords threw / themselves on tanks. / Katyn – a treasury of lies, stalinistic and post- / stalinistic, a subterfuge by governments, / international commissions, writers – a / treasury of infamy. /Katyn – a banishment of God from one's memory. / Katyn – a treasury of truth... /*
God, grant peace to the souls of the innocent / assassinated in Katyn. / Excerpt of poem by A. Wozniesienski, 1989 /
Dedicated to the memory of the 15 400 Polish officers, / intellectual leaders, and prisoners of war brutally / massacred by the Soviet N. K. W. D. in the spring of 1940 and / buried in mass graves in the Katyn Forest near Smolensk, / and in other undisclosed sites in the Soviet Union. /... This committee unanimously finds, beyond any question or / reasonable doubt, that the Soviet N. K. W. D. (People's Commissariat / of Internal Affairs) committed the mass murders of the / Polish officers and intellectual leaders in Katyn Forest / near Smolensk, Russia ... / Committee on House Administration, United

Mahnmal für die Opfer von Katyń

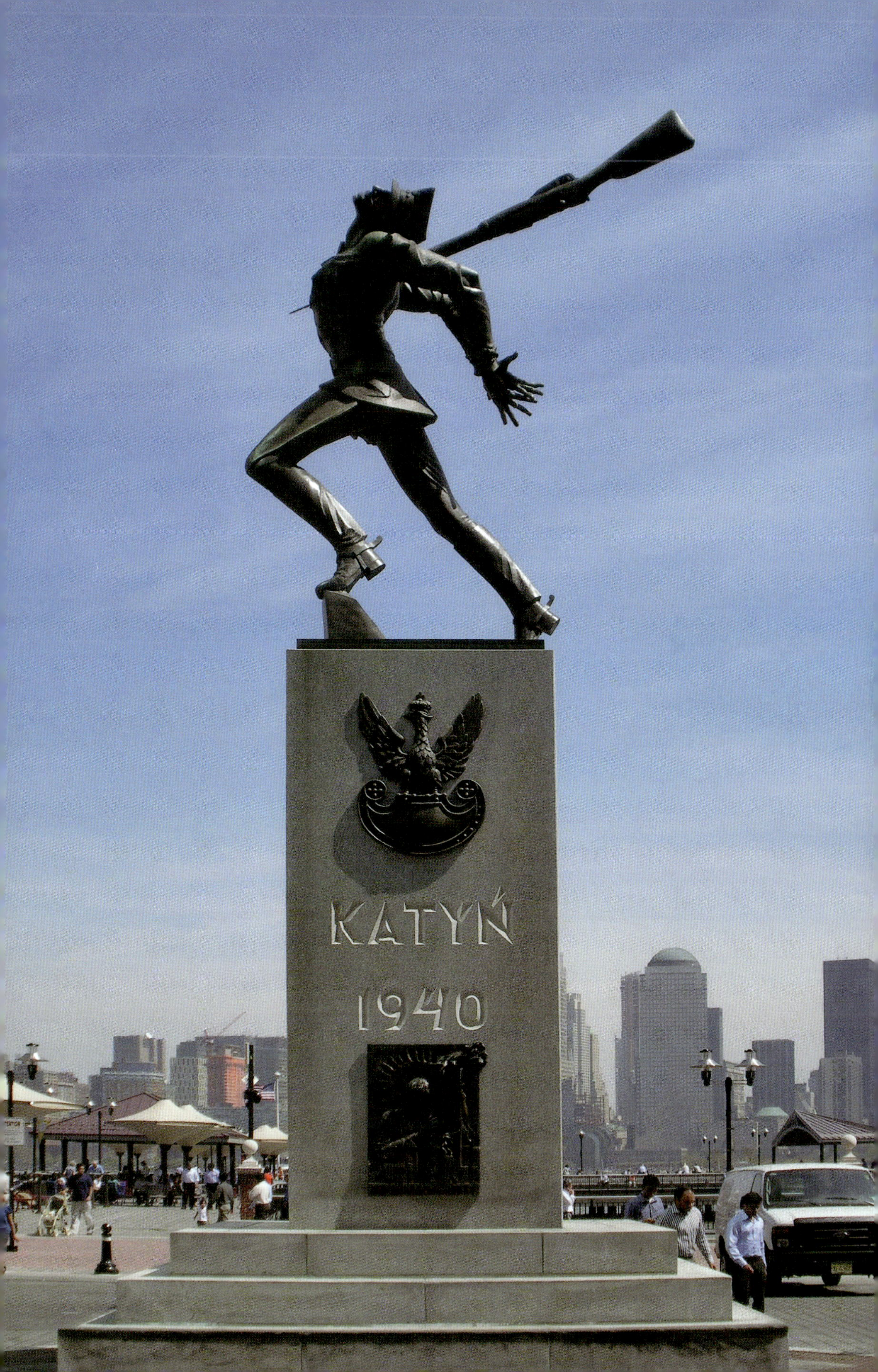
KATYŃ
1940

States House of/Representatives Report No. 2505 Washington, 1952/ In remembrance of my brothers – the ›Virtuti Militari‹ cross from/Monte Cassino, 1944 – from 2nd Lt. Emil Kornacki, survivor of Ostaszkow camp.

Die deutsche Übersetzung lautet:
Katyń 1940. Katyń – das ist eine grauenvolle, geöffnete Schatzkammer, und in ihr befindet sich die hingemordete Blüte der polnischen Nation, der Armee, der jungen Intelligenz, der Künstler, jener Helden, die sich mit Schwertern den Panzern entgegenwarfen.
Katyń – das ist eine Schatzkammer der stalinistischen und poststalinistischen Lügen, der Täuschungen durch Regierungen weltweit, durch internationale Kommissionen und Schriftsteller – das ist eine Schatzkammer der Schande.
Katyń – das ist die Verbannung Gottes aus dem Gedächtnis.
Katyń – das ist eine Schatzkammer der Wahrheit…
Gott, gib den in Katyń unschuldig ermordeten Seelen Trost. Auszug aus einem Gedicht von A. Wosnessenski, 1989.
Gewidmet zum Gedenken an 15 400 polnische Offiziere, Intellektuelle, Führer, Kriegsgefangene, die vom sowjetischen NKWD im Frühling 1940 brutal ermordet und im Massengrab im Wald von Katyń bei Smolensk und an anderen unbekannten Orten Sowjetrusslands verscharrt wurden. … Dieser Ausschuss stellt einstimmig und ohne jeglichen Zweifel fest, dass das sowjetische NKWD (Volkskommissariat für Innere Angelegenheiten) die Massenmorde an den polnischen Offizieren und Intellektuellen im Wald von Katyń bei Smolensk, Russland, begangen hat … Der Verwaltungsausschuss des Repräsentantenhauses der Vereinigten Staaten, Report Nr. 2505, Washington 1952

Relief »Siberia 1939«
Polnisch: *Skonały myśli i czyny i słowa/łzy tylko biegną nocami głuchymi/i pieśń niewoli złowieszcza grobowa/w akordach bólu ciągnie się po ziemi/I tylko czasem gdzieś w śniegach Tobolska/twarz smutna blada-białością opłatka/popatrzy w dal… Usta szepną: Matka/a potem ciszej smutniej szepną: Polska*

Englisch: *On the seventeenth of September, 1939, the Polish Army, engaged in fierce combat/against the Germans, was attacked from the rear by the Soviet Army. In conspiracy/with Hitler (the Ribbentrop-Molotov Pact), Stalin seized forty-seven percent of/Polish land and annexed it to Soviet Russia. Two million Polish citizens, including/children, women, and senior citizens, perished en route to Siberia and at torturous/work in Soviet labor camps. From 1944 to 1956, thousands of Polish patriots – soldiers/of the underground armies of the A. K., N. O. W., N. S. Z., and W. I. N. – were heinously/murdered by the Soviet secret police (the N.K.V.D.). / This monument is dedicated to the millions of Polish citizens and heroes who offered/their lives in the fight against communism for our and your freedom. /Let them have honor and glory for all time.*

Die deutsche Übersetzung lautet:
Es starben Gedanken, Taten und Worte, Tränen fließen nur in tiefen Nächten und das unheilvolle Totenlied der Gefangenschaft zieht sich in Akkorden des Schmerzes über die Erde. Und manchmal nur schaut irgendwo im Schnee von Tobolsk ein trauriges blasses Gesicht, hell wie eine Oblate in die Ferne… Die Lippen flüstern: Mutter, doch danach flüstern sie leiser und trauriger: Polen. Am 17. September 1939 wurde die Polnische Armee, die einen harten Kampf gegen die Deutschen führte, hinterrücks von der Sowjetarmee angegriffen. Durch die Verschwörung mit Hitler (den Ribbentrop-Molotow-Pakt) eroberte Stalin 47 Prozent des polnischen Landes und verleibte es Sowjetrussland ein. Zwei Millionen polnischer Bürger, darunter Kinder, Frauen und ältere Mitbürger, kamen während der Deportationen nach Sibirien und bei der qualvollen Arbeit in den sowjetischen Arbeitslagern ums Leben. Zwischen 1944 und 1956 wurden Tausende polnischer Patrioten – Soldaten der Untergrundarmeen AK [Armia Krajowa = Heimatarmee], NOW [Narodowa Organizacja Wojskowa = Nationale Militärorganisation], NSZ [Narodowe Siły Zbrojne = Nationale Streitkräfte] und WiN [Wolność i Niezawisłość = Freiheit und Unabhängigkeit, Nachfolgeorganisation der 1945 aufgelösten AK] – auf abscheuliche Weise von der sowjetischen Geheimpolizei (NKWD) ermordet. Das Denkmal ist den Millionen polnischer Bürger und Helden gewidmet, die ihr Leben im Kampf gegen den Kommunismus für unsere und eure Freiheit gaben. Ihnen mögen für alle Zeiten Ehre und Ruhm zuteilwerden.

Relief zum 11. September 2001
Englisch: *Never forget! Pray for all the innocent / victims and heroes who died in the terrorist / attack on America, September 11 2001.*

Die deutsche Übersetzung lautet:
Vergesst es niemals! Betet für all die unschuldigen Opfer und Helden, die bei den Terroranschlägen auf Amerika am 11. September 2001 starben.

Standort: New Jersey, Exchange Place an der Montgomery Street

Wende Museum

Culver City. Das sogenannte Wende Museum wurde im Sommer 2002 eröffnet. Initiator ist der Kulturhistoriker und Direktor der Einrichtung Justinian Jampol. Das Haus versteht sich als Forschungsarchiv sowie als Kunst- und Bildungseinrichtung. Die Sammlung des Museums – die weltweit größte dieser Art – beherbergt über 100 000 Relikte aus der Zeit des Kalten Krieges, welche die Alltagskultur und politischen Entwicklungen in der DDR, Osteuropa und der Sowjetunion anschaulich darstellen. Zu den vorrangigen Zielen des Museums gehört es, die Objekte zu erhalten, ein größeres Verständnis für die damaligen Herausforderungen und die Zusammenhänge von Kunst, Kultur und Geschichte in dieser Zeitperiode zu vermitteln sowie ihre Auswirkungen auf die Gegenwart zu erforschen. Seit 2016 befindet sich die Einrichtung im ehemaligen Zeughaus der US-amerikanischen Nationalgarde.

Kuratorisch aufgearbeitet und präsentiert werden kann nur ein Teil der Kollektion. Nach vorheriger Anmeldung beim Museumsarchiv können jedoch alle Exponate vor Ort besichtigt bzw. für Bildungs- und Forschungszwecke öffentlich eingesehen und verwendet werden. Ein Teil der Objekte kann über eine Onlinegalerie auf der Internetpräsenz der Einrichtung abgerufen werden. Die Bestände des Wende Museums umfassen neben verschiedensten Konsumgütern zahlreiche Originalkunstwerke – Zeichnungen, Fotografien, Grafiken, Skulpturen und Gemälde – oder Reproduktionen davon. Das umfangreiche Archiv,

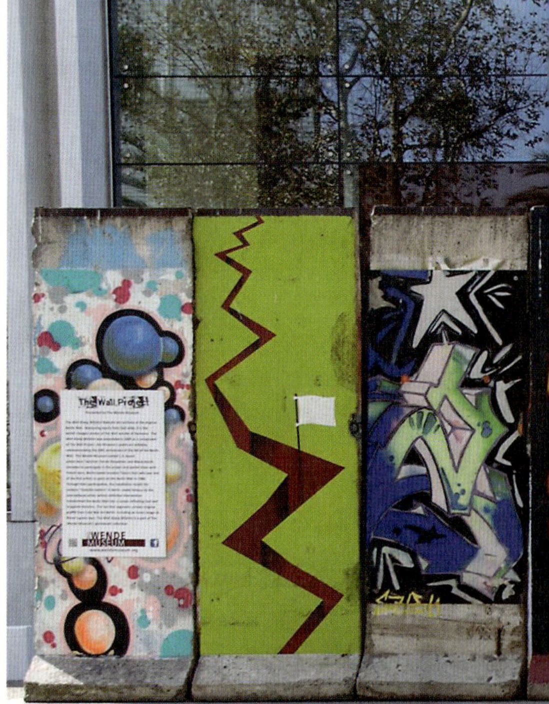

►
Originalsegmente der Berliner Mauer vor dem alten Standort des Wende Museums

das unter anderem den persönlichen Nachlass Erich Honeckers aus seiner Haftzeit in der Berliner Justizvollzugsanstalt Moabit im Jahr 1992 verwaltet, beherbergt rund 3 500 Ton- und Filmaufnahmen. Eine umfassende Sammlung an zeitgenössischen Möbeln, sozialistischer Volkskunst, Flaggen und Bannern sowie diversen Designobjekten ergänzt die Bestände. Das bisher aufwendigste und größte Projekt des Museums ist die zum 20. Jahrestag des Falls der Berliner Mauer 2009 konzipierte Ausstellung »Facing the Wall: Living with the Berlin Wall«. Sie zeichnet die persönlichen Geschichten von vier mit dem Museum verbundenen Menschen nach: Dem Westberliner Mauerkünstler Thierry Noir, dem ehemaligen ostdeutschen Grenzschutzsoldaten Peter Bochmann, dem Westberliner »Mauerspecht« Alwin Nachtweh sowie dem ehemaligen Offizier des Wachregiments »Feliks Dzierzynski« Hagen Koch, der im August 1961 mit weißer Farbe den Verlauf der Berliner Mauer am Grenzübergang Checkpoint Charlie anbrachte und noch im selben Jahr kartografierte. Durch diese kontrastierenden biografischen Zeitzeugenberichte wollen die Ausstellungsgestalter den Besuchern einen individuellen Zugriff auf die Geschichte der Teilung Deutschlands und Europas sowie die Realitäten des Kalten Krieges ermöglichen. Im Rahmen der Festveranstaltungen zur Ausstellung installierte das Museum im November 2009 weitere zehn von bekannten Mauerkünstlern wie Thierry Noir und Kent Twitchell sowie lokalen Künstlern gestaltete Originalsegmente der Berliner Mauer am Wilshire Boulevard in Los Angeles. Zu den Highlights der letzten Jahre zählen auch »Deconstructing Perestroika« – eine Zusammenstellung handgezeichneter Plakatdesigns, die in Reaktion auf die vom Staats- und Parteichef der Sowjetunion Michail Gorbatschow eingeleiteten Transformationsprozesse der Glasnost und Perestroika entstanden – sowie die Ausstellungen »Competing Utopias«, »Commu-

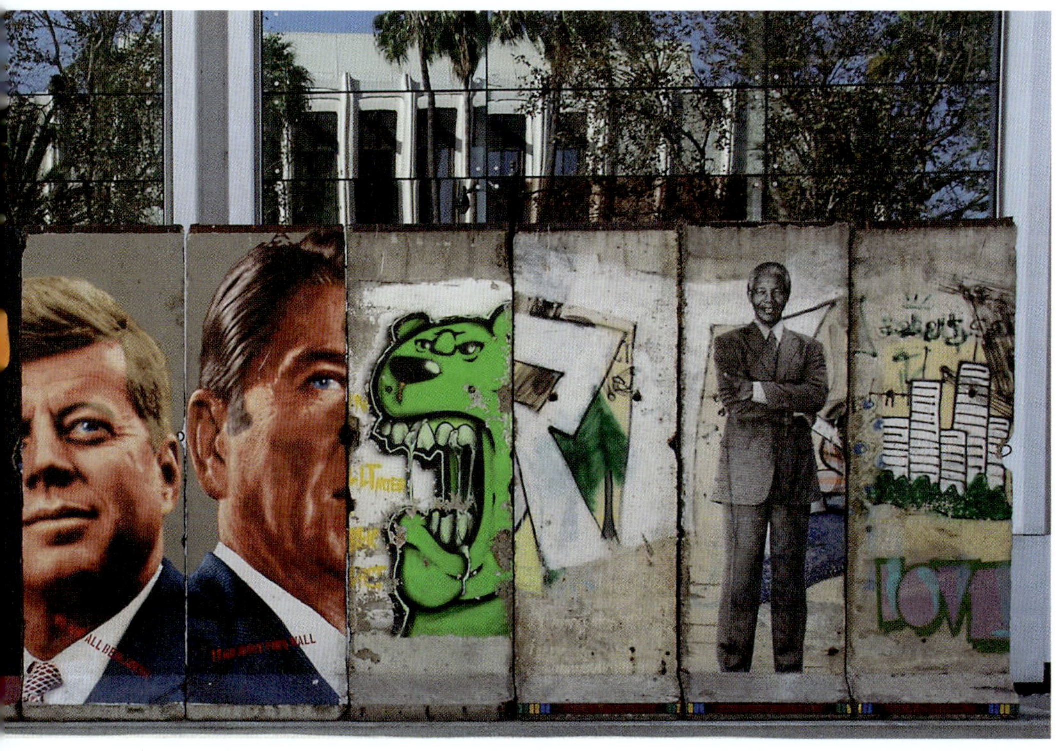

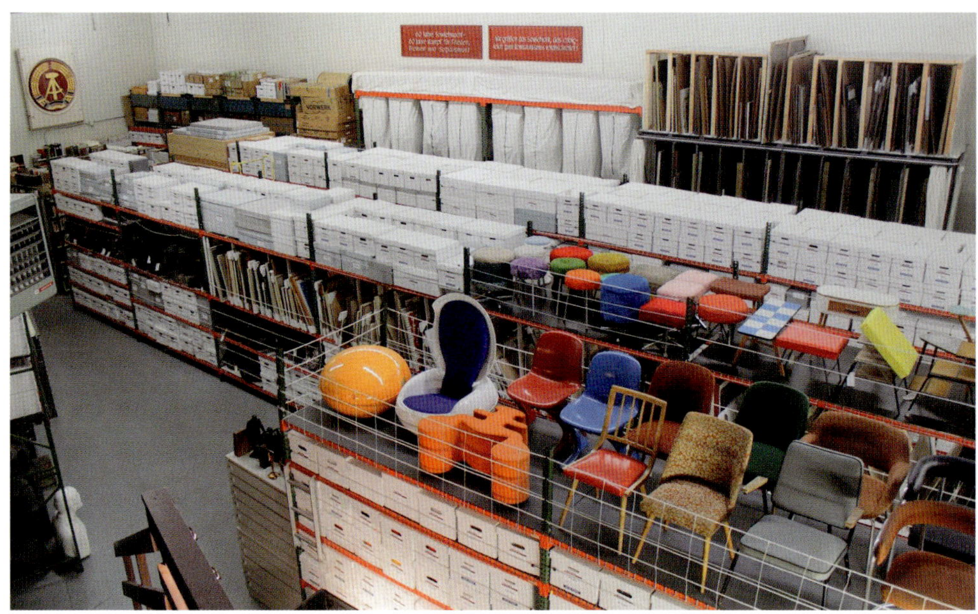

Blick in die Archivbestände des Museums

nism for Dinner« und »Face to Face«. All diese Projekte setzten sich mit einem breiten Themenspektrum auseinander und sollten die Besucher zum Nachdenken über Parallelen zwischen den antagonistischen Machtblöcken des Kalten Krieges anregen. Die Ausstellungen verweisen nicht zuletzt auf die Diskrepanzen zwischen den ideologisch aufgeladenen Heilsversprechen der kommunistischen Regime und den Alltagsrealitäten.

Auf seiner Internetpräsenz bietet das Museum die Möglichkeit, alle Ausstellungsmaterialien – Kunstgegenstände, Artefakte, Dokumente, Filme und Zeitzeugenberichte – in einer digitalisierten Form einzusehen. Außerdem werden Lesungen, Seminare, Filmvorführungen und Vorträge organisiert und online Materialien zu den Themen Mauerbau, Nachkriegseuropa und Kalter Krieg für den Schulunterricht zur Verfügung gestellt. Das Zeitzeugenarchiv des Museums besitzt außerdem zahlreiche audiovisuelle Dateien und Interviews mit Bürgern aus den Staaten Osteuropas und der Sowjetunion sowie Hinterlassenschaften politischer Gefangener und Opfer staatlicher Repressionen aus Albanien.

Standort: Culver City, 10808 Culver Boulevard
Internet: www.wendemuseum.org

Mahnmal für die polnischen Untergrundkämpfer

Boston. Das Mahnmal »Die Partisanen« des Künstlers Andrzej Pitynski wurde am 7. September 2006 vor dem World Trade Center Boston eingeweiht. Es erinnert an jene polnischen Zivilisten und Militärangehörigen, die im Zweiten Weltkrieg gegen die deutsche und anschließend gegen die sowjetische Okkupation Polens kämpften. Die zehn Meter lange, sieben Meter hohe und vier Meter breite Skulpturenkomposition aus Aluminium zeigt die in sich zusammengesunkenen Figuren von fünf berittenen Kriegern. Das 1979 entstandene Denkmal wurde 1983 erstmals der Öffentlichkeit übergeben. In den folgenden Jahren musste die Installation jedoch mehrmals ihren Ort wechseln und war zuletzt im Park Boston Common zu sehen. Ihren jetzigen Standort erhielt sie dank der Fürsprache der Massachusetts Bay Transportation Authority, nachdem die Stadtverwaltung Boston zu Beginn des Jahres 2006 den Abbau der Skulptur im Park angeordnet hatte.

Der Künstler wollte mit diesem Mahnmal die Aufopferung der polnischen Militärs im Kampf gegen die beiden totalitären Mächte zeigen. Das Monument steht zudem symbolisch für alle sogenannten »Verstoßenen Soldaten« (polnisch: »Żołnierze wyklęci«) – also jene polnischen Widerstandskämpfer, die zwischen 1944 und 1963 im antikommunistischen Widerstand aktiv waren und in der sozialistischen Volksrepublik Polen gegen das herrschende Regime kämpften. Jeder Reiter des Denkmals ist einem kommandierenden Offizier oder Soldaten des polnischen Widerstandskampfs nachempfunden. Von der Frontseite ausgehend sind es, von den jeweiligen Pseudonymen der Kämpfer ausgehend: »Wolnyak« Jozef Zadierski, »Pulkownik« Michal Krupa, »Majka« Stanislaw Pelczar, »Garbaty« Adam Kusz sowie »Kula« Aleksander Pitinsky, der Vater des Künstlers.

Der Terminus »Verstoßene Soldaten« oder auch »Verfluchte Soldaten« wurde in den 1990er Jahren geprägt. Dazu zählen Angehörige verschiedener Untergrundorganisationen wie der Vereinigung Freiheit und Unabhängigkeit (Zrzeszenie Wolność i Niezawisłóść; WiN), die aus den Strukturen der Heimatarmee (Armia Krajowa; AK) hervorging und in den ersten Nachkriegsjahren den politischen und bewaffneten Widerstand organisierte. Auch die Mitglieder der Nationalen Militärvereinigung (Narodowe Zjednoczenie Wojskowe; NZW) oder der Nationalen Streitkräfte (Narodowe Siły Zbrojne; NSZ) gehörten dazu. Obwohl es der polnischen Geheimpolizei mit Unterstützung von Spezialeinheiten des NKWD bis 1951 gelang, alle obersten Kommandoränge des bewaffneten Untergrunds aufzureiben, waren bis ins Jahr 1955 hinein noch rund 1300 verschiedene Abteilungen des Untergrundkampfs aktiv. In der Hoffnung auf einen radikalen Wandel der politischen Situation in Polen führten die

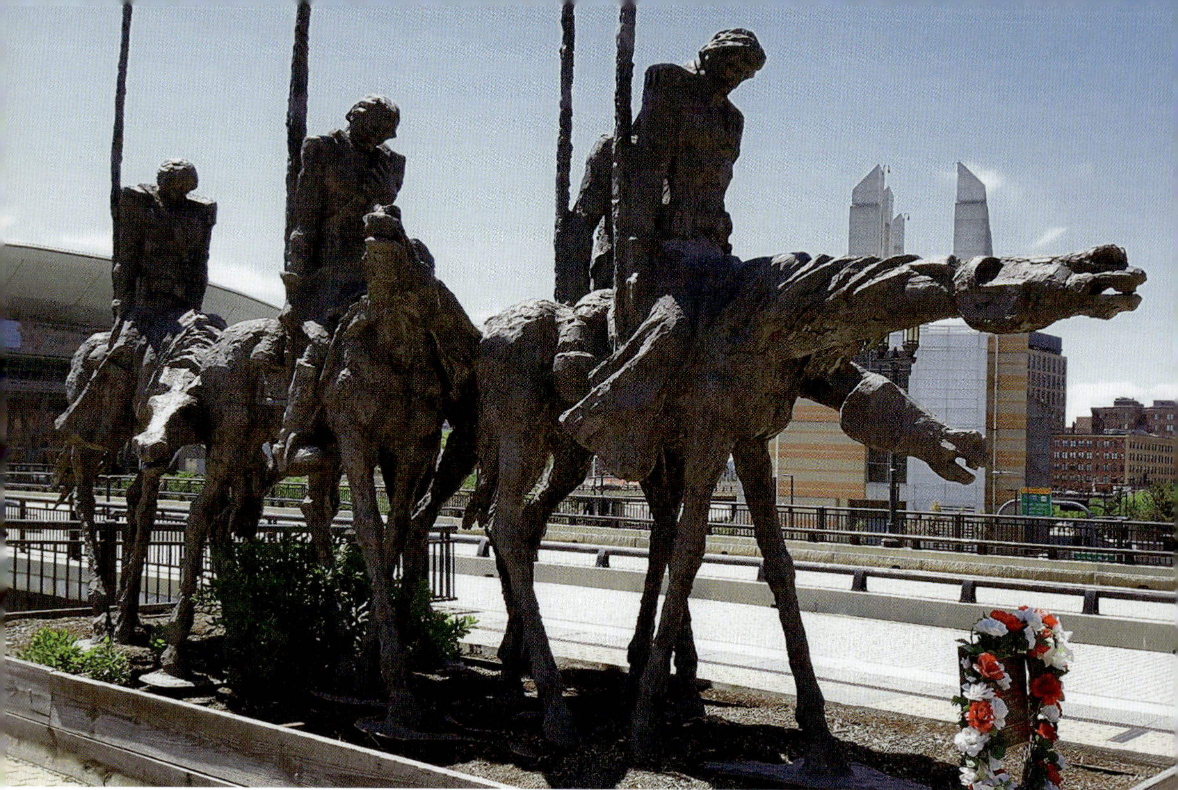

Mahnmal für die polnischen Untergrundkämpfer

►

Inschrift am Mahnmal

Partisanen Aktionen gegen staatliche Sicherheitseinrichtungen, sowjetische Internierungslager und Strafvollzugsanstalten für politische Häftlinge durch. Der letzte bekannte »Verstoßene Soldat«, Józef Franczak, kam im Oktober 1963 – fast 20 Jahre nach der Machtergreifung der Kommunisten in Polen – im Gebiet bei Lublin bei einem Hinterhalt ums Leben. Es wird angenommen, dass etwa 22 000 Soldaten, Militärangehörige und Funktionäre des sozialistischen polnischen Staates sowie mindestens 1 000 Mitarbeiter der sowjetischen Geheimpolizei NKWD bei subversiven Aktionen des bewaffneten Untergrundkampfs das Leben verloren. Auf Seiten der »Verstoßenen Soldaten« starben etwa 8 000 Personen, rund 5 000 Personen wurden von der polnischen Justiz zum Tode verurteilt, weitere 21 000 Untergrundkämpfer verstarben in Gefängnissen und Lagern. Überlebende, unter ihnen auch diejenigen, die 1947 bei der Amnestie für politische Gefangene vorzeitig freikamen, standen unter ständiger Beobachtung und waren bis zum Zusammenbruch des kommunistischen Regimes sozial und politisch stigmatisiert. Seit 2011 wird in der Republik Polen auf Grundlage eines Parlamentsbeschlusses jedes Jahr am 1. März – dem Jahrestag der Exekution von sieben Führungsmitgliedern der WiN – der Vereinigung Freiheit und Unabhängigkeit – der Nationale Gedenktag der »Verstoßenen Soldaten« begangen.

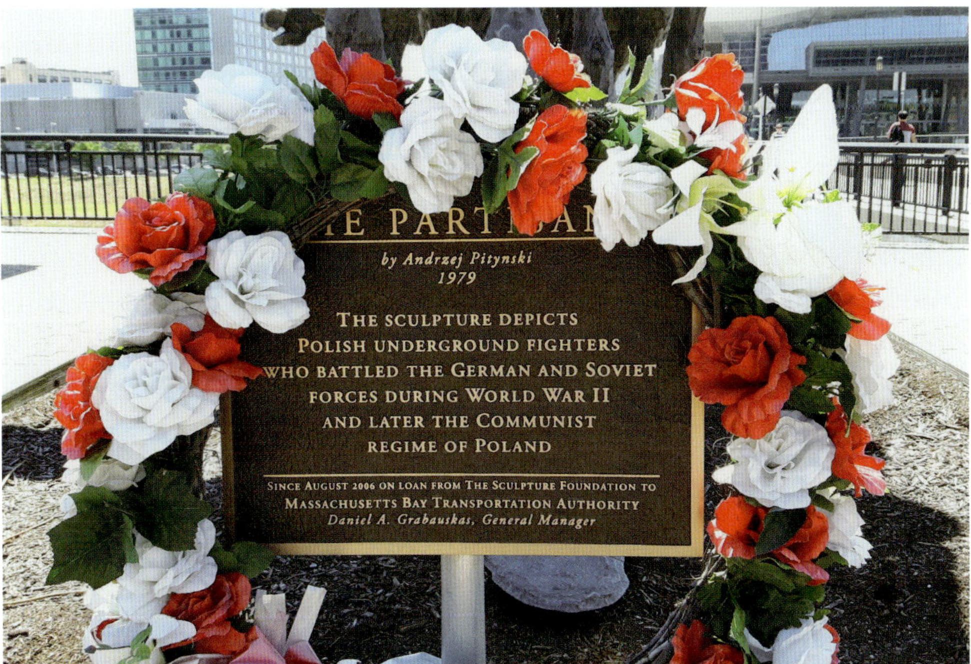

Inschrift auf der Gedenkplakette
vor der Skulpturenkomposition, englisch:
The Partisans // by Andrzej Pitynski // 1979 // The sculpture depicts / Polish underground fighters / who battled the German and Soviet / forces during World War II / and later the Communist / regime of Poland.

Die deutsche Übersetzung lautet:
Die Partisanen. Von Andrzej Pitynski. 1979. Die Skulptur stellt polnische Untergrundkämpfer dar, welche während des Zweiten Weltkriegs gegen die deutschen und sowjetischen Streitkräfte und später gegen das kommunistische Regime Polens kämpften.

Standort: Boston, Summer Street vor dem World Trade Center Boston

Literaturhinweise USA:

Blaylock, Sandra: Whither Alltag?: How the Wende Museum Revises East German History (and why it matters). In: Verges : Germanic and Slavic Studies in Review 2.2., 2013. / European Network Remembrance and Solidarity. National day of Remembrance of the »Cursed Soldiers«. 2016. Online abrufbar unter: www.enrs.eu/pl/news/1167-1-march-the-national-day-of-remembrance-of-the-cursed-soldiers (letzter Zugriff: 11.1.2018). / Kaminsky, Anna (Hrsg.): Erinnerungsorte für die Opfer von Katyń. Leipzig 2013. / Victims of Communism Memorial Foundation: The Victims of Communism Memorial. Online abrufbar unter: www.victimsofcommunism.org/initiative/the-memorial (letzter Zugriff: 11.1.2018). / Wesolowsky, Tony: Ukraine Famine Monument Erected In Washington. Radio Free Europe Radio Liberty. Artikel vom 6.8.2015. Online abrufbar unter: www.rferl.org/a/ukraine-famine-monument-erected-in-washington/27174009.html (letzter Zugriff: 11.1.2018).

Anhang

Auswahlbibliografie

Apelt, Andreas / Grünbaum, Robert / Togay, János Can (Hrsg.): Die ostmitteleuropäischen Freiheitsbewegungen 1953–1989: Opposition, Aufstände und Revolutionen im kommunistischen Machtbereich. Berlin 2014.

Applebaum, Anne: Der Gulag. Berlin 2003.

Applebaum, Anne: Der Eiserne Vorhang: Die Unterdrückung Osteuropas 1944–1956. München 2012.

Applebaum, Anne: Red Famine. Stalin's War on Ukraine. New York 2017.

Baberowski, Jörg: Der Große Terror: Die Geschichte des Stalinismus. München 2003.

Baberowski, Jörg: Der Feind ist überall. Stalinismus im Kaukasus. München 2003.

Behrends, Jan Claas / Katzer, Nikolaus / Lindenberger, Thomas (Hrsg.): 100 Jahre Roter Oktober. Zur Weltgeschichte der Russischen Revolution. Berlin 2017.

Bernhard, Michael / Kubik, Jan: Twenty Years After Communism. The Politics of Memory and Commemoration. New York 2014.

Bolton, Jonathan: Worlds of dissent: Charter 77, the Plastic People of the Universe, and Czech culture under communism. Cambridge 2012.

Brunnenbauer, Ulf / Troebst, Stefan (Hrsg.): Zwischen Amnestie und Nostalgie. Die Erinnerung an den Kommunismus in Südosteuropa. Köln 2007.

Chlewnjuk, Oleg: Stalin. Eine Biographie. München 2015.

Courtois, Stéphane et al.: Das Schwarzbuch des Kommunismus. Unterdrückung, Verbrechen und Terror. Sonderausgabe. München, Zürich 2004.

Diener, Alexander / Hagen, Joshua (Hrsg.): From Socialist to Post-Socialist Cities. Cultural Politics of Architecture, Urban Planning, and Identity in Eurasia. London, New York 2015.

Di Palma, Francesco / Müller, Wolfgang: Kommunismus und Europa: Europapolitik und -vorstellungen europäischer kommunistischer Parteien im Kalten Krieg. Paderborn 2016.

Dörr, Nikolaus: Die Rote Gefahr. Der italienische Eurokommunismus als sicherheitspolitische Herausforderung für die USA und Westdeutschland 1969–1979. Wien 2017.

Eichwerde, Wolfgang / Pauer, Jan (Hrsg.): Ringen um Autonomie. Dissidentendiskurse in Mittel- und Osteuropa. Berlin 2017.

Faulenbauch, Bernd: »Transformationen« der Erinnerungskulturen in Osteuropa nach 1989. Essen 2006.

Florin, Moritz: Kirgistan und die sowjetische Moderne: 1940–1991. Göttingen 2015.

Fröberg Idling, Peter: Pol Pots Lächeln. Eine schwedische Reise durch das Kambodscha der Roten Khmer. Frankfurt am Main 2013.

Gregory, Paul / Lazarev, Valery (Hrsg.): The Economics of Forced Labor: The Soviet GULag. Stanford 2003.

Hobsbawm, Eric: Das Zeitalter der Extreme: Weltgeschichte des 20. Jahrhunderts. 12. Aufl. München 2014.

Jung, Martin: In Freiheit. Die Auseinandersetzung mit Zeitgeschichte in Rumänien (1989–2009). Berlin 2016.

Kaminsky, Anna (Hrsg.): Erinnerungsorte an den Massenterror 1937/38. Russische Föderation. Berlin 2007.

Kaminsky, Anna (Hrsg.): Erinnerungsorte an den Holodomor 1932/33 in der Ukraine. Leipzig 2008.

Kaminsky, Anna (Hrsg.): Erinnerungsorte an die Opfer des Kommunismus in Belarus. Berlin 2010.

Kaminsky, Anna (Hrsg.): Erinnerungsorte für die Opfer von Katyń. Leipzig 2013.

Kaminsky, Anna (Hrsg.): Die Berliner Mauer in der Welt. Berlin 2014.

Kaminsky, Anna (Hrsg.): Orte des Erinnerns. Gedenkzeichen, Gedenkstätten und Museen zur Diktatur in SBZ und DDR. 3., überarbeitete und erweiterte Aufl. Berlin 2016.

Kashtalian, Irina: The Repressive Factors of the USSR's Internal Policy and Everyday Life of the Belarusian Society (1944–1953). Wiesbaden 2016.

Kilzer, Katharina / Müller-Engbers, Helmut (Hrsg.): Geist hinter Gittern. Die rumänische Gedenkstätte Memorial Sighet. Berlin 2013.

Kindler, Robert: Stalins Nomaden. Herrschaft und Hunger in Kasachstan. Hamburg 2014.

Knigge, Volkhard / Mählert, Ulrich (Hrsg.): Der Kommunismus im Museum. Formen der Auseinandersetzung in Deutschland und Ostmitteleuropa. Köln 2005.

Knigge, Volkhard (Hrsg.): Kommunismusforschung und Erinnerungskulturen in Ostmittel- und Westeuropa. Wien, Köln 2013.

Koenen, Gerd: Utopie der Säuberung: Was war der Kommunismus? Frankfurt am Main 2000.

Koenen, Gerd: Was war der Kommunismus? Göttingen 2010.

Koenen, Gerd: Die Farbe Rot. Ursprünge und Geschichte des Kommunismus. München 2017.

Kolář, Pavel: Der Poststalinismus. Ideologie und Utopie einer Epoche. Wien, Köln 2016.

Koposov, Nikolay: Memory Laws, Memory Wars: The Politics of the past in Europe and Russia. Cambridge, New York 2017.

Lehmann, Maike: Eine sowjetische Nation: Nationale Sozialismusinterpretationen in Armenien seit 1945. Frankfurt am Main, New York 2012.

Mark, Rudolf et al. (Hrsg.): Vernichtung durch Hunger. Der Holodomor in der Ukraine und der UdSSR. Berlin 2004.

Niegelhell, Anita / Ponisch, Gabriele: Wir sind immer im Feuer. Berichte ehemaliger politischer Gefangener im kommunistischen Albanien. Wien, Köln, Weimar 2001.

Raichevsky, Stoyan: Bulgarien unter dem kommunistischen Regime 1944–1989. Berlin 2016.

Schlögel, Karl: Das sowjetische Jahrhundert. Archäologie einer untergegangenen Welt. München 2018.

Smith, Stephen Anthony (Hrsg.): The Oxford handbook of the history of communism. Oxford 2014.

Snyder, Timothy: Bloodlands. Europa zwischen Hitler und Stalin. 2. Aufl. München 2010.

Teichmann, Christian: Macht der Unordnung. Stalins Herrschaft in Zentralasien, 1920–1950. Hamburg 2016.

Veen, Hans-Joachim / Knigge, Volkhard: Denkmäler demokratischer Umbrüche nach 1945. Wien, Köln 2014.

Weber, Hermann / Mählert, Ulrich (Hrsg.): Verbrechen im Namen der Idee. Terror im Kommunismus 1936–1938. Berlin 2007.

Weber, Claudia: Krieg der Täter: Die Massenerschießungen von Katyń. Hamburg 2015.

Wemheuer, Felix: Famine Politics in Maoist China and the Soviet Union. New Haven 2014.

Geografisches Register

Diese Auflistung enthält in alphabetischer Reihenfolge alle Orte, an denen sich Gedenkzeichen, Gedenkstätten und Museen befinden.

Abkürzungsverzeichnis

AFDPR
Asociaţia Foştilor Deţinuţi Politici din România (Verein ehemaliger politischer Häftlinge in Rumänien)

AK
Armia Krajowa (Heimatarmee)

ALŽIR
Akmolinskij lager schjon ismennikow rodiny (Akmolinsker Lager für die Ehefrauen von Heimatverrätern)

ÀVH
Àllamvédelmi Hatóság (Staatssicherheitspolizei Ungarns)

BelBaltLag
Belomorsko-Baltijskij isprawitelno-trudowoj lager (Belomor-Baltijskij-Besserungsarbeitslager)

BKP
Balgarska Komunisticeska Partija (Bulgarische Kommunistische Partei)

BSSR
Belorusskaja Sowjetskaja Sozialistitscheskaja Respublika (Belarussische Sozialistische Sowjetrepublik)

ČSSR
Československá Socialistická Republika (Tschechoslowakei)

ČSFR
Česká a Slovenská Federatívna Republika (Tschechische und Slowakische Föderative Republik)

CUHK
Chinese University of Hong Kong

Dalstroj
Glawnoje uprawlenije stroitelstwa Dalnego Sewera (Bauhauptverwaltung für den Fernen Norden)

DDR
Deutsche Demokratische Republik

DERG
ደርግ (Provisorischer Militärischer Verwaltungsrat Äthiopien)

Dmitlag
Dimitrowskij isprawitelno-trudowoj lager (Besserungsarbeitslager Dmitrowsk)

DS
Derschawna Sigurnost (Bulgarische Staatssicherheit)

DubrawLag
Dubrawnoje lagernoje uprawlenije (Dubrawny-Arbeitsbesserungslager)

EPRDF
Ethiopian Peoples' Revolutionary Democratic Front / የኢትዮጵያ ሕዝቦች አብዮታዊ ዲሞክራሲያዊ ግንባር (Revolutionäre Demokratische Front der Äthiopischen Völker)

GMD
Guomindang (eine Partei der Republik China)

GorLag
Gornyj lager (Bergbaulager)

GULag
Glawnoje Uprawjenije Lagerej (Hauptverwaltung Lager)

GUS
Gemeinschaft Unabhängiger Staaten

IPN
Instytut Pamięci Narodowei (Institut für das Nationale Gedenken)

JVA
Justizvollzugsanstalt

KarLag
Karagandinskij isprawitelno-trudowoj lager
(Karagandinsker Besserungsarbeitslager)

KGB
Komitet Gosudarstwennoj Besopasnosti
(Komitee für Staatssicherheit)

KOMINFORM
Informationsbüro der Kommunistischen
und Arbeiterparteien

KOMINTERN
Kommunistische Internationale

KOR
Komitet Obrony Robotników
(Komitee zur Verteidigung der Arbeiter)

KP
Kommunistische Partei

KPČ
Komunistická strana Československa
(Kommunistische Partei der Tschechoslowakei)

KPCh
Kommunistische Partei Chinas

KPdSU
Kommunistitscheskaja partija sowetskogo sojusa
(Kommunistische Partei der Sowjetunion)

KPR
Partidul Comunist Român
(Kommunistische Partei Rumäniens)

KPS
Kommunistische Partei der Slowakei

KSSR
Kasachskaja Sowjetskaja Sozialistitscheskaja
Respublika (Kasachische Sozialistische Sowjet-
republik)

KSZE
Konferenz für Sicherheit und Zusammenarbeit
in Europa

LAF
Lietuvos Aktyvistų Frontas
(Litauische Aktivistenfront)

Laogai
Zwangsarbeitslagersystem
der Volksrepublik China

MEFESZ
Magyar Egyetemisták és Főiskolai Egyesületek
Szövetsége (Einheitsverband Ungarischer
Universitäts- und Hochschulstudenten)

MfS
Ministerium für Staatssicherheit

MDP
Magyar Dolgozók Pártja
(Partei der ungarischen Werktätigen)

NDH
Nezavisna Država Hrvatska
(Unabhängiger Staat Kroatien)

NGO
Non-governmental Organisation
(Nichtregierungsorganisation)

NKGB
Narodnij Komissariat Gossudarstwennoi
Besopasnosti (Volkskommissariat für Staats-
sicherheit)

NKWD
Narodnyi Komissariat Wnutrennich del
(Volkskommissariat für Innere Angelegenheiten)

NOV
Narodnooslobodilačka vojska
(jugoslawische Volksbefreiungsarmee)

NPT
Nápravně Pracovní Tábor
(tschechische Besserungsarbeitslager)

NS
Nationalsozialismus

NSDAP
Nationalsozialistische Deutsche Arbeiterpartei

NSZ
Narodowe Siły Zbrojne (Untergrundorganisation »Nationale Streitkräfte«)

NSZZ
Niezależny Samorządny Związek Zawodowy »Solidarność« (Unabhängige Selbstverwaltete Gewerkschaft »Solidarność«)

NOP
Nacionalnaja objedinennaja partija Armenii (Nationale Vereinigte Partei Armeniens)

NVA
Nationale Volksarmee

NZW
Narodowe Zjednoczenie Wojskowe (Untergrundorganisation »Nationale Militärvereinigung«)

OGPU
Objedinjonnoje Gossudarstwennoje Politítscheskoje Uprawlenije (Vereinigte staatliche politische Verwaltung)

OMON
Otrjad Mobilny Ossobowo Nasnatschenija (Mobile Einheit besonderer Bestimmung)

OUN
Organisazija Ukrajinskich Nazionalistiw (Organisation Ukrainischer Nationalisten)

OZNA
Odjeljenje za zaštitu naroda (Abteilung für Volksschutz der jugoslawischen Geheimpolizei)

PDS
Partia Demokratike e Shqipërisë (Demokratische Partei Albaniens)

PSD
Partia Socialdemokrate e Shqipërisë (Sozialdemokratische Partei Albaniens)

PVAP
Polska Zjednoczona Partia Robotnicza (Polnische Vereinigte Arbeiterpartei)

RetschLag
Retschnoj lager (Flusslager)

RSFSR
Rossijskaja sowetskaja federatiwnaja sozialistitscheskaja respublika (Russische Sozialistische Föderative Sowjetrepublik)

SBZ
Sowjetische Besatzungszone

SED
Sozialistische Einheitspartei Deutschlands

SDS
Sajus na Demokratitschnite Sili (Union der Demokratischen Kräfte)

SLON
Solowezkij Lager Osobogo nasnatschenija (Solowezker Lager zur besonderen Verwendung)

SMT
Sowjetisches Militärtribunal

SovLab
Soviet Past Research Laboratory (Bezeichnung einer georgischen zivilgesellschaftlichen Organisation, Hauptträgerin der nationalen Geschichtsaufarbeitung)

SS
Schutzstaffel

StB
Státní bezpečnost (Geheimpolizei der Tschechoslowakei)

STON
Solowezkaja tjurma Osobogo nasnatschenija (Solowezker Gefängnis zur besonderen Verwendung)

TNP
Tábory Nucené Práce
(tschechische Uran-Zwangsarbeitslager)

TWO
Trudovo Vaspitatelno Obshezhitie
(Arbeitsumerziehungswohnheim)

UB
Urząd Bezpieczeństwa
(Amt für Staatssicherheit der Volksrepublik Polen)

UDBA
Uprava državne bezbednosti
(Staatssicherheitsdienst Jugoslawiens)

UdSSR
Union der Sozialistischen Sowjetrepubliken

ÚDV
Úřad dokumentace a vyšetřování zločinů komunismu (Tschechisches Amt zur Untersuchung und Verfolgung kommunistischer Verbrechen)

UNESCO
United Nations Educational,
Scientific and Cultural Organisation
(Organisation der Vereinten Nationen für Erziehung, Wissenschaft und Kultur)

UNO
United Nations Organisation
(Vereinte Nationen)

UPA
Ukrajinska Powstanska Armija
(Ukrainische Aufständische Armee)

ÚSTR
Ústav pro studium totalitních režimů
(Tschechisches Institut für das Studium der totalitären Regime)

WiN
Zrzeszenie Wolność i Niezawisłóść
(Untergrundorganisation »Freiheit und Unabhängigkeit«)

ZISPO
Zakłady Metalowe im. Józefa Stalina w Poznaniu (Hipolit-Cegielski-Werke in Posen)

ZK
Zentralkomitee

Bildnachweis

Die Fotos wurden von der Bundesstiftung zur Aufarbeitung der SED-Diktatur (BSTA) aufgenommen, hauptsächlich von Anna Kaminsky, Rainer Eppelmann, Ruth Gleinig, Anna von Arnim-Rosenthal, Markus Pieper, Ulrich Mählert und Sabine Kuder. Weitere Aufnahmen wurden freundlicherweise zur Verfügung gestellt von:

BunkArt · S. 24

Bundesstiftung Aufarbeitung, Harald Schmitt, Bild Schmitt336_neu · S. 70, 72

Adam Lederer · S. 37

Georg Meusel · S. 38, 42, 43

Elena Temper · S. 44, 49, 50

Usewald Siniak · S. 52

Belene Island Foundation · S. 65, 66, 67

Yasna Mindilikowa · S. 54

Felix Sternagel · S. 73

Gedenkstätte Berlin-Hohenschönhausen · S. 77

Gedenkstätte Sachsenhausen · S. 79

Jürgen Hochmut · S. 87

Florian Kindermann · S. 101, 264, 371

Estonian Institute of Historical Memory S. 104, 105

KGB Cells Museum · S. 94, 111

Modzzak, Spomenik ubijenim Franjevcima.jpg, online abrufbar unter: https://commons.wikimedia.org/wiki/File:Spomenik_ubijenim_Franjevcima.JPG, Creative Commons Attribution-Share Alike 4.0 International https://creativecommons.org/licenses/by-sa/4.0/deed.de, keine Änderungen vorgenommen · S. 138

Robert Lubej · S. 140, 147

Chris Price · S. 156, 161

Jens Schöne · S. 163, 444, 451

»ALZIR« Museum and Memorial Complex · S. 165

Cecilia Emmelhainz · S. 168

Dmitrij Filushin (Дмитрий Филюшин), Файл:Памятник жертвам голодомора в Казахстане (Павлодар).jpg, online abrufbar unter: https://bit.ly/2HHfapw ursprüngliche Quelle: http://www.panoramio.com/photo/81343227 Creative Commons Attribution-Share Alike 3.0 https://creativecommons.org/licenses/by-sa/3.0/deed.de, keine Änderungen vorgenommen · S. 170, 171

Wolfgang Hans Eminger · S. 172, 176

Keane Lindblad · S. 180

Thijs Witters · S. 187 oben

Dietrich Wolf Fenner · S. 219, 220

Aris Jansons · S. 202

DavidConFran – Own work, CC BY-SA 3.0, https://commons.wikimedia.org/w/index.php?curid=29676367 · S. 210

The Museum of Genocide Victims · S. 213

Martijn Munneke · S. 206, 216, 217

Edda Ahrberg · S. 201, 225

Torsten Baar · S. 230, 235

Volker Assmann · S. 234

Adrian Grycuk – Praca własna, CC BY-SA 3.0 pl, https://commons.wikimedia.org/w/index.php?curid=61251259 · S. 244, 245

Ronny Heidenreich · S. 211, 243, 437

Oliver Igel · S. 255

Peter-Dietmar Leber · S. 260

Memorialul Victimelor Comunismului si al Rezistentei Sighet · S. 269, 270, 271

Vera Dubina · S. 287, 288

Memorial Moskau · S. 297

Wiktor Feduschtschak · S. 313, 383, 392, 393, 394

Stanisław Kiełbowicz · S. 320, 321

Instytut Pamięci Narodowej w Białymstoku Kiełbowicz · S. 322

Andrey Strelnikov · S. 329

Nadkachna – Eigenes Werk, CC BY 3.0, https://commons.wikimedia.org/w/index.php?curid=10670415 · S. 355

Vojna Memorial Lešetice · S. 356, 357, 358

Kowalewskij Andrij, Jakimenko Julija, Burkazkaja Anastasija · S. 378

Joycelyn Pantaleon Hidalgo · S. 386, 387

Kathleen Hiller · S. 389

Oleksandra Luchyk · S. 390

Leon Yaakov · S. 396, 401

Benoist Guitton · S. 412, 414, 415

Sarah-Rose Burke · S. 418, 421

Simon P. White · S. 423

Malcom Edwards · S. 424

Ccyyrree – Eigenes Werk, CC0, https://commons.wikimedia.org/w/index.php?curid=21959268 S. 429

Karen London · S. 431

James Daschuk · S. 426, 433

Otto Gruber · S. 434, 438, 439

Martin Gutzeit · S. 440, 443

Hope Harrison · S. 447

Lindsay Fuller · S. 448

Wende Museum · S. 454, 455, 456

Rob O'Leary · S. 215

Guy Delsaut – Own work, CC BY-SA 4.0, https://commons.wikimedia.org/w/index.php?curid=61503033 · S. 408

Юрочкин Роман – File: Монумент независимости Узбекистана.jpg, CC BY-SA 3.0, https://ru.wikipedia.org/w/index.php?curid=6215333 · S. 398

Ing. Mgr. Jozef Kotulič – Eigenes Werk, CC BY-SA 3.0, https://commons.wikimedia.org/w/index.php?curid=14843389 · S. 332

US Embassy Slovenia Facebook – www.facebook.com/media/set/?set=a.10153712766513088.1073742173.53039228087&type=3, Gemeinfrei, https://commons.wikimedia.org/w/index.php?curid=46724962 · S. 143

39751:FORTEPAN / Nagy Gyula · S. 370

40165:FORTEPAN / Nagy Gyula · S. 364

Kathleen Chapman · S. 404, 406

Impressum

Herausgegeben von Anna Kaminsky
im Auftrag der Bundesstiftung zur Aufarbeitung
der SED-Diktatur
Kronenstraße 5
10117 Berlin
www.bundesstiftung-aufarbeitung.de
buero@bundesstiftung-aufarbeitung.de

Fachlektorat
Maria Matschuk

Lektorat
Sina Volk, Sandstein Verlag

Satz und Reprografie
Jana Felbrich, Jana Neumann, Sandstein Verlag

Gestaltung
Jana Felbrich, Sandstein Verlag

Druck und Verarbeitung
FINIDR, s. r. o.
Český Těšín

Titelmotiv
Mahnmal für die Opfer der Hungerkatastrophe
in Kasachstan (©Jens Schöne)

Die Deutsche Nationalbibliothek verzeichnet diese Publikation in der Deutschen Nationalbibliografie; detaillierte bibliografische Daten sind im Internet über http://dnb.dnb.de abrufbar.

www.sandstein-verlag.de
ISBN 978-3-95498-390-2